Les régions du guide :
(voir la carte à l'intérieur des rabats de couverture)

Canada

Le Guide Vert, mode d'emploi :
un guide en 3 parties

1/ ORGANISER SON VOYAGE

Organiser son voyage :
- Avant de partir.
- À faire sur place de A à Z.
- Des activités pour tous.
- Un agenda des événements.

2/ COMPRENDRE LE PAYS

Comprendre la destination
- La destination aujourd'hui.
- Histoire.
- Art et culture.
- Gastronomie.
- Nature...

3/ DÉCOUVRIR LE PAYS

Découvrir la destination :
- Notre sélection de sites.
- Des circuits conseillés.
- Des cartes.
- Notre sélection d'adresses pour tous les budgets.

En fin de guide :
l'explication des symboles et la table des cartes et plans

e Guide Vert :
découvrir la destination

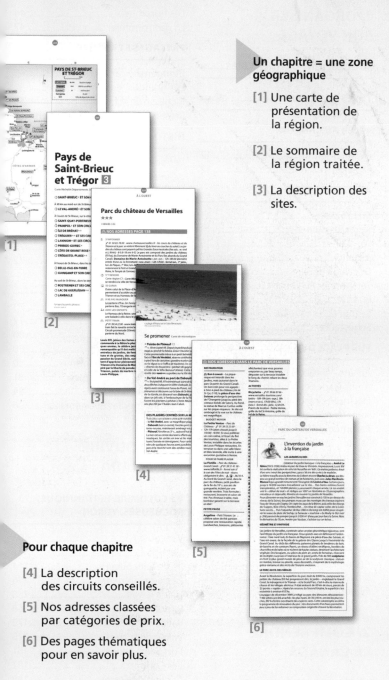

Un chapitre = une zone géographique

[1] Une carte de présentation de la région.

[2] Le sommaire de la région traitée.

[3] La description des sites.

Pour chaque chapitre

[4] La description des circuits conseillés.

[5] Nos adresses classées par catégories de prix.

[6] Des pages thématiques pour en savoir plus.

Retrouvez-nous sur : Voyage.ViaMichelin.fr

Sommaire

1/
ORGANISER
SON VOYAGE

Suggestions d'itinéraires

UNE SEMAINE	LES GRANDES MÉTROPOLES CANADIENNES
Itinéraire au départ de Toronto (environ 1 100 km)	Toronto *(p. 341)* et les chutes du Niagara *(p. 377)* (2 j.) ; Ottawa *(p. 422)*, le musée canadien des Civilisations *(p. 430)* et Upper Canada Village *(p. 438)* (3 j.) ; Montréal *(p. 452)* (2 j.).
Transport	En voiture ou en avion pour les liaisons inter-villes.
Conseils	Montréal est encore plus captivante lors du festival de jazz (fin juin-début juil.). Prolongez l'itinéraire par une excursion au Québec (**🍃** *Guide Vert Québec*).
UNE SEMAINE	**L'OUEST CANADIEN ET LES CULTURES DES PEUPLES AUTOCHTONES**
Boucle au départ de Prince Rupert (environ 800 km)	Prince Rupert *(p. 168)* (1 j.) ; la vallée du Skeena *(p. 173)* et le 'Ksan Historical Village & Museum *(p. 176)* (1 j.) ; la vallée de la Nass, pays des Nisga'a *(p. 178)* (1 j.) ; Haida Gwaii *(p. 158)* et la culture haïda (4 j.).
Transport	En voiture et en ferry pour la traversée vers Haida Gwaii.
Étapes	Terrace, Prince Rupert et Queen Charlotte City.
Conseils	L'Haida Gwaii National Park est difficile à visiter sans les services d'une agence *(p. 167)*.
UNE SEMAINE	**LE YUKON, SUR LA PISTE DES CHERCHEURS D'OR**
Itinéraire au départ de Fort Nelson (environ 3 500 km)	Fort Nelson, Muncho Lake et Watson Lake *(p. 235)* (1 j.) ; Marsh Lake *(p. 236)* et Whitehorse *(p. 238)* (1 j.) ; la route du Klondike vers Skagway *(p. 241)* (1 j.) ; Dawson City *(p. 245)* (1 j.) ; la route du Klondike jusqu'à Keno City *(p. 243)* (1 j.) ; Kluane Lake par la route de l'Alaska *(p. 252)* (1 j.) ; Whitehorse *(p. 238)* (1 j.).
Transport	En voiture.
Étapes	Muncho Lake, Watson Lake, Whitehorse, Dawson Lake et Kluane Lake.
Conseils	Une partie de l'itinéraire se trouve en Alaska, pensez aux formalités administratives. Vous pouvez prolonger la découverte des Territoires du Nord par une exploration du parc Nahanni *(p. 606)*, depuis Fort Nelson. Pour ce faire, mieux vaut s'en remettre à une pourvoirie qui organisera l'expédition *(p. 602)*.
10 JOURS	**L'EST CANADIEN : VESTIGES D'UNE COLONISATION CROISÉE**
Boucle au départ de Fredericton (environ 1 800 km)	Fredericton *(p. 491)* (1 j.) ; St Andrews et les îles Fundy *(p. 500)* (1 j.) ; St John *(p. 505)* (1 j.) ; déjeuner de pétoncles à Digby *(p. 533)* et la vallée de l'Annapolis *(p. 533)* (1 j.) ; Halifax *(p. 517)* (2 j.) ; la forteresse de Louisbourg *(p. 551)* (1 j.) ; la piste Cabot *(p. 543)* (2 j.) ; Baddeck *(p. 543)* et retour à Fredericton en visitant au passage le Fort Beauséjour *(p. 499)* (1 j.).
Transport	En voiture et en ferry pour la traversée entre le Nouveau-Brunswick et la Nouvelle-Écosse (St John-Digby).
Étapes	Fredericton, St Andrews, St John, Annapolis Royal, Halifax et sur la piste Cabot.
Conseils	La vallée de l'Annapolis est particulièrement belle fin mai-début juin, lorsque les arbres fruitiers sont en fleurs.

SUGGESTIONS D'ITINÉRAIRES

12 JOURS	VANCOUVER ET LA CÔTE PACIFIQUE
Itinéraire au départ de Vancouver (environ 1 000 km)	Vancouver *(p. 103)* (2 j.) ; Victoria *(p. 132)* ; le parc national du Pacific Rim *(p. 150)* et Port Hardy *(p. 152)* sur l'île de Vancouver (4 j.) ; la traversée par le Passage intérieur *(p. 156)* (1 j.) ; Haida Gwaii *(p. 158)* et la culture haïda (5 j.).
Transport	En voiture, en ferry pour les traversées vers les îles et le Passage intérieur, en avion pour le retour vers Vancouver.
Étapes	Vancouver, Victoria, Tofino, Port Hardy, Prince Rupert, Queen Charlotte City.
Conseils	Pensez à réserver votre voiture de location longtemps à l'avance. L'Haida Gwaii National Park est difficile à visiter sans les services d'une agence *(p. 167)*.
14 JOURS	ENTRE PACIFIQUE ET ROCHEUSES
Boucle au départ de Vancouver (environ 2 000 km)	Vancouver *(p. 103)* (2 j.) ; Tofino *(p. 149)* et le parc national du Pacific Rim *(p. 150)* sur l'île de Vancouver (2 j.) ; Wells Gray Park dans les Cariboo *(p. 184)* (2 j.) ; Jasper National Park *(p. 220)* par la Yellowhead Highway *(p. 223)* (2 j.) ; Lake Louise *(p. 213)* par l'Icefields Parkway *(p. 217)* (2 j.) ; Banff *(p. 208)* (2 j.) ; le canyon du Fraser *(p. 188)* (1 j.) et retour à Vancouver (1 j.).
Transport	En voiture.
Étapes	Vancouver, Tofino, Whistler, Clearwater, Jasper, Lake Louise, Banff et dans le canyon du Fraser.
Conseils	Vous traverserez quelques-uns des plus beaux parcs canadiens, pensez à l'équipement de randonnée.
14 JOURS	LES BELLES EAUX DE L'ONTARIO
Boucle au départ de Toronto (environ 1 500 km)	Toronto *(p. 341)* (2 j.) ; Kingston *(p. 441)* (2 j.) ; les Mille Îles *(p. 444)* (1 j.) ; Ottawa *(p. 422)* et Upper Canada VIllage *(p. 438)* (3 j.) ; le parc provincial Algonquin *(p. 410)* (2 j.) ; la baie Géorgienne *(p. 403)* (2 j.) ; retour à Toronto en passant par les chutes du Niagara *(p. 377)* (2 j.).
Transport	En voiture.
Étapes	Toronto, Kingston, Ottawa, dans le parc provincial Algonquin ou à Gravenhurst, Tobermory et Toronto.
Conseils	La beauté des paysages de l'Ontario est le cadre idéal pour les randonnées, les sports nautiques et la pêche.
18 JOURS	LES PRAIRIES ENTRE LACS ET ROCHEUSES
Itinéraire au départ de Toronto (environ 5 500 km)	Toronto *(p. 341)* et les chutes du Niagara *(p. 377)* (2 j.) ; Sault Sainte Marie *(p. 416)* (1 j.) ; Thunder Bay *(p. 419)* (2 j.) ; Winnipeg *(p. 311)* (1 j.) ; Regina *(p. 303)* (1 j.) ; les Badlands de l'Alberta *(p. 282)* (1 j.) et Calgary *(p. 264)* (1 j.) ; Jasper National Park *(p. 220)* par Edmonton et la Yellowhead Highway *(p. 223)* (2 j.) ; Lake Louise *(p. 213)* par l'Icefields Parkway *(p. 217)* (2 j.) ; Banff *(p. 208)* (2 j.) ; Vancouver *(p. 103)* (2 j.).
Transport	En voiture.
Étapes	Toronto, Sault Sainte Marie, Thunder Bay, Winnipeg, Regina, Calgary, Jasper National Park, Lake Louise et Banff.
Conseils	Depuis Vancouver, vous pouvez prolonger le voyage en suivant notre suggestion « Vancouver et la côte Pacifique » *(voir ci-dessus)*.

Types de séjours

LE CANADA DES PEUPLES AUTOCHTONES	
Villages et réserves de l'ouest	Quw'utsun Cultural and Conference Centre (C.-B.) *(p. 145)* ; Alert Bay (C.-B.) *(p. 151)* ; Haida Gwaii Heritage Centre (C.-B.) *(p. 159)* ; Gwaii Haanas National Park Reserve (C.-B.) *(p. 164)* ; route des Totems (C.-B.) *(p. 175)* ; 'Ksan Historical Village & Museum (C.-B.) *(p. 176)* ; Nisga'a Memorial Lava Bed Provincial Park (C.-B.) *(p. 179)* ; Nisga'a Museum / Hli Goothl Wilp-Adokshl Nisga'a (C.-B.) *(p. 179)* ; Secwepemc Museum and Native Heritage Park (C.-B.) *(p. 190)*.
Tribus des plaines	Head-Smashed-In Buffalo Jump (Alb.) *(p. 275)* ; Wanuskewin Heritage Park (Sask.) *(p. 300)*.
Peuples du Nord	Prince of Wales Northern Heritage Centre (T. N.-O.) *(p. 611)* ; Angmarlik Interpretation Centre (N.) *(p. 624)*.
LE CANADA DES PIONNIERS	
Colons, trappeurs, cow boys et chercheurs d'or	Fort St James (C.-B.) *(p. 181)* ; village historique de Barkerville (C.-B.) *(p. 185)* ; Dawson City (Yuk.) *(p. 245)* ; Bar U Ranch NHS (Alb.) *(p. 270)* ; Western Development Museum, à Saskatoon (Sask.) *(p. 300)* ; Manitoba Museum, à Winnipeg (Man.) *(p. 312)* ; Lower Fort Garry NHS (Man.) *(p. 319)* ; Black Creek Pioneer Village (O.) *(p. 364)* ; Sainte-Marie-au-Pays-des-Hurons (O.) *(p. 403)* ; Fort William Historical Park (O.) *(p. 420)* ; Upper Canada Village (O.) *(p. 438)* ; village historique acadien (N.-B.) *(p. 496)* ; Kings Landing Historical Settlement (N.-B.) *(p. 512)* ; Grand-Pré NHS (N.-É.) *(p. 535)* ; Port-Royal NHS (N.-É.) *(p. 539)* ; Sherbrooke Village (N.-É.) *(p. 542)* ; anse aux Meadows (T.-N.) *(p. 579)*.
Ouvrages défensifs	Fort Macleod (Alb.) *(p. 274)* ; Fort Edmonton Park (Alb.) *(p. 289)* ; Fort Battleford NHS (Sask.) *(p. 294)* ; Fort Henry, à Kingston (O.) *(p. 443)* ; Halifax Citadel NHS (N.-É.) *(p. 517)* ; Fort Anne NHS (N.-É.) *(p. 537)* ; Forteresse de Louisbourg (N.-É.) *(p. 551)*.
UN TOUR AU MUSÉE	
Musées des civilisations	UBC Museum of Anthropology, à Vancouver (C.-B.) *(p. 117)* ; Museum of Northern British Columbia, à Prince Rupert (C.-B.) *(p. 169)* ; Glenbow Museum, à Calgary (Alb.) *(p. 265)* ; Royal Alberta Museum, à Edmonton (Alb.) *(p. 290)* ; Royal Saskatchewan Museum, à Regina (Sask.) *(p. 303)* ; Manitoba Museum, à Winnipeg (Man.) *(p. 312)* ; Eskimo Museum, à Churchill (Man.) *(p. 327)* ; Musée canadien des Civilisations, Gatineau (Q.) *(p. 430)*.
Musées d'art	Vancouver Art Gallery (C.-B.) *(p. 105)* ; Art Gallery of Alberta, à Edmonton (Alb.) *(p. 287)* ; Art Gallery, à Winnipeg (Man.) *(p. 317)* ; Royal Ontario Museum, à Toronto (O.) *(p. 344)* ; Art Gallery of Ontario, à Toronto (O.) *(p. 347)* ; McMichael Canadian Art Collection (O.) *(p. 364)* ; Art Gallery of Windsor (O.) *(p. 399)* ; National Gallery of Canada, à Ottawa (O.) *(p. 422)* ; Musée des Beaux-Arts de Montréal (Q.) *(p. 463)* ; Musée d'Art contemporain de Montréal (Q.) *(p. 464)* ; Beaverbrook Art Gallery, à Fredericton (N.-B.) *(p. 491)* ; Art Gallery of Nova Scotia, à Halifax (N.-É.) *(p. 521)* ; Confederation Centre of the Arts, à Charlottetown (I P.-É.) *(p. 560)*.
Musées des sciences	Telus World of Science Edmonton (Alb.) *(p. 290)* ; Saskatchewan Science Centre, à Regina (Sask.) *(p. 307)* ; Ontario Science Centre, Toronto (O.) *(p. 362)* ; Science North, à Sudbury (O.) *(p. 414)* ; Canadian Museum of Nature, à Ottawa (O.) *(p. 431)* ; Canada Science and Technology Museum, à Ottawa (O.) *(p. 433)* ; Biodôme, à Montréal *(p. 468)* (Q.), Cosmodôme, à Laval (Q.) *(p. 469)*.
PHÉNOMÈNES NATURELS	
Aurores boréales et soleil de minuit	Centre Northern Light, à Watson Lake (Yuk.) *(p. 236)* ; Whitehorse (Yuk.) *(p. 238)* ; Churchill (Man.) *(p. 327)* ; Yellowknife (T. N.-O.) *(p. 611)*.

LA NATURE SAUVAGE	
Côté montagnes	Canyon du Fraser (C.-B.) *(p. 188)* ; monts Monashee et Selkirk (C.-B.) *(p. 192)* ; Banff National Park (C.-B., Alb.) *(p. 208)* ; Yoho National Park (C.-B., Alb.) *(p. 215)* ; Jasper National Park (C.-B., Alb.) *(p. 220)* ; Kootenay National Park (C.-B., Alb.) *(p. 224)* ; chutes du Niagara (O.) *(p. 377)* ; Kakabeka Falls Provincial Park (O.) *(p. 420)*.
Côté mers	Pacific Rim National Park Reserve (C.-B.) *(p. 150)* ; Naikoon Provincial Park (C.-B.) *(p. 161)* ; Fundy National Park (N.-B.) *(p. 498)* ; Cape Breton Highlands National Park (N.-É.) *(p. 545)* ; Gros Morne National Park (T.-N.) *(p. 576)* ; Terra Nova National Park (T.-N.) *(p. 592)*.
Côté lacs	Muncho Lake Provincial Park (C.-B.) *(p. 235)* ; Kluane National Park Reserve (Yuk.) *(p. 252)* ; baie Géorgienne (O.) *(p. 403)* ; Nipigon Bay (O.) *(p. 421)* ; Ouimet Canyon Provincial Park (O.) *(p. 421)* ; Les Mille Îles (O.) *(p. 444)*.
Côté glaces	Nahanni National Park Reserve (T. N.-O.) *(p. 606)* ; Auyuittuq National Park (N.) *(p. 624)* ; Qaummaarviit Territorial Park (N.) *(p. 626)*.
Randonnées	Garibaldi Provincial Park (C.-B.) *(p. 123)* ; Juan de Fuca Trail (C.-B.) *(p. 139)* ; Wells Gray Park (C.-B.) *(p. 184)* ; Cathedral Provincial Park (C.-B.) *(p. 198)* ; Kettle Valley Railway (C.-B.) *(p. 200)* ; parcs des Rocheuses (C.-B., Alb.) *(p. 207)* ; Burgess Shale (C.-B.) *(p. 215)* ; piste Chilkoot (Yuk.) *(p. 241)* ; Cypress Hills Interprovincial Park (Alb.) *(p. 279)* ; Elk Island National Park (Alb.) *(p. 291)* ; Riding Mountain National Park (Man.) *(p. 324)* ; Point Pelee National Park (O.) *(p. 396)* ; baie Géorgienne (O.) *(p. 403)* ; Algonquin Provincial Park (O.) *(p. 410)* ; Lake Superior Provincial Park (O.) *(p. 418)* ; Kakabeka Falls Provincial Park (O.) *(p. 420)* ; Roosevelt Campobello International Park (N.-B.) *(p. 502)* ; Ikuvik Trail et Ukama Trail (N.) *(p. 624)* ; piste Itijjagiaq (N.) *(p. 625)* ; col d'Akshayuk (N.) *(p. 625)* ; Bathurst Inlet (N.) *(p. 628)*.
Routes et pistes	Route des Totems (C.-B.) *(p. 175)* ; Bow Valley Parkway (C.-B.) *(p. 212)* ; Icefields Parkway (C.-B.) *(p. 217)* ; Yellowhead Highway (C.-B.) *(p. 223)* ; Top of the World Highway (Yuk.) *(p. 251)* ; Lake Superior Drive (O.) *(p. 418)* ; Blue Heron Drive (I. P.-É) *(p. 562)* ; Route du cap (T.-N.) *(p. 575)* ; Ingraham Trail (T. N.-O.) *(p. 613)*.
OBSERVATION DES ANIMAUX	
Faune variée	Parcs des Rocheuses (C.-B., Alb.) *(p. 207)* ; Elk Island National Park (Alb.) *(p. 291)* ; Prince Albert National Park (Sask.) *(p. 296)* ; Wood Buffalo National Park (T. N.-O., Alb.) *(p. 608)*.
Oiseaux	Riding Mountain National Park (Man.) *(p. 324)* ; Point Pelee National Park (O.) *(p. 396)* ; Cape St Mary's Ecological Reserve (T.-N.) *(p. 575)* ; Witless Bay Ecological Reserve (T.-N.) *(p. 586)* ; île Marble (N.) *(p. 630)*.
Papillons monarques	Point Pelee National Park (O.) *(p. 396)*.
Saumons	Capilano Canyon (C.-B.) *(p. 120)* ; canyon du Fraser (C.-B.) *(p. 188)* ; Rearguard Falls (C.-B.) *(p. 224)* ; passe migratoire de Whitehorse Dam (C.-B.) *(p. 239)* ; Atlantic Salmon Museum (N.-B.) *(p. 495)*.
Baleines	Vancouver (C.-B.) *(p. 131)* ; Tofino (C.-B.) *(p. 150)* ; Grand Manan Island (N.-B.) *(p. 503)* ; Witless Bay Ecological Reserve (T.-N.) *(p. 587)* ; Trinity (T.-N.) *(p. 593)* ; île Marble (N.) *(p. 630)*.
Ours polaires	Churchill (Man.) *(p. 329)* ; île Marble (N.) *(p. 630)*.
Aquariums et zoos	Aquarium de Vancouver (C.-B.) *(p. 112)* ; Calgary Zoo (Alb.) *(p. 267)* ; Toronto Zoo (O.) *(p. 363)* ; New Brunswick Aquarium and Marine Centre (N.-B.) *(p. 496)* ; HMSC Aquarium-Museum, à St Andrews (N.-B.) *(p. 501)*.
Dinosaures et fossiles	Dinosaur Provincial Park (Alb.) *(p. 283)*.

Aller au Canada

Fiche d'identité

Capitale : Ottawa
Superficie : 9 017 699 km²
Population : 35 158 304 hab. (est. 2013)
Monnaie : dollar canadien
Langues officielles : anglais, français
**Site web du gouvernement
du Canada :** www.canada.gc.ca

En avion

Les principales compagnies
nationales assurent des vols
réguliers entre l'Europe et
le Canada. Deux possibilités :
vol direct sans escale, la solution
la plus rapide mais aussi la plus
chère ; vol avec une ou parfois
deux escales. L'escale peut avoir
lieu au départ en Europe (Paris, via
Londres, Francfort, Amsterdam,
etc.) ou à l'arrivée, via une ville
américaine ou canadienne
(Montréal, Toronto, etc.).
Comptez environ 7h de vol entre
Paris et Montréal, 8h pour Toronto,
9h pour Vancouver (13h avec escale)
en sachant que le vol retour dure
moins longtemps que le vol aller.
Selon les dates de réservation, et
la nature des vols – avec ou sans
escale – les prix s'échelonnent pour
une fourchette moyenne entre 600
et 1 000 $ AR (450/750 €).

VOLS RÉGULIERS

Compagnies nationales

Des vols réguliers et directs
sont assurés entre Paris, Bruxelles
ou Zurich et Montréal
ou Toronto. Pour se rendre dans
les autres villes canadiennes,
il est nécessaire de prévoir une
ou plusieurs escales au Canada
et/ou aux États-Unis.
Air Canada – ☏ 0 825 880 881
(0,15 €/mn, France) ;
☏ 00 31 20 405 52 50 (Belgique) ;
☏ 0 848 247 226 (Suisse) -
www.aircanada.com.
Air France – ☏ 36 54
(0,34 €/min, France, 6h30-22h) -
www.airfrance.com.
SN Brussels Airlines –
☏ 0 902 51 600
(0,75 €/mn, Belgique) -
www.brusselsairlines.com.
Swiss International Airlines –
☏ 0 848 700 700 (Suisse) -
www.swiss.com.

Autres compagnies

Elles proposent des vols réguliers
avec le Canada via Londres,
Amsterdam ou Francfort.
British Airways –
www.britishairways.com.
KLM – www.klm.com.
Lufthansa – www.lufthansa.com.

VOLS CHARTERS

Air Transat – ☏ 0 825 120 248
(0,15 €/mn, France) ; ☏ 00 800 872
672 88 (Belgique et Suisse) -
www.airtransat.com.
Vols au départ de Nantes,
Bordeaux, Toulouse, Marseille,
Nice, Lyon, Mulhouse/Bâle et
Bruxelles, de mai à octobre.
Corsairfly – ☏ 0 820 042 042
(0,34 €/mn, France) -
www.corsairfly.com.
Vols directs entre Paris et Montréal,
de mai à novembre.

Avant de partir

Météo

CLIMAT

L'immensité du territoire canadien explique des contrastes climatiques saisissants.

Services météorologiques – www.meteo.gc.ca; www.meteomedia.com.

🌙 *Voir p. 50 et les pages « Panorama » en ouverture des provinces ou territoires dans la partie « Découvrir le Canada ».*

SAISONS

Un voyage au Canada peut se prévoir en toute saison car chacune possède ses attraits propres. Cependant le pays attire plus particulièrement les touristes entre mai et début octobre, période où de nombreux sites sont ouverts au public, avec une pointe de fréquentation en juillet et en août.

Printemps

Le printemps se manifeste dès février sur la côte ouest avant de gagner l'ensemble du territoire vers le début du mois d'avril. Les journées sont douces et les nuits fraîches, voire très froides; on peut encore skier dans de nombreuses stations. En Ontario, au Québec et au Nouveau-Brunswick, les « parties de sucre » célèbrent la récolte de la sève d'érable.

Été

Les mois de juillet et août sont chauds et humides (22°-35 °C) dans la plupart des provinces. C'est la période idéale pour les activités de plein air que l'on peut pratiquer souvent dès mai, et jusqu'en septembre, mois qui offre des journées encore chaudes et des soirées fraîches.

😊 **Bon à savoir** – Le Grand Nord est plus facilement accessible à cette époque, lorsque les températures dépassent 0 °C.

Automne

C'est la saison, surtout de mi-septembre à début octobre, où les forêts rougeoient. Pour en profiter, il faut se rendre dans le sud du Canada.

Hiver

L'hiver se prête aux sports d'hiver. Les premières chutes de neige arrivent fin octobre et s'étendent à l'immense majorité du pays. Seule la côte ouest conserve des températures douces.

QU'EMPORTER ?

Un **produit insectifuge** pour se protéger, dans de nombreuses régions, de la mouche noire (juin) et des moustiques (juillet).

Des **vêtements adaptés** au climat local : imperméable (ou parapluie), vêtements chauds pour les soirées fraîches (bonnet, écharpe et gants sont parfois nécessaires au début du printemps et à la fin de l'automne), voire très chauds pour des séjours hivernaux.

🌙 *Voir aussi « Santé », p. 15.*

Adresses utiles

INFORMATIONS TOURISTIQUES

http://fr-corporate.canada. travel – Le site officiel de la Commission canadienne du tourisme présente le Canada de façon générale et renvoie sur les sites officiels du tourisme de chaque province que vous retrouverez aussi dans les pages « Les provinces ou territoires pratique » dans la partie « Découvrir le Canada ».

♿ *Voir aussi « Informations touristiques », p. 23.*

www.accesvoyage.gc.ca – Le site du gouvernement renseigne sur les moyens de transport qui relient les villes canadiennes.

www.viarail.ca – Pour les trajets en train.

www.greyhound.ca – Pour les trajets en autocar.

www.pc.gc.ca – Le site des parcs nationaux recense les accessibilités des parcs et des lieux historiques.

AMBASSADES

France
Ambassade du Canada – 35 av. Montaigne - 75008 Paris - ☎ 01 44 43 29 00/02 (service consulaire) - www.france.gc.ca.

Belgique
Ambassade du Canada – 2 av. de Tervuren - 1040 Bruxelles - ☎ 02 741 06 11 - www.belgique.gc.ca.

Suisse
Ambassade du Canada – 88 Kirchenfeldstrasse - 3005 Berne - ☎ 031 357 32 00 - www.suisse.gc.ca.

♿ **www.dfait-maeci.gc.ca** – Liste des ambassades, consulats et missions du Canada à l'étranger.

TOURISME ET HANDICAP

Les curiosités accessibles aux personnes à mobilité réduite sont signalées par le symbole ♿ dans les conditions de visite de ce guide. Il est nécessaire toutefois de se renseigner auprès des sites pour connaître le niveau d'aménagement et d'éventuelles nouveautés.

Association des paralysés de France – 17 bd Blanqui - 75013

Paris - ☎ 01 40 78 69 00 - www.apf.asso.fr. Le service APF Évasion pourra vous fournir quelques informations avant votre départ.

Association Kéroul – 4545 av. Pierre-de-Coubertin - CP 1000 - Montréal (QC), H1V 3R2 - ☎ 514 252 3104 - www.keroul.qc.ca.

AGENCES DE VOYAGES

Authentik Canada – ☎ 0 805 080 113 (France) ; ☎ 0 800 262 32 (Belgique) ; ☎ 0 800 898 601 (Suisse) - www.authentikcanada.com. Le Canada sur mesure.

Terre Canada – ☎ 01 34 18 18 18 - www.terrecanada.com. Circuits accompagnés en tout genre : chasse, pêche, rando, etc.

Vacances Canada – ☎ 01 40 15 15 15 - www.vacancescanada.com. Voyages organisés en groupes ou individuels, sur mesure, ou simplement vol + hôtel.

Grand Nord-Grand Large – ☎ 01 40 46 05 14 - www.gngl.com. Une des rares agences spécialisées dans les régions arctiques et antarctiques. Groupes ou voyages individuels.

Objectif Nature – ☎ 01 53 44 74 30 - www.objectif-nature.com. Depuis près de 25 ans cette agence se passionne pour les safaris, à la découverte de la faune et de la flore canadiennes.

Amerikasia – ☎ 04 78 42 98 82 (France, Lyon) - www.amerikasia.fr. Nombreuses formules pour parcourir le Canada en tous sens.

Comptoir des voyages – ☎ 0 892 239 339 (0,34 €/mn) - www.comptoir.fr. Agence spécialisée dans les voyages individuels à la carte.

Terre d'Aventure – ☎ 0 825 700 825 (0,15 €/mn, France) ; ☎ 02 54 39 5 60 (Belgique) - www.terdav.com. 35 circuits : randonnées pédestres, en traîneau à chiens, en motoneige…

Aventuria – ℰ 0821 029941 (France) - www.aventuria.com. Spécialiste haut de gamme du voyage sur mesure centré sur l'aventure.

🅐 **Bon à savoir** – Certains séjours thématiques ou vers des destinations comme le Nunavut doivent être réservés très longtemps à l'avance.

LIBRAIRIES

🕭 *« Mémo » p. 35.*

Formalités

DOCUMENTS IMPORTANTS

Papiers d'identité

Un passeport en cours de validité est suffisant pour les ressortissants français, belges et suisses pour entrer sur le territoire canadien, mais par mesure de précaution, assurez-vous auprès de l'ambassade du Canada *(voir ci-contre)* la plus proche de votre lieu de résidence que vous disposez des documents nécessaires avant d'entreprendre votre voyage.

Permis de conduire

Les permis de conduire français, belge et suisse sont valables pour une durée de six mois. Au-delà de cette période et pour les ressortissants des autres pays, le permis international est obligatoire.

ENTRÉE AUX ÉTATS-UNIS

Si vous envisagez, lors d'un séjour au Canada, de faire une escapade aux États-Unis, informez-vous avant le départ sur les règlements en vigueur et les documents requis aux douanes (passeport biométrique) auprès de l'ambassade américaine la plus proche de votre lieu de résidence.

🕭 http://french.france.usembassy. gov; http://french.belgium. usembassy.gov; http://bern. usembassy.gov.

SANTÉ

Vaccins

Aucune vaccination n'est obligatoire.

Traitement médical

En cas de traitement médical, emportez votre ordonnance et vérifiez que vos produits pharmaceutiques sont étiquetés dans leur emballage d'origine pour le passage de la douane.

ASSURANCES INDIVIDUELLES

Il est recommandé de contracter une assurance fournissant des garanties spéciales d'assistance pour les frais médicaux car ceux-ci sont très élevés pour les touristes étrangers. Elle peut aussi être nécessaire pour la pratique d'activités sportives et de loisirs.

Europ Assistance – www.europ-assistance.com.

Mondial Assistance – www.mondial-assistance.fr.

DOUANES

La circulation de certaines marchandises (tabac, alcool, œuvres d'art, médicaments…) et de sommes d'argent en valeur est soumise à restrictions.

🕭 www.cbsa-asfc.gc.ca.

Argent

Monnaie

L'unité monétaire est le dollar canadien ($ CA).

Taux de change (septembre 2013) : 1 $ CA = 0,71 € ; 1 € = 1,40 $ CA.

🕭 *Voir aussi « Argent », p. 23.*

Cartes bancaires

Les cartes bancaires (de type American Express, Carte Blanche, Discover, Diners Club, Mastercard/Eurocard et Visa/Carte Bleue) sont acceptées un peu partout au Canada.

Elles permettent également de retirer des dollars 24h/24 dans les guichets automatiques des banques, situés dans les zones de fortes fréquentations.

🖐 **Bon à savoir** – Renseignez-vous avant le départ sur les commissions pratiquées par votre banque et vos limites de retraits. Les frais sont en règle générale assez élevés (2 à 6 % selon le montant de vos retraits).

Chèques de voyage

Ils sont acceptés dans la plupart des hôtels, restaurants, commerces et banques, à condition que vous présentiez une pièce d'identité avec photo et qu'ils soient rédigés en dollars canadiens.

SERVICES OU ARTICLES	PRIX MOYEN EN CA $ (taxes incluses, pourboires non inclus) *
Un lit en auberge de jeunesse (dortoir)	40
Une chambre double dans un B&B (petit déjeuner compris)	140/160
Une chambre double dans un hôtel de grande chaîne (petit déjeuner non compris)	120/140
Une chambre double dans un hôtel de luxe (Fairmont, lodges, etc. - petit déjeuner non compris)	à partir de 400 (parfois 300)
Un repas simple (entrée/plat ou plat/dessert) dans un restaurant de grande chaîne ou dans un restaurant ethnique (boissons comprises)	15/25
Un repas dans un bon restaurant (boissons comprises)	40/60
Bouteille d'eau minérale (1,5 l.)	3
Café (expresso)	3/5
Pinte de bière	7/10
Une location de voiture pour une semaine (catégorie A - kilométrage en sus)	350
Une location de camping-car pour une semaine (2 pers. - kilométrage en sus)	1 400/1 600
1 litre d'essence	1,32
Frais d'entrée dans un parc naturel (pour une journée, par adulte)	8
Pass annuel valable dans plus de 100 parcs naturels nationaux, aires marines nationales de conservation et Lieux historiques nationaux (NHS)	68
Une nuit dans un camping (site aménagé : eau, électricité, tout-à-l'égout, etc.)	20/40
Une nuit de camping sauvage dans un parc naturel national	20/26
Entrée dans un musée ou un site culturel (par adulte)	10/20
Excursion « nature » guidée (pêche, observation de la faune, etc.) par adulte	80
Vol en hydravion (30mn/adulte)	100
Trajet aéroport/centre-ville en taxi	35/40
Trajet aéroport/centre-ville en transport en commun	8/15
Ticket de bus/métro en centre-ville (adulte)	3

* Selon le taux de change, le montant en euros est de − 10 à − 20 %. Moyenne ne prenant pas en compte les localités non touristiques, nettement moins chères.

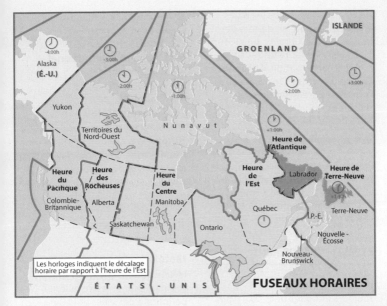

ISLANDE

GROENLAND

Alaska (É.-U.) -4:00h

-3:00h

-2:00h

+2:00h

+3:00h

Yukon

-1:00h

N u n a v u t

Territoires du Nord-Ouest

+1:00h

Heure de l'Atlantique

Heure du Pacifique

Heure des Rocheuses

Heure du Centre

Heure de l'Est

Labrador

Heure de Terre-Neuve

Colombie-Britannique

Alberta

Manitoba

Québec

+1:30h

Terre-Neuve

Saskatchewan

Ontario

Î.-P.-É.

Nouvelle-Écosse

Nouveau-Brunswick

Les horloges indiquent le décalage horaire par rapport à l'heure de l'Est

É T A T S - U N I S

FUSEAUX HORAIRES

Décalage horaire

Le Canada est divisé en **six fuseaux horaires** *(voir carte ci-dessus)*. Entre le fuseau le plus à l'est, à l'heure de Terre-Neuve, et celui le plus à l'ouest, à l'heure du Pacifique, le décalage horaire est de 4h30.

Le pays adopte l'**heure d'été** (on avance d'une heure) du deuxième dimanche de mars au premier dimanche de novembre.

♿ *Voir « Les provinces ou territoires pratique » dans la partie « Découvrir le Canada ».*

Téléphoner au Canada

Pour appeler le Canada depuis la France, la Belgique et la Suisse, composez le : 00 + 1 + code régional + 7 chiffres du n° canadien.

😊 **Bon à savoir** – Pour téléphoner à des tarifs avantageux au Canada, consultez le site www.skype.com.

♿ *Voir aussi « Téléphone », p. 25.*

TÉLÉPHONES MOBILES

Si vous souhaitez utiliser votre téléphone mobile au Canada,

renseignez-vous sur les conditions tarifaires auprès de votre opérateur, assurez-vous que votre appareil est adapté aux normes américaines et que la fonction « internationale » est bien activée.

😊 **Bon à savoir** – Lorsque vous êtes à l'étranger, n'oubliez pas que les communications sont payantes tant à l'émission qu'à la réception.

Budget

Afin de faciliter la préparation de votre voyage, et sans méconnaître les limites de l'exercice, nous vous indiquons dans un tableau *(voir ci-contre)* un ordre de prix pour les principaux postes de dépense. N'oubliez pas de prendre en compte les pourboires *(voir p. 24)* et le kilométrage de vos transports en voiture de location *(voir p. 26)*.

Se loger

Le Canada propose de nombreuses formules d'hébergement. Il est préférable de réserver à l'avance surtout pendant la haute saison touristique, dans les stations de ski en hiver et dans les parcs en été. Attention, en dehors des grands centres urbains, beaucoup d'installations touristiques sont fermées certains mois de l'année.

⊘ **Bon à savoir** – De nombreuses communes prélèvent une **taxe de séjour** non mentionnée sur les tarifs de l'hôtel.

NOTRE SÉLECTION

Retrouvez « Nos adresses » dans la partie « Découvrir le Canada ». Nous avons classé les établissements par catégories de prix *(voir tableau ci-contre)*.

LES DIFFÉRENTS TYPES D'HÉBERGEMENT

Hôtels

Toujours indiqués hors taxe *(voir « Taxes » p. 25)*, les prix varient considérablement selon la saison, l'emplacement, le type de prestations offertes et la méthode de réservation (offres avantageuses sur Internet). En règle générale, le prix du petit déjeuner n'est pas inclus dans celui de la chambre.

⊘ **Bon à savoir** – En cas d'arrivée tardive, prévenez l'établissement ; toute réservation de chambre non confirmée par carte de crédit n'est pas maintenue après 18h.

www.hotels.ca – Pour trouver l'hôtel de vos rêves.
Et quelques chaînes :
Best Western International – www.bestwestern.fr.
Fairmont Hotels – www.fairmont.com.
Four Seasons Hotels – www.fourseasons.com (en anglais).
Hilton – www.hilton.com.
Holiday Inn – www.holidayinn.com.
Novotel – www.novotel.com.
Radisson Inn – www.radisson.com.
Ramada – www.ramada.com (en anglais).
Sheraton Hotels – www.sheraton.com.

Motels

Idéaux pour le voyageur pressé, ces établissements installés en périphérie des villes et le long des axes routiers proposent des chambres sans charme, équipées en général d'une salle de bains et d'une télévision, d'un réveil et d'un téléphone. Ils distinguent parfois des chambres fumeurs et non-fumeurs.
Comfort Inn – www.comfortinn.com.
Quality Inn – www.qualityinn.com.
Choice Hotels – www.choicehotels.fr.
Travelodge – www.travelodge.com.
Days Inn – www.daysinn.com.

⊘ **Calculez votre budget quotidien**
Le prix à la journée a été calculé **pour une personne**, sur la base d'un séjour pour deux en basse saison.
Premier prix avec hébergement en camping ou auberge de jeunesse, restauration sur le pouce ou dans des restaurants simples et transport en bus : env. **80 €**.
Budget moyen avec hébergement dans un hôtel confortable, au moins un repas complet dans un restaurant courant et déplacements en bus ou en train : env. **100 €**.
Pour se faire plaisir avec hébergement dans un hôtel confortable, petit déjeuner et deux repas dans un restaurant courant et déplacements en voiture de location : env. **145 €**.
Une folie avec hébergement dans les hôtels les plus chics ou de belles chambres d'hôte, dîner dans les restaurants gastronomiques, déplacements en voiture de location : env. **190 €**.

NOS CATÉGORIES DE PRIX (taxes comprises)		
	Hébergement (prix de la chambre double sans petit déjeuner)	**Restauration** (prix d'un repas)
Premier prix	moins de 85 $ (moins de 60 €)	moins de 25 $ (moins de 18 €)
Budget moyen	de 85 à 125 $ (de 60 à 90 €)	de 25 à 40 $ (de 18 à 30 €)
Pour se faire plaisir	de 125 à 200 $ (de 90 à 145 €)	de 40 à 60 $ (de 30 à 45 €)
Une folie	plus de 200 $ (plus de 145 €)	plus de 60 $ (plus de 45 €)

Auberges rurales

Comptant en principe plus de 15 chambres, elles proposent une pension complète. Les prestations varient de l'une à l'autre, ainsi il n'est pas toujours possible de bénéficier d'une salle de bains privée ou d'un téléphone dans la chambre. Un bain à remous, une entrée privée ou une vue splendide peuvent faire grimper les prix.
ℭ www.gitescanada.com ; www.innkeeping.org.

Chambres d'hôte

Les établissements familiaux offrant des prestations de base fourmillent au Canada. La formule **B & B** promet un hébergement chaleureux, en ville ou à la campagne, souvent dans des habitats de caractère : maison victorienne, cottage, phare…
ℭ www.bbcanada.com.
🅐 **Bon à savoir** – Certains B & B n'acceptent pas les cartes de crédit.

À la ferme

Particulièrement adaptées aux familles avec enfants, les vacances à la ferme permettent aux hôtes payants de participer aux travaux agricoles quotidiens (ramasser les œufs, nourrir les animaux, parfois traire les vaches), de prendre les repas avec la famille d'accueil et de profiter d'activités de loisir telles que randonnées à pied et à cheval, promenades en carriole ou en traîneau, canoë, pêche et cueillette de fruits sauvages. Le petit déjeuner est souvent compris dans le prix de la nuitée et il arrive que les pique-niques soient offerts.

Les **ranchs d'accueil** sont principalement localisés dans les montagnes de Colombie-Britannique et les collines des provinces des Prairies. Nombreux sont ceux qui mènent de front l'hébergement et leur activité d'élevage, incitant leurs visiteurs à participer aux travaux quotidiens. Promenades à cheval, nuits à la belle étoile, randonnées, pêche accompagnée, baignade, danses country et soirées autour d'un feu sont souvent proposées. Tout l'équipement est fourni et certains prennent en charge les enfants.
Dude Ranchers' Assn. – www.duderanch.org (en anglais).
BC Guest Ranchers' Assn. – www.bcguestranches.com (en anglais).
🅐 **Bon à savoir** – Renseignez-vous sur les arrhes, les frais de police d'assurance et les conditions de séjour. Les cartes de crédit ne sont pas toujours acceptées.

Camps et pavillons de chasse et de pêche

Pêcheurs et chasseurs trouveront au Canada toute une gamme de camps (avec tentes) et de pavillons, certains si reculés qu'on y accède seulement à pied, par hydravion ou en bateau privé. Le plus simple est de s'adresser à l'office de tourisme de la région concernée ou à une agence spécialisée *(voir p. 14)* qui se chargera de tout : transport, hébergement, équipement, accompagnement (les non-résidents doivent avoir un guide qualifié), obtention des permis, enregistrement des prises (formalité obligatoire)… Ces expéditions sont relativement coûteuses et le nombre de places est limité. Il est donc conseillé de réserver longtemps à l'avance.

Auberges de jeunesse

Elles proposent, pour les petits budgets, un réseau d'étapes bon marché. L'hébergement est simple : dortoirs (couverture et oreiller fournis) ou chambres individuelles (moyennant un supplément), douches, machines à laver, cuisine en libre accès. Les cartes de crédit sont en général acceptées.
 www.hihostels.ca.

Campus universitaires

Pendant les vacances d'été (mai-août), de nombreuses universités louent des **dortoirs** (les chambres sont rares) pour une somme modique (linge fourni, salles de bains communes). Adressez-vous à l'établissement ou à l'office de tourisme local.

Camping

Le Canada abonde en terrains parfaitement aménagés, dont les offices de tourisme provinciaux publient la liste en précisant les services offerts. Ils sont généralement ouverts de mi-mai à fin août.

Dans les parcs – Relativement bon marché, ils sont rapidement complets, en particulier pendant les vacances scolaires. Ils proposent de la simple place de tente aux branchements complets pour caravanes et camping-cars (à réserver au moins deux mois à l'avance) ou aux cabanes rustiques (à réserver un an à l'avance).
 www.pc.gc.ca.

Terrains privés – Ils sont souvent mieux équipés que ceux des parcs et légèrement plus chers.

Se restaurer

Vous trouverez au Canada tous les types de restaurants et donc toutes les sortes de cuisine, allant de l'en-cas bon marché au repas gastronomique coûteux.

www.restaurant.ca – Recense de très nombreux restaurants grâce à d'efficaces moteurs de recherche.

NOTRE SÉLECTION

Retrouvez notre sélection dans « Nos adresses » dans la partie « Découvrir le Canada ». Les établissements y sont classés par catégories de prix *(voir le tableau p. 19)*.

LE VIN

Certains restaurants (n'ayant pas la licence de vente d'alcool) acceptent que les clients apportent eux-mêmes leur **bouteille de vin**. Ils affichent en vitrine l'acronyme BYOW (*bring your own wine*), soit « Apportez votre vin ».

Sur place de A à Z

ACHATS

Horaires
Les **commerces** sont généralement ouverts en semaine de 9h ou 10h à 18h (avec parfois des nocturnes les jeudi et vendredi jusqu'à 21h), et le samedi de 9h à 17h. Dans la plupart des villes, les magasins sont ouverts le dimanche après-midi. Les petites boutiques des stations d'essence sont ouvertes plus longtemps.

Art et artisanat
Pour acheter des objets d'art et d'artisanat, pensez aux boutiques des musées qui représentent des sources d'approvisionnement de qualité. Vous pouvez aussi vous rendre sur les marchés ou encore directement dans les ateliers de fabrication. Certains objets, comme les sculptures sur pierre inuits, sont certifiés authentiques à l'aide d'une vignette émise par le gouvernement canadien.
Ġ *Voir « Nos adresses » dans la partie « Découvrir le Canada ».*

Vin
Que ce soit sur les rives du lac Ontario, ou dans la vallée de l'Okanagan, nombre d'exploitations viticoles ouvrent leurs portes au public. Elles organisent des visites guidées comprenant en général une dégustation gratuite. En automne, les centres d'accueil locaux renseignent sur les foires et les manifestations organisées autour du vin. Les chambres de commerce des régions vinicoles procurent des cartes gratuites et des guides.
Ġ *Voir « La gastronomie », p. 47.*

Autres souvenirs
Le dernier cri de l'**équipement de western**, chapeaux de cow-boy, foulards colorés, se trouve entre autres dans les magasins de Calgary. Les **fourreurs** sont légion, en particulier à Ottawa, Toronto et Winnipeg. Pour les **kilts** écossais, rendez-vous en Nouvelle-Écosse *(voir p. 550)*, pour les **tricots fait main**, à Terre-Neuve…

ACTIVITÉS

Le Canada est un paradis pour la pratique des activités sportives et de loisirs de plein air. Cependant, avant d'entreprendre quoi que ce soit, estimez vos capacités, équipez-vous correctement, informez-vous des codes de sécurité et de la météo *(voir p. 13)*. Vous pouvez aussi utiliser les services d'un professionnel en vous adressant aux agences de voyages *(voir p. 14)*, aux prestataires privés, aux offices de tourisme locaux *(coordonnées dans la partie « Découvrir le Canada »)* et enfin aux parcs nationaux et provinciaux *(voir p. 24)*.

Canoë, kayak, rafting
La multitude de lacs, de rivières et de côtes océanes a largement favorisé le développement du canoë, du kayak et du rafting de tout niveau. Les eaux des fleuves et les parcs de l'Ontario, ceux de la Colombie-Britannique ou encore la baie de Malpèque sur l'île du Prince-Édouard représentent par exemple des destinations de choix.

Équitation
Il existe toutes sortes de possibilités pour monter à cheval au Canada. Vous pouvez vous balader quelques heures, partir pour un week-end ou entreprendre des randonnées sur plusieurs jours, séjourner dans un ranch…
Ġ *Voir aussi « Se loger », p. 19.*

Motoneige

Un immense réseau de pistes balisées permet de parcourir à motoneige de longues distances à travers des zones plus ou moins isolées, offrant pour ceux qui le souhaitent une découverte du territoire en itinérant. Très prisées des Canadiens, ces balades bénéficient d'une infrastructure rigoureuse et d'une réglementation stricte.

Observation de la vie sauvage

On peut observer des cétacés dans le golfe du St-Laurent ou le long de la côte ouest, des oiseaux et des grizzlis dans les parcs, des ours polaires à Churchill (Man.) ou dans le Nunavut, des fous de Bassan sur la péninsule d'Avalon (Terre-Neuve).

Patin à glace

Chaque commune du pays possède sa propre patinoire, mais l'hiver, les patineurs évoluent surtout sur les lacs ou les rivières gelés, aménagés à cet effet, comme le canal Rideau en plein cœur d'Ottawa.

Pêche et chasse

Le Canada est une destination idéale pour la pêche et la chasse et un grand nombre de structures organisent des séjours thématiques.
⚓ www.canada-outfitters.com.

Randonnées

Les parcs provinciaux et nationaux du Canada, comme ceux très fréquentés de l'Alberta et de la Colombie-Britannique, comptent de nombreux sentiers balisés et fournissent des conseils pour organiser son périple à travers la majestueuse beauté des paysages.
www.gemtrek.com et **www. fedmaps.com** – Pour les cartes topographiques.

Ski et snowboard

Les conditions climatiques et l'équipement pour la pratique du ski alpin, du ski nordique (cross-country) et du snowboard sont spectaculaires au Canada, en particulier dans les montagnes de l'Alberta et de Colombie-Britannique.
www.skicanada.org – Pour les stations, les locations de matériel, les conditions pour skier.

Traîneau à chiens

Une randonnée d'une journée ou de plusieurs jours vous entraîne loin du bruit de l'activité humaine.

Vélo et VTT

Que vous préfériez rouler sur routes ou sur des chemins plus ou moins accidentés, des circuits, pour tous les niveaux, sont accessibles, notamment dans les parcs.

ALCOOL

L'âge limite pour acheter et consommer de l'alcool varie en fonction des provinces. Le taux d'alcoolémie maximal légal est fixé à 0,08 g/l.
⚓ *Voir « Les provinces ou territoires pratique » dans la partie « Découvrir le Canada ».*

AMBASSADES ET CONSULATS

Les ambassades étrangères sont situées à Ottawa (Ontario) et la plupart des pays ont un consulat dans les capitales provinciales.
France – 42 promenade Sussex - Ottawa K1M 2C9 - ✆ 613 789 1795 - www.ambafrance-ca.org. lun.-vend. 9h-12h30. Consulats généraux à Moncton et Halifax, Montréal, Toronto et Vancouver. Celui de Calgary a fermé en 2013.
Belgique – 360 r. Albert - bureau 820 - Ottawa K1R 7X7 - ✆ 613 236 7267 - www. diplomatie.be/ottawa.fr. Lun.-jeu. 9h-13h, 14h-15h, vend. 9h-14h30. En cas d'urgence ✆ 613 769 8335. Consulats généraux à Calgary, Halifax, Montréal, Ottawa, Toronto, Vancouver et Winnipeg.
Suisse – 5 Marlborough Ave - Ottawa K1N 8E6 - ✆ 613 235 1837 - www.eda.admin.ch. Lun.-vend. 9h-12h. Consulats généraux à

JOURS FÉRIÉS		
New Year's Day	Jour de l'an	1er janvier
Good Friday	Vendredi saint	Vendredi précédant le dim. de Pâques.
Easter Monday	Lundi de Pâques	Le lendemain du dim. de Pâques
Victoria Day	Fête de la Reine	Lundi précédant le 25 mai
Canada Day	Fête du Canada	1er juillet
Labour Day	Fête du Travail	1er lundi de septembre
Thanksgiving	Fête de l'Action de grâces	2e lundi d'octobre
Remembrance Day	Journée du Souvenir	11 novembre
Christmas Day	Noël	25 décembre
Boxing Day	Lendemain de Noël	26 décembre

Calgary, Halifax, Montréal, Ottawa, Toronto, Vancouver et Winnipeg.

ARGENT

Monnaie
Le dollar canadien se divise en 100 cents. Il existe des billets de 5 $, 10 $, 20 $, 50 $ et 100 $ et des pièces de 1 cent, 5 cents, 10 cents, 25 cents, 1 $ et 2 $.
Voir aussi « Argent », p. 15.

Change
Les meilleurs taux de change sont pratiqués dans les banques ou dans les bureaux de change.

Banques
Les banques sont ouvertes en général en semaine de 9h30 à 16h (18h le vendredi) ; certaines le samedi matin. Dans les aéroports, les guichets mettent en place des plages horaires souvent plus étendues et disposent de guichets de change. La plupart acceptent les cartes de crédit.

ÉLECTRICITÉ

Le courant alternatif est de 110 V et 60 Hz. Les appareils européens nécessitent des adaptateurs universels à fiches à broches plates, disponibles dans les magasins spécialisés dans l'électronique, le voyage ou dans les aéroports.

INFORMATIONS TOURISTIQUES

Les **offices de tourisme** ont des agences provinciales, régionales ou municipales qui distribuent cartes et brochures sur l'hébergement, la restauration, les sites historiques, culturels et naturels, les activités de loisirs, les événements et festivités, etc. Par ailleurs, ils disposent d'informations sur les transports, comme les dessertes aériennes locales, les compagnies de bus… et possèdent parfois un service de réservation d'hébergement.
Voir « Découvrir le Canada ».

JOURS FÉRIÉS

Les jours listés dans le tableau ci-dessus sont fériés dans tout le Canada.

D'autre part, il existe des jours fériés provinciaux ou territoriaux.

Voir « Les provinces ou territoires pratique » dans la partie « Découvrir le Canada ».

LANGUES

Le français prime bien entendu au Québec, ainsi que sur l'archipel français de St-Pierre-et-Miquelon, mais on le parle aussi dans les régions fortement marquées par le riche héritage acadien, notamment dans certaines parties du Nouveau-Brunswick, de la Nouvelle-Écosse et de l'île du Prince-Édouard. Ailleurs, l'anglais est de rigueur.

Voir « Le Canada aujourd'hui », p. 45.

PARCS NATURELS

Les parcs nationaux, provinciaux et les réserves naturelles conjuguent une double ambition : la préservation dans leur état naturel de sites exceptionnels et l'accessibilité au public. Ainsi, on vient y pratiquer de nombreuses activités de plein air ou suivre les promenades guidées organisées par des équipes de naturalistes.

Voir aussi p. 56, ainsi que « Les provinces ou territoires pratique » et les informations propres à chaque parc dans la partie « Découvrir le Canada ».

Centres d'accueil

Situés à l'entrée des parcs, ils mettent gracieusement à la disposition du public cartes et brochures et fournissent des renseignements divers : formules d'hébergement, programmes d'interprétation, etc.

www.pc.gc.ca.

😊 **Bon à savoir** – Si vous souhaitez visiter plusieurs parcs naturels ou lieux historiques nationaux (NHS), vous pouvez acquérir un **pass** annuel qui donne accès à une centaine d'entre eux *(www.pc.gc.ca - 68 CA $ - pass familial jusqu'à 7 pers. 137 CA $).*

PATRIMOINE

Afin de sauvegarder le patrimoine et la mémoire du pays, le Canada a créé plus de 150 **Lieux historiques nationaux (National Historic Site)**. Cette appellation s'applique à des sites historiques, à des personnages importants, à des architectures particulières, à des objets, à un passé archéologique, etc. Ils sont administrés par **Parcs Canada**.

www.pc.gc.ca.

Quatorze sites parmi les parcs nationaux et les lieux historiques du Canada sont inscrits sur la **liste du patrimoine mondial** de l'Unesco.

POSTE

Horaires

Les bureaux de poste sont généralement ouverts en semaine de 8h à 17h30, voire plus tard dans certaines localités. Il existe aussi des **comptoirs postaux** dans les pharmacies, les centres commerciaux et chez les dépanneurs.

www.canadapost.ca – Pour obtenir un code postal et connaître les coordonnées et les horaires de chaque bureau de poste.

Affranchissement

Cartes postales et lettres jusqu'à 30 g : Europe, 1,65 $; intérieur du Canada, 54 ¢. L'acheminement du courrier (excepté localement) s'effectue par avion.

Poste restante

La poste principale de chaque ville accepte le courrier en poste restante, qu'elle conserve 15 jours avant de le renvoyer à son expéditeur. Il doit être retiré par le destinataire en personne. Indiquer : c/o « General Delivery », Main Post Office, ville, province et code postal.

POURBOIRES

Il est d'usage, voire presque obligatoire, de donner un pourboire si l'on est satisfait du service. Dans les restaurants et pour les taxis, entre 15 et 20 % du total hors taxes. Pour les portiers, 1 à 2 $ par bagage.

TABAC

Il est interdit de fumer dans les lieux publics. L'âge limite pour acheter du tabac varie en fonction des provinces.
💰 *Voir « Les provinces ou territoires pratique » dans la partie « Découvrir le Canada ».*

TAXES

Au Canada, les prix cités ou affichés n'incluent pas la **taxe à la vente** (*sales tax*) qui est calculée au moment du paiement en caisse. Elle se compose d'une **taxe nationale** de 5 % sur les produits et les services (TPS en français ou GST – Goods and Service Tax – en anglais) à laquelle s'ajoute, dans la majorité des provinces, une **taxe de vente provinciale** (TVP). Certains produits sont soumis à des taxes différentes comme l'alcool (10 %) ou l'hébergement (16,5 % env.).
💰 *Voir « Les provinces ou territoires pratique » dans la partie « Découvrir le Canada ».*

TÉLÉPHONE

Appels internationaux
Pour **appeler l'Europe**, composez le 011 + l'indicatif du pays (Belgique : **32** ; France : **33** ; Suisse : **41**) + le n° du correspondant sans le 0 initial.
💰 *Voir « Téléphoner au Canada », p. 17.*

Appels nationaux
Appel interurbain – Composez le 1 + l'indicatif régional (3 chiffres) + le n° du correspondant (7 chiffres).
Appel intra-urbain – Composez l'indicatif régional (3 chiffres) + le n° du correspondant (7 chiffres).
Opérateur – Composez le 0.
Renseignements – Composez le 411 pour un numéro à l'intérieur de la zone d'appel ; 1 + indicatif régional + 555 1212 pour un numéro relevant d'une autre zone.

Numéros gratuits – Sauf indication contraire, les numéros de téléphone précédés de l'indicatif **800**, **866**, **877** et **888** sont gratuits à l'intérieur du Canada, mais ne sont pas toujours opérationnels hors du continent nord-américain.

Cabines publiques
Elles sont présentes sur les lieux de forte fréquentation et acceptent les cartes d'appels (internationales ou locales) ou les cartes de crédit. Communication locale : env. 50 ¢/3mn.

TRANSPORTS INTÉRIEURS

Avion
Les liaisons intérieures sont assurées par de très nombreuses compagnies aériennes, dont Air Canada, Air Transat et WestJet. Pour savoir laquelle choisir, le plus simple est de s'adresser directement aux offices de tourisme provinciaux.
Air Canada – ✆ 1 888 247 2262 - www.aircanada.ca.
Air Canada Jazz – ✆ 1 888 247 2262 - www.flyjazz.ca.
Air Transat – ✆ 1 877 872 6728 - www.airtransat.ca.
Hawkair – ✆ 1 800 487 1216 - www.hawkair.ca.
WestJet – ✆ 1 888 937 8538 - www.westjet.com.
💰 *Voir « En avion », p. 12.*

Train
Agréable façon de voyager, le train dessert la plupart des grandes villes canadiennes. Les distances étant longues, les trajets peuvent aisément durer plusieurs jours. Aussi les trains sont-ils confortablement équipés de wagon-couchettes, wagon-restaurant, etc. Plusieurs **pass** (Canrailpass) sont disponibles sur le site Internet.
Via Rail – ✆ 1 888 842 7245 - www.viarail.ca.
Enfin, des trains touristiques empruntent des itinéraires traversant des paysages spectaculaires, tels le Polar Bear Express, qui circule dans le Grand

Nord, ou le Rocky Mountainer Railtours en Colombie-Britannique.

Autocar

Le Canada bénéficie d'un important réseau d'autocars. Principale compagnie, Greyhound Canada Transportation Corp. circule sur l'ensemble du territoire et propose toutes sortes de forfaits dont un pass (valable de 7 à 60 jours). D'autres compagnies prennent le relais à l'échelle locale.

Greyhound – ✆ 1 800 661 8747 - www.greyhound.ca.

Bateau

Des « traversiers » (équivalent du mot « ferry ») relient entre eux nombre de territoires canadiens. Pour tout renseignement, adressez-vous à l'office de tourisme régional concerné. ♿ www.bcferries.com.

URGENCES

Pompiers, police, urgences médicales – ✆ 911.

🐝 **Bon à savoir** – De nombreuses zones rurales n'ont pas de service téléphonique pour les urgences. Faites alors le « 0 » et l'opérateur vous communiquera le numéro à appeler.

VISITES

Dans les moyennes et grandes villes, les sites touristiques sont généralement ouverts toute l'année ; dans le reste du pays, certains ferment entre le deuxième week-end d'octobre et avril.

Les parcs, les monuments et les musées sont payants et relativement chers, prévoyez votre budget en conséquence.

VOITURE

Le Canada dispose d'un réseau routier bien entretenu. En hiver, la plupart des autoroutes et des routes principales sont déblayées et ouvertes à la circulation, mais mieux vaut s'enquérir de l'état des routes avant le départ. Dans le nord du pays et hors des grandes artères, les routes ne sont pas toujours revêtues, il convient de faire preuve d'une grande prudence au volant.

www.caa.ca – Le site de l'Association canadienne des automobilistes fournit des informations, entre autres sur les consignes de sécurité à respecter, et renvoie sur les sites des associations provinciales.

Routes touristiques

La **Transcanadienne**, longue de 7 820 km, traverse le pays de part en part. Des routes touristiques parcourent souvent les sites remarquables.

Législation routière

Limitation de vitesse – Sauf indication contraire, elle est de 100 km/h sur autoroute, de 90 km/h sur route secondaire et de 50 km/h en ville.

Phares – Les phares doivent toujours être allumés, même en plein jour.

Pneus – L'hiver, pneus neige et trousse d'urgence sont obligatoires.

Ceinture de sécurité – Elle est obligatoire à l'arrière et à l'avant.

Détecteur de radar – Leur utilisation à bord des véhicules est interdite.

Feux de signalisation – Ils sont généralement de l'autre côté du carrefour mais l'arrêt du véhicule doit tout de même être fait avant l'intersection.

Feu rouge – Il est autorisé de tourner à droite au feu rouge, après avoir marqué un arrêt complet, excepté dans certaines villes du Québec.

Cars scolaires – Les clignotants allumés des cars de ramassage scolaire arrêtés signalent l'arrêt total de la circulation dans les deux sens pour permettre aux enfants de traverser en toute sécurité.

Priorité – La priorité est indiquée pour chaque intersection. Le piéton est toujours prioritaire.

Location de voitures

Les principales sociétés de location de voitures sont généralement

Cartes et Guides MICHELIN,
EXPLOREZ VOS ENVIES
DE VOYAGES !

Explorez nos collections de guides de tourisme, de cartes routières et touristiques, de guides gastronomiques pour tout découvrir et mieux profiter de vos voyages.
Les cartes et guides MICHELIN emmènent les curieux plus loin !

www.michelin-boutique.com
voyage.michelin.fr

représentées dans les grands aéroports et dans les gares principales.

Avis – www.avis.com.

Budget – www.budget.ca.

Discount – www.discountcar.com.

Hertz – www.hertz.com.

National – www.nationalcar.com.

🐾 **Bon à savoir** – Au Canada comme aux États-Unis, les voitures de location sont invariablement **automatiques**, et la signification des repères de levier de vitesse est la suivante :

P (parking, voiture bloquée)

R (marche arrière)

N (point mort)

D (marche avant)

2, 1 (pour les côtes un peu raides)

Âge – Pour louer un véhicule, il faut généralement être âgé de plus de 21 ans (voire 25 ans) et avoir son permis de conduire depuis plus d'un an.

🚶 *Voir « Formalités », p. 15.*

Assurance – Le prix de la location ne couvre pas l'assurance collision. Moyennant un supplément, la compagnie fournira une assurance tous risques.

Conducteur – Seule la personne ayant signé le contrat de location est autorisée à conduire le véhicule loué mais moyennant un supplément, et sur présentation de papiers en règle,

un autre conducteur pourra utiliser le véhicule.

Paiement – Le plus pratique est d'utiliser une carte de crédit (de type Visa, American Express ou MasterCard/Eurocard), faute de quoi le loueur exigera une forte caution en argent liquide.

Essence – Juste avant de rendre votre voiture, n'oubliez pas de faire le plein, sinon la compagnie de location le fera pour vous, mais à un prix beaucoup plus élevé que le tarif commercial moyen.

Location de véhicules récréatifs

La formule du voyage familial en **camping-car** étant très prisée, il est conseillé de réserver plusieurs semaines, voire plusieurs mois à l'avance auprès d'organismes chargés des locations ou de se renseigner auprès de votre agence de voyages *(voir p. 14)*.

Accidents

De manière générale, les postes de secours sont bien indiqués sur les grandes routes. En cas d'accident avec dégâts matériels et/ou blessures corporelles, alertez la police locale et ne quittez pas les lieux avant d'y être autorisé par les agents chargés de l'enquête (toujours se munir des papiers du véhicule et du contrat de location).

DISTANCES EN KM	Calgary	Dawson City	Edmonton	Halifax	Hamilton	Montréal	Ottawa	Québec	Toronto	Vancouver	Winnipeg
Calgary		2068	298	5261	3421	4016	3925	4269	3486	971	1326
Dawson City	2068		2524	7761	5921	6516	6425	6769	5986	3075	3870
Edmonton	298	2524		5245	3406	4000	3909	4254	3470	1158	1354
Halifax	5261	7761	5245		1852	1244	1438	1022	1790	6145	3998
Hamilton	3421	5921	3406	1852		607	515	860	66	4305	2158
Montréal	4016	6516	4000	1244	607		199	251	545	4900	2752
Ottawa	3925	6425	3909	1438	515	199		447	453	4808	2169
Québec	4269	6769	4254	1022	860	251	447		799	5154	3006
Toronto	3486	5986	3470	1790	66	545	453	799		4370	2222
Vancouver	971	3075	1158	6145	4305	4900	4808	5154	4370		2292
Winnipeg	1326	3870	1354	3998	2158	2752	2169	3006	2222	2292	

En famille

Dans ce guide, des activités et des sites intéressants pour les enfants sont signalés par le symbole 👥. Le tableau ci-dessous en propose une sélection. La plupart des attractions affichent des prix réduits pour les moins de 12 ans, ainsi que des programmes d'activités adaptés. Les parcs nationaux, les hôtels et les stations pratiquent également une tarification enfant ou famille.

👥 SITES OU ACTIVITÉS À FAIRE EN FAMILLE			
Chapitre du guide	**Nature**	**Musée ou sites**	**Loisirs**
Vancouver (C.-B.)	L'aquarium Stanley Park Le pont suspendu de Capilano	Le Science World Le H.R. Mac Millan Space Centre Le Maritime Museum Fort Langley	Une mini-croisière dans False Creek le Kid's Market et le Water Park à Granville Island
Victoria (C.-B.)		Le Royal British Columbia Museum Le quartier chinois Le miniature World	Une promenade avec l'Hippo Tour
Île de Vancouver (C.-B.)	L'immense plage du parc Pacific Rim	La cérémonie du *potlatch* à l'U'mista Cultural Centre	
Haida Gwaii (C.-B.)	Le parc Naikoon et ses plages	Les vestiges de villages indiens dans le parc Gwaii Haanas	
Vallée du Skeena (C.-B.)	Totems Road	Le village historique 'Ksan	
Vallée de la Nass (C.-B.)	Le champ de lave du parc Nisga'a Memorial Lava Bed	Le Nisga'a Museum	
Les Cariboo (C.-B.)		Le village historique de Barkerville	Le Hat Creek Ranch
Vallée de l'Okanagan (C.-B.)			Le ranch O'Keefe
Rocheuses de Kootenay (C.-B.)		Monter dans une locomotive à vapeur à Fort Steele	
Waterton Lakes National Park (Alb.)	Les bisons		
Parcs des Rocheuses (C.-B. et Alb.)	Les sources chaudes La faune et la flore des parcs	Le Buffalo Nations Luxton Museum	
Calgary (Alb.)	Le zoo	La vie des pionniers au parc Heritage et la vie des cow-boys au Bar U Ranch	
Fort Macleod (Alb.)			Spectacles équestres au Fort Museum
Cypress Hills (Alb. et Sask.)	Regarder les étoiles au Cypress Hills Interprovincial Park	La Police montée à Fort Walsh	

👤👤 SITES OU ACTIVITÉS À FAIRE EN FAMILLE			
Chapitre du guide	**Nature**	**Musée ou sites**	**Loisirs**
Les Badlands de l'Alberta		Tout savoir sur les dinosaures	
Edmonton (Alb.)		Le Royal Alberta Museum Le Telus World of Science	La vie à Fort Edmonton au 19e s.
Les Battleford (Sask.)		La Police montée à Fort Battleford	
Prince Albert NP (Sask.)	Observer la faune et la flore		Promenades en canoë ou à pied
Saskatoon (Sask.)		Une ville des Prairies au Western Development Museum	
Winnipeg (Man.)	Le zoo	Le Manitoba Museum Le Western Canada Aviation Museum	
Churchill (Man.)	Observer les ours blancs et les aurores boréales		
Toronto (O.)	Le Metro Toronto Zoo	Le Royal Ontario Museum Le centre des sciences Black Creek Pioneer Village	
Chutes du Niagara (O.)	La promenade White Water et Niagara Parks Botanical Gardens		
Windsor (O.)		La case de l'oncle Tom	
Sudbury (O.)		Le centre Science North	
Thunder Bay (O.)		La vie à Fort William	
Ottawa (O.)	Le musée de la Nature	Le musée canadien des Civilisations et le Canada Science and Technoloy Museum	
Upper Canada Village (O.)			La visite du village
Montréal (Q.)	Le Jardin botanique	Le Biodôme et le Cosmodôme	
Vallée de la Miramichi (N.-B.)			La visite d'un village acadien
Baie de Passamaquoddy Îles Fundy (N.-B.)	Observer les baleines		Les phoques de l'Aquarium
Vallée du St John (N.-B.)		Le village reconstitué de Kings Landing	
Côte atlantique (N.-É.)		La ferme de William Ross et le Fisheries Museum of the Atlantic	
Annapolis Royal (N.-É.)		Port-Royal	
Piste Cabot (N.-É.)		Le musée des Mineurs	
Sherbrooke (N.-É.)		La vie dans un village du 19e s.	
Littoral du Cap (T.-N.)	Observer les fous de Bassan		
St John's (T.-N.)	Observer les baleines	Signal Hill	

Mémo

Agenda

FÉVRIER

Ottawa (O.) – Winterlude ou Bal de Neige : patinage, sculptures sur glace, concerts… sur le canal Rideau.
The Pas (Man.) – Northern Manitoba Trappers' Festival : toutes les activités du trappeur d'autrefois.
☙ www.trappersfestival.com
Whitehorse (Yuk.) – Yukon Sourdough Rendez-vous.
Winnipeg (Man.) – Festival du voyageur.
Yukon – Quest Sled Dog Race : course de chiens de traîneaux jusqu'à Whitehorse.
☙ www.yukonquest.com.

MARS

Yellowknife (T. N.-O.) – Caribou Carnival : manifestation populaire avec courses en motoneige, sculpture sur glace…

AVRIL-NOVEMBRE

Niagara-on-the-Lake (O.) – Shaw Festival : théâtre.
☙ www.shawfest.com.

MAI

Moose-Jaw (Sask.) – Kismen International Band and Choral Festival.
☙ www.mjbandfestival.com.
Ottawa (O.) – Festival canadien des tulipes.

MAI-SEPTEMBRE

Banff (Alb.) – Banff Summer Arts Festival.

MAI-NOVEMBRE

Stratford (O.) – Stratford Festival.

JUIN

Winnipeg (Man.) – Red River Exhibition : foire avec de nombreux manèges et attractions.
☙ www.redriverex.com.

JUIN-JUILLET

Canada – De nombreux festivals de jazz se déroulent dans les villes du pays : Montréal, Victoria, Toronto, Edmonton, Calgary…
☙ www.jazzfestivalscanada.ca.
Halifax (N.-É.) – Royal Nova Scotia International Tattoo : danses écossaises, concerts de cornemuses, parades militaires…
☙ www.nstattoo.ca.
Montréal (Q.) – Grand Prix du Canada : Formule 1.

JUIN-JUILLET

Williams Lake (C.-B.) – Stampede des Cariboo.
Windsor (O.) – Summerfest.

JUILLET

Antigonish (N.-É.) – Antigonish Highland Games.
☙ www.antigonishhighland games.ca.
Calgary (Alb.) – Calgary Stampede.
Dauphin (Man.) – National Ukrainian Festival : festival ukrainien.
☙ www.cnuf.ca.
Edmonton (Alb.) – Klondike Days.

Montréal (Q.) – Festival Juste pour rire.
🕭 www.hahaha.com.
Pugwash (N.-É.) – Gathering of the Clans.
Shediac (N.-B.) – Lobster Festival : fête du homard.
🕭 www.shediaclobsterfestival.ca.
Toronto (O.) – Honda Indy Toronto : courses de Formule Indy.
🕭 www.hondaindytoronto.com.
Winnipeg (Man.) – Folk Festival.
Yellowknife (T. N.-O.) – Folk on the Rocks.
🕭 http://folkontherocks.com.

JUILLET-AOÛT

Manitoulin Island (O.) – Pow Wow.
🕭 www.wikwemikongheritage.org.
Toronto (O.) – Caribana : grand défilé et musique des Caraïbes.
🕭 www.caribanatoronto.com.

AOÛT

Brantford (O.) – Six Nations Native Pageant.
Caraquet (N.-B.) – Festival acadien.
Dawson City (Yuk.) – Discovery Day.
Edmonton (Alb.) – Fringe Theatre Adventures Edmonton.
Gimli (Man.) – Icelandic Festival of Manitoba : festival islandais.
Halifax (N.-É.) – Halifax International Busker Festival : artistes ambulants et spectacles de rue.
Saskatoon (Sask.) – Folkfest : festival multiculturel.
🕭 www.saskatoonfolkfest.com.
🕭 www.buskers.ca.
St John's (T.-N.) – Regatta Day.
Winnipeg (Man.) – Folklorama.

AOÛT-SEPTEMBRE

Toronto (O.) – Canadian National Exhibition : grande foire de Toronto.
🕭 www.theex.com.

SEPTEMBRE

Fredericton (N.-B.) – Harvest Jazz and Blues Festival.
🕭 www.harvestjazzandblues.com.
Penticton (C.-B.) – Okanagan Wine Festival : festival du vin.
🕭 www.thewinefestivals.com.
St Catharines (O.) – Niagara Grape and Wine Festival : festival du vin.
🕭 www.niagarawinefestival.com.
Toronto (O.) – International Film Festival.
🕭 http://tiff.net.

SEPTEMBRE-OCTOBRE

Vancouver (C.-B.) – International Film Festival.
🕭 www.viff.org.

OCTOBRE

Kitchener-Waterloo (O.) – Oktoberfest.

NOVEMBRE

Edmonton (Alb.) – Canadian Finals Rodeo.
🕭 www.canadianfinalsrodeo.com.
Toronto (O.) – Royal Agricultural Winter Fair : foire agricole.
🕭 www.royalfair.org.

NOVEMBRE-JANVIER

Niagara Falls (O.) – Winter Festival of Lights : spectacle de lumière sur les chutes et feux d'artifice.
🕭 www.wfol.com.

Nunavut
Les dates des festivités varient d'une année à l'autre. Se renseigner auprès de www.nunavuttourism.com.

Bibliographie

Ouvrages généraux

Canada. Une autre Amérique,
R. Hicker et Y. Bridault,
Vilo (2005).
Le Canada, collectif, Chêne (2008).
Grand Nord, sur les pas de Jack London, P. Lansac, Garde Temps (2004).
Les Rocheuses, J. Delcourt, éd. Barthélemy (1992).
Dictionnaire de langue française du Canada : lexicographie et société au Québec, A. Farina, Champion (2001).

Histoire du Canada

Histoire générale du Canada,
C. Brown, éd. du Boréal/Compact (1993).
Champlain. La Découverte du Canada, C. Montel-Glénisson, éd. Nouveau Monde (2004).
Le Transcanadien, E. Cotteau, éd. Magellan & Cie, coll. Poche.
Histoire des Acadiens, B. Arsenault, Fides éd. (2004).
Canada-Québec : synthèse historique 1534-2000, J. Lacoursière, J. Provencher, D. Vaugeois, Septentrion (2010).

Peuples autochtones

En anglais

First Nations ? Second thoughts,
T. Flanagan, McGill-Queen's University Press (2008.)
First Nations 101, L. Gray, Adaawx Publishing (2012).
Colonizing Bodies. Aboriginal Health and Healing in British Columbia, 1900-1950,
M.-E. Kelm, UBCPress (1998).
Disrobing the Aboriginal Industry. The Deception Behind Indigenous Cultural Preservation, F. Widdowson et A. Howard, McGill-Queen's University Press (2008).

The First Nations of British Columbia. An Anthropological Survey,
R.J. Muckle, UBCPress (1998).
The Totem Pole. An Intercultural History, A. Jonaitis et A. Glass, University of Washington Press (2010).
The Art of the Totem, M. Barbeau, Hancock House (1932, rééd. récentes).
Northern Haida Master Carvers,
R. K. Wright, University of Washington Press (2001).

En français

La Voie des masques, C. Lévi-Strauss, Plon (1979).
L'Art primitif, F. Boas, Adam Biro (2002).
Les Derniers Rois de Thulé, J. Malaurie, Plon, coll. Terre humaine (1989).
Hummocks I (Nord Groenland - Arctique central canadien),
J. Malaurie, Plon, coll. Terre humaine (1999).
L'Appel du Nord, J. Malaurie, La Martinière (2001).
L'Art du Grand Nord, dir. J. Malaurie, Citadelles & Mazenod (2001).
L'Allée des baleines, J. Malaurie, Mille et Une Nuits (2008).
Quadratura americana. Essai d'anthropologie lévi-straussienne,
E. Désveaux, Georg, collection ethnos (2001).
Spectres de l'anthropologie. Suite nord-américaine, E. Désveaux, Aux lieux d'être (2007).
« L'éclat de l'haliotide. De la conception du beau dans les sociétés de la côte Nord-Ouest »,
M. Mauzé, dans *Terrain* n° 32 (mars 1999).
Voyage au Canada, S. de Champlain, Gallimard, coll. Folio.
Nouvelles inuits, D. Cornaille, L'Armançon (2004).
Voyage au pays de Mi'gmaq (Canada, début du XXIᵉ s.), A. Chiron de la Casinière, Cartouche (2010).

L'Os à vœux, récits et paroles des Indiens crees, H. A. Norman, Seuil (1997).
Les Indiens d'Amérique du Nord, D. Royot, Armand Colin (2007).
Les Indiens d'Amérique du Nord, H. C. Adams, Taschen (2001).
Pour une histoire amérindienne, G.-E. Sioui, L'Harmattan (2001).
Mon Sauvage au Canada, Indiens et réserves, F. Dallaire, L'Harmattan (2000).
La Question indienne au Canada, R. Dupuis, Boréal (1991).

Littérature
Le Chemin des âmes, J. Boyden, Le Livre de Poche.
Fantômes et Cie, R. Davies (1995), Le Seuil, coll. Points.
Les Disparus de Vancouver, É. Fontenaille, Grasset (2010).
Nahanni, R. Frison-Roche, Arthaud (2002).
Laisse couler (nouvelles), M. Gallant, Rivages (2008).
Maria Chapdelaine, L. Hémon, Le Livre de Poche.
Cantiques des plaines, N. Huston, J'ai lu (2004).
Fugitives (nouvelles), A. Munroe, L'Olivier (2008).
Le Vieux Chagrin, J. Poulin, Actes Sud, coll. Babel (2007).
Joshua. Le Cavalier de Saint-Urbain, M. Richler, Buchet-Chastel (2005).
Les Cent Plus Beaux Poèmes québécois, textes choisis par P. Graveline, Fides (2008).

Faune - flore - nature
Guide des oiseaux de l'est de l'Amérique du Nord, collectif, Broquet (1997).

Pour les enfants
L'Appel de la forêt, J. London (1903), Gallimard, coll. Folio Junior.
Contes du Grand Nord (Indiens, Inuits), H. Norman, Albin Michel (2003).
Contes et légendes des Inuits, collectif, Flies France (2006).
Alice chercheuse d'or, C. Quine, Hachette Jeunesse (2007).
Mon Atlas du Canada (album), collectif, Québec Amériques Jeunesse (2007).
Les Voyages de Jacques Cartier : à la découverte du Canada (album), M. Lamigeon, F. Vincent, L'École des Loisirs (2006).
Jacques Cartier à Hochelaga - Deuxième Voyage au Canada (extrait), F. Ligier, Les 400 Coups (2008).
La Chatte blanche et autres contes du Canada français (avec CD), J. Pascal, Stanke Alexandre (2005).
Quinze Contes du Québec, J. Muzi, Flammarion, coll. Le Père Castor (2005).
Tintin et le Québec, T. Demers, Hurtubise (2010).
Le Dernier des Mohicans, Cromwell, Noctambule (2010). Pour redécouvrir en BD le célèbre roman de James Fenimore Cooper.
Ⓒ *Voir aussi « Art et culture », p. 81.*

LIBRAIRIES À PARIS

The Abbey Bookshop – 29 r. de la Parcheminerie - 75005 Paris - ℘ 01 46 33 16 24. La librairie canadienne de Paris. Livres sur le Canada, en anglais et en français.

Librairie du Québec – 30 r. Gay-Lussac - 75005 Paris - ℘ 01 43 54 49 02 - www.librairieduquebec.fr. Édition québécoise et canadienne francophone, disques, journaux et magazines, rencontres avec des écrivains.

Filmographie

L'Appel de la forêt de K. Annakin (1972, DVD) ; d'après le roman de Jack London.

Le Déclin de l'empire américain de D. Arcand (1986, DVD) ; chronique sociétale dans le milieu universitaire à travers quatre couples.

Exotica de A. Egoyan (1994, DVD) ; rencontres de gens ordinaires dans un club de strip-tease de Toronto.

De Beaux Lendemains de A. Egoyan (1997, DVD) ; les déchirements d'une communauté villageoise après un tragique accident de bus scolaire.

Atanarjuat de Z. Kunuk (2001, DVD) ; première fiction inuit.

Men with Brooms de P. Gross (2002, DVD) ; l'épopée d'une équipe canadienne de curling pour accéder au championnat.

Les Invasions barbares de D. Arcand (2003, DVD) ; les personnages du *Déclin de l'empire américain*, 17 ans après.

La Grande Séduction de J.-F. Pouliot (2003) ; comment faire venir un médecin à Sainte-Marie-la-Mauderne, en rendant plus attrayant ce petit village portuaire. Une comédie québecoise à succès.

Le Dernier Trappeur de N. Vanier (2004, DVD) ; film documentaire qui présente une année de la vie d'un trappeur dans les Rocheuses du Yukon.

Polytechnique de D. Villeneuve (2009, DVD) ; le drame survenu à l'école Polytechnique de Montréal, d'après le récit de deux étudiants.

J'ai tué ma mère de Xavier Dolan (2009) ; amours-haines d'un adolescent, par le jeune prodige du cinéma canadien.

Monsieur Lazhar de P. Falardeau (2011) ; à Montréal, un immigré algérien est embauché au pied levé pour remplacer une enseignante de primaire qui vient de se pendre.

Le Peuple de la rivière Kattawapiskak d'Alanis Obomsawin (2012) ; ce documentaire raconte la crise du logement de la communauté crie d'Attawapiskat, située au nord de l'Ontario. La chef Theresa Spence déclenche l'état d'urgence.

◐ *Voir aussi « Art et culture », p. 86.*

2/
COMPRENDRE
LE CANADA

Le centre-ville de Vancouver depuis Granville Island.
P. Renault / hemis.fr

Le Canada aujourd'hui

Le Canada est une nation riche, comme l'atteste sa participation annuelle au sommet du G8, qui regroupe les huit plus grands pays industrialisés. Sa force réside dans l'abondance et la variété de ses ressources naturelles (forêts, minerais, hydroélectricité), qui forment la base de son économie, mais aussi dans sa capacité à s'adapter à l'évolution mondiale grâce à sa population très cosmopolite.

Le pays

LE RÉGIME POLITIQUE

Le Canada est un **État fédéral**, composé de 10 provinces et de 3 territoires *(voir l'encadré ci-dessous)*. Chacun de ces derniers est gouverné par une Assemblée législative élue et un Premier ministre. Le Nunavut est, en outre, doté d'organes de gestion des ressources, composés d'Inuits et de représentants des gouvernements fédéraux et territoriaux, dont le rôle décisionnaire est déterminant. Capitale du pays située à l'extrémité orientale de l'Ontario, **Ottawa** est le siège du gouvernement fédéral, dont la compétence s'étend aux affaires étrangères, à la défense, au commerce, aux transports, à la monnaie, au système bancaire et au droit pénal. Nation membre du **Commonwealth**, le Canada fonctionne en fait comme une nation indépendante. Elle reconnaît symboliquement comme chef de l'État le monarque de Grande-Bretagne, représenté à Ottawa par un **gouverneur général**. Ce dernier, aujourd'hui choisi par les représentants élus du peuple canadien, ne remplit guère qu'un rôle protocolaire. Le pouvoir véritable est entre les mains du **Premier ministre** (pendant son mandat de cinq ans maximum, la mention « Très Honorable » accompagne son nom), chef du parti majoritaire au Parlement, et des membres de son cabinet, généralement choisis au sein de la majorité. Le **Parlement** canadien se compose de la Chambre des communes, dont les membres (307 actuellement) sont élus selon

---

DIX PROVINCES ET TROIS TERRITOIRES

Par ordre d'entrée dans la Fédération nous trouvons : Québec, Ontario, Nouvelle-Écosse, Nouveau-Brunswick (1867), Manitoba (1870), Colombie-Britannique (1871), Île-du-Prince-Edouard (1873), Territoires du Nord-Ouest (1874), Territoire du Yukon (1898), Alberta et Saskatchewan (1905), Terre-Neuve-et-Labrador (référendum 1949), Territoire du Nunavut (1999).

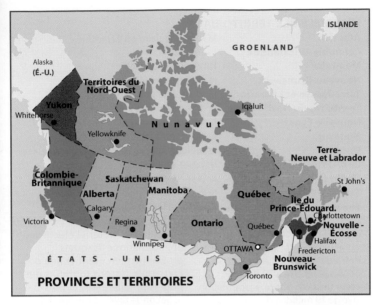

PROVINCES ET TERRITOIRES

le système majoritaire uninominal à un tour, et du Sénat, constitué de représentants (105 membres) nommés par le Premier ministre.

LES RELATIONS INTERNATIONALES

Sa participation active aux deux guerres mondiales, son entrée dans l'Organisation des Nations unies (ONU) dès 1945, son adhésion en 1949 à l'Organisation du traité de l'Atlantique nord (Otan), sa contribution à de nombreuses opérations de maintien de la paix et son rôle de médiateur dans plusieurs crises majeures ont permis à l'État canadien de s'affirmer aux yeux de la communauté internationale. Personnel et services diplomatiques représentent aujourd'hui le Canada auprès de plus de 150 nations étrangères. Le pays a conservé des liens étroits avec la Grande-Bretagne, mais les États-Unis – son principal partenaire économique et financier – occupent une place prépondérante dans sa politique extérieure.

L'économie

Le Canada se classe parmi les pays les plus développés, en onzième position pour son produit intérieur brut (PIB), et la répartition des richesses y est beaucoup plus équitable qu'aux États-Unis. L'abondance des ressources de son sol et de son sous-sol en a fait une grande nation commerçante et exportatrice. Seul bémol, ce PIB serait à tempérer si l'on prenait en

LE DRAPEAU CANADIEN...
Le drapeau canadien se compose de trois bandes verticales *(voir p. 12)*. Les deux extrêmes sont rouges, la bande centrale plus large et blanche est ornée d'une feuille d'érable rouge, symbole du pays. Le blanc évoque les territoires du Nord tandis que le rouge rend hommage aux Canadiens tombés durant la Première Guerre mondiale.

LES EMBLÈMES TERRITORIAUX

Alberta	la rose aciculaire ou églantine
Colombie-Britannique	le cornouiller
Manitoba	l'anémone pulsatille
Nouveau-Brunswick	la violette cucullée
Terre-Neuve et Labrador	la sarracénie pourpre
Territoires du Nord-Ouest	la dryade à feuilles entières
Nouvelle-Écosse	la fleur de mai ou épigée rampante
Nunavut	le saxifrage à feuilles opposées
Ontario	le trillium blanc ou trille
Île du Prince-Édouard	le sabot-de-la-vierge
Québec	l'iris versicolore
Saskatchewan	le lis de Philadelphie rouge orangé
Yukon	l'épilobe à feuilles droites

compte l'impact désastreux du secteur minier sur l'environnement. Basée jadis sur l'agriculture, l'économie repose à 70 % sur le secteur tertiaire. Sur une population active de 19 millions d'habitants (le taux de chômage actuel est de 7,2 %), près de 4 emplois sur 5 relèvent des services. Toutefois, alors que les secteurs financier et immobilier ne cessent de progresser, la place des ressources naturelles et de l'agriculture demeure importante.

LES ÉTATS-UNIS : UN PARTENAIRE PRIVILÉGIÉ

Avec 70 % de Canadiens vivant à moins de 300 km de la frontière américaine, il n'est guère surprenant que les États-Unis demeurent le principal partenaire commercial du Canada du côté des **exportations**, avec une part atteignant 73,71 % en 2011, devant le Royaume-Uni, la Chine, le Japon, le Mexique, la Corée du Sud, les Pays-Bas, l'Allemagne, la France et Hong Kong. Ces dix pays totalisaient près de 90 % des exportations canadiennes en 2011 (combustibles et huiles minéraux, bois, véhicules automobiles, pierres et métaux précieux).

Le Canada importe automobiles, machines et appareils mécaniques, matériel électrique et informatique, lesquels proviennent en premier lieu des États-Unis. Notons toutefois que, pour la première fois depuis la Seconde Guerre mondiale, le volume d'**importations** américaines a représenté en 2011 moins de la moitié (49 %) du volume total, devant la Chine (11 %), le Mexique, le Japon et l'Allemagne. La France se situe quant à elle au 8e rang (1,24 %) (source Affaires étrangères, Commerce et Développement Canada, avril 2013). Rappelons qu'en 1994, le Canada, les États-Unis et le Mexique ont signé l'Accord de libre-échange nord-américain (Alena).

LE SECTEUR MINIER

Le secteur minier, qui englobe « les mines métalliques, non métalliques et de charbon, l'extraction des sables bitumineux, la fabrication de produits de fonderie, les affineries et les usines de fabrication » (selon l'Association minière du Canada), emploie 320 000 personnes dans les secteurs de l'extraction minérale, de la fonte, du traitement et de la fabrication. L'activité n'est pas sans conséquence sur l'emploi des autres secteurs industriels. Elle représente pour le transport ferroviaire plus de la moitié des revenus des chemins de fer du Canada. C'est dire l'importance de ce secteur qui, par ailleurs, a fait de Toronto la plaque tournante mondiale du financement minier. Grâce à des aménagements juridiques et fiscaux particulièrement favorables, 75 % des sociétés minières mondiales choisissent le Canada comme lieu d'enregistrement, quand 60 % de celles qui émettent des actions en Bourse s'inscrivent à la Bourse de Toronto, le **Toronto Stock Exchange** (source *Le Monde diplomatique*, « L'industrie minière reine du Canada », septembre 2013).

Côté extraction, le Canada se place parmi les premiers producteurs mondiaux de nickel, de cobalt, d'uranium ou encore de cadmium. Il extrait également du zinc, du molybdène, de l'or, du plomb, de grandes quantités de potasse et de fer.

Le Canada possède des réserves prouvées de **pétrole** équivalant à 173 milliards de barils, soit les troisièmes plus importantes au monde, derrière le Venezuela et l'Arabie Saoudite. Toutefois, ces réserves sont situées à 99 % dans les sables bitumeux de l'Alberta, ce qui représente de réelles difficultés d'extraction et un problème d'acheminement (des projets d'oléoduc vers l'Atlantique et de pipeline vers le Pacifique sont à l'étude).

Tout confondu, le secteur minier (extraction minérale, pétrolière et gazière) a généré 49 milliards de dollars, soit près de 3,9 % du PIB canadien en 2011. Cette industrie est deux fois plus importante que le secteur agricole et neuf fois plus que le secteur forestier (source *Association minière du Canada*, « Faits et chiffres 2012 », rapport 2013).

AGRICULTURE ET ÉLEVAGE

Hautement mécanisée, l'agriculture représente 1,7 % du PIB. Si l'agriculture primaire contribue peu à l'économie canadienne, elle se place en revanche au cœur d'un système agricole et agroalimentaire qui comprend la transformation d'aliments et de boissons, la distribution, la vente au détail et en gros ainsi que les services de restauration. Ce système crée un emploi sur huit (2,1 millions de personnes employées) et représente 8 % du PIB canadien (avec l'agroalimentaire). Située pour l'essentiel dans les régions centrales du Sud, la superficie agricole, stable depuis des années, est d'environ 170 millions d'acres, soit un peu plus de 7 % des terres du Canada. Grâce à ses vastes terres à blé, où depuis plusieurs années est aussi cultivé à grande échelle le *canola* (colza), le pays est un grand **exportateur de grains**. Le Canada est également, depuis la fin des années 1970, un gros producteur de **soja**, lequel connaît un essor considérable. Sa culture s'étend principalement en Ontario, au Québec et dans les Prairies.

Les provinces des Prairies accordent une part de plus en plus importante à la culture des pommes de terre, qui demeure néanmoins la spécialité des Provinces maritimes. Sont également produits en grande quantité les betteraves et le tabac. Dans les régions les plus au sud, Ontario et Colombie-Britannique surtout, la relative douceur du climat permet même la culture fruitière (pommes, raisins et autres). L'élevage de bovins s'est fortement développé dans les Prairies. Toutefois, la production laitière, l'aviculture et l'élevage porcin se concentrent au Québec, en Ontario et en Colombie-Britannique.

DES VILLES AUX FONCTIONS BIEN SPÉCIFIQUES

Les grandes villes canadiennes ont chacune une activité économique prépondérante. **Toronto** : finance, commerce des actions, échanges commerciaux avec l'Europe et les États-Unis. **Montréal** : culture et mode, produits dérivés. **Vancouver** : échanges commerciaux avec l'Asie et le Pacifique, commerce des devises et des métaux précieux. **Calgary** : commerce des ressources énergétiques. **Winnipeg** : commerce des produits agricoles. **Halifax** : commerce des produits de la pêche.

PÊCHE

Le Canada bénéficie de la plus grande façade côtière du monde. Malgré la raréfaction du poisson au large des côtes, le pays se positionne au 8e rang mondial des exportateurs de poissons et de fruits de mer, en partie grâce à de nouveaux marchés comme la Chine. Les trois quarts des prises proviennent de l'Atlantique, même si le précieux saumon est surtout pêché au large de la côte pacifique.

CHASSE

L'activité de la **trappe** semble avoir toujours existé au Canada. La Compagnie de la baie d'Hudson, créée en 1670, s'occupait déjà du commerce des fourrures. Aujourd'hui, le pays reste l'un des tout premiers fournisseurs mondiaux de fourrures.

EXPLOITATION FORESTIÈRE

La forêt canadienne couvre plus de la moitié du pays. Elle comprend en grande majorité des sapins, des pins et des cèdres et fournit, selon les essences, bois de construction et planches (produits surtout en Colombie-Britannique) ou bois de pulpe (principalement au Québec). Le Canada se place ainsi au premier rang des producteurs mondiaux de papier journal, en satisfaisant un tiers de la consommation mondiale, et parmi les principaux exportateurs de produits forestiers.

INDUSTRIES NOUVELLES

Dans un pays axé depuis toujours sur la transformation des ressources naturelles (produits forestiers, minerais, agroalimentaire, etc.), les progrès du secteur secondaire se font de plus en plus visibles. La pétrochimie contribue sensiblement à l'économie de l'Alberta, du Manitoba, de l'Ontario et du Québec. Dans ces deux dernières provinces, l'industrie automobile (véhicules à moteur et pièces détachées), l'électronique et le matériel électrique jouent un rôle primordial. Les régions de Vancouver et Toronto sont plutôt dédiées aux télécommunications, à l'industrie pharmaceutique, à la biotechnologie et à l'industrie cinématographique. L'éco-industrie, les technologies de l'information et le secteur médical se développent dans les provinces de l'Atlantique. Les industries canadiennes se concentrent autour des grandes villes et le long du St-Laurent. Des alliances avec des entreprises étrangères facilitent de grands projets. Notons pour exemple l'association de Bombardier, constructeur de matériel de transport canadien, et Alsthom (France) pour la mise en place de trains de banlieue et de rames de métro pour la RATP. L'Agence spatiale canadienne travaille, entre autres, sur les conditions de vie sur la planète Mars. Elle a choisi pour ses expériences l'île Devon au Nunavut, qui présente de véritables similitudes avec la « planète rouge ».

Hockeyeuses.
A. Ramella / age fotostock

INFORMATIQUE ET TÉLÉCOMMUNICATIONS

Le pays possède l'un des plus vastes réseaux de télécommunications bon marché. Le service des communications téléphoniques longue distance s'est ouvert à la concurrence en 1992. Les débouchés professionnels se sont multipliés grâce à l'ouverture du marché des communications locales en 1998, les revendeurs entrant sur le marché avec de nouveaux services malgré le déclin mondial du secteur des télécommunications en 2001 (qui a engendré fusions et licenciements au Canada). Certaines compagnies canadiennes sont des leaders mondiaux pour le marché de l'équipement en télécommunication. L'ingénierie informatique canadienne semble être un secteur de poids, avec des exportations se montant à 4 milliards de dollars en 2000, mais l'industrie de la fibre optique et des commutateurs n'est pas en reste, en particulier dans la région d'Ottawa.

Ainsi les Canadiens forment-ils la population la plus active au monde sur l'Internet. Les internautes canadiens ont consacré en moyenne 43,5h/mois sur le web en 2010, soit le double de l'utilisation moyenne mondiale.

TOURISME

Le secteur emploie aujourd'hui un Canadien sur dix : hôtellerie, restauration, guides touristiques, encadrement pour les activités sportives… En 2012, 16 millions de touristes étrangers ont passé des vacances au Canada, tandis que les Canadiens effectuaient plus de 32 millions de voyages à l'étranger, une balance négative qu'entend redresser aujourd'hui le ministère du Tourisme canadien.

TRANSPORTS

L'immensité du territoire confère aux transports un rôle essentiel dans la mise en valeur du pays. Le Canada possède un réseau de **routes goudronnées** relativement limité (400 000 km). La partie la plus densément peuplée, le long de la frontière des États-Unis, est dotée d'un solide réseau d'autoroutes et de routes depuis l'achèvement de la **Transcanadienne** en 1962. Elle bénéficie également d'un bon réseau de voies ferrées (70 000 km) et de canaux fluviaux, en particulier de la voie maritime du St-Laurent qui a facilité l'exploitation et l'exportation des réserves du Labrador et du Québec. De grands **ports** desservent le pays : Vancouver pour le Pacifique, Montréal, Halifax, St John pour l'Atlantique, Churchill dans la baie d'Hudson. Dans le vaste Nord au contraire, ce réseau est réduit à de longues antennes ferroviaires ou routières (route de l'Alaska, route Dempster). Chaque hiver, des routes provisoires sont ouvertes sur la neige et les glaces épaisses des tourbières et des lacs du Bouclier canadien ; d'énormes camions vont alors ravitailler les communautés isolées. Dans les régions les plus reculées, le ravitaillement et les transports ne peuvent guère se faire qu'en avion.

HYDROÉLECTRICITÉ

Partout au Canada, sauf sur l'île du Prince-Édouard, l'abondance et la puissance des cours d'eau offrent d'exceptionnelles possibilités d'aménagement hydroélectrique. Le Québec, la Colombie-Britannique, le Manitoba, l'Ontario et Terre-Neuve-et-Labrador produisent ainsi 95 % de l'énergie hydraulique du pays grâce à la construction d'énormes barrages et de centrales qui assurent environ 65 % de la production d'électricité nationale ; le tiers restant étant fourni par le thermique, le nucléaire, l'éolien et le solaire. Acheminée par des lignes à haute tension, l'électricité est essentiellement consommée dans les grandes villes du Sud, tandis que le surplus

est exporté aux États-Unis. Cette énergie contribue également à l'exploitation des autres richesses naturelles et à leur transformation.

Les hommes

POPULATION

Pays immense, le Canada est relativement peu peuplé : environ 35 millions d'habitants en 2013, alors que les États-Unis en comptent plus de 300 millions, la France plus de 60 millions, et la Belgique environ 10 millions. La densité de population est l'une des plus basses au monde, avec 3,7 habitants/km^2.

Une répartition très inégale

Territoires du Nord-Ouest et Nunavut : 0,2 % ; provinces de l'Atlantique : 7 % ; Colombie-Britannique, Rocheuses et Yukon : 13 % ; provinces des Prairies : 18 % ; Québec : 23 % ; Ontario : 39 %. Certaines zones, comme le centre et le nord du pays, sont quasiment inhabitées, d'autres au contraire sont densément peuplées. Ainsi, la population se concentre le long de la frontière sud du pays sur une bande d'environ 160 km de large, sur les côtes atlantique et pacifique, près des Grands Lacs en suivant l'axe du St-Laurent de Windsor à Québec, et vit essentiellement dans les villes puisque le taux de population urbaine est supérieur à 80 %.

L'évolution démographique

L'espérance de vie, de 81 ans, est plus élevée que celle des États-Unis. Plutôt jeune (l'âge moyen est de 39 ans), la population tend cependant à vieillir car le taux de natalité est relativement faible et la croissance démographique modérée. Aujourd'hui, l'augmentation de la population est due avant tout à l'immigration.

CULTURES ET LANGUES

La composition ethnique

Le Canada est un pays d'immigrants. Aux représentants des deux nations fondatrices du Canada moderne, **Français** et **Anglais**, et aux autochtones, **Amérindiens** et **Inuits**, se sont joint les **métis** et, depuis la fin du 19e s., les « **Néo-Canadiens** », immigrants de souche allemande, italienne et ukrainienne, mais aussi néerlandaise, scandinave, polonaise, puis grecque et asiatique. Au lieu de se fondre, dès la première ou la seconde génération – comme ce fut le cas aux États-Unis – dans une société canadienne unique, ces différents groupes ethniques ont formé une fascinante mosaïque culturelle. Plus de 30 ethnies différentes d'au moins 100 000 membres peupleraient le pays.

Les langues

Bien que la colonisation française se soit arrêtée en 1763, les francophones représentent environ 22 % de la population et se concentrent principalement au Québec. Quelques petites communautés se répartissent à travers le territoire.

Les anglophones constituent près de 60 % de la population canadienne. Cette dualité culturelle et linguistique est mise en évidence par le bilinguisme. En effet, le Canada a reconnu en 1969 l'anglais et le français comme langues officielles de l'administration fédérale, des organismes judiciaires et des sociétés d'État relevant de la législation fédérale.

La pratique du bilinguisme s'est étendue depuis aux gouvernements des provinces et à certaines parties des secteurs privés et parapublics. Au Québec, la langue officielle demeure le français. Huit provinces sont plutôt anglophones (on parle du Canada anglais). Les Territoires du Nord-Ouest et le Nunavut, eux, reconnaissent onze langues officielles dont l'anglais et le français. Les langues des peuples autochtones, bien qu'inégalement représentées, sont toujours pratiquées *(voir l'encadré p. 60)*. Enfin, les autres langues comme le chinois, l'italien, l'allemand, sont parlées par plus de 5 millions de personnes mais, pour obtenir la nationalité canadienne, il faut parler au moins l'anglais ou le français.

L'IMMIGRATION : OUI MAIS LAQUELLE ?

Confronté au vieillissement de sa population et à un taux de natalité relativement faible, le Canada recourt de plus en plus à l'immigration. Depuis 2006, le pays accueille environ 250 000 immigrants par an en moyenne, « un niveau d'immigration durable le plus élevé de toute l'histoire du Canada », selon Chris Alexander, actuel ministre de la Citoyenneté et de l'Immigration. Le gouvernement tend à indexer l'immigration sur « un système objectif d'attribution de points qui reflètent l'éducation, l'expérience de travail, les compétences linguistiques et autres indicateurs liés aux possibilités d'obtention d'une bonne rémunération des candidats ». De fait, la part des immigrants à fort potentiel, accompagnés de leurs personnes à charge (conjoint et enfants mineurs), représentait en 2011 62,8 % du chiffre total de l'immigration.

Citoyenneté et migration au Canada - *www.cic.gc.ca.*

DES ORIGINES LOINTAINES

Le **hockey**, dérivé de l'ancien français « hoquet » en raison de sa crosse, puise ses origines dans plusieurs jeux de bâton et de balle importés au Canada par les soldats anglais dans les années 1850. En 1875, l'étudiant montréalais **J.G. Creighton** institua des règles et remplaça la balle par un disque plat (le palet, ou *puck*) pour un meilleur contrôle sur la glace. Ce jeu rapide et parfois brutal suscita l'intérêt des spectateurs. Il se répandit rapidement tandis que les rivalités parmi les équipes universitaires amateurs s'intensifiaient. Bientôt, des équipes professionnelles se constituèrent et la Ligue nationale de hockey fut fondée en 1917. Quant au **curling**, c'est en Écosse qu'il a probablement vu le jour au 16e s., bien qu'un jeu similaire ait été représenté en 1565 par le peintre flamand Pieter Bruegel. Les troupes écossaises basées au Canada jouaient au curling en 1760 avec des boulets de canon qu'elles avaient fondus. Plus tard, les tailleurs de pierre écossais fabriquèrent en Ontario le palet de granit actuel avec sa poignée en bec de cane. La fondation des premiers clubs de curling remonte à 1807 et la Fédération canadienne à 1935.

La religion

Le Canada se caractérise par son pluralisme religieux. On ne compte plus le nombre de cultes : Églises évangélique, adventiste, baptiste, anglicane, luthérienne, méthodiste, mennonite, orthodoxe de l'Est, presbytérienne, unitarienne, etc. Il est vrai que les peuples métis et autochtones ont été l'objet de toutes les évangélisations. Le Canada est pour nombre d'observateurs la terre des grandes utopies religieuses. Sous l'impulsion des communautés (morave, huttérite, doukhobor, etc.), les constructions religieuses ne manquent ni d'imagination ni d'esprits prophétiques. Pour l'heure, les religions vivent en bonne intelligence, comme en témoigne la route du Paradis – la route 5 en Colombie-Britannique –, laquelle compte une vingtaine de lieux de culte de confessions multiples sur une distance de moins de 2 000 m. Les catholiques sont de loin les plus nombreux (43,6 %), suivis des protestants (29,2 %). Les musulmans, les juifs, les bouddhistes, les hindous et les sikhs sont également présents. 17 % des Canadiens se disent athées.

SPORTS

Les Canadiens excellent dans de nombreuses disciplines, en particulier le hockey sur glace, le hockey crosse, le patinage, le curling, le football canadien, le base-ball, le basket… En 2010, lors des Jeux olympiques d'hiver de Vancouver, le Canada a récolté 14 médailles d'or.

Le hockey sur glace : sport national

Le hockey est extrêmement populaire au Canada. Plus de la moitié des joueurs des équipes de la Ligue nationale sont originaires du pays. L'engouement pour ce sport ne se limite pas aux matchs des grandes équipes retransmis à la télévision : plus de 580 000 jeunes Canadiens répartis dans 25 000 équipes participent à des tournois amicaux. La Ligue nationale de hockey, rejointe au fil des ans par des équipes américaines, compte désormais 30 équipes, dont 6 au Canada. Le trophée remis par le gouverneur général Stanley en 1893 est toujours attribué à l'équipe victorieuse de la Ligue lors des championnats de la Coupe Stanley, qui se déroulent chaque année au mois de juin. La coupe d'origine en argent est exposée au Hockey Hall of Fame de Toronto.

Le curling, l'autre sport d'hiver canadien

Plus d'un million de Canadiens s'adonnent à cette activité, devenue sport olympique lors des Jeux de Calgary en 1988. Le jeu se déroule en 8 à 10 manches *(ends)*. Les équipes de 4 joueurs qui s'affrontent portent des chaussures à semelle en caoutchouc (non des patins) et lancent à tour de rôle leur palet (une pierre de granit pesant 20 kg), qu'ils font glisser sur un couloir de glace de 42 m de long sur 4,30 m de large, vers un œil-de-bœuf. Les *sweepers* (les balayeurs) frottent la glace devant le palet de leur équipier afin d'optimiser sa trajectoire, l'objectif étant de s'approcher de la marque.

La haute saison dure de janvier à mars. Le Manitoba, qui possède davantage de clubs que le Québec et l'Ontario réunis, est le haut lieu du curling au Canada. Deux tournois majeurs ont lieu chaque année en janvier : le Canadian Mixed Curling Championship de Weyburn (Sask.) et le Canadian Senior Men's and Women's Curling Championships de Calgary.

La gastronomie

LES METS

À l'origine, la nourriture des aborigènes provenait de la chasse, de la pêche et de la cueillette : saumon, baleine, élan, oie, baies, riz sauvage... Issus d'horizons multiples, les colons introduisirent à leur arrivée leur propre tradition culinaire. Aujourd'hui, l'alimentation de base des Indiens des plaines, comme le **ragoût de bison** accompagné de *bannock* (sorte de pain), est toujours prisée des Amérindiens. La Colombie-Britannique est renommée pour ses **poissons** et **fruits de mer** (saumon et crabe araignée) et sa **production fruitière** (raisin, pêches et cerises). Les provinces de l'Atlantique sont réputées pour leurs fruits de mer (huîtres, homards, pétoncles et moules). Jeunes pousses de fougère récoltées en mai et en juin, les **têtes-de-violon** sont volontiers servies au Nouveau-Brunswick, ainsi que la **rhodyménie**, algue comestible au goût fort et salé. Dans les provinces des Prairies, la **viande de bœuf** est excellente, de même que les poissons d'eau douce, le riz sauvage et les baies de toutes sortes, sans oublier le *bortsch* (potage russe à base de crème aigre, de betterave et de chou).

LE TEMPS DES SUCRES

Les légendes sur l'apparition du **sirop d'érable** sont, dit-on, aussi nombreuses que les peuples amérindiens de l'est du pays... Quoi qu'il en soit, c'est d'eux que les colons européens apprirent à recueillir la sève d'érable. Dans la tradition québécoise, le « temps des sucres » est cette brève période (de mi-mars à fin-avril) durant laquelle, à la faveur du dégel, la sève s'écoule de l'arbre dans des petits récipients fixés au tronc. Elle est ensuite cuite et travaillée dans la cabane à sucre (ou érablière) pour obtenir du sirop, du beurre ou du sucre. Le Canada, grand consommateur de sirop, fournit 75 % de la production mondiale, une part largement dominée par le Québec (99 %). Pour vos achats, privilégiez les sirops de catégorie 1, de couleur claire, et vérifiez que l'étiquette comporte les coordonnées du producteur, ainsi que son numéro fédéral d'agrément. Méfiez-vous des sirops trop foncés, souvent composés de sirop de mélasse aromatisée.

LES SAUMONS : DES GOÛTS ET DES COULEURS

Les principales espèces de saumons vivant dans le Pacifique sont le chinook, le rouge, le rose, le kéta, le coho, le quinnat et l'arc-en-ciel (variété maritime de truite). Les fermes aquacoles de Colombie-Britannique élèvent généralement le saumon de l'Atlantique, provoquant une controverse sur le bien-fondé de l'introduction d'une espèce non indigène dans les eaux du Pacifique. Le saumon sauvage chinook, dit aussi quinnat ou royal, est considéré comme le meilleur, mais de nombreux connaisseurs préfèrent le coho ou le rouge, naturellement plus gras, plus colorés et plus goûteux. La recette traditionnelle brille par sa simplicité : saumon grillé au bois d'érable. Les variantes contemporaines ajoutent une note asiatique ou continentale (filets de saumon au curry ou gravlax, mariné au sel, au sucre et à l'aneth).

La péninsule ontarienne est connue pour ses **cultures maraîchères** et ses vergers. La **viande d'orignal** et l'**omble de l'Arctique** (poisson très délicat semblable à la truite ou au saumon) sont des spécialités des Territoires du Nord-Ouest.

Au Québec, les plats traditionnels rappellent souvent la cuisine régionale française, adaptée aux besoins du pays : citons le **ragoût de boulettes**, la **tourtière** (hachis de viandes en croûte), le **cipaille** (pâté de gibier mêlé de couches de pâte et de pommes de terre), et la **poutine** (frites et cheddar frais en grains, recouverts de sauce *gravy*), à ne pas confondre avec la poutine acadienne qu'on sert au Nouveau-Brunswick (boules de pommes de terre fourrées au lard). Enfin, le **sirop d'érable** se décline en tarte au sucre, à la farlouche, œufs frits au sirop ou glace.

LES BOISSONS

Le Canada produit des **bières** de qualité, industrielles (Molson, Labatt) ou artisanales, qui sont la boisson alcoolisée généralement la plus consommée. Les baies, très nombreuses notamment au Québec, servent à faire des **liqueurs**. Le caribou est un mélange de vin rouge et d'alcool. Le **screech** est un rhum brun très fort, prisé à Terre-Neuve. Quant au **vin**, il est produit dans la province de Québec, dans la vallée de l'Okanagan (étonnants cépages Chenin) en Colombie-Britannique, en Ontario et dans les Cantons-de-l'Est. Le vin de glace, très apprécié en apéritif ou au dessert, est un vin issu des grappes cueillies gelées.

Paysages et nature

Presque aussi grand que l'Europe, ce gigantesque territoire couvre près de la moitié du continent nord-américain. Les prairies qui s'étendent à l'infini, les montagnes aux pics enneigés, les vallées creusées par les fleuves tumultueux, les lacs aux eaux bleutées, les forêts denses, le littoral déchiqueté par les mers et les océans font du Canada une destination idéale pour les amoureux de la nature. Le voyageur en quête d'émotions sera fasciné par la vaste étendue blanche qu'est la banquise et par les animaux qui y vivent, en solitaire ou en troupeaux.

L'immensité canadienne

Avec ses 9 017 699 km^2, soit plus de 18 fois la France, le Canada est, par sa superficie, le deuxième pays du monde derrière la Russie (environ 17 millions de km^2). En latitude, le pays s'étend sur environ 4 600 km, de l'**île Pelée** dans le lac Érié au sud (41° 47' N) au **cap Columbia** à la pointe de l'île d'Ellesmere à 800 km à peine du pôle Nord (83° 07' N). En longitude, il s'étire sur plus de 5 500 km, de **cap Spear** à la pointe de Terre-Neuve à l'ouest (52° 37'), à la frontière du **Yukon** et de l'**Alaska** (141° O). Le Canada a pour voisin direct les États-Unis au sud et l'Alaska au nord-ouest. Sa frontière sud court sur 6 400 km, distance similaire à celle qui sépare Paris de la frontière chinoise.

UN PAYS D'EAU

Le Canada est un des rares pays à avoir accès à **trois océans** (Pacifique, Atlantique et Arctique) et plusieurs **mers** (Labrador et Beaufort) et compte environ 60 000 km de côtes ! Au nord et à l'ouest, le littoral est particulièrement dentelé. À l'est,

l'énorme morsure faite par la grande mer intérieure de la **baie d'Hudson** constitue l'une de ses curiosités les plus remarquables. Avec ses 637 000 km^2, cette dernière est la plus grande étendue d'eau de mer à l'intérieur d'un pays. Dans les baies de Fundy et d'Ungava, les mouvements maritimes sont tels que la différence d'altitude entre la marée basse et la marée haute peut atteindre 20 m, un record mondial.

Des îles en quantité

Parmi les nombreuses îles du Canada, certaines, comme Terre-Neuve (Atlantique) ou l'île de Vancouver (Pacifique) sont particulièrement étendues. Au nord, l'**archipel Arctique canadien** (1 350 000 km^2) regroupe même quelques-unes des plus grandes îles du monde, cernées par la banquise six mois par an. C'est entre celles-ci que les explorateurs découvrirent le passage du Nord-Ouest, qui relie les océans Arctique et Atlantique en passant par la mer du Labrador, la baie de Baffin et la mer de Beaufort.

De l'eau douce à profusion

Particularité non moins impressionnante, le Canada réunit quelque 2 millions de dépressions lacustres, dont quatre des fameux **Grands Lacs** (Supérieur, Huron, Érié, Ontario), qui représentent à eux seuls la plus importante masse d'eau douce du globe (18 % des réserves mondiales). Ils forment l'un des bassins hydrographiques les plus exploités au monde, et sont reliés à l'Atlantique par l'Hudson River et le St-Laurent.

De nombreux **fleuves** sillonnent le pays. Parmi les plus longs, citons le Mackenzie, qui prend sa source dans les Rocheuses et se jette dans la mer de Beaufort (4 241 km), le St-Laurent, qui court du lac Supérieur au détroit de Cabot (3 260 km), le Yukon, serpentant de la Chaîne côtière à la mer de Béring (3 185 km dont plus de la moitié en Alaska), le Nelson alimenté en partie par la Saskatchewan dans la baie d'Hudson (2 600 km). D'autres se dirigent vers le Pacifique comme le Fraser ou le Columbia. Quelques-uns, marqués par de profonds dénivelés, sont jalonnés de rapides et de cascades.

LE CLIMAT

La comparaison entre le Canada, dont la plus large part se trouve **au-delà du 50e parallèle**, et l'Europe met en relief la rigueur particulière du climat, plus sévère à la pointe de la baie James ou de la grande péninsule nord de Terre-Neuve qu'à Londres, qui se trouve pourtant à la même latitude mais qui, comme le reste de l'Europe occidentale, bénéficie des courants chauds du Gulf Stream.

Des climats froids et rudes

Tout au nord, sur l'archipel arctique et le long des côtes des Territoires du Nord-Ouest, règne le **climat polaire** aux conditions extrêmes. C'est une région de glaciers au sol gelé en profondeur – *permafrost* ou *pergélisol (voir p. 598)* –, marquée par des températures très basses en hiver (jusqu'à -40°), fraîches en été (10-15 °C), par de faibles précipitations et des vents forts et glacials. Les hivers sont très longs, les étés courts.

Plus au sud, le **climat subarctique** couvre une vaste zone qui, du Yukon au Labrador, s'étend jusqu'aux abords des espaces habités. Les hivers sont longs et rigoureux, les étés doux (20 °C). Toute la région des cordillères de la Colombie-Britannique et du Yukon connaît un **climat de montagne**, où l'influence de l'altitude se conjugue à celle de la latitude avec une pluviosité moyenne.

Des espaces plus tempérés

Le long du Pacifique règne un **climat océanique tempéré**, marqué par une forte pluviosité et par des températures modérées. Le reste du pays, soit la plus grande partie de la zone habitée, connaît un **climat continental** aux hivers froids et aux étés chauds. Des variations régionales très sensibles différencient les Prairies, au climat particulièrement sec, de la région du St-Laurent, beaucoup plus humide, qui connaît un fort enneigement en hiver et une atmosphère lourde et moite en été. Favorisée par sa latitude méridionale et entourée des Grands Lacs, la péninsule ontarienne bénéficie d'un **climat plus doux**, tout en subissant la même atmosphère lourde en été. Sur la frange atlantique enfin, l'influence humide de l'Océan réduit l'écart des températures entre l'hiver et l'été, mais apporte brouillards et tempêtes.

Les grandes régions naturelles

L'immensité du territoire, dont le Bouclier canadien constitue l'élément dominant de la charpente physique, permet la coexistence d'une multiplicité de reliefs, tous marqués d'une forte empreinte glaciaire : hauts plateaux, basses plaines, massifs anciens et chaînes montagneuses plus récentes.

Une histoire mouvementée

L'aspect physique du Canada a énormément évolué au cours des âges. À quatre reprises (entre 1 million d'années et 10 000 ans av. J.-C.) le climat s'est refroidi, entraînant au nord un durcissement de la glace toujours plus épaisse (jusqu'à 3 km d'épaisseur par endroits). Cette **calotte glaciaire** a progressivement atteint l'Ohio et le Missouri, couvrant alors environ 97 % des terres canadiennes à l'exception des Cypress Hills et de la région du Klondike. Il y a près de 10 000 ans, l'énorme masse de glace a fini par reculer et par fondre, creusant les roches plus récentes et marquant profondément le paysage. Aujourd'hui, la glace demeure essentiellement sur

les îles arctiques. Quelques **glaciers** persistent dans les montagnes de l'ouest (St Elias Mountains, Colombia Icefield). On distingue sept ensembles géomorphologiques différents.

LE BOUCLIER CANADIEN

Ce socle de **roches cristallines** extrêmement dures date de l'ère précambrienne : vieilles de près de 600 millions d'années, elles figurent parmi les plus anciennes du monde. Au cœur du pays, le Bouclier se présente comme une **vaste plateforme** qui occupe près de la moitié du territoire et s'enroule autour de la baie d'Hudson en une large couronne. Mis à nu par le recul des glaces qui recouvraient jadis le Canada, le **roc** lisse et bosselé, creusé de myriades de **lacs** et de **marécages**, est parcouru de **rivières** et de **fleuves**. Les rochers, transportés par les glaces, ont dérivé au hasard de la fonte.

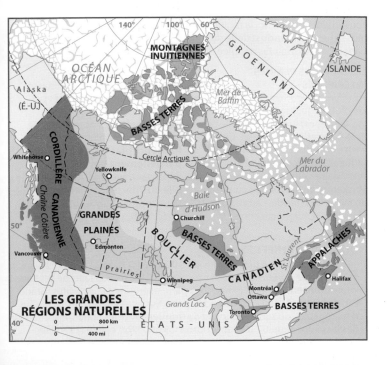

Excepté dans la zone arctique, une **forêt sauvage** recouvre le Bouclier. Les hautes terres sont entourées de terres basses, elles-mêmes bordées de montagnes : la Cordillère canadienne à l'ouest, les Appalaches à l'est. L'abondance des sources d'**énergie hydraulique** et la **richesse du sous-sol** caractérisent cette région au sol peu fertile. En raison de la rudesse du climat, une grande partie demeure inhabitée.

LES BASSES TERRES DES GRANDS LACS ET DU SAINT-LAURENT

À l'échelle du pays, ces **plaines sédimentaires** semblent bien peu étendues. Elles se sont formées il y a plus de 200 millions d'années, au cours du paléozoïque, période durant laquelle les terres furent longtemps recouvertes par la mer, laissant les sédiments s'accumuler. Ces terres particulièrement fertiles, favorisées par un climat relativement doux et bien desservies par des voies d'eau, constituent aujourd'hui la région la plus riche, la plus **industrielle** du Canada, et aussi la plus peuplée.

LES GRANDES PLAINES INTÉRIEURES

L'évolution géologique des plaines intérieures est identique à celle des basses terres du St-Laurent. Ces vastes **étendues sédimentaires** formées aux ères primaire et secondaire s'étirent du delta du Mackenzie au nord – peu cultivable du fait de sa latitude – au sud des États-Unis. Leur jonction avec le

Bouclier canadien est soulignée par une série de **lacs** : Winnipeg, Athabasca, Grand Lac des Esclaves, Grand Lac de l'Ours. Les grandes plaines sont devenues de vastes **terres céréalières** exploitées en **zones d'élevage** extensif dans les régions plus sèches.

LES BASSES TERRES DE L'HUDSON ET DE L'ARCTIQUE

Ce sont les restes des roches sédimentaires de l'ère primaire qui jadis couvraient l'extrémité nord du Bouclier canadien. Le **relief à peine marqué** est légèrement pentu. Sa position très au nord rend les **sols gelés**. L'extrême sévérité du climat ne laisse donc croître, dans les espaces un peu abrités, que la mousse et les lichens de la **toundra** ainsi que la **forêt clairsemée** dans le sud de la baie d'Hudson. C'est une région peu habitée.

LES APPALACHES

Cette chaîne de montagnes, plissée à la fin de l'ère primaire (il y a près de 450 millions d'années), est l'une des plus anciennes formations montagneuses sur Terre. Elle s'étend de Terre-Neuve jusqu'en Alabama (États-Unis). **Massifs anciens** usés par le temps, par les eaux, érodés par les glaces, les Appalaches ne sont plus, au Canada, que des **hauteurs plates ou bosselées**, **partiellement boisées**, ne dépassant guère 1 270 m d'altitude. L'île du Prince-Édouard, la vallée de l'Annapolis, Ristigouche et la vallée du St John, situés à l'emplacement

QUELQUES CHIFFRES

Le Canada possède **4 pics de plus de 5 000 m** : les monts Logan (5 959 m), St-Elias (5 492 m), Lucania (5 226 m) et King (5 173 m). Certains de ses **lacs** impressionnent par leurs dimensions particulièrement imposantes : Grand Lac de l'Ours (31 790 km²), Grand Lac des Esclaves (28 570 km²). Les plus remarquables, au sud-est, servent de frontière avec les États-Unis. Il s'agit des lacs Supérieur (82 100 km²), Huron (59 600 km²) et Érié (25 700 km²).

LE SUMAC VÉNÉNEUX

Cette plante grimpante des sous-bois, nommée *poison ivy* en anglais, est très prolifique du Québec aux Grands Lacs. Inoffensive d'aspect, elle sécrète pourtant un suc extrêmement toxique qui peut causer démangeaisons, éruptions de boutons et forte fièvre. Ces symptômes sont parfois déclenchés de façon indirecte, en touchant par exemple un objet effleuré par le suc empoisonné. Les parcs nationaux où cette plante est répandue mettent en garde les visiteurs.

---

d'anciens lacs glaciaires, sont aujourd'hui des **plaines fertiles**.

LA CORDILLÈRE CANADIENNE

Ces **montagnes jeunes**, formées à l'ère tertiaire (il y a environ 70 millions d'années), sont une succession de failles et de plissements marqués par une ancienne activité volcanique. La Cordillère canadienne occupe le quart ouest du pays. Elle dresse une double rangée de sommets aigus entre les grandes plaines et l'océan Pacifique. À l'est s'élèvent les **Rocheuses**, qui s'étendent du nord du Canada jusqu'au Nouveau-Mexique aux États-Unis. Ces montagnes jeunes et abruptes ont des sommets pouvant approcher les 4 000 m d'altitude (mont Robson 3 954 m). Séparée des Rocheuses par une série de **plateaux et de bassins intérieurs**, la **Chaîne côtière** (son plus haut sommet, le mont Waddington, atteint 4 015 m) plonge directement dans le Pacifique en formant des fjords. Déchiquetée au nord-ouest, elle abrite le Passage intérieur qui relie l'île de Vancouver aux îles Haida Gwaii et se prolonge jusqu'en Alaska. Les **chaînons insulaires**, à demi immergés, forment un véritable chapelet d'îles le long du littoral. L'érosion due aux glaciers et à la mer explique les côtes très escarpées de la cordillère.

LES MONTAGNES INUITIENNES

Plus récentes que les Appalaches, les montagnes de l'archipel arctique se sont créées lors d'un plissement survenu à l'ère secondaire. Situées à l'extrême nord du pays, elles se composent de deux parties distinctes : les **collines arrondies** des îles Parry et les **pics glacés** de l'île d'Ellesmere.

Richesse de la faune et de la flore

Le territoire canadien abrite une flore et une faune particulièrement abondantes et variées. On estime à 71 000 le nombre d'espèces, flore et faune réunies, qui croissent dans le pays.

🐾 *www.hww.ca.*

LA VÉGÉTATION

La frontière entre la zone arborée et la toundra traverse le Canada selon une diagonale reliant le delta du Mackenzie au nord du Québec en contournant la baie d'Hudson.

Au nord de la frontière

Au-delà de cette ligne règne la **toundra**, région de lichens, de laîches et d'arbustes rabougris. La belle saison étant trop courte pour permettre la germination, la plupart des plantes sont vivaces et de taille réduite. Les grandes fleurs attirent les insectes pollinisateurs. Les régions septentrionales sont dominées par la **glace** et les **roches nues**, mais on y rencontre quelques espèces rustiques qui forment un matelas dense dans les zones où humidité, chaleur et nutriments s'allient pour créer un micro-habitat favorable à la vie.

Au sud de la frontière

La zone des **arbres à feuilles persistantes** débute alors avec la **forêt boréale**, l'une des plus grandes étendues forestières sur Terre, et ses épinettes blanches et noires (épicéas), ses mélèzes, pins, sapins et autres conifères. Elle s'étend graduellement, parsemée de **lacs** et d'innombrables cours d'eau, **marais** et **marécages**, qui occupent près d'un tiers de la région et sont peuplés de fougères spongiformes, de joncs, de saules arbustifs.

Plus au sud encore apparaissent **les feuillus** (bouleau, tremble et peuplier) et des **cultures de baies** (canneberge et myrtille) occupent certaines régions humides. Les arbres à feuilles caduques se font de plus en plus nombreux jusqu'à ce que la forêt boréale cède le pas à la **forêt mixte**.

À l'est du pays

L'exploitation forestière, l'agriculture et l'urbanisation n'ont laissé place qu'à de rares poches de **forêt ancienne**. Les essences à **bois dur** (érable, bouleau et hêtre) concurrencent les **plantations industrielles de conifères** sur les sols asséchés, alors que le cèdre et l'aulne occupent les zones plus humides. Mais les conifères des régions septentrionales ne disparaissent réellement que dans le sud de l'Ontario, où se rencontre une **forêt caduque**. Des **marécages** encore existants accueillent des massettes, des nénuphars, des laîches, des fougères et des espèces introduites avec succès comme la salicaire, arrivée d'Europe il y a deux siècles dans les ballots de foin.

À l'ouest enfin…

Les conifères laissent la place à de vastes étendues de **trembles** et de **peupliers**, à leur tour remplacées par les plaines herbeuses de la **prairie** au sud. Très cultivée, la région ne conserve que des restes clairsemés de prairie sauvage. Les **régions montagneuses** de l'Ouest abritent une flore endémique, les arbres s'espaçant à l'approche de la limite alpine. Le **littoral pacifique** est recouvert de luxuriantes forêts pluviales tempérées. Dans leur marche vers l'est, les nuages déposent leur humidité sur les versants ouest, laissant des poches montagneuses sèches à l'intérieur des terres, dominées par des prairies clairsemées d'herbe, d'armoise et de cactus.

LA FAUNE

Les vastes forêts canadiennes abritent un grand nombre de cervidés, parmi lesquels le **cerf de Virginie**, le **cerf à queue noire**, le **cerf mulet**. Autre grand cerf d'Amérique du Nord, le **wapiti** (connu aussi comme l'élan américain) préfère quant à lui les terrains plus montagneux et la Prairie. Le **caribou des bois** et l'**orignal** (élan) vivent dans les forêts de Terre-Neuve jusqu'en Colombie-Britannique. Espèce jadis fort répandue, le **lynx du Canada** ne se rencontre plus

LE GRIZZLI

Cet ours, autrefois présent dans toute l'Amérique du Nord, s'est aujourd'hui retiré dans les montagnes rocheuses de l'ouest du Canada. Sa population (10 000 à 20 000 spécimens) représente près d'un quart de la population mondiale. Le grizzli se caractérise par la couleur argentée de l'extrémité de ses poils, d'où son nom. Son pelage varie du blond au brun. Il est, après l'ours polaire, le plus gros ours connu.

Caribous.
M. S. Nolan / Specialist Stock RM / age fotostock

guère qu'à Terre-Neuve. On le trouve également dans le Nord, tout comme le **loup**, dont le domaine s'étendait autrefois à la forêt, la prairie et la toundra. Le rarissime **carcajou** apprécie lui aussi les régions nordiques et fréquente volontiers l'Ouest canadien. Le **grizzli** et l'**ours noir** affectionnent les forêts de conifères et les forêts caduques riches de rivières et d'étangs où s'ébattent d'innombrables **castors**, autrefois menacés d'extinction à cause d'une chasse abusive.

Les vastes plaines du Canada central sont le refuge de l'**antilope d'Amérique**, du **géomys** ou « rat des sables », du **lièvre de Townsend** et du fameux **bison d'Amérique**. Victime au 19ᵉ s. d'un massacre quasi systématique, ce bovidé sauvage à l'épaisse crinière si caractéristique fut miraculeusement sauvé de l'extinction ; on peut aujourd'hui l'observer en toute liberté au Wood Buffalo National Park *(voir p. 608)*. Des chevaux sauvages peuplent la quasi-totalité de l'île de Sable, au

large de la Nouvelle-Écosse. Son accès limité par le gouvernement canadien est sévèrement contrôlé. **Chèvres des Rocheuses** et mouflons de montagne dévalent joyeusement les pentes abruptes de l'Ouest canadien. On aperçoit souvent des **mouflons de Dall** le long de la route de l'Alaska, et des **mouflons à grosses cornes** dans les Rocheuses canadiennes et dans les chaînes centrales du sud de la Colombie-Britannique.

Les animaux du Grand Nord

Parmi les espèces animales adaptées aux rudes conditions de vie de l'Arctique canadien, notons le **bœuf musqué**, le caribou de la toundra, le lemming (petit rongeur), le loup et le renard arctiques. Ces régions glacées comptent aussi de nombreuses colonies de **phoques** (phoques gris, phoques à capuchon, phoques du Groenland, etc.), qui constituent la principale source d'alimentation de l'**ours polaire**.

Le long des côtes du Canada évoluent par ailleurs plus

LES BALEINES

L'observation de ces gigantesques cétacés est une des activités les plus pratiquées dans le Pacifique nord-ouest et les biologistes marins craignent que l'excès de bruit et d'attention n'affecte leur comportement (celui des orques, en particulier). Les écologistes réclament une diminution du nombre des embarcations dans les eaux où croisent les mammifères marins. Les visiteurs adhérant à ce point de vue peuvent contribuer à leur action en exigeant des organisateurs de croisières d'observation qu'ils respectent la déontologie et demeurent à distance des animaux (une centaine de mètres au moins), sans les harceler ni les poursuivre.
www.whale-museum.org.

d'une trentaine d'espèces de **mammifères marins**, comme la baleine à bosse et le rorqual commun (au large de Terre-Neuve), l'épaulard et la baleine grise (au large de la Colombie-Britannique), la baleine blanche ou béluga, le rorqual bleu et le petit rorqual (dans l'estuaire du St-Laurent).

Une grande variété d'oiseaux

Plus de 400 espèces, pour la plupart migratrices, évoluent dans le ciel canadien : macareux moine, pluvier siffleur, bernache du Canada, faucon pèlerin, grue blanche d'Amérique, oie des neiges, etc. Essentiellement confiné aux côtes centrale et septentrionale de la Colombie-Britannique, le majestueux **pygargue à tête blanche** se rencontre de temps à autre dans le nord et l'est du pays.

Préservation de l'environnement

LES PARCS NATIONAUX

Créés par le gouvernement, et gérés par Parcs Canada, une quarantaine d'**aires marines, réserves et parcs nationaux** ont pour but de préserver la diversité des espaces naturels sauvages du territoire canadien. Le premier parc

(Canada Banff) a ouvert en 1885 ; le dernier, dont l'ouverture est prévue en 2012, est le parc national du Lac-Témiscouata (Bas-St-Laurent). Ainsi, à ce jour, plus de 220 000 km² de nature sont protégés, soit plus de 2 % du territoire canadien.
« Parcs naturels », p. 24.

LES PARCS PROVINCIAUX ET TERRITORIAUX

Des **centaines de parcs** sont gérés par les provinces et les territoires qui les ont créés. Les règles d'administration s'inspirent généralement de celles des parcs nationaux, mais on constate, dans le mode de protection, des différences d'une province à l'autre. D'une manière générale, aucune activité industrielle n'est permise à l'intérieur des parcs, afin de mieux sauvegarder la faune et la flore, les sols, les traces du passé, et la spécificité de chacun de ces espaces. Si la coupe du bois y est interdite, certains parcs du Manitoba et d'Ontario ne suivent pas cette règle, suscitant des contestations.

La taille de ces parcs, très variable, peut aller de quelques kilomètres carrés (parc national des Îles-du-St-Laurent : 9 km²) à la superficie d'une région française (Wood Buffalo : 44 807 km²).

Histoire

L'histoire commence avec les peuples autochtones qui, venant d'Asie, foulèrent les premiers ce territoire. Elle se poursuit avec l'arrivée des Européens en quête de matières précieuses, or ou fourrures… En 1535, deux jeunes autochtones auraient indiqué à Jacques Cartier le chemin de « kanata ». Une rencontre entre deux mondes qui ferait bientôt une seule histoire dans le creuset de la colonisation. Depuis, le village a grossi à l'échelle d'un territoire ; le *kanata* des aborigènes est devenu Canada en 1791, alors que la province de Québec était encore divisée en deux colonies, le Haut et le Bas-Canada. Enfin, le pays prit définitivement le nom de Canada sous l'égide de la Confédération en 1867.

Période précoloniale

Avant J.-C.
- **25000-15000** – Période estimée de la première traversée humaine du détroit de Béring, de la Mongolie vers l'Alaska.

Après J.-C.
- **v. 1000** – Les Vikings débarquent à Terre-Neuve.
- **1492** – Christophe Colomb « découvre » l'Amérique.
- **1497** – Le Vénitien Jean Cabot explore la côte est du Canada.

LES PEUPLEMENTS PRÉHISTORIQUES ET « INDIENS »

Les recherches récentes en archéologie, anthropologie, génétique et linguistique tendent à prouver que les premières migrations humaines vers le continent américain s'effectuèrent autour de 12000 av. J.-C. par le **détroit de Béring** alors émergé, même si d'autres voies migratoires sont étudiées. Des peuples venus d'Asie (Sibérie) descendirent le continent américain par vagues successives, se dispersèrent dans le nord du Yukon, atteignirent la Colombie-Britannique, l'Ontario vers 10000 av. J.-C., pour arriver en Amérique du Sud (Mexique), tout en développant peu à peu des modes de vie adaptés à leur milieu. Ainsi se formèrent différents groupes, sédentaires ou nomades, que les premiers Européens, se croyant parvenus aux Indes, baptisèrent « Indiens ». Animistes, ils croyaient en une nature habitée par des esprits qu'ils vénéraient. Pour Jean Malaurie, anthropogéographe et écrivain, les peuples qui passèrent par le détroit de Béring sont marqués par le Yi-Jing et le pré-taoïsme, une forme de sagesse « vécue au rythme de la musique de la terre en Chine, qu'on appelle le Qin, et qui chez les Inuits rappelle le battement du tambour sacré lors des séances de transes » (voir *L'Allée des baleines* et *www.jean-malaurie.fr*).

Les Amérindiens

En bordure de la côte pacifique, les **populations autochtones de la côte nord-ouest** étaient de loin les groupes démographiques les plus denses avant l'arrivée des Blancs. Favorisées par les ressources de leur milieu naturel, entre océan et forêts humides, elles développèrent une

Questions autochtones

DÉFINITIONS

L'article 35 de la Loi constitutionnelle du Canada de 1982 reconnaît trois peuples autochtones, les Indiens, les métis et les Inuits, sans pour autant les définir précisément. Selon le recensement de 2006, plus de 1,1 million de personnes au Canada s'identifient comme autochtones, soit 3,8 % de la population. Sur ce nombre, 53 % sont des Indiens inscrits, 30 % des métis, 11 % des Indiens non inscrits, 4 % des Inuits.

TERMINOLOGIE

Depuis 1970, on utilise les termes de **First Nations (Premières Nations)** ou **collectivité des Premières Nations** en lieu et place des termes « Indien » et « bande indienne ». Les Premières Nations, qui vivent généralement sur des terres appelées « réserves », regroupent les autochtones du Canada qui ne sont ni inuits ni métis. Les quelque 630 collectivités des Premières Nations représentent, selon la Commission royale sur les peuples autochtones, entre 60 et 80 **nations autochtones**, soit des groupements d'autochtones partageant une identité nationale et culturelle, comme les Cree ou les Algonquins.

ÊTRE OU NE PAS ÊTRE INSCRIT

Trois catégories recoupent le terme « Indien » au Canada : les Indiens inscrits (ou avec statut), les Indiens non inscrits et les Indiens visés par un traité. Être inscrit signifie apparaître au **registre des Indiens**, un document officiel, tenu par le ministère des Affaires autochtones et développement du Nord Canada, identifiant les Indiens inscrits selon les critères définis par la loi sur les Indiens.

LA LOI SUR LES INDIENS

Promulguée en 1876, elle définit les obligations du gouvernement fédéral, unique propriétaire des terres de réserve, au regard notamment de l'administration des terres et de la gestion des fonds indiens. Le ministre des Affaires autochtones peut aussi approuver ou révoquer les règlements administratifs établis par les conseils des Premières Nations. Cette loi, qui a pour objectif l'**assimilation des autochtones**, a compté nombre d'interdits depuis sa première promulgation (interdiction du *potlatch*, de boire de l'alcool, d'engager des avocats pour intenter des actions contre le gouvernement au nom d'une collectivité, de tenir des réunions consacrées aux affaires autochtones, etc.) et de mesures émancipatrices qui coupent les Indiens de leurs racines. Par exemple, un Indien diplômé ou une femme indienne mariée à un non-Indien perdent leur statut d'Indien ; ou encore, un Indien doit renoncer à son statut pour voter aux élections fédérales. Des amendements ont corrigé la loi au cours du siècle. Celui de 1951 a autorisé le *potlatch* et celui de 1985 a permis aux personnes discriminées par l'une de ces situations (env. 100 000) de recouvrer leur statut ou de se faire inscrire au registre des Indiens.

INDIENS INSCRITS VIVANT EN RÉSERVE

La loi sur les Indiens leur garantit certains privilèges (programmes et services sociaux, santé, etc., assurés par les organismes fédéraux et les gouvernements provinciaux) selon que les Indiens sont inscrits ou pas au registre du gouvernement

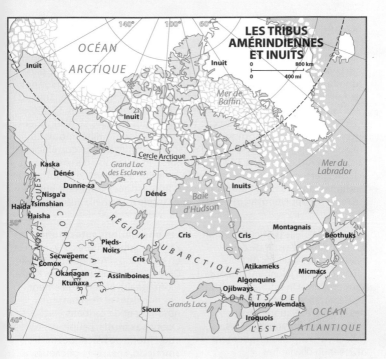

fédéral. À l'intérieur des réserves, les « Indiens inscrits vivant en réserve » ne paient aucun impôt sur les revenus gagnés, ils sont exempts de taxes de vente sur les services et les biens meubles. Mais leurs biens étant insaisissables (propriété du gouvernement fédéral), aucune banque ne leur fera crédit à défaut d'un tiers garant, ce qui freine l'entrepreneuriat autochtone. En 2010, lors de l'assemblée annuelle des Premières Nations, le chef Shawn Atleo a invité Ottawa à **abroger la loi** sur les Indiens d'ici à cinq ans. Celle-ci se voit en effet évincée au profit de traités conclus directement entre une collectivité autochtone et le pouvoir fédéral et provincial *(voir le traité des Nisga'a, p. 179)*. Ce qui est dénoncé par certains, et souhaité par d'autres.

LA QUESTION DES PENSIONNATS AUTOCHTONES

Entre la fin du 19e s. et les années 1990, plus de 150 000 enfants amérindiens, métis et inuits ont été retirés à leurs parents pour être élevés dans des **residential schools** où était délivrée une éducation « à l'européenne ».

Lancée en 2008, la **Commission de vérité et réconciliation du Canada** vise, en donnant la parole aux personnes ayant vécu l'expérience de ces pensionnats (70 000 d'entre elles sont encore en vie), à sensibiliser le public canadien à cette réalité, dont les conséquences traumatiques pour les populations autochtones sont aujourd'hui reconnues (perte de leurs racines, alcoolisme, violence, addictions, etc.). En 2008, le Premier ministre Stephen Harper a présenté, au nom des Canadiens, des excuses aux peuples autochtones pour cette politique et reconnaît ainsi que « le traitement des enfants dans ces pensionnats est un triste chapitre de notre histoire ».

BABEL AU CANADA

Quelque 60 langues autochtones regroupées en douze familles linguistiques distinctes ont été référencées lors du dernier recensement de la population en 2011. Au total, 213 500 personnes ont déclaré parler une **langue maternelle autochtone**. Comptant 144 015 personnes, la famille des langues algonquiennes est la plus nombreuse. Suivent les langues inuites et athapascanes, avec respectivement 35 500 et 20 700 locuteurs. Au sein de ces trois grandes familles se distinguent trois langues hégémoniques : les langues cree (famille linguistique algonquienne), parlées par 83 500 personnes ; l'inuktitut (langue officielle au Nunavut) comptant 34 110 locuteurs ; et la langue déné qui, avec 11 860 personnes, représente plus de la moitié de la famille linguistique athapascane. Les neuf autres familles linguistiques totalisent environ 6 % de la population ayant déclaré une langue maternelle autochtone.

culture matérielle particulièrement sophistiquée à l'instar de ces célèbres mâts sculptés dits totémiques qui jalonnent toujours leur territoire. On estime à environ 200 le nombre de collectivités des Premières Nations vivant en Colombie-Britannique. Ces collectivités sont historiquement divisées en dix nations autochtones : les Haïda, les Tsimshian, les Kwakiutl, les Nootka, les Coast Salish (de la côte), les Salish de l'intérieur, les Bella Coola, les Athapaskan, les Tlingit de l'intérieur. Les vastes étendues herbeuses du Canada central, entre le bouclier canadien et les Rocheuses, étaient le domaine des **groupes autochtones des Plaines** (Assiniboine, Stoney, Pieds-Noirs, Cree des plaines, Ojibwa des plaines et Sarcee). Ceux-ci tiraient principalement leurs ressources des troupeaux de bisons qu'elles chassaient. La viande, séchée, pouvait être conservée et consommée durant les longs mois d'hiver. La plupart habitaient dans des tipis et portaient des vêtements en peau décorés.

Semi-sédentaires, les belliqueuses **tribus des forêts de l'Est** (Algonquins et Iroquois) vivaient dans des villages fortifiés, cultivant le maïs, le haricot et la courge, et connaissaient une organisation sociale complexe.

Les **populations autochtones des régions subarctiques**, vivant d'est en ouest sous l'Arctique (Béothuks, Crees, Dene-thah, Dunne-za, Kaska, Montagnais), étaient également des nomades et des chasseurs, notamment de caribous.

Quant aux **Inuits**, peuple autochtone de l'Arctique nord-américain, chasseurs-pêcheurs nomades hier, sédentarisés aujourd'hui, ils ont été environ 50 000 à se déclarer Inuit lors du recensement canadien de 2006. La majorité d'entre eux vivent dans l'immense région (2 millions de kilomètres carrés, soit 1/5e du territoire canadien) qui s'étend au nord du pays entre le détroit de Béring et le Groenland, connue sous le nom d'**Inuit Nunaat** (« Patrie inuite » en inuktitut). Formé en 1999, le Nunavut (« Notre pays » en inuit) est la plus grande des quatre régions qui forment la patrie inuite. Le mot *inuit*, qui signifie « les gens », est préféré au terme, aujourd'hui obsolète, d'*esquimau* (mangeurs de viande crue, dans la langue des Indiens algonquins). Soumis à des conditions climatiques extrêmement difficiles, les Inuits vivaient traditionnellement dans des *igloos* (« maison » en inuktitut) en hiver, et dans des tentes de peau ou des huttes de tourbe en été. La chasse au phoque, au morse, à la baleine et au caribou assurant leur subsistance, ils se déplaçaient lorsque les réserves de gibier se faisaient rares. Aujourd'hui, les peuples du Grand Nord sont pris dans les aléas d'une modernité étourdissante, qui sape leurs traditions séculaires en apportant, surtout parmi les jeunes, sa cohorte de maux inconnus jusqu'alors (alcoolisme, suicide, violence, délinquance). Un danger d'autant plus important que l'Arctique est riche en ressources naturelles (pétrole, gaz, minerais), lesquelles attisent les convoitises. Sans parler du recul de la banquise qui favorise le développement du trafic maritime par l'Arctique.

PREMIERS CONTACTS

Bien après les premières migrations asiatiques, les **Vikings**, conduits par Erik le Rouge, découvrirent le Groenland vers 982. Autour de l'an 1000, un de ses fils débarqua sur la côte orientale du Canada, dans une région qu'il baptisa Vinland (sans doute Terre-Neuve ou Labrador). Les chroniques des Vikings en décrivent les merveilleux raisins, les peuples étranges et belliqueux, et les paysages fabuleux. Quelques colons restèrent sur place. Les archéologues ont retrouvé des vestiges de leurs campements, en 1961, à l'anse aux Meadows.

Après leur bref séjour, l'Europe sembla oublier pendant plusieurs siècles l'existence du continent américain, à l'exception des **Basques** et des **Anglais** qui fréquentaient les eaux poissonneuses de l'Atlantique nord et pêchaient la morue. Au 15e s., les progrès de la technique et l'espoir d'un négoce lucratif lancèrent véritablement les grands navigateurs à l'assaut des océans.

Les premiers explorateurs

Les émissaires royaux ne cherchaient d'abord qu'une route vers l'Asie mystérieuse : ainsi **Jean Cabot** (Giovanni Caboto), navigateur italien à la solde d'Henri VII d'Angleterre, débarqua-t-il le 24 juin 1497 en terre canadienne sur l'île du Cap-Breton. Vers 1500, le navigateur et cartographe portugais **João Fernandes Lavrador** contourna le Labrador, dont il dessina les côtes. Son compatriote **Gaspar Corte-Real** débarqua à Terre-Neuve et

---

DE POTLATCH EN POTLATCH

Terme d'origine chinook, *potlatch* signifie « don » ou « donner ». La cérémonie du *potlatch* recouvre un ensemble de manifestations (danse, fêtes discours, rites, donations, destructions, etc.) développées par les peuples autochtones de la côte nord-ouest américaine. Ce « système de prestations totales de type agonistique (compétitif) », écrit l'ethnologue Marcel Mauss, conjugue des aspects à la fois économique, juridique, religieux et mythique. La cérémonie peut durer plusieurs jours. Les invités, issus de différentes maisons ou de différents villages sont témoins des biens accumulés par la puissance invitante, laquelle va obliger ses donataires en distribuant ses richesses. Et ce pendant de très longues années, si la quantité ou la qualité du don hypothèque la réciprocité pour le donataire. En se dépossédant, le donateur assoit son nom, sa réputation, son autorité ; il hiérarchise à son profit la sphère sociopolitique dans laquelle il évolue. Interdit entre 1884 et 1951, le *potlatch* fut encensé par les situationnistes, trublions de la bonne société. Guy Debord intitula même l'une de ses revues *Potlatch* (1954-1957). Tous les textes, précisait-il, peuvent être reproduits, imités, ou partiellement cités, sans la moindre indication d'origine. Un vrai don, mais une dette morale pour chaque lecteur…

SAINT-MALO, KANATA, CANADA

Pour son premier voyage, **Jacques Cartier** partit du port de St-Malo avec deux navires et 61 hommes. Après avoir longé les côtes de Terre-Neuve, du golfe du St-Laurent, des îles de la Madeleine et du Prince-Édouard, il accosta en 1534 à Gaspé, puis revint en France accompagné de deux Amérindiens. En 1535, il entama son deuxième périple, remonta le St-Laurent jusqu'à Stadacomé, poursuivit au sud jusqu'à Hochelaga (Montréal), où des rapides l'empêchèrent de continuer. Durant son troisième voyage, en 1541, il explora diverses régions et fonda la ville de Charlesbourg-Royal sur la rivière Cap-Rouge. Jacques Cartier fut le premier à employer le mot « Canada » pour évoquer la région du Québec. Utilisé par les aborigènes établis le long du St-Laurent pour nommer leur bourgade de **Stadacomé** (à l'emplacement de la future Québec), *kanata* aurait signifié l'« amas de cabanes ». Dès le 17ᵉ s., les Européens adoptèrent ce terme pour désigner les terres colonisées.

captura quelques Amérindiens qu'il emmena avec lui. **Giovanni da Verrazano**, un autre Italien envoyé par François Iᵉʳ, reconnut en 1524 le littoral américain de New York à l'île du Cap-Breton et désigna pour la première fois les terres colonisées sous le nom de « Nouvelle-France ».

La Nouvelle-France

REPÈRES CHRONOLOGIQUES

● **1534** – Jacques Cartier explore et prend possession du Canada.

● **1570** – Fondation de la Ligue des nations iroquoises.

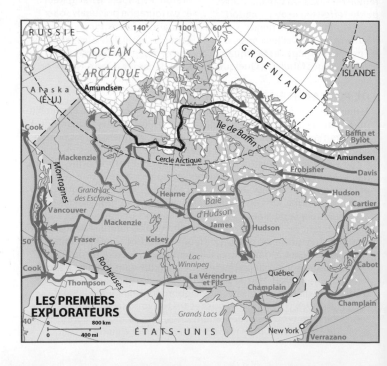

LES PREMIERS EXPLORATEURS

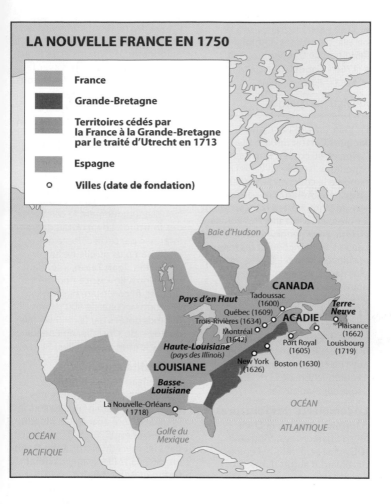

LA NOUVELLE FRANCE EN 1750

- France
- Grande-Bretagne
- Territoires cédés par la France à la Grande-Bretagne par le traité d'Utrecht en 1713
- Espagne
- ○ Villes (date de fondation)

Baie d'Hudson

CANADA

Pays d'en Haut
Tadoussac (1600)
Québec (1609)
Trois-Rivières (1634)
Montréal (1642)
ACADIE
Terre-Neuve
Plaisance (1662)
Port Royal (1605)
Louisbourg (1719)
Haute-Louisiane (pays des Illinois)
LOUISIANE
New York (1626)
Boston (1630)
Basse-Louisiane
La Nouvelle-Orléans (1718)
OCÉAN ATLANTIQUE
OCÉAN PACIFIQUE
Golfe du Mexique

- **1583** – Sir Humphrey Gilbert revendique Terre-Neuve au nom d'Élisabeth Iʳᵉ.
- **1605** – Samuel de Champlain fonde Port-Royal en Acadie : la Nouvelle-France est née.
- **1608** – Champlain fonde la ville de Québec.
- **1610** – Henry Hudson explore la baie qui porte aujourd'hui son nom.
- **1613** – Destruction par les Anglais des établissements français d'Acadie.
- **1632** – Le traité de St-Germain rend le Canada à la France.
- **1642** – Fondation de Montréal.

- **1670** – Création par les Anglais de la Compagnie de la baie d'Hudson.
- **1710** – Les Anglais prennent Port-Royal.
- **1713** – Traité d'Utrecht.
- **1722** – Les Tuscarora entrent dans la ligue iroquoise, qui devient Ligue des six nations iroquoises.
- **1731-1743** – La famille La Vérendrye explore le centre du Canada.
- **1755** – Début du Grand Dérangement (voir p. 483).
- **1756-1763** – Guerre de Sept Ans.

- **1759** – Défaite française à la bataille des plaines d'Abraham. Reddition de Québec aux Anglais.
- **1760** – Capitulation de Montréal.
- **1763** – Traité de Paris.

APERÇU HISTORIQUE

En 1534, envoyé par François Ier, **Jacques Cartier** débarqua à Gaspé et, au cours d'une deuxième expédition l'année suivante, il remonta le cours du St-Laurent jusqu'à **Hochelaga**, site de la future ville de Montréal. Les Français furent les premiers à installer des colonies en terre canadienne, le long du St-Laurent. Ils défrichèrent les forêts et cultivèrent le sol. Quelques-uns, plus hardis, partirent explorer de nouvelles terres : au départ de la baie d'Hudson, ils descendirent jusqu'à La Nouvelle-Orléans (Louisiane) et se rapprochèrent des Rocheuses à l'ouest. Vers 1600, ils fondèrent le premier fort français qui servit aussi de comptoir commercial à l'embouchure de la rivière Saguenay : Tadoussac.

Le commerce des fourrures

À force de chercher la Chine, les navigateurs avaient trouvé le Canada et, à défaut d'épices, découvert d'autres richesses à exploiter : les fourrures. Les **coureurs de bois**, venus d'Europe pour échapper à une vie misérable, chassaient le gibier pour sa fourrure et sillonnaient le pays en tous sens. En contact avec les autochtones, ils finirent par s'attacher aux tribus indiennes qu'ils côtoyaient régulièrement. Certains se marièrent avec les Indiennes. D'autres provoquèrent par leur attitude l'animosité des guerriers. Colons et coureurs des bois ne s'entendaient pas toujours car leurs intérêts différaient grandement. Pour asseoir le commerce français des peaux, **Samuel de Champlain** se fit colonisateur et reconnut le pays jusqu'au lac Huron en 1615.

Il noua des relations commerciales et diplomatiques avec les Algonquins, les Hurons et les Innus (ou Montagnais) mais pas avec les Iroquois, ennemis jurés des Hurons. Alors que s'étendait le territoire colonisé (la Nouvelle-France, qui ira jusqu'en Louisiane), les relations avec les autochtones, d'abord amicales, s'envenimèrent du fait des exactions commises par les colons. Ministre de Louis XIV, Colbert organisa la colonie et s'opposa à l'expansion vers l'ouest pour favoriser uniquement le commerce des fourrures. Le roi n'était guère intéressé par cette colonie qui lui coûtait plus qu'elle ne lui rapportait. **Jean Talon**, intendant de la Nouvelle-France nommé par Colbert, fit construire des forts et proposa à plus de 800 jeunes femmes dotées par le roi (les « filles du Roy ») de s'installer au Canada pour y fonder des familles.

La rivalité anglaise

Les Français se heurtèrent également à la concurrence des Britanniques établis plus au sud, le long de la côte atlantique. **Martin Frobisher** en 1576-1578 (3 voyages dans les mers du Nord), **John Davis** en 1585-1587 (3 voyages), **William Baffin** et **Robert Bylot** en 1615-1616 cherchèrent un passage par le nord-ouest. **Henry Hudson** (1610) et Thomas James (1631) explorèrent la baie d'Hudson. Venus de métropoles rivales en Europe, les **colons** ne manquaient pas de faire des raids chez leurs voisins. Même les tribus amérindiennes étaient engagées dans la lutte, depuis que Champlain s'était attiré la haine implacable des Iroquois – au cours d'une expédition qui tourna mal, Champlain accompagné de Hurons tua près de 300 Iroquois. Dès lors les Hurons s'allièrent aux Français, les Iroquois aux Anglais et leur lutte se poursuivit à travers le conflit anglo-français. Enfin, les Anglais créèrent

LA COMPAGNIE DE LA BAIE D'HUDSON

Le 2 mai 1670, Charles II, roi d'Angleterre, accorde une charte à son cousin, le prince Rupert *(voir p. 168)*, et à ses associés, en vertu de laquelle il les autorise à créer la Compagnie des aventuriers d'Angleterre, qui s'appellera par la suite la Compagnie de la baie d'Hudson. Il leur octroie le monopole de la traite avec les Indiens sur toutes les terres dont les rivières se jettent dans la baie d'Hudson. Une aubaine pour les chapeliers avides de fourrures, en particulier celles du castor avec lesquelles sont fabriqués les chapeaux en feutre. Le castor nord-américain peut enfin remplacer le castor européen, en voie d'extinction pour avoir été trop chassé. Ce monopole lucratif est brisé en 1783, année de création à Montréal de la Compagnie du Nord-Ouest. Après de nombreux conflits, la Compagnie du Nord-Ouest tombe dans le giron de la CBH, laquelle devient en 1821 la société la plus puissante d'Amérique du Nord. Elle peut régner en paix sur l'Ouest canadien, jusqu'en 1870, où elle est contrainte de céder ses droits et terres au Dominion du Canada nouvellement formé. Toujours en activité, HBC exploite entre autres La Baie d'Hudson, la chaîne de grands magasins numéro un au Canada, qui ambitionne de devenir l'une des plus importantes à l'échelle internationale. *www3.hbc.com.*

en 1670 la Compagnie de la baie d'Hudson, qui exerça un véritable monopole sur toute la région.

L'échec français

Guerres et traités se succédèrent entre la France et l'Angleterre, opposées en Europe et sur les territoires colonisés. Les colons, pourtant, parvinrent à prospérer et les petites villes, à gagner du terrain. En 1682, plus de 10 000 habitants peuplaient la Nouvelle-France ; huit ans plus tard fut élevée la première enceinte de la ville de Québec.

En 1713, la France vaincue par l'Angleterre signa le **traité d'Utrecht** et lui céda Terre-Neuve, le bassin de la baie d'Hudson et l'Acadie péninsulaire (future Nouvelle--Écosse). La France conserva l'île St-Jean (île du Prince-Édouard) et l'île Royale (île du Cap-Breton), où elle érigea à grands frais la forteresse de Louisbourg pour contrôler l'accès aux rives du St-Laurent.

Une paix relative

Les Français construisirent également la première route carrossable de la région, le « Chemin du Roy », reliant Québec, Trois-Rivières et Montréal en suivant le cours du St-Laurent. Les domaines agricoles s'étendaient toujours plus. Les ressources naturelles – bois, pêche, fourrures – étaient largement exploitées. La Compagnie de la baie d'Hudson envoya en éclaireur **Henry Kelsey**, qui atteignit les Prairies au début des années 1690. À partir de 1731, Pierre Gaultier, seigneur de **La Vérendrye**, et ses fils s'aventurèrent dans l'Ouest canadien. Ils traversèrent les Prairies et, en chemin, firent construire le fort Rouge (à l'emplacement de Winnipeg). Ils atteignirent finalement les Rocheuses en 1743.

La fin d'une colonie

La guerre de Sept Ans, qui opposait à nouveau les deux grandes nations en Europe, mit le feu aux poudres dans les colonies. Les troupes françaises dirigées par le général Montcalm se battaient avec rage contre celles des Anglais, commandées par James Wolfe. Finalement, la prise de Louisbourg en 1758 ouvrit la voie de Québec, qui tomba l'année suivante (bataille des plaines d'Abraham), et de Montréal, qui capitula en 1760. En 1763, le **traité de Paris** céda en totalité la Nouvelle-France à la puissance britannique excepté St-Pierre-et-Miquelon, qui demeure aujourd'hui encore terre française. La France ne pleura guère la perte de ses territoires dont elle avait sous-estimé l'importance. Les colons français, au contraire, avaient conscience de ce qu'ils perdaient et savaient désormais qu'ils devraient se débrouiller seuls. Les Anglais voulurent obliger les Français catholiques à se fondre dans la culture anglophone. Les institutions furent abolies, les lois britanniques imposées, les commerçants écossais remplacèrent les Français pour le commerce des fourrures, l'exercice de la religion catholique fut menacé. À l'exception d'Halifax et de quelques agglomérations à Terre-Neuve, la langue employée resta cependant le français.

Le régime anglais

REPÈRES CHRONOLOGIQUES

- **1763-1766** – Les Outaouais se soulèvent contre les Britanniques.
- **1774** – Acte de Québec.
- **1775-1783** – Guerre d'Indépendance américaine.
- **1778** – James Cook traverse les Rocheuses et explore les côtes de la Colombie-Britannique.
- **1783** – Les colonies américaines gagnent leur indépendance. provoquant une arrivée massive des loyalistes au Canada. Création de la Compagnie du Nord-Ouest.
- **1791** – L'Acte constitutionnel crée le Haut-Canada et le Bas-Canada.
- **1793** – George Vancouver puis Alexander Mackenzie traversent la Colombie-Britannique et atteignent la côte pacifique.

- **Début 19ᵉ s.** – Création du Parti patriote.
- **1812-1814** – Guerre anglo-américaine.
- **1821** – Fusion de la Compagnie de la baie d'Hudson et de la Compagnie du Nord-Ouest.
- **1837** – Rébellions des Patriotes du Haut et du Bas-Canada durement réprimées.
- **1841** – L'Acte d'union crée le Canada-Uni.
- **1847** – Le Canada passe sous le régime de gouvernement responsable.
- **1858-1861** – Ruées vers l'or en Colombie-Britannique.
- **1867** – L'Acte de l'Amérique du Nord britannique crée la Confédération canadienne.

APERÇU HISTORIQUE

L'administration britannique prit progressivement pied en terre canadienne. Dès 1720, l'Acadie devenue anglaise fut organisée en colonie de Nouvelle-Écosse, avec pour capitale Annapolis Royal, puis Halifax à partir de 1749. Après le traité d'Utrecht, le nouveau régime fut étendu à la vallée du St-Laurent, où vivait alors une importante communauté francophone. L'arrivée massive des **réfugiés loyalistes** fuyant les anciennes colonies américaines après la guerre d'Indépendance, conduisit à la création de nouvelles colonies, l'île du Prince-Édouard (1769) et le Nouveau-Brunswick (1784), toutes deux détachées de la Nouvelle-Écosse. En 1774, l'Acte de Québec accepta certaines revendications des francophones. Les Anglais avaient en effet compris que le soutien des populations françaises leur était indispensable pour lutter contre les Américains qui, en 1775, entraient dans Montréal. La guerre américaine prit fin deux ans plus tard. En 1791, la

Trappeurs du Nord-Ouest canadien.
Illustrated London News Ltd / Mary Evans Picture Library / Photononstop

colonie laurentienne était à son tour divisée en deux provinces : Haut-Canada (aujourd'hui l'Ontario, essentiellement des loyalistes anglophones) et Bas-Canada (devenu Québec, surtout des francophones).

L'aventure encore...

Pour la Compagnie de la baie d'Hudson, **Samuel Hearne** se rendit de Churchill au Grand Lac des Esclaves, puis rejoignit l'océan Arctique par la rivière Coppermine (1770-1772). La reconnaissance de la côte de Colombie-Britannique et des îles côtières fut l'œuvre de **James Cook** (1778) et de **George Vancouver** (1792-1794). En 1789, **Alexander Mackenzie**, de la Compagnie du Nord-Ouest, descendit le fleuve qui porte aujourd'hui son nom et, en 1793, atteignit enfin le Pacifique, suivi de **Simon Fraser** en 1808 et de **David Thompson** en 1811-1817. En 1812, les Américains opposés à l'Angleterre tentèrent à nouveau de conquérir le Canada. Mais ils furent défaits et rejetés hors des frontières.

Au cours du 19e s., la colonisation s'intensifia sur tout le continent nord-américain. Tandis que naissaient de nouveaux États qui se joignirent aux États-Unis, deux nouvelles colonies britanniques furent créées au Canada, sur l'île de Vancouver en 1849, puis en 1858 en Colombie-Britannique. Elles fusionnèrent en 1866.

Le Canada-Uni

Louis Joseph Papineau fonda le **Parti patriote,** groupe de francophones excédés par les abus du gouvernement en place. L'agitation politique s'empara du Haut et du Bas-Canada, où s'affrontaient les intérêts respectifs des communautés anglo-protestante et franco-catholique. Chargé d'enquêter sur les causes de ces troubles, le gouverneur général de l'époque, Lord Durham, rédigea le fameux *Rapport sur les affaires de l'Amérique septentrionale britannique*. Conséquence de ce dernier, l'**Acte d'union**, passé en 1841 qui réunit les deux provinces en une : le Canada-Uni. Mais les crises fréquentes amenèrent le

Parlement de la colonie à ratifier, en 1867, l'**Acte de l'Atlantique du Nord britannique**.

La Confédération

REPÈRES CHRONOLOGIQUES

- **1869-1870** – Soulèvement des métis de la rivière Rouge.
- **1870** – Création du Manitoba.
- **1871** – La Colombie-Britannique rejoint la Confédération.
- **1873** – Création de la Police montée du Nord-Ouest. L'île du Prince-Édouard rejoint la Confédération.
- **1881-1885** – Construction du Canadian Pacific Railway.
- **1885** – Rébellion du Nord-Ouest. Procès et exécution de Louis Riel. Création du premier parc national.
- **1896** – Ruée vers l'or au Klondike.
- **1898** – Création du territoire du Yukon.
- **1905** – Création des provinces de la Saskatchewan et de l'Alberta.

APERÇU HISTORIQUE

La révolution industrielle commença au Canada à la fin du 19e s. Plusieurs entreprises financées par de riches familles virent le jour dans les grandes villes. La politique de distribution de terres aux colons joua également un rôle significatif dans le développement du Canada au cours du 19e s. et au début du 20e s. Il s'agissait en effet d'encourager l'aménagement d'un territoire démesurément grand, et donc particulièrement vulnérable à toute menace étrangère. Isolées, les différentes colonies britanniques se sentaient faibles face à leurs voisins américains : la guerre de 1812, le rôle des Américains dans les rébellions de 1837 et la guerre de Sécession avaient en effet suscité un sentiment d'insécurité. Aussi, pour renforcer leur position, les colonies envisagèrent-elles de s'unir. Ces projets d'union aboutirent en 1867 à l'**Acte de l'Amérique du Nord britannique**, qui consacra la naissance de la **Confédération canadienne**. Le nouvel État fédéral ainsi créé se composait alors du Québec et de l'Ontario (anciennement Canada-Uni), du Nouveau-Brunswick et de la Nouvelle-Écosse, avec partage des pouvoirs entre un gouvernement central et des législatures provinciales.

De nouvelles provinces

Les fondateurs du pays – John A. Macdonald et George É. Cartier – envisageaient déjà une nation *A mari usque ad mare*, qui s'étendrait d'un océan à l'autre… Rêve devenu réalité lorsque la jeune Confédération acquit l'immense Terre de Rupert (pour 300 000 £), jusqu'alors propriété de la Compagnie de la baie d'Hudson. Cette terre séparait les provinces de l'est de la petite colonie de Colombie-Britannique à l'ouest. Devenu Territoires du Nord-Ouest, ce vaste domaine soudainement ouvert à la colonisation allait progressivement être amputé au sud et à l'ouest par la création successive de nouvelles provinces. Les colons s'installèrent dans les Territoires du Nord-Ouest sans tenir compte de la population métisse, catholique et francophone, qui vivait sur place dans des fermes. De cette situation conflictuelle naquit en 1870 la **rébellion des métis**, dirigée par **Louis Riel** dans la vallée de la rivière Rouge. Finalement, Riel pourchassé s'enfuit aux États-Unis et les métis de la vallée acceptèrent d'entrer dans la Confédération sous le nom de province du **Manitoba** (elle ne représentait alors qu'une minuscule portion de la province actuelle).

En 1873, l'**île du Prince-Édouard** entra à son tour dans la Confédération. Deux ans plus tôt, la **Colombie-Britannique** avait elle-même accepté de s'y joindre, le gouvernement fédéral ayant promis la mise en chantier d'une voie ferrée intercontinentale qui la relierait aux provinces de l'Est. La construction du **Canadian Pacific** (CPR), achevée en 1885 après quatre ans de travaux, ne se fit pas sans accrocs. Ce projet était extraordinairement ambitieux : il fallait percer des tunnels à la nitroglycérine et édifier des ponts et chevalets à travers les terrains les plus difficiles comme le Kicking Horse Pass ou le Fraser Canyon. Il dut sa réussite à **William Van Horne**, ingénieur du chemin de fer, célèbre pour son génie de l'organisation qui devint plus tard président de la Canadian Pacific Railway Company.

Un pays en expansion

L'avènement du chemin de fer favorisa de nouvelles vagues de peuplement et d'immigration. Des villes apparurent un peu partout, en particulier à proximité des mines. Tandis que la ruée vers l'or du Klondike amenait la création du **territoire du Yukon** en 1898, dans les Prairies naissaient en 1905 les provinces de la **Saskatchewan** et de l'**Alberta**. En effet, le gouvernement encouragea la colonisation des Prairies canadiennes en lançant un appel aux Européens et en leur proposant des terres gratuites dans les Prairies (plus de 6 ha chacun). Pour bénéficier de cette offre alléchante, les nouveaux colons s'engageaient à demeurer plus de six mois par an sur leurs terres pendant au moins trois années consécutives. Ukrainiens, Hongrois, Tchèques, Polonais, Slovaques et Serbes affluèrent au Canada.

Pendant ce temps, **Joseph E. Bernier** explorait les îles au-delà de l'île Baffin et nouait des relations avec le peuple inuit. Enfin, le fameux passage du Nord-Ouest à travers l'archipel Arctique fut franchi en 1903-1906 par **Amundsen**, qui réalisa ainsi le rêve des navigateurs du 16e s.

Le gouvernement dirigé par Laurier délimita officiellement la frontière avec l'Alaska. Après 1912, les terres des Territoires du Nord-Ouest situées au sud du 60e parallèle furent redistribuées aux provinces du Manitoba, de l'Ontario et du Québec.

Vers l'indépendance

REPÈRES CHRONOLOGIQUES

- **1916** – Le droit de vote est accordé aux femmes dans les provinces de l'ouest du pays. Les autres provinces suivront progressivement.
- **1929** – Les femmes obtiennent le droit de siéger au Sénat.
- **1931** – Le statut de Westminster reconnaît l'indépendance du Canada au sein du Commonwealth.
- **1939-1945** – Durant la Seconde Guerre mondiale, le Canada accueille de nombreux émigrants européens.
- **1942** – Ouverture de la route de l'Alaska.
- **1945** – Le Canada devient membre fondateur de l'ONU.
- **1949** – Le Canada entre dans l'Otan. Il obtient son indépendance mais sa Constitution demeure à Londres.

APERÇU HISTORIQUE

Au début du 20e s., le pays était en crise. La population se répartissait en deux groupes : d'un côté les hommes d'affaires et les grandes familles qui ne cessaient de s'enrichir, de l'autre le peuple des fermiers et des ouvriers dont les conditions de vie étaient dramatiquement difficiles.

IDLE NO MORE !

L'apathie, c'est fini ! Lancé en octobre 2012 par quatre femmes autochtones de la Saskatchewan, le mouvement de protestation Idle No More s'oppose à différents articles insérés dans les très touffus projets de loi C-38 et C-45. Ceux-ci revoient unilatéralement la protection des eaux navigables, laquelle ne s'applique plus qu'à 97 lacs et 62 rivières alors qu'il en existe des dizaines de milliers dans le pays. Les articles modifient aussi le mode de consultation des communautés lorsque des terres de réserves sont vendues ou louées à des non-autochtones. Ces projets visent *in fine* à limiter les contraintes écologiques pour l'exploration et l'exploitation des terres. Progressivement le mouvement Idle No More rassemble tous les indignés du Canada. *www.idlenomore.ca*.

La guerre en Europe

Membre de l'Empire britannique, le pays s'engagea aux côtés des Alliés pendant la Première Guerre mondiale. Des soldats envoyés sur le front en Picardie, dans la Somme et en Belgique, plus de 60 000 furent tués et des milliers blessés. En tant que pays allié, le Canada participa à la conférence de Versailles en 1919 et rejoignit la Société des Nations.

Après la guerre, le pays entra dans une nouvelle époque. Joie de vivre, émancipation des femmes, lutte pour la liberté et l'innovation. L'économie prit son envol, arrêtée momentanément par la dépression des années 1930. C'est alors que le gouvernement dirigé par le libéral William L. Mackenzie King demanda son indépendance au Royaume-Uni qui lui fut accordée en 1926 et officiellement sanctionnée en 1931 par le **statut de Westminster**. Le Canada ne conserve plus qu'un lien de dépendance symbolique à l'égard de la couronne britannique et appartient au Commonwealth.

Avec la Seconde Guerre mondiale, près d'un million d'hommes furent mobilisés ; 45 000 moururent au combat. Enfin, Terre-Neuve, restée jusqu'alors colonie indépendante, s'unit à la Confédération en 1949, 82 ans après la création de cette dernière. Les Amérindiens, progressivement regroupés dans des réserves, se gouvernaient eux-mêmes sous le contrôle cependant du gouvernement fédéral. Délaissés, ils se marginalisèrent petit à petit, ce qui entraîna des conflits divers.

Le Canada moderne

REPÈRES CHRONOLOGIQUES

● **1957** – Profondes réformes sociales entreprises par le gouvernement Diefenbaker.
● **1959** – Ouverture de la voie maritime du St-Laurent.
● **1962** – La Transcanadienne est achevée.
● **1968** – Création du Parti québécois issu du mouvement indépendantiste.
● **1982** – Le Québec est la seule province à ne pas signer la loi constitutionnelle (Constitution Act) de 1982.
● **1987** – Échec des accords du lac Meech.
● **1988** – Création officielle du Nunavik, reconnu patrie des Inuits du Québec.
● **1990** – Crise amérindienne d'**Oka** au Québec : les Mohawks revendiquent certains droits. Les Canadiens s'engagent dans la guerre du Golfe.
● **1992** – Échec du référendum national sur l'attribution d'un statut spécial pour le Québec.

Les Territoires du Nord-Ouest ratifient les accords conduisant à la création du Nunavut.

● **1994** – Conclusion des négociations sur l'Accord de libre-échange nord-américain (Alena/Nafta).

● **1995** – Échec du référendum sur la souveraineté du Québec.

● **1998** – Une tempête de neige sans précédent s'abat sur le pays, ravageant le réseau hydroélectrique et plongeant dans le noir plus de 3,5 millions d'habitants du Québec, de l'Ontario et du Nouveau-Brunswick.

● **1999** – Le Nunavut devient officiellement le troisième territoire canadien.

APERÇU HISTORIQUE

La période de l'après-guerre fut marquée par une économie florissante mais aussi par un certain mal-être de la population qui assistait à la fin de ses structures traditionnelles et à un renouveau parfois déroutant. Cette époque s'accompagna, au Canada, d'un afflux d'immigrants qui fournirent une main-d'œuvre nécessaire au développement du pays. Dans les années 1960, la « Révolution tranquille » correspondit à une période non violente marquée par de profonds changements. Si le Canada est parvenu à se hisser au rang des plus grandes puissances industrielles du monde, il lui reste encore à relever un défi d'envergure : réussir, tout en continuant à prôner le multiculturalisme comme principe de vie fondamental, à inspirer un sentiment national pancanadien. D'une part, les **revendications territoriales** de la population autochtone du Canada se font de plus en plus pressantes, comme l'illustre l'inauguration officielle, le 1er avril 1999, du **Nunavut**, troisième territoire canadien créé après une période transitoire de 7 ans et plus de 20 ans de négociations et de planification. L'**Assemblée des Premières Nations** (APN), qui représente la moitié de la population indienne du pays, a pour objectif, entre autres, d'être le garant des droits de ces peuples à un gouvernement autonome. Les Territoires du Nord-Ouest ont massivement (à 84,7 %) approuvé les nouvelles frontières orientales et ont ratifié les termes de l'accord aboutissant à leur division.

Québec, une province à part

D'autre part, le **mouvement séparatiste** québécois, né dans les années 1960, soulève encore un brûlant débat entre les tenants du fédéralisme et leurs opposants, de conviction indépendantiste. Face aux revendications de la province francophone, le gouvernement fédéral canadien prit toute une série de mesures parmi lesquelles, en 1969, la reconnaissance du français et de l'anglais comme langues officielles du Canada, et l'adoption d'une politique de promotion du bilinguisme au niveau fédéral. Les indépendantistes (également appelés souverainistes) perdirent les élections provinciales de 1973, puis gagnèrent les suivantes en 1976. René Lévesque, souverainiste, s'opposa pendant plus de 25 ans à Pierre Elliott Trudeau, nationaliste. Le « non » obtint cependant la majorité des votes lors du référendum de 1980 sur la souveraineté-association du Québec qui voudrait faire sécession. En 1982, l'**Acte de l'Amérique du Nord britannique** (loi constitutionnelle de 1867) était « rapatrié » de Grande-Bretagne. Le Québec refusa de signer la nouvelle Constitution canadienne, principalement parce qu'elle ne prévoyait pas le transfert des pouvoirs législatifs du gouvernement fédéral à celui de la province. En 1987, les **accords du lac Meech**, qui proposaient pour le Québec un statut spécial de « société distincte », n'aboutirent pas, et l'échec qui s'ensuivit remit en cause l'adhésion du Québec à la Confédération canadienne. En 1995, l'échec du second référendum sur la souveraineté de la province (50,6 % de « non »), ne fit qu'intensifier le débat. En 1998, la Cour suprême du Canada déclara que le Québec ne pouvait faire sécession. Mais la question risque de se reposer, au vu des résultats des dernières élections au Québec *(voir ci-après)*.

Le nouveau millénaire

REPÈRES CHRONOLOGIQUES

● **2000** – Terre-Neuve célèbre le millième anniversaire de l'arrivée des Vikings en Amérique du Nord. Ratification du traité des Nisga'a.

● **2001** – Les élections fédérales et québécoises relancent le débat portant sur la souveraineté du Québec, qui accueille le Sommet des Amériques.

● **2002** – Les troupes canadiennes rejoignent la mission de paix en Afghanistan.

● **2003** – Création du Parti conservateur du Canada.

● **2004** – Le Parti gagne de peu les élections et forme le premier gouvernement minoritaire en 25 ans.

● **2005** – Michäelle Jean, personnalité de la radio née en Haïti, devient le 27e gouverneur général.

● **2006** – Formation d'un nouveau gouvernement minoritaire, dirigé cette fois-ci par le Parti conservateur. La province de Québec rejoint l'Unesco en tant que membre associé.

● **2007** – Pour la première fois, en septembre, le dollar canadien dépasse de peu le dollar américain.

● **2008** – Le Danemark invite le Canada, la Russie, les États-Unis et la Norvège à une discussion concernant leurs revendications sur l'Arctique et ses richesses.
La ville de Québec fête ses 400 ans.

● **2011** – Le 2 mai, le Premier ministre, Stephen Harper, mène le Parti conservateur du Canada à la victoire avec cette fois la majorité.

● **Mai 2012** – **Printemps érable** : mouvement de contestation au Québec provoqué par la hausse des frais de scolarité décidée sous la gouvernance du Parti libéral du Québec (PLQ).

● **Septembre 2012** – Les indépendantistes du Parti québécois remportent les élections législatives de la province. Le 17 septembre, **Pauline Marois** est la première femme à occuper le poste de Premier ministre du Québec.

● **Décembre 2013** – Après la Russie et le Danemark, le Canada revendique sa souveraineté sur le pôle Nord auprès de l'ONU.

Art et culture

La culture canadienne est un mélange de traditions anglaise, française et amérindienne, marquées par des vagues successives d'immigration irlandaise, écossaise, ukrainienne et par la proximité des États-Unis. Aujourd'hui, arts et culture tentent de se démarquer des influences américaines, et de mettre en valeur les identités des différentes ethnies qui peuplent le pays.

L'amélioration des conditions de vie des Canadiens durant le 20e s. favorisa l'essor d'une vie culturelle qui s'implanta progressivement dans les villes en pleine expansion. Malgré une crise au milieu du siècle, l'activité culturelle a retrouvé son dynamisme, en partie soutenue par des programmes fédéraux et des initiatives provinciales.

Arts premiers

Au fil de l'histoire, les populations indigènes (amérindiennes ou inuits) ont perfectionné divers modes d'expression artistique, témoignages de leur mode de vie et de leurs croyances. Néanmoins, leur nomadisme ne leur a pas permis de laisser une abondance d'œuvres.

LES ARTS AMÉRINDIENS

On peut dater à 5 000 ans les **pétroglyphes** (gravures rupestres) retrouvés sur de nombreux sites de Colombie-Britannique et de l'Ontario, et à 500 av. J.-C. les **mâts** et **rochers totémiques** découverts le long de la côte ouest. Des fouilles effectuées au Québec et dans l'Ontario ont mis au jour de la poterie iroquoise décorée de représentations animales et de motifs géométriques, dont les spécimens se succédèrent du 10e au 17e s.

L'art traditionnel

La majorité des **peuples de langue algonquienne** (Abenaki, Algonquins, Crees, Micmacs, Montagnais et Naskapi) ont des ancêtres nomades, excellents artisans, qui surent exploiter coquillages, os, pierres et graines pour confectionner des perles et enrichir leur technique de la broderie par l'utilisation de piquants de porc-épic ou de poil de caribou. Ils décoraient souvent de motifs géométriques leurs vêtements et mocassins en peau de caribou ou leurs canots en bouleau. Les motifs complexes des **wampum** (ceintures savamment décorées de perles de nacre) racontent certains événements marquants de l'histoire amérindienne. Ils étaient échangés lors des cérémonies de paix et de signature des traités.

Plus restreint, quasi sédentaire, le groupe des **peuples agriculteurs de langue iroquoise** comprenait les Hurons, les Mohawks, les Onondagas et les Senecas. Leurs villages semi-permanents, car déplacés tous les 15 ou 20 ans, étaient composés de **maisons longues** regroupant plusieurs familles. De ce mode de vie émergea un répertoire artistique libéré des contraintes du nomadisme. Suivant l'influence européenne, ils incorporèrent peu à peu des motifs floraux à leurs délicates broderies en crin d'élan. Les masques de bois, les **faux visages**, associaient les représentations mythologiques aux pratiques des guérisseurs.

Les **peuples des Plaines** (Assiboines, Pieds-Noirs et Gros-Ventres) ornaient leurs tipis et leurs récipients de peau ou de cuir de bison de motifs peints, parmi lesquels le cheval, rapidement élevé au rang d'icône.

L'art des **peuples de la côte nord-ouest** se distingue de celui des autres sociétés nord-américaines. Ces tribus mirent à profit leurs longues périodes d'inactivité pour créer un mode d'expression sans égal sur la moitié nord du continent. Forme d'art qui leur est exclusive, le **mât totémique**, immense tronc d'arbre ciselé de représentations animales, humaines et mythologiques, était dressé à l'entrée de la maison des chefs. Sa fonction différait : parfois utilitaire (comme poutre angulaire d'une maison), parfois décorative (sa base creusée utilisée comme porte d'entrée) ou funéraire (comme stèle commémorative ou partie intégrante d'une tombe). L'introduction des outils métalliques par les Européens permit l'apogée de cet art entre 1850 et 1900. Les sculpteurs **haïda** travaillaient souvent l'**argilite**, une roche noire et brillante ressemblant à l'ardoise, pour créer des figurines, des pipes, etc.

L'art contemporain

Les artistes ont, traditionnellement, exploité les peaux et les écorces fournis par leur écosystème. Leurs œuvres, toujours inspirées par la tradition sociale et culturelle, prennent aujourd'hui un tour expérimental avec l'utilisation de toile, d'acrylique, de charbon et autres matériaux nouveaux, d'où l'émergence de techniques

Pétroglyphes d'Agawa Rock.
R. Hicker / age fotostock

novatrices, exploitant toute forme de peinture, gravure, sculpture et joaillerie. Deux courants majeurs se distinguent de cet art contemporain amérindien qui a émergé ces dernières années : l'école des forêts et l'école de la côte occidentale. Les **artistes des régions forestières de l'Est** suivent l'influence iconographique de l'Indien ojibwa **Norval Morrisseau**, s'inspirant en particulier de ses créatures mythologiques produites dans les années 1970, que l'Odawa **Daphne Odjig** et le Cree **Carl Ray** (1943-1978) interprètent avec une manière très personnelle. Autre contemporain de Morrisseau, **Alex Janvier**, premier moderniste amérindien, a su forger son propre style. **Benjamin Chee Chee** (1944-1977), souvent imité, a produit d'élégantes mais rares œuvres animalières, tandis que l'artiste cree **Allen Sapp** a su capturer les traditions de son peuple et que **Clifford Maracle** utilise couleurs vives et lignes fluides pour dépeindre sa culture ancestrale. L'artiste haisla **Lyle Wilson** (né

en 1955), originaire du village de Kitimaat, impressionne par la maîtrise de son trait et la fraîcheur de ses couleurs au service de représentations animalières et mythiques. L'**art haïda** (côte occidentale) a connu une renaissance à la fin des années 1950 sous la houlette du célèbre sculpteur **Bill Reid** (1920-1998), qui bénéficia ainsi d'une reconnaissance mondiale. *Raven and the First Men* (voir p. 118) est considérée comme son chef-d'œuvre. Autres sculpteurs, les frères **Robert et Reg Davidson** et **Gwaai et Jaalen Edenshaw** ont continué à faire revivre le style haïda. Ces deux derniers faisant preuve d'une créativité et d'un éclectisme sidérants (sculpture de mâts, joaillerie, dessins animés interpellant la politique du Premier ministre canadien, etc.). Totalement irrévérencieuse est également l'œuvre multimédia (photographie, musique, etc.) de **Nicholas Galanin**, artiste tlingit, natif de Sitka, au sud de l'Alaska. S'appuyant sur son héritage culturel, qu'il n'hésite pas à détourner, il questionne le présent dont il dénonce les travers non sans humour. Il fait partie de cette nouvelle génération d'artistes qui entendent redéfinir l'essence d'une culture autochtone passée au crible de la mondialisation. **Lisa Telford** répond à sa façon en fabriquant des talons aiguilles en écorce de cèdre rouge *(Too Haida)*.

L'ART INUIT

Les origines

Les plus anciens objets connus sont des petites pointes de flèche en pierre et des petites figurines en ivoire des **cultures du Pré-Dorset et du Dorset** (baie d'Hudson) du premier millénaire avant notre ère, auquel on attribue également les pétroglyphes découverts au Nunavik sur les collines de stéatite de Kangiqsujuaq. Le **peuple de Thulé** *(voir p. 617)*, généralement considéré comme l'ancêtre du peuple inuit moderne, vivait de la pêche et de la chasse et employait comme matériaux l'ivoire de morse, l'os (notamment de baleine), le bois et la pierre pour sculpter des petits objets (peignes et figurines humaines ou animalières). Associés à leurs croyances religieuses animistes, ces objets protégeaient l'individu qui les portait et conjuraient la force maléfique des animaux.

Les Inuits troquèrent dès le 19e s. ces sculptures miniatures contre des produits de base (sel, armes à feu) introduits par les Européens. Leurs contacts répétés avec d'autres cultures entraînèrent le déclin de leur mode de vie traditionnel, faisant progressivement perdre leur signification magique aux divers objets d'art et d'artisanat, mais apportant aux Inuits une nouvelle source de revenus.

L'art contemporain inuit

Dès les années 1950 se développa un véritable commerce de cet art inuit qui s'adapta dans le choix de ses sujets à la demande. Aux représentations animalières s'ajoutent désormais des petits personnages dans des **scènes de la vie quotidienne** : chasse à la baleine, chasse à l'ours, pêche et kayak… Des comptoirs commerciaux établis dans les cités inuits en favorisent le commerce. Les matériaux utilisés aujourd'hui sont la stéatite, roche tendre abondante dans les régions septentrionales, qui apparaît sous toutes les nuances du gris-vert au marron. Sont également exploitées d'autres roches plus dures, comme la serpentine verte, l'argilite, la dolomite et le quartz. Les artistes sculptent et gravent aussi les bois de caribou, tissent des tapis, trouvant leur inspiration dans la faune, la flore et le mode de vie des régions arctiques. Certaines de ces œuvres peuvent atteindre des dimensions impressionnantes. Les villages de Puvirnituk, Inukjuak, Salluit et Ivujivik dans le Nunavik québécois, ainsi que **Cape Dorset**, Iqaluit et Pangnirtung dans le territoire du Nunavut sont les centres de l'expression sculpturale inuit moderne, profondément influencée par les trois artistes du Nunavik, **Joe Talirunili** (1893-1976), **Davidialuk** (1910-1976) et **Charlie Sivuarapik** (1911-1968). Joanassie et Peter Ittukalak de Puvirnituk, Eli Elijassiapik, Lukassie Echaluk et Abraham Pov d'Inukjuak sont les tenants de la génération actuelle. Le territoire du Nunavut est particulièrement bien représenté par les graveurs **Osoetuk Ipeelie**, **Kiawak Ashoona** et **Pauta Saila**, tous trois de Cape Dorset. **John Tiktak**, originaire de l'anse de Rankin, se distingue par ses œuvres très personnelles. **Kenojuak Ashevak** et **Lucy Qinnuayuak**, de Cape Dorset, sont réputés pour leurs oiseaux. Les graveurs du lac Baker, parmi lesquels **William**

Noah et **Simon Toookoome**, conservent un style extrêmement individualiste.

Peinture

Aujourd'hui, les artistes anglophones et francophones, héritiers des premiers colons, refusent l'assimilation de leurs œuvres à la culture anglaise et française ; ils revendiquent un art canadien original, issu des échanges culturels complexes entre immigrants et populations autochtones

LES 17ᵉ ET 18ᵉ SIÈCLES

Les premiers colons français et britanniques introduisirent au début du 17ᵉ s. une esthétique européenne dans le paysage artistique local.

Un art avant tout religieux

La vie quotidienne de la Nouvelle-France étant dominée par la religion, l'art s'attacha alors à la décoration des édifices religieux. D'abord importés de France, tableaux et sculptures sortirent bientôt des ateliers canadiens. Les arts décoratifs utilisés dans la liturgie abondèrent, les commandes des sculpteurs en vue (comme les frères Noël et Pierre-Noël Levasseur) touchèrent aussi bien la décoration de navires de la Marine française que celle des églises. Au Québec, trois générations successives de **Baillairgé** accédèrent ainsi à la notoriété.

L'émergence de l'art profane

Il prit le pas sur l'art religieux après la victoire des Britanniques aux plaines d'Abraham (1759). Les artistes, d'abord formés en Europe, s'intéressèrent à des sujets populaires : **paysages** et **portraits** furent commandés par une toute nouvelle bourgeoisie prospère. **Antoine Plamondon** (1802-1895),

qui s'illustra particulièrement dans cette discipline, produisit également des œuvres d'inspiration religieuse (*Portrait de sœur Saint-Alphonse*, 1841).

L'art fut utilisé pour **topographier le territoire** : des officiers de l'armée britannique stationnés au Québec avaient pour mission d'effectuer des relevés de la colonie. De minutieuses aquarelles inspirées par les idéaux romantiques anglais de la fin du 18ᵉ s. furent dues aux talents de l'officier Thomas Davies (1737-1812), de George Heriot (1766-1844) et de James Cockburn (1778-1847).

LE 19ᵉ SIÈCLE

Le début du siècle vit fleurir **l'art profane**, illustré par les œuvres néoclassiques de **William Berczy** (1744-1813) : *La Famille Woolsey*, ou le portrait qu'il exécuta du chef mohawk Joseph Brant. La classe moyenne croissante commandait indifféremment des portraits de famille, d'animaux de compagnie ou de chevaux, et des instantanés de ses distractions et entreprises commerciales : la famille Gilmour commanda ainsi à **Robert Clow Todd** (1809-1866) une description de son chantier naval (*Wolfe's Cove, Québec*, 1840).

L'influence de l'Europe

La peinture canadienne fut profondément marquée par l'arrivée, durant tout le siècle, d'artistes européens. **Paul Kane** (1810-1871), né en Irlande, immigré enfant, parcourut le Canada ; ses portraits d'Indiens revêtent aujourd'hui un intérêt historique considérable (*Mort d'Omoxesisixany*, vers 1856).

Renommé pour ses paysages et ses scènes de genre, le peintre d'origine hollandaise **Cornelius Kreighoff** (1815-1872) sut capturer la vie rurale colorée des environs de Montréal comme aucun ne l'avait encore fait (*The Habitant Farm*, 1856).

Montréal devint, vers le milieu du 19e s., une ville sophistiquée et prospère qui se tourna vers les arts. L'**Association artistique de Montréal** vit le jour en 1860. Cette galerie d'art, la plus ancienne du Québec, est l'ancêtre du musée des Beaux-Arts. Le gouverneur général, le marquis de Lorne, créa en 1880 l'**Académie royale canadienne des beaux-arts** à Ottawa, qui devint ensuite la Galerie nationale. La plupart des artistes de l'époque reçurent leur enseignement à Paris, capitale mondiale des arts, bien que le sujet de leurs tableaux et sculptures fût typiquement canadien.

LE DÉBUT DU 20e SIÈCLE

L'influence de **Paris** est évidente, ainsi qu'en témoignent les œuvres du Québécois **Wyatt Eaton** (1849-1896) et de l'un des premiers Canadiens à étudier à l'étranger, **William Brymner** (1855-1925), qui enseigna à Montréal : toutes les techniques françaises figurent dans sa *Guirlande de fleurs* (1884). L'impressionnisme subsiste dans les œuvres de peintres plus tardifs, comme Marc Aurèle de Foy Suzor-Côté (1869-1937), Clarence Gagnon (1881-1942) et James Wilson Morrice (1865-1924). **Robert Harris** (1849-1919) quitta l'île du Prince-Édouard pour Paris, mais exécuta la commande probablement la plus prestigieuse du Canada, *Les Pères de la Confédération* (1883), pour devenir ensuite un de ses plus éminents portraitistes. Originaire de l'Ontario, **Paul Peel** (1860-1892) étudia et demeura à l'étranger, bien qu'il exposa au Canada. Son œuvre controversée (*A Venetian Bather* et *After the Bath*) lui ouvrit les portes d'une reconnaissance internationale.

L'ÉMERGENCE DU NATIONALISME

La Première Guerre mondiale affecta profondément les artistes qui, refusant dorénavant de se référer à l'Europe, envisagèrent le Canada comme une jeune nation fière de son particularisme. Le publiciste **Tom Thomson** (1877-1917), véritable homme des bois, parcourut l'Ontario, qu'il peignit à grands traits intrépides. Ses couleurs vives et sa facture intense insufflent à son œuvre une vitalité qui jaillit de la toile, ainsi que le démontrent deux de ses tableaux les plus célèbres : *The West Wind* et *The Jack Pine*.

En 1920, le **groupe des Sept**, première école véritablement canadienne, naquit à Toronto grâce à d'autres artistes de la même sensibilité, parmi lesquels Lawren Harris (1885-1970), J. E. H. MacDonald (1873-1932) et A. Y. Jackson (1892-1974). L'impressionnisme français les marqua profondément, de même que la peinture des pays nordiques. La figure humaine ne les intéressait plus en tant que telle mais comme un élément appartenant aux vastes paysages de l'Amérique du Nord. L'expressionnisme austère des paysages de Harris (en particulier *North Shore, Lake Superior*, 1926) inspira les nouveaux modernistes canadiens. **Carl Schaefer**, influencé par le groupe des Sept, imprégna ses paysages des années 1930 d'un symbolisme psychologique et sociologique (*Ontario Farmhouse*, 1934). Autre peintre profondément attachée aux paysages canadiens, ceux de la Colombie-Britannique surtout, **Emily Carr** (1871-1945), première Canadienne à accéder à la notoriété, naquit à Victoria ; son respect pour la nature ainsi que pour l'art et la culture des Indiens irrigue son style inimité. **David Milne** (1882-1953), originaire d'Ontario, privilégia la forme et la facture par rapport aux sujets d'inspirations très diverses (*Water Lilies and the Sunday Paper*, 1929).

Big Raven d'Emily Carr.
D.R.

À Montréal, dans les années 1930, un mouvement de réaction s'amorça contre le « nationalisme des grands espaces » du groupe des Sept. Un critique, **John Lyman** (1886-1967), tenta de réorienter l'art canadien vers les préceptes de la pensée de l'école de Paris. Il créa la Société d'art contemporain en 1939 et le **mouvement des modernistes**, qui compta Marc-Aurèle Fortin (1888-1970), Goodridge Roberts (1904-1974) et Paul-Émile Borduas (1905-1960).

L'APRÈS-GUERRE

La Seconde Guerre mondiale marque un tournant dans l'évolution de l'art canadien. À son retour de France en 1940, **Alfred Pellan** (1906-1988) exposa au Québec ses toiles influencées par le cubisme et particulièrement par Picasso. **Paul-Émile Borduas**, accompagné entre autres par **Jean-Paul Riopelle** (1923-2002), créa le mouvement **automatiste**, dont les œuvres reflètent l'ambition surréaliste : transcrire sur la toile les impulsions créatives de la psyché. En réponse à la spontanéité des automatistes, **Guido Molinari** et **Claude Tousignant** fondèrent en 1955 le mouvement **plasticiste** afin de libérer la peinture du surréalisme par l'utilisation de formes géométriques abstraites, formes et couleurs devenant des éléments clés de l'œuvre.

Après la Seconde Guerre mondiale, aucune école de pensée ne domina néanmoins l'effervescence créative de l'art contemporain, bien que plusieurs artistes de Montréal, comme les peintres Yves Gaucher et Ulysse Comtois ou les sculpteurs Armand Vaillancourt, Charles Daudelin et Robert Roussil, exprimèrent une vision personnelle. Les artistes s'efforcèrent de développer leur propre style, comme le démontrent l'expression figurative d'**Alex Colville**, né en 1920 (*To Prince Edward Island*, 1965), ou les souvenirs des plaines ukrainiennes de **William Kurulek** (1927-1977).

Sculpture

Le début du 20e s. vit s'élever une pléthore de monuments commémoratifs. **Napoléon Bourassa** (1827-1916), architecte et sculpteur, et **Louis-Philippe Hébert** (1850-1917) figurent parmi les plus célèbres sculpteurs québécois.

Art déco et Art nouveau

La fluidité du style Art nouveau transparaît dans les œuvres d'**Alfred Laliberté** (1878-1953), bien que le sculpteur conserve une approche académique. **Suzor-Côté**, ami proche de Laliberté, utilise des techniques identiques pour sa série de bronzes. L'Art déco influença de nombreux artistes canadiens dans les années 1930, parmi lesquels **Elizabeth Wyn Wood** (*Passing Rain*) de Toronto.

Renouveau et invention

Les nouveaux matériaux de l'après-guerre, autorisant toutes les expérimentations techniques et formelles, régénérèrent la sculpture canadienne. Le **cubisme** et le **constructivisme** n'apparurent qu'au début des années 1950, où ils émergèrent dans les œuvres d'**Anne Kahane** et **Louis Archambault**.

Le **structurisme**, né dans les années 1950, se répandit surtout dans les provinces des Prairies à la suite d'**Eli Bornstein**. Dans les années 1960, la notoriété de certains peintres fut davantage liée à leurs œuvres sculptées : formes en aluminium pour **Michael Snow** et modules en plastique pour **Les Levine**.

Depuis, **Yves Trudeau** et **Gerald Gladstone** se sont tournés quant à eux vers la soudure de l'acier, tout comme **Otto Rogers**, à Saskatoon, et **John Nugent**, à Regina. Les bronzes caractéristiques de **Sorel Etrog** laissent deviner une influence cubiste. Les grandes structures métalliques et colorées de **Robert Murray** le font connaître à travers le monde entier. Ed Aelenak et Walter Redinger exploitent la fibre de verre, tandis que Michael Hayden conçoit ses œuvres cinétiques à partir de tubes de néon.

Art actuel

Prenant ses distances avec la peinture traditionnelle, l'art canadien suit, ces dernières années, les courants internationaux majeurs ; il se tourne davantage vers des factures et des techniques plus diversifiées, dont « l'installation », langage artistique d'abord sculptural qui intègre dorénavant d'autres formes d'art comme la peinture et la photographie. On retrouve, parmi ses adeptes, **Betty Goodwin**, Barbara Steinman, Geneviève Cadieux, Jocelyne Alloucherie et Dominique Blain. **Rita McKeough** met en scène sa vision de la société moderne destructrice en construisant des répliques de maisons de Calgary avant de les détruire (*Defunct*, 1981). Les artistes canadiens exploitent l'apparition des nouvelles technologies (laser, ordinateur, hologramme) pour s'exprimer dans des genres et des contextes différents. En marge des mouvements contemporains, le public demeure fidèle au réalisme des toiles animalières de **Robert Bateman**.

Architecture et urbanisme

UNE ARCHITECTURE RÉCENTE

L'Amérique du Nord n'a pas, comme en Europe, une architecture qui remonte à la nuit des temps. Les Inuits et les Amérindiens vivaient dans des igloos, des tentes, des cabanes en bois et en peaux qui n'ont guère laissé de traces.

Styles français et anglais

Au Canada, tout commença lorsque les premiers colons s'installèrent, fondant des villages et des villes. Au 17e s., ils se contentèrent de reproduire les modèles de style français qu'ils connaissaient bien. Au fil des ans cependant, les architectes s'imprégnèrent de la nature qui les entourait et modifièrent progressivement leur façon d'agir : c'est la naissance de l'architecture canadienne, plus sobre, dans laquelle le bois est très présent. Elle subit au 18e s. l'influence anglaise : plus d'élégance, et une avancée pour marquer l'entrée. Au 19e s., colonnes et frontons fleurirent sur les grandes demeures inspirées par les édifices européens de l'Antiquité.

Innovation au 20e siècle

Désormais, l'architecture canadienne ne cessa d'évoluer. L'Europe séduisit avec le néogothique ou l'Art déco. Les nouveaux matériaux, comme l'acier ou le béton, ouvrirent des horizons exaltants. Les gratte-ciel envahirent les villes. Les architectes rivalisèrent d'audace en créant des tours (comme celle de Toronto haute de 553 m), des ponts, des musées, des universités… aux lignes extraordinaires et surprenantes. Aujourd'hui, l'architecture canadienne prend un tour nouveau. Elle se plonge davantage dans son passé et tente d'en exprimer l'essence même. Elle observe la nature, dont elle emploie les ressources, obtenant une harmonie des formes avec l'environnement.

VERS UN URBANISME CONTRÔLÉ

Les villes ont souvent poussé comme des champignons au moment de l'exploitation des mines, sur les grands axes routiers. Au développement anarchique des premiers temps succéda une volonté d'urbanisme dont tiennent compte les architectes d'aujourd'hui. La qualité de vie en milieu urbain est une des priorités du moment. Ainsi, la ville de Vancouver a-t-elle été élue ville la plus agréable à vivre du monde par la société d'expertise Mercer du fait de sa bonne planification urbaine, de ses vastes espaces verts et de sa prospérité économique.

Littérature

PREMIÈRES ŒUVRES

À l'époque des explorations et de la colonisation, la littérature de la Nouvelle-France se limitait à des **comptes rendus de voyages** (Cartier, Champlain), à des anecdotes, des descriptions (Sagard, Charlevoix), ainsi qu'aux célèbres Relations, missives des missionnaires jésuites retraçant leur vie quotidienne dans le Nouveau Monde. **Philippe Aubert de Gaspé** publia en 1837 le premier roman franco-canadien, *L'Influence d'un livre*, essentiellement fondé sur des légendes. Les premiers romans de fiction subirent l'influence des traditions rurales, comme le montre *Les Anciens Canadiens* (1863), du même auteur. Les romans historiques s'inspirèrent de l'*Histoire du Canada depuis sa découverte jusqu'à nos jours* de **François-Xavier Garneau**, paru en 1840. Le public manifesta un véritable engouement pour cette œuvre qui raconte l'histoire des Canadiens français. Les poèmes romantiques d'**Octave Crémazie** (1827-1879) et **Louis-Honoré Fréchette** (1839-1908) rencontrèrent un immense succès au milieu du 19e s. Les colons anglais comme **Susanna Moodie** dans *Roughing It in the Bush* en 1852 racontèrent leur difficile installation au sein d'un environnement sauvage.

ÉMERGENCE DE LA LITTÉRATURE CANADIENNE

Avec la création de la Confédération canadienne en 1867 vint la confiance : le Canada, devenu nation, ouvrit enfin la voie à ses auteurs. Les « poètes de la Confédération » que sont **Duncan Campbell Scott** (particulièrement attaché au Québec et à la culture indienne) et **Archibald Lampman** célébrèrent les paysages. **Charles G.D. Roberts** produisit des œuvres anthropomorphiques à la Beatrix Potter, alors que son contemporain **Ernest Thompson Seton** envisagea la vie sauvage d'un point de vue nettement plus scientifique. La littérature enfantine fleurit à la fin du 19ᵉ s. avec, entre autres, *Beautiful Joe* de **Margaret Marshall Saunders** puis, en 1908, le premier tome de la longue série *Anne of Green Gables* de **Lucy Maud Montgomery**. En 1927, c'est au tour de **Mazo de La Roche** de trouver la célébrité avec le premier opus de sa saga des *Jalna*, qui retrace l'histoire d'une famille canadienne entre 1854 et 1954. Plus de onze millions d'exemplaires se sont vendus dans le monde. Le début du 20ᵉ s. connaît aussi les poèmes humoristiques du « Kipling canadien », **Robert Service**, du Yukon.

Le monde littéraire canadien de cette époque fut dominé par les écrits nationalistes de **Lionel Groulx** (1878-1967), meneur de « l'Action française », ainsi que par la poésie d'**Émile Nelligan** (1879-1941). **Louis Hémon**, né en France, n'eut qu'une parution posthume (1916) de son roman *Maria Chapdelaine*, qui dépeint la vie rurale au Québec (œuvre aujourd'hui traduite en huit langues !). **Claude-Henri Grignon** signa le roman *Un homme et son péché* en 1933. Il fut à nouveau question de survie (dans les Prairies cette fois) dans le roman *As for Me and My House* (1941) de **Sinclair Ross** ; quelques années plus tard, **Gabrielle Roy** choisit de situer *Where Nests the Water Hen* (1951) dans le nord du Manitoba.

INTERROGATIONS DE L'APRÈS-GUERRE

Les écrivains canadiens passèrent par une période d'introspection et de mise en question de l'ordre établi. Le romancier **Robert Charbonneau** se détourna des contes ruraux pour les romans psychologiques. Le **groupe McGill** (qui comptait, entre autres, F. R. Scott et A. J. M. Smith) travailla sur la poésie, parallèlement au groupe des Sept en peinture.

Les auteurs féministes (telle Madge Macbeth) étudièrent l'effet social de l'urbanisation et de la réalité de l'après-guerre sur les femmes. D'autres s'intéressèrent au racisme, à l'immigration et aux bouleversements sociaux comme **Frederick Philip Grove**, dans *Le Maître du moulin*. Il s'attacha également à décrire la domestication des Prairies par des immigrants suédois dans *Settlers of the Marsh*. Depuis Victoria, les autobiographies d'**Emily Carr** ouvrirent le monde à l'art indien de la côte occidentale.

À Montréal, dans les années 1950, les **modernistes** Irving Layton, Milton Acorn et Al Purdy révolutionnèrent la poésie canadienne ; leur truculence libérée des tabous du sujet et du langage influença des générations de poètes, dont Gwendolyn MacEwen (*The Shadow-Maker*, 1969). Les poètes **Gaston Miron** (1928-1996), Gatien Lapointe et Fernand Ouellette revitalisèrent la littérature québécoise pendant les années 1960. De nouveaux romanciers émergèrent et certains auteurs acquirent une renommée particulière, comme **Anne Hébert** (*Kamouraska*, 1973) et **Yves Thériault** (*Agaguk*). Le romancier de Nouvelle-Écosse **Hugh MacLennan** (1907-1990), professeur à l'université McGill de Montréal, se consacra à la vie contemporaine et devint le premier auteur anglophone majeur à forger un caractère national. Son best-seller *Two Solitudes* (1945) traite du problème des relations du Québec avec le reste du pays. Le célèbre romancier québécois anglophone **Mordecai Richler** (1931-2001) est l'auteur, entre autres ouvrages, de *The Apprenticeship of Duddy Kravitz*. Il obtint de nombreux prix, dont le prestigieux prix du Gouverneur général.

Leonard Cohen, auteur-compositeur-interprète, écrivit des chansons sur la révolution sexuelle et la guerre du Vietnam dans les années 1960 et 1970. Cette époque se caractérisa par un éventail stylistique très large et prolifique ; elle produisit des auteurs comme **Louis Hamelin** (*La Rage*) et **Monique Larue** (*Copies conformes*).

Pierre Berton, dans sa chronique de la construction du chemin de fer transcontinental (*The National Dream : The Great Railway 1871-1881*), insuffla aux œuvres historiques un style entièrement nouveau et rencontra un succès commercial immédiat. Avec ses états des lieux de l'effet destructeur de l'humanité, **Farley Mowat** (*Never Cry Wolf, Sea of Slaughter*), auteur à succès, demeure le champion canadien de la protection de l'environnement.

COURANTS LITTÉRAIRES CONTEMPORAINS

Des années 1960 à nos jours, la littérature a produit une moisson de talents qui tentent de comprendre la conscience et la mosaïque culturelle du pays : parmi eux Margaret Laurence (*The Stone Angel, The Diviners*), Timothy Findley (*The Wars*, 1977, *Pilgrim*, 1999), Robertson Davies (*The Deptford Trilogy*), Joy Kogawa (*Obasan*) et Rudy Wiebe (*The Temptations of Big Bear*).

Margaret Atwood (*The Handmaid's Tale*) est passée avec *Survival* du rang d'auteur mondialement reconnu à celui de gourou.

D'autres ont su conquérir les honneurs internationaux, comme **Michael Ondaatje** (*The English Patient*), **Antonine Maillet**, née dans le Nouveau-Brunswick (*Pélagie-la-Charrette*, 1979, prix Goncourt), et la romancière **Alice Munro** (*Dance of the Happy Shades*, 1968, *Lives of Girls and Women*, 1971, *Runaway*, 2004) qui s'est vu décerner le prix Nobel de littérature en 2013. Beaucoup plus prospectifs

---

PETITES GENS, GRANDS SENTIMENTS

C'est ainsi qu'en 2013, le jury du prix Nobel de littérature commenta son choix de décerner la récompense à l'écrivain anglophone **Alice Munro** (née en 1931). Fille d'un éleveur de bisons et d'une institutrice de l'Ontario, la jeune femme partit vivre dans l'Ouest, où elle fonda avec son mari, en 1963, la librairie Munro's Book (*voir p. 143*) à Victoria (Colombie-Britannique). Elle se tourna en même temps vers l'écriture de nouvelles où se déploient, peints par petites touches, les drames intimes de personnages le plus souvent féminins, qui vont cahin-caha à la recherche d'eux-mêmes. Son premier recueil de nouvelles, *Dance of the Happy Shades* (1968), ne fut traduit en français qu'en 2002 (*La Danse des ombres heureuses*). Parmi ses dernières œuvres disponibles en français, citons *Hateship, Friendship, Courtship, Loveship, Marriage* (2001) – dont la dernière nouvelle inspira le film de Sarah Polley *Away from her* (2007) –, et *Too Much Happiness* (2009).

mais tout aussi populaires sont les romans de **Douglas Coupland** comme *Génération X* (1991) ou, vingt ans plus tard, *Génération A*, une fable écologiste parue en France en 2013.

Musique et danse

MUSIQUE

La vie musicale canadienne, quel que soit son style, bouillonne de créativité. Chaque région possède sa **musique traditionnelle**, des rythmes celtiques de l'île du Cap-Breton aux violons irlandais, écossais et français du Québec et de l'est de l'Ontario, en passant par les chants de gorge inuits du Nunavut. Aujourd'hui, **Susan Aglukark** et le duo **Tudjaat** perpétuent les chants inuits. Les spectacles du **Cirque du Soleil**, du Québec, enchantent le public à travers le monde par un mélange détonant de musique traditionnelle, de numéros de cirque, de théâtre et de danse.

L'amour du jazz

Les plus grands artistes ont joué au Canada. Au moment où cette musique prenait son envol, les cabarets de jazz de Québec restaient ouverts tard dans la nuit. Après un passage à vide dans les années 1950, le jazz repartit de plus belle. La renommée du **Festival international de jazz** de Montréal (créé en 1980) et celle de l'immense jazzman **Oscar Peterson** (décédé en 2007, qui débuta à 17 ans au Canada), ont franchi les frontières. Le jazz canadien s'est enrichi des talents du trompettiste Maynard Ferguson, du be-bopper Moe Kaffman, de Claude Ranger et du classique James Galloway.

Une tradition classique

Dès 1751, les journaux annoncèrent les concerts de musique classique. Québec possédait sa propre salle de concerts en 1764 et le public de Halifax écoutait Haendel, Bach et Mozart. Dans les années 1840 s'organisèrent des tournées de musiciens, comme la cantatrice Jenny Lind. Des sociétés musicales locales et régionales, ancêtres de nos orchestres philharmoniques modernes, virent le jour à travers l'ensemble du pays. Durant l'entre-deux-guerres, **Sir Ernest Macmillan** (1893-1973), unique musicien canadien anobli, fit une carrière nationale. Il fonda l'un des premiers quatuors à cordes, et l'une de ses compositions, *Two Sketches for Strings*, est un classique au Canada. D'autres comme le chanteur Rodolphe Plamondon, le pianiste Léo-Pol Morin et la violoniste Kathleen Parlow furent également reconnus. Le chef d'orchestre **Wilfrid Pelletier** (1896-1982) afficha un style très dynamique tandis que **Claude Champagne** (1891-1965), compositeur de la *Symphonie gaspésienne*, ouvrit la voie à de nombreux autres compositeurs. Le pianiste **Glenn Gould** (1932-1982), après avoir renoncé à se produire sur scène en 1964, se consacra exclusivement à l'enregistrement en studio avec, en particulier, sa célébrissime interprétation des *Variations Goldberg* de Bach. La guitariste **Liona Boyd** (née en 1950) s'illustra de son côté avec *Persona*, son disque New Age de 1986. Les orchestres symphoniques de Montréal (dirigé par Kent Nagano), de Toronto et de Québec ont acquis une renommée mondiale.

Côté lyrique, de nombreuses voix se distinguent, parmi lesquelles figurent la contralto **Maureen Forrester** ou les barytons Louis et Gino Quilico, se produisant aussi bien sur la scène internationale (Milan, Paris, Londres, New York) qu'à Vancouver, Toronto et Montréal. En 1983, la première de *Ra*, de **R. Murray Schafer** (d'une durée de 11 heures), laissa le souvenir de la représentation la plus expérimentale que le pays ait connue. Il existe de nombreuses **compagnies lyriques** à travers le Canada : Canadian Opera Company à Toronto, l'Opéra du Québec, l'Opéra de Montréal, et d'autres à Vancouver, Calgary ou Edmonton. La compagnie Opera Lyra est installée à Ottawa.

La musique populaire

Elle se développa d'abord chez les colons. Elle contait leur vie, leurs espoirs et leurs déboires ; dans les années 1930, **la Bolduc** (Mary Travers) conquit le cœur des Québécois, puis vint **Félix Leclerc**, qui marqua les générations suivantes avec des textes évocateurs sur les gens, la vie, le pays lui-même.

La musique populaire compte de nombreux auteurs-compositeurs reconnus : Ian et Sylvia Tyson, Anne Murray, Stan Rogers (1949-1983) et **Gordon Lightfoot** (sa *Canadian Railroad Trilogy* est un classique), la chanteuse de folk-jazz Joni Mitchell et la chanteuse celtique Loreena McKennitt. Sylvain Lelièvre (1943-2002) est considéré comme l'un des meilleurs auteurs-interprètes canadiens, tandis que la Québécoise **Ginette Reno** reste l'une des chanteuses les plus adulées de la province. Sans oublier le « chansonneur » **Gilles Vignault**, dont le titre *Gens de mon pays* devint l'hymne du mouvement séparatiste dans les années 1960. À cette époque, la musique plus rock de **Robert Charlebois** traduisait un point de vue plus critique sur la société. La scène musicale canadienne atteignit alors une nouvelle dimension grâce aux spectacles à gros budget et à une industrie du disque très largement influencés par la culture américaine. La contre-culture californienne trouva un écho dans la musique de groupes tels que Harmonium et Beau Dommage. Au début des années 1970, le morceau *American Woman* du groupe **Guess Who** devint l'hymne du mouvement contre la guerre du Vietnam. Le groupe rock québécois Offenbach accéda également à la célébrité durant les années 1970, alors que **Diane Dufresne** séduisait par ses textes évoquant la liberté. Le chanteur **Robbie Robertson** se sépara en 1987 de son groupe, The Band, pour entamer une carrière en solo d'auteur-interprète. Les années 1980-1990 virent l'ascension de Fabienne Thibault, Diane Tell, Roch Voisine et surtout Céline Dion. Aujourd'hui, le **rock canadien** compte les groupes Bare Naked Ladies, Men Without Hats et Maritime's Great Big Sea, **Arcade Fire**, au lyrisme post-indé, Bran Van 3000, Hot Hot Heat, The Stills. Le monde de la chanson inclut Bryan Adams, K.D. Lang, Colin James, la chanteuse country **Shania Twain** et l'interprète de jazz **Diana Krall**. DJ et fondateur du label Plus 8 en 1989, **Ritchie Hawtin**, est considéré comme l'un des papes de la musique techno, aujourd'hui largement diffusée dans le pays.

DANSE

Les premiers explorateurs européens, comme Jean Cabot, mentionnaient déjà les **danses aborigènes**. Puis, au début du 19e s., Edmond Curtis photographia les peuples autochtones de la côte occidentale ; son remarquable cliché d'Indiens dansant dans leurs canoës de guerre est inoubliable. Le **ballet** ne parvint au Canada qu'au début du 20e s. (fin des années 1920), avec les tournées d'Anna Pavlova. Les troupes de ballet se multiplièrent alors sous la direction des Américaines June Roper à Vancouver et Gwendolyn Osborne à Ottawa, qui formèrent de nombreux danseurs.

La première troupe professionnelle canadienne fut le célèbre **Ballet royal de Winnipeg** fondé en 1949. En 1951, la Britannique Celia Franca créa à Toronto le Ballet national du Canada, les Grands Ballets canadiens de Montréal suivirent en 1958 ; toutes ces troupes continuent avec succès à émerveiller les publics canadien et étranger. Les ballerines **Karen Kain** et **Evelyn Hart** ont su se faire aimer de leurs compatriotes, et les chorégraphes **Brian Macdonald** et **James Kudelka** ont acquis une belle renommée.

Ce sont les danseurs européens et américains qui, créant des écoles et des troupes, permirent à la **danse moderne** canadienne de voir le jour. La troupe du **Toronto Dance Theatre** (1968) fut créée par Patricia Beatty, Peter Randazzo et David Earle, disciples de Martha Graham. Rachel Browne, ancien membre du Ballet de Winnipeg, fonda au début des années 1970 la troupe **Winnipeg's Contemporary Dancers** (WCD). Toujours dans les années 1970, Montréal se tourna davantage vers la danse, avec la création de la troupe expérimentale du **Groupe de la Place royale**. Karen Jamieson (installée à Vancouver) et le chorégraphe Conrad Alexandrowicz explorèrent de nouvelles formes d'expression. La danse moderne canadienne poursuit aujourd'hui son évolution en se démarquant des influences extérieures à l'origine de son essor.

Théâtre, médias et cinéma

LE THÉÂTRE

Depuis le milieu du 20e s. et jusqu'à aujourd'hui, le théâtre a passionné les Canadiens. Tom Paterson instaura à Stratford (Ontario) le **Festival annuel Shakespeare**. Son succès fut tel qu'il est aujourd'hui l'un des plus importants festivals culturels au Canada. Pendant six mois, les acteurs s'illustrent dans des pièces contemporaines, dans des œuvres de Shakespeare et dans des comédies musicales. Un autre festival du même style, créé une dizaine d'années après celui de Stratford, se déroule à Niagara-on-the-Lake. Des salles se sont ouvertes dans les grandes villes et les metteurs en scène n'hésitent pas à faire jouer les pièces des nouveaux dramaturges (Carol Bolt, John Murrell, George Walker, Wajdi Mouawad…).

LES MÉDIAS

Au Canada, les programmes audiovisuels sont fixés par le **Conseil des Arts**, financé par l'État. Les médias et les divertissements américains dominent, mais les différents programmes du gouvernement fédéral et les lois tentent de soutenir des initiatives culturelles locales. La **Canadian Broadcasting Corporation** (CBC) propose un choix d'émissions télévisées et des reportages radio qui s'étend à l'ensemble du pays. La **National Film Board** trouve les financements et organise la distribution commerciale des films. Vancouver rivalise désormais avec les États-Unis pour la qualité de ses équipements audiovisuels et de ses studios.

LE CINÉMA

Bien que les salles du pays passent une majorité de films en provenance des États-Unis, les Canadiens figurent au générique d'un nombre étonnant de films importants aussi bien comme acteurs que comme réalisateurs. Les Américains tournent souvent au Canada en raison des coûts de production inférieurs et de la ressemblance avec les États-Unis.

Vancouver et Toronto, avec leurs florissantes maisons de production, emploient de nombreux acteurs dans des films internationaux. Le cinéma québécois, toujours actif, vend aussi ses films francophones à l'étranger.

Animation et documentaires

L'animation n'est pas en reste, grâce au **Festival international du film d'animation d'Ottawa** (créé en 1976), le deuxième plus important du genre au monde. Fondé en 1939, l'**Office national du film** du Canada (ONF), institution fédérale, s'est taillé une réputation mondiale dans le secteur, notamment avec *Crac!* (1982) et *L'homme qui plantait des arbres* (1987), de **Frédéric Back** (qui recevra dans sa carrière deux fois l'Oscar du meilleur film d'animation). *When the Day Breaks* de **Wendy Tilby** obtint à Cannes la Palme d'or 1999 du meilleur court-métrage. L'ONF possède aussi une importante collection de documentaires et de films de « cinéma-vérité », qu'illustre l'œuvre de **Pierre Perrault** (*Un pays sans bon sens*, 1970) et de **Michel Brault** (*The Moontrap*, 1964 ; *Les Ordres*, 1974).

 www.onf.ca.

Metteurs en scène et acteurs

Le metteur en scène **Claude Jutra** a acquis une notoriété internationale avec *Mon Oncle Antoine* (1971) et *Kamouraska* (1973). **Denys Arcand** a su captiver Américains et Européens avec *Le Déclin de l'empire américain* (1986), *Jésus de Montréal* (1989) ou *Invasions barbares* (2003, Oscar du meilleur film en langue étrangère en 2004). **Denis Villeneuve** s'affirme également sur la scène internationale avec *Maëlstrom* (2000), *Polytechnique* (2009), *Incendies* (2010) et *Prisoners* (2013).

La façon dont **David Cronenberg** traite ses sujets noirs déroute le public (*Scanners*, 1981, *La Mouche*, 1986, *Crash*, 1996, *Spider*, 2002, *Une histoire de violence*, 2005 ou *Cosmopolis*, 2012). *Map to Stars*, son dernier film (2013), explore le mythe de la célébrité. Le cinéma d'**Atom Egoyan** (installé à Toronto) relève davantage d'une esthétique personnelle que de l'industrie (*De beaux lendemains*, 1997, *Ararat*, 2002).

The Statement (2004) est la plus récente des œuvres primées de **Norman Jewison**, auteur également de *The Russians Are Coming* (1966), *Un violon sur le toit* (1971) et *Moonstruck* (1987). Quant aux nombreux prix reçus par **Gary Burn** pour son *Waydowntown* (2002), ils font suite au succès critique remporté par *Kitchen Party* (1998). **James Cameron**, illustre réalisateur de *Titanic* (1997), a auparavant tourné des films de science-fiction : *Terminator* (1984), *Aliens* (1986) et *Terminator 2* (1991). *Avatar* (2009) fable écologique en 3D a engrangé près de 3 milliards de dollars de recettes, un chiffre inégalé dans l'histoire du cinéma. Parmi les films canadiens de langue anglaise les plus rentables figurent *Men with Brooms* (2002), qui marque les débuts de **Paul Gross** dans la mise en scène, tout comme plus récemment *Bon Cop, Bad Cop* (2006) d'**Éric Canuel**.

Concernant les acteurs canadiens connus internationalement, citons **Jim Carrey**, qui a joué dans des films comiques tels que *The Mask*, *Ace Ventura* ou *Truman Show*, et **Michael J. Fox**, dans *Retour vers le futur* et les séries *Family Ties* et *Spin City*. Sans oublier la pulpeuse actrice **Pamela Anderson**, célèbre dans *Alerte à Malibu*, qui a plus d'une fois défrayé la chronique !

3/
DÉCOUVRIR
LE CANADA

Moraine Lake et les Ten Peaks, dans le parc national de Banff.
J. Arnold / hemis.fr

Colombie-Britannique, Rocheuses, Yukon 1

Carte Michelin Regional n° 585

Couleurs automnales le long de la route de l'Alaska.
J. Hyde / Alaska Stock Images / age fotostock

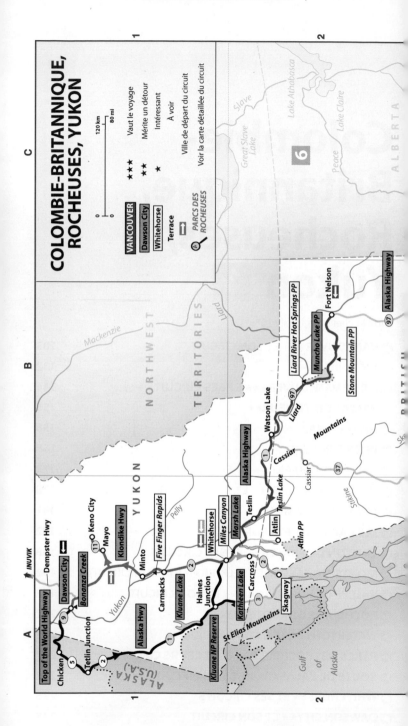

COLOMBIE-BRITANNIQUE, ROCHEUSES, YUKON

VANCOUVER
Dawson City
Whitehorse
Terrace

★★★ Vaut le voyage
★★ Mérite un détour
★ Intéressant
À voir

Ville de départ du circuit

Voir la carte détaillée du circuit

PARCS DES ROCHEUSES

0   120 km
0   80 ml

COLOMBIE-BRITANNIQUE, ROCHEUSES, YUKON

SASKATOON **MEDICINE HAT** **MEDICINE HAT**

PARCS DES ROCHEUSES

ICEFIELDS PARKWAY (93)

ROCKY MTN PARKS

LAKE LOUISE

BANFF NP

Banff

Fort Steele

Waterton Lakes NP

U.S.A.

MALIGNE VALLEY

Jasper

ATHABASCA GLACIER

JASPER NP

Golden

Kootenay

Monashee and Selkirk

Kimberley

Kaslo

(6)

PEYTO LAKE

Rogers Pass

Revelstoke

Sicamous

Vernon

(95)

Kelowna

Skaha Lake

Okanagan Valley

Columbia

YAKIMA

Wells Gray Park

(5)

Shuswap Lake

Kamloops

Penticton

Osoyoos

Cathedral PP

(97)

Barkerville

(16)

(24)

(1)

Hell's Gate

Fraser Canyon

Keremeos

Manning PP

(3)

Dawson Creek

(49)

(43)

Fraser

Wells

Cariboo

(97)

Cache Creek

Lytton

Hope

Langley

PORTLAND

Peace Canyon Dam

(97)

Cottonwood House

Williams Lake

108 Mile Ranch

Hat Creek Ranch

Garibaldi PP

Whistler

(99)

VANCOUVER

BUTCHART

W.A.C. Bennett Dam

Williston Lake

Fort St James

Prince George

(27)

COLUMBIA

(12)

VICTORIA

Cranberry Junction

Lake Stuart

(16)

Parksville

Chemainus

Kitwancool

Kispiox

Ksan

Kitseguecla

Totems Road

Terrace

Skeena Valley

(4)

Cathedral Grove

VANCOUVER ISLAND

PACIFIC RIM NP RESERVE

Nisga'a Memorial Lava Bed PP

Nass Valley

Gingolx

North Pacific Historic Fishing Village

Usk

Nass

(16)

(19)

Tofino

Prince Rupert

Queen Charlotte City

Moresby Island

Inside Passage

Gwaii Haanas NP Reserve

Port Hardy

Graham Island

Haida

Gwaii

SGANG GWAAY

PACIFIC OCEAN

N

De Vancouver à Whistler par la Sky Highway

Côte ouest : Forêt pluviale et rives du Pacifique

Côte est : La route des Kwakwaka'wakw

À la rencontre des Gitxsan

La route des Nisga'a

La route des Chariots

Le canyon du Fraser

Le canyon de la Thompson

Entre lacs et glaciers

Entre lacs et vergers

Les Rocheuses du Nord

La route du Klondike côté océan

La route du Klondike côté or

La route de l'Argent

Au sommet du monde

Panorama

Connue sous le nom de Cordillère canadienne, cette région comprend la Colombie-Britannique ainsi qu'une partie de l'Alberta et du territoire du Yukon. Ensemble montagneux d'environ 500 km de large sur 2 600 km de long, elle s'étire du Pacifique aux Rocheuses et de la frontière américano-canadienne à la mer de Beaufort. Relief vigoureux, paysages de sommets et de glaciers, de rivières et de lacs, tels sont les attraits de cette région dont la diversité attire chaque année des millions de visiteurs.

UN PEU DE GÉOGRAPHIE

Grands traits du relief

Le système montagneux de l'Ouest canadien est communément appelé « Rocheuses », à tort d'ailleurs puisque ces dernières ne désignent en fait qu'une des nombreuses formations de la région. Il comprend un ensemble de plates-formes intérieures encadrées par deux zones de hautes montagnes.

À l'ouest, la **Chaîne côtière** de la Colombie-Britannique s'élève rapidement au-dessus des profondes échancrures boisées du littoral pour atteindre des hauteurs de plus de 3 000 m. Dans le Yukon lui correspond la chaîne St Elias, qui culmine au mont Logan (5 959 m), plus haut sommet canadien.

À l'est de l'ensemble côtier s'étend une immense zone de **hauts plateaux**. Dans le sud, où ils atteignent près de 300 km de large, ils abritent aussi bien les pâturages des Cariboo que la ceinture de vergers irrigués de l'Okanagan. Au sud-est, ils s'achèvent avec les **monts Columbia**, qui comprennent les chaînes Cariboo, Purcell, Monashee et Selkirk. Au nord, ils se transforment en collines accidentées – les monts Skeena et Cassiar –, puis s'élargissent en créant le plateau du Yukon, vaste étendue moutonnante entourée de hautes montagnes et drainée par le Yukon et ses affluents.

C'est à l'est des plateaux intérieurs, une fois franchis les monts Columbia et le sillon des Rocheuses, que l'on découvre enfin la chaîne des **Rocheuses** canadiennes. Cette masse montagneuse, dont la topographie heurtée est souvent émaillée de glaciers, notamment dans la région du champ de glace Columbia, comprend de nombreux pics de plus de 3 000 m. Du côté oriental, contigu aux Prairies, les premières avancées des Rocheuses surgissent brusquement au-dessus de leurs contreforts et dominent, telle une muraille, les plaines de l'Alberta en contrebas. À la frontière du Yukon et de la Colombie-Britannique, la **rivière aux Liards**, affluent du Mackenzie, creuse une vallée entre les Rocheuses et les **monts Mackenzie**. Au nord de ces derniers, les monts Richardson et British s'étirent presque jusqu'à la mer de Beaufort.

Climat

Riveraine du Pacifique et des glaces de l'Arctique, étirée du 49e parallèle au nord du cercle arctique et dotée d'un relief dont l'altitude varie de 0 à presque 6 000 m, cette terre de contrastes se caractérise par un climat des plus variables. La côte de la Colombie-Britannique subit l'influence adoucissante du Pacifique et les effets des vents d'ouest dominants et de la Chaîne côtière. L'hiver y est assez clément (0-5 °C) et l'été doux, sans excès (15-24 °C). Les précipitations sont faibles dans les zones abritées, mais peuvent atteindre des records mondiaux dans celles battues de plein fouet par les vents venus du Pacifique.

À l'est de la Chaîne côtière règne un climat bien différent, marqué par des écarts de température plus importants et des pluies moins abondantes. Il y fait en moyenne -5 °C en hiver et 22 °C en été. Certaines régions, comme la vallée de l'Okanagan, où la carence pluviométrique nécessite une utilisation massive de l'irrigation, connaissent un climat très sec ; d'autres, comme celle des monts Selkirk, enregistrent d'impressionnantes chutes de neige.

Au nord, les monts St Elias privent le Yukon de toute influence maritime modératrice, mais lui permettent d'échapper aux pluies dont le littoral est si copieusement arrosé. L'été est sec et chaud (près de 21 °C), avec de longues journées généralement ensoleillées ; l'hiver, en revanche, est sombre et froid (Dawson City -27 °C, Whitehorse -15 °C).

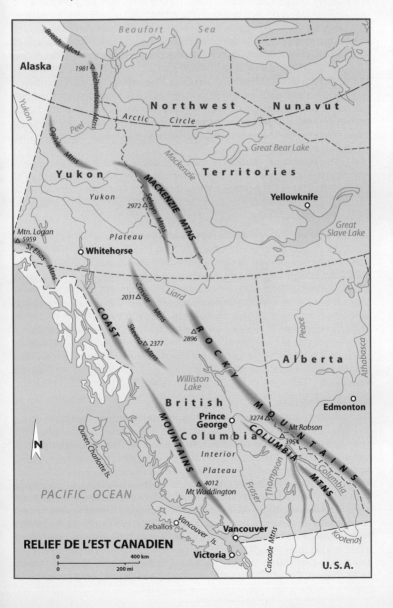

RELIEF DE L'EST CANADIEN

QUELQUES CLEFS DE LECTURE HISTORIQUES

Les premiers habitants

Parmi les dix aires culturelles communément admises par les anthropologues pour distinguer les peuples premiers du Nord américain, trois sont situées en Colombie britannique.

- La région côtière du nord-ouest – **Northwest coast** – s'étire de l'Alaska jusqu'à la Californie du Nord. Dotée de ressources marines (poissons, coquillages) et terrestres (gibier, cèdres) abondantes, cette forêt humide a permis à ses populations côtières de se développer pleinement. Leur densité démographique les a poussées vers des organisations sociales et politiques complexes ; dans une culture sans écriture, la sculpture du bois est un marqueur identitaire et socioculturel prédominant. Ces principaux groupes ethniques sont les Comox, Gitxsan, Haida, Haisla, Nisga'a ou Tsimshian.

- La deuxième aire d'influence – **Interior Plateau** ou Plateau canadien – comprend le sud de la Colombie britannique et la région nord-ouest Pacifique des États-Unis (Washington, Oregon, Idaho). Doté d'un climat relativement aride et de ressources plus rares, cet environnement a engendré sous le prisme d'une démographie moins forte des sociétés plus égalitaires, tels les Ktunaxa, les Okanagan ou les Secwepemc.

- La région subarctique – **Subarctic area** –, troisième aire culturelle située d'est en ouest sous le cercle arctique, structurée par des hivers longs, rigoureux et des étés très courts, est habitée par des sociétés surtout nomades, vivant de pêche (saumon) et de chasse (élan, caribou). Parmi ces groupes : les Dene-thah, les Dunne-za ou les Kaska.

Les Européens aux rives du Nouveau Monde

Dès 1579, l'explorateur anglais **Francis Drake** explora la côte nord-ouest jusqu'à l'emplacement de la ville actuelle de Vancouver lors de son périple autour du monde. Des Espagnols venus de Californie et des Russes partis d'Alaska longèrent le littoral pacifique. Le capitaine **James Cook** fut le premier à descendre à terre, en 1778, lorsqu'il débarqua sur l'île de Vancouver pour acheter aux Amérindiens des fourrures qu'il revendit au prix fort en Chine. Peu de temps après l'accession à l'indépendance d'une partie des colonies britanniques de la côte est (1776), le gouvernement anglais, en vue de renforcer son emprise sur la côte pacifique, commandita une expédition dirigée par un ancien membre d'équipage de Cook, le capitaine **George Vancouver** (1757-1798), chargé de cartographier la côte, de 1792 à 1794.

Nouvelles routes

Tandis que les bateaux visitaient le littoral, les **marchands de fourrures** venus de l'est cherchèrent vers l'intérieur d'autres sources d'approvisionnement et de nouvelles voies de communication afin d'améliorer le cadre de leur commerce. Un employé de la Compagnie de la baie d'Hudson *(voir p. 258)*, **Anthony Henday**, avait été en 1754 le premier Européen à apercevoir les hauts versants des Rocheuses canadiennes. Un émissaire de la Compagnie du Nord-Ouest, **Alexander Mackenzie**, parti à la recherche d'une voie maritime entre le bassin Athabasca-Mackenzie et le Pacifique, franchit les Rocheuses par la rivière de la Paix et atteignit l'Océan (1793), précédant de douze ans l'expédition **Lewis et Clark**. D'autres « hommes de la Nord-Ouest » devaient jouer un rôle dans l'essor du commerce des fourrures en poursuivant ces explorations, ouvrant ainsi des comptoirs et de nouvelles routes à travers les Rocheuses. Entre 1804 et 1811, le géographe **David Thompson** explora les cols Howse et Athabasca, le sud-est de la Colombie-Britannique et le nord de l'État de Washington en suivant le fleuve Columbia et la rivière Kootenay tandis que, sur les pas de Mackenzie, **Simon Fraser** descendait en 1808 le fleuve qui porte à présent son nom.

Jusqu'à la découverte de l'or, la Colombie-Britannique, les Rocheuses et le Yukon furent surtout courtisés pour leurs fourrures. Travaillant pour le compte de la Compagnie de la baie d'Hudson, Fraser et Thompson contribuèrent au développement des échanges avec les Amérindiens de l'intérieur. La Compagnie de la baie d'Hudson finit par régner en maître sur la région, surtout après la fusion, en 1821, avec sa rivale, la Compagnie du Nord-Ouest, qui lui apporta de fait le monopole du commerce des fourrures. Elle ne vit pas d'un très bon œil l'établissement d'un comptoir à l'embouchure de la Columbia (dans l'actuel État américain de Washington), fondé par la compagnie américaine de **John Jacob Astor**. Son ouverture marqua la première contestation américaine de la souveraineté britannique dans le territoire de l'Oregon. La querelle prit fin en 1846 quand la Compagnie de la baie d'Hudson se vit contrainte d'accepter que le territoire des États-Unis s'étende jusqu'au 49e parallèle, qui marque aujourd'hui encore la frontière entre les deux États. Le siège occidental de la Compagnie de la baie d'Hudson, situé auparavant dans la région de la Columbia, s'établit alors sur l'**île de Vancouver**, qui devint en 1849 colonie de la couronne britannique. Le reste de la région (plateau central et hautes terres de Colombie-Britannique), appelée alors Nouvelle-Calédonie, demeurait le domaine exclusif de la Compagnie, comme le Yukon où elle s'implanta après 1842.

Mainmise britannique

En 1848, la ruée vers l'or concentra tous les destins en Californie. Neuf ans plus tard, le filon était épuisé. Certains poursuivirent leur quête en Nouvelle-Calédonie où, à force de persévérance, le précieux métal fut découvert dans les alluvions du Fraser. Plus de 30 000 chercheurs d'or, surtout américains, affluèrent vers le fleuve, dont les deux tiers passèrent par Fort Victoria. Cette présence inquiéta le gouverneur de l'île de Vancouver, **James Douglas**. La ruée vers l'or n'avait-elle pas précipité l'intégration de la Californie à l'Union en 1850 ? Le 18 novembre 1858, James Douglas prêtait officiellement serment en tant que gouverneur de la nouvelle colonie de la Couronne : la **Colombie-Britannique**. Après la découverte de filons en 1862 dans les Cariboo, le tracé de la **route des Cariboo** *(voir p. 183)* affirma la présence britannique sur le Nouveau Continent.

Un chemin de fer contre une confédération

Mais la prospérité fut de courte durée. Les ressources aurifères de la région Fraser-Cariboo étaient presque épuisées à la fin des années 1860. La récession guettait. N'était-il pas temps de se tourner vers ces autres colonies britanniques qui s'associèrent dès 1867 en Confédération ? Une Confédération canadienne qui devenait d'autant plus tentante pour la Colombie-Britannique qu'en cette même année 1867, les Américains venaient d'acheter l'Alaska. Quatre ans plus tard, la Colombie-Britannique rejoignait la Confédération à condition toutefois d'être reliée à celle-ci par chemin de fer et ce, avant dix ans. Une gageure (3 200 km séparent la côte est de la côte ouest) qui poussa plusieurs fois la province à vouloir faire sécession. Les travaux commencèrent réellement en 1881 et s'achevèrent en 1886. Les premières liaisons transcontinentales, l'année suivante, marquèrent la transformation de la province. Le train apporta colons et capitaux, et, au bout du compte, la prospérité.

L'appel du Klondike

Les gisements aurifères des Cariboo épuisés, les prospecteurs se dirigèrent plus au nord. Ils trouvèrent de l'or dans les monts Omineca et Cassiar, puis pénétrèrent dans le Yukon. Le gros filon longtemps attendu fut découvert en 1896 dans le ruisseau Bonanza, un affluent du Klondike. S'ensuivit une véritable ruée vers l'or. Des milliers d'aventuriers venus du monde entier convergèrent vers le Klondike. En l'espace de huit ans allait être extrait l'équivalent en or de 100 millions de dollars, ce qui favorisa la prospérité de la région.

Population

Sur les 4,3 millions d'habitants de la **Colombie-Britannique** (données issues du recensement de 2011) – soit un peu moins de 14 % des 33,4 millions de Canadiens –, la population indienne est évaluée à 200 000. Estimée entre 250 000 et 300 000 individus au milieu du 18e s., elle était tombée à 23 000 en 1929. Les minorités dites visibles, c'est-à-dire « les personnes, autres que les autochtones, qui ne sont pas de race blanche ou qui n'ont pas la peau blanche » (Asiatiques, Africains…), représentent plus d'un million de personnes, dont près de 500 000 Chinois, parmi lesquels des milliers d'immigrants venus de Hong Kong au début des années 1990. Ils s'installèrent à Vancouver accompagnés d'un capital chiffré en millions de dollars (avec à la clef une flambée des prix de l'immobilier). À 86 % urbains, les habitants de Colombie-Britannique vivent en grande majorité dans le sud-ouest, et près de la moitié dans la zone métropolitaine de Vancouver.

Avec ses 36 000 habitants, le **Yukon** est très légèrement plus peuplé qu'en 1900 (27 200 habitants). Les deux tiers de la population vivent dans la capitale territoriale, Whitehorse.

ÉCONOMIE

La Colombie-Britannique (British Columbia)

Troisième province du Canada par son étendue (944 735 km^2, soit presque 10 % de la superficie totale du Canada), la Colombie-Britannique a accompagné, voire dominé pendant une dizaine d'années, l'économie canadienne, fondée au tournant du 20e s. sur l'exploitation des ressources naturelles. La construction d'une seconde ligne de chemin de fer desservant les basses terres contribua à ce développement. D'énormes conserveries de saumon furent implantées le long de la côte, les vergers se multiplièrent dans les vallées de l'intérieur, les scieries débitèrent des quantités colossales de bois. Les réserves de bois prirent de la valeur en raison de la baisse des approvisionnements des autres régions. La première usine de pâte à papier de la province ouvrit en 1909 : plus de 40 % de la forêt d'origine disparurent entre 1918 et 1937 du versant est de l'île de Vancouver. Achevé en 1914, le **canal de Panamá** stimula l'exploitation et l'exportation des minerais de la province, grâce à la baisse des coûts d'acheminement vers l'Europe. La dépression et la Seconde Guerre mondiale ralentirent la croissance, mais la reprise de l'après-guerre relança l'exploitation forestière en Colombie-Britannique. La seconde moitié du 20e s. vit progresser les échanges avec l'Asie. La province accueillit un afflux d'émigrants qui contribuèrent à sa bonne santé économique.

Exploitation forestière – Près de la moitié du territoire est couverte de forêts qui produisent les plus grands arbres du Canada (thuyas géants, douglas). Environ 40 % du bois canadien exploité provient de cette province. La quasi-totalité des essences abattues est composée de bois tendres (pin tordu, épicéa, sapin du Canada, douglas) et 20 % de ces bois sont convertis en produits papetiers. Le reste est exporté, notamment dans les autres provinces canadiennes, aux États-Unis et ailleurs. L'industrie du bois, autrefois souveraine, connaît de nouvelles évolutions. Les problèmes de déforestation et de réchauffement climatique freinent désormais les coupes sylvicoles. Et si le gouvernement de Colombie-Britannique possède plus de 95 % de la surface exploitée, qu'il loue par bail aux compagnies forestières, les terrains sont aujourd'hui l'enjeu d'âpres négociations avec les First Nations, qui revendiquent leurs terres ancestrales.

Échanges commerciaux – Le commerce était et reste le pivot de l'économie locale : porte d'entrée de l'aire Asie-Pacifique, Vancouver est, de loin, le premier port canadien grâce à l'importation de véhicules, de composants électroniques et autres produits finis, et à l'exportation des produits forestiers, céréales et minerais. Ceux-ci viennent de l'intérieur de la province par train pour être vendus principalement à l'Asie, notamment au Japon.

Ressources hydroélectriques – La Colombie-Britannique vend également son énergie. Elle achemine plus de 12 000 mégawatts vers le Canada et les États-Unis grâce à deux aménagements de grande ampleur : le barrage W.A.C. Bennett et ses centrales sur la rivière de la Paix, ainsi que le barrage Mica et sa centrale sur la Columbia.

Richesses du sous-sol – Bien que l'or soit toujours exploité, l'intérêt s'est déplacé depuis longtemps vers des minerais moins précieux (charbon, cuivre et zinc, schistes bitumeux) dont les revenus, ajoutés à ceux de l'extraction du gaz naturel, dépassent ceux de l'exploitation du minerai jaune. La région au nord de Vancouver demeure un pôle international comprenant les principales exploitations et les plus gros laboratoires ou fabricants d'équipement. Pour l'heure, la province a refusé à la société Enbridge la construction d'un oléoduc de plus de 1 000 kilomètres entre Edmonton (Alberta) et Kitimat, sur la côte de la Colombie-Britannique, afin d'exporter le pétrole des sables bitumineux vers les marchés asiatiques. Un projet dangereux qui verrait chaque année défiler plus de 200 supertankers dans le Douglas Channel (un fjord de quelque 160 km de long).

Agriculture – En dépit de la rareté des terres cultivables (3 % de la Colombie-Britannique), les agriculteurs contribuent considérablement à la diversification de l'économie par leur production fruitière (pommes, pêches, poires, raisin…). Les serres du delta du Fraser livrent tomates, poivrons ou concombres à tout le continent nord-américain ; les Kootenay viennent également en bonne place pour la production fruitière. Le Cariboo est une région d'élevage avec de grands ranchs ; la région bordant la rivière de la Paix à l'est des Rocheuses est la grande zone céréalière de la province. La culture du ginseng s'est développée plus récemment dans les plaines intérieures, venant compléter les activités centenaires (fourrage et élevage). La vallée de l'Okanagan, elle, est renommée pour ses vins.

Pêche – En récession depuis la fin des années 1990, elle demeure un secteur d'importance et concerne poissons, fruits de mer et algues marines. Le saumon entre dans la composition de près de la moitié des produits dérivés de la pêche, malgré les quotas récemment imposés par sa raréfaction. L'autre moitié varie du flétan au concombre de mer.

Cinéma – Vancouver est l'un des hauts lieux de l'industrie cinématographique nord-américaine. Elle attire aussi bien les cinéastes canadiens qu'américains, séduits par son critère économique, ses qualités techniques, la douceur de son climat, la beauté de ses décors ou encore sa diversité culturelle. La série *X Files*, entre autres, a été tournée ici jusqu'en 1998.

Tourisme – Les curiosités de Vancouver et de Victoria ainsi que les îles, les rivages, les montagnes et la faune de la Colombie-Britannique attirent chaque année plus de 22 millions de visiteurs, majoritairement nord-américains ou canadiens. La province a su promouvoir l'écotourisme et les activités de plein air : pêche, camping, randonnée et canoë-kayak. L'aéroport international de Vancouver est le deuxième de la côte ouest après celui de Los Angeles en nombre de passagers. Le port de Vancouver tient également un rôle majeur. **Nouvelles technologies** – La forte diminution des activités minière et forestière, due aux changements économiques et sociaux internationaux, favorise l'émergence de nouveaux secteurs : finance, assurance, immobilier, qui comptent pour un quart du PIB de la province, les hautes technologies, la biotechnologie, l'environnemental, les nouveaux médias et les télécoms.

AUJOURD'HUI

La Colombie-Britannique

Avec un taux de chômage oscillant autour de 6,4 %, le plus élevé parmi les provinces de l'Ouest, la Colombie-Britannique possède en réalité une économie à deux vitesses : d'un côté, les métropoles florissantes de Vancouver et Victoria et, de l'autre, les zones rurales en récession qui dépendent des ressources naturelles. Vancouver connaît un essor soutenu par une croissance et une population accrues ; Victoria se développe grâce au tourisme et aux administrations. Ailleurs, le lent déclin des mines, de l'exploitation du bois et des pêcheries s'assortit d'un taux de chômage dépassant 20 % dans certaines régions isolées, même si le tourisme apporte son écot. Le 21e s. s'éveille, avec une visibilité internationale croissante, dans une province profondément consciente de sa position prépondérante sur la côte pacifique.

Les Rocheuses (Rocky Mountains)

L'éblouissante beauté des Rocheuses canadiennes en fait une des principales destinations touristiques du pays, et plus de 6 millions d'amateurs profitent tous les ans des parcs provinciaux et nationaux de la région et des activités de plein air qui s'y pratiquent : randonnées, ski, canoë-kayak, alpinisme, cyclotourisme, camping… Il devient néanmoins difficile de maintenir un juste équilibre entre présence humaine et nature car l'affluence des véhicules et des promeneurs a pour corollaires la pollution et l'augmentation des dangers subis par la faune. Malgré l'apport financier issu chaque année du tourisme et des activités récréatives, l'intensification du trafic automobile et le développement immobilier repoussent les limites des espaces naturels sauvages et, partant, nuisent au cœur même de l'activité touristique de la région.

Le Yukon

Ce territoire n'a pas connu le développement spectaculaire de la Colombie-Britannique. Aux beaux jours de la ruée du Klondike succéda une longue période de stagnation économique, accompagnée d'une forte baisse démographique : 27 200 habitants en 1900 (davantage encore au plus fort de la ruée) contre à peine 4 200 habitants en 1921. La construction de la route de l'Alaska pendant la Seconde Guerre mondiale a favorisé l'exploitation des richesses minérales du territoire. L'activité minière a, néanmoins, brusquement chuté dans les années 1990, et l'or demeure la seule ressource minière importante. L'économie de la région dépend aujourd'hui en grande partie du gouvernement, qui emploie plus d'un tiers de la population active du territoire. La fin du 20e s. a vu chaque année le PIB reculer et, en ce début de 3e millénaire, le tourisme et le développement de l'énergie apparaissent comme les activités d'avenir du Yukon.

COLOMBIE-BRITANNIQUE, ROCHEUSES, YUKON PRATIQUE

INFORMATIONS UTILES

Offices de tourisme
Tourism British Columbia –
*Parliament Buildings,
Victoria -* ✆ *250 387 1642 ou
1 800 435 5622 - www.hellobc.com,
www.britishcolumbia.com
ou www.tourisme-cb.com.*
Tourism Yukon –
PO Box 2703, Whitehorse -
✆ *867 667 5036 ou 1 800 789 8566 -
www.travelyukon.com.*
Alberta – *PO Box 2500, Edmonton -*
✆ *780 427 4321 ou 1 800 661 8888 -
www.travelalberta.com.*

Sites Internet des provinces
C.-B. – *www.gov.bc.ca.*
Yukon – *www.gov.yk.ca.*
Alberta – *www.gov.alb.ca.*

Sites Internet des parcs
C.-B. – *www.env.gov.bc.ca/bcparks.*
Yukon – *www.env.gov.yk.ca/fr/
parksconservation.*
Alberta – *www.albertaparks.ca.*

Heure locale
L'Alberta et la partie Rocheuses
de la Colombie-Britannique vivent
à l'heure des Rocheuses, le reste
de la Colombie-Britannique et
le Yukon à l'heure du Pacifique.
L'heure d'été ne s'applique pas dans
la partie nord-est de la Colombie-
Britannique qui s'aligne toute
l'année sur l'heure des Rocheuses.
♿ *Carte des fuseaux horaires, p. 17.*

Taxes
En plus de la taxe fédérale sur les
produits et les services de 5 %
(GST ou Goods and Service
Tax), la Colombie-Britannique
prélève une taxe de vente
provinciale (PST ou Provincial
Sales Tax) de 7 % ; de 10 % pour
les alcools. Le Yukon et l'Alberta
n'appliquent pas de PST.

À cela n'oubliez pas d'ajouter le
pourboire entre 15 et 20 % de
votre addition au restaurant ;
10 à 15 % chez le coiffeur…

Loi sur les alcools
L'âge légal pour la consommation
d'alcool est 19 ans, 18 ans dans
l'Alberta. L'alcool est en vente
dans les magasins d'État.

Loi sur le tabac
L'achat de tabac est interdit
aux moins de 18 ans, 19 ans en
Colombie-Britannique.

Jours fériés provinciaux
Fête provinciale – C.-B. :
1ᵉʳ lun. d'août.
Jour de la Découverte – Yukon :
3ᵉ lun. d'août.
Jour du Patrimoine – Alberta :
1ᵉʳ lun. d'août.
Fête de la Famille – Alberta :
3ᵉ lun. de fév.

TRANSPORTS

En avion
**Vancouver International
Airport** – ✆ *604 207 7077 -
www.yvr.ca.* À 15 km au sud du
centre-ville. Diverses compagnies
aériennes assurent les liaisons
avec le reste du pays et l'étranger.
♿ *Voir « Transports intérieurs », p. 25.*

En train
Via Rail *(www.viarail.ca/fr)* relie
Vancouver à Prince Rupert,
Victoria à Courtenay et Vancouver
à Toronto.
♿ *Voir « Transports intérieurs », p. 25.*

En autocar
Greyhound *(www.greyhound.ca)*
dessert la Colombie-Britannique
(y compris l'île de Vancouver)
et le Yukon.
♿ *Voir « Transports intérieurs », p. 25.*

1

En bateau

BC Ferries – *1112 Fort St., Victoria* - ✆ *1 888 223 3779* - *www.bcferries.com*. La compagnie dessert une quarantaine de villes côtières, l'île de Vancouver (Nanaimo et Victoria) et les principales îles d'Haida Gwaii et du Passage intérieur.

État des routes

C.-B. – ✆ *1 800 550 4997* - *www.drivebc.ca*.

Yukon – ✆ *867 667 5811 ou 1 800 661 0408* - *www.511yukon.ca*.

HÉBERGEMENT

☺ **Bon à savoir** – En Colombie-Britannique, les réservations, conseillées toute l'année, sont à prévoir longtemps à l'avance pour les séjours en période estivale ou en week-end.

☺ **Bon à savoir** – N'oubliez pas que les taxes ne sont jamais comprises dans le prix et que le petit déjeuner est souvent en sus.

Camping

La Colombie-Britannique et le Yukon proposent plus de 10 000 terrains de camping répartis le long des principales autoroutes.

West Coast Trail Reservations and Information : ✆ *1 866 727 5772* - *www.pc.gc.ca*.

Discover BC Reservations – ✆ *604 689 9025 (Vancouver) ou 1 800 689 9025* - *www.discovercamping.ca*.

B & B

British Columbia Bed & Breakfast – *www.bc-bed-and-breakfast.com*.

ACTIVITÉS

☺ **Bon à savoir** – Rivières, montagnes et parcs permettent de pratiquer toutes sortes d'activités de plein air. Les cours d'eau navigables, notamment dans le district du **lac Shuswap**, accueillent la pratique de tous les sports nautiques. Croisières et expéditions d'observation partent de divers points de la côte.

Randonnées

Les randonnées avec animaux de bât ou à cheval, du débutant au cavalier confirmé, rencontrent un grand succès.

Ski

Whistler, au nord de Vancouver, est une des plus belles stations de sports d'hiver au monde, avec hébergement de première classe et ski sur glacier de juin à octobre. Plusieurs stations de la Colombie-Britannique intérieure (Big White, Sun Peaks et Silver Star surtout) se développent. Les trois stations de ski des Rocheuses offrent, elles aussi, toutes sortes d'activités sportives.

Pêche

Beaucoup de pavillons de pêche proposent des forfaits (trajet en avion compris) dans des régions reculées. Les permis requis pour la pêche en eau douce ou en eau de mer s'obtiennent sur place. Pour plus d'informations :

BC Fishing Resorts & Outfitters Assn. – ✆ *1 866 374 6836* - *www.bcfroa.ca*.

Train touristique

Rocky Mountaineer Vacations – *1150 Station St., suite 130 - Vancouver* - ✆ *604 606 7245* - *www.rockymountaineer. com - sur réserv*. Plusieurs circuits en train de 2 à 25 jours dans les Rocheuses canadiennes. Le train circule seulement la journée ; les passagers passent la nuit à l'hôtel. Voyage possible en aller simple (dans un sens ou dans l'autre) ou en AR.

Vancouver

★★★

642 843 habitants – Colombie-Britannique

 NOS ADRESSES PAGE 123

S'INFORMER

Tourism Vancouver Visitor Center – Plan II B1 - *Downtown, Plaza Level, 200 Burrard St.* - ℘ *604 683 2000 - www.tourismvancouver.com, www.visitors choice.com - 8h30-18h. Antennes : Visitor Centre 999 Canada Place ; et Vancouver Art Gallery Plaza.*

SE REPÉRER

Carte de région B4 (p. 92-93) ; plans de ville (p. 108-109 et 114-115) ; carte des environs (p. 122). La ville de Vancouver couvre une superficie de 113 km². Le centre-ville est situé sur une péninsule avec le parc Stanley à son extrémité nord-ouest. Au sud-ouest, des promenades et des pistes cyclables relient entre elles les plages d'English Bay. Au sud, Yaletown et les nouvelles tours résidentielles le long du front de mer de False Creek. À l'est, BC Place Stadium et Chinatown sont séparés des boutiques de Gastown par East Hasting.

SE GARER

On peut laisser sa voiture dans des garages et des parkings payants (entre 10 et 20 $ la nuit). Les transports publics étant simples et efficaces, la voiture n'est pas indispensable à Vancouver. Le vélo est une bonne option.

À NE PAS MANQUER

L'UBC Museum of Anthropology ; le parc Stanley (aquarium et totems).

ORGANISER SON TEMPS

Jour 1	Découverte de Vancouver Downtown : promenez-vous à pied entre Coal Harbour et Waterfront. Pour la soirée, allez voir du côté de Gastown et de Chinatown.
Jour 2	Faites une balade à vélo du côté du parc Stanley et visitez l'aquarium. Filez à West End à l'heure du déjeuner, puis faites votre shopping à Yaletown. Vous pouvez aussi vous promener à Kitsilano et Granville. Conseil : louez un vélo dans l'une des multiples boutiques qui bordent le parc.
Jour 3	Commencez par l'UBC Museum of Anthropology et, si vous avez une voiture, descendez jusqu'à Richmond. Au marché aux poissons de Steveston, vous pourrez déguster un *fish & chips* dans une ambiance tout asiatique !
Jour 4	Circuit dans « l'arrière-pays » : soit vers Whistler avec pause au Lighthouse Park ; soit vers Groose Mountain, avec pause au Capilano Suspension Bridge.

AVEC LES ENFANTS

Le parc Stanley (aquarium, piscines ou plages), le H.R. MacMillan Space Centre, le Maritime Museum, le Science World, le pont suspendu de Capilano, le fort Langley.

Capitale économique de la Colombie-Britannique, troisième agglomération canadienne derrière Toronto et Montréal, Vancouver occupe un site superbe entre le chenal Burrard et le delta du Fraser. Tournée vers l'Asie, dotée d'un port libre de glaces abrité des remous du large par le détroit de Géorgie, cette métropole du Pacifique bénéficie d'atouts naturels à l'origine de sa spectaculaire croissance, renforcée par la notoriété acquise lors des Jeux olympiques de 2010. Cernée par la mer et dominée par de hautes montagnes souvent enneigées, elle jouit d'un climat exceptionnel. Prospère, elle ne cesse d'attirer de nouveaux citoyens. Il en résulte une remarquable diversité culturelle et sociale : des sikhs aux Suisses et aux Sushwap, chacun contribue à forger l'incomparable melting-pot de la ville dont bénéficie, au premier rang, sa gastronomie.

Vancouver downtown Plans de ville p. 108-109 et 114-115

★★ ROBSON Plan II

C'est sur l'isthme étroit qui sépare False Creek du chenal Burrard que se pressent les gratte-ciel de verre et d'acier, banques, grands hôtels, bureaux et immeubles d'habitation. Le cœur de ce quartier est marqué par la **Robson Street** (AB1), principale artère commerciale du centre-ville, et **The Mall** (B1-2), longue section piétonne de **Granville Street** fermée à toute circulation, bus exceptés. On y trouve notamment des centres commerciaux souterrains (Pacific Centre, Vancouver Centre) qui relient entre eux les bâtiments sous la chaussée. Son extrémité nord se termine par Granville Square, d'où l'on peut observer les activités du port et les jetées. Des escaliers conduisent à la gare ferroviaire, agréablement rénovée. Tout à côté s'étend le quai Londsdale, où se trouve le traversier assurant la liaison avec North Vancouver par le **chenal Burrard** ; le passage offre de belles **vues** sur la rade et la ville.

Cathedral Place B1
Situé face au fameux Fairmont Hotel Vancouver, cet élégant édifice de verre et de pierre calcaire abritait le Canadian Craft Museum *(fermé définitivement)*, relié au bâtiment principal par une petite cour extérieure.

★ Bill Reid Gallery B1
639 Hornby St. - ℰ 604 682 3455 - www.billreidgallery.ca - ⚐ - merc.-dim. 11h-17h - 10 $.
D'origine haida par sa mère, William Ronald Reid (1920-1998) était un artiste complet *(voir p. 75)*, à la fois joaillier, orfèvre, sculpteur, sérigraphiste, illustrateur

Vue d'ensemble du centre-ville de Vancouver.
E. Atkin / First Light / age fotostock

de livres, poète et conteur. C'est à l'éclectisme de ce grand artiste canadien que rend hommage cette galerie qui, par ailleurs, propose des expositions temporaires de qualité sur les productions artistiques autochtones.

★★ Vancouver Art Gallery B1

750 Hornby St. - ☎ 604 662 4719 - ♿ 🅿 - www.vanartgallery.bc.ca - 10h-17h (mar. 21h) - 22,50 $.

Conçu en 1908 par Francis Rattenbury, cet édifice néoclassique fut pendant soixante-dix ans le palais de justice de Vancouver avant d'abriter le musée d'Art. Il fut réaménagé avec goût par Arthur Erickson. Les salles ouvrent sur une rotonde centrale coiffée par un dôme de verre. Parmi les 10 000 œuvres qui composent la collection du musée, les toiles et dessins d'**Emily Carr** (1871-1945), grande artiste peintre canadienne, originaire de Colombie-Britannique *(voir p. 78)*, sont l'un des points forts. Admirez notamment *Big Raven* (vers 1931) et *Scorned as Timber, Beloved of the Sky* (vers 1936). Les expositions temporaires sont toujours d'un grand intérêt : que ce soit pour revisiter l'œuvre de Charles Edenshaw (1839-1920), artiste haida, ou pour découvrir l'œuvre graphique du dessinateur américain Art Spiegelman.

👁 **Bon à savoir** – Il arrive fréquemment que la pelouse nord et les escaliers sud soient occupés par des manifestations politiques.

★ Robson Square B1

Œuvre de l'architecte Arthur Erickson, ce projet urbanistique (1979) a transformé la physionomie du centre-ville. C'est une vaste esplanade qui couvre trois blocs entre Georgia Street et Nelson Street. Tantôt elle passe sous Robson Street *(www.robsonstreet.ca)* et accueille une patinoire, des terrasses de café et un centre des congrès ; tantôt elle enjambe Smithe Street pour rejoindre, en gradins couverts de jardins et de fontaines, l'entrée du **palais de justice**, spectaculaire bâtiment de sept étages revêtu d'une grande verrière oblique.

★★ Library Square B2

350 W Georgia St. (à l'angle d'Homer St.) - ☎ 604 331 3603 - www.vpl.vancouver. bc.ca - ♿ 🅿 - lun.-jeu. 10h-21h, vend.-sam. 10h-18h, dim. 12h-17h - fermé j. fériés.

L'esplanade, ponctuée de salons de thé et d'échoppes, est un lieu de rencontres apprécié. Elle est dominée par la **bibliothèque publique** de Vancouver (1995), un bâtiment convivial censé évoquer le colisée de Rome. L'étonnant édifice, flanqué d'une tour de bureaux de neuf étages, est l'œuvre de l'architecte canadien Moshe Safdie. La section principale, semi-circulaire, est en ciment mêlé de granit concassé. Riche de plus d'un million d'ouvrages, c'est l'une des plus importantes bibliothèques d'Amérique du Nord.

★ WATERFRONT Plan II

★★ Canada Place BC1

Œuvre de l'architecte canadien **Eberhard Zeidler**, le pavillon canadien de l'Expo'86 a transformé le front de mer. Ses cinq « voiles » en fibre de verre recouvertes de Téflon représentent l'histoire maritime de la région. Doté d'infrastructures variées (hôtel, bureaux, parking, palais des Congrès, centre d'interprétation du port de Vancouver), il offre, au troisième niveau, une agréable **promenade** en plein air d'où l'on découvre les monuments emblématiques de la ville et le trafic maritime. On peut observer à loisir **Port Metro Vancouver** qui, depuis plus de 30 ans, est le principal port d'attache des croisières vers l'Alaska. Chaque été, quelque 570 000 passagers payants passent par les deux gares maritimes du port, Place du Canada et Ballantyne. Toutes activités confondues, la ville accueille 3 000 navires étrangers par an, faisant travailler plus de 10 000 personnes.

😊 **Bon à savoir** – Dans le hall d'entrée du palais des Congrès (Vancouver Convention Centre) se dressent trois **mâts totémiques★★** de style gitxsan, dont un a été sculpté vers 1900 par Yakuglas.

CN Imax Theatre – *www.imax.com/vancouver*. Les films en 2D ou 3D de ce cinéma abordent volontiers des sujets « nature » (dauphins et baleines, delta de l'Okavango, etc.).

★ Marine Building B1

355 Burrard St. - ouvert pdt les heures de bureau.

Cet édifice historique de 21 étages, construit à l'époque où le Canada sombrait dans la dépression et inauguré en 1930, est l'un des plus beaux exemples Art déco du monde. Les ornements de céramique, en particulier celui qui surmonte l'arche d'entrée, dépeignent des scènes marines en hommage aux liens privilégiés de Vancouver avec la mer. Le vestibule, quasi fantasmagorique, rappelle un temple maya.

★ Harbour Centre Tower C1

555 West Hastings St. - 𝄞 604 689 0421 - www.vancouverlookout.com - & - étage panoramique de déb. mai à déb. oct. : 8h30-22h30 ; le reste de l'année : 9h-21h - 15 $, ticket réutilisable la même journée pour une visite nocturne.

Un ascenseur vitré vous catapulte en un rien de temps au sommet de cette tour de 167 m d'où l'on bénéficie, par beau temps, d'une superbe **vue★★★** à 360° sur le port, la ville et le site de Vancouver. Embrassez d'un coup d'œil les quais et l'activité portuaire, le chenal Burrard et la rive nord de la rade où plongent les montagnes aux sommets parfois enneigés ; vers le sud s'étendent les quartiers résidentiels et le plat delta du Fraser. Au pied de la tour, on reconnaît les artères du centre-ville et ses bâtiments les plus marquants, notamment la bibliothèque publique en forme de Colisée romain *(voir p. 105)*.

★ GASTOWN Plan II, C1

▶ *Entre Carrall St. et Richards St.*

Sur **Maple Tree Square**, au cœur même du quartier historique de Gastown, se dresse la statue de John Deighton, plus connu sous le nom de **Gassy Jack**, ou « Jack le bavard ». Ce personnage entreprenant arriva en ces lieux le 29 septembre 1867, avec « sa femme indienne, sa belle-mère, un chien, deux poulets, deux chaises et un tonneau de whisky », et s'installa aux portes d'une

Vancouver au fil des siècles

UN CADRE GÉOGRAPHIQUE CONTRAIGNANT

Ville du bout du monde, adossée au Pacifique, encadrée au nord par le fjord de Burrard et par le delta du fleuve Fraser au sud, la ville a dû s'adapter au cadre géographique contraignant de sa péninsule. Son climat, le plus tempéré du Canada, lui garantit un port libre de glace toute l'année. La ruée vers l'or (1850) et l'afflux de navires qu'elle suscita a poussé à l'établissement d'un port officiel. Côté est, la première ligne ferroviaire transcontinentale arrive de Montréal en 1886. Elle s'arrête à Port Moody, au fond du chenal Burrard ; il manque encore quelques kilomètres pour la rendre vraiment opportune. La ligne est prolongée l'année suivante de 20 km : port et rail se rejoignent. La ville trouve enfin son centre de gravité avec à la clef un nouveau nom : celui du capitaine britannique George Vancouver, le premier européen à croiser dans l'*inlet* (le goulet) Burrard.

PORTE DE L'ASIE

En quelques années, la ville étend son emprise, passant de 2 500 habitants à plus de 120 000 en 1911, au grand dam des premières populations, les **Amérindiens salish**, qui peuplaient la région. Principale force de travail pour la construction du chemin de fer, les immigrants asiatiques sont nombreux ; en particulier les Chinois, dont l'importante diaspora nourrit **Chinatown**. L'import-export se développe au rythme du transport ferroviaire. L'ouverture du canal de Panamá en 1914 favorise le développement commercial de Vancouver, qui devient dans les années 1960 le premier port canadien en tonnage. Porte de l'Asie, à deux pas des États-Unis, Vancouver a trouvé en la Chine son premier partenaire commercial, juste avant son voisin américain.

COSMOPOLITISME

Nulle surprise donc si un habitant sur deux du centre-ville de Vancouver est un Asiatique. Ville cosmopolite, comptant près de deux millions d'habitants avec l'agglomération, Vancouver s'est construite sur moins de quatre générations. Les racines restent encore à fortifier. La ville se projette dans l'avenir par le biais de multiples fictions d'anticipation. Plus de 10 % des films américains sont tournés dans Vancouver, l'Hollywood du Nord comme on l'appelle ici, avec des succès planétaires qui mettent à profit ses ciels gris, ses forêts pluviales et ses tours vitrées. « Ville de verre », écrit Douglas Coupland, auteur fétiche de Vancouver depuis son roman culte, *Génération X*.

LA VILLE ÉCOUTE

Vancouver garde cependant les pieds sur terre. Centre financier, commercial et industriel de la Colombie-Britannique, la ville sait se faire entendre du reste du monde. En 1986, elle fête son centième anniversaire avec l'exposition internationale **Expo'86**. En 2010, elle organise les Jeux olympiques d'hiver, les premiers à intégrer les médias sociaux (Facebook et Twitter). Si l'autoroute Sea-to-Sky (de la mer au ciel), reliant Vancouver à Whistler (pour les épreuves de glisse), a été élargie, les travaux ont aussi nourri des polémiques. Leur impact sur l'environnement a grandement divisé les peuples autochtones. La réussite de Vancouver tiendra-t-elle à l'avenir à sa capacité de fédérer autour des grands projets ceux qui historiquement ont le plus de légitimité à se faire entendre ?

scierie, Hastings Mills. Les compagnies interdisaient alors la vente d'alcool sur leur propriété. Aussi le nouveau venu eut-il un succès immédiat ; il parvint même à persuader les ouvriers assoiffés de bâtir eux-mêmes leur rudimentaire taverne ! Bientôt naquit alentour une petite localité qui reçut officiellement le nom de Granville mais qui, pour la population, demeura Gassy's Town. Les entrepôts victoriens et taudis en tout genre ont laissé la place à un quartier restauré, plein d'attraits pour le promeneur, avec ses façades de brique, de pierre et de bois le long des rues pavées, ses courettes et ses lanternes à l'ancienne, ses boutiques vintage, ses galeries d'art autochtone *(voir Nos adresses p. 131)* sans oublier les restaurants, pubs et cafés-terrasses. À l'angle de **Water Street** et Cambie Street, la plus ancienne **horloge à vapeur** du monde sonne l'heure à la manière d'un train.

VANCOUVER
plan II

SE LOGER

Barclay Hotel	①
Blue Horizon Hotel	③
English Bay	⑦
Fairmont Hotel Vancouver (The)	②
Fairmont Waterfront (The)	④
Hostelling International Vancouver (Centre-ville)	⑥
Hostelling International Vancouver (West End)	⑧
Listel Hotel Vancouver (The)	⑩
Metropolitan Hotel	⑫
Robsonstrasse	⑭
Rosewood Hotel Georgia	⑮
Samsun Backpackers Lodge	⑯
Sylvia Hotel	⑱
Victorian Hotel	⑲
YWCA Hotel	㉑
Wedgewood	⑳

SE RESTAURER

L'Abattoir	②
Bao Bei	③
Blue Water Cafe	①
C Restaurant	⑤
Fresh Bowl	④
Hon's Wun-Tun House	⑥
Joe Fortes Sea Food	⑦
Meat & Bread	⑧
Nuba	⑩
Oyster Express	⑪
Raincity Grill	⑫
Sandbar Seafood Restaurant	⑭
Santouka	⑮
Stepho's Souvlaki Greek Taverna	⑨
The Keefer Bar	⑯
The Sardine Can	⑰
Tony's Fish & Oyster Cafe	⑱
Water Street Café	⑲

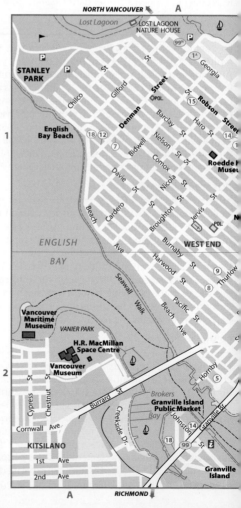

★ **CHINATOWN** Plan II, C1-2

On pénètre dans ce quartier chinois, le plus important du Canada, par la Vancouver **Chinatown Millenium Gate** *(angle West Pender St. et Taylor St.)*, porte construite en 2000 pour fêter le millénaire. Enseignes et affiches en caractères chinois, restaurants, magasins d'alimentation immergent progressivement le promeneur dans une Chine somme toute assez proprette et presque timorée, sauf à l'approche du Nouvel An chinois. Il est vrai que le quartier, construit à partir de 1885, fit l'objet de constantes mises aux normes (destruction de logements), tout comme sa population fut régulièrement expropriée quand les circonstances économiques tarissaient les besoins de main-d'œuvre. Six mille Chinois furent ainsi

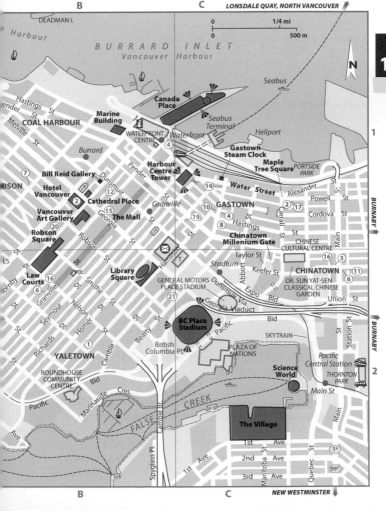

> **SAISISSANT CONTRASTE**
> À deux pas des quartiers touristiques, entre Gastown et Chinatown, perdure une enclave de misère, la plus pauvre du Canada, où toxicomanes, dealers et prostituées déambulent le long des rues. Main St. et Hastings St. (Pain and Wasting – douleur et désolation – comme disent les locaux) sont les points névralgiques du DTES, contraction de **Downtown Eastside**. Dans les années 1980, cette zone attira un ou plusieurs serial killers qui la prirent pour « terrain de chasse » pendant une vingtaine d'années. Depuis, les Jeux olympiques sont passés par là, et le quartier est aujourd'hui en voie de gentrification. Des restaurants essaient de pousser, évinçant centres sociaux et hôtels miséreux au foncier trop peu rentable pour certains.

délogés après la grave crise des années 1930, divisant presque par deux la population du quartier. Il faut attendre les années 1970 pour voir le quartier chinois enfin réhabilité et en partie revitalisé par une diaspora hongkongaise et continentale.

Une fois passé l'immense porte, vous trouverez sur votre droite l'**Historical Alley & West Han Dynasty Bell** (*Shanghai Alley, près de West Pender St.*), réplique d'une cloche de la dynastie Han offerte à la municipalité par la ville de Guangzhou pour fêter le 15e anniversaire du jumelage entre les deux villes. Quelques mètres plus loin, remarquez le **Sam Kee Building** (*8 West Pender St.*) bâtiment de 1881 dont il reste à peine 1,82 m de largeur, à cause de l'élargissement de la rue Pender en 1912. Construit en 1920 et reconnaissable à ses murs jaunes le **Kuomintang Building** (*296 East Pender St.*) était le siège du Parti nationaliste (fondé en 1912 par Sun Yat-sen) pour tout l'Ouest canadien.

★ **Dr Sun Yat-Sen Classical Chinese Garden** – *Pender St. 578 Carrall St. (derrière le centre culturel chinois) - 𝄞 604 662 3207 - www.vancouverchinese garden.com - ⛨ - de mi-juin à fin août : 9h30-19h ; oct.-avr. : 10h-16h30 ; le reste de l'année : 10h-18h - visite guidée incluse dans le prix d'entrée - 14 $.* Achevé en 1986 sur le modèle des jardins tels qu'on les trouvait dans la ville de Suzhou pendant la dynastie des Ming (14e-17e s.), ce havre de paix est un endroit où pins, bambous et pruniers en fleurs poussent dans un harmonieux paysage de cascades, de ponts et de passages couverts. Jouxtant le jardin se trouve le **Dr Sun Yat-Sen Park**, serein îlot de verdure doté d'un joli étang, ouvert librement au public.

🖐 **Bon à savoir** – Depuis quelques années, une partie de la population de Chinatown a déserté le quartier pour s'installer dans **Richmond**, plus résidentiel, au sud de l'aéroport international de Vancouver. Si vous disposez d'une voiture, n'hésitez pas à vous y rendre et à visiter le petit quartier portuaire de **Steveston**, réputé pour ses conserveries où travaillèrent des générations d'immigrants asiatiques, son marché aux poissons et ses délicieux *fish & chips*.

★★★ **STANLEY PARK** Plan I, AB1

⬤ *Entrée 1798 West Georgia St. - 𝄞 604 257 8400 - http://vancouver.ca/parks - ✕ ⛨ - ouv. tte l'année - cartes disponibles au kiosque d'information - parcmètres à différents endroits (tarifs d'été : 3 $/1h ou 10 $/j) - possibilité de se garer à proximité du parc et de prendre la navette gratuite (de mi-juin à fin sept. : 10h-18h30 - ttes les 12-15mn).* 👪 *Piscine à Second Beach, idéale pour les enfants (5,65 $, 2,80 $).*

Bon à savoir – Préférez le vélo, le roller, le bus (n° 19) ou la marche à pied pour sillonner le parc. Vous pouvez louer des vélos juste à l'entrée *(voir « Nos adresses » p. 124).*

Principale attraction de Vancouver, Stanley Park (405 ha) jouit d'un **site** magnifique à l'extrême pointe de la péninsule qui ferme presque la rade au détroit **First Narrows**. Près du cœur de la ville, à l'entrée d'un port extrêmement actif, il offre un espace de nature et de détente avec ses plages et ses promenades parmi les arbres géants, restes de la forêt primitive qui couvrait jadis toute la région. Il fut créé en 1886 sur une réserve militaire qui occupait une situation stratégique de premier ordre à l'entrée de cette rade. Nommé en l'honneur du gouverneur général de l'époque, **Lord Stanley**, le parc est si célèbre qu'un séjour à Vancouver ne se conçoit pas sans une balade le long de ses allées et une visite de son aquarium. De nombreux sentiers pédestres parcourent les lieux et Stanley Park est par ailleurs très bien aménagé : terrains de cricket, courts de tennis, jeu de palet, aires de pique-nique et de loisirs, piscine.

★ Promenade panoramique

10 km - dép. de Georgia St. (file de droite, suivez les indications).

Presque toujours à sens unique, elle fait le tour de Stanley Park, dans le sens contraire des aiguilles d'une montre, à l'exception de Pipeline Road (près du lac Beaver). Cette route-promenade épouse les courbes du rivage et offre de nombreux points de vue sur Coal Harbour, le centre-ville et la rive nord de la rade. Peu avant d'arriver à la **pointe Brockton**, qui révèle de jolies **vues** du chenal Burrard et des montagnes de la rive nord, surgit un alignement de **mâts totémiques**★ face au port de plaisance et aux gratte-ciel de la ville. Étape suivante du circuit, la **pointe Prospect**★ fournit l'occasion d'observer l'intense activité portuaire. La route s'écarte ensuite de la rive, mais des sentiers permettent de descendre pour voir **Siwash Rock**★, un rocher qui se dresse comme un obélisque sur le rivage. À la **pointe Ferguson**, belles **vues** sur **Third Beach**★, l'une des plages de la presqu'île ; on distingue également la pointe Grey, où se situe l'université de Colombie-Britannique, et les montagnes de l'île de Vancouver. La route passe enfin par une autre plage (Second Beach), aux activités sportives variées, puis par Lost Lagoon avant de revenir à son point de départ.

Promenade à pied

 8,8 km. L'approche classique consiste à faire le tour par **Seawall**★★. La promenade requiert deux bonnes heures, ce qui laisse le temps de profiter des attractions. La vue offerte sous le pont Lions Gate est spectaculaire. Third Beach, paradisiaque bande de sable réchauffée au soleil de l'après-midi, dévoile à l'horizon l'île de Vancouver et se révèle

---

AIGLE CHRISTIQUE ?

Certains totems du Stanley Park arborent à leur faîte une tête d'aigle sommant deux ailes déployées. S'ils ont été réalisés par des artistes kwakwaka'wakw, cette expression artistique reprend une tradition venant d'Alaska. Ce modèle iconique post-colonial est populaire aujourd'hui sur la côte nord-ouest car il est le fruit d'un syncrétisme cultuel entre la croix christique et le totémisme… Dès 1904, 90 % des Indiens de Colombie-Britannique étaient déjà christianisés.

un parfait emplacement de pique-nique. De nombreux sentiers offrent une solitude inattendue dans la forêt du parc ; ils sont néanmoins à éviter après le crépuscule.

Voitures attelées – *Stanley Park Horse-Drawn Tours Ltd.* - ℰ *604 681 5115* - *www.stanleyparktours.com* - *dép. de Coal Harbour, parking situé près de l'entrée de Georgia St.* - *15 mars-31 oct.* - *durée 1h* - *32 $.*

★★ Aquarium de Vancouver B1

ℰ *604 659 3474* - *www.vanaqua.org* - ♿ 🅿 - *9h30-18h* - *30 $.*

👥 Riche de plus de 70 000 créatures aquatiques, l'aquarium de Vancouver est particulièrement célèbre pour son impressionnante collection de mammifères marins : dauphins, baleines blanches de l'Arctique dites **bélugas**, phoques, loutres de mer et autres. L'aquarium fut le premier à présenter au public des **orques** (ou épaulards), qui se distinguent par leur couleur noir et blanc ainsi que par leur nageoire dorsale. Si leur spectacle a aujourd'hui cessé, dauphins et bélugas continuent à se produire chaque jour.

Plusieurs sections sont consacrées à la faune marine et d'eau douce de Colombie-Britannique, ainsi qu'aux poissons exotiques. Vous pouvez également visiter la section Pacifique canadien consacrée principalement au détroit de Géorgie et à la côte de Colombie-Britannique, ainsi qu'une montaison de saumons créée par l'homme dont les spécimens (saumons kétas et cohos) reviennent chaque année à l'aquarium. Les bélugas, visibles à travers de grands hublots, s'ébattent dans la section Arctique canadien.

Graham Amazon Gallery – Crocodiles, anacondas, tortues, lézards et paresseux à deux doigts vivent ici dans une atmosphère chaude et humide, entourés de plantes tropicales, accompagnés d'une multitude d'oiseaux et de papillons aux couleurs vives. Juste à côté, des bassins renferment requins, piranhas, anguilles électriques, murènes et autres créatures des tropiques. L'espace **Clownfish Cove** accueille les enfants de moins de 8 ans avec des spectacles de marionnettes et des activités en rapport avec les animaux.

WEST END Plan II, A1-2

◯ *Centre-ville, au nord-ouest de Broughton St.*
Le quartier de West End s'affiche fièrement comme étant le plus densément peuplé d'Amérique du Nord, avec ses tours dominant Stanley Park, False Creek et la côte nord. **Denman Street** (A1) mérite une promenade avec ses échoppes, boutiques et cafés. Si vous quittez les grands axes, vous serez surpris de découvrir une atmosphère très différente aux alentours de **Nelson Park** (A1) : sur quelques dizaines de mètres, l'alignement des petites maisons, toutes différentes et chacune dotée de son *backyard*, évoque le charme soigneusement bohème et désuet de certains quartiers de la vieille Angleterre.

★★ English Bay Beach A1

Beach Ave et Denman St.
Les services des espaces verts entretiennent ici une série de jardins plantés de palmiers pour témoigner de la douceur du climat (doux et humide) à Vancouver. Les habitants du quartier se délectent des après-midi d'été, lorsque les jardins sont en fleurs et que le soleil réchauffe le sable. Artistes et artisans installent leurs tréteaux sur la promenade qui rejoint Stanley Park, dès que le temps le permet.

Roedde House Museum A1

1415 Barclay St. (à l'angle de Broughton St.) - ☎ 604 684 7040 - www.roeddehouse.org (en français) - visite guidée (45/60mn) uniquement - mai-août : mar.-vend. 10h-16h, dim. 13h-16h ; reste de l'année : merc.-vend. et dim. 13h-16h - fermé j. fériés - 5 \$ (6 \$ le dim. thé inclus).

Flanquée d'une tour polygonale bien caractéristique, cette demeure de style Queen Anne fut construite en 1893 pour Gustav Roedde, relieur de son état. La maison aurait été conçue par le célèbre architecte Francis Rattenbury, qui dessina les plans de la Vancouver Art Gallery et du célèbre hôtel Empress à Victoria. Les pièces ouvertes à la visite sont meublées selon l'époque. La demeure donne d'un côté sur un jardin victorien doté d'un petit kiosque, et de l'autre sur un parc des plus charmants : Barclay Heritage Square.

YALETOWN ET FALSE CREEK Plan II, ABC2

▶ *L'aquabus dessert Yaletown - www.theaquabus.com - entre 3,25 \$ et 5,50 \$ selon la route - pass quotidien 15 \$.* 👥 *Mini-croisière dans False Creek de 25 ou de 40mn (8 \$ ou 11 \$), départs 8h-20h de Hornby St. (A2) ttes les 15mn, ou de chacune des 8 stations de False Creek pour le tour de 40mn. Les traversiers de False Creek (www.granvilleislandferries.bc.ca) parcourent aussi le bras de mer ; ils s'arrêtent au Maritime Museum (à l'ouest de Granville Island), à l'Aquatic Centre (sous le Burrard St. Bridge, au centre-ville, sur la rive nord de False Creek), à Stamp's Landing et à Science World (le point le plus à l'est de False Creek).*

Dans le prolongement de West End, le quartier d'entrepôts de **Yaletown** *(Davie St. et Nelson St., aux environs de Homer St.)* a été converti en élégants cafés, en magasins à la mode, en épiceries de luxe et en bureaux chics.

★ BC Place Stadium C2

777 Pacific Blvd (entrée principale à l'angle de Robson St. et Beatty St.) - ☎ 604 669 2300 - www.bcplacestadium.com - ♿ 🅿.

Conçu par Phillips Barratt, le stade de Vancouver, immense complexe sportif en forme de chapiteau de cirque, fut inauguré en 1983. Équipé d'un toit rétractable, il peut abriter les 60 000 personnes qui viennent régulièrement encourager les BC Lions (football) ou assister à des événements culturels (concerts, par exemple).

Science World C2

1455 Quebec St. (à l'angle de Quebec St. et Terminal Ave) - ☎ 604 443 7443 - www.scienceworld.bc.ca - ♿ 🅿 - 10h-18h (jeu. 19h) - 27 \$ ou 33 \$ (avec Omnimax).

👥 Ce centre d'animation scientifique fut créé en 1989 sur le site de l'Expo'86, face à False Creek. Ses expositions interactives et ses démonstrations en font un agréable musée de vulgarisation. Parmi les activités proposées, notez la salle de cinéma Omnimax dont l'écran hémisphérique permet des projections à 360°, la salle des matières et des forces où l'on revoit les bases de la physique, la galerie des enfants destinée aux plus jeunes et la salle des tornades, spécialement conçue pour en reproduire les vents terribles.

🚶 **The Village** – C2 - *www.thevillageonfalsecreek.com.* À une dizaine de minutes à pied de Science World, on peut se rendre au village olympique en empruntant la Seaside Walkway qui longe le bord de l'eau. Construit pour héberger les athlètes des Jeux olympiques de 2010, The Village a été réaménagé en immeubles résidentiels. Différents ensembles industriels ont aussi fait l'objet de réhabilitations, parfois de façon audacieuse, comme celle de la compagnie de sel de Vancouver qui trône en son centre.

Pour Granville, vous pouvez prendre l'aquabus de Science World.

GRANVILLE ISLAND, KITSILANO ET UBC

Le bus 50 (au départ de Gastown) s'arrête tout près de l'île, au coin de Anderson St. et de la 2ᵈ Ave West. L'aquabus (voir p. 113) sillonne False Creek et s'arrête au pied de Hornby St., à Stamp's Landing, à Yaletown (au pied de Davie St.) et à Science World. À Granville Island, le quai de l'aquabus est situé entre le marché public et l'Arts Club Theatre ; les traversiers accostent près de l'entrée du restaurant Bridges.

★ **Granville Island** Plan II, A2

Créée en 1914 à des fins industrielles, cette île artificielle a été transformée à la fin des années 1970 en centre de loisirs. Aux côtés de quelques usines rescapées ont surgi restaurants, galeries et studios d'art, boutiques, théâtres et hôtels. Dans les nombreux ateliers du quartier, différents artisans sont à l'œuvre (bijoux, textiles, céramique, verre, etc.).

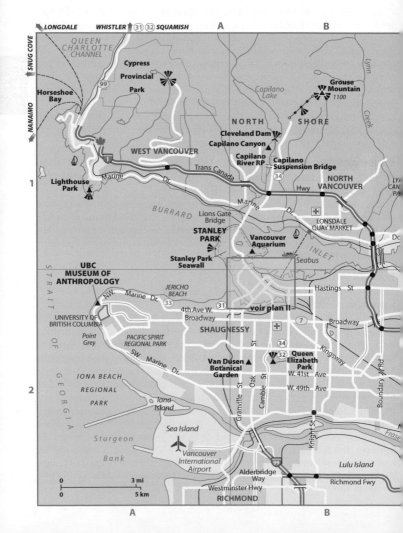

👪 Le **Kid's Market** regorge de jouets sur deux étages, tandis que le **Granville Island Water Park** *(de mi-mai à août)* réjouira ceux qui souffrent de la chaleur. **Marché** – *9h-19h - promenades guidées 9h-11h - réserv. sur www.ediblecanada.com.* La principale attraction de l'île, où les étals de produits frais côtoient les articles fabriqués par les groupes ethniques de Vancouver.

Notez aussi la présence de l'Emily Carr Institute of Art and Design qui attire sur l'île une importante population estudiantine.

De Downtown, pour aller en bus au parc Vanier (Vancouver Museum, Maritime Museum et Mac Millan Space Centre), prenez le 2, le 22 ou le 32.

★★ **Vancouver Museum** Plan II, A2

Vanier Park - 1110 Chestnut St. - 𝒫 604 736 4431 - www.museumofvancouver.ca - ♿ 🅿 - 10h-17h - fermé 25 déc. - 12 $.

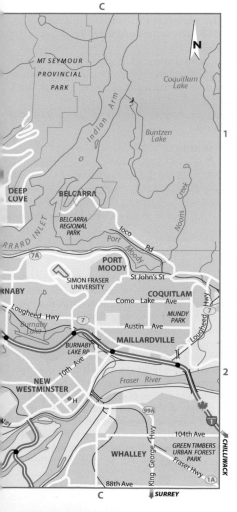

VANCOUVER
plan I

1

SE LOGER

Edgewater Lodge..........................(31)

Fairmont Chateau Whistler........(32)

Hostelling International
Vancouver.....................................(33)

Thistledown House......................(34)

SE RESTAURER

Bishop's...(31)

Sawasdee...(32)

Sun Sui Wah Seafood
Restaurant....................................(34)

Devant la rotonde de ce musée d'histoire et d'art se trouve une énorme fontaine d'acier due au sculpteur George Norris. Elle représente le **crabe★** qui, selon les légendes amérindiennes, garde le port de Vancouver. À l'intérieur du bâtiment, expositions permanentes et temporaires donnent un excellent aperçu des cultures autochtones et de la ville même de Vancouver, et permettent d'admirer une belle collection d'art oriental. La section historique, intitulée **Exploration and Settlement★**, retrace l'évolution de Vancouver et de sa région depuis l'arrivée des Européens par la reconstitution d'un magasin de la Compagnie de la baie d'Hudson et de l'entrepont d'un bateau d'immigrants. Plusieurs reconstitutions de l'époque 1910 illustrent la rapide croissance de la ville devenue métropole. Consacrées aux **tribus indigènes de la côte nord-ouest**, les expositions temporaires présentent des pièces d'une extraordinaire finesse artistique, issues de la collection permanente. Du parking, magnifiques **vues★★** sur le centre-ville et les montagnes de la rive nord.

★ **H.R. MacMillan Space Centre** Plan II, A2

1100 Chestnut St. - ℰ 604 738 7827 - www.hrmacmillanspacecentre.com - &. - juil.-août 10h-17h (observatoire 19h30-21h) ; reste de l'année 10h-15h, w.-end et vac. 10h-17h - fermé 25 déc. - 17 $.

Ce gigantesque complexe comprend une station spatiale, un simulateur de vol, toutes sortes d'expositions interactives et d'autres sur la recherche spatiale. L'observatoire Southam permet aux visiteurs d'apercevoir le Soleil, la Lune, les planètes et les étoiles au travers d'un télescope géant.

Le **MacMillan Planetarium**, inauguré en 1968, de forme conique, est l'un des édifices les plus marquants de la ville.

★★ **Vancouver Maritime Museum** Plan II, A2

Vanier Park - 1905 Ogden Ave - ℰ 604 257 8300 - www.vancouvermaritime museum.com - &. - 10h-17h (jeu. 20h) - 13 $ (sur donation le jeu. entre 17h et 20h).

Modèles réduits et expositions diverses évoquent l'histoire maritime de Vancouver et de la province. Le **St Roch**, bateau de la Gendarmerie royale du Canada, constitue la principale attraction du musée. Cette embarcation en bois de 32 m a été restaurée.

TOTEMS ET TABOUS

Anthropologue, écrivain, artiste, conservateur, professeur à l'université de Colombie-Britannique, **William Duff** n'a eu de cesse de courir la région pour convaincre les Indiens de préserver leur culture matérielle, soumise aux intempéries ; tout particulièrement ces vieux mâts cérémoniels, mémoire écrite indispensable à une culture de tradition orale. Mais les négociations étaient longues, complexes, coûteuses. Outre l'acheminement des mâts jusqu'à leur destination finale (musées de Victoria, de Vancouver), il fallait financer leurs reproductions pour que de nouveaux totems puissent remplacer les anciens. Ces reconstitutions artistiques sous patronage institutionnel n'étaient pas sans risque. Elles pouvaient être dévoyées de leur cause originelle et se transformer en objets touristiques d'autant plus courtisés que Duff commença à donner à ces productions matérielles des explications psychanalytiques à connotation sexuelle. Celui qui avait dédié sa vie à défendre les Premières Nations s'attira progressivement leurs foudres. Jusqu'au point de rupture définitif : son suicide en août 1976.

Sculpture amérindienne, à l'UBC Museum of Anthropology.
I. Lainey / Michelin

Le Norvégien Roald Amundsen ayant le premier réussi la traversée vers les îles de l'Arctique, divers pays envisagèrent d'y prendre position. Aussi, pour affirmer la souveraineté canadienne sur ces immensités quasi inoccupées, le *St Roch* fut-il envoyé, sous le commandement du capitaine Henry Larsen. Parti de Vancouver en juin 1940, il ne put joindre Halifax qu'en octobre 1942, tant il fut bloqué par les glaces. Le retour fut plus rapide : parti le 22 juillet 1944, il arriva à Vancouver le 16 octobre, après avoir parcouru 13 510 km. C'était le premier bateau à franchir le passage dans les deux sens et à faire le voyage est-ouest en une seule saison.

★★★ UBC Museum of Anthropology Plan I, A2

Sur le campus de l'université de Colombie-Britannique. 6393 NW Marine Dr. -
📞 604 822 5087 (pour bénéficier de la visite guidée gratuite) - www.moa.ubc.ca - ✗
♿ 🅿 (Rose Garden Parkade, 6278 Marine Drive - 1,75 $/30mn ; 14 $/j.) - 10h-17h
(mar. 21h) - 16,75 $ (9 $ mar. soir entre 17 et 21h) - fermé 25 déc.
Bus 4 ou 14 « UBC » (au départ de Pender St., 40mn, 2,75 $) en dir. du sud de
Granville St., ou bus 44 (au départ de Waterfront Station, express) en dir. du sud-
ouest de Cordova St. ; marchez ensuite à travers le campus universitaire en dir. du
musée (20mn). La cafétéria (10h-16h) sert de très bons sandwichs.

Située à la pointe Grey, à l'extrémité de la péninsule, l'université de Colombie-Britannique est particulièrement célèbre pour son site magnifique, face au détroit de Géorgie et aux montagnes de l'île de Vancouver. Réputée pour ses départements de recherche en agronomie, sylviculture et océanographie, l'université possède par ailleurs l'une des plus belles collections au monde d'art amérindien de la côte nord-ouest. Petit chef-d'œuvre d'architecture contemporaine dû à **Arthur Erickson**, le bâtiment de béton et de verre (1976) qui sert d'écrin au musée imite la structure traditionnelle des grandes maisons autochtones avec ses poutres et ses piliers en béton.

Deux portes 'ksan en cèdre rouge magnifiquement sculptées accueillent le visiteur et le plongent d'emblée dans l'histoire des peuples premiers de la vallée du Skeena. Décorée de figures sculptées réalisées par les Salish (région de Vancouver), une rampe descend doucement vers la **Grande Salle** : la pièce prend de l'amplitude, s'élève, s'élargit et s'éclaire, tandis que le mur de verre, haut de 15 m, efface toute barrière entre la collection de **mâts totémiques★★★** et la superbe nature environnante. Ces pièces, d'origine haida ou kwakwaka' wakw, datent pour beaucoup de la seconde moitié du 19ᵉ s. Très belle collection de coffrets traditionnels des peuples de la côte nord-ouest fabriqués en cèdre plié passé à la vapeur. Ces boîtes richement décorées, à l'épreuve de l'eau, servaient à la cuisine et à l'entreposage. Plus insolite, la grande sculpture de Joe David, **Cedar Man★**, fut érigée en 1984 devant le parlement de Victoria pour protester contre les exploitations sylvicoles qui dévastaient l'île de Meares sur la côte ouest de l'île de Vancouver.

Dans la rotonde, l'œuvre la plus célèbre du grand sculpteur haida Bill Reid **Raven and the First Men★★★** (*Le Corbeau et les Premiers Hommes*, 1983) est taillée dans du cèdre jaune. Selon la légende haida, le Corbeau aurait convaincu les humains de sortir d'un gigantesque coquillage échoué sur une plage pour rejoindre le monde terrestre. Le musée abrite la **salle des céramiques Koerner** (céramiques européennes des 15ᵉ-19ᵉ s.) ainsi que les **réserves ouvertes**, soit quelque 14 000 objets du monde entier, classés d'après leur origine et leur utilisation et rendus accessibles selon un système de rangement original.

★ **Exposition de mâts et de maisons haida** – *Retourner à l'entrée principale, tourner à droite et suivre le sentier.* À l'extérieur du musée, visibles de la Grande Salle, se trouvent six mâts haida. Ils furent commandés en 1958 par William Duff *(voir l'encadré p. 116)* à Bill Reid, lequel se fit aider par le maître-sculpteur kwakwaka'wakw Doug Cranmer. Ils construisirent aussi une maison mortuaire et une maison familiale (la plus grande), reproductions grandeur nature de bâtiments du 19ᵉ s. qui pouvaient mesurer plus de 12 m de côté, selon la technique d'architecture haida : une charpente à tenons et mortaises retenant des planches de cèdre fendues à la main. Le mât frontal qui domine la maison familiale a été exécuté en 2000 par l'artiste haida Jim Hart en hommage à Bill Reid, qui souffrait de la maladie de Parkinson. Ce mât, appelé *Respect to Bill Reid Pole*, remplace celui qu'avait exécuté Bill Reid entre 1958 et 1962. Duff avait alors commandé au grand maître une copie d'un mât qui se trouvait sur Sgaang Gwaii à Haida Gwaii, l'île native de sa mère. Détériorée dans les années 1990, la copie de Bill Reid se trouve désormais dans la Grande Salle, aux côtés d'œuvres originales qui n'étaient probablement à l'époque que des copies d'autres copies… toutes personnelles et originales une fois passées entre les mains de ces talentueux sculpteurs.

★★ **Van Dusen Botanical Garden** Plan I, B2
5251 Oak St. (à l'angle de 37ᵗʰ Ave) - ☎ 604 257 8335 - www.vandusengarden.org - ♿ - juin-août 9h-21h ; sept. 9h-19h ; oct. 9h-17h ; janv.-fév. et nov.-déc. 10h-16h ; mars 10h-17h - 10,55 $ (hiver 7,75 $). Bus 17 (au départ de Pender St.) en dir. du nord de Granville St., arrêt Oak & 37ᵗʰ (1 zone).

Cette propriété du Canadian Pacific Railway a été transformée en jardin botanique et ouvre au visiteur un vaste espace paysager de 22 ha se voulant le reflet de la richesse et de la diversité du monde végétal (7 500 plantes des six continents). Dans le **Jardin pacifique nord-ouest** poussent des spécimens originaires de la région de Vancouver. Le **Jardin méditerranéen** est dominé par les cèdres bleus et les cèdres du Liban ; dans le **Jardin de l'hémisphère Sud** croissent les eucalyptus australiens et les araucarias du Chili et d'Argentine ; le **Jardin des bruyères** est reconnaissable à sa maisonnette écossaise en pierre, à ses pins sylvestres et à ses bouleaux. Le jardin botanique recèle aussi un jardin des plantes vivaces, une roseraie, une étonnante tourbière de plantes carnivores ou encore le jardin Phyllis Bentall et son bassin de nénuphars. S'ajoutent des lacs et formations rocheuses, une longue allée bordée de rhododendrons, un labyrinthe, un jardin de magnolias, un jardin sino-himalayen et bien d'autres trésors. Le jardin botanique sert par ailleurs d'écrin à une collection de **sculptures** monumentales parmi lesquelles on citera *Mosquito*, mât totémique réalisé par Earl Muldoe en 1976, et *Observing Your Society*, trois visages sculptés par David Ruben en 1950.

★ **Queen Elizabeth Park** Plan I, B2

À l'angle de W 33rd Ave et Cambie St.

Situé au centre de la cité, ce joli parc occupe une colline (150 m) d'où l'on a, par temps clair, des **vues★★** splendides sur la ville et les montagnes environnantes, jusqu'au sommet enneigé du mont Baker à plus de 110 km et aux deux Lions sur la côte nord.

Bloedel Floral Conservatory – *☎ 604 257 8584 - www.vancouver.ca/parks -* ✕ ♿ ▣ *- mai-sept. 9h-20h, w.-end 10h-21h ; oct.-avr. 10h-17h - fermé 25 déc. - 6,50 $.* C'est par une route s'enroulant autour de la colline et traversant l'arboretum que l'on accède à cette immense serre en verre et aluminium. Elle abrite un jardin tropical où vivent en liberté des oiseaux exotiques aux couleurs vives. Autre point d'intérêt, le **jardin de rocaille** niché au creux d'une ancienne carrière. Ses allées sinueuses serpentent parmi les massifs de fleurs multicolores au pied d'une cascade.

👁 **Bon à savoir** – Le restaurant **Seasons in the Park**, hôte de Bill Clinton et Boris Eltsine lors du sommet de Vancouver (1993), sert des spécialités de la côte ouest *(voir Nos adresses p. 130).*

La rive nord Plan I

Les versants boisés de la Chaîne côtière plongent directement sur la rive nord du chenal Burrard. Des petits cours d'eau (Capilano, Lynn et Seymour, par exemple) ont creusé des gorges et des vallées encaissées, tandis que les fjords (Indian Arm, Howe Sound) dessinent de profondes échancrures. Quelques banlieues résidentielles s'accrochent aux basses pentes, bénéficiant de belles vues du chenal et de la ville. La route touristique 1 *(qui devient la route 99 – voir p. 121)* suit la côte nord à 800 m d'altitude, déroulant ses 12 km de lacets jusqu'à la **baie Horseshoe** (A1), d'où appareillent les bacs BC Ferries pour l'île de Vancouver, l'île Bowen et la côte Sunshine au nord du détroit de Howe.

👁 **Bon à savoir** – Le SeaBus assure la liaison Waterfront-Lonsdale *(voir Nos adresses p. 124).* Au débarcadère de **Lonsdale**, une plateforme *(Lonsdale Quay Bus - www.translink.ca)* regroupe les bus desservant la rive nord. Leur destination est indiquée sur chacun d'entre eux. Pratique et facile.

★★ **Lighthouse Park** A1

À 10 km à l'ouest de West Vancouver par Marine Dr. Parks and Community Services - ☎ 604 925 7200 - http://westvancouver.ca. Bus 250 au départ de Downtown, le long de Georgia St.

Les habitants de Vancouver aiment se promener dans cette ancienne forêt intacte, la plus belle de la ville. Des promontoires rocheux de ce parc de 79 ha sur le détroit de Howe, le regard traverse le détroit de Géorgie et parcourt le parc Stanley, embrassant au loin la silhouette de Vancouver et du mont Baker en des **vues★★★** grandioses. Son classement en parc permit le développement de gigantesques **douglas**, cèdres et sapins du Canada. Les arbres furent officiellement protégés dès la construction du premier phare (1874) destiné à signaler la très périlleuse pointe Atkinson. Se détachant sur le fond sombre de la forêt, dont le bois alimentait sa chaudière, le phare se distinguait même par temps de brouillard. D'innombrables sentiers à travers la forêt mènent au phare actuel (1912), le meilleur emplacement de la ville pour apprécier le coucher du soleil sur le détroit de Géorgie. Le parc est prisé des cinéastes.

★ Cypress Provincial Park A1

À 12 km du centre-ville par le pont Lions Gate et la route 1/route 99. ✆ 604 924 5612 - www.env.gov.bc.ca ; www.cypressmountain.com - ♿ 🅿 - 7h-23h (portes fermées 23h-7h) - randonnée, pique-nique, vélo, ski. Navettes gratuites à partir de Lonsdale Quay (seulement pendant l'hiver) ou Cypress Mountain Express Bus (www.cypressmountain.com/express-bus - 23 $ A/R).

Les skieurs locaux fréquentent les pistes des stations de Cypress Bowl et Hollyburn Ridge, tout comme les champions de snowboard et de ski lors des Jeux olympiques de 2010. Ce parc de 3 000 ha doit son nom aux cyprès de Nootka qui parsèment ses pentes. La route d'accès mène, à travers une forêt de douglas et de sapins du Canada, jusqu'à un belvédère ménageant des **vues★★★** grandioses sur Vancouver et sur sa région. Par temps clair, la masse enneigée du mont Baker ajoute à ce tableau déjà spectaculaire une touche de magie.

★ Capilano Canyon B1

À 9 km du centre-ville par le pont Lions Gate et Capilano Rd. Bus 236 ou navette gratuite (free shuttle) au départ de Canada Place (9h-16h, 30mn, retour entre 10h45 et 16h30).

Capilano Suspension Bridge Park – *✆ 604 985 7474 - www.capbridge.com - 25 mai-2 sept. 8h30-20h ; sept.-oct. 9h-18h ; janv.-mars 9h-17h (18h avr.) - 34,95 $.*

👫 Incontournable attraction touristique de la région de Vancouver, ce célèbre **pont suspendu** fut construit en 1889 par un certain George Grant Mackay, désireux de protéger ce petit bout de **forêt pluviale** tempérée de la hache des bûcherons. Longue de 137 m, cette gracieuse structure se balance à chacun de vos pas à 70 m au-dessus de la rivière Capilano, dévoilant un à-pic impressionnant. De l'autre côté de la rive, on découvre de superbes spécimens de thuyas géants et de pins douglas en empruntant le **Treetops Adventure**, agréable parcours suspendu dans les arbres qui vous emmène, de pont en pont, au cœur de la forêt. Une exposition sur l'histoire du pont et un atelier où l'on peut admirer des sculpteurs autochtones à l'ouvrage viennent compléter la visite.

Capilano River Regional Park – *Plus loin sur Capilano Rd.* Ce parc offre des promenades et de jolies vues sur le canyon du Capilano. À l'extrémité nord *(accès par Nancy Greene Way)*, on arrive au barrage Cleveland et au lac Capilano, réservoir d'eau potable pour la ville de Vancouver. Au-delà du lac bordé de montagnes, belle **vue★** sur le double sommet des Lions. Profitez d'une promenade dans le parc pour faire une halte au centre d'interprétation de l'écloserie du lac Capilano. Vous y découvrirez toutes sortes de détails sur les différentes espèces de saumons du Pacifique, leurs cycles de vie, les méthodes de pêche traditionnelle et l'élevage du poisson.

En aval du piège de capture, les fenêtres de la passe à poissons vous permettront d'observer des saumons quinnat en octobre et novembre ou coho de juin à novembre et des truites arc-en-ciel en mars et en avril en cours de remonte. De là, les poissons sont glissés vers un réservoir où ils sont triés par espèces et frayés. Une fois fertilisés, les œufs sont prélevés, puis placés dans une salle d'incubation. Les alevins sont ensuite transférés dans des cuvettes d'élevage où ils resteront jusqu'au printemps, avant d'être relâchés vers la rivière.

★ **Grouse Mountain** B1

À 13 km du centre-ville par le pont Lions Gate, Capilano Rd et Nancy Greene Way. Navette gratuite (free shuttle) au départ de Canada Place (9h-17h30, 25mn) ou bus 236 (6h-0h) à partir de Lonsdale Quay - ℘ 604 980 9311 - www.grouse mountain.com - ♿ - téléphérique 8h45-22h - 39,95-52,95 $ selon les options, la plus onéreuse comprenant en sus du prix du téléphérique une vue panoramique en haut d'une éolienne (mai-oct.).

La montée en téléphérique vers ce sommet à 1 100 m d'altitude révèle de superbes **vues★★** sur la vallée du Capilano et son lac, puis sur Vancouver, le chenal Burrard, le delta du Fraser et l'île de Vancouver, au loin dans la brume. Les adeptes de sports d'hiver trouveront ici de quoi satisfaire leur passion, avec 26 pistes de ski et snowboard de tous niveaux, mais aussi de nombreuses possibilités de promenades en raquettes ou en traîneau, ainsi qu'une vaste patinoire extérieure. En été, vous pourrez faire de la randonnée ; le très populaire **Grouse Grind** *(•⌢• 3 km)* vous permet par exemple de monter jusqu'au sommet. Vous pourrez aussi rendre visite aux loups gris, grizzlis et autres pensionnaires du refuge pour espèces en voie de disparition (Grouse Mountain Refuge for Endangered Wildlife) ou assister à des spectacles de bûcherons (Lumberjack Shows).

Excursion Carte des environs p. 122

★ **Fort Langley National Historic Site**

À 56 km au sud-est de Vancouver par la Transcanadienne, Glover St. et Mavis Ave - ℘ 604 513 4777 - www.pc.gc.ca - ♿ 🅿 - de mi-juin à août : 11h-16h ; sept.-oct. : vend.-dim. 11h-15h ; le reste de l'année se rens. (sur réserv.) - 7,80 $.

Édifié en 1827, le fort était un comptoir de fourrures, à l'époque où la Compagnie de la baie d'Hudson détenait le monopole dans la région. Mais il possédait également une grande ferme et une conserverie de saumon. Une palissade carrée entoure les bâtiments, dont seul l'entrepôt est d'époque. Il se visite (**collection de fourrures** et de produits de troc), de même que les quartiers des officiers. Dans la forge et l'atelier du tonnelier, des artisans costumés font des démonstrations de techniques d'antan

Circuit conseillé Carte de région B4, p. 93 et carte des environs, p. 122

★★ DE VANCOUVER À WHISTLER PAR LA SKY HIGHWAY

◗ *Circuit de 102 km tracé en vert foncé sur la carte p. 122.*

Accrochée à flanc de montagne et dominant le golfe où plongent de puissantes falaises boisées, la **route 99** promet une magnifique promenade en voiture. Elle offre, au-delà du pittoresque port de **Horsheshoe Bay** *(meilleure vue au retour)*, à l'ouest de Vancouver, entre Squamish et Whistler, des **panoramas★★★** spectaculaires sur les eaux profondes de **Howe Sound** (qui s'enfonce de près de 50 km dans la Chaîne côtière) et sur les montagnes environnantes. Vous pourrez, si vous le désirez, continuer jusqu'aux stations de ski.

★★ **Britannia Mine Museum**

À 38 km au nord de Horsheshoe Bay - ℘ 604 896 2233 ou 1 800 896 4044 - www. bcmm.ca - 9h-17h30 - visite guidée (45mn) ttes les 30mn entre 10h et 17h - 21,50 $.

Le musée est installé dans la mine de cuivre Britannia, qui fut l'une des plus importantes de l'Empire britannique. Une présentation audiovisuelle *(20mn)*

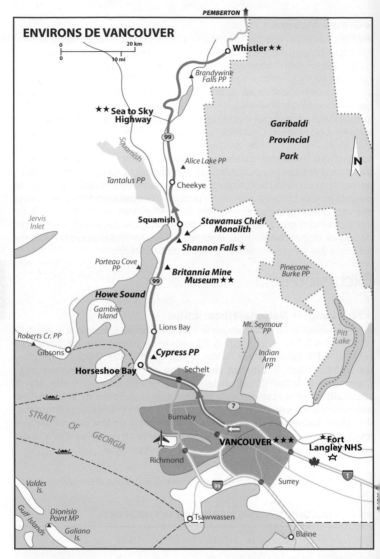

retrace son histoire, de sa découverte en 1888 à sa fermeture en 1974. Une **visite guidée** mène dans l'une des galeries de la mine avec des démonstrations du matériel, et dans l'ancienne raffinerie à alimentation par gravité. La maison de la Mine présente l'industrie minière en Colombie-Britannique.

★ **Shannon Falls** (Chutes Shannon)

Haute de 335 m, cette superbe cascade impressionne par la puissance de la falaise qu'elle dévale et par les énormes éboulis dispersés à ses pieds. Les arbres géants complètent la beauté sauvage du site.

Avant d'arriver à Squamish, remarquez une impressionnante masse granitique surnommée **Stawamus Chief**, dont les parois abruptes (700 m) attirent des alpinistes du monde entier. Jadis centre de l'industrie du bois, **Squamish** est devenue une station sportive (surnommée « Squish ») fréquentée par de nombreux randonneurs, amateurs de VTT ou de kayak, alpinistes et véliplanchistes.

★★ Whistler

🛈 **Visitor Centre** – *4230 Gateway Dr.* - 𝄞 *604 935 3357* - *www.tourismwhistler.com* - *8h-22h.*

Whistler conjugue les superlatifs : la plus longue descente de ski verticale d'Amérique du Nord (1,6 km) et l'une des trois plus fortes fréquentations du monde. Dans sa vallée boisée dominée par la silhouette massive du **mont Blackcomb** (2 284 m) et celle du **mont Whistler** (2 182 m), cet agréable lieu de vacances se divise en trois villages distincts : Whistler Village, Village North et Upper Village. En hiver, le ski règne en maître. L'été se prête à toutes sortes d'activités récréatives : nautisme sur le lac Alta *(location de canoës)* et River of Golden Dreams, natation, pêche, équitation, tennis et golf, cyclisme, ski *(jusqu'en août sur le glacier Blackcomb)* et randonnée pédestre *(cartes disponibles au centre d'accueil ou dans les hôtels des environs).*

La visite du village, réservée aux piétons, est un régal en toute saison grâce à ses ravissantes boutiques, à de nombreux établissements hôteliers, ainsi qu'à certains restaurants et discothèques parmi les plus célèbres de la province.

Whistler Museum and Archives – *4333 Main St.* - 𝄞 *604 932 2019* - *www.whistler museum.org* - *11h-17h (téléphoner pdt les vac.)* - *7,50 $.* Les amateurs d'histoire locale y apprendront comment l'endroit, d'abord consacré à la foresterie, devint un camp de pêcheurs, puis connut en trente ans un développement stupéfiant grâce au ski.

Forêt interprétative de Whistler – *À 5 km à l'ouest du village principal, rte 99.* Elle offre des sentiers variés, dont une sente de 200 m où toutes les espèces végétales indigènes sont identifiées.

Garibaldi Provincial Park

Route d'accès au parking, non goudronnée, à partir de Whistler Village. 𝄞 *604 898 3678* - *www.env.gov.bc.ca* - *ouvert tte l'année* - *carte du parc disponible auprès du centre d'accueil de Whistler ou de BC Parks.*

Exclusivement réservé à la randonnée, le parc est traversé de pistes de difficultés diverses. Aménagements pour les campeurs.

😊 NOS ADRESSES À VANCOUVER

Plans de ville p. 108-109 et 114-115

INFORMATIONS UTILES

Police/Ambulances/Pompiers – 𝄞 911 *(urgences)* ou 604 717 3535.
CAA Emergency Road Service – 𝄞 604 293 2222 *(24h/24).*

TRANSPORTS

Arriver
Liaison Aéroport-Vancouver – Très facile d'accès, la **Canada Line** *(www.thecanadaline.com, voir SkyTrain ci-contre)* assure la navette en 40mn à destination de Waterfront *(9 $).*

Sur place
Vancouver Regional Transit System – 𝄞 604 953 3333 - www.translink.ca - ♿. Réseau intégré de transports urbains : trains express (SkyTrain et West Coast Express), bus et bacs (SeaBus). Aux arrêts des trois lignes du **SkyTrain** (Expo Line, Millenium Line et Canada Line) et au débarcadère du **SeaBus**, un service de **bus** *(7 j./7)* assure les correspondances.

Une carte du réseau, *Transit Guide*, est en vente aux guichets **Ticketmaster** et dans certains magasins de quartier. Le réseau est entièrement accessible aux personnes à mobilité réduite.

😊 **Bon à savoir** – Le prix est fonction de l'heure *(tarifs réduits après 18h30 et j. fériés)* et du nombre de zones traversées *(1 zone 2,75 $, 2 zones 4 $, 3 zones 5 $ - prévoyez l'appoint pour les bus car la monnaie ne vous sera pas rendue).* Les correspondances sont gratuites pendant 90mn de déplacement. Vous pouvez acheter un **DayPass** (trajet illimité dans toutes les zones *(9,75 $)* aux distributeurs ou aux guichets mais aussi chez certains commerces comme 7-eleven, Save on Foods ou Safeway.

SeaBus effectue le trajet entre Vancouver-Waterfront et la rive nord-Lonsdale Quay *(12mn de traversée ; dép. de Vancouver ttes les 15mn (en journée) à 30mn en soirée : lun.-sam. 6h16-1h22, dim. 8h16-23h16 - 2 zones).*

False Creek – Liaisons par bateau, ♿ p. 113.

Vers l'île de Vancouver

♿ p. 139 et 152.

Le terminal de Horseshoe Bay dessert Nanaimo ; celui de Tsawwassen, au sud de l'aéroport, dessert Nanaimo et Swartz Bay.

Horseshoe Bay Ferry Terminal – Bus **257 Horseshoe Bay/ Vancouver Express** au départ de Dunsmuir St./Cambie St., via W Georgia St., Marine Dr., 15th St., Highway 1 Overpass, Marine Dr., Nelson Ave, Royal Ave et Bruce St. Et aussi, bus **250 Horseshoe Bay/ Vancouver** au départ de Homer St./Dunsmuir St., via W Georgia St., Marine Dr., Nelson Ave, Royal Ave, et Bruce St. *www.transitdb.ca - 2 zones.*

Tsawwassen Ferry – De Downtown, **SkyTrain** (Canada Line) jusqu'à la station Bridgestone *(30mn, 4 $),* et bus **620 Tsawwassen Ferry**

(au pied de la station) jusqu'à Tsawwasssen *(35mn).* Il s'arrête en face des BC Ferries. *www.transitdb.ca.*

VISITE

En bus à double pont – Big Pink Sightseeing - 📞 604 299 0700 ou 1 877 451 1777 - *www.vancouverpinkbustours.com* - *dép. de Canada Place.* Un pass quotidien (40 $) donne accès aux **bus roses** dans tous les lieux touristiques de Vancouver. Visite commentée.

En bateau – 📞 604 688 7246 ou 1 800 663 1500 - *dép. de Harbour Cruises Marina* - mai-sept.: 11h, 12h15, 13h30 et 14h45 - AR 1h15 - réserv. recommandée - env. 32 $. Un bateau à aubes effectue une visite du port de Vancouver. D'autres tours sont proposés : *www.boatcruises.com.*

En avion – 📞 604 233 3505 ou 1 800 665 0212 - *www.harbourairgroup.com.* Départs en hydravion de Coal Harbour. Premier prix : 82 $ pour 10mn de vol.

En vélo – Les endroits ne manquent pas pour louer un vélo, surtout à proximité de Stanley Park. Comptez en moyenne 12 $/h ou 25 $/j.

Spokes Bicycle Rentals – Existe depuis 1938, à l'entrée du parc - 📞 604 688 5141 - *www.spokesbicyclerentals.com.*

HÉBERGEMENT

L'hébergement est le point noir de Vancouver. Il est difficile de trouver une chambre correcte en haute saison à des prix raisonnables. Il est donc nécessaire de réserver des mois à l'avance, en espérant obtenir des tarifs plus modérés sur Internet. Les prix sont donnés taxes comprises (16,5 % environ) et les petits déjeuners sont rarement inclus.

DOWNTOWN Plan II

BUDGET MOYEN

Victorian Hotel – ⑲ C1 -
*514 Homer St. - ✆ 604 681 6369 -
www.victorianhotel.ca -* 🅿 *(20 $/j) -
47 ch.* 🖵. Admirablement tenu
et sis dans un magnifique édifice
construit au début du 20ᵉ s., cet
hôtel est l'une des meilleures
adresses de Vancouver dans cette
gamme de prix. Chambres très
confortables, literie impeccable,
couette moelleuse, petit déjeuner
pantagruélique. Seul bémol,
sa salle un peu étriquée.

WATERFRONT Plan II

UNE FOLIE

The Fairmont Waterfront –
④ B1 - *900 Canada Place
Way - ✆ 604 691 1991 ou 1 886
540 4509 - www.fairmont.ca -*
♿ 🅿 *- 489 ch.* Établissement
moderne et élégant pour clientèle
d'affaires, situé en face de Canada
Place. Il est relié à cette dernière
ainsi qu'à Cruise Ship Terminal
par un passage couvert. Tonalités
pastel et boiseries blondes dans
les chambres, dont plus de la
moitié ont vue sur le port. La salle
de sport du 3ᵉ étage bénéficie
d'une vue sur Stanley Park et sur
les montagnes du littoral nord.

CENTRE-VILLE Plan II

PREMIER PRIX

**Hostelling International
Vancouver** – ⑥ B2 - *1025
Granville St. - ✆ 778 328 2220 ou
604 685 5335 - www.hihostels.
ca/vancouver - 282 ch.* 🖵 Cette
auberge de jeunesse prisée car
plutôt soignée – salles de bains
très bien tenues – propose aussi
des chambres privées, avec
ou sans salle de bains (100-
124 $/2 pers.). Comptez autrement
37 $/pers. en dortoir de quatre.
Nombreuses propositions de
visites et d'excursions.

Samsun Backpackers Lodge –
⑯ B2 - *1018 Granville St. - ✆ 604
682 8226 - www.samesun.com -* 🖵
Il est indispensable de réserver un
ou deux mois à l'avance dans cette
auberge de jeunesse festive, bien
tenue et qui propose des dortoirs
à six (35 $ par pers.), quatre (37 $)
ou trois (105 $). Chambres privées
avec ou sans salle de bains
(180-190 $/ pers.).

POUR SE FAIRE PLAISIR

Metropolitan Hotel – ⑫ B1 -
*645 Howe St. - ✆ 604 687 1122
ou 1 800 667 2300 - www.
metropolitan.com -* ♿ 🅿 *- 197 ch.*
Ce petit hôtel luxueux de grand
style soigne les voyageurs
d'affaires, qu'il gratifie d'un club
de remise en forme exceptionnel
avec piscine intérieure, hammam
et court de squash. Une touche
luxueuse (linge de maison
italien, literie en duvet, marbre et
baignoires profondes dans la salle
de bains) agrémente des chambres
spacieuses. Boutiques, Canada
Place et salles de spectacle à
proximité. Très fréquenté pour
les dîners d'avant-spectacle, le
restaurant **Diva** doit son renom à
sa cuisine créative de la côte ouest
servie dans une salle au fastueux
décor de cuivre et de cristal.

UNE FOLIE

Rosewood Hotel Georgia – ⑮ B1 -
*801 W Georgia St. - ✆ 604 682 5566 -
www.rosewoodhotelgeorgia.com -*
♿ ✕ 🅿 *- 156 ch.* Le hall Art déco,
rénové, de cet hôtel historique (1927)
est une merveille d'acajou sculpté et
de cuivres. Les chambres, hautes de
plafond, sont dotées de profondes
baignoires. Admirablement
situé près des commerces, le
Georgia fut jadis au cœur de la vie
mondaine de Vancouver.

The Fairmont Hotel Vancouver –
② B1 - *900 W Georgia St. -
✆ 604 684 3131 ou 1 866
540 4452 - www.fairmont.ca. -* ♿ 🅿.

1

Ce château historique coiffé de cuivre incarne l'élégance du style Canadian Pacific. Il reçut le roi George VI et la reine Elizabeth à son ouverture en 1939. Grâce à une récente rénovation, le hall a retrouvé son fascinant décor Art déco-Modern Style. Les chambres sont calmes et confortables ; le salon spacieux est un lieu idéal pour se détendre. Le bistro **Griffins** propose des formules-buffet. En soirée, le restaurant **900 West** régale au son d'un orchestre jazz.

YALETOWN Plan II

POUR SE FAIRE PLAISIR

YWCA Hotel – ㉑ BC2 - *733 Beatty St. - ℘ 604 895 5830 ou 1 800 663 1424 (sans frais) - www.ywcahotel.com - 115 ch.* À deux pas du théâtre de la Reine-Elizabeth, cette institution est plébiscitée pour son rapport qualité-prix et l'amabilité de son personnel.

ROBSON Plan II

BUDGET MOYEN

Barclay Hotel – ① A1 - *1348 Robson St. - ℘ 604 688 8850 - www.barclayhotel.com.* Service sommaire pour des chambres relativement correctes.
Robsonstrasse – ⑭ A1 - *1394 Robson St. - ℘ 604 687 1674 - www.robsonstrassehotel.com - 50 ch.* L'établissement compense ses prestations moyennes – mais qui restent dans les normes de sa catégorie – par un service avenant, parfois efficace.

UNE FOLIE

Blue Horizon Hotel – ③ B1 - *1225 Robson St. - ℘ 604 688 1411 - www.bluehorizonhotel.com -* 🅿 *(15 $/j) - 214 ch.* Rue Robson, comme les précédents, cet immense hôtel de 30 étages propose de grandes chambres

impersonnelles et confortables, certaines avec une belle vue sur la ville. Piscine, centre de fitness, et cuisine de la côte ouest au bistro.
Wedgewood – ⑳ B1 - *845 Hornby St. - ℘ 604 689 7777 ou 1 800 663 0666 - www.wedgewoodhotel.com -* ♿ 🅿. À quelques pas de la bruyante Robson Street, l'élégant Wedgewood a été décoré par la propriétaire, Eleni Skalbania, avec un mobilier ancien et des œuvres d'art originales. Le spa propose toutes sortes de traitements. La cuisine française du **Bacchus** est épicée de quelques accents méditerranéens ; une clientèle nombreuse se presse après les heures de bureau dans le salon, qui devient piano-bar en soirée.

WEST END Plan II

PREMIER PRIX

Hostelling International Vancouver – ⑧ A2 - *1114 Burnaby St. - ℘ 778 328 2220 ou 604 684 4565 - www.hihostels.ca - 226 ch.* Cette auberge proprette offre aux voyageurs à petit budget une solution d'hébergement économique à deux minutes de la plage. Elle procure en plus un accès pratique au parc Stanley et à l'île de Granville. Elle se trouve à proximité des cafés et restaurants de la bourdonnante Davie Street. Dortoirs (45 $/pers.) ou chambres privées (110 $/2 pers.).

BUDGET MOYEN

English Bay – ⑦ A1 - *1150 Denman St. - ℘ 604 685 2231 - www.englishbayhotel.com.* Si l'on n'est pas trop regardant sur les prestations (chambres vieillottes, propreté parfois relative), cet hôtel est somme toute une option correcte dans sa gamme de prix, avec son excellente situation, à deux pas du bord de mer.

POUR SE FAIRE PLAISIR

Sylvia Hotel – ⑱ A1 - *1154 Gilford St. - ☎ 604 681 9321 - www.sylviahotel.com -* ♿ 🅿 *(15 $/j) - 120 ch.* Un ravissant bâtiment de brique (1912) enfoui sous le lierre et situé dans la baie English, près du parc Stanley, face à la plage. La plupart des chambres étant dotées d'une kitchenette, les plus grandes peuvent représenter un rapport qualité-prix intéressant pour une famille, qui peut y préparer tous ses repas et profiter des activités récréatives du parc en bas de la rue.

UNE FOLIE

The Listel Hotel Vancouver – ⑩ A1 - *1300 Robson St. - ☎ 604 684 8461 ou 1 800 663 5491 - www.thelistel hotel.com - 129 ch.* Construit pour l'Exposition universelle en 1986, et doté de tout le confort moderne, il attire les hommes d'affaires comme les touristes. Les amoureux de l'art opteront pour les chambres de style « côte nord-ouest » de l'étage-musée, ou pour les chambres de l'étage-galerie où ils trouveront des œuvres originales ou à édition limitée venant des Buschlen Mowatt Galleries voisines. Les suites sont décorées d'œuvres d'artistes contemporains.

SHAUGNESSY, KITSILANO, UBC Plan I

PREMIER PRIX

Hostelling International Vancouver – ㉝ A2 - *1515 Discovery St. (Jericho Beach) - ☎ 604 224 3208 - www.hihostels.ca - 223 ch.* Récemment rénovée, cette belle auberge est située à proximité du musée d'anthropologie, entre la plage de Jericho et le très vivant quartier de Kitsilano. Dortoirs (30-40 $/pers.) ou chambres privées (90-125 $/2 pers.).

RIVE NORD Plan I

UNE FOLIE

Thistledown House – ㉞ B1 - *3910 Capilano Rd - ☎ 604 986 7173 ou 1 888 633 7173 - www. thistle-down.com -* 🅿 *- 5 ch.* ☕. Demeure de style Craftsman (1920) superbement rénovée, l'hôtel et son paisible jardin proposent un séjour au calme près du mont Grouse et du canyon du Capilano. Omelettes au saumon fumé et crêpes à la chantilly figurent au menu des somptueux petits déjeuners gastronomiques. Le prix de la chambre comprend un petit déjeuner, un thé et un apéritif en soirée.

WHISTLER Plan I

POUR SE FAIRE PLAISIR

Fairmont Chateau Whistler – ㉜ A1 en direction - *4599 Chateau Blvd - ☎ 604 938 8000 ou 1 800 606 8244 - www.fairmont.com -* ♿ 🅿 *- 550 ch.* Proche des ascenseurs au pied du mont Blackcomb, cet établissement entoure sa clientèle d'une élégance de bon ton avec sa décoration champêtre et le confort de ses grandes salles de bains. La plupart des chambres ont un canapé-lit et des banquettes de fenêtre pour profiter de la vue superbe sur la vallée. Le restaurant **Wildflower** est un haut lieu de la gastronomie de la côte ouest.

UNE FOLIE

Edgewater Lodge – ㉛ A1 en direction - *8020 rte 99 (à 3 km de Whistler) - ☎ 604 932 0688 ou 1 888 870 9065 - www.edgewater-lodge.com -* ♿ 🅿 *- 12 ch.* ☕. Ce petit établissement calme au bord du lac Green, légèrement en retrait du centre touristique parfois bruyant, bénéficie d'un paysage montagnard et lacustre exceptionnel. Chaque chambre donne sur le lac. Compter 200 $ pour les premiers prix.

1

RESTAURATION

Les prix sont donnés à titre indicatif. Au montant total de votre addition, il faut ajouter la taxe GST (Goods and Service Tax, 5 %, et 10 % sur les alcools) et le service (quasi obligatoire, 15 à 20 %).

CENTRE-VILLE Plan II

POUR SE FAIRE PLAISIR

Joe Fortes Sea Food – ⑦ B1 - *777 Thurlow St. (à l'angle de Robson St.) - 📞 604 669 1940 - www.joefortes.ca - 11h-23h.* Un bel espace très convivial, idéal pour déguster des huîtres de la côte ouest (2,60-3,60 $/pièce), des crabes Dungeness (crabes dormeurs, 17 $) ou de la langouste de Nouvelle-Écosse (54 $), mais aussi des carpaccios de bœuf (16 $). Il est plus prudent de réserver en soirée.

GASTOWN Plan II

PREMIER PRIX

Fresh Bowl – ④ B1 - *360 Cambie St. - 📞 604 248 5070 - www.freshbowl.ca - lun.-vend. 11h-21h, sam. 11h-17h.* Dans un cadre élégant, des petits plats du Sud-Est asiatique frais et nature à prix doux : satay, salades, soupes de nouilles (env. 10 $).

Meat and Bread – ⑧ C1 - *370 Cambie St. - 📞 604 566 9003 - www.meatandbread.ca - lun.-sam. 11h-17h.* Des sandwichs à se damner (7-10 $). Idéal à midi mais préparez-vous à faire la queue…

BUDGET MOYEN

Nuba – ⑩ C1 - *207 West Hasting St. - 📞 604 688 1655 - www.nuba.ca - 11h30-0h sf sam. 12h et dim. à partir de 17h.* Le restaurant libanais de Vancouver, toujours bondé. Mezze, hummus, *kafta*, et plats traditionnels (13-20 $).

The Sardine Can – ⑰ C1 - *26 Powell St. - 📞 604 568 1350 - www.thesardinecan.ca - lun.-vend. 16h-22h30, sam. 12h-22h30, dim. 12h-21h30.* Une enclave espagnole pleine de charme, pour commander sur le zinc de délicieux tapas, crevettes, sardines fumées, *lomo embuchado*…

Water Street Cafe – ⑲ C1 - *300 Water St. - 📞 604 689 2832 - www.waterstreetcafevancouver.ca.* Face à la célèbre horloge de Gastown, ce restaurant élégant sert une cuisine classique (gnocchi, viande, volaille, fruits de mer) assez soignée.

POUR SE FAIRE PLAISIR

L'Abattoir – ② C1 - *217 Carral St. 📞 604 568 1701 - www.labattoir.ca 17h30-22h.* Bœuf, agneau, coquille saint-Jacques, calamar, tout est apprêté avec soin et servi avec élégance dans ce cadre insolite (env. 30 $ le plat). Huîtres et flétan façon ceviche sont un délice (16 $). Réservation conseillée.

CHINATOWN Plan II

PREMIER PRIX

Hon's Wun-Tun House – ⑥ C2 - *268 Keefer St. - 📞 604 688 8303 - www.hons.ca.* Dans une salle ordinaire, une cuisine simple, goûteuse (les *dim sum* sont un régal) et bon marché. On y va, sans surprise, de génération en génération. Ouvert en 1972, le restaurant a fait des émules dans tout Vancouver.

The Keefer Bar – ⑯ C2 - *135 Keefer St. - 📞 604 688 1961 - www.thekeeferbar.com - mar.-lun. 17h-0h, mar.-jeu. et dim. 17h-1h, vend.-sam. 17h-2h.* Des cocktails (10-15 $) savamment composés avec une gestuelle d'apothicaire qu'on peut accompagner de *dim sum* et autres petits plats chinois (8-15 $).

BUDGET MOYEN

Bao Bei – ③ C2 - *163 Keefer St. - ☎ 604 688 0876 - www.bao-bei.ca - mar.-dim. 17h30-0h.* Dans ce cadre raffiné et branché, on s'affaire avec élégance pour savourer une cuisine fusion telle que cet apocryphe cheeseburger mitonné avec une sauce aigre-douce ou cette poitrine de porc sur fond d'artichaut croustillant anisé par la badiane (plat 15-20 $). Belle carte des vins. Réservation conseillée.

Oyster Express – ⑪ C2 - *296 Keefer St. - ☎ 604 684 3300 - www.oysterexpress.ca - mar.-jeu. 15h-22h, vend.-sam. 15h-23h, dim. 13h-20h.* Venez déguster une des huit à douze variétés d'huîtres fraîchement débarquées chaque jour (1,50-3,50 $/pièce), une soupe d'huître ou un riz au curry servi avec des crevettes (8 $). Vins blancs au verre (8-12 $). L'une des meilleures adresses du moment pour savourer des fruits de mer.

STANLEY PARK

Simples rafraîchissements sous une paillote à **Third Beach**, ou repas préparés sur place au **Teahouse** (*www.vancouverdine. com*), à la pointe Ferguson, à déguster face à une vue magnifique.

WEST END Plan II

PREMIER PRIX

Santouka – ⑮ A1 - *1690 Robson St. - ☎ 604 681 8121 - www.santouka.co.jp - 11h-23h.* Il est fréquent d'attendre devant ce petit restaurant japonais pour avaler des *ramen*, pâtes servies dans un bouillon à base de poisson ou de viande nappée de sauce de soja.

Stepho's Souvlaki Greek Taverna – ⑨ A2 - *1124 Davie St. - ☎ 604 683 2555 - 11h30-23h30 -* ♿. Les files d'attente sont à proportion des assiettes généreuses et des prix modestes de cette taverne, justement appréciée des autochtones. Plats grecs à base d'agneau, de riz, de pommes de terre et de salade, accompagnés de petits pains. Nappes à carreaux et plantes pimpantes.

POUR SE FAIRE PLAISIR

Raincity Grill – ⑫ A1 - *1193 Denman St. - ☎ 604 685 7337 - www.raincitygrill.com - lun.-vend. 11h30-15h, le soir à partir de 17h, brunch sam.-dim. 10h-15h.* Cuisine soignée, service amical et professionnel, une bonne adresse avec en terrasse le front de mer. Comptez entre 12 et 17 $ pour un plat, comme ce thon albacore cuit avec du viognier et une émulsion de wasabi. L'endroit idéal pour découvrir des vins de la vallée d'Okanagan comme le Stag's Hollow en viognier (verre 12 $ ou bouteille 60 $). Réservation plus que conseillée.

YALETOWN Plan II

POUR SE FAIRE PLAISIR

Blue Water Cafe – ① B2 - *1095 Hamilton St. - ☎ 604 688 8078 - www.bluewatercafe.net -* ♿. Dès son ouverture en 2000, ce restaurant chic est devenu le cœur du quartier des docks réhabilité. Boiseries chaudes et éclairage tamisé mettent en valeur sa riche carte, à laquelle figure sa célèbre tour d'entrées, pièce montée de délicieux produits de la mer, du sushi au pâté de crabe. Produits surtout régionaux.

GRANDVILLE Plan II

PREMIER PRIX

Tony's Fish & Oyster Cafe – ⑱ A2 - *1511 Anderson St. - ☎ 604 683 7127 - www.tonys fish-granvilleisland.com - 11h30-20h30 (20h dim.)*

Le spécialiste du *fish & chips*. Pièce de flétan (halibut) 8-12 $.

BUDGET MOYEN

Sandbar Seafood Restaurant – ⑭ A2 - *1535 Johnston St. - ☎ 604 669 9030 - www.vancouver dine.com/sandbar - dim.-jeu. 11h30-22h, vend.-sam. 11h30-23h30.* Vue insolite sous le pont de Grandville et carte éclectique. Il y en a pour tous les budgets et tous les goûts : burger, pizzas, wok ou produits de la mer fraîchement préparés (crabe Dungeness 46 $).

FALSE CREEK Plan II

UNE FOLIE

C Restaurant – ⑤ A2 -*1600 Howe St. - ☎ 604 681 1164 - www.crestaurant.com - &.* Dans cet écrin chic dont les immenses baies dominent False Creek, la cuisine « Nord-Ouest » de Robert Clark prend d'insolites accents asiatiques.

KITSILANO Plan I

UNE FOLIE

Bishop's – ㉛ A2 - *2183 West 4th Ave - ☎ 604 738 2025 - www.bishops online.com - le soir uniquement.* Hospitalité, service impeccable et élégance de bon aloi sont la marque de fabrique de cette institution. Son propriétaire, John Bishop, fut l'un des créateurs de la cuisine de la côte ouest, à base de produits bio régionaux. La carte, renouvelée constamment, propose aussi bien du lapin que du poisson ou du canard (plat 40 $).

SHAUGNESSY Plan I

Dans le parc de la Reine-Elizabeth, le restaurant du Bloedel Floral Conservatory (B2), **Seasons in the Park** (*☎ 604 874 8008 - www.vancouverdine.com*), sert des spécialités de la côte ouest, tel le Dungeness Crab Cake (19 $).

BUDGET MOYEN

Sawasdee – ㉜ B2 - *4250 Main St. - ☎ 604 876 4030 - www.sawasdee thairestaurant.com - lun.-vend. 11h30-14h15, mar.-sam. 17h-22h (dim. et lun. 21h30) - &.* Toujours plébiscité comme l'un des meilleurs restaurants thaïs de Vancouver, le Sawasdee concocte des currys et des soupes extrêmement parfumés, ainsi que des desserts exotiques. Le festin peut commencer par un *pad thai* (10,50 $) et enchaîner avec un bœuf mariné, suavement épicé (11,50 $).

Sun Sui Wah Seafood Restaurant – ㉞ B2 - *3888 Main St. - ☎ 604 872 8822 - www.sunsuiwah.com - 10h30-15h, 17h-22h30.* Il reste toujours l'un des meilleurs restaurants chinois de Vancouver. Prix un peu plus élevés qu'ailleurs.

RIVE NORD Plan I

Les halles très populaires du **Lonsdale Quay Market** (B1) *(à la sortie du Seabus - www.lonsdale quay.com - 9h-19h)* rassemblent 80 boutiques parmi lesquelles se distinguent de très qualitatifs restaurants : entre autres, le **Screaming Mimi's**, pour avaler une douzaine d'huîtres sur le comptoir, le **Montgomery's Fish & Ships**, le **Akebono Sushi**, le **George's Souvlaki** (spécialités grecques) ou chez **Jimmy's** pour goûter de délicieux et insolites jus de fruits à base d'acai ou de guarana.

ACHATS

Native Art – Les adresses ne manquent pas. Parmi les plus importantes : **Hill's Native Art** *(165 Water St. - www.hillsnative art.com)*, ou **Spirit Wrestler Gallery** *(47 Water St. - www.spirit wrestler.com).*

False Creek Fishermen's Wharf – *East End of W. 1st St., près de l'île de Granville*. Les étals de fruits de mer ne manquent pas à Vancouver mais, ici, on se ravitaille directement auprès des pêcheurs. En toute saison, on peut dénicher crabes et saumon, crevettes, poulpes et rascasse d'une fraîcheur incomparable.

Roundhouse Community Centre *181 Roundhouse Mews (Davie St. et Pacific Blvd) - Yaletown - ℘ 604 713 1800 - www.roundhouse.ca - 9h-22h, w.-end 9h-17h*. Le pavillon Engine 374, situé près du Roundhouse Community Centre, abrite une locomotive du Canadian Pacific Railway qui mena à Vancouver le premier train transcontinental le 23 mai 1887. Le centre accueille plusieurs galeries qui vendent le travail des artistes et artisans de Yaletown.

EN SOIRÉE

🅐 **Bon à savoir** – Le *Georgia Straight* et le *Westender* publient la liste des manifestations culturelles, ainsi que *West Coast Life* et le supplément du jeudi du *Vancouver Sun*.

Guichet du Plaza Level – *200 Burrard St. - ℘ 604 684 2787 - www.ticketstonight.ca - 10h-18h*. Pour les achats de dernière minute et les billets à tarif réduit.

The Alliance for Arts and Culture – *938 Howe St. - ℘ 604 681 3535 - www.allianceforarts.com*.

Renseigne sur les principales manifestations artistiques. Autres sites : www.vancouver.ca/theatre, www.thedancecentre.ca.

Ticketmaster – *www.ticketmaster.ca (en français) - principales cartes de crédit acceptées*. Réservation de billets pour les événements culturels et sportifs.

Rencontres sportives

Football américain – BC Lions Football Club (au BC Place Stadium) – *ticket office : ℘ 604 589 7627 - www.bclions.com - saison : juin-nov.*

Base-ball – Vancouver Canadians (au Nat Bailey Stadium) – *℘ 604 872 5232 - www.canadiansbaseball.com - saison : juin-sept.*

Hockey sur glace – Vancouver Canucks (au General Motors Place) – *℘ 604 899 4610 - http://canucks.nhl.com - saison : oct.-avr.*

ACTIVITÉS

Observation des baleines – **Prince of Whales** – *À l'intérieur du lobby du Westin Bayshore Hotel - 1601 Bayshore Drive - ℘ 1 888 383 4884 - www.princeofwhales.com - juin-sept*. Fournit de multiples prestations pour observer les baleines. Entre 3h et 10h30 de tour selon les options : on peut choisir, par exemple, un A/R à Victoria avec un parcours-découverte du jardin Butchard. Comptez 290 $ pour la solution la plus onéreuse (10h30) ou 190 $ pour 4h.

Victoria

78 057 habitants (Grand Victoria 330 000) – Colombie-Britannique

😊 NOS ADRESSES PAGE 139

🛈 S'INFORMER

Tourism Victoria Visitor Centre – Plan de ville 1 - *812 Wharf St. - ℘ 250 953 2033 ou 1 800 663 3883 - mai-sept. 8h30-20h30, sept.-mai 9h-17h - www.tourismvictoria.com ou www.attractionsvictoria.com.*

⟲ SE REPÉRER

Carte de région B4 (p. 92-93) - plan de ville (p. 137) - carte de l'île de Vancouver (p. 146-147). Victoria est située au sud de l'île de Vancouver à quelques kilomètres des côtes américaines.
🌣 Pour les accès à l'île, voir ce nom.

🅿 SE GARER

Les parkings sont payants en journée *(sf dim.)*.

⊘ À NE PAS MANQUER

Le Royal British Columbia Museum.

⊙ ORGANISER SON TEMPS

Le centre-ville est assez dense : explorez-le à pied.

👥 AVEC LES ENFANTS

La visite du quartier chinois ; le Hippo Tours.

La capitale de la Colombie-Britannique occupe la pointe sud-est de l'île de Vancouver, face au détroit Juan de Fuca, aux monts Olympic et Cascades dans l'État de Washington. À équidistance de Vancouver et de Seattle aux États-Unis, jouissant d'un climat particulièrement doux, elle attire de nombreux retraités. Ses beaux édifices historiques flanqués de jardins verdoyants distillent une atmosphère toute britannique qui se prolonge en fin de journée dans ses très nombreux pubs.

Se promener Plan de ville p. 137

⋆⋆ LE CENTRE-VILLE AUTOUR DU PORT

À l'extrémité nord du port intérieur et de ses quartiers anciens, le **centre d'accueil des visiteurs** se reconnaît à sa tour Art déco. Depuis la tour, belle vue sur le centre de Victoria.

⋆ Fairmont Empress Hotel 1-2

721 Government St. - voir Nos adresses p. 141.
Symbole de Victoria, cet imposant hôtel à tourelles couvert de vigne vierge règne depuis de nombreuses années sur la ville. Les promoteurs immobiliers du début du 20e s., prévoyant l'essor touristique de la côte pacifique, concluent un accord avec le Canadian Pacific Railway qui visait à établir une liaison

rapide avec le continent, et entamèrent la construction d'une série d'hôtels de prestige. Le projet immobilier, qui vit le jour en 1904, comprenait le remblaiement des terrains d'ordures malodorants et vaseux situés à l'est de l'actuel port intérieur et la construction d'une chaussée pavée (devenue Government Street). L'Anglais **Francis Rattenbury** (1867-1935) dessina l'édifice original de l'Empress, qui reçut par la suite plusieurs ailes. L'hôtel d'origine ouvrit ses 116 chambres en fanfare en 1908 et tira sa renommée de ses jardins, ses palmiers en pots, son thé et les somptueux spectacles qu'il donnait en soirée. Fréquenté par les familles royales, les célébrités, la haute société et les jeunes mariés, l'hôtel fut rénové en 1989. Le salon **Palm Court**, la salle de bal, la salle à manger et le salon de thé ont ainsi retrouvé leur éclat d'antan.

Miniature World – *Dans le complexe de l'Empress Hotel, sur le côté de la rue Humboldt.* 👤♿ Il présente des reproductions à échelle réduite de scènes et de sites célèbres (bataille de Waterloo, trains du Canadian Pacific, etc.)

Derrière l'Empress Hotel *(angle Douglas St. et Belleville St.)*, remarquez la magnifique verrière du **Crystal Garden**, réalisée par Rattenbury et désormais partie intégrante du Victoria Conference Center.

Du haut de ses 27 m, le clocher isolé de la **Netherlands Carillon Tower** domine les abords du musée. Le carillon, offert à la province par des Canadiens d'origine hollandaise, compte un jeu de 62 cloches *(concerts en saison)*.

★★★ **Royal British Columbia Museum** 2

675 Belleville St. - 📞 *250 356 7226 ou 1 888 447 7977 - www.royalbcmuseum. bc.ca -* ♿ *- 10h-17h - fermé 1er janv. et 25 déc. - 21,60 $ (31,40 $ musée et Imax).*

👤♿ Cette éminente institution (1968) se consacre à la mise en valeur du patrimoine naturel et culturel de la Colombie-Britannique. Le musée est précédé, au nord, par la **Glass House**, galerie vitrée reliée au bâtiment principal par un passage couvert, dans laquelle les plus anciens mâts totémiques issus de toute la province ont été rassemblés.

Le deuxième niveau s'attache à l'**histoire naturelle** de la province. De remarquables **dioramas** sont consacrés à la forêt côtière, au littoral et au delta du fleuve Fraser. Une évocation de la **haute mer** prend comme point de départ les plongées effectuées en 1930 par l'Américain William Beebe dans sa bathysphère. Plates-formes d'observation, maquettes, etc. donnent l'occasion de pénétrer dans l'univers du grand large et de la vie sous-marine.

Le troisième niveau s'ouvre sur deux sections. L'une présente l'**histoire moderne** de la province en s'appuyant sur la reconstitution d'une rue, au début du 19e s. Une scierie, une usine d'emballage de poisson, une ferme et une mine font en outre revivre les débuts de l'ère industrielle. Une réplique grandeur nature de l'arrière du *Discovery* nous fait imaginer l'épopée de George Vancouver. L'autre section est consacrée aux **Premières Nations★★★**. Elle se présente en deux volets : avant et après l'arrivée des Européens, tout en créant un distinguo, côté aborigène, entre peuples côtiers et peuples de l'intérieur des terres. Le bilan est rude. La population des autochtones est passée de 80 000, avant l'arrivée des Blancs, à 28 000, en 1885, à cause des épidémies, de l'alcool et des armes à feu. Rien qu'à Victoria, la variole a tué plus de 20 000 aborigènes dans les deux années qui ont suivi son apparition. On découvre ensuite la réplique d'une **kekuli** (maison semi-souterraine), une tradition hivernale du peuple Little Shuswap. Après avoir traversé une imposante collection de **mâts totémiques**, on pénètre dans la grande **maison kwakiutl** (ancien nom de kwakwaka'wakws) d'un chef de Fort Rupert (environs de Port Hardy), reconstituée avec tout son mobilier. Des sculptures haida sur argilite précèdent l'exposition consacrée aux peuples **Nisga'a** de la région du fleuve Nass *(voir p. 178)*.

★★ **Parc Thunderbird** – En 1952, le musée a demandé au maître sculpteur Kwakwaka'wakw **Mungo Martin** (1879-1962) de reproduire un certain nombre de mâts détériorés dans le parc attenant, dit « de l'Oiseau-Tonnerre ». Un an plus tard, il construit une grande maison traditionnelle qui a pour nom Wa'waditla – et qu'on pourrait traduire par « il leur ordonne de venir à l'intérieur » – exprimant ainsi la puissance du chef à convier ses invités à la cérémonie du *potlatch*. Le monstre marin peint sur la façade est l'un des blasons familiaux. Une reconnaissance hors pair pour la lignée de Mungo, qui participe, en 1953, au premier *potlatch* public autorisé en Colombie-Britannique depuis son interdiction en 1884 (levée en 1951).

★ **Helmcken House** – *Ouvert uniquement en été.* Derrière les arbres du parc se cache cette maison en bois, la plus ancienne de Colombie-Britannique encore installée sur son emplacement d'origine. Elle a été bâtie en 1852 par la Compagnie de la baie d'Hudson pour le médecin John Helmcken, son épouse et ses sept enfants. Cette simple cabane fut agrandie en 1856 puis en 1884. L'intérieur contient ses instruments médicaux et quelques objets de famille.

★ **Parliament Buildings** 2
501 Belleville St. - ℘ 250 387 3046 - www.leg.bc.ca - de mi-mai à déb. sept. : 9h-17h ; le reste de l'année : lun.-vend. 9h-17h - visites guidées (30-45mn) - gratuit.
Œuvre de **Francis Rattenbury** (1898), le Parlement est un long édifice en pierre, illuminé le soir comme un palais des Mille et Une Nuits. Sa façade sur le port ne manque pas de majesté, avec son dôme central surmonté d'une statue dorée du capitaine George Vancouver et son porche très travaillé. Il abrite aujourd'hui l'Assemblée législative de Colombie-Britannique. Dans les jardins, une statue en bronze de la **reine Victoria** regarde vers la baie James.

★ **Carr House** 2
207 Government St. - ℘ 250 383 5843 - www.emilycarr.com - mai-sept. : mar.-sam. 11h-16h - 6,75 $.
En découvrant la maison natale d'**Emily Carr** (1871-1945), si proprette, si ordonnée – presque une maison de poupée construite avec des allumettes –, on imagine le caractère trempé qu'il fallut à cette jeune femme pour échapper au conditionnement familial et social de la bonne société victorienne. On se dit aussi en découvrant cet intérieur au style conventionnel (ce dont témoignent nombre de meubles d'époque) que l'art des First Nations, le post-impressionnisme, le cubisme, ont été pour cette jeune peintre avant-gardiste des engagements moins radicaux que salvateurs.

UN PEU D'HISTOIRE...
En 1849, l'île de Vancouver fut érigée en colonie de la Couronne. En 1866, la colonie de Colombie-Britannique (née sur le continent en 1858) et celle de l'île de Vancouver s'unirent – choisissant d'abord comme capitale New Westminster, puis Victoria en 1869 –, puis rejoignirent la Confédération canadienne en 1871. Le terminus de la ligne du **Canadian Pacific Railway** se fixant à Vancouver en 1887, Victoria échappa à l'industrialisation. Aujourd'hui, son isolement – encore réel malgré les liaisons régulières avec les villes canadiennes et américaines du continent – lui permet de conserver en partie son caractère original. Ses principales activités découlent de son rôle de capitale provinciale, de la base navale des forces canadiennes, qu'abritent les rades découpées d'Esquimalt et, bien sûr, du tourisme.

Port de Victoria.
C. Cheadle / age fotostock

Bastion Square 1

Cette petite place *(www.bastionsquare.ca)*, qui accueille quelques pubs et cafés, est très courue pour ses marchés artisanaux *(mai-sept. : jeu.-sam. 11h-17h30)* et fermiers *(mai-sept. : dim. 11h-16h30)*.

★ **Maritime Museum of British Columbia** 1

28 Bastion Sq. - ☎ 250 385 4222 - http://mmbc.bc.ca - ⅙ - 10h-17h (21h vend. et sam. en été) - env. 14 $.

Occupant l'ancien palais de justice, le Musée naval présente d'intéressants documents sur les explorateurs de la côte pacifique, de nombreuses maquettes de bateaux et des instruments de navigation. Remarquez le *Tilikum*, une pirogue amérindienne qui quitta Victoria en 1901 pour rallier l'Angleterre en 1904, ainsi que le *Trekka*, voilier de 6 m construit à Victoria et qui fit le tour du monde de 1955 à 1959 (il s'agit d'ailleurs du plus petit bateau qui ait jamais entrepris un tel voyage).

De Bastion Square, rejoindre la Warf St. vers le nord.

★ **Market Square** 1

560 Johnson St. - www.marketsquare.ca.

Hôtels, saloons, échoppes en tout genre, cet ensemble de bâtiments en brique concentrait à la fin du 19e s. tout ce dont avaient besoin les visiteurs d'alors : marins, mineurs, chercheurs d'or, en route vers le Klondike. Restaurés depuis, ils ont cédé la place à des boutiques de mode, des restaurants et des galeries d'art *(lun.-sam. 10h-17h, dim. 11h-16h)*.

★ **CHINATOWN** 1

Patrimoine historique national, le quartier chinois de Victoria mérite un détour. Ses portes et ses temples, ses venelles étroites, discrètes, parfois arborées sont souvent un enchantement à l'image de la très étroite **Fan-Tan Alley★** *(entre Fisgard St., à la hauteur du n° 549, et Pandora Ave)*. On peut visiter le quartier avec

LE PLUS VIEUX QUARTIER CHINOIS DU CANADA
La ruée vers l'or qui embrasa la vallée inférieure de la rivière Fraser attira dès 1858 à Victoria les premiers immigrants chinois de San Francisco. La construction du chemin de fer, le Canadian Pacific Railway, augmenta l'immigration chinoise dans les années 1880. Malgré la ségrégation et les nombreuses discriminations dont furent victime les Chinois, le quartier se développa dans le nord de Victoria pour devenir progressivement un centre d'import-export assez prospère, connu sous le nom de Petit Guangzhou. Il forma bientôt la première communauté de Chinois nés au Canada.

l'association **Chinatown Walks** – ℘ 250 384 6698 - www.discoverthepast.com - juil.-août : mar., jeu et sam. 10h30 ; le reste de l'année : sam. 10h30 - durée de la visite 1h30 - 15 $ (venir 15mn avant le rdv devant le Bright Pearls à l'angle de Government St. et de Fisgard St.).

FORT STREET 1 en direction

▶ *Remonter vers l'est Fort St., jalonnée de commerces et de galeries (voir Nos adresses p. 143). Compter 40mn à pied à partir du port.*

★ Art Gallery of Greater Victoria
1040 Moss St. - ℘ 250 384 4101 - www.aggv.bc.ca - ♿ 🅿 - 10h-17h, jeu. 10h-21h, dim. 12h-17h ; horaires variables selon les j. fériés. - se rens. - 13 $.
Une demeure victorienne de 1889 accueille désormais les œuvres de la peintre **Emily Carr**. Le musée est également réputé pour ses collections éclectiques mêlant l'Est et l'Ouest, l'ancien et le moderne. L'art oriental, présenté par roulement, trouve ici son point d'orgue dans le petit jardin japonais doté d'un ravissant temple shintoïste (1899-1900). Les expositions temporaires sont de très grande qualité.

★ Craigdarroch Castle
1050 Joan Crescent (à une dizaine de minutes à pied de l'Art Gallery) - ℘ 250 592 5323 - www.thecastle.ca - de mi-juin à début sept. : 9h-19h ; le reste de l'année : 10h-16h30 - fermé 1er janv., 25 et 26 déc. - 13,75 $.
Hérissée de pignons pointus, de tourelles et de cheminées, cette imposante demeure en pierre, typique des fortunes *bonanza* (subitement acquises), trônait jadis au milieu d'un parc de 11 ha. Elle fut construite dans les années 1880 par **Robert Dunsmuir**, industriel d'origine écossaise qui fit fortune dans le charbonnage. La famille Dunsmuir faisait partie de la haute société de Victoria : l'un des fils devint Premier ministre puis lieutenant-gouverneur de la province. Remarquez le porche, sous lequel on pouvait descendre de fiacre à l'abri des intempéries, et la cage d'escalier coupée d'un palier où s'installaient les musiciens lors des réceptions. Le dernier étage est une immense salle de bal, d'où l'on accède à la tour pour profiter d'un beau **point de vue** sur Victoria.

FISHERMAN'S WHARF PARK 2 en direction

▶ *Compter 40mn à partir du Inner Harbour (port de l'intérieur) en suivant la très agréable promenade qui longe le front de mer vers l'ouest.*
Situé à la pointe nord-occidentale du quartier James Bay, ce village de pêcheurs réunit trente-trois maisons flottantes dont un certain nombre ont été transformées en restaurants ou en centres d'activité nautiques. Remarquez la station de carburant, également flottante, où viennent s'avitailler les hydravions.

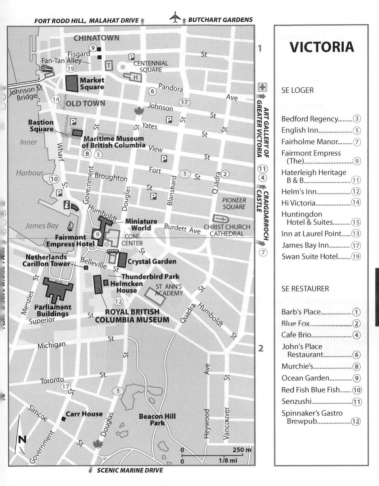

FORT RODD HILL, MALAHAT DRIVE ✈ BUTCHART GARDENS

CHINATOWN
Fisgard St
Fan-Tan Alley
CENTENNIAL SQUARE
Market Square
Pandora Ave
Johnson St Bridge
OLD TOWN
Johnson St
Yates St
Bastion Square
Maritime Museum of British Columbia
View St
Inner
Wharf
Harbour
Fort St
Broughton St
Government St
Douglas St
Blanshard St
Quadra St
PIONEER SQUARE
Humboldt St
James Bay
Miniature World
Burdett Ave
CHRIST CHURCH CATHEDRAL
Fairmont Empress Hotel
CONF. CENTER
Netherlands Carillon Tower
Belleville
Crystal Garden
Thunderbird Park
Helmcken House
ST ANN'S ACADEMY
Menzies St
Parliament Buildings
Superior St
ROYAL BRITISH COLUMBIA MUSEUM
Quadra St
Humboldt St
Michigan St
Toronto St
Simcoe St
Carr House
Beacon Hill Park
Heywood Ave
Vancouver St
Government St
N
SCENIC MARINE DRIVE

ART GALLERY OF GREATER VICTORIA
CRAIGDARROCH CASTLE

0 — 250 m
0 — 1/8 mi

VICTORIA

SE LOGER

Bedford Regency..........③
English Inn....................⑤
Fairholme Manor.........⑦
Fairmont Empress (The)......................⑨
Haterleigh Heritage B & B......................⑪
Helm's Inn...................⑫
Hi Victoria..................⑭
Huntingdon Hotel & Suites..........⑮
Inn at Laurel Point......⑬
James Bay Inn.............⑰
Swan Suite Hotel........⑲

SE RESTAURER

Barb's Place..................①
Blue Fox.......................②
Cafe Brio.....................④
John's Place Restaurant..............⑥
Murchie's....................⑧
Ocean Garden.............⑨
Red Fish Blue Fish.......⑩
Senzushi....................⑪
Spinnaker's Gastro Brewpub..................⑫

1

★★ **SCENIC MARINE DRIVE** 2 en direction

◗ *À 13 km au sud par Douglas St., au départ de Thunderbird Park.*
Cette splendide **promenade panoramique** en bord de mer permet d'apprécier Victoria, son site superbe sur le détroit Juan de Fuca ainsi que ses ravissants jardins. Elle croise d'abord **Beacon Hill Park**, sa ferme des enfants *(10h-17h, 3,50 $)* ; ses massifs de fleurs, ses petits lacs et ses sentiers, puis passe devant la borne zéro de la **Transcanadienne**, qui commence là son parcours de presque 8 000 km jusqu'à St John's, à Terre-Neuve.
Prendre Dallas Rd à gauche.
Des pointes Finlayson et Clover, les **vues★★** s'étendent par temps clair jusqu'aux monts Olympic, dans l'État de Washington.
Continuer jusqu'à Hollywood Crescent. À la hauteur de Robertson St., prendre à droite Ross St., qui devient Crescent Rd. Tourner ensuite à gauche sur King George Terrace pour gravir la colline.

SANCTUAIRE ET SOLITUDE

Si vous aspirez à prendre un peu de recul entre deux visites, passez un après-midi au **Swan Lake Christmas Hill Nature Sanctuary**, à 6 km au nord de Victoria. Marécages, champs et étendues boisées caractérisent cette paisible réserve de 45 ha. Le gibier d'eau et les oiseaux nicheurs fréquentent volontiers le petit lac du parc, couvert de nénuphars. Un sentier *(2,5 km)* mène au sommet de la colline Christmas, d'où l'on peut jouir d'un agréable **panorama★** sur Victoria et ses environs, avec le lac Elk au nord.

Maison de la Nature – *3873 Swan Lake Rd - 250 479 0211 - www.swan lake.bc.ca.* Elle fait office de centre d'accueil et propose des expositions conçues à l'intention des plus jeunes.

La route pénètre dans la commune d'**Oak Bay**, banlieue résidentielle au cachet très britannique, puis suit la côte, donnant un aperçu du rivage déchiqueté et des villas cossues aux jardins florissants. Des belvédères aménagés permettent d'apprécier la beauté des **vues**, en particulier à la pointe Harling, d'où l'on domine la mer face aux îles Trial.

Prendre Beach Dr.

La route longe la baie McNeill puis traverse, à la hauteur de la pointe Gonzales, le terrain de golf d'Oak Bay. Ce dernier dévoile, par temps clair, de splendides **vues★★** sur le détroit, les îles San Juan et les pics enneigés de la chaîne des Cascades, dominée par le mont Baker. La route suit ensuite la baie Oak jusqu'au **parc Uplands** et la **pointe Cattle**, d'où le regard embrasse la côte.

Continuer vers le sud sur Beach Dr. Tourner à droite sur Bowker Ave, puis à gauche sur Cadboro Bay Rd ; suivre ensuite Fort St. et retourner vers le centre-ville.

À proximité Carte de l'île de Vancouver p. 146-147

★ Malahat Drive D2

À 18 km au nord de Victoria. Prendre Douglas St. vers le nord jusqu'à la route 1 (Transcanadienne). Compter 19 km entre le parc provincial Goldstream et Mill Bay Rd.

Cette jolie section de la Transcanadienne s'élève en corniche au flanc de la crête Malahat et ménage de belles **vues★** des bras de mer Finlayson et Saanich, des îles du golfe et de la côte continentale. Par temps clair, on entrevoit le mont Baker à travers les arbres.

★★★ Butchart Gardens D2

À 21 km au nord par la route 17 et Keating Rd ou par la route 17A. 800 Benvenuto Ave, Brentwood Bay - 250 652 4422 - www.butchartgardens.com - de mi-juin à août 9h-22h ; 1ʳᵉ quinz. de sept. et déc. 9h-21h ; 2ᵉ quinz. de sept. 9h-17h ; oct. 9h-16h ; nov. et janv.-fév. 9h-15h30 - 32,71 $ (de mi-juin à sept.), le reste de l'année tarifs variables selon les mois. Concerts en été.

Ces admirables jardins s'étendent sur 20 ha. Créés en 1904 par Jennie Butchart, dont le mari possédait une cimenterie, ils occupent le site d'une ancienne carrière de pierre à chaux métamorphosée à force de soins en un lieu superbe qui ne cesse, depuis le début du 20ᵉ s., d'attirer les visiteurs.

Véritable joyau du parc, le **jardin en contrebas** *(sunken garden)* offre un ravissant paysage de massifs de fleurs, de pelouses et d'arbres harmonieusement disposés, auquel on accède par de petits sentiers parmi la rocaille ; on peut pleinement en apprécier la beauté depuis l'îlot rocheux qui en marque le centre.

Le parc comprend en outre la **fontaine Ross**, animée en permanence de jeux d'eau sans cesse renouvelés, la **roseraie** *(floraison juin-sept.)*, le **jardin japonais**, avec ses petits ponts laqués et ses pavillons de thé, ainsi que le **jardin italien**, orné de statues et d'un bassin de plantes aquatiques en forme d'étoile.

★★ Fort Rodd Hill D2

À 14 km à l'ouest par les routes 1 et 1A, puis par Ocean Blvd. 📞 *250 478 5849 - www.pc.gc.ca -* 🅿 *- de mi-mai à mi-oct. : 10h-17h ; de mars à mi-mai : merc.-dim. 10h-17h ; le reste de l'année sf 25, 26 déc. et 1ᵉʳ janv. : w.-end 10h-16h - 3,90 $.*
Cette base navale britannique, reprise par le Canada en 1906 et désaffectée depuis 1956, commande l'entrée de la rade d'Esquimalt. Elle occupe un terrain de 18 ha où se visitent la cantine, les batteries Belmont et inférieure, et la salle de calcul du tir de la forteresse (amples explications sur les défenses du fort et de la côte). Du **phare Fisgard**, jolies **vues★** sur la rade, le détroit Juan de Fuca et les monts Olympic aux États-Unis.

Juan de Fuca Trail D2

Sooke se trouve à 39 km au sud de Victoria par la route 14. Compter 50mn env. Le West Coast Trail Express Inc. assure la navette au départ de Victoria ou de Nanaimo (mai-sept., 55 $ de Victoria à China Beach). Informations bus et horaires : 📞 *250 477 8700 - www.trailbus.com et www.bcparks.ca.*
🥾 47 km. Plus convivial que la légendaire piste West Coast Trail, le sentier côtier Juan de Fuca *(au sud)* peut se fractionner en plusieurs randonnées ou se parcourir en deux à cinq jours. Il démarre à China Beach *(à une demi-heure à l'ouest de Sooke, mais il existe d'autres points de départ le long de la route 14)* et aboutit à Botanical Beach *(à la sortie de Port Renfrew)*. Ce parcours côtier, magique, dévoile de larges plages ventées, des promontoires rocheux, des bassins de marée basse, et multiplie les occasions d'entrevoir la faune sauvage.

1

😊 NOS ADRESSES À VICTORIA

Plan de ville p. 137

ARRIVER À VICTORIA

En bateau
BC Ferries – *www.bcferries.com/ schedules/mainland/tssw-current. html - 6h-22h, env. 1 ferry/h.*
Au départ du terminal de Vancouver, comptez 1h30 de traversée *(15,50 $)* pour gagner Swartz Bay Ferry Terminal. Il vous faudra donc environ 4h30 pour venir en ferry de Vancouver en comptant les liaisons vers le centre-ville. Au **Swartz Bay Ferry Terminal**, le bus 70 ou 72 vous emmène *(1h, 2,50 $)* jusqu'au cœur de Victoria. Le terminus se trouve à deux pas du port.
🐾 *Voir aussi Nos adresses à Vancouver et sur l'île de Vancouver.*

En avion
Victoria International Airport –
À 26 km au nord de Victoria. Liaisons par bus BC Transit (20/j) avec le centre-ville.

TRANSPORTS, TOURS

H20 Taxi – 📞 *250 708 0201 - www.victoriaharbourferry.com - 5 $/pers., 22 $ pour un tour complet.*
La compagnie vous emmène d'un point à un autre du port *(10 stations)* en taxi-bateau. Pratique et amusant.
Victoria Hippo Tours –
Belleville St. (face au Grand Pacific Hotel) - 📞 *250 590 5200 - www.victoriahippotours.com - 11h-17h - 43 $/pers.* 👥 Cet autobus amphibie fait découvrir Victoria en 90mn à travers routes et mer. Plutôt étonnant.

HÉBERGEMENT

PREMIER PRIX

Hi-Victoria – 1 - *516 Yates St. - ℘ 250 385 4511 - www.hihostels.ca - 108 ch.* Située dans un édifice patrimonial au cœur du vieux Victoria, à deux pas du port, cette auberge de jeunesse est bien aménagée. Comptez env. 30 $/ pers. en dortoir et 88 $ (non-membre) pour une double privée.

BUDGET MOYEN

Helm's Inn – 2 - *600 Douglas St. - ℘ 250 385 5767 ou 1 800 665 4356 - www.helmsinn.com - 🅿 - 48 ch.* À deux pas de Belleville St., petit hôtel dans une rue assez passante. Bien équipées, les chambres sont parfois de mini-studios avec kitchenette, dont les prix s'échelonnent entre 115 et 130 $.

James Bay Inn – 2 - *270 Governement St., Esquimalt - ℘ 250 384 7151 ou 1 800 836 2649 - www.jamesbayinn.com - 🅿 ✕.* Situé dans une belle rue verdoyante, à deux pas de la maison d'Emily Carr, ce plaisant hôtel (une ancienne maison de retraités) propose des chambres simples et confortables et un cottage privé, parfait pour une famille (230 $). Sympathique restaurant au rez-de-chaussée de l'hôtel.

Huntingdon Hotel & Suites – 1-2 en direction - *330 Quebec St. - ℘ 250 381 3456 ou 1 800 663 7557 - www.bellevillepark.com - 🅿 - 115 ch.* Niché dans un quartier verdoyant, l'hôtel centenaire propose d'excellentes chambres dans un cadre délicieusement désuet. On prend le petit déjeuner (12 $ env.) dans le petit établissement hôtelier adjacent, le Gatsby Mansion, qui appartient aussi au groupe Belleville Park Resort *(tarifs similaires).* Beaucoup de style, un service amical et professionnel, pour un prix très attractif. Une aubaine dans sa catégorie.

POUR SE FAIRE PLAISIR

Bedford Regency – 1 - *1140 Government St. - ℘ 250 384 6835 ou 1 800 665 6500 - www. bedfordregency.com - 🅿 (13 $/j) ✕ - 40 ch.* Cet hôtel de quatre étages est situé à quelques pas du port intérieur et des commerces de Government Street. Les chambres, munies de grandes chaises, de couettes en duvet d'oie, de Jacuzzi (pour certaines), profitent d'une belle vue sur la baie James. Cuisine de pub servie au **Garrick's Head**.

UNE FOLIE

Swan Suite Hotel – 1 - *506 Pandora Ave - ℘ 250 361 3310 ou 800 668 7926 - www.swanshotel. com - ✕ - 29 ch.* Situé à deux pas du Chinatown, l'élégant Swan Hotel est aménagé dans un entrepôt (1913) où étaient stockées des semences (blé, maïs) pour les fermiers de l'île de Vancouver. On passe d'agréables moments dans le pub du rez-de-chaussée, lumineux et aéré.

English Inn – 1 en direction - *429 Lampson St., Esquimalt - ℘ 250 388 4353 ou 1 866 388 4353 - www.englishinnresort. com - 🅿 ✕.* Ce bel établissement de style Tudor plonge le visiteur dans l'Angleterre du 16e s. : les chambres sont pourvues d'un mobilier d'époque, de lits à baldaquin et, pour certaines, d'une cheminée et d'une kitchenette. L'hôtel est entouré d'un magnifique jardin à la végétation luxuriante. Diverses activités sont proposées : randonnée, golf, kayak, escalade, observation des baleines, visite des jardins Butchart, des vignobles de la côte ouest, et de Victoria.

Fairholme Manor – 2 en direction - *638 Rockland Pl. - ℰ 250 598 3240 ou 1 877 511 3322 - www.fairholmemanor.com -* *- 6 suites.* Construite par le docteur John Davie en 1885, la demeure de style italianisant est campée au sommet d'une colline bucolique du quartier de Rockland. Les visiteurs sont logés dans des appartements de bois blond ou dans des suites plus formelles avec cheminées, hauts plafonds, baies vitrées et grandes salles de bains (certaines chambres bénéficient d'une véranda ou d'un Jacuzzi). Petit déjeuner très copieux.

Haterleigh Heritage B & B – 1-2 en direction - *243 Kingston St. - ℰ 250 384 9995 ou 1 866 234 2244 - www.haterleigh.com -* 🅿 *- 6 ch.* Les vitraux de cette élégante demeure de 1901, proche du port intérieur, laissent pénétrer des flots de lumière. Cristal, cuivres et boiseries aux couleurs chaudes éclairent l'intérieur. Les chambres possèdent leur salle de bains (parfois avec Jacuzzi) et un mobilier d'époque. Délicieux petit déjeuner, thé d'après-midi et apéritif en soirée.

Inn at Laurel Point – 1-2 en direction - *680 Montreal St. - ℰ 250 386 8721 ou 1 800 663 7667 - www.laurelpoint.com -* 🅿 *- 135 ch.* Moderne, scintillant de verre et d'acier, l'édifice occupe une petite péninsule à l'entrée du port intérieur. Il jouit de quiétude (parfois troublée par un hydravion) et de magnifiques vues sur la baie. Chaque chambre, claire et spacieuse, possède un balcon et les lits sont couverts de couettes douillettes. Le lieu compte une piscine, des saunas et des Jacuzzi. Bassin et cascade dans le jardin japonais.

The Fairmont Empress – 1 - *721 Government St. - ℰ 250 384 8111 ou 1 866 540 4429 - www.fairmont.com/empress -* 🅿 *- 477 ch.* Pierre angulaire de la réputation bon chic bon genre de la ville depuis son ouverture en 1908, l'établissement d'Inner Harbour a reçu des résidents distingués, de Rudyard Kipling à la reine Élisabeth II. Après sa rénovation en 1998, Palm Court, la salle de bal Crystal, l'Empress Dining Room et le Tea Lobby ont retrouvé leur splendeur victorienne *(voir aussi p. 132).*

🐦 **Bon à savoir** – Prenez le thé dans le vénérable salon **Tea Lobby** ou savourez un curry au **Bengal Lounge**, pour vous transporter au temps des maharajahs indiens.

RESTAURATION

PREMIER PRIX

John's Place Restaurant – 1 - *723 Pandora Ave - ℰ 250 389 0711 - www.johnsplace.ca - lun.-vend. 7h-21h, w.-end 8h-16h, 17h-21h.* Indétrônable pour le petit déjeuner (merveilleux jus de fruits, expresso digne de ce nom), ce lieu très populaire ne désemplit pas du matin au soir. *Fish & chips* halibut (flétan) 7-15 $.

Blue Fox – 1 - *919 Fort St. - ℰ 250 380 1683 - www.theblue foxcafe.com - lun.-vend. 7h30-16h, w.-end 8h-15h.* Les amateurs de petits déjeuners, servis toute la journée dans ce bistro du quartier des antiquaires, font la queue jusque sur le trottoir : énormes assiettes de « pain perdu très épais », de *huevos rancheros* et d'omelettes à trois œufs, sandwichs généreux et hamburgers (13 $).

Red Fish Blue Fish – 1 - *1006 Wharf St. - ℰ 250 298 6877 - www.redfish-bluefish.com - lun.-jeu. 11h30-19h, vend.-dim. 11h30-20h (horaires différents en hiver, se*

1

rens.). Le classique *fish & chips* peut révéler des saveurs beaucoup plus épicées en barbecue ou en tempura. Également huîtres, coquilles Saint-Jacques, une adresse très populaire.

Barb's Place 1-2 en direction - *Fisherman Wharf Erie St. - ✆ 250 383 3112 - 10h-18h*. Adresse inévitable pour tous ceux qui arpentent le quai. Le *fish & chips* est quand même nettement moins savoureux qu'à l'adresse précédente.

Murchie's – 1 - *1110 Government St. - ✆ 250 383 3112 - www.murchies.com - lun.-vend. 10h-18h, sam. 10h-17h, dim. 11h-17h*. La famille Murchie, dont les thés et les cafés ont fait la renommée depuis 1894, présente un assortiment de délices pour le petit déjeuner ou le déjeuner. Poussez la porte du magasin adjacent et vous pourrez acheter du thé, du café fraîchement moulu, ou l'un des nombreux accessoires pour préparer ces doux breuvages.

Ocean Garden – 1 - *568 Fisgard St. - ✆ 250 360 2818 - www.oceangardenrestaurant.com - 11h-22h*. Situé à côté de la porte de l'Harmonie, dans le quartier chinois, ce restaurant spécialisé dans la cuisine cantonaise et setchuanaise est l'un des plus populaires de Victoria. Bons plats, copieuses portions, petits prix.

BUDGET MOYEN

Senzushi – 1 en direction - *940 Fort St. - ✆ 250 385 4320 - www.senzushi.com - 11h30-14h, 17h-21h*. Si vous cherchez un restaurant japonais, choisissez assurément celui-ci (assortiment de sushis 25 $).

Spinnaker's Gastro Brewpub – 1 en direction - *308 Catherine St. - ✆ 250 386 2739 ou 1 877 838 2739 - www.spinnakers.com*. Premier pub du Canada à posséder une licence de brasseur (1984), le Spinnaker's est une véritable institution. Il occupe deux niveaux d'un édifice Tudor sur la partie nord-ouest du port intérieur. Il sert un excellent filet de porc avec des patates frites ou du saumon sauvage du Pacifique. Chambres dans la *guest house*.

POUR SE FAIRE PLAISIR

Cafe Brio – 1 en direction - *944 Fort St. - ✆ 250 383 0009 ou 1 866 270 5461 - www.cafe-brio.com - le soir uniquement - réserv. recommandée*. Le décor reste discret dans ce bâtiment restauré : planchers, œuvres d'art sur les murs de stuc. Table inspirée par la cuisine toscane et les fruits de mer locaux (plat 30 $).

UNE FOLIE

Sooke Harbour House – *1528 Whiffen Spit Rd, Sooke (à 45mn de voiture à l'ouest de Victoria sur la route de Ford Rodd Hill) - ✆ 250 642 3421 ou 1 800 889 9688 - www.sookeharbourhouse.com - sur réserv.* Rien ne semble trop exotique pour la cuisine de Frederique et Sinclair Philip, récompensée à plusieurs reprises. Les jardins de cet établissement rassemblent près de 400 espèces d'herbes aromatiques, de légumes, de fleurs comestibles qui servent à la préparation des repas. Les autres ingrédients proviennent des fermes et ranchs de l'île, ainsi que de la mer environnante. Les festins dégustés ici sont parmi les plus exceptionnels d'Amérique du Nord. La carte, modifiée chaque jour, propose des merveilles comme du thon albacore sur une salade du jardin, ou du flétan du détroit de Hecate savamment assaisonné. Les chambres de l'hôtel sont luxueuses.

BOIRE UN VERRE

Bard and Banker – 1 - *1022 Government St. - ☎ 250 953 9993 - www.bardandbanker.com - 11h-1h*. Dans ce beau bar écossais, bière et musique coulent à flots.

ACHATS

Dans la grande artère de **Fort St**. (1), nous vous recommandons quelques excellentes adresses : la galerie d'art tribal **Alcheringa** *(665 Fort St. - ☎ 250 383 8224)* ; une institution néerlandaise, **Dutch Bakery** *(718 Fort St. - ☎ 250 382 2464 - 7h30-17h30 sf dim.)* ; un libraire au choix ahurissant de livres neufs ou d'occasion, **Russell Books** *(734 Fort St. - ☎ 250 361 4447 - www.russellbooks.com - 9h-18h)* ; une échoppe de cigares cubains, **Cuban Cigar Shop** *(938 Fort St. - ☎ 250 592 7966)* ; une marchande de fromages, **Hilary Cheese** *(1034 Fort St. - ☎ 250 388 5810)*.

Munro's Books – *1108 Government St. - ☎ 250 382 2464 ou 1 888 243 2464 - www.munrobooks.com - 9h-19h, dim. 9h30-18h*. Située dans un bâtiment en pierre de style néoclassique, cette librairie fut créée en 1963 par l'écrivaine Alice Munro et son mari. Plus de 50 000 titres sont référencés.

Rogers Chocolates – *913 Government St. - ☎ 250 881 8771 - www.rogerschocolates.com*. Cette boutique créée en 1885 s'est spécialisée dans les truffes au chocolat. Une institution qui essaime dans l'ensemble du Canada.

ACTIVITÉS

Eagle Wing Tours – *12 Erie St. Fisherman's wharf - ☎ 250 384 8808 ou 1 800 708 9488 - www.eaglewingtours.com*. Pour observer les baleines, c'est l'entreprise idéale. Personnel professionnel, amical et respectueux de l'environnement. 125 $ pour 3 à 5h, selon la complicité des cétacés *(mi-mai-fin sept.)*.

AGENDA

Fête annuelle de comptage des fleurs – *En fév.* Destinée à promouvoir la douceur du climat, cette fête investit la ville entière. Le chiffre du comptage dépasse en général 3 milliards de fleurs. *www.flowercount.com*.

Buskers Festival – *19-28 juil.* Théâtre de rue.

1

Île de Vancouver

★★★

700 000 habitants – Colombie-Britannique

NOS ADRESSES PAGE 153

S'INFORMER

Tourism Vancouver Island – Chacune des villes traversées est dotée d'un office de tourisme. *www.vancouverisland.travel ; www.hellobc.com ; www.tourismvi.ca ; www.seevancouverisland.com.*

SE REPÉRER

Carte de région B4 (p. 92-93) - carte de l'île de Vancouver (p. 146-147). Une route en bon état dessert la partie est de l'île, de Victoria (au sud) à Port Hardy (au nord), séparés de 400 km. Plusieurs petites routes partent vers la côte pacifique jusqu'à Tofino, distante de 317 km de Victoria.

ORGANISER SON TEMPS

On peut accéder à l'île par différents points *(voir p. 152)*, mais, Victoria restant la porte d'entrée principale pour les voyageurs en provenance de Vancouver, nous présentons deux circuits routiers à partir de cette magnifique ville *(voir p. 132)*. Dans les deux cas, prévoyez au moins trois jours pour atteindre votre destination finale, si vous visitez les sites signalés. Le retour vers Victoria peut s'effectuer en une journée. Si vous prévoyez d'embarquer avec votre voiture à Port Hardy pour Prince Rupert *(voir p. 168)*, n'oubliez pas de réserver le ferry en période estivale. Vous pouvez aussi laisser votre voiture de location à Port Hardy.

AVEC LES ENFANTS

Les plages de sable chaud (et l'eau très froide !) de Pacific Rim.

Sa superficie de plus de 32 000 km² fait de cette étendue la plus grande île du littoral pacifique nord-américain. Montagneuse (quelques sommets dépassent les 2 100 m), l'île de Vancouver possède une côte occidentale échancrée, très ouverte aux assauts de l'Océan, et une côte orientale en pente douce, avec de belles plages vers le sud et des reliefs plus escarpés

Les arbres centenaires de la forêt pluviale de Cathedral Grove.
D. Johnston / All Canada Photos / age fotostock

vers le nord. Son climat tempéré et sa forte pluviosité ont favorisé la croissance d'une forêt géante et dense qui couvre l'île et constitue sa principale ressource. Sa population est surtout concentrée à la pointe sud-est, autour de Victoria, et le long du détroit de Géorgie.

Circuits conseillés Carte p. 146-147

De Victoria, la route 1 passe par Duncan et Nanaimo avant de rejoindre **Parksville** *(comptez 2h de route pour 150 km environ)*. Nos deux circuits partent de cette ville. Le premier file vers **Tofino** sur la côte ouest. Avant d'atteindre la magnifique côte sauvage du Pacific Rim, il traverse de splendides forêts aux arbres centenaires. Le second suit la côte est vers **Port Hardy** et privilégie le rapport avec la culture autochtone, que ce soit à Alert Bay ou à Fort Rupert, près de Port Hardy. Ce port a aussi pour intérêt d'embarquer les passagers pour Prince Rupert, sur le continent, via le célèbre Inside Passage *(voir p. 156)*.

DUNCAN D2

◗ *À 60 km au nord de Victoria par la route 1.*
Avant de choisir l'une des deux options de circuit à Parkville, arrêtez-vous dans cette petite ville, premier centre digne d'intérêt depuis Victoria.

Quw'utsun Cultural and Conference Centre D2

200 Cowichan Way - ℘ 250 746 8119 - &. - lun.-sam. 10h-16h - 15 $. Le centre abrite le charmant Riverwalk Cafe (11h30-15h).
La tribu des **Cowichan**, la plus importante de Colombie-Britannique, gère ce village étonnamment paisible. Clos par une haute palissade, il est constitué de rues pavées et de bâtiments de bois. Un film *(23mn)* est consacré aux Cowichan et des pièces d'artisanat autochtone sont exposées : masques, objets de vannerie, bijoux, vêtements, etc. On apprend, entre autres, comment les femmes filent la laine puis confectionnent leurs célèbres tuniques, ou comment les sculpteurs taillent leurs totems et leur canoë de guerre dans du bois de cèdre.

★ BC Forest Discovery Centre D2

À 65 km au nord de Victoria par la route 1, juste après Duncan. ℘ 250 715 1113 - www.bcforestmuseum.com - &. - juin-sept. : 10h-16h ; avr.-mai et sept.-oct. : jeu.-lun. 10h-16h, le reste de l'année, se rens. - 16 $.
Les énormes machines désuètes disposées dans un domaine de 40 ha, la forêt de douglas, les expositions du petit musée, le camp de bûcherons reconstitué dressent

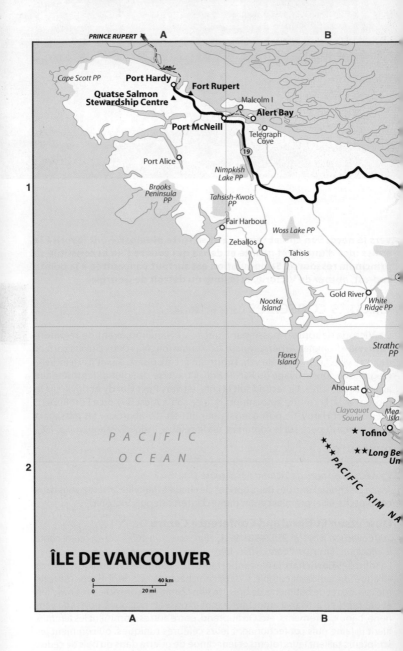

PRINCE RUPERT

A   B

Cape Scott PP

Port Hardy

▲ **Fort Rupert**

**Quatse Salmon
Stewardship Centre** ▲

Malcolm I

Alert Bay

Port McNeill

Telegraph
Cove

19

Port Alice

*Nimpkish
Lake PP*

1

*Brooks
Peninsula
PP*

*Tahsish-Kwois
PP*

Fair Harbour

Woss Lake PP

Zeballos

Tahsis

*Nootka
Island*

Gold River

*White
Ridge PP*

*Strathc
PP*

*Flores
Island*

Ahousat

*Clayoquot
Sound*

*Mea
Isla*

★ **Tofino**

P A C I F I C

O C E A N

★ ★ **Long Be
Un**

★ ★ ★ ★ PACIFIC RIM NA

2

ÎLE DE VANCOUVER

0   40 km
0   20 mi

A   B

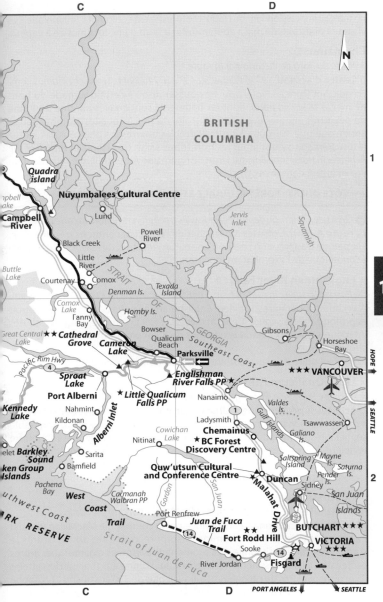

un tableau impressionnant de l'industrie forestière de Colombie-Britannique. Les visiteurs pourront, de mai à août, monter à bord d'une locomotive à vapeur.

Chemainus D2

À 78 km au nord de Victoria par la route 1.

🛈 **Centre d'accueil** – *9796 Willow St. -* ✆ *250 246 3944 - www.chemainus.com.* En quittant Duncan, vous pouvez pousser jusqu'à cette bourgade du bord de mer *(à 18 km au nord)*, dont les bâtiments sont égayés par une trentaine de peintures murales évoquant l'histoire du site, lesquelles attirent chaque année quelque 400 000 visiteurs. Parmi les œuvres les plus réussies, notez *Native Heritage*, symbolisant les trois tribus salish du littoral, et *Arrival of the Reindeer in Horseshoe Bay*, sur laquelle figure une Amérindienne regardant un voilier entrer dans le port.

★★ CÔTE OUEST : FORÊT PLUVIALE ET RIVES DU PACIFIQUE BC2

▶ *Circuit de 170 km, au départ de Parksville, tracé en vert clair sur la carte p. 146-147.* La **route 4**, qui traverse les montagnes de l'île, est par endroits très sinueuse. Elle permet d'apprécier la beauté d'une nature intacte et de réaliser l'importance économique de l'exploitation forestière.

★ Englishman River Falls C2

De Parksville, suivre la route 4A sur 5 km, tourner à gauche et continuer sur 8 km. Aux chutes supérieures, la rivière Englishman se faufile dans un canyon étroit et profond. Puis le sentier mène, à travers la forêt luxuriante, jusqu'aux chutes inférieures où deux cataractes de plus de 30 m plongent dans un très beau cirque rocheux.

La route 4 quitte la plaine côtière pour aborder la montagne.

★ Little Qualicum Falls C2

À 26 km de Parksville. Parking sur la droite.

Les **chutes supérieures** de la Little Qualicum se composent de deux cascades superposées séparées par un bassin naturel creusé dans le roc. Un agréable sentier forestier y conduit, d'où l'on aperçoit le canyon dans lequel s'engouffre la rivière. Aux chutes inférieures, moins importantes, le torrent traverse un chaos de rochers blancs encombrés de troncs d'arbres morts.

La route 4 longe ensuite le côté sud du **lac Cameron**.

★★ Cathedral Grove C2

À 35 km de Parksville. Parc provincial MacMillan - parking près de la route.

🌿 Préservée et donnée à la province par la compagnie MacMillan Bloedel Paper, cette forêt pluviale, humide et sombre, doit à ses arbres géants le surnom de « forêt-cathédrale ». La promenade parmi ces gigantesques arbres centenaires est impressionnante. Le plus vieux d'entre eux (huit siècles) atteint 76 m de haut et 9 m de circonférence. Il avait plus de 300 ans quand Christophe Colomb découvrit l'Amérique en 1492. Entre les pins poussent également des thuyas géants (appelés aussi cèdres rouges) et des sapins du Canada, tandis qu'au sol courent de grandes fougères. La pruche de l'ouest (western hemlock) est désormais l'essence qui croît à l'ombre des douglas et qui finira par se substituer à eux au fil des générations. D'une plate-forme d'observation, on remarque encore les dégâts causés par une tempête au début des années 1990.

Port Alberni C2

Cet important centre forestier et nautique est situé à l'extrémité d'un bras de mer si profond que 19 km seulement le séparent à vol d'oiseau de la côte est de l'île.

MV Lady Rose – *Alberni Marine Transportation - dock d'Argyle St. - ☎ 250 723 8313 ou 1 800 663 7192 - www.ladyrosemarine.com - vers Kildonan et Bamfield : mar., jeu. et sam. tte l'année 8h, retour 17h30 (52 $ ou 70 $ AR) ; vers Sechart et Ucluelet : 3 juin-20 sept. lun., merc. et vend. 8h, retour 19h (74 $) ; vers Sechart et Bamfield : juil.-août dim. 8h, retour 18h15 (70 $ AR).* Ce petit cargo sillonne le **fjord d'Alberni** et **Barclay Sound** depuis plus d'un demi-siècle. Bien que sa fonction première soit de transporter des marchandises, le *Lady Rose* embarque des passagers pour l'archipel Broken ou Bamfield. Les adeptes du kayak de mer l'empruntent également pour rallier Barclay Sound, l'une des destinations les plus courues de Colombie-Britannique dans cette discipline.

Après avoir quitté Port Alberni, la route 4 longe le **lac Sproat**, d'où l'on aperçoit le mont Klitsa couronné de blanc et le mont Gibson, puis elle suit la vallée de la Taylor. On observe, ici et là, les traces de l'activité forestière en traversant des zones entièrement abattues ou en cours de reboisement, et en croisant d'énormes camions qui charrient les troncs.

La route atteint bientôt le col, puis entreprend sa sinueuse descente le long de la rivière Kennedy vers le Pacifique, offrant au passage de jolies **vues★** sur les sommets enneigés du mont Klitsa. La rivière s'élargit pour former le **lac Kennedy**, plus grande étendue d'eau douce de l'île, que l'on suit longuement en gravissant par moments la colline, avant d'atteindre l'entrée de la réserve du parc national Pacific Rim. Le Long Beach Unit Visitor Centre se trouve à cet endroit.

★★ Long Beach B2

Possibilités de baignade et de surf, mais l'eau est froide (10 °C) et la marée ou les courants peuvent être extrêmement dangereux. Se renseigner auprès du bureau du parc.

Entre Ucluelet et Tofino s'étend, au pied des montagnes (1 200 m d'altitude), une longue plage de sable fin *(11 km)* où déferlent les vagues du Pacifique. Elles déposent sur le rivage d'énormes troncs flottés, parfois enlevés à la marée suivante. La puissance de ces lames est immense, et le niveau du sable peut varier de presque 2 m entre l'été et l'hiver d'une même année. À marée basse, la plage est découverte sur près de 1 km et l'on peut y observer une faune marine abondante. Plus loin sur les rochers, des otaries se prélassent au soleil tandis que des baleines grises croisent parfois dans les parages. Un très grand nombre d'oiseaux vivent en permanence ou séjournent régulièrement sur la rive et dans la forêt proche. D'importantes précipitations et le climat relativement tempéré ont favorisé l'existence d'une forêt pluviale où prospèrent l'épicéa de Sitka, le thuya géant et le tsuga.

Plusieurs sentiers mènent à l'Océan. Le sentier **Schooner Trail** *(2 km)* coupe à travers une forêt ancienne et des épicéas de Sitka pour aboutir à une plage isolée. **Wickaninnish Trail** *(3 km)* mène à Florencia Bay à travers une forêt d'épicéas. De Combers Beach, on aperçoit au large **Sea Lion Rocks**, « l'île aux otaries » *(se munir de jumelles)*.

★ Tofino B2

🛈 **Tourism Tofino** – *1426 Pacific Rim Hwy - ☎ 250 725 3414 - www.tourismtofino.com. Bus de Victoria ou de Nanaimo - ☎ 1 866 986 3466 - www.tofinobus.com.*

La route s'achève dans ce petit port de la péninsule de Long Beach, qui accéda à la célébrité mondiale en 1993 au cours d'une campagne écologiste contre l'exploitation forestière du littoral de Clayoquot Sound. L'abattage a pratiquement cessé depuis. Si Tofino fut un foyer de la contre-culture, cette petite bourgade de 1 900 habitants est aujourd'hui une destination touristique assez huppée. Les prix en témoignent.

1

Le peuplement de Clayoquot Sound commença avec une tribu nootka, menée par son **chef Wickaninnish**. Cette tribu vit toujours sur l'île Meares, dans son village d'Opitsat. Malgré la venue de James Cook en 1778, la ville fut baptisée en hommage à un Espagnol. Calme et discrète en hiver, la bourgade de Tofino s'anime dès le printemps et bourdonne de l'activité des sportifs attirés par la réserve du parc national Pacific Rim.

Centre interprétatif de la forêt pluviale – *51 Main St. - ℰ 250 725 2560 - www.longbeachmaps.com*. Il vous informe sur Clayoquot Sound et son écologie.

Observation des baleines – Des croisières touristiques partent de Tofino pour Clayoquot Sound ; également des excursions d'une journée vers les magnifiques bassins de Hot Springs Cove.

★★★ Pacific Rim National Park Reserve BC2

🄳 **Parc Office** – *2185 Ocean Terrace Rd, Ucluelet - ℰ 250 726 7721 - www.pc.gc.ca (en français) - parc et bureau ouverts tte l'année (téléphoner pour connaître les horaires) - randonnée, canoë-kayak, voile, baignade, vélo, camping - droit d'entrée 7,80 $/pers*. Son nom, qui signifie « le bord du Pacifique », décrit bien le parc, étroite bande de littoral sur la côte ouest de l'île qui s'étire sur 130 km, de Port Renfrew à Tofino, en trois sections distinctes.

West Coast Trail – *75 km - accessible par la route à chaque extrémité - cession d'orientation exigée - randonnée/camping : 127,50 $; ferry : 16 $/pers.* Au sud, sentier de randonnée entre Port Renfrew et Bamfield.

Barkley Sound – Au centre de la réserve, ses innombrables îles et îlots rocheux sont connus sous le nom de **Broken Group Islands**.

Long Beach – Au nord *(voir p. 149)*.

★ CÔTE EST : LA ROUTE DES KWAKWAKA'WAKW AC1-2

▶ *Circuit de 350 km, entre Parksville et Port Hardy, tracé en violet sur la carte p. 146-147.* Très plaisante, la **route 19** suit le littoral, à condition de troquer la Highway 19 contre la Highway 19A dès que c'est possible.

Campbell River C1

À 120 km de Parksville.

🄳 **Visitor Centre** – *Tyee Plaza, 1235 Shoppers Row - ℰ 250 830 0411 - www.campbellrivertourism.com - 9h-18h.*

Cette ville de 31 000 habitants est organisée autour du grand supermarché qui longe le front de mer. Malgré tout, il est agréable de flâner le long du port.

Museum at Campbell River – *470 Island Highway - ℰ 250 287 3103 - www.crmuseum.ca - mai-sept. 10h-17h - 7 $.* Juste à l'entrée de la ville, repérable à un torii japonais, ce musée s'étend dans un beau jardin. Ses collections éclectiques comptent entre autres une belle galerie consacrée aux First Nations avec des sculptures contemporaines de Max Chickite.

LE DESTIN D'UNE COIFFE

Confisquée par le gouvernement canadien, volée ensuite par des fonctionnaires indélicats, une coiffe cérémonielle kwakwaka'wakw fut achetée par le surréaliste **André Breton** (1896-1966), qui ignorait tout de son passé trouble. Quarante ans plus tard, grâce à l'enquête de l'anthropologue Marie Mauzé, l'histoire fut révélée à la fille de Breton. En 2003, Aube Elléouët-Breton et l'anthropologue se sont rendues à Alert Bay afin de restituer la coiffe aux Kwakwaka'wakw lors d'une cérémonie très émouvante.

La plage de Long Beach, dans le Pacific Rim National Park.
Deddeda / Design Pics RM / age fotostock

Atelier du maître-sculpteur Bill Henderson – *1430 Drake Road -* ℘ *250 286 0818*. Situé de l'autre côté du complexe commercial, l'atelier du sculpteur kwakwaka'wakw se trouve à proximité du cimetière familial, une terre qui a pu rester en sa possession. Une belle rencontre qui introduit le visiteur de façon plus profonde dans la **culture kwakwaka'wakw**.

Nuyumbalees Cultural Centre – *34 Weway Rd -* ℘ *250 285 3733 - www. nuyumbalees.com - mai-sept. 10h-17h - 10 $*. Campbell River est aussi la porte d'accès vers **Quadra Island** *(www.quadraisland.ca - navettes 6h40-22h30 [23h30 vend. et sam.] - 10mn - 9,45 $)*, où l'on visite ce centre de tradition culturelle, rouvert en 2007. Il expose quelques pièces en partie issues de la Potlatch Collection *(voir p. 152)* : masque de deuil, sifflets en écorce de cèdre, sistres, grelots.

Port McNeill A1

À 195 km (env. 2h40) de Campbell River, par la route 19.

🛈 **Visitor Centre** – *1514 Beach Drive -* ℘ *250 956 3131 - www.portmcneill.net*.
Ce bourg de 2 500 personnes est le lieu de passage obligatoire pour qui veut se rendre sur l'île de Cormorant, où se trouve **Alert Bay** et son centre culturel Kwakwaka'wakw.

Alert Bay B1

www.alertbay.ca. Accès en ferry - www.bcferries.com/schedules - 7 départs/j. entre 7h25 (sf dim.) et 21h30 - trajet 45mn - 10,45 $ (vérifiez les horaires sur le site Internet avant de partir, certains jours étant fermés à la navigation quand circulent de dangereux cargos). Du débarcadère, récupérez la Totem Poles' Brochure *au Visitor Centre (℘ 250 974 5024, 9h-17h en été). Comptez 20mn de marche pour atteindre le musée.*

U'mista Cultural Centre – ℘ *250 974 5403 - www.umista.org - mai-sept. : 9h-17h, reste de l'année : mar.-sam. 9h-17h*. Ouverte depuis 1980, la maison U'mista héberge l'une des plus fines collections de masques sculptés en lien avec la cérémonie du *potlatch*. Ces objets avaient été confisqués en 1922 par le gouvernement canadien pour punir les Kwakwaka'wakw de pratiquer encore le *potlatch*, interdit depuis 1884. Cette confiscation devait constituer le fonds de la **Potlatch Collection**, un ensemble d'environ 500 pièces réparties entre deux musées (Ottawa et Toronto). Échappant à cette répartition, une trentaine de pièces furent vendues sous le manteau à un collectionneur américain, George Heye, fondateur du Museum of the American Indian de New York. Après des années d'effort, une partie de ces objets cérémoniels furent restitués aux Kwakwaka'wakw. Désormais, les visiteurs les découvrent dans la grande maison, présentés selon leur ordre d'apparition traditionnel pendant la progression d'un *potlatch* : objets en cuivre (signes de richesse majeurs), masques, selon leur degré d'importance, le Corbeau passant en tête, sistres. Notons que le sistre imite le grondement de la montagne lors d'un séisme ; et que le cuivre est considéré selon certains mythes comme l'un de ses excréments.

Namgis Big House – *À 500 m environ, en direction nord-ouest -* ☎ *250 974 5556 - www.namgis.bc.ca*. Près de son émouvant **cimetière** *(accès interdit)*, la grande maison des Namgis abrite une peinture réalisée par **Doug Cranmer** (1927-2006), qui n'est pas sans similitude avec celle de Mungo Martin dans le parc Thunderbird de Victoria. L'ensemble est toisé par le plus haut totem (57 m) érigé à ce jour, dit-on. Si l'argument entend séduire les touristes, il a surtout donné l'occasion aux artistes de sculpter treize figures très personnelles, chacune représentant un groupe kwakwaka'wakw.

Port Hardy A1
À 45 km (env. 45mn) de Port McNeill, par la route 19.

🚹 **Visitor Centre** – *7250 Market St. -* ☎ *250 949 7622 - www.ph-chamber.bc.ca - juin-sept. 9h-18h, reste de l'année 9h-17h sf w.-end. Sa responsable très efficace, Kari Watkins, vous aide dans toutes vos démarches de réservation pour Inside Passage.* Point d'embarquement du ferry, Port Hardy ne manque pas d'atouts pour y passer la journée. Outre le **Quatse Salmon Stewardship Centre**, centre d'élevage du saumon *(10h-17h, 6 $)*, la réserve indienne de **Fort Rupert** est l'un des lieux les plus attachants du port. Face au cimetière traditionnel, la Big House (1988) affiche les blasons des quatre principales familles kwakwaka' wakw de Fort Rupert, lignées d'illustres artistes représentés par quelques grandes galeries de Vancouver.

NOS ADRESSES SUR L'ÎLE DE VANCOUVER

TRANSPORTS

En bateau

Plusieurs compagnies maritimes desservent l'île de Vancouver (transport des passagers, des poids lourds, des autocars et des voitures). En été, les week-ends et les jours fériés sont particulièrement chargés.

BC Ferries – ℘ 250 386 3431 ou 1 888 223 3779 - www.bcferries.com. BC Ferries propose des traversées (piétons ou voitures) au départ ou à l'arrivée de **Vancouver**, via deux terminaux : Horseshoe Bay, à West Vancouver, et Tsawwassen, au sud de l'aéroport international. Les ferries au départ d'Horseshoe Bay arrivent sur l'île de Vancouver à **Nanaimo** ; ceux qui partent de Tsawwassen desservent **Nanaimo** ou **Swartz Bay**, au nord de Victoria.

☺ **Bon à savoir** – Pour visiter **Campbell River** ou **Port Hardy** (et la côte est de l'île), ou **Tofino** sur la côte ouest, mieux vaut arriver directement à Nanaimo. Si vous vous rendez à **Victoria**, vous passerez par le terminal de Swartz Bay.

Washington State Ferries – ℘ 206 464 6400 - www.wsdot. wa.gov/ferries. D'Anacortes (WA, É.-U.) à Sydney (Victoria, C.-B.).

Black Ball Transport – ℘ 360 457 4491 (Port Angeles) ou 250 386 2202 (Victoria) - www.cohoferry. com. De Port Angeles (WA, É.-U.) à Victoria (C.-B.).

Clipper Navigation, Inc. – ℘ 206 448 5000 ou 1 800 888 2535 - www.victoriaclipper.com. De Seattle (WA, É.-U.) à Victoria (C.-B.).

En voiture

C'est le meilleur moyen pour visiter l'île. On peut louer une voiture à Victoria et la laisser à Port Hardy (moyennant un supplément de « Drop Charge »

pour ceux qui naviguent ensuite dans Inside Passage).

Budget à Victoria – 757 Douglas St. - ℘ 250 953 5300 - www.budgetvictoria.com - env. 35 $/j pour 200 km et 0,10 $/km supp. Budget dispose d'un parc automobile important et de prix parmi les moins élevés. N'hésitez pas à négocier selon le nombre de jours. Possibilité de laisser la voiture à Port Hardy (supplément).

Budget à Port Hardy – 4850 Byng Rd - ℘ 250 949 6442. À 15mn en voiture du centre-ville et à deux pas de Fort Rupert.

HÉBERGEMENT

À Duncan

BUDGET MOYEN

Jacquie Gordon's B & B – 2231 Quamican Park Place (à 2 km à l'est du centre-ville) - ℘ 250 746 7736 - www.jacquiegordon.com - 2 ch. ☕. Deux chambres bien aménagées à l'intérieur d'une charmante maison nichée dans un beau jardin fleuri.

À Maple Bay

BUDGET MOYEN

The Funky Frog B & B – 6470 Burnett Place Quamican Park Place - ℘ 250 597 4662 - www.funkyfrogbb.com - 5 ch. ☕. Repos assuré dans ce petit domaine fleuri de 2 000 m². Cette belle maison est située à mi-chemin entre Victoria et Nanaimo. Une immersion dans la vallée viticole de Cowichan et le monde pictural de Veronica, la propriétaire.

À Tofino

BUDGET MOYEN

Whalers on the Point Guesthouse – 81 West St. ℘ 250 725 3443 - www.tofinohostel.com - ♿.

1

Auberge située le long de la baie Clayoquot, avec toutes les commodités : cuisine, machine à laver, Internet, salle de jeux, sauna.

POUR SE FAIRE PLAISIR

The Inn at Tough City – *350 Main St. - ☎ 250 725 2021 - www.toughcity.com - ✕ ♿ - 8 ch.* Soignée et robuste à la fois, cette rustique maison campée au centre de Tofino ouvre de belles chambres face à la mer. Bar sushi et huîtres au comptoir.

Tofino Inlet Cottage – *350 Olsen - ☎ 250 725 3441 ou 1 866 725 3441 - www.tofinoinletcottages.com - 6 ch.* Dans cette élégante maison traditionnelle, construite en bois de cèdre au cœur de la baie Clayoquot, certaines chambres disposent de Jacuzzi en plein air avec ponton privatif.

UNE FOLIE

Wickaninnish Inn – *Chesterman Beach, Osprey Lane - ☎ 250 725 3100 ou 1 800 333 4604 - www.wickinn.com - 🅿.* En dépit de la beauté des étés de Long Beach, c'est en hiver que l'établissement, construit sur un promontoire rocheux, est le plus spectaculaire. Les chambres spacieuses et lambrissées ouvrent par des baies vitrées et un balcon privé sur l'Océan. De mars à juin, on peut voir des baleines. La cuisine est élaborée à base de produits de la mer et des terres alentour.

Dans la baie de Barclay Sound

UNE FOLIE

Eagle Nook Ocean Wilderness Resort – *Barkley Sound (accès en bateau-taxi de Tofino ou Ucluelet) - ☎ 604 357 3361 ou 1 800 760 2777 - www.eaglenook.com - fermé oct.-mai - 23 ch.* Dans la baie Jane de Barkley Sound, paysage spectaculaire et serein, les visiteurs peuvent pratiquer le kayak, l'exploration d'épaves et la

pêche entre deux repas de fruits de mer et de poissons. Chambres spacieuses et calmes.

À Campbell River

BUDGET MOYEN

Passage View Motel – *517 Island Highway - ☎ 250 286 1156 - www.passageviewmotel.com - 30 ch.* Tenu par un couple très sympathique, ce motel propose de bonnes chambres bien équipées, dont certaines donnent sur la mer via une petite terrasse.

À Port McNeill

PREMIER PRIX

Dalewood Inn – *1706 Broughton Bd - ☎ 250 956 3304 - www.dalewoodinn.com - ✕ - 32 ch.* Un motel bien placé, à 5mn de marche du port, offrant tout type de facilités. Salle de sport et très bon restaurant japonais, le **Harbour Sushi** *(lun.-sam. 11h30-21h - plat 12 $).*

À Port Hardy

🐾 **Bon à savoir** – Si vous embarquez pour Inside Passage, réservez la veille auprès de l'OT la navette qui passera vous prendre à l'hôtel *(7,50 $).*

PREMIER PRIX

C&N Backpackers – *8740 Main St. - ☎ 250 949 3030 - www.cnnbackpackers.com.* Auberge sympathique et bien équipée, à prix doux.

BUDGET MOYEN

NorthShorel Inn – *7370 Market St. - ☎ 250 949 8500 - www.northshoreinnph.com - ✕ - 30 ch.* Hôtel sans charme mais bien tenu. Les chambres confortables donnent sur la mer. Bon restaurant japonais tenu par des Coréens en rez-de-chaussée.
Glen Lyon Inn – *6453 Hardy Bay Rd - ☎ 250 949 7115 - www.glenlyoninn.com - ✕ - 44 ch.* Chambres avec balcon entièrement rénovées face à la baie de Hardy.

RESTAURATION

À Duncan

BUDGET MOYEN

Duncan Garage – *Duncan St. - ☎ 250 748 6227*. The Community Farm Store concentre différentes échoppes tenues par des producteurs bio, un café, une librairie, une boulangerie et une petite cantine. Tous fonctionnent sur des modes de consommation alternatifs. Un espace original.

À Port Alberni

PREMIER PRIX

The Starboard – *2-5440 Argyle St. - ☎ 778 421 2826 - www.starboard grill.com - 11h-22h*. Situé à côté du port en front de mer, ce restaurant lumineux (belle terrasse) est l'adresse la plus plaisante de la ville (burger au saumon 13 $).

À Tofino

POUR SE FAIRE PLAISIR

The Schooner Restaurant – *311 Campbell St. - ☎ 250 725 3444 - www.schoonerrestaurant.ca - réserv. conseillée*. Excellent restaurant où l'on côtoie le gratin de Tofino. Les fruits de mer sont cuisinés avec soin : huîtres, crabes, saumons, crevettes, se bousculent dans un décor baroque, rythmé par le shaker intrépide du barman. Attention les prix montent vite.

À Campbell River

BUDGET MOYEN

Miki's Sesame Sushi – *871 Island Highway - ☎ 250 914 4997 - www.mikisesame.com - 11h-22h*. Aménagé au premier étage d'un bâtiment sans attrait, ce restaurant domine le port de sa terrasse. L'un des meilleurs restaurants régionaux de sushi (22 $ le spécial *combo*).

À Port Hardy

The Sporty Bar & Grill - *7800 Market St. - ☎ 250 949 7811 - www.thesporty.com - 11h30-21h*. Une carte éclectique (fruits de mer, pizzas, pâtes, escargots à la provençale !) à des prix modérés. Plats copieux et soignés. Les poissons taco sont excellents (11,50 $). L'adresse de Port Hardy.

PETITE PAUSE

À Tofino

Common Loaf Bake Shop – *180 1st St. - ☎ 250 725 3915 - 8h-18h*. Délicieux muffins, pâtisseries, pains maison, café et thés variés. Sur place ou à emporter.

Tuff Beans – *À l'angle de la 4th et de Campbell St. - ☎ 250 725 2739 - www.tuffbeans.com - 7h-17h*. Idéal pour prendre le petit déjeuner (excellents muffins) ou un simple lunch plein de saveurs.

À Campbell River

Nesbitt's Island Coffee – *140 Shoppers Row - ☎ 250 287 4887 - 8h-20h*. Pour prendre un expresso accompagné de muffins dans un cadre élégant. De très beaux masques kwakwaka'wakw sont en vente sur place.

ACHATS

Art ethnique à Campbell River

House of Treasures – *1370 Island Highway - ☎ 250 286 1440 - 9h-18h*. Art natif dans une belle réinterprétation contemporaine de grande maison.

ACTIVITÉS

Surf à Long Beach

Tofino Adventure Map – *www.tofinosurfmap.com*.

1

Passage intérieur

Inside Passage

Colombie-Britannique

😊 NOS ADRESSES PAGE 152 ET 171

▶ **SE REPÉRER**

Carte de région AB3-4 (p. 92-93). Le trajet du Passage intérieur démarre à Port Hardy, à 5h de route au nord de Nanaimo sur l'île de Vancouver, ou à **Prince Rupert**, à 1 500 km par la route au nord de Vancouver.

🕐 **ORGANISER SON TEMPS**

En empruntant le ferry, vous pouvez faire une boucle de Vancouver à l'île de Vancouver, puis prendre au nord le Passage en direction de Prince Rupert. De là, retournez à Vancouver via les Cariboo et le canyon du Fraser. Le ferry du Passage intérieur quittant Port Hardy tôt le matin, prévoyez d'y arriver la veille au soir.

Née des anciennes glaciations, cette voie d'eau à l'abri des houles de l'Océan s'étire de Puget Sound (État de Washington) à Skagway (Alaska) sur une distance de 1 696 km. Elle passe entre un chapelet d'îles entaillées de nombreux fjords et la côte déchiquetée du Nord-Ouest du Canada, dont les falaises à pic plongent dans le Pacifique. Les bacs qui sillonnent le Passage intérieur de Port Hardy à Prince Rupert parcourent 507 km à travers des paysages sauvages empreints de silence et de beauté.

La traversée par le Passage intérieur

BC Ferries – ☎ 250 386 3431 ou 1 888 223 3779 - www.bcferries.com - ♿ - dép. à 7h30 de Port Hardy les jours impairs en mai (à partir du 19) ; j. pairs en juin, juil. et sept. ; j. impairs en août - arrivée à Prince Rupert à 22h30 - arrêt possible à Bella Bella (se rens. sur le site). Billets en vente à l'office de tourisme de Port Hardy (194,75 $/pers.) - réserv. indispensable pour les véhicules et ce, quelques mois à l'avance pour les périodes estivales (445,50 $/véhicule standard).

Bac naviguant sur le Passage intérieur.
S. Harrington / All Canada Photos / age fotostock

Attention : *embarquement 2h avant le départ.*

Bon à savoir – *Parmi les suppléments proposés par BC Ferries, la réservation dans le salon Aurora garantit une belle vision panoramique en proue du bateau (35 $) à condition d'être placé dans les premiers rangs, et le copieux dîner buffet est excellent (28,30 $). Le ferry propose en outre de nombreux services, jusqu'au barbecue à l'arrière du bateau.*

Le bateau atteint la pleine mer au niveau du détroit de la Reine-Charlotte, puis pénètre dans les eaux calmes du Fitz Hugh Sound. Du bateau, les **vues**★★ sont magnifiques. De loin en loin, la présence humaine se révèle par la découverte d'un petit port de pêche orné de quelques mâts totémiques ou d'une usine de pâte à papier. Au cours des migrations de printemps et d'automne, on rencontre aigles, oiseaux de mer et mammifères marins.

La traversée est scandée par différentes explications à mesure qu'apparaissent lieux et villages. **Namu**, où s'est établie la première conserverie de 1893 à 1970. **Bella Bella**, patrie des Amérindiens heiltsuk et seule véritable agglomération dans cette région peu peuplée. À **Boat Bluff**, établi en 1907, le phare visible à plus de 40 km à la ronde signale l'entrée du chenal Tolmie. **Swanson bay**, ville fantôme aujourd'hui mais qui fut le premier centre de production de pâte à papier au sulfite en Colombie-Britannique jusqu'aux années 1930. **Butedale**, qui héberge encore l'une des dernières conserveries du littoral. Après onze heures de navigation, la traversée atteint son apogée à l'entrée du **chenal de Grenville**★★ (Grenville Channel), au nord de Port Hardy. À son point le plus étroit, il ne mesure que 427 m de largeur, pour une longueur totale de 70 km et une profondeur maximale de 500 m. Grâce à l'étroitesse du Passage intérieur, on a, par beau temps, tout loisir d'admirer d'innombrables îles à l'ouest et un littoral échancré à l'est. Les rives abruptes des fjords, couvertes d'épicéas et de sapins du Canada, plongent soudainement dans la mer.

LES HEILTSUK

Appelés autrefois Bella Bellas, les Heiltsuk vivaient essentiellement de la pêche et de la conservation du poisson, sur la côte centrale de la Colombie-Britannique, leur territoire traditionnel. Après l'arrivée des Blancs (1780), la population heiltsuk, décimée par la variole, passa de 20 000 individus à 200 dans les années 1880. Elle se regroupa au début du 20e s. autour de Bella Bella sous la tutelle de missionnaires méthodistes. Aujourd'hui, la communauté de quelque 2 000 personnes, dont la moitié vit dans la réserve de Bella Bella, vit de la pêche commerciale des œufs de hareng et de l'exploitation forestière. Le *potlatch* est toujours pratiqué.

Haida Gwaii

★★

4 370 habitants – Colombie-Britannique

NOS ADRESSES PAGE 165

⊟ S'INFORMER

The Sandspit Visitor Center – *1 Airport Road PO Box 33, Sandspit -* ✆ *250 637 5362 ou 250 637 1206 - sandspit_vic@hotmail.com - ouv. (en fonction du trafic aérien) 15 mai-15 sept. 12h-16h (juil.-août 9h-17h).* Tenu par Flavien Mabit, un Français, ce centre est une mine d'informations.
Queen Charlotte Visitor Centre – *3220 Wharf St., Queen Charlotte -* ✆ *250 559 8316 - www.qcinfo.ca - juil.-août 8h30-21h (juin lun.-merc. 16h30).* Personnel anglophone très compétent. Renseignements pratiques sur **www.guidetohaidagwaii.com**. Pour plus d'informations, voyez le site du Conseil de la Nation haïda, www.haidanation.ca, et leur excellente newsletter, *Haida Laas.*

▶ SE REPÉRER

Carte de région A3 (p. 92-93) - carte de Haida Gwaii (p. 163). L'archipel se trouve à la limite ouest du plateau continental, à 55 km à peine au sud de l'Alaska, à 120 km à l'ouest de Prince Rupert, et à 770 km au nord de Vancouver.

⊙ ORGANISER SON TEMPS

Comptez au minimum 2 jours pour visiter l'île Graham ; et entre 1 et 4 jours pour visiter Gwaii Haanas National Park Reserve.

⊗ À NE PAS MANQUER

Le Haida Gwaii Heritage Centre dans la ville de Skidegate.

⊞ AVEC LES ENFANTS

Grande plage et circuits de randonnée dans le parc provincial Naikoon.

Séparé de la côte nord-ouest de la Colombie-Britannique par le vaste détroit d'Hécate, l'archipel Haida Gwaii (300 km de long, 100 km de large à l'extrémité nord) compte quelque 150 îles dont les principales sont Graham, au nord, et Moresby, au sud. Seule la partie septentrionale est aujourd'hui réellement habitée, l'île Moresby étant en grande partie protégée par son statut de réserve de parc national. Cet écosystème insulaire et sauvage particulièrement bien préservé ne serait rien sans ses habitants, les Haïda, qui depuis plus de 12 000 ans vivent en osmose avec leur milieu naturel. De ces liens étroits qu'ils ont tissés avec la terre, la mer et le ciel est née l'une des cultures les plus fortes de la côte pacifique dont témoignent les mâts totémiques, traits d'union culturels entre ces différents éléments naturels. Pour autant, n'oublions pas que les Haïda faillirent disparaître dans le sillage de la colonisation et sa cohorte d'épidémies et de prédations (exploitations forestières, pêches industrielles). Aujourd'hui, ce que nous observons, c'est aussi la façon dont ce peuple a su se réapproprier son territoire, faire valoir ses traditions, inventer en somme sa propre modernité. Une chance pour chacun d'entre nous.

Découvrir Carte de Haida Gwaii p. 163

GRAHAM ISLAND (ÎLE GRAHAM)

Avant le 18ᵉ s., près de 15 000 Haïda vivaient dans les villages disséminés le long des côtes de l'archipel. Un siècle plus tard (1862), la population était décimée par la variole après leur première rencontre avec les Européens. On ne comptait plus alors que 1 598 Haïda. Les survivants abandonnèrent leurs villages pour se réfugier dans deux d'entre eux, encore viables : Skidegate et Masset. Depuis, la plus grande des îles, Graham, est de loin la plus peuplée. Elle compte plus de 4 000 personnes contre moins de 300 à Sandspit, le principal bourg de Moresby. Ses habitants vivent principalement dans les villages haïda et les petites communautés de l'est de l'île, dont l'économie reposait beaucoup sur l'exploitation forestière et la pêche. Deux activités aujourd'hui en déclin, que tentent de compenser le développement du tourisme et la production artisanale. Prolongement de la route Yellowhead (sur le continent), la **route 16** traverse la partie orientale de l'île entre Queen Charlotte et Masset.

Queen Charlotte City

À 6 km à l'ouest de Skidegate Landing, le débarcadère par lequel arrivent par bac et ferry la majorité des visiteurs.

Queen Charlotte City est le centre administratif de l'archipel. C'est aussi un village-rue d'un millier d'âmes, qui concentre la majorité des hôtels, restaurants, banques et boutiques de souvenirs de l'île. L'office de tourisme, installé juste à côté du petit port, est le point de départ indispensable avant de rayonner dans l'île. N'oubliez pas de demander le *Art route Haida Gwaii* si vous désirez rencontrer les ateliers de la trentaine d'artistes vivant sur Graham.

Skidegate

709 habitants. À 1,5 km du débarcadère.

Située face à la baie Rooney, cette ancienne communauté haïda – que la population locale appelle « le Village » – est le centre politique et culturel de la Nation haïda contemporaine. Les bureaux du Conseil de tribu de Skidegate se trouvent dans l'impressionnante réplique d'une **longue maison** (habitation communautaire) en cèdre. **Bill Reid** en a créé le **mât totémique★★** frontal. Plusieurs échoppes arborent les œuvres d'autres artistes haïda.

🥾 Une randonnée *(10 km)* mène par la plage jusqu'à l'épave du *Pesuta*, embarcation de bois échouée en 1928.

★★ **Haida Gwaii Heritage Centre** – *Au sud de Skidegate - Kaay Llnagaay -* 📞 *250 559 7885 - www.haidaheritagecentre.com -* ♿ *- juin : 10h-17h ; juil.-août : dim.-mar. 10h-18h, merc.-sam. 10h-21h ; sept.-mai : mar.-sam. 10h-17h - 15 $.*

Pour comprendre la portée de ce centre patrimonial, il faut avoir une image en tête (visible au sein du musée, juste en face de la Eating House) : celle que réalisa en 1878 **George Mercer Dawson** (1849-1901), considéré comme le père de l'anthropologie canadienne. Photographe accompli, ce géologue, botaniste et ethnologue surdoué montre Skidegate seize ans après l'épidémie de variole de 1862. Un village fantôme, avec ses maisons aveugles comme des cercueils, équarries à coups de planches de cèdre, toisées par une vingtaine de mâts-totems, sous lesquels languissent face à la marée des canoës monoxyles. Cent vingt ans plus tard, la communauté haïda décida de reconstruire ce village historique afin de réaffirmer avec force son identité culturelle.

Ce complexe, qui aligne en front de mer cinq longues maisons et six mâts monumentaux, plus qu'un musée, est un centre d'art et de culture. Il se charge

1

de transmettre et d'enseigner la **culture haïda** qui faillit disparaître avec la colonisation. Songeons qu'il fallut attendre presque un siècle avant de voir réapparaître en 1969 la silhouette d'un nouveau mât-totem : celui de **Robert Davidson** sur Old Masset.

L'ensemble, achevé en 2007, concentre un musée, des expositions d'histoire naturelle et d'artisanat autochtone (en particulier des sculptures sur argilite et des mâts totémiques), le Bill Reid Teaching Centre, consacré à l'artiste, un restaurant et une boutique librairie. La maison du Canoë renferme la superbe **Loo Taas**, une pirogue de 15 m creusée à la main dans le plus pur style haïda pour l'Expo'86 de Vancouver.

Les six mâts placés à l'extérieur du centre représentent chacun l'un des six villages ancestraux. Le mât Skidegate, le plus proche de la route, représente le village le plus septentrional, tandis que le mât Sgang Gwaay, proche du musée, évoque le village éponyme le plus méridional. Sur ce dernier, exécuté par LaadaTim Boyko, on observe, de bas en haut, l'ours tenant dans sa gueule un humain – métaphore de l'ours parlant le langage des hommes, ou plus exactement des histoires d'ours rapportées par les hommes –, un castor, un cormoran, puis un aigle au sommet (le mythe fondateur) surmonté par trois anneaux. Ceux-ci indiquent le nombre de *potlatch* effectués par le chef, dont le mât retrace l'histoire et la mémoire.

Port Cléments

À 67 km au nord de Queen Charlotte (50mn en voiture).

Ce petit bourg de 378 habitants s'est développé pour les besoins de l'exploitation forestière.

Masset

À 40 km au nord de Port Cléments et 107 km de Queen Charlotte (1h30 en voiture).

Cette localité de 884 habitants se trouve non loin de l'endroit où les eaux d'un petit bras de mer, le Masset Sound, rejoignent celles de la baie McIntyre. Autrefois la principale ville de l'île, en partie grâce à la présence d'un poste des forces canadiennes aujourd'hui fermé, Masset accueille pêcheurs et promeneurs attirés par les plages du nord de l'île.

Dixon Entrance Maritime Museum – *2183 Collison Ave - juin-août 13h-17h - 2 $.* Le petit musée présente l'univers maritime d'autrefois.

Coque de bateau, ex-voto marins peuplent l'**église de Masset** (1912), la plus ancienne de l'île.

LA REINE CHARLOTTE S'EFFACE

Le navigateur espagnol Juan Perez Hernandez (1725-1775) fut le premier Européen à découvrir ces îles en 1774, lors d'une expédition partie de Californie. Durant les années 1780 et 1790, d'autres Européens naviguèrent le long de la côte nord-ouest, pratiquant le troc des précieuses peaux de loutres de mer avec les autochtones. Un capitaine de la marine marchande anglaise, George Dixon, baptisa les îles en l'honneur de la **reine Charlotte**, épouse de George III (1738-1820), roi de Grande-Bretagne et d'Irlande. Ce n'est qu'en 2010 que les îles de la Reine-Charlotte retrouvèrent officiellement leur nom originel : Haida Gwaii, les « îles du Peuple ». Ce nom, souligne alors le ministre des Affaires indiennes et du Nord canadien, rappelle à chacun que « la Nation haida est partie intégrante de l'histoire du lieu ».

Gwaii Haanas National Park Reserve.
K. Funk / age fotostock

Old Masset

À 107 km du débarcadère de Skidegate.

L'ancien village de Masset (614 hab.) court le long du rivage. Ses maisons sont jalonnées par d'imposants mâts-totems. Remarquez celui qui se trouve devant la St John's Anglican Church, réalisé par un célèbre artiste haïda, **Robert Davidson**. Des œuvres d'artistes haïda sont en vente dans plusieurs échoppes du village, dont celle de Sarah's *(voir Nos adresses p. 167)*, à la façade ornée de motifs traditionnels et d'un mât totémique finement sculpté par le frère de Robert Davidson, **Reg Davidson**.

Naikoon Provincial Park

À 9 km à l'est de Masset, accès par une route de plage non goudronnée. 𝒫 250 626 5115 - ouv. tte l'année - bureaux du parc à Tlell - randonnée, pêche, promenades. ♨ Ce parc de 72 640 ha englobe le littoral nord-est de Graham, avec ses vastes plages (110 km) et ses dunes faisant face au détroit d'Hécate (à l'est) et au détroit de Dixon (au nord).

★★ **Agate Beach** – *À 20 km de Masset. Parking et chemin d'accès pour la plage au terrain de camping.* Les minéralogistes amateurs trouveront ici peut-être quelques-unes de ces gemmes auxquelles la plage doit son nom. Le terrain de camping le plus fréquenté de l'île étant celui d'Agate Beach (43 emplacements), il convient d'arriver tôt le matin pour être sûr d'avoir une place. Belle aire de pique-nique.

Tow Hill – *À 25 km de Masset (compter 20mn en voiture).* Au nord, à l'aire de stationnement pour **Tow Hill**, un affleurement de basalte boisé s'élève à 133 m au-dessus de la mer. Un sentier très facile *(1h AR)* mène au **Blow Hole** (une cavité par où jaillit l'eau à marée montante comme par le trou d'évent d'une baleine) puis au sommet, offrant un **panorama**★ sur la vaste étendue de plages à l'est et à l'ouest. Par beau temps, on peut voir l'Alaska par-delà le détroit de Dixon.

Les Corbeaux et les Aigles

La société haïda est divisée en deux unités appelées moitiés *(moieties)* : les Corbeaux et les Aigles. La première moitié était subdivisée en vingt-deux lignages (groupe de parenté ou lignées dont les noms dérivent généralement du lieu d'origine du groupe) ; la seconde en vingt-trois lignages. Au sein de chaque lignage se trouvaient des membres des deux moitiés. Car un mariage ne pouvait se conclure qu'entre Aigles et Corbeaux selon ce principe exogamique (il répond aussi à une logique d'expansion territoriale) qui veut que chaque haida choisisse son ou sa conjointe en dehors de sa moitié. Chaque lignée possédait des droits sur certains cours d'eau (saumons), rivages (flétan, morue) et parcelles de terres (plantes, tabac, chasse, cèdres) afin d'assurer sa survie matérielle (habitat, nourriture), sociale, politique et spirituelle (thuyas géants pour élever des mâts mortuaires par exemple).

SOCIÉTÉ MATRILINÉAIRE, PATRIARCALE

Tout Haïda appartient donc à l'une des deux moitiés dès sa naissance. Dans une société à filiation matrilinéaire (le nom et le statut social sont transmis par la mère) et patriarcale (c'est l'homme qui détient l'autorité), les enfants sont obligatoirement membres de la moitié de leur mère, l'héritier du chef n'étant jamais son propre fils mais le fils aîné de la sœur aînée du chef.

Ces groupes de parentés sont placés sous l'autorité d'un leader, dépositaire d'un blason (*crest* en anglais), sorte de représentation symbolique d'un ancêtre lignager associé à une entité naturelle (animal, végétal ou objet naturel), à laquelle le groupe ou la lignée s'identifie. On revendique à travers cette entité une commune nature faite de qualités physiques et morales transcendant la nature des espèces. Nulle surprise donc si les corbeaux et les aigles, deux espèces très présentes sur l'archipel, sont à l'origine des deux principaux mythes fondateurs haïda. Pour revendiquer publiquement leur appartenance à l'une des deux moitiés, les membres sculptent ou/et peignent ces emblèmes familiaux héréditaires sur les grands **mâts totémiques** plantés devant les maisons nobles, les boîtes et canots funéraires, les proues de canot, les couvertures et les vêtements *(voir p. 74)*. L'érection d'un mât est toujours l'occasion de grandes fêtes cérémonielles (potlatch, *voir l'encadré p. 61*) qui, au-delà de la publicité faite à l'emblème de l'une des deux moitiés, servaient à revitaliser, via des cérémonies dispendieuses et ostentatoires, une compétitive et nécessaire interdépendance.

TRADITIONS ET PRAGMATISME

Si les Haïda élèvent toujours des mâts, ils le font aujourd'hui pour réaffirmer leur identité, et ce désormais à travers le monde entier où leurs productions artistiques sont de plus en plus prisées. Montrer, transmettre leurs traditions à l'aune d'événements importants est toujours d'actualité. Dernier exemple en date : l'érection d'un mât de 16 mètres de haut dans l'île de Lyell (Gwaii Haanas) en 2013. Cette œuvre travaillée pendant des mois dans le Haida Heritage Center par le très talentueux sculpteur Jaalen Edenshaw (né en 1980), aidé de son frère Gwaii et de Tyler York, a été commandée par le gouvernement fédéral pour fêter le vingtième anniversaire d'une gestion coopérative entre la Nation haïda et le gouvernement fédéral sur la réserve de Gwaii Haanas. Chaque partie est bien sûr consciente que ce mât sera demain un nouvel atout touristique pour l'île. *www.pc.gc.ca/eng/pn-np/bc/gwaiihaanas/index.aspx*.

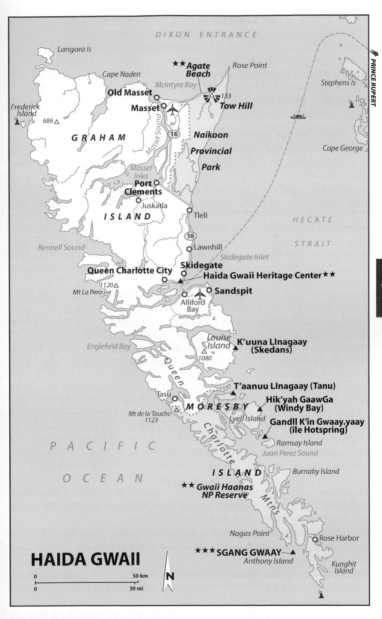

DIXON ENTRANCE

Langara Is
Cape Naden
McIntyre Bay
★★ **Agate Beach**
Rose Point
Stephens Is
PRINCE RUPERT

Old Masset
Masset
133
Tow Hill
Cape George

Frederick Island
686△
GRAHAM
16
Naikoon
Provincial
Park

Masset Inlet
Port Clements
Juskatla
ISLAND
Tell

Rennell Sound
16
Lawnhill
Skidegate Inlet

HECATE
STRAIT

Queen Charlotte City
Skidegate
Haida Gwaii Heritage Center★★
Mt La Perouse
1120△
Sandspit
Alliford Bay

1

Englefield Bay
Louise Island
1080△
K'uuna LInagaay (Skedans)

Tasu
T'aanuu LInagaay (Tanu)
MORESBY
Hik'yah GaawGa (Windy Bay)
Mt de la Touche
1123
Lyell Island
Gandll K'in Gwaay.yaay (île Hotspring)

PACIFIC
Ramsay Island
Juan Perez Sound

OCEAN
Queen Charlotte Mtns
ISLAND
Burnaby Island

★★ **Gwaii Haanas NP Reserve**

Nagas Point
Rose Harbor

HAIDA GWAII
0   50 km
0   30 mi
N
★★★ **SGANG GWAAY →**
Anthony Island
Kunghit Island

MORESBY ISLAND (ÎLE MORESBY)

◯ *Sandspit se trouve à 20mn en ferry de l'île Graham.*

Deuxième de l'archipel par sa taille, cette île profondément découpée de fjords et de criques et bordée d'îlots abrite, dans sa partie méridionale, l'essentiel de la réserve du parc national Gwaii Haanas. Ancien centre d'exploitation forestière, sa seule ville, **Sandspit** (297 hab.), est le rendez-vous des kayakistes et des excursionnistes faisant le tour de la réserve en bateau.

Moresby a subi, au cours du 20e s., les ravages (encore visibles) du déboisement. S'ensuivit, vers le milieu des années 1970, un conflit entre l'industrie forestière d'une part, et les Haïda appuyés par les écologistes de l'autre. L'affrontement aboutit finalement à la création de la réserve. Les versants boisés des montagnes de la Reine-Charlotte (élévation maximale d'environ 1 000 m), qui forment l'arête dorsale de l'île, plongent souvent à pic dans la mer.

★★ Gwaii Haanas National Park Reserve

Accessible uniquement par bateau ou hydravion.

🅱 *℘ 250 559 8818 ou 1 877 559 8818 - www.pc.gc.ca/gwaiihaanas - voir Nos adresses p. 167.*

Gwaii Haanas comprend la réserve du parc national créée en 1988 (138 îles, 1 495 km²), la réserve d'aire marine nationale de conservation depuis 2010 (3 400 km²) et le site du patrimoine haïda : 600 vestiges archéologiques (mâts mortuaires, longues maisons) d'anciens villages. En tout, près de 6 000 km² de terre et de mer bénéficient de cette protection. Gwaii Haanas est ainsi géré par le gouvernement du Canada (représenté par Parcs Canada et Pêches et Océans Canada) de concert avec la Nation haïda par l'entremise du conseil de gestion de l'archipel.

Dans ces forêts denses, aux sous-bois riches en plantes à baies telles que la gaulthérie (le *salal* des Anglo-Saxons), la ronce remarquable ou l'airelle rouge, poussent principalement trois espèces de conifères : le **thuya géant** (*thuja plicata*), appelé aussi cèdre rouge – dans lequel sont taillés les mâts héraldiques –, l'**épicéa de Sitka** et la **pruche de l'ouest**. Si le cougar, le loup et le grizzli sont absents de Haida Gwaii, l'**ours noir** est en revanche présent. À la différence de ses congénères continentaux, ses mâchoires sont particulièrement imposantes à force de se nourrir d'invertébrés à coquille dure pêchés sur l'estran. Parmi les espèces introduites récemment, comme le rat noir et le surmulot, le **cerf de Sitka** pose de graves problèmes. Il menace la régénération du thuya géant, lequel, en l'absence de grands herbivores – jusqu'à l'arrivée de l'homme blanc –, n'avait jamais développé de défenses chimiques. Ignoré par les cerfs sur le continent, ce conifère fait aujourd'hui leur régal insulaire. Un plan d'éradication du cerf est actuellement mené par les scientifiques. Côté mer, les eaux sont particulièrement riches en saumon, flétan, hareng, sébaste, poulpe, crabes. Placé sur la voie migratoire printanière des baleines grises et des rorquals à bosse, Haida Gwaii héberge régulièrement une vingtaine d'espèces de **baleines** et de dauphins.

Cinq sites du patrimoine naturel et historique se visitent. La surveillance de ces anciens villages est assurée par des **Haida Gwaii Watchmen** (de 2 à 4 gardiens par site).

K'uuna Llnagaay (Skedans) – *Côte orientale de l'île Louise (hors de la réserve).* Il dévoile quelques traces de longues maisons et quelques mâts mortuaires et commémoratifs dévorés par la végétation.

T'aanuu Llnagaay (Tanu) – *Côte orientale de l'île Tanu.* On aperçoit les vestiges de ce village qui comptait autrefois entre 25 et 40 longues maisons.

Hik'yah GaawGa (Windy Bay) – *Côte orientale de l'île de Lyell.* C'est en ce lieu emblématique pour les Haïda qu'ils s'opposèrent en 1985 aux coupes sylvicoles qui saignaient à blanc l'île de Lyell. Cette contestation mena à la création du Gwaii Haanas National Park.

Gandll K'in Gwaay.yaay (île Hotspring) – Très couru pour ses sources thermales, le site est tari depuis le tremblement de terre (7,7 de magnitude) qui a secoué la côte ouest de Gwaii Haanas le 27 octobre 2012. Nul ne sait pour l'heure si l'eau sourdra à nouveau.

★★★ **SGang Gwaay (île Anthony ou Ninstints)** – Porté sur la liste du patrimoine mondial de l'Unesco en 1981, ce village occupe un site spectaculaire au bord du Pacifique. C'était l'un des plus grands du sud de l'archipel, habité selon toute probabilité pendant 1 500 ans, et comptant une population de 400 personnes. Des mâts funéraires et commémoratifs ont résisté aux intempéries. Encore dressés, la plupart d'entre eux « fournissent des exemples de la vie et de l'art toujours vivants des Haïda », souligne l'Unesco.

😊 NOS ADRESSES À HAIDA GWAII

TRANSPORTS

Arriver en bateau

BC Ferries – Liaisons continentales entre Prince Rupert et Skidegate. Vérifiez les horaires avant le départ et arrivez 2h à l'avance. *☎ 250 386 3431 ou 1 888 223 3779 - www. bcferries.com - sur réserv. pour les véhicules - juil.-sept. : jeu.-dim. départ 11h-arrivée 18h, lun. dép. 22h-arr. 6h, merc. dép. 13h-arr. 19h30 - 44,75 $/pers. et 159,24 $/véhicule standard.*

Bac inter-îles entre Skidegate et Alliford Bay. *www.bcferries.com - env. 1 bac/h 7h-22h tte l'année - durée du trajet 25mn - 9,50 $/pers. et 22,15 $/véhicule.*

Arriver en avion

Air Canada Jazz – Vols quotidiens entre Vancouver et Sandspit. *☎ 1 888 247 2262 - www.aircanada. com - 250/320 $ - durée de vol 1h50.*

Pacific Coastal Airline – Vols entre Masset et Vancouver, Port Hardy, Cambell River ou Victoria. *☎ 604 273 8666 ou 1 800 663 2872 - www.pacific-coastal.com.*

😊 **Bon à savoir** – La compagnie North Pacific Seaplanes vient d'être rachetée par Inland Air de Prince Rupert (*www.inlandair. bc.ca*), spécialiste du vol sur mesure (Flightseeing Excursions).

Accès Sandspit Airport – *☎ 250 637 5313.* Navette **Eagle Transit** entre l'aéroport et Queen Charlotte (*Box 4/6, Queen Charlotte - ☎ 250 559 4461 - www. haidagawaii.net/eagle - 25 $/pers.*). Si vous quittez Queen Charlotte, réservez la veille la navette qui passera vous chercher à l'hôtel.

Taxis – Entre l'aéroport et Queen Charlotte, il faut prendre deux taxis et compter la traversée Alliford Bay-Skidegate entre les deux. *Réserv. obligatoire - 40/50 $ entre Sandspit et Alliford Bay, 9,50 $ de traversée, puis 10 $ jusqu'à Queen Charlotte.*

😊 **Bon à savoir** – Au retour, vous pouvez chercher sur le bac une solution de covoiturage pour éviter le coût du second taxi.

Location de voitures

Réservez plusieurs mois à l'avance pour la période courant de juin à septembre. Quelques *guest houses*, lodges et motels représentent les marques de loueurs comme Budget ou National. *68 $/j + 0,35 $/km chez Gracie's (www.graciesplace.ca) ; 57 $/j + 0,35 $/km chez Sea Raven ;* un peu plus cher chez *Rustic Car rentals (605 Ocean View Drive, Queen Charlotte - ☎ 250 559 4641 - citires@qcislands.net).*

HÉBERGEMENT

À Queen Charlotte

PREMIER PRIX

Premier Creek Lodging – *3101 Oceanview Dr. - ☎ 250 559*

8415 - www.qcislands.net/premier - 12 ch. Le plus ancien hôtel de Queen Charlotte n'est pas dépourvu de charme. Chambres pour toutes les bourses selon que l'on partage ou non la salle de bains. Adresse courue par les plus jeunes. Location de voitures.

BUDGET MOYEN

Sea Raven Inn – 3301 Oceanview Dr. - ℘ 250 559 4423 - www.searaven.com - ✕ - 39 ch. Tenu par une famille très sympathique, ce motel est loin d'être irréprochable (sommiers parfois sommaires, chambres bruyantes, service peu pugnace). C'est néanmoins une bonne entrée de gamme pour les commodités qu'il offre : très bon restaurant, Internet, location de voitures, bons conseils, etc.

Dorothy & Mike's Guest House – 3127 2nd Ave - ℘ 250 559 8439 - www.qcislands.net/doromike - ✕ - 7 ch. et cottage (250 $ pour 6 pers.) Dans cette belle maison confortable, tout est fait pour vous faciliter la vie (sauna, location de vélo, etc.)

À Masset

POUR SE FAIRE PLAISIR

Copper Beech Guest House – 1590 Delkatla Rd - ℘ 250 626 3388 - www.copperbeechhouse.com - 🛏 - 5 ch. ☕ - réserv. indispensable. À deux pas du petit port de Masset vous attend un véritable cabinet de curiosités. Tout suscite l'intérêt dans cet écrin de volupté débordant de livres et d'objets insolites. Il est vrai que cette maison d'hôte appartient à la célèbre écrivaine canadienne Susan Musgrave, dont l'originalité littéraire est à l'image de cette énonciation du monde.

Eagles Feast House B & B – 2120 Harrison Ave - ℘ 250 626 6072 - www.eaglesfeast.com - 🛏 - 4 ch. ☕. Jouissant d'une vue magnifique sur le front de mer, cette maison est occupée par un couple très original dont la maîtresse de maison, géologue et artiste haïda, saura vous charmer pas la force de ses traditions.

Engelhard's Oceanview Lodge – 1970 Harrison Ave - ℘ 250 626 3388 - www.engelhardsoceanviewlodge.ca - 18 ch. ☕. Très bon hôtel tenu par un couple germano-vietnamien. Les chambres sont propres et confortables. Prestations classiques irréprochables et petit déjeuner au rez-de-chaussée, face à la mer, dans une salle lumineuse mais peu fantaisiste.

RESTAURATION

À Queen Charlotte

BUDGET MOYEN

Ocean View – Situé dans le motel Sea Raven - ℘ 250 559 8503 - 7h-20h30/21h (dernier service). Ambiance décontractée mais cuisine rigoureuse face au front de mer ou dans le brouhaha d'une compétition sportive retransmise sur grand écran. La majorité des visiteurs de Queen Charlotte convergent vers cette adresse sympathique. Grande salle, parfaite pour échanger des informations, boire un verre, dîner entre amis ou prendre le petit déjeuner pour les clients du Sea Raven. Les fruits de mer, cuisinés ou à la vapeur, sont les spécialités de la maison (plat 20-40 $).

Queen B's – 5-3208 Wharf St. - ℘ 250 559 4463 - 9h-17h. À deux pas du port, le lieu alternatif de Queen Charlotte. Décontracté et branché, ce coffee shop (excellents muffins) propose aussi une restauration légère à base de produits bio. Mine d'informations. Art local souvent exposé.

À Skidegate

PREMIER PRIX

Ga Taa Naay – *Restaurant du Haida Heritage Center.* Dans cette belle salle face à la crique, la restauration est simple (soupes, salades, sandwichs), savoureuse (le BLT – bacon, laitue, tomates – est particulièrement délicieux) et peu onéreuse (7-15 $). Espace idéal pour discuter avec les conservateurs et artistes haïda.

À Masset

PREMIER PRIX

Bud's Bar and Grill – *1675 Main St. - ☎ 250 626 5426 - lun.-sam. 7h-20h, dim. 7h-14h.* Ce restaurant flambant neuf semble sorti tout droit d'une série américaine pour teenagers, tant rutilent les chromes autour des sièges en skaï, à l'image de ces belles américaines des années 1950 (burger aux huîtres 13 $, délicieux Deluxe cheeseburger 11 $).

Haida Rose Cafe – *415 Frog St. - ☎ 250 626 3310 - lun.-sam. 7h-20h, dim. 7h-14h.* Idéal pour prendre un café ou une restauration légère sur la terrasse. Internet à disposition. À deux pas du Sarah's.

ACHATS

À Old Masset

Sarah's Haida Arts – *387 Eagle Rd - ☎ 250 626 5560 - www.sarahs haidaarts.com - 11h-17h, dim. 12h-17h.* Située dans une longue maison haïda de toute beauté, cette boutique mérite le détour. Elle présente des objets artistiques de qualité : masques, pagaies, sculptures en argilite, bijoux, etc. Librairie bien achalandée.

GWAII HAANAS NATIONAL PARK

Le parc n'accepte pas plus de 12 visiteurs par site en même

temps. Pour parcourir la réserve, il n'y pas d'autre possibilité que de passer par une agence agréée par le parc, à moins de se déplacer en kayak. Pour ce faire, il faut être parfaitement équipé et entraîné à cette pratique. Attention aux risques d'hypothermie (la température de l'eau n'excède pas 7 °C), à la mer dangereuse et aux conditions météorologiques changeantes (camping et commodités basiques).

Les voyageurs indépendants doivent obligatoirement suivre une séance d'orientation. C'est à l'occasion de cette inscription qu'ils recevront leur permis d'accès. ☎ 1 877 559 8818.

Permis d'accès – *Du 1er mai au 30 sept. 19,60 $/j. (sur réserv.) ; gratuit du 1er oct. au 30 avr.*

Agences – La licence des agences agréées par le parc étant reconduite chaque année, consultez l'office de tourisme de Sandspit pour en connaître la liste.

Tours – Différentes modalités sont proposées par les agences. Selon la formule la plus simple et la moins onéreuse *(230 $/j/pers., permis d'accès compris)*, on vous emmène en zodiac jusqu'au site de **K'uuna LInagaay (Skedans)**. Selon la plus complète et la plus chère, on vous conduit de site en site, toujours en zodiac, pendant 4 jours avec restauration et hébergement en maison flottante *(1 495 $/pers.)*. **Moresby Explorers** *(365 Beach Rd - Sandspit - ☎ 250 637 2215 - http://moresby explorers.com)* compte parmi les agences sérieuses.

Vous pouvez même passer sept jours en compagnie de l'écrivaine **Susan Musgrave** *(voir ci-contre, Copper Beech)* pour une immersion littéraire en accointance avec Dame nature *(2 300 $)*.

1

Prince Rupert

13 000 habitants – Colombie-Britannique

😊 NOS ADRESSES PAGE 171

ℹ S'INFORMER

Prince Rupert Visitor Center – *100 First Avenue West (dans le Museum of Northern BC) - ℘ 250 624 5637 ou 1 800 667 1994 - www.princerupert.ca, www.visitprincerupert.com.*

▷ SE REPÉRER

Carte de région A3 (p. 92-93) - carte des vallées du Skeena et de la Nass (p. 170). Prince Rupert se situe à 440 km au nord de Port Hardy (15h via BC Ferries) ; à 149 km au nord-est de Skidegate, Haida Gwaii (8h via BC Ferries) ; et à 721 km à l'ouest de Prince George par la route 16.

😊 À NE PAS MANQUER

Le Museum of Northern British Colombia.

🕐 ORGANISER SON TEMPS

Compter une journée pour visiter la ville, une seconde pour les alentours.

👫 AVEC LES ENFANTS

Le quartier Cow Bay, le North Pacific Historic Fishing Village et la plage de Diana Lake.

Construite sur l'île Kaien près de l'estuaire du Skeena, Prince Rupert surgit en 1903 au cœur du territoire traditionnel des Indiens tsimshian. Il s'agissait d'accueillir le terminus du Grand Trunk Pacific Railway. Libre de glace toute l'année, la ville portuaire est progressivement devenue la capitale mondiale du flétan. Production halieutique, exploitation forestière et débouché ferroviaire assurèrent sa prospérité, tandis que l'activité portuaire se développait, centrée autour des céréales et du charbon dans les années 1980, autour des conteneurs et des croisiéristes aujourd'hui (Ketchikan en Alaska est à 6h de ferry).

FILS DE ROI ET ROI DES FOURRURES

Fils de Frédéric V et d'Élisabeth Stuart, elle-même fille de Jacques Ier d'Angleterre et sœur du roi Charles Ier, le **prince Rupert** (1619-1682) est né à Prague, capitale de Bohême, en pleine guerre de Trente Ans (1618-1648). Le conflit, qui opposait les catholiques emmenés par Ferdinand II, empereur de Habsbourg, et les réformés de Bohême, ayant osé couronner le protestant Frédéric V, se solda par la défaite du père du prince Rupert. Rapidement contraint à l'exil et pris dans les rets de l'histoire, le jeune homme entama une carrière de simple soldat avant d'être nommé amiral quelques décennies plus tard par Charles II, roi d'Angleterre. Féru de sciences, il fut membre fondateur de la Royal Society et bailleur de fonds d'un voyage exploratoire consacré à la traite des fourrures avec l'Amérique du Nord. Son bateau, le *Nonsuch*, jeta l'ancre dans la baie James, à l'embouchure de la rivière Rupert en 1668 *(voir p. 314)*. Le 2 mai 1670, le roi Charles II nommait le prince Rupert premier gouverneur de la Compagnie de la baie d'Hudson.

LES TSIMSHIAN OU PEUPLE DU SKEENA

Les Tsimshian (Tsim-she-yan, « peuple du Skeena ») vivent sur un territoire qui s'étend d'ouest en est de la côte pacifique jusqu'aux montagnes Skeena et, sur un axe nord-sud, de la rivière Nass jusqu'au détroit Douglas. Répartis sur des aires géographiques différentes, les Tsimshian se divisent en quatre groupes principaux : les Nishga (ou Nisga'a) sur la rivière Nass, les Gitxsan sur la partie supérieure du Skeena, les Tsimshian sur la partie côtière et inférieure du Skeena et les Tsimshian de la côte sud jusqu'à la baie Milbanke qui jouxte l'aire des Bella Bella. Si ces groupes partagent une culture commune (érection de mâts et *potlatch*), ils se distinguent d'un point de vue linguistique, à l'exception des Nishga et Gitxsan qui parlent une langue mutuellement intelligible.

Découvrir Carte des vallées du Skeena et de la Nass p. 170

Lorsque la ville fut fondée, en 1903, **Charles Melville Hays** (1856-1912), président du Grand Trunk Pacific Railway, cherchait à dynamiser le trafic sur la ligne de chemin de fer. Les plans les plus ambitieux furent échafaudés pour attirer les touristes. Il fut demandé à l'architecte Sir Frances Mawson Rattenbury d'élever un **hôtel** de 450 places afin de surclasser le prestigieux Empress Hotel qu'il venait de construire à Victoria. Mais Hays sombra en 1912 dans le naufrage du *Titanic*, et avec lui ses projets pharaoniques, pour ne pas dire titanesques. À l'emplacement du rêve de Hays se dresse aujourd'hui le **Rupert Square Mall** *(500 2ᵈ Ave W)* et une statue du magnat du Railway. C'est aux alentours que se concentrent les principaux centres d'intérêt de la ville, entre lesquels il est aisé de circuler à pied. Commencez la découverte de Port Rupert par la visite du musée qui héberge l'office de tourisme. Vous y trouverez un plan de la ville.

★★ Museum of Northern British Columbia

100 First Ave West - ℘ 250 624 3207 - www.museumofnorthernbc.com - ♿ - mi-mai-août : 9h-17h ; le reste de l'année : mar.-sam. 9h-17h - 6 $.

Ce beau musée en cèdre rouge massif abrite une très belle collection de quelque 8 000 objets de groupes ethniques de la côte nord-ouest (tsimshian et haïda essentiellement). Parmi ceux-ci, on relève quelques pépites, comme cette **robe de pouvoir** (Chilkat Robe) tissée en laine de chèvre et en écorce de cèdre ou cette **coiffure cérémonielle** fabriquée à base de cornes caprines et de coquillages d'abalone (galerie des Trésors). Remarquez le **vêtement de deuil** ou ce magnifique **ours sculpté**, deux objets uniques dans les arts funéraires tsimshian. Belle collection de **mâts** dans la galerie monumentale. À l'atelier, des artisans amérindiens font parfois des démonstrations de leurs talents.
Prenez la 1ˢᵗ Ave West sur votre droite en sortant du musée jusqu'au Bill Murray Dr.

★ Kwinitsa Railway Station Museum

Sur le front de mer (par Bill Murray Dr.) - ℘ 250 624 3207 - www.museumof northernbc.com - ♿ - juin-août 9h-12h, 13h-17h.

La petite gare de Kwinitsa, que desservait le Grand Trunk Pacific, a été transformée en musée. Il retrace, grâce à des objets et photographies d'époque, l'épopée du chemin de fer dans la région ainsi que la vie des cheminots et de leur famille.

★★ City Hall

À l'angle de 3ʳᵈ St. et 3ʳᵈ Ave.

Il est agréable de flâner dans le petit centre-ville. Certains de ses vieux édifices méritent un détour, surtout quand leur architecture Art déco se conjugue

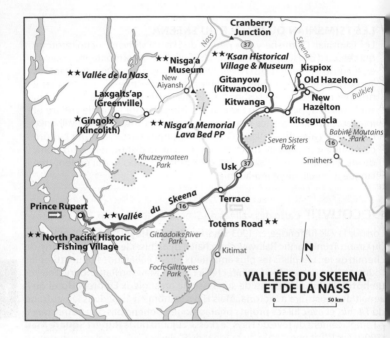

avec des motifs tsimshian. Le City Hall, construit en 1938, en est la plus belle illustration. Bureau de poste au départ, hôtel de ville depuis 1964, il abrite des fresques réalisées par **William Jeffrey**. L'artiste tsimshian est l'un des fondateurs du Native Brotherhood of British Columbia (1931), la plus ancienne organisation autochtone créée au Canada. Remarquez, juste à côté, la belle reproduction d'un **mât totémique** haïda, bien que nous soyons en territoire tsimshian. La Compagnie des chemins de fer canadienne promouvait alors davantage l'art haïda (même si ces totems étaient parfois exécutés par des artistes tsimshian), expression artistique plus attractive, pensait-elle, auprès des touristes qu'elle avait pour mission d'acheminer.

Prenez 3ʳᵈ St. et tournez à droite dans la Première Avenue.

★ **Court House** (Palais de justice) **et Sunken Gardens**

À quelques centaines de mètres en direction de Cow Bay.

Derrière le palais de justice, qui s'élève sur une éminence, le petit jardin aux accents japonisants est l'un des lieux les plus charmants de Prince Rupert. Le premier chantier fut retardé à cause de la Première Guerre mondiale puis légèrement déplacé. On transforma alors les excavations originelles (le mur en briques témoigne des fondations primitives) en un jardin.

Cow Bay

Au bout de 1ˢᵗ Ave E.

Avec ses quais, ses cafés, ses auberges et ses boutiques, ce charmant quartier est le pouls touristique de la ville. Son nom consacre le premier débarquement de vaches dans la baie en 1908. On en retrouve le souvenir de leurs taches noires et blanches jusque sur les bennes à ordures !

À proximité Carte des vallées du Skeena et de la Nass ci-contre

★★ North Pacific Historic Fishing Village

À 22 km à l'est de Prince Rupert, au sud-est de Port Edward. 1889 Skeena Dr., Prince Edward - ℘ *250 628 3538 - www.northpacificcannery.ca -* ♿ *- juil.-août : 10h-17h ; mai-juin et sept. : mar.-dim. 10h-17h - 12 $.*

À la fin du 19ᵉ s., la Colombie-Britannique comptait plus de 220 conserveries de poisson. Construit en 1889 sur un bras du Skeena, ce village pittoresque, qui appartenait en grande partie à la conserverie, constitue le plus ancien témoignage de l'industrie sur la côte nord. Les employés, venus de tous les horizons, vivaient et travaillaient sur place. L'usine est restée telle qu'au temps de sa fermeture, en 1972. Une visite guidée permet de se familiariser avec les techniques de pêche et de mise en conserve.

☺ **Bon à savoir** – Le restaurant propose poissons et fruits de mer et le café sert des repas légers.

À l'est de **Port Edward**, la route 16 rejoint le Skeena et longe sa magnifique vallée. Les sommets enneigés de la chaîne côtière dominent les eaux tumultueuses du fleuve tout au long de la route. Différents points de vue jalonnent ce bel itinéraire.

Diana Lake Provincial Park

À 16 km au sud-est de Prince Rupert.

Les rives du lac sont aménagées pour la baignade. Tables à pique-nique, toilettes, font de cet espace un endroit très populaire le week-end pour les habitants de Prince Rupert.

☺ NOS ADRESSES À PRINCE RUPERT

TRANSPORTS

Arriver en bateau

BC Ferries – ℘ *250 386 3431 ou 1 888 223 3779 - www.bcferries. com. Pour Ketchikan, consultez le site Internet (5h15, 54 $). Jours et horaires différents selon les mois : www.ferrytravel.com.*

☙ *Pour les liaisons avec Haida Gwaii ou Port Hardy, voir ces noms.*

Arriver en train

Via Rail – De Prince Rupert, le train peut vous conduire jusqu'à Vancouver via Jasper (Alberta). Comptez 3 jours et 1h45 avec un arrêt d'une nuit à Prince Georges (pensez à réserver votre hôtel). La nouvelle classe Loisirs avec voiture Panorama (toit transparent) sera opérationnelle en 2014. Se rens. pour les jours Classe Loisirs.

℘ *1 888 842 7245 - www.viarail.ca - les départs ne sont pas quotidiens (se rens.) - env. 240 $ en classe éco., env. 650 $ avec couchette et repas.*

Arriver en avion

Prince Rupert Airport – ℘ *250 624 6274 - www.ypr.ca.* Situé sur l'île de Digby, à 8 km à l'ouest du centre-ville, l'aéroport est desservi par la compagnie Airport Bus & Ferry Service *(se rens. à l'OT pour les horaires).* Le ticket du ferry est compris dans le prix du billet d'avion *(départ du quai Fairview - durée de la traversée 30mn - www.ypr.ca/ferry.html).*

Air Canada Jazz – En principe, deux vols quotidiens pour Vancouver (750 km, 2h). ℘ *1 888 247 2262 - www.aircanada.ca.*

Hawkair – Liaisons entre Vancouver et Prince Rupert, Terrace, et Smithers. ℘ *1 800*

1

487 1216 - www.hawkair.ca -
départs les lun., merc., jeu. et vend.
à 10h45, 12h15 le dim. - 189-289 $.

En voiture

Si vous visitez les îles de la côte
ouest, partir avec sa voiture
nécessite de bien s'organiser
pour trouver une place sur
les BC Ferries. Louer offre une
souplesse supplémentaire, à
condition de réserver sa voiture
suffisamment à l'avance.

National Car Rental – Le parc
locatif étant limité et cette agence
étant l'un des rares loueurs de
Prince Rupert, il est prudent de
réserver. *106-815 1ʳ Ave (au rez-
de-chaussée du Highliner Hotel) -
☎ 1 800 227 7368 ou 250 624
5318 - www.nationalcar.ca - 40 $/j.
+ 0,35 $/km*. Autres adresses
à **Terrace** – *☎ 250 635 6855*,
et à **Smithers** – *☎ 250 847 2216*.

HÉBERGEMENT

PREMIER PRIX

Pioneer Backpacker's Inn –
*167 3rd Ave E – ☎ 250 624 2334 -
www.pioneerhostel.com - dortoirs
de 8 à 2 lits et 3 ch*. Idéalement
située dans le quartier de Cow
Bay, cette auberge de jeunesse
accueillante et très internationale
propose de bonnes prestations
pour toutes les bourses. Une
navette gratuite vient vous
chercher au ferry. Une très bonne
adresse qui saura vous en donner
d'autres.

BUDGET MOYEN

Java Lodge B & B – *516 3rd Ave W -
☎ 250 622 2833 - www.javalodge.ca -
✕ - 3 ch. ⌨*. Installé dans
l'ancienne Banque de Montréal,
un édifice classé et centenaire,
l'établissement ne manque pas
d'allure. Chambres confortables,

salon cheminée cosy, on s'y sent
parfaitement à l'aise. Le B & B fait
aussi restaurant.

RESTAURATION

PREMIER PRIX

Java Bistro & Café – *Même
adresse que le Java Lodge -
☎ 250 622 2822 - lun.-vend.
7h30-18h et sam. 9h-18h pour
le café, merc.-sam. 17h-20h30
pour le bistro*. Dans cette belle
salle aux volumes amples et
aux accents presque coloniaux,
la cuisine est sous influence
asiatique. La patronne est
d'origine indonésienne et le
personnel japonais d'une infinie
bienveillance (*tonkatsu* – porc
pané et frit – ou curry javanais
12 $).

POUR SE FAIRE PLAISIR

The Smiles Sea Food Café –
*113 Cow Bay - ☎ 250 624 3072 -
www.smilesseafoodcafe.ca -
10h-22h en été ; 11h30-20h en hiver
(21h au printemps et à l'automne)*.
Une institution, ouverte depuis
1934, où l'on savoure poissons,
viandes, et l'incontournable
fish & chips préparé avec
l'ingrédient qui fit la fortune de
la ville, le halibut (flétan). Crabes
d'Alaska, homards, huîtres grillées
ou en burger, coquilles Saint-
Jacques, les fruits de mer se
déclinent à tous les prix (18-46 $).

PETITE PAUSE

Cowpuccino's – *25 Cow Bay
Road - ☎ 250 627 1395 - 7h-21h,
dim. 7h-19h*. À deux pas du Pioneer
Backpacker's, le bon endroit
pour prendre un café et savourer
d'énormes *muffins* en toute
tranquillité. Restauration rapide
à midi (sandwichs, soupes).

Vallée du Skeena
★★

Colombie-Britannique

😊 NOS ADRESSES PAGE 177

S'INFORMER

Terrace Visitor Centre – *4511 Keith Ave - ℘ 1 877 635 4944 et 250 635 4944 - www.visitterrace.com et www.hellobc.com.*
New Hazelton Visitor Centre – *Petite maison en bois à l'angle des routes 16 et 62 - ℘ 250 842 6071 - www.hazeltonstourism.ca - lun.-vend. 9h-17h.*

SE REPÉRER

Carte de région AB3 (p. 92-93) - carte des vallées du Skeena et de la Nass (p. 170). La portion ouest de la route 16, entre Prince George et Prince Rupert, passe par la vallée du Skeena, qui s'étire entre New Hazelton et Kitwanga.

À NE PAS MANQUER

Les mâts-totems et le village reconstruit de 'Ksan près de New Hazelton.

ORGANISER SON TEMPS

Prévoyez au moins deux jours.

AVEC LES ENFANTS

La route des Totems, pour découvrir la culture indienne largement implantée dans la région de New Hazelton.

Né dans les monts Skeena, le « fleuve des brumes » est le deuxième plus grand cours d'eau de la province. Dépourvu de barrage, il s'écoule sur 565 km vers le sud jusqu'à New Hazelton avant de filer en direction du sud-ouest jusqu'au détroit d'Hécate. Creusée à la période glaciaire, la vallée verdoyante du Skeena est réputée pour ses paysages grandioses et ses fameuses truites arc-en-ciel. Elle abrite la riche culture tsimshian du groupe ethnique des Gitxsan qui vit toujours en bordure du fleuve, où fraient chaque année plus de cinq millions de saumons.

Circuit conseillé Carte de région AB3, p. 92-93
et carte des vallées du Skeena et de la Nass, p. 170

★★ À LA RENCONTRE DES GITXSAN AB3

Circuit de 280 km, tracé en gris sur la carte p. 170, par la route 16.

Terrace B3
À 147 km de Prince Rupert (2h).
Ville principale de 12 000 habitants et ville étape, Terrace se trouve à la croisée de deux circuits : le premier part à l'est vers New Hazelton et 'Ksan, par la route 16 (130 km, 2h) ; le second file au nord vers Gingolx (170 km) et, par la route 113, rejoint la magnifique vallée de la Nass *(voir p. 178)*.

Un territoire ancestral

Depuis près de 10 000 ans, les **Gitxsan** ou « peuple de la côte nord-ouest » vivent sur une aire qui s'étend de l'embouchure de la rivière Skeena jusqu'à 150 km à l'intérieur des terres, principalement le long de ses affluents. Avant l'arrivée des Européens (premier contact autour de 1832), ils vivaient traditionnellement de la pêche (au saumon surtout, pêché au hameçon) et de la cueillette. Le **cèdre rouge**, abondant dans ces forêts luxuriantes, leur fournissait le matériau nécessaire aussi bien à la construction de leurs maisons communautaires (faites de larges planches) qu'à la fabrication des boîtes (angles ployés à la vapeur) ou à la confection des nattes qui tapissaient par exemple les murs afin d'isoler l'habitat contre le froid. Les vêtements étaient quant à eux réalisés avec l'écorce interne du cèdre, qui servait tantôt de chaîne tantôt de trame.

POSSÉDER POUR OBLIGER

Chaque événement marquant de la vie (mariage, funérailles, désignation, adoption, etc.) s'accompagnait d'un rituel et d'une grande fête : le **yukw**. Ce banquet servait de tribune aux individus de haut rang pour faire reconnaître publiquement leurs titres et privilèges. Comme lors du **potlatch** *(voir p. 61)*, la distribution des richesses, en obligeant ceux qui recevaient, conférait au donateur son prestige. Le banquet offrait l'occasion de prendre à témoin les invités. Plus les convives étaient nombreux, plus les témoignages consacraient les largesses du donateur et avec elles sa position sociale. Pour donner et obliger, il fallait donc posséder beaucoup de richesses.

L'ORALITÉ RECONNUE

Au 19e s., sous la tutelle de la Compagnie de la baie d'Hudson, les Européens établirent des comptoirs en bordure du Skeena. Les colons prenaient possession des terres, engendrant en 1872 l'un des premiers conflits territoriaux enregistrés en Colombie-Britannique. Conflits qui n'allaient être réglés sur le fond qu'un siècle plus tard grâce à une série de jugements, dont le **Delgamuukw contre la Colombie-Britannique**, dit aussi **Delgamuukw contre la reine** (1997). Ce dernier ferait jurisprudence puisque la Cour suprême, en cherchant à définir le contenu et la portée du titre aborigène, élevait l'histoire orale au même niveau que le témoignage écrit. Le *yukw* était décortiqué, car s'y expriment non seulement les lois gitxsan, mais aussi leurs *adaawak* (histoires appartenant à un *wilp* ou maison) et *kungax* (histoires transmises oralement), leurs emblèmes, leurs chants anciens, leur vie spirituelle, leurs croyances, leurs médecines, tout ce qui fait leurs relations, leur adaptation à ce territoire, à cette nature particulière dans laquelle sourd aussi la leur. Et si nous sommes ainsi, dit en substance le Conseil tribal gitxsan, c'est parce que nous n'avons jamais cessé d'être ici. *www.gitxsan.com*.

GIRLS, DON'T HITCHHIKE ON THE HIGHWAY OF TEARS !

« Mesdames, ne faites pas d'auto-stop sur l'autoroute des larmes ! » Affiché fréquemment au bord de la route 16, cet avertissement rappelle qu'un grand nombre de jeunes filles, essentiellement des Indiennes, ont été assassinées le long de cette route, qui traverse d'est en ouest le nord de la Colombie-Britannique pendant 724 km, entre 1969 et 2006. Tous ces meurtres n'ont pas été élucidés à ce jour.

Terrace ne présente aucun attrait particulier mais, bien pourvue en hôtels et restaurants, elle est un bon point de chute pour rayonner dans la région. Parmi les sites méritant une visite, le **Heritage Park** évoque la vie des pionniers dans la région avec ses huit authentiques cabanes en rondins d'époque *(4702 Kerby Ave - ℘ 250 635 4546 - www.heritageparkmuseum.com - juin-août : 10h-18h ; sept.-mai : lun.-vend. 9h30-17h30)*.

Après Terrace, la vallée s'ouvre un temps pour laisser la route s'élancer vers les monts Hazelton. À 22 km à l'est de Terrace se trouve le village d'**Usk**. La petite chapelle miniature sur la droite est une réplique de celle qui a été détruite pendant la grande inondation de 1936. Sur la gauche, on peut braver les tourbillons du Skeena en bac à câbles, dont l'histoire remonte à 1912.

★★ Totems Road (Route des Totems) B3

Visite libre en voiture.

De nos jours, cinq villages situés sur le cours du Skeena et de ses affluents sont encore peuplés de Gitxsan. Quatre d'entre eux sont ornés d'impressionnants alignements de **mâts totémiques★★★** de la fin du 19e s. Battus par les intempéries, ces poteaux de 5 à 9 m ont bien sûr perdu leur peinture polychrome.

Kitwanga – *Traverser le Skeena, continuer jusqu'à la jonction des routes 16 et 37 Nord, puis prendre à droite la Bridge St.* Une douzaine de mâts-totems du 19e s. s'élèvent dans un pré verdoyant en bordure du Skeena. La silhouette impressionnante des **monts Seven Sisters** (2 755 m) se détache au loin.

Gitanyow (**Kitwancool**) – *À 18 km au nord de Kitwanga, par la route 37.* Ce petit village de 450 personnes possède le plus ancien alignement de mâts-totems gitxsan. La célèbre peintre canadienne Emily Carr a illustré ce site dans de nombreuses toiles à partir de 1928. Certains de ces mâts sont aujourd'hui entreposés à l'abri des intempéries dans un petit **musée** adjacent qui sert de centre d'interprétation (donation).

Reprendre la route 16 en direction de l'est.

Kitseguecla – *À 19 km à l'est de la jonction avec la route 37, par la route 16.* Dans ce village, de nouveaux mâts-totems sont venus remplacer les plus anciens, victimes d'incendies (1872) et d'inondations.

Continuer vers l'est jusqu'à New Hazelton.

New Hazelton B3

À 26 km de Kitseguecla - *voir p. 173.*

On s'arrête ici essentiellement pour prendre des informations au Visitor Centre et commander peut-être un hamburger dans cette petite caravane itinérante tenue depuis quelques décennies par un Québécois sympathique. Une bonne source d'information locale par ailleurs.

Prendre à gauche la route 62, la Kispiox Valley Rd.

1

L'OURS-ESPRIT

Bien qu'il ne soit en réalité qu'une sous-espèce très rare de l'ours noir (lui-même omniprésent au Canada), l'**ours kermode** de Colombie-Britannique, dont la couleur varie du blanc pâle au beige clair, a toujours revêtu une importance spirituelle majeure pour les Indiens de la région, qui le nomment ours-esprit. On le croise au début de l'automne, près des voies de montaison du saumon. On ne le rencontre que dans la forêt pluviale qui recouvre les îles et les vallées côtières au sud de Prince Rupert : seuls subsistent aujourd'hui 60 à 100 spécimens dans le monde. Les écologistes font actuellement pression sur le gouvernement de Colombie-Britannique pour freiner les coupes sylvicoles afin que son habitat soit préservé.

On traverse le célèbre **Hagwilget Bridge★**, le plus haut pont suspendu du Canada à la date de sa construction, en 1932. Très beau point de vue au-dessus des eaux de la rivière Bulkley, qui coule 80 m plus bas. Pour la petite histoire, le mât Kaiget qui est aujourd'hui présenté dans le hall d'entrée du musée parisien du Quai-Branly était érigé ici, à deux pas de la rivière, sur ces terres occupées non par des Gitxsan, mais par des Indiens wet'suwet'en, des nomades issus de la branche des Carrier. Le mât du clan de la grenouille fut acquis dans les années 1930 par le peintre surréaliste Kurt Seligmann pour les collections du musée de l'Homme.

★★ **'Ksan Historical Village & Museum** – *À 7 km au nord-ouest de New Hazelton. PO Box 326, Hazelton -* ☏ *250 842 5544 ou 1 877 842 5518 - www.ksan.org - avr.-sept. : 9h-17h ; oct.-mars : lun.-vend. 9h30-16h30 - 5 \$ pour les collections du musée et du site (ne donne pas accès aux lieux montrés lors de la visite guidée, fortement recommandée, mais en anglais - 10,50 \$) - spectacles de danse 'ksan en juil. (se rens.).*

Situé au confluent du Skeena ('ksan en gitxsan) et du Bulkley, ce village gitxsan reconstitué occupe un très beau site que dominent les sommets aigus du rocher Déboulé. Il se compose de sept maisons, dont un **musée**, doté d'une modeste mais assez belle collection, un **atelier** de sculpture et de sérigraphie (où des artistes amérindiens exercent leurs talents), ainsi que trois **maisons** – celle de l'Épilobe, celle du Loup et celle de la Grenouille (il manque celle de l'Aigle puisque les Gitxsan se répartissent généralement en quatre clans) –, accessibles exclusivement par le biais de la visite guidée. Extraordinairement riches en **objets★★** grâce aux nombreux prêts des chefs héréditaires, ces maisons se mettent soudain à vivre sous les commentaires éclairants des guides gitxsan.

À quelques centaines de mètres de 'Ksan.

Old Hazelton – ☏ *250 842 5991 - www.hazelton.ca - entrée libre.* Pendant du village indien, ce hameau reconstitué montre comment les pionniers vivaient au début du 20e s. Une trentaine de maisons en bois ont été reconstruites : hôtel, café-saloon, commerces, librairie, musée (Pionner Museum), etc. Une déambulation historique un peu plus touristique que son homologue indien.

Kispiox – *À 19 km au nord de 'Ksan. Kispiox Valley Rd.* Ce village de 700 âmes au confluent du Skeena et du Kispiox héberge une vingtaine de mâts-totems dressés au bord de l'eau. Les plus vieux dataient de 1880, les plus récents de 1995 environ. Ceux-ci appartiennent à différentes familles ou **wilp** (maisons), divisées en trois **pdeek** (clans) principaux : les Gisgaast, les Lax See'l et les Lax Gibuu. Chaque clan est représenté par un ou plusieurs blasons qu'on retrouve sur chacun des mâts commémoratifs : la grenouille pour les Lax See'l, le loup pour les Lax Gibuu et l'épilobe pour les Gisgaast, une plante à la symbolique conquérante puisqu'elle a pour particularité de réinvestir les espaces naturels soumis à un événement traumatique comme un incendie ou une coupe de bois.

⊙ **Bon à savoir** – La Cranberry Junction relie la vallée du Skeena et la vallée de la Nass *(voir p. 178)*, entre Kitwanga et New Aiyansh, sans passer par Terrace. Plus ou moins carrossable selon les aléas climatiques, ce segment rejoint la Nisga'a Highway par la route 37. Renseignez-vous au préalable sur l'état de la route.

😊 NOS ADRESSES DANS LA VALLÉE DU SKEENA

HÉBERGEMENT

BUDGET MOYEN

À Terrace

Bear Country Inn – *4402 Lakelse Ave - ℘ 250 635 6302 - www.bear countryinn.bc.ca* - 🚻 ✕ - *54 ch.* Ce motel est l'une des valeurs sûres du centre-ville dans sa catégorie. Choisissez une chambre à l'étage et non attenante au parking.

Inn of the West – *4620 Lakelse Ave - ℘ 250 638 8141 - www.innof thewest.ca* - 🚻 ✕ - *58 ch.* 🛏. Plus confortable que le précédent, l'« auberge de l'ouest » propose de nombreux services – poste Internet au rez-de-chaussée, salle de sport en étage – et un copieux buffet pour le petit déjeuner.

À Smithers

Nettement plus charmante que Terrace, cette petite ville située à 80 km de New Hazelton constitue une agréable étape pour une nuit. Ses accents tyroliens résonnent avec la vertigineuse montagne Hudson Bay.

Stork Nest Inn – *1485 Main St. - ℘ 250 847 3831 - www.storknest inn.com* - ✕ - *54 ch.* 🛏. Petit hôtel très accueillant au cœur de la ville. Chambres confortables, réception sympathique et petit déjeuner pantagruélique. Mieux vaut réserver. Vivement recommandé !

RESTAURATION

BUDGET MOYEN

À Terrace

Bear Country Inn – *Restaurant du motel - 6h30-21h (7h dim.).* Du petit déjeuner (10 $) au dîner (Grizzly Bear Burger – jambon cheddar – 13 $), l'endroit est plébiscité par les gens du coin. Quant au saumon sauvage grillé, une aubaine pour 18 $!

Blue Fin Sushi Bar – *4608 Lakelse Ave - ℘ 250 638 0058 - www.bluefinsushibar.ca - mar.-jeu. 11h30-14h30, 16h40-20h, vend.-sam. 11h30-14h30, 16h30-21h.* Cet excellent restaurant japonais, aux serveurs philippins, réjouit les fins palais avec ses ingrédients frais et ses prix modérés (assortiment de sushis 15 $). Pour les inconditionnels, un autre Blue Fin Sushi Bar se trouve à Smithers *(1232 Main St., ℘ 250 847 5341).*

À Smithers

Alpenhorn Bistro & Bar – *1261 Main St. - ℘ 250 847 5366 - www.alpenhornbistro.com - lun.-sam. 11h-23h.* Ce chalet pub très chaleureux est parfait pour prendre une bière, goûter des fromages locaux ou manger des cakes au crabe Dungeness. Groupes de musique.

1

Vallée de la Nass

★★

Colombie-Britannique

 NOS ADRESSES PAGE 180

S'INFORMER

Nisga'a Visitor Centre – *Dans le parc -* ✆ *250 633 3000 - www.nisgaalisims.ca et www.env.gov.bc.ca - de mi-mai à fin juin, uniquement les w.-end ; juil.-août : tlj 10h-17h.* Différents tours sont aussi organisés pour visiter les cônes de lave - *mar., jeu. et w.-end, rdv 10h au Visitor Centre - durée 4h - 40 $/pers., 4 pers. mini. - non recommandé aux -7 ans.*

SE REPÉRER

Carte de région AB3 (p. 92-93) - carte des vallées du Skeena et de la Nass (p. 170). Gingolx se trouve à 182 km au nord-ouest de Terrace. Si vous arrivez de la vallée du Skeena, la Cranberry Junction rejoint la vallée de la Nass, entre Kitwanga et New Aiyansh, sans passer par Terrace *(voir p. 173)*.

À NE PAS MANQUER

Le parc provincial, le musée Nisga'a et le site de Gingolx.

ORGANISER SON TEMPS

Comptez une journée. Vous pouvez dormir à Gingolx chez l'habitant si vous souhaitez vous attarder.

AVEC LES ENFANTS

Le champ de lave avec un guide (pour les plus grands).

Région de très haute montagne, de lacs glaciaires et de forêts anciennes, cette vallée en partie pétrifiée par la lave présente une géographie à multiples facettes. Grâce aux abondantes ressources naturelles de leur vallée d'origine, les Nisga'a ont produit l'une des cultures matérielles et spirituelles les plus riches des peuples autochtones. Ce n'est donc pas un hasard si la Nation nisga'a a été la première des First Nations à revendiquer des droits fonciers sur ses terres et à les faire reconnaître par un traité désormais célèbre.

Circuit conseillé Carte de région AB3, p. 92-93

et carte des vallées du Skeena et de la Nass, p. 170

★★ LA ROUTE DES NISGA'A AB3

◗ *Circuit de 360 km A/R, entre Terrace et Gingolx, tracé en jaune sur la carte p. 170.*

Terrace *(voir p. 173)* B3

De Terrace, la route 113 (Nisga'a Highway) conduit en 3h à Gingolx.
La route suit la merveilleuse **rivière Tseax**.

Crater Creek - Beaupre Falls (chutes de Beaupre) - **Vetter Falls** (chutes de Vetter) - **Tree Mould Trail** - **Vetter Creek Trail** - **Fish Wheel Trail**. Quelques arrêts et petites marches enchanteresses très accessibles sont indiqués le

long de la route. Les sentiers *(trails)* sont bien balisés car ils sont entretenus par le parc provincial, le premier à être conjointement dirigé par la Colombie-Britannique et une Nation Première, suite au traité négocié par les Nisga'a.

★★ Nisga'a Memorial Lava Bed Provincial Park B3
À 94 km de Terrace.
Au milieu du 17ᵉ s., plus de 2 000 Nisga'a perdirent la vie lors de l'éruption du volcan Tseax. Un impressionnant champ de lave se détache désormais sur fond de cimes enneigées (39 km² sur les 179 km² que compte le parc). Cette terre inhabitable a été transformée en un parc provincial doté d'une double mission : protéger les traces d'un événement géologique important, la dernière éruption volcanique connue au Canada, et honorer la mémoire des ancêtres Nisga'a.

Laxgalts'ap (Greenville) B3
À 50 km du parc Nisga'a.
Situé sur l'estuaire de la rivière Nass, Greenville, rebaptisé en 2000 Laxgalts'ap, est un petit bourg de 520 personnes. Si le nom nisga'a est imprononçable pour la plupart des visiteurs, son sens est d'une grande importance. Laxgalts'ap signifie **village sur village**, laissant entendre que l'actuel a bien été construit sur un autre, plus ancien. Un changement de nom qui n'est pas sans symbole. C'est en effet grâce à cette occupation historique que les Nisga'a obtinrent de la Cour suprême du Canada des droits juridiques sur leurs terres. Une première pour les First Nations, dont découleraient nombre d'heureuses décisions, en particulier la création d'un musée, joyau ouvert seulement depuis 2011.

★★ **Nisga'a Museum / Hli Goothl Wilp-Adokshl Nisga'a** – *810 Highway Drive -* ✆ *250 633 3050 - www.nisgaamuseum.ca - merc.-dim. 12h-17h - 8 $ (mieux vaut vérifier les horaires avant la visite).* On pourrait traduire le nom du musée par « le cœur de tous les blasons, symboles, de la maison Nisga'a ». La formule se trouve au cœur de l'interprétation architecturale du bâtiment, dont les formes relèvent autant de la maison cérémonielle que des **embarcations** traditionnelles (dans la cosmogonie nisga'a, le monde émerge après une immense inondation). La toiture recourbée imite la ligne des canoës traditionnels, et les pagaies courent de part et d'autre de l'édifice comme les arcs-boutants de nos vaisseaux gothiques. Outre le transport des denrées et des hommes, ces embarcations symbolisent la rivière, la source, la vie et implicitement le passage d'une rive à l'autre, de l'ignorance au savoir, de l'ombre à la lumière, ainsi que l'illustre le magnifique volume du musée derrière sa haute façade de verre. Nulle

> ### LE TRAITÉ DES NISGA'A
> Dès 1887, les chefs nisga'a se rendaient à Victoria pour régler la « question des terres ». Le 11 mai 2000, soit 113 ans plus tard, un traité reconnaissant les terres nisga'a entrait en vigueur. Entre ces deux dates s'enchaîna une suite ininterrompue de revendications et de procédures, dont l'arrêt Calder, du nom du chef nisga'a **Frank Calder**, qui consacra un véritable tournant juridique. La Cour suprême du Canada, pour la première fois, déclarait que les Nisga'a détenaient un titre aborigène avant que les Européens n'arrivent. Aujourd'hui, la Nation nisga'a est propriétaire de ses terres (environ 2 000 km²) et dispose d'un fondement juridique pour diriger ses propres affaires. Le 8 novembre 2000, la Nation nisga'a tenait sa première élection, comme prévu par le traité. Le 11 mai 2011, elle inaugurait le Nisga'a Museum.

surprise donc si, dans cet espace inondé de lumière, le visiteur croise l'immense sculpture de **Txeemsim**. Dans la mythologie nisga'a, Txeemsim, le Corbeau, apporte à son peuple la lumière, laquelle miroite de mille feux. Ou plus précisément trois cents. Tel est le nombre de pièces que le Musée canadien des civilisations (Ottawa) et le Musée royal de la Colombie-Britannique (Victoria) ont restituées aux Nisga'a. Ces objets, masques, vêtements, supports chamaniques, etc., sont exposés sans vitrine (à l'exception des plus petits), au plus près de ceux qui les observent.

★ Gingolx (Kincolith) A3
À 30 km de Laxgalts'ap.

La route qui s'achève à Gingolx est magnifique. Elle suit l'extrémité intérieure du bras maritime (Portland Inlet) qui de l'océan Pacifique s'enfonce à travers les terres nisga'a jusqu'à la Nass Bay, où se jette la rivière Nass, après son périple de quelque 400 km depuis les montagnes Skeena. C'est à ce carrefour que se trouve Gingolx, un village de 500 âmes. De ses hauteurs, la vue panoramique s'ouvre sur la belle crique de Portland où tournoient les aigles. Quelques beaux mâts héraldiques jalonnent le bord de mer notamment près de la longue maison (sur la gauche à l'entrée du village). Se promener dans les rues de Gingolx suscite immanquablement la curiosité des Nisga'a. N'hésitez pas à engager la conversation. Rares sont les étrangers à venir jusqu'ici, ce que ne manqueront pas de vous faire observer les Nisga'a avec une joie communicative.

☺ NOS ADRESSES DANS LA VALLÉE DE LA NASS

TRANSPORTS

Attention – La seule station-service dans la Nass Valley se trouve à New Aiyansh, à 82 km de Gingolx *(8h-20h, 18h le w.-end)*.

HÉBERGEMENT

À Gingolx

POUR SE FAIRE PLAISIR
Lavinia's Bed & Breakfast – *Au cœur du village, face à l'anse de Portland -* ✆ *250 326 4335 - 6 ch.* ⌨. Dans la plus belle maison du village, les chambres bien tenues sont au premier étage (la famille au second) et se partagent deux salles de bains. Ambiance locale garantie. On peut y déjeuner ou y dîner (20 $), à condition de réserver.

RESTAURATION

À Gingolx

PREMIER PRIX
« U » Seafood – *Juste à l'entrée du village sur la gauche -* ✆ *250 326 4382.* Fruits de mer et poissons selon arrivage et la disposition de Bonny Stanley à cuisiner. Il est vrai qu'ils sont les seuls à faire office de restaurant dans le village. Plus prudent d'appeler pour s'assurer du menu du jour…

ACTIVITÉS

Nass Valley Tour – ✆ *855 568 8687 - www.nassvalleytours.com.* Agence nisga'a. Contactez Fred Mckay (fredm@nassvalleytours. com) pour toute demande spécifique dans la région.

Fort Saint James

1 566 habitants – Colombie-Britannique

◐ **SE REPÉRER**

Carte de région B3 (p. 92-93). Fort St James est situé à l'extrémité de la route 27, à 154 km au nord-ouest de Prince George.

◔ **ORGANISER SON TEMPS**

La visite du fort et de ses environs prend 3 à 4h. Il existe une aire de pique-nique et des emplacements de camping à proximité du site.

Dans un cadre charmant au bord du lac Stuart est niché Fort St James, l'une des plus anciennes localités de l'ouest du Canada. Ce comptoir, fondé par Simon Fraser au centre d'une vaste région sauvage, prit de l'importance lorsqu'il devint en 1821 le plus grand magasin de la région de la Compagnie de la baie d'Hudson. En pénétrant dans la bourgade éloignée de tout centre urbain, on imagine à quel point la solitude devait peser sur les premiers occupants du fort.

Découvrir

Au bord du lac - ☏ 250 996 7191 - www.pc.gc.ca - ♿ - juin-sept. 9h-17h - 7,80 $.
Au début du 19e s., le commerce des fourrures était presque entièrement entre les mains de la Compagnie de la baie d'Hudson et de sa concurrente, la Compagnie du Nord-Ouest. **Simon Fraser**, employé de cette dernière, établit en 1806 un comptoir au lac Stuart. Rebaptisé Fort St James, celui-ci devint rapidement le quartier général du commerce des fourrures à l'ouest des Rocheuses. La fusion des deux entreprises en 1821 fit passer le fort sous le contrôle de la nouvelle Compagnie de la baie d'Hudson (CBH).
La vie dans cet avant-poste isolé était dure et solitaire. Le personnel stationné à Fort St James affrontait un climat rude, une alimentation fruste, une routine implacable et l'éloignement de son milieu familial. Les trappeurs, indiens pour la plupart, apportaient les peaux au magasin où elles étaient évaluées et troquées contre des produits de consommation. Cependant, le comptoir commença dans les années 1870 à être fréquenté par des prospecteurs et des colons possédant de l'argent liquide et, vers la fin du 19e s., les échanges se firent contre monnaie sonnante et trébuchante. Le fort cessa son activité en 1952.
Visite – Le site historique national contient plusieurs bâtiments restaurés de la CBH, construits entre 1884 et 1889. On visite notamment la **maison des hommes**, et les quartiers des officiers à l'ameublement méticuleusement reconstitué. Aménagée à l'écart, la **cache à poisson** contenait les réserves de saumon séché ; l'**entrepôt général** abrite une inestimable collection de fourrures. À chaque détour, des acteurs costumés proposent diverses attractions et content des anecdotes sur la vie passée du fort. Au centre d'accueil, des expositions variées et un film retracent l'histoire de Fort St James.

1

Les Cariboo

Colombie-Britannique

😊 NOS ADRESSES PAGE 186

ℹ️ S'INFORMER

The Cariboo Chilcotin Coast Tourism Association – ☎ *1 800 663 5885 ou 250 392 2226 - www.landwithoutlimits.com.*

▶ SE REPÉRER

Carte de région BC3-4 (p. 92-93). Williams Lake, au cœur de la région, est à 8h de route au nord de Vancouver en passant par le canyon du Fraser.

🕐 ORGANISER SON TEMPS

Les sites les plus intéressants nécessitent une excursion à partir de la route 97. Prévoyez de passer une nuit près de Barkerville afin de pouvoir disposer d'une journée de visite.

👫 AVEC LES ENFANTS

Le Hat Creek Ranch et le village historique de Barkerville.

La région des Cariboo se situe dans la basse vallée du Fraser, au nord de la rivière Thompson. Encadrée à l'ouest par la Chaîne côtière et à l'est par les monts Cariboo, auxquels elle doit son nom, elle fait partie intégrante du plateau intérieur de la Colombie-Britannique. Ses vastes pâturages sont entourés de collines semi-arides ponctuées de lacs aux eaux paisibles.

Découvrir Carte de région p. 92-93

★★ Hat Creek Ranch B4

À 22 km (AR) au nord de Cache Creek, à la jonction des routes 97 et 99. ☎ 1 800 782 0922 ou 250 457 9722 - www.hatcreekranch.com - mai-juin 9h-17h, juil.-août 9h-18h, sept. 9h-17h - fermé oct.-avr. - 12 $ (famille 5 pers. 25 $).

👫 Ce site provincial, autrefois relais routier de la route des Cariboo, est constitué d'un magnifique ensemble de bâtiments restaurés du 19e s. Élégante demeure victorienne, **Hat Creek House** fut jadis un hôtel ; l'écurie du relais a conservé son sol usé en bois. Les visiteurs pourront aussi profiter de ce lieu ravissant en voiture à cheval. Légèrement en amont, une tribu amérindienne organise une démonstration de **campement d'été** traditionnel.

CONCOURS DE COW-BOYS

Hat Creek fait revivre chaque année en juillet, lors de son **Historic Hat Creek Ranch Rodeo**, la tradition des rodéos du 19e s. La manifestation, discrète et authentique (sans rodéo sur bovin), plaît à de nombreux amateurs, autant attirés par la cuisine maison et les danses country que par les épreuves à cheval et au lasso.

La ruée vers l'or des Cariboo

La région s'est d'abord ouverte aux marchands de fourrures, puis aux chercheurs d'or. Après la Californie en 1848 et le Fraser dix ans plus tard, des prospecteurs trouvèrent de l'or dans les Cariboo vers 1859. Mais c'est en 1862 qu'un matelot de Cornouailles, **Billy Barker**, découvrit dans le lit du ruisseau Williams un riche filon dont il tira, en deux jours à peine, 1 000 dollars de métal précieux. S'ensuivit une ruée vers l'or qui fit naître des localités comme Barkerville, Camerontown et Richfield et amena la construction de la route des Cariboo. Une dizaine d'années plus tard, les ressources aurifères étaient épuisées et les établissements des Cariboo commencèrent à décliner. Barkerville demeura à l'abandon jusqu'en 1958, date à laquelle le gouvernement canadien décida d'en faire une ville-musée et de lui rendre son lustre d'antan.

LA ROUTE DES CARIBOO

Dans la région sauvage des Cariboo, les biens nécessaires aux mineurs étaient acheminés par convois de bêtes de somme. La jeune colonie de Colombie-Britannique, créée en 1858, décida donc de construire, avec l'aide de l'armée britannique et de compagnies privées, 650 km de route reliant Barkerville à Yale, dans la basse vallée du Fraser, jusqu'où les bateaux remontaient facilement. Véritable exploit technique, cette voie de communication, qui longeait le dangereux canyon du Fraser, fut inaugurée en 1864. Contrairement aux autres pistes de pionniers, elle a été transformée en autoroute et remplacée par la Transcanadienne, la route 97 (dite « route des Cariboo ») et la route 26.

UNE CONTRÉE D'ÉLEVAGE

Après le départ des chercheurs d'or, les habitants exploitèrent les ressources de leur environnement : du bois de construction à profusion et de gras pâturages. Les moyens de communication existants furent mis à profit pour expédier le bois et les produits agricoles au marché de Vancouver. Aujourd'hui, les Cariboo sont une zone de ranchs immenses dont le centre est **Williams Lake**. Le tourisme est une activité importante dans cette contrée particulièrement renommée pour la pêche, la chasse, les vacances équestres et le site de **Barkerville**, ancien témoin de la ruée vers l'or et ville fantôme aujourd'hui restaurée.

★★ **Wells Gray Park** BC3-4

À 204 km à l'est de Williams Lake, direction Clearwater par la route 97, la route 24 et la route 5. À Clearwater, continuer 35 km au nord jusqu'à l'entrée du parc.

▯ *℘ 250 674 3334 - www.wellsgray.ca - ouv. tte l'année - randonnées pédestres, canoë, natation, pêche et équitation - carte disponible au centre d'accueil des visiteurs (juil.-août : 9h-17h ; le reste de l'année : téléphoner pour connaître les horaires) - camping possible.*

À cheval sur un canyon spectaculaire et le versant ouest de la chaîne des Cariboo, le parc provincial de Wells Gray est un immense joyau, souvent dédaigné des visiteurs mais très apprécié des habitants de Colombie-Britannique. Ses forêts et son arrière-pays très étendu sont un terrain de randonnée idéal et il est possible de pratiquer les sports nautiques sur ses quatre lacs principaux.

Créées par le plongeon de la Murtle du haut d'une falaise de basalte (137 m), les **chutes de Helmcken** *(accessibles par la route de Clearwater)* sont la curiosité la plus célèbre du parc. Une courte marche *(⬤⬤ 3 km)* à travers une forêt de bouleaux, de trembles et de peupliers mène à **Ray Farm**, une ancienne ferme, puis à une source minérale. Un terrain de camping très apprécié est installé au **lac Clearwater**, où sont organisées des randonnées en canoë à la journée ou à la semaine. Niché dans une cuvette d'altitude à la limite sud-est du parc, le **lac Murtle** n'admet aucune embarcation à moteur.

Circuit conseillé Carte de région p. 92-93

LA ROUTE DES CHARIOTS B3-4

◗ *Circuit tracé en rouge sur la carte p. 92-93.*

De Cache Creek, la **route 97** quitte le désert du canyon de la Thompson pour atteindre les hauteurs du magnifique plateau des Cariboo, dont les forêts de trembles, de sapins et d'épicéas alternent avec de vastes prairies. Située au cœur de cette région, l'aire de repos de **108 Mile Ranch** comprend une demi-douzaine de bâtiments provenant d'un relais routier séculaire. Le bâtiment principal est une grange de bois à deux étages, de 1908, édifiée pour la famille Clydesdale. La grange (la plus ancienne construite en bois du Canada) fait aujourd'hui office de salle de bal communale. La route traverse Williams Lake et poursuit vers le nord avant de parvenir à **Quesnel** et ses scieries. Ensuite, la **route 26** pénètre dans les monts Cariboo.

★ **Cottonwood House** B3

℘ 250 992 2071 (en été) ou 250 983 6911 - www.cottonwoodhouse.ca - ♿ - du 3ᵉ w.-end de mai au 1ᵉʳ lun. de sept. : 10h-17h - 4,50 $ (famille 9 $).

> **EN SELLE, COW-BOY !**
> À Williams Lake se tient le **grand Stampede des Cariboo**. Les cavaliers ne suivent pas de troupeau mais traversent une contrée spectaculaire en altitude et peuvent nager et pêcher.
> ⚲ *www.williamslakestampede.com*

Village historique de Barkerville.
C. Harris / age fotostock

C'est l'un des derniers relais de l'ancienne route des chariots. Le bâtiment en peuplier de Virginie est remarquable malgré son âge (il date de 1865). Un peu avant Barkerville, on atteint la bourgade minière de **Wells**.

★★ **Village historique de Barkerville** B3

℘ 250 994 3332 ou 1 888 994 3332 - www.barkerville.ca - ♿ - 8h-20h - 13,95 $. Famille : 33,50 $ + GST.

Bâtie dans la vallée du riche ruisseau Williams, cette localité historique – un long village-rue – occupe un très joli **site★** dominé par les Cariboo. Le long des trottoirs de bois s'alignent les façades restaurées d'une ville minière au 19e s. : magasins, saloons, hôtels, bureau de titrage de l'or… Le **centre d'accueil** présente des montages audiovisuels et des expositions sur la ruée vers l'or des Cariboo, Barkerville à cette époque et les méthodes d'orpaillage.

Dans le village, **St Saviour's Anglican Church**, petite église anglicane en bois chantourné et clous de section carrée, se distingue par sa silhouette singulière. À l'autre bout de la rue se trouve le quartier chinois, groupé autour de son temple maçonnique, le **Chinese Freemasons' Hall**. Notez aussi l'emplacement de la **concession de Billy Barker**. Les visiteurs pourront chercher de l'or à la batée à l'Eldorado Mine *(payant)*.

Theatre Royal – *℘ 250 994 3225 - www.theatreroyal.ca - ♿ - représentations de mi-mai à fin sept. : téléphoner pour connaître les horaires - réserv. conseillée - 13 $. Balcon : 2 $ en sus.* Il donne des spectacles typiques de ceux auxquels auraient assisté les chercheurs d'or du 19e s.

Richfield – En longeant à pied le ruisseau Williams sur 1,6 km, on arrive dans cette autre ville minière où chaque été, de mi-juin à fin août, des acteurs font revivre le tribunal du célèbre **juge Begbie** au cours de trois représentations par jour. Ce personnage peu ordinaire sut imposer l'ordre à la communauté de mineurs des Cariboo, mettant en place un modèle suivi plus tard au Klondike.

😊 NOS ADRESSES DANS LES CARIBOO

HÉBERGEMENT

Séjours-vacances en ranch – Plusieurs ranchs de la région complètent depuis longtemps leurs revenus en recevant des hôtes payants qui y pratiquent équitation ou pêche. Il en existe différentes catégories, de la cabane rustique chauffée par un poêle à bois au luxueux chalet doté de cheminées. Des randonnées d'une demi-journée à cheval ou à VTT, ainsi que des excursions d'une journée dans les marais ou en montagne sont généralement organisées, et les pêcheurs auront souvent l'occasion de rapporter une truite arc-en-ciel. Des stages (familiarisation avec les ours, pansage des chevaux ou prise de bétail au lasso) sont couramment proposés. Plusieurs ranchs ont ajouté à leurs prestations des massages thaïlandais, des séances d'aromathérapie et autres services de remise en forme, ainsi que des saunas, piscines chauffées et salles de sport. Quant à l'aspect gastronomique de ces séjours, on trouvera aussi bien la cuisine traditionnelle (bœuf élevé sur place, bien entendu) que des poissons et fruits de mer accommodés selon les recettes asiatiques. Certains établissements proposent des repas diététiques, des menus gastronomiques ou des menus de régime personnalisés.

La saison s'étend de juin à sept., avec un climat remarquablement stable : des matinées fraîches et ensoleillées sont suivies de températures pouvant s'élever à 21 °C, parfois accompagnées d'averses. De nombreux Européens organisent leur voyage en Colombie-Britannique un an à l'avance, ce qui donne une idée du succès croissant que connaissent les ranchs. Un séjour d'une semaine coûte de 900 $ environ à nettement plus de 3 000 $; des forfaits en pension complète sont parfois proposés. Voici une sélection des établissements les plus réputés.

Information sur les ranchs – ✆ 250 593 0258 ou 1 877 278 2922 - www.bcguestranches.com.

BUDGET MOYEN

Wells Gray Ranch – *5565 Clearwater Valley Rd, Clearwater -* ✆ *250 674 2792 - www.wellsgrayranch.com.* Composé de cabanes confortables en bois, de dortoirs et d'une salle où planter la tente pour les plus économes, il possède un saloon très fréquenté le soir. L'établissement est célèbre pour les randonnées avec sac à dos qu'il organise le long de la crête du canyon de Clearwater, quelque 800 m plus bas.

Helmcken Falls Lodge – *6664 Clearwater Valley Rd, Clearwater -* ✆ *250 674 3657 - www.helmckenfalls.com.* Cette sympathique auberge (de 1948) proche de l'entrée du parc Wells Gray donne sur des prairies et le mont Trophy. Vous aurez le choix entre loger dans des bungalows de bois bien aménagés, des appartements doubles en chalet ou des appartements en cottages jumelés. Un petit parfum d'aventure attend les amateurs de randonnée pédestre, de canoë et de promenades à cheval *(activités guidées).*

Hills Health Ranch – *108 Mile Ranch -* ✆ *250 791 5225 ou 1 800 668 2233 - www.spabc. com.* Le ranch, se consacrant à l'équitation et à la remise en forme, offre le choix entre être dorloté ou vigoureusement massé… ou les deux à la fois (l'établissement s'est spécialisé dans les soins à l'huile d'églantine). La cuisine diététique est excellente et les promenades à cheval dans les prés verdoyants, magiques.

POUR SE FAIRE PLAISIR

Big Bar Ranch – *5960 Big Bar Rd, Jesmond, Clinton - ℘ 250 459 2333 ou 1 877 655 2333 - www.bigbarranch.com*. Ce ranch rustique et familial offre des prestations à prix raisonnable : hébergement (dans la maison d'habitation, dans des cabanes ou des tipis), équitation (mai-déb. nov.) et pêche dans les monts Marble. Comptez quand même 330 $/2 pers. pour une nuit dans un tipi.

Flying U Ranch – *℘ 1 877 456 7717 - www.flyingu.com*. Ce ranch fut le premier du pays, dans les années 1920, à lancer la formule du séjour payant. Il est célèbre pour son atmosphère « bonne franquette » : les clients choisissent et sellent eux-mêmes leur cheval, puis partent découvrir à leur guise les paisibles forêts de trembles et de conifères. Les chambres sont confortables et accueillantes. Les prix comprennent la pension complète et l'équitation à volonté.

Sundance Guest Ranch – *℘ 250 453 2422 ou 1 800 553 3533 - www.sundanceguestranch.com*. Perché sur une lande de terre au-dessus du canyon Thompson près d'Ashcroft (4h au nord de Vancouver), ce lieu de séjour propose des balades à cheval, un court de tennis, une salle de billard, une piscine chauffée et d'autres équipements.

UNE FOLIE

Douglas Lake Ranch – *Douglas Lake Rd - ℘ 250 350 3344 ou 1 800 663 4838 - www.douglas lake.com - 19 ch*. Cette immense exploitation occupe plus de 2 000 ha de prairie dorée. Elle comprend auberges, terrains de camping, tentes, bungalows de bois isolés et yourtes ; équitation et pêche sont au nombre des activités proposées. Les prix incluent la pension complète et deux balades à cheval par jour.

Echo Valley Ranch – *Jesmond - ℘ 1 800 253 8831 - www.evranch.com*. Fondé en 1994 par un entrepreneur en haute technologie, Echo Valley se distingue par son côté haut de gamme : bungalows en rondins, luxueux et pimpants, centre de remise en forme, piscine intérieure, cuisine gastronomique et promenades à cheval guidées le long du canyon du Fraser. Donnant sur le murmure d'un ruisseau, le cottage « lune-de-miel » possède un charme fou. Forfaits pension complète et activités (spas, piscine, pêche, etc.)

Elkin Creek Ranch – *℘ 1 877 346 9378 ou 604 513 5008 - www.elkincreekranch.com ou info@adventurewestresorts.com*. L'exploitation, sise au cœur d'une vallée intacte et reculée de la Chilcotin (le bourg le plus proche est Williams Lake), à l'ombre de la Chaîne côtière, mérite le coup d'œil. De ravissantes maisons en rondins parsèment un bosquet de trembles ; on ne revient généralement pas bredouille d'une journée de pêche dans les lacs voisins.

1

Canyon du Fraser

★★

Colombie-Britannique

 NOS ADRESSES PAGE 191

S'INFORMER
Vancouver Coast and Mountains Tourism – ℰ *604 739 9011 ou 1 800 667 3306 - http://vcmbc.com.*

SE REPÉRER
Carte de région BC4 (p. 92-93). Dans le sud de la Colombie-Britannique, à proximité de la frontière américaine.

À NE PAS MANQUER
La Porte de l'Enfer (Hell's Gate).

ORGANISER SON TEMPS
Le lac Shuswap est à 8h de route de Vancouver, il est donc souvent préférable de passer une nuit dans un camping ou un motel entre Lytton et Kamloops.

Le Fraser s'écoule sur 1 200 km, des Rocheuses où il prend sa source au détroit de Géorgie près de Vancouver. Jusqu'au lac Shuswap, la Transcanadienne (route 1) longe les profondes vallées en auge du Fraser et de la Thompson qui serpentent à travers les défilés de la Chaîne côtière et les collines arides et sauvages du plateau intérieur de la Colombie-Britannique. Dans des paysages de toute beauté, le fracas des eaux tumultueuses s'oppose au silence majestueux des montagnes.

Découvrir Carte de région p. 92-93

MANNING PROVINCIAL PARK B4

136 km AR au départ de Hope par la route 3.
ℰ *250 840 8807 - www.bcparks.ca - ouvert tte l'année - randonnée, équitation, bicyclette, ski de fond.*
Après l'entrée, la route traverse une zone appelée **Rhododendron Flats★**, où ces arbustes fleurissent à profusion en juin, puis elle franchit le col Allison (1 341 m). Ce parc est l'un des deux seuls endroits au Canada (l'autre étant le Mt. Revelstoke National Park) où l'on a accès, en voiture, à des paysages de type subalpin : à l'ouest, forêt dense humide des régions côtières de la Colombie-Britannique ; au centre, zone de transition ; à l'est, steppe semi-aride semblable au plateau intérieur de la province.

Circuits conseillés Carte de région p. 92-93

★★ LE CANYON DU FRASER B4

Circuit de 109 km, entre Hope et Lytton, tracé en rose sur la carte p. 92-93.

LE SAUMON DU PACIFIQUE

Le saumon naît dans les torrents de montagne, puis vit un ou deux ans dans un lac avant d'entreprendre sa descente vers l'Océan. Il passe en mer de deux à cinq années, puis remonte le fleuve vers sa frayère natale (fin de l'été). C'est dans le Fraser que les saumons sont les plus nombreux (jusqu'à 10 millions voire plus), parcourant jusqu'à 48 km par jour. Ils remontent jusqu'à Stuart Lake au nord, près de Fort St James. Quand il a pondu, le saumon du Pacifique meurt, contrairement à son cousin de l'Atlantique, capable d'exécuter plusieurs migrations.

★ **Hope** B4

Les montagnes, fortement découpées et couvertes de forêts, composent le cadre agréable de cette petite ville. Hope est en compétition avec d'autres anciennes villes forestières pour le titre de « capitale de la sculpture à la tronçonneuse », et des œuvres d'artistes locaux sont disséminées dans la ville.

★ **Hope Slide** – Ce glissement de terrain illustre éloquemment la nature rebelle de cette région sauvage. En 1965, une énorme masse rocheuse se détacha du pic Johnson *(à 18 km à l'est par la route 3)* et dévala les pentes, comblant au passage un lac, refoulant ses eaux, et obligeant à reconstruire la route 45 m au-dessus de son niveau antérieur.

Après Hope, la vallée se rétrécit progressivement, la route longe des saillies rocheuses ou descend au niveau du fleuve. Le paisible hameau de **Yale**, entouré d'impressionnantes falaises, fut, au temps de la ruée vers l'or, une ville fort active de 20 000 habitants, charnière entre la partie navigable du Fraser et la route des Cariboo. Au nord de Yale, les falaises sont verticales, la vallée étroite, et l'on rencontre de nombreux tunnels perchés à mi-paroi au-dessus du fleuve bouillonnant. Juste après **Spuzzum**, la Transcanadienne franchit le Fraser et continue en suivant la rive est du fleuve.

★★ **Hell's Gate** B4

À cet endroit, le canyon atteint une profondeur de 180 m. Le fleuve, large d'à peine 36 m, s'y engouffre violemment à la vitesse de 8 m par seconde. Ce sont les travaux de la voie du Canadian National Railway qui sont responsables de cette furie, quand en 1914, ils firent s'effondrer une partie de la falaise, obstruant partiellement le lit du fleuve. Incapables de remonter le courant, les **saumons** du Fraser ne purent rejoindre leurs frayères de la Colombie-Britannique intérieure et, dans les années qui suivirent, l'industrie du saumon connut de graves difficultés. Il fallut construire dans les années 1940 des échelles à poissons pour permettre à ceux-ci de poursuivre leur montaison et de se reproduire normalement.

★ **Téléphérique** – ☎ 604 867 9277 - *www.hellsgateairtram.com* - ♿ - *de mi-mai à déb. sept. : 10h-17h - du 26 avr. à mi-mai et de déb. sept. à mi-oct. : 10h-16h - 201 $.* Il descend dans la gorge *(150 m)* d'où l'on appréciera l'incroyable puissance du courant. Les eaux boueuses et les tourbillons empêchent généralement de voir les saumons emprunter les couloirs, mais une exposition et un film *(20mn)* fournissent d'intéressants détails sur ces poissons migrateurs. En descendant une route escarpée *(500 m)* près du parking, les visiteurs apercevront l'étroit défilé.

Après Hell's Gate, les versants s'écartent et les arbres se raréfient sur les parois rocheuses. Près du **mont Jackass**, la route en corniche offre de belles **vues★** sur la vallée très boisée et Cisco Creek, où deux ponts ferroviaires franchissent le fleuve.

LE GINSENG

L'explosion de la phytothérapie a profondément influencé l'agriculture des vallées intérieures de la Colombie-Britannique. Le ginseng, apprécié depuis longtemps des cultures asiatiques pour ses vertus tonifiantes pour l'organisme, pousse ici à l'état sauvage. Il a été introduit près de **Kamloops** en 1982 et occupe aujourd'hui plusieurs milliers d'hectares dans les vallées de la Thompson, du Fraser et de l'Okanagan. La maturation des racines, généralement utilisées en infusion ou en poudre, prend cinq ans.

Deux cultivateurs de Kamloops ouvrent leur exploitation au public.

 Centre informatif de Kamloops – *1290 Transcanadienne Ouest - 250 372 8000 - www.adventurekamloops.com - 20 mai-20 sept. lun.-vend. 8h30-18h, w.-end 9h-18h (le reste de l'année, se rens.).*

Lytton B4

Bâtie au confluent du Fraser boueux et des eaux pures de la Thompson, cette localité enregistre régulièrement les températures les plus élevées du Canada et partage ainsi son record de 44 °C avec la ville plus septentrionale de Lillooet. Le paysage trahit une certaine sécheresse, et son tapis d'arbres clairsemé annonce la steppe semi-aride des plateaux intérieurs.

★★ LE CANYON DE LA THOMPSON BC4

 Circuit de 230 km tracé en bleu clair sur la carte p. 92-93.

Quittant la vallée du Fraser, la Transcanadienne et les deux voies ferrées s'engagent dans le **canyon**★★ rocheux et encaissé de la Thompson. La route serpente tantôt au bord de l'eau, tantôt à flanc de coteau. La **vallée**★ s'élargit ensuite en collines semi-arides parsemées de buissons de sauge. On rencontre parfois des cultures en terrasses, rendues possibles par l'irrigation.

À 17 km après **Cache Creek**, au lieu-dit **Walhachin** (terre d'abondance), se trouvait entre 1907 et 1914 l'une de ces exploitations florissantes. Les propriétaires disparurent lors de la Première Guerre mondiale et, depuis, la nature a repris ses droits dans ce lieu désert.

Juste avant Savona, la Thompson s'élargit pour former le **lac Kamloops** sur lequel la Transcanadienne – surplombant les eaux bleues cernées de collines désolées – ménage de belle **vues**★. Là aussi, l'irrigation a permis de transformer un environnement aride en terres cultivables. La route passe à hauteur de **Kamloops**★, ville administrative et commerciale en plein essor, qui abrite l'un des sites indiens les plus beaux de l'ouest du Canada.

★★ Secwepemc Museum and Native Heritage Park B4

Près du pont sur la Thompson sud. 355 Yellowhead Hwy (route 5), Kamloops - 250 828 9749 - www.secwepemc.org/museum - se renseigner pour les horaires et les tarifs.

Le parc comprend un petit musée qui rend compte de la vie quotidienne du peuple shuswap dans un environnement parfois très rude. Un **village traditionnel** est reconstitué, avec ses *kekulis*, maisons d'hiver creusées dans le sol et recouvertes d'un toit de terre. Un jardin ethnobotanique explique l'usage que les Shuswap faisaient des plantes.

Shuswap Lake (Lac Shuswap) C4

Pour toute information sur la location de péniches, contacter Twin Anchors - ℘ 1 800 663 4026 - www.twinanchors.com.

La Transcanadienne remonte la Thompson sud jusqu'au **lac Shuswap**, où elle prend sa source. Cette région de forêts et d'eaux miroitantes contraste étonnamment avec la zone aride précédente. Chaque année, à la saison du frai, les nombreux bras du lac accueillent une multitude de saumons arrivés au terme d'une pénible montaison. Le petit bras au nord du lac Shuswap abrite tous les quatre ans l'un des plus grands rassemblements de saumons au monde : près de 2 millions de poissons repartent en octobre. Pour célébrer l'événement, les habitants de la région et les employés des pêcheries organisent un **festival★** coloré.

Parc provincial Adams Lake – *À 7 km au nord de la route 1. À Squilax, prendre la direction d'Anglemont.* Les visiteurs connaîtront mieux le fascinant cycle de vie des saumons après avoir observé leur frai sur ce site. En été, les eaux chaudes du lac attirent des milliers de vacanciers. En louant une **péniche**, il est possible de naviguer sur les bras moins fréquentés du lac ; c'est à **Sicamous** que vous trouverez le plus grand choix.

😊 NOS ADRESSES DANS LE CANYON DU FRASER 1

VISITE

Gouda de Gort – *Salmon River Rd, à 2 km au sud de la route 1, à l'ouest de Salmon Arm.* - ℘ *250 832 4274 - www.gortsgoudacheese. bc.ca.* Nichée au creux d'une vallée pastorale au pied des monts Monashee, la fromagerie d'Arie Gort, qui produit gouda et autres fromages européens à partir du lait de la région, organise des visites guidées.

HÉBERGEMENT

POUR SE FAIRE PLAISIR

Quaaout Lodge & Spa – *À 45mn de route à l'est de Kamloops, sur la rive nord du lac Shuswap (suivre la route 1 et franchir le pont Squilax)* - ℘ *250 679 3090 ou 1 800 663 4303 - www.quaaoutlodge. com - 70 ch.* Cette auberge, qui fait partie des quelques établissements hôteliers de Colombie-Britannique tenus par des Indiens, est paisiblement implantée au milieu d'une pinède sur la meilleure plage du petit lac Shuswap. Ses portes massives en sapin sculpté sont de véritables œuvres d'art. Bains de vapeur, spa, piscine intérieure et Jacuzzi.

PETITE PAUSE

Marché fermier de Horsting – *À 2 km au nord de Cache Creek sur la route 97* - ℘ *250 457 6546 - www.horstingfarms.com.*
À Horsting, tôt le matin, le pain frais est mis à cuire au four, immédiatement suivi par les tartes aux fruits frais. Tout sera prêt pour le déjeuner, qui offre un large choix de sandwichs généreux, de soupes reconstituantes et d'irrésistibles tartes maison. Quasiment tous les produits utilisés sont issus de la ferme. De nombreux voyageurs en route vers le nord font ici leurs provisions.

Monts Monashee et Selkirk

★★

Colombie-Britannique

 NOS ADRESSES PAGE 196

🔲 **S'INFORMER**

Glacier National Park et Mount Revelstoke National Park – 📞 *250 837 7500 - www.pc.gc.ca.*

◗ **SE REPÉRER**

Carte de région C4 (p. 92-93) - carte de Monashee et Selkirk (p. 195). Les monts Monashee et Selkirk se dressent entre Calgary et Vancouver, quasiment à égale distance à vol d'oiseau.

😊 **À NE PAS MANQUER**

La route de Meadows-in-the-Sky dans le Revelstoke National Park offre des vues spectaculaires.

🕐 **ORGANISER SON TEMPS**

D'abondantes chutes de neige peuvent bloquer la route. Renseignez-vous avant de partir sur les conditions météorologiques.

👥 **AVEC LES ENFANTS**

Choisissez le niveau de difficulté des balades selon l'âge de vos enfants.

Les monts Selkirk et Monashee ou « montagnes de la paix », qui appartiennent à la chaîne des monts Columbia, s'étendent dans la partie sud-est de la Colombie-Britannique entre les Rocheuses et le plateau intérieur. Traversées par la Transcanadienne, ces montagnes regorgent de paysages spectaculaires, en particulier dans les défilés de l'Aigle et de Roger. Les pics rocheux, les crêtes acérées et les glaciers font place par endroits à de paisibles vallées boisées de moindre altitude.

Circuit conseillé Carte de région C4, p. 92-93
et carte de Monashee et Selkirk, p. 195

ENTRE LACS ET GLACIERS C4

◗ *Circuit de 219 km, entre Sicamous et Golden, tracé en marron foncé sur la carte p. 195.*

De **Sicamous**, bâtie entre les lacs Shuswap et Mara, la Transcanadienne remonte la vallée de la rivière Eagle et atteint, après 26 km, **Craigellachie** où fut planté, le 7 novembre 1885, le dernier crampon du Canadian Pacific (remarquez sur la droite la plaque commémorative en bordure de la voie ferrée). Ensuite, la vallée se resserre et la pente s'accentue. La route passe par **Three Valley Gap★** *(47 km)*, qui jouit d'un fort joli **site★** au bord du lac Three Valley où plongent d'abruptes falaises. Peu après, la Transcanadienne franchit le col *(55 km)*, puis descend rapidement vers la vallée du Tonakwatla.

Mont Monashee.
K. Funk / age fotostock

★ **Eagle Pass** C4

Découvert en 1865 par **Walter Moberly** alors qu'il suivait le vol d'un aigle dans les montagnes, ce col à travers les monts Monashee devint une voie de passage pour le Canadian Pacific et la Transcanadienne.

★★ **Revelstoke** C4

Cette petite communauté au confluent de la Columbia et de l'Illecillewaet s'élève dans un **site★** montagneux entre les Monashee à l'ouest et les Selkirk à l'est. La ville doit son nom à **Lord Revelstoke**, directeur d'une grande banque londonienne qui finança en 1885 l'achèvement du Canadian Pacific.

La **station Revelstoke Mountain** s'est dotée d'un téléphérique et d'un ascenseur haute vitesse pour équiper la piste skiable la plus longue d'Amérique du Nord (1 829 m).

Revelstoke Dam (barrage de Revelstoke) – *À 4 km au nord par la route 23. Centre d'accueil –* 𝄞 *250 814 6697 -* ♿ *- de mi-mai à août 10h-16h - 6 $.* Il s'élève juste au nord de la ville, à 175 m au-dessus de la rivière Columbia. Le centre d'accueil, rénové, offre plusieurs expositions relatives aux ouvrages hydrauliques et des activités pour tous les âges. Il abrite en outre une galerie des Premières Nations et un théâtre.

Mount Revelstoke National Park C4

🚩 *Voir « S'informer » ci-contre - ouv. tte l'année mais les installations deviennent inaccessibles d'octobre à mai à cause de la neige - 7,80 $/j.*

S'étendant à proximité de la cité, il offre un cadre idéal pour pratiquer randonnée, pêche, ski alpin ou ski de fond, faisant ainsi de Revelstoke un centre de villégiature d'hiver et d'été.

★★ **Meadows-in-the-Sky Parkway** – *Dép. de la Transcanadienne à 1,6 km à l'est de la sortie pour Revelstoke. Ouv. seult en dehors des saisons de neige (en général juil.-sept.) ; se renseigner pour savoir si la route est ouverte - 26 km de route non goudronnée, déconseillée aux caravanes - compter 45mn pour la montée, les visiteurs doivent effectuer les derniers 1 500 m à bord de la navette gratuite du*

parc : 10h-16h20. Cette route escalade le flanc sud-ouest du mont Revelstoke par une série de lacets. À 5,6 km du bas de la route, un **point de vue★** dévoile toute la ville de Revelstoke, dominée par les deux cimes enneigées du mont Begbie. À l'est, l'étroite vallée du Tonakwatla se faufile à travers les montagnes. Au sommet, **vue★★** générale *(table d'orientation)* sur la vallée encaissée de la Columbia et les pics glacés de la chaîne Clachnacudainn. De nombreux sentiers offrent des promenades parmi de typiques **alpages** de haute montagne, qui contrastent avec les forêts de cèdres de l'ouest, de sapins du Canada et d'épicéas qui couvrent les pentes à moindre altitude. Ici, il n'y a plus que quelques épinettes et sapins rabougris, tandis que le sol est tapissé de maigres buissons et de fleurs aux couleurs vives, notamment la castillège (écarlate), le lupin (bleu), l'arnica (jaune) et la valériane (blanche).

Giant Cedars Trail – *À 20 km à l'est de Revelstoke.* ☛ Un peu plus loin sur la route 1, une promenade en planches de 500 m traverse un bois insolite de vénérables cèdres rouges (thuyas géants), que l'on ne rencontre normalement pas aussi loin à l'intérieur des terres. Des panneaux permettent d'identifier les essences de cet écosystème de forêt pluviale.

★★ La route jusqu'à Golden C4

Fermeture provisoire possible en cas de risques d'avalanche. En hiver, les visiteurs sont tenus de suivre les directives du personnel du parc.

La Transcanadienne remonte la pittoresque vallée de l'Illecillewaet aux versants encaissés, et pénètre, après 48 km, dans le Glacier National Park.

Glacier National Park – *Voir « S'informer », p. 192 - ouv. tte l'année - 7,80 $/j. - randonnée, pêche, ski alpin et ski de fond.* À l'est pointent les quatre principaux sommets de la **chaîne Sir Donald** : le mont Avalanche, les pics Eagle et Uto, et la grande dalle inclinée du mont Sir Donald. Au nord, le **mont Cheops** se distingue par sa forme pyramidale, tandis qu'au sud se dressent des glaciers au-delà de la rivière.

★★ **Rogers Pass** – *Centre de la découverte* - ♿ - *17 mai-13 juin : 9h-17h ; 14 juin-3 sept. : 8h-19h ; 4 sept.-15 oct. : 9h-17h ; 23 nov.-31 mars et avr. : 7h-16h (sf entre 12h30 et 13h30) ; fermé 16 oct.-22 nov. et 1ᵉʳ-16 mai - entrée payante.* Après avoir franchi les Rocheuses au col Kicking Horse, le chemin de fer du Canadian Pacific

ROGERS PASS : UN COL DANS LES NEIGES

Les premières difficultés pour circuler dans ces montagnes apparurent rapidement, car les Selkirk reçoivent chaque année d'énormes chutes de neige (940 cm en moyenne), causant de multiples **avalanches** le long des parois abruptes et dénudées qui dominent Rogers Pass. On construisit des kilomètres de galeries de protection sur la voie ferrée, mais la lutte contre les éléments restait si coûteuse qu'il fallut, en 1916, percer le **tunnel Connaught** *(8 km)* sous le mont Macdonald, afin d'écarter les trains de la zone la plus dangereuse. En 1959, les travaux reprirent dans le col, cette fois-ci pour faire passer la route : ce fut le tronçon le plus difficile à construire et le plus onéreux de toute la **Transcanadienne**. Ce fut aussi le dernier, et son achèvement en 1962 permit l'inauguration de la route. Un second tunnel ferroviaire *(14 km)*, destiné à doubler la voie sous le mont Macdonald, fut ouvert en 1988. Il est actuellement le plus long d'Amérique du Nord. Le danger d'avalanches existe toujours, mais un système sophistiqué de **protection** (digues de déviation, tas freineurs, paravalanches en béton, contrôle des conditions d'enneigement et déclenchements préventifs) a quelque peu diminué les risques de coulées dévastatrices.

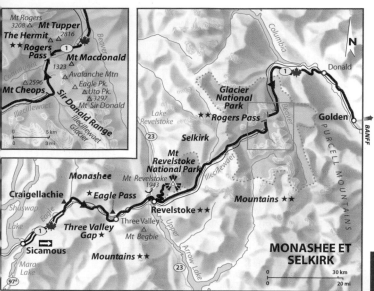

devait suivre la tortueuse vallée de la Columbia, car les Selkirk étaient réputés infranchissables. C'est un arpenteur du Canadian Pacific, **Albert Rogers**, qui, en remontant la vallée de l'Illecillewaet, découvrit le col qui porte son nom, écourtant de 240 km le voyage sur rail. Au sommet du col Rogers *(72 km)*, un double arc de bois commémore l'achèvement de la Transcanadienne en 1962. Le **Centre d'accueil★** présente une exposition, des maquettes et des films sur l'histoire du col et l'éternelle lutte contre les éléments.

Du col se découvre un beau **panorama★** : au nord, les monts **Tupper** et **Hermit**, aux flancs meurtris par des couloirs d'avalanches ; au sud, la chaîne Asulkan et les champs de neige du glacier Illecillewaet, ainsi que les cimes de la chaîne Sir Donald et du mont Cheops.

La route amorce sa descente entre les monts Tupper et Hermit au nord et le **mont Macdonald** au sud, dans la vallée du Connaugh, puis elle rejoint la vallée du Beaver, qui sépare les pics des Selkirk des pentes plus douces des monts Purcell. Elle quitte ensuite le parc, et à hauteur de Donald, franchit la Columbia, dont elle suit le cours jusqu'à **Golden**, au creux du sillon des Rocheuses.

Golden C4

🛈 **Tourism Golden** – ☎ 250 439 1111 - www.tourismgolden.com.

Au cœur de la vallée de la Columbia supérieure, le nœud ferroviaire de Golden est connu aujourd'hui pour les multiples activités récréatives que l'on y pratique : rafting, randonnée, ski et observation de la faune. Les férus de deltaplane viennent aussi du monde entier se lancer du mont Steven, à l'est de la ville, dans un vol qui les mènera aux États-Unis.

Kicking Horse Mountain Resort – ☎ 250 439 5425 ou 1 866 754 5425 - www.kickinghorseresort.com. Cette station, à 13 km à l'ouest de la ville de Golden, offre de multiples activités, payantes, toute l'année. On y accède par un téléphérique de 8 places qui survole la vallée et s'élève à 2 350 m. L'été, des sentiers de randonnée partant du terminus sillonnent un milieu alpin fragile. Un point de location et des sentiers permettent de pratiquer le VTT.

NOS ADRESSES AUTOUR DES MONTS MONASHEE ET SELKIRK

HÉBERGEMENT

POUR SE FAIRE PLAISIR

Mulvehill Creek Wilderness Inn – *4200 Hwy 23 South, au bord du lac Upper Arrow (à 20 km au sud de Revelstoke) - ℰ 250 837 8649 - www.mulvehillcreek.com - 8 ch.* ☕. Occupant sur le lac une bande de terre privée avec jardin, cascade et plages, la petite auberge respire la solitude. Les 18 convives qu'elle peut recevoir choisiront entre les deux grandes suites et les six chambres accueillantes et confortables. Le tarif comprend un solide petit déjeuner et les repas sont préparés avec des produits issus de la propriété. Piscine extérieure chauffée et Jacuzzi.

Alpine Meadows Lodge – *ℰ 250 344 5863 ou 1 888 700 4477 - www.alpinemeadowslodge.com - 10 ch. et 1 chalet.* À 6 km environ à l'ouest de Golden, cette accueillante auberge offre un séjour bien agréable. Les pins dont on a tiré les superbes parquets ont été abattus sur place. Dominant la Columbia, elle constitue un point de départ idéal pour la marche, le canoë, le ski et la pêche.

RESTAURATION

POUR SE FAIRE PLAISIR

Eagle's Eye Restaurant – *Accès par le téléphérique - ℰ 250 439 5400.* Ce restaurant d'altitude (3 433 m) du Kicking Horse Mountain Resort *(voir p. 195)* est réputé pour être le plus haut du Canada. Que l'on prenne ses repas en salle, devant l'impressionnante cheminée de pierre, ou dehors en terrasse, le panorama est à couper le souffle, et l'assiette ne déçoit pas (plat 13-30 $).

ACTIVITÉS

Bon à savoir – Les activités liées au milieu aquatique prennent, dans la **région de Golden**, tous les aspects : du sensationnel (descente de rapides sur la célèbre rivière Kicking Horse) au serein (observation de la faune des marais de la Columbia, le plus grand marécage sauvage de Colombie-Britannique avec ses 243 000 ha).
www.tourismgolden.com – Liste des activités et des lodges.
The Alpine Rafting Company – *ℰ 1 888 599 5299 - www.alpinerafting.com.* Descentes guidées sur la rivière Kicking Horse.

Vallée de l'Okanagan

★★

Colombie-Britannique

 S'INFORMER

www.okanaganbritishcolumbia.com – Informations générales sur la vallée de l'Okanagan et nombreux liens.

www.sunnyokanagan.com – Portail sur la vallée avec d'innombrables liens vers des sites pratiques.

www.okanagan.com – Hébergements, activités, vignobles…

SE REPÉRER

Carte de région C4 (p. 92-93). Cette vallée située dans le centre et la partie sud de la Colombie-Britannique s'étend à environ 200 km au nord de l'État de Washington et englobe le lac Okanagan, quelques petits lacs secondaires et la rivière Okanagan (appelée Okanogan aux États-Unis).

À NE PAS MANQUER

Il existe près de 60 vignobles dans cette région et presque tous proposent des visites-dégustation.

ORGANISER SON TEMPS

Cette région de la Colombie-Britannique est relativement compacte et bien desservie par les routes ouvertes presque toute l'année.

AVEC LES ENFANTS

Le ranch O'Keefe près de Vernon.

Réputée pour ses vignes et ses vergers, cette région agricole et touristique au sud de la province s'étire autour du lac et de la rivière Okanagan, qui rejoint la Columbia vers la frontière américaine. Située dans la zone aride de l'intérieur, domestiquée par l'irrigation, la vallée de l'Okanagan (Okanagan Valley) constitue aujourd'hui un arrière-pays nourricier, producteur de fruits délicats. La beauté des paysages lacustres, le climat ensoleillé, les lacs aux eaux chatoyantes agrémentés de plages de sable en font un important lieu de villégiature très fréquenté en saison.

Découvrir

Visite des domaines vinicoles (Touring the Wineries)

Wine Country Visitor Centre – *553 Railway St., Penticton -* ☎ *250 276 2170 ou 1 800 663 5052 - www.tourismpenticton.com - 9h-18h - cartes et renseignements.*

Bon à savoir – Les visiteurs qui arpentent la région en automne n'auront pas à subir les embouteillages du nord de la Californie vinicole.

Consacrez une pleine journée d'automne à rayonner autour de Kelowna ou de Penticton pour visiter et déguster. Les tournées d'été en bus négligent parfois les caves les plus importantes. Les offices de tourisme d'Osoyoos, de Penticton et de Kelowna peuvent apporter leur concours à la préparation d'un itinéraire et procurent des cartes essentielles à une visite individuelle ; néanmoins, la signalisation routière mentionne les principales exploitations, qui proposent presque toutes des dégustations et des offres avantageuses.

1

Parmi les caves intéressantes aux alentours de Kelowna, citons Quail's Gate, Mission Hill, Summerhill, Gray Monk, St Hubertus, Cedar Creek, Hainle Vineyards et Calona. Autour de Penticton, Sumac Ridge, Stag's Hollow, Jackson Triggs, Tinhorn Creek, Gehringer Brothers, Hester Creek et Inniskillin méritent une visite. Quail's Gate, Summerhill, Cedar Creek, Tinhorn Creek, Gehringer Brothers et Hester Creek sont particulièrement réjouissantes pour l'œil. Quant aux vignobles, nombre de connaisseurs les tiennent pour d'intéressants terrains frais, en grand progrès. Le vin de glace de l'Okanagan est aussi très apprécié.

Similkameen River Valley

138 km AR au départ d'Osoyoos par la route 3 Ouest.

En quittant Osoyoos pour **Keremeos**, la route traverse les contreforts du désert à l'ouest de la ville, puis atteint un col peu élevé, avant de redescendre vers la vallée de la Similkameen. Là, entre les remparts abrupts des monts Cathedral, la vallée se dévoile, bucolique, agrémentée de peupliers, de vignes et de vergers.

★ **Gristmill** – *À 3 km environ au nord-est de Keremeos par la route 3A. Suivre les panneaux jusqu'à Upper Branch Rd.* ✆ *250 499 2888 - démonstrations et vente de farine de blé complète.* Non loin de Keremeos, charmante bourgade où l'on trouve des étals de fruits à chaque coin de rue, cet ancien moulin à grain (1877) s'élève dans un parc provincial ; des tables de pique-nique s'alignent le long du petit cours d'eau qui actionne la roue.

★ **Parc provincial Cathedral** – *À 22 km au sud-ouest de Keremeos. www.bcparks.ca - mai-oct. : du lever au coucher du soleil.* Accessible par une route presque entièrement gravillonnée, il est l'un des tout premiers sites de randonnée de la province, que l'on ne peut parcourir qu'à pied. Une haute cuvette alpine et ses cinq lacs aux eaux saphir (les lacs Cathedral) en constituent le cœur ; les sentiers de crête bien entretenus montent, bien au-dessus de la limite de la forêt, jusqu'à des alpages fleuris.

Circuit conseillé Carte de région p. 92-93

ENTRE LACS ET VERGERS C4

▶ *Circuit de 177 km, d'Osoyoos à Vernon, tracé en orange foncé sur la carte p. 92-93.*

Osoyoos C4

🛈 **Destination Osoyoos** – *9912 Hwy 3 -* ✆ *250 495 5070 - www.destination osoyoos.com.*

Vergers dans la vallée de l'Okanagan.
D. Weixl / age fotostock

Cette petite localité, avec son architecture de style méditerranéen qui lui donne l'apparence d'une station balnéaire, se situe non loin de la frontière américaine, au bord du **lac Osoyoos**, dont les eaux sont les plus chaudes du pays. Les opulents vergers qui en occupent les rives contrastent étrangement avec les collines arides des environs, où poussent buissons de sauge, cactus et autres plantes grasses. Du **mont Anarchist** *(à 6 km à l'est par la route 3)*, très belle **vue★★** sur toute la région.

Bien que le Canada occidental compte de nombreux paysages arides et semi-arides, Osoyoos s'est autoproclamée « unique désert canadien ».

★ **Desert Centre** – *À 4 km au nord de la route 97. ℰ 250 495 2470 - www.desert. org - visite guidée (1h) de déb. mai à mi-sept. 10h et 12h - adulte 7 $.* Il propose des visites sur les contreforts du « désert de poche » (comme l'ont surnommé les habitants de la région) sur une promenade en planches.

★★ Route 97 jusqu'à Penticton C4

D'Osoyoos à **Oliver**, les vergers et les étals de fruits et légumes se multiplient au bord de la route. En approchant du **lac Vaseux★**, le paysage devient plus spectaculaire, avec d'énormes rochers et des pentes dénudées. Prenez garde, en roulant, aux troupeaux de mouflons sur les coteaux ; les abords du lac sont une réserve pour les oies, les canards et les cygnes. Plus loin, les collines qui entourent le **lac Skaha★** sont sablonneuses, couvertes de sauge et d'arbustes, formant un parfait contraste avec les eaux bleues de ce ravissant point d'eau.

Penticton C4

La ville tire son nom de l'amérindien salish *Pen-tak-tin*, « endroit où rester pour toujours ». Située sur un isthme entre les lacs Skaha et Okanagan, elle doit à ses plages et à son **site★** enchanteur une intense activité touristique. Penticton n'était accessible que par bateau lorsque la route 97 n'existait pas encore.

SS Sicamous – *1099 Lakeshore Dr. W - ℰ 250 492 0403 ou 1 866 492 0403 - http://sssicamous.com - w.-end 9h-16h30 - 6 $.* Sur la rive du lac Okanagan repose cet ancien bateau à aubes du Canadian Pacific.

Wine Country Visitor Centre – *553 Vees Drive (à l'angle de Eckhardt Ave et de la Hwy 97) - ℰ 250 276 2170 ou 1 800 663 5052 - www.penticton.ca - 9h-18h.* Pour visiter les exploitations viticoles, obtenir cartes et brochures ou participer à une dégustation de vins.

★★ Route 97 jusqu'à Kelowna C4

Après Penticton, la route suit les rives du **lac Okanagan★★**, sur lequel elle offre de belles perspectives. Vers Summerland, elle court au pied de falaises

LE MONSTRE OGOPOGO

Selon les légendes amérindiennes, ce monstre qui, bien que personne ne l'ait jamais vu, est représenté par une statue dans le parc municipal de Kelowna, vivrait à proximité de Peachland, sous les falaises. Son corps offre la particularité de posséder des extrémités parfaitement identiques, comme l'exprime son nom, lisible dans un sens comme dans l'autre.

blanches impressionnantes, et se poursuit à travers les vignes et vergers irrigués qui occupent les terrasses limoneuses dominant le lac. Eaux bleues miroitantes, espaces agricoles verdoyants et collines sèches et rocailleuses produisent d'harmonieux contrastes.

La route longe ensuite le coude que dessine le lac à hauteur de Peachland, puis s'élève au-dessus du lac, dont elle s'éloigne momentanément, et traverse une zone d'exploitations fruitières avant d'arriver sur Kelowna.

★ Kelowna C4

Visitor Info Centre – *544 Harvey Ave - ℘ 250 861 1515 ou 1 800 663 4345 - www.tourismkelowna.com - lun.-vend. 8h-17h.*

Un pont flottant (construit en 1958, c'est le plus ancien d'Amérique du Nord), dont une partie peut s'élever pour laisser passer les bateaux, permet à la route 97 de rejoindre Kelowna, sur la rive est du lac.

La ville, fondée en 1859 par le **père Pandosy**, un missionnaire oblat qui encouragea les colons à cultiver la terre, occupe un très beau **site** au pied de collines tourmentées. La **mission★** du père Pandosy, au carrefour des routes de Benvoulin et Carorso au sud de Kelowna, est un site provincial. Ses six bâtiments de bois, restaurés, présentent de rares assemblages à queue-d'aronde de l'époque des pionniers. Kelowna, aujourd'hui destination touristique en plein essor, également prisée des retraités, connaît un développement économique rapide.

BC Wine Museum (Musée du Vin) – *1304 Ellis St. - ℘ 250 868 0441 - www.kelownamuseum.ca - lun.-vend. 10h-18h, w.-end 11h-17h.* Pour mieux connaître les productions viticoles de la région.

Jardin japonais – *Queensway Ave en face de Pandosy St. (près de l'hôtel de ville, un pâté de maisons après les musées).* Une oasis de sérénité.

★ Kettle Valley Railway – *À 13 km au sud-est de Kelowna. Myra Canyon Trestles.* À sa construction en 1910, il permit de rallier par chemin de fer la côte ouest à l'Okanagan et même au-delà, défiant les prédictions pessimistes des sceptiques convaincus que les monts Cascade et Cathedral tiendraient les ingénieurs en échec. La voie, abandonnée en 1963 lorsque la construction de l'autoroute rendit le train obsolète, a été transformée sur la majorité de son tracé en une splendide piste de randonnée pédestre et cycliste. La portion la plus empruntée, qui longe Little White Mountain au sud de Kelowna, contourne la montagne et passe, en une vertigineuse randonnée, par 16 ponts sur chevalets. Au loin, bien plus bas, le lac Okanagan scintille. Pour obtenir toute information sur le départ de la piste *(carte indispensable)* ou sur l'organisation des randonnées, contactez le centre d'accueil des visiteurs de Kelowna.

Locomotive à vapeur – *www.kettlevalleyrail.org (vérifier sur le site les horaires en fonction des saisons) - ☏ 1 877 494 8424 - 22 $*. Elle circule sur les 16 km de voie conservés, et traverse le spectaculaire pont Trout Creek Trestle. Avis aux passionnés de train.

Route 97 jusqu'à Vernon C4

Quittant le lac Okanagan, la route rejoint le lac Wood, toujours dans une région fruitière, puis offre de fort belles vues en serpentant au bord du **lac Kalamalka★★**. Les collines annoncent la verdoyante région d'élevage qui s'étend au nord de Vernon.

★ **Vernon** C4

🛈 **Vernon Visitor Centre** – *701 Hwy. 97 S - ☏ 250 542 1415 ou 1 800 665 0795 - www.vernontourism.com - 9h-17h en été.*

Cette petite ville discrète est située au cœur de la région septentrionale de l'Okanagan, dans une vallée célèbre pour son cheptel bovin et sa production laitière, mais qui succombe aux sirènes de l'immobilier. Au centre-ville, le **parc Polson** borde le cours de la Vernon, le long de la route 97. Les bâtiments de l'hôtel de ville abritent un musée de curiosités locales.

★★ **O'Keefe Ranch** – *À Spallumcheen, à 12 km au nord-ouest de Vernon par la route 97 (tourner en direction de Kamloops et continuer sur 4 km). ☏ 250 542 7868 - www.okeeferanch.ca - mai-sept.: 10h-17h (18h juil.-août) - 13,50 $.* 👤👥 Autrefois consacrée à l'élevage, cette ferme occupe un ravissant site pastoral à l'extrémité nord du lac Okanagan. Le ranch que Cornelius O'Keefe fonda ici en 1867 demeura dans la famille jusqu'en 1977, puis devint un parc d'attractions. La visite passe par **O'Keefe Mansion**, une élégante demeure victorienne construite en 1887 et remarquable par ses boiseries, puis par le **magasin** où sont entreposées les marchandises figurant à l'inventaire du début des années 1920. Elle donne aussi à voir l'**église Ste-Anne**, spartiate chapelle campagnarde de 1889, ainsi qu'une splendide collection de poêles à bois. Les enfants apprécieront particulièrement les promenades en diligence.

> ### O'KEEFE COWBOY FESTIVAL
>
> Le mois d'août est marqué par le Festival des cow-boys. Les habitants de la région convergent vers le ranch pour y rivaliser d'habileté à cheval et au lasso. On y trouvera également abondance de mets faits maison, de danses nocturnes et de convivialité rurale.

1

Rocheuses de Kootenay

Colombie-Britannique

S'INFORMER

Kootenay Rockies Tourism – *1905 Warren Ave., Kimberley -* ℘ *250 427 4838 ou 1 800 661 6603- www.krtourism.ca.*

SE REPÉRER

Carte de région C4 (p. 92-93). Les Rocheuses de Kootenay s'étendent à l'est jusqu'à la frontière de la Colombie-Britannique et de l'Alberta, à l'ouest au-delà du lac Kootenay, au nord jusqu'à Revelstoke et Golden, et englobent au sud le nord du Montana.

À NE PAS MANQUER

Le *SS Moyie* à Kaslo et sa magnifique roue à aubes restaurée.

ORGANISER SON TEMPS

La région des Rocheuses de Kootenay regroupe plusieurs parcs nationaux au décor naturel magnifique.

AVEC LES ENFANTS

À Fort Steele Heritage Town, vous pouvez monter dans une locomotive à vapeur.

Le Kootenay prend sa source dans les Rocheuses, sillonne le sud-est de la Colombie-Britannique, traverse le parc national Kootenay puis descend vers les États-Unis avant de remonter au Canada pour former un lac ceinturé par les pics couverts de glaciers des monts Selkirk et Purcell. Le fleuve rejoint finalement la Columbia à Castlegar. Cet ensemble, que l'on appelle les Kootenay, compose un beau pays de montagnes boisées et de vallées fertiles couvertes de champs cultivés et de vergers en même temps qu'une riche zone d'extraction minière.

DE GALBRAITH'S FERRY À FORT STEEL

Les prospecteurs sont venus ici pour chercher de l'or. Quand, en 1864, ils en découvrirent dans la vallée du Wild Horse, une petite localité nommée **Galbraith's Ferry** se forma au confluent du Kootenay, près de la boutique du passeur John Galbraith. La vie était parfois violente à Galbraith's Ferry. En 1886, une vive tension entre mineurs et Amérindiens des Kootenay fut stoppée par un détachement de la Police montée, sous les ordres de **Sam Steele** (1849-1919). Le conflit apaisé, les policiers regagnèrent leurs casernes à Fort Macleod, laissant à la ville son nom de **Fort Steele**. De nouvelles découvertes minières dans les dernières années du 19e s. drainèrent une activité intense dans la région. Il fallut construire une route jusqu'à la capitale d'alors, New Westminster. Un ingénieur anglais, **Edgar Dewdney**, en dirigea les travaux. La route 3, qui suit aujourd'hui son tracé tortueux entre les montagnes, porte encore son nom.

Canyon dans les Rocheuses de Kootenay.
FLPA / B. Gibbons / age fotostock

Découvrir Carte de région p. 92-93

★ **Fort Steele Heritage Town** C4

À 16 km au nord-est de Cranbrook par la route 95. ℰ 250 417 6000 -
www.fortsteele.ca - *1ᵉʳ mai-14 juin 9h30-17h ; 15 juin-2 sept. 9h30-18h, 3 sept.-
14 oct. 9h30-17h, janv.-mars et 15 oct.-avr. 10h-16h - 12 $ (donation en hiver) -
train à vapeur 10 $ - Wildhorse 10 $.*

👤👤 Dans un joli **site** au pied des Rocheuses, ce parc évoque une communauté
minière typique de la région vers la fin du 19ᵉ s., dominée par une grande roue
de bois qui pompait jadis l'eau d'infiltration des galeries de mine.

Après son âge d'or, Fort Steele stagna. Lorsqu'en 1898 le chemin de fer préféra
passer par Cranbrook, ce fut le coup de grâce, et la ville serait restée à l'abandon
si le gouvernement provincial n'avait décidé, en 1961, d'en entreprendre la
restauration, lui apportant ainsi un second souffle.

Profitez de l'excellente présentation historique de la région proposée au
centre d'accueil des visiteurs. L'établissement le plus intéressant est l'ancien
hôtel, reconstitué, qui abrite le **musée** consacré à la région. On pourra voir
les quartiers de la Police montée ainsi que l'unique bâtiment d'origine et
ses expositions sur le régiment. Assistez aussi aux spectacles du **Wildhorse
Theatre**, montez dans un ancien train à vapeur ou prenez la diligence.
Des acteurs costumés incarnent d'anciens habitants de Fort Steele et même
des hommes politiques que les mécontents prennent à partie. De nombreux
cafés et boutiques vendent divers objets et aliments typiques des années 1890
(de la salsepareille aux caleçons longs en laine).

DE MULTIPLES RESSOURCES

La région du **lac Kootenay** est particulièrement riche en attractions touristiques. Le lac lui-même, qui mesure 92 km, est célèbre pour son espèce spécifique de truite arc-en-ciel (certains spécimens atteignent 15 kg). De nombreux visiteurs évoquent les Alpes à la vue des pics coiffés de glace des monts Purcell et Selkirk qui l'entourent. Dans la région de **Creston**, au sud du lac Kootenay, parcelles céréalières et vergers caractérisent le paysage agricole. Les environs du **col Crow's Nest** recèlent parmi les plus riches gisements de charbon d'Amérique du Nord, tandis que plus à l'ouest, plomb, cuivre, zinc et argent sont traités à l'impressionnante fonderie de **Trail**.

Kimberley C4

À 43 km à l'ouest de Fort Steele par les routes 95 et 95A.

🖩 *www.kimberley-canada.com.*

La ville minière de Kimberley est peu à peu devenue une destination touristique avec ses parcours de golf, son parc, ses festivals l'été et sa station de ski. La place principale, **Platzl**, où se trouvent boutiques et cafés, revêt une tournure de village alpin bavarois.

Kimberley Alpine Resort – *À 10mn du centre-ville - www.skikimberley.com.* Grâce à un enneigement assuré, la station de ski connaît un essor rapide avec ses 68 pistes et 7 remontées mécaniques. L'affluence y reste néanmoins, pour le moment, moins importante que dans les stations plus cotées des Rocheuses.

Nelson C4

À 234 km à l'ouest de Kimberley par les routes 95, 3 et 6.

🖩 *www.discovernelson.com.*

À mi-chemin de la vallée lacustre, ce centre minier a su admirablement conserver les traces de son passé : plus de 350 bâtiments et demeures du 19e s. et du début du 20e s. ont été restaurés. Ceux qui ont vu le film *Roxanne* de Steve Martin, tourné ici en 1984, ont pu apprécier le charme rétro de Nelson.

Kaslo C4

À 66 km au nord de Nelson par les routes 3A et 31.

🖩 *www.kaslo.ca.*

Bourgade ancienne située sur les rives du lac, elle a connu la prospérité il y a un siècle, car c'est d'ici que les propriétaires des mines d'argent expédiaient le minerai. Ses rues bordées d'arbres, ses demeures et églises bien conservées ainsi que le site incomparable la rendent très attirante.

SS Moyie National Historic Site – *Au bord du lac. Front St. - ☎ 250 353 2525 - www.klhs.bc.ca - de mi-mai à mi-oct. 10h-17h - 7,50 $.* Il s'agit du dernier bateau à aubes du lac Kootenay. À l'apogée de son activité, au début du 20e s., il transportait passagers, marchandises et minerai d'argent jusqu'à la gare de Creston. Lorsqu'il a cessé de naviguer en 1957, les habitants de Kaslo ont immédiatement lancé sa restauration. Ses boiseries d'acajou, ses cuivres et ses ornements recherchés (jusqu'à la feuille d'or qui décore une frise du pont supérieur), demeurés intacts, brillent de mille feux. Les cabines, les quartiers de l'équipage et la cale ont conservé leur aspect de 1920. Sur le rivage, la reconstitution d'une cabane de prospecteur fait apparaître par contraste la dureté de l'existence des mineurs.

Waterton Lakes National Park

Alberta

S'INFORMER

Visitor Information Centre – *℘ 403 859 5133 - www.pc.gc.ca - juil.-août 8h-19h, mai-juin et sept. 9h-17h.*

SE REPÉRER

Carte de région C4 (p. 92-93). Les lacs de Waterton se trouvent dans le sud-ouest de l'Alberta, près de la frontière avec la Colombie-Britannique. Prenez la route 2 de Calgary à Lethbridge.

À NE PAS MANQUER

Une croisière sur les lacs Waterton.

ORGANISER SON TEMPS

La ville de Waterton est située au centre du parc. Vous y trouverez tout ce dont vous aurez besoin, y compris hébergement et restauration. Le parc est ouvert toute l'année mais attention, peu d'activités fonctionnent de la fin de l'automne au début du printemps.

AVEC LES ENFANTS

L'enclos des bisons près de l'entrée du parc.

Le parc international de la Paix, créé en 1932, regroupe le Waterton Lakes National Park, situé sur le versant est des Rocheuses, à l'angle sud-ouest de l'Alberta, et le Glacier National Park du Montana (États-Unis). Les vallées en auge des Rocheuses abritent les lacs de Waterton. Les montagnes sculptées par l'érosion et le mouvement des glaciers sont jalonnées de pics acérés, de moraines et de pâturages qui viennent buter sur la muraille de roc tapissée de forêts à sa base. L'âme des Indiens blackfeet semble encore rôder dans ces lieux magiques.

Découvrir

Jadis fief des **Amérindiens blackfeet** (Pieds-Noirs), ces montagnes furent explorées en 1858 par Thomas Blakiston, de l'expédition Palliser, qui donna aux trois principaux lacs (supérieur, moyen et inférieur) le nom du naturaliste anglais du 18e s. Charles Waterton. Quelques années plus tard, du pétrole ayant été découvert dans les environs, le premier puits de la future province d'Alberta fut mis en service, mais le gisement ne s'avéra pas rentable. La région fut déclarée parc national en 1895.

Waterton

Bâtie sur les alluvions du ruisseau Cameron, près du détroit de Bosphore qui sépare le lac supérieur et le lac moyen, cette petite station occupe un **site★★** ravissant dominé par le **mont Richards** et le **mont Bertha**, dont les flancs vert foncé portent les traces plus claires des couloirs d'avalanche. De l'autre côté du lac supérieur, qui se prolonge dans le Montana par les montagnes de la chaîne Lewis et Clark, se dressent le **pic** et la **crête Vimy**. Derrière la ville, on aperçoit les **chutes du Cameron**.

Croisières – *Waterton Inter-Nation Shoreline Cruise Co. Ltd. - Box 126, Waterton Park - ℘ 403 859 2362 - www.watertoncruise.com - dép. de Waterton*

BUFFLES OU BISONS ?

Les Nord-Américains emploient généralement le terme de « buffle » *(buffalo)* pour qualifier le bison d'Amérique, car les premiers colons voyaient en lui des similitudes avec le buffle d'Asie et celui d'Europe. On suppose que les ancêtres du bison moderne, venus d'Asie, traversèrent le détroit de Béring il y a plusieurs milliers d'années, lorsque les deux continents étaient reliés par une bande de terre. Il y a deux siècles, le bison des plaines abondait dans les prairies. Plus grand, le bison des bois est une espèce menacée qui a élu domicile dans les confins boisés de la prairie du nord-ouest. Les bisons sont des bovidés sauvages de la famille des bovins domestiques. Un mâle adulte peut peser plus d'une tonne. Son apparence lente et lourde ne doit pas faire oublier qu'un bison est capable de charger à près de 70 km/h. Les petits pèsent environ 35 kg à la naissance et marchent en 20mn. Adultes à trois ans, ils peuvent vivre trente ans.

Source : Parks Canada

Marina - juil.-août : 10h, 13h, 16h et 19h ; de mi-mai à fin juin et sept. : 10h, 13h et 16h ; 1re quinz. de mai et 1re quinz. d'oct. : 10h et 13h - AR 2h15 - 40 $. En été, vous pourrez découvrir le lac jusqu'à son extrémité sud aux États-Unis.

★ Buffalo Paddock

À 400 m au nord de l'entrée du parc. Circuit de 3 km.

🚶🚶 Un petit troupeau de bisons paît dans un vaste enclos au pied des premières hauteurs des Rocheuses. Le **site** est pittoresque, avec les monts Bellevue et Galway en arrière-plan.

★★ Cameron Lake (Lac Cameron)

À 17 km de Waterton par l'Akamina Hwy.

La route passe devant les vestiges du premier puits de pétrole de l'Ouest canadien, puis monte jusqu'au joli site du lac, logé au creux d'un ancien cirque glaciaire au pied de la crête montagneuse marquant la ligne de partage des eaux. De l'autre côté du lac qui, comme le lac Waterton, chevauche la frontière, se dressent à droite le **pic Forum** et à gauche le **mont Custer**.

★ Red Rock Canyon

À 19 km de Waterton. Tourner à gauche juste après le pont sur le ruisseau Blakiston.

La route jusqu'au petit canyon offre de jolies **vues★** des montagnes environnantes. Un **sentier de découverte** (🚶 *2 km*) permet de longer l'étroite gorge qui doit son nom à la couleur grenat de la roche, témoin de la présence d'oxyde de fer ; les filets grisâtres qui s'y mêlent sont dus à une oxydation moins achevée.

Lake Louise au lever du soleil.
L. Malvin / age fotostock

Parcs des Rocheuses

Rocky Mountain Parks

★★★

Alberta, Colombie-Britannique

 NOS ADRESSES PAGE 226

S'INFORMER

Parks Canada – *www.pc.gc.ca*. Chaque parc des Rocheuses possède son propre centre d'accueil dirigé par Parks Canada, où le visiteur peut se procurer brochures, cartes, horaires et permis divers. Le ticket pour l'accès dans chaque parc *(park pass : 9,80 $ par jour valable jusqu'au lendemain 16h)* s'achète au Visitor Centre, aux portes d'entrée ou aux kiosques des campings. Il existe également des forfaits valables plusieurs jours, qui donnent accès aux quatre parcs.

SE REPÉRER

Carte de région C3-4 (p. 92-93) - cartes des parcs des Rocheuses (p. 216), de Banff (p. 209), de Lake Louise (p. 212) et de Jasper (p. 222). Les parcs sont reliés par des routes excellentes. La 93, qui démarre à Radium Hot Springs en Colombie-Britannique, rejoint au nord les parcs de Kootenay, Banff et Jasper. D'est en ouest, la Transcanadienne (route 1) relie Calgary à Banff (128 km), puis tourne vers le nord en direction de Lake Louise, où elle s'oriente vers l'ouest, traverse le park Yoho et finit à Golden. Au nord, la route 16, the Yellowhead Highway, relie d'est en ouest Edmonton et Jasper (366 km) en traversant le parc pour finir à Tête Jaune Cache en Colombie-Britannique.

P SE GARER
Garez-vous uniquement aux emplacements prévus et ne sortez jamais de votre voiture pour photographier ou nourrir les animaux sous peine d'amende.

À NE PAS MANQUER
La route Icefield Parkway entre le Lake Louise et Jasper offre des vues spectaculaires sur les glaciers. En automne, durant la saison du rut des élans, vous pouvez entendre les mâles bramer. En mai ou en juin, vous avez des chances d'apercevoir un ours. Et n'oubliez pas d'enjamber le Continental Divide dans la passe du Vermilion, dans le parc national Kootenay.

ORGANISER SON TEMPS
Prévoyez plusieurs jours dans les Rocheuses, vous ne serez pas déçu !

AVEC LES ENFANTS
Le Buffalo Nations Luxton Museum, les sources chaudes dans le Banff National Park et dans le Kootenay National Park, l'observation de la faune locale en compagnie d'un guide.

Véritable joyau de l'Ouest canadien, cette chaîne de quatre parcs nationaux contigus – Banff, Yoho, Jasper et Kootenay – groupés dans la partie méridionale des Rocheuses est renommée dans le monde entier. Les merveilleux paysages à la topographie accidentée, la végétation et la faune variées attirent chaque année plusieurs millions de visiteurs. Avec le parc provincial du mont Robson, ils forment l'une des plus grandes réserves naturelles du monde (22 274 km²). Des routes parcourent les vallées et des sentiers sillonnent l'arrière-pays et ses remarquables étendues sauvages coupées de lacs et de cascades, entourées de montagnes couvertes de neiges éternelles et de glaciers majestueux.

★★★ Banff National Park Carte de région C4, p. 92-93

★★BANFF ET SES ENVIRONS Carte de Banff et ses environs ci-contre

Banff Information Centre – *224 Banff Ave - ✆ 403 762 8421 - www.banff lakelouise.com - de mi-juin à déb. sept. 9h-19h ; le reste de l'année 9h-17h - fermé 25 déc.* Dépendant de Parks Canada, il renseigne sur les activités du parc, les commerces et les services.
Ce célèbre centre de villégiature s'est développé dans la vallée large et plate de la Bow, à 1 380 m d'altitude dans les montagnes majestueuses. En dépit d'une activité touristique quasi constante, la communauté a réussi à conserver le charme d'une petite bourgade alpestre.

★ Whyte Museum of the Canadian Rockies
111 Bear St. - ✆ 403 762 2291 - www.whyte.org - ♿ - juin-sept. 9h30-18h ; oct.-mai 10h-17h - fermé 1er janv. et 25 déc. - tarifs : donations.
Inauguré en 1968, ce bâtiment contemporain abrite une galerie consacrée à l'histoire de l'alpinisme et du tourisme dans les Rocheuses canadiennes et aux œuvres des Indiens stoney. Le musée organise également la visite de sept demeures historiques ainsi que des conférences.

★ Banff Park Museum
93 Banff Ave - ✆ 403 762 1558 - www.pc.gc.ca - juil.-août 9h30-18h ; le reste de l'année : merc.-vend. 10h-17h - visite guidée été : 11h et 15h - fermé 1er janv. et 25-26 déc. - 3,90 $.

Construit dans le style « pagode » typique des gares du début du 20e s. (1903), ce musée a un cachet très Belle Époque. Il conserve une intéressante collection de minéraux et d'animaux naturalisés des Rocheuses, ainsi qu'une série de gravures de **Robert Bateman**.

★ Cascades of Time Gardens

À l'extrémité sud de Banff Ave, au-delà du pont sur la Bow. Juin-sept.

De ces jardins en terrasses agrémentés de bassins rocailleux et de cascades, **vue★** superbe sur le **mont Cascade**, dont les 2 999 m dominent l'extrémité nord de Banff Avenue. Au centre, un édifice de pierre de style néogothique (1935) abrite les bureaux administratifs du parc.

★ Buffalo Nations Luxton Museum

Sur la rive sud de la Bow. 1 Birch Ave - ℘ 403 762 2388 - www.buffalonations museum.com - ♿ - de déb. mai à déb. oct. : 11h-18h ; le reste de l'année : 13h-17h - 8 $.

Réplique d'un fort de l'époque du commerce des fourrures, ce bâtiment en rondins expose des objets indigènes et des dioramas grandeur nature évoquant certains aspects de la vie des Amérindiens des Plaines.

★ Bow Falls (Chutes de la Bow)

Une promenade au pied du Fairmont Banff Springs Hotel offre un bel aperçu : à gauche, la chute tumultueuse, en face, les rapides qui contournent le promontoire rocheux du mont Tunnel ; à droite, la Spray, petit affluent de la Bow.

1

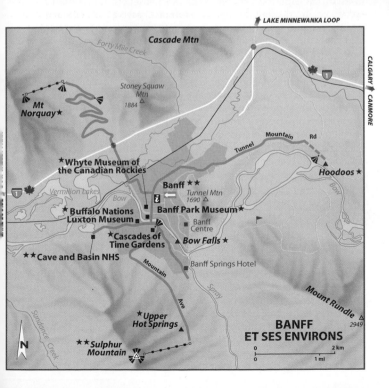

Le toit du Canada

Les Rocheuses canadiennes, dont la crête forme une partie de la **ligne de partage des eaux**, s'élèvent fréquemment au-dessus de 3 000 m. Elles se dressent en une barrière continue d'environ 1 550 km qui s'étend de la frontière des États-Unis à travers le sud-ouest de l'Alberta et l'est de la Colombie-Britannique. Cet arc montagneux constitue la chaîne la plus à l'est de la **Cordillère canadienne**. Il est limité au nord par la vaste plaine de la rivière aux Liards, à l'est par les plaines de l'intérieur, et à l'ouest par le **sillon des Rocheuses**, l'une des plus longues dépressions du continent américain. Les Rocheuses doivent leur apparence stratifiée à des dépôts sédimentaires marins vieux d'environ un milliard et demi d'années. Elles commencèrent à surgir 120 à 70 millions d'années avant notre ère à la suite du mouvement des plaques tectoniques. La dernière glaciation (de -75000 à -10000) imprima sa marque sur le terrain en laissant vallées en auge, glaciers, lacs, canyons, cirques cratériformes et vallées suspendues agrémentées de cascades. Depuis la fin du « petit âge glaciaire » de 1870, les glaciers des Rocheuses connaissent un recul marqué.

FAUNE ET FLORE

Les Rocheuses abritent une grande variété d'animaux et de plantes. Ours noirs, coyotes, wapitis, orignaux, cerfs-mulets et mouflons de montagne sont nombreux, même au bord des routes, sans compter les écureuils et les tamias rayés. On croise parfois des chèvres des Rocheuses et des mouflons à grosses cornes. Les grizzlis sont un spectacle fort rare, réservé aux lieux plus isolés.

Les étages montagnards, subalpin et alpin, s'accompagnent chacun d'une végétation caractéristique. Les fleurs sauvages, qui abondent à toute altitude, fleurissent à flanc de montagne de fin juin à début août. Des forêts de douglas, de pins lodgepoles, d'épicéas blancs et de trembles couvrent souvent les vallées, cédant progressivement la place aux sapins subalpins, aux mélèzes de Lyall et aux épicéas d'Engelmann sur les pentes plus élevées. La ligne supérieure de la forêt (généralement 2 200 m pour les versants exposés au soleil, moins pour ceux à l'ombre) comporte des espèces ligneuses réduites au nanisme par les rigueurs du climat. Au-dessus de la limite de croissance des arbres ne survit qu'une végétation alpine caractérisée par des associations de mousses, de lichens, de fleurs sauvages naines et de plantes herbacées.

SAUVEGARDER LA NATURE

La présence humaine dans les Rocheuses remonterait à plus de 10 000 ans. Au début du 18e s., avant l'arrivée des Européens, la tribu des **Stoney** avait soumis les peuplades autochtones et investi la région. La seconde moitié du 18e s. fut marquée par le commerce des fourrures, le 19e s. par la venue d'alpinistes et d'explorateurs. Le **Canadian Pacific**, réalisant le potentiel touristique de cette nature splendide, convainquit le gouvernement de créer des réserves, ancêtres des parcs actuels. À la fin du 18e s. et au début du 19e s., il fit construire chalets et hôtels de qualité (*voir « Nos adresses »*). Établis dès les années 1920, les quatre parcs nationaux furent désignés « sites du patrimoine mondial » en 1984. La région abrite d'autres parcs remarquables, notamment ceux du mont Assiniboine (*entre Banff et Kootenay ; inaccessible par la route*) et de Kananaskis Country, à 40 km au sud-est de Banff. Le parc national Waterton Lakes (*voir p. 205*), plus à l'écart, est également inclus dans les parcs des Rocheuses.

★★ Cave and Basin National Historic Site

☏ 403 762 1566 - www.pc.gc.ca - ⅙ - juil.-août : 10h-17h ; oct.-mai : merc.-dim. 12h-16h ; sept. : merc.-dim. 10h-17h- 3,90 $.

C'est à cet endroit que fut créé le premier parc canadien. L'ancien établissement de bains a été restauré selon son aspect de 1914. Ce bâtiment en pierre orné de fenêtres cintrées comporte une piscine découverte et un bassin naturel, tous deux alimentés par des sources thermales *(température moyenne 30-35 °C - baignade interdite)*. À l'intérieur du même complexe, un musée retrace l'histoire des parcs canadiens.

★★ Sulphur Mountain

À 3,5 km du centre-ville. ☏ 1 800 760 6934 - www.banffgondola.com - ⅙ - télécabine (8mn) tte l'année : horaires variables - 34,95 $.

Du sommet du mont Sulphur (2 285 m) se développe une **vue panoramique★★★** à 360° sur le site de Banff et les montagnes qui l'entourent, avec au nord le mont Norquay, la vallée de la Bow, Banff et son hôtel Fairmont ; au nord-est, le lac Minnewanka et la chaîne Fairholme ; à l'est, le mont Rundle et la vallée de la Spray ; et au sud-ouest, la chaîne Sundance. Il n'est pas rare d'apercevoir des mouflons à grosses cornes en bordure des sentiers.

★ Upper Hot Springs

À 3,5 km du centre-ville par Mountain Ave - ☏ 403 762 1515 ou 1 800 767 1611 - www.hotsprings.ca - ⅙ - de mi-mai à mi-oct. 9h-23h ; le reste de l'année 10h-22h ou 23h - 7,30 $.

👫 Découvertes un an après celles de Cave et de Basin, ces sources chaudes *(température moyenne 38 °C)* alimentent aujourd'hui une grande piscine publique perchée à flanc de montagne, d'où les baigneurs dominent la vallée de la Bow.

1

★ Hoodoos

Dép. de Tunnel Mountain Rd.

🚶 *(1 km)* Un pittoresque sentier de nature offre des vues sur la vallée de la Bow et sur de curieuses cheminées de fée, formations naturelles coiffées de blocs plus résistants que la roche environnante.

★ Lake Minnewanka Loop (Circuit du lac Minnewanka)

À 4 km au nord du centre-ville.

Les trois lacs qui agrémentent ce circuit de 16 km se prêtent à toutes sortes de sports nautiques. Il s'agit des lacs Johnson et Two Jack, et du lac de retenue Minnewanka. Ce dernier constitue la plus grande étendue d'eau du parc de Banff.

Minicroisières Banff Lake Cruise – *Minnewanka Tours - ☏ 403 762 3473 - www.explorerockies.com - de juin à déb. oct. - 45 $.* On peut parcourir le lac en bateau jusqu'à hauteur du Devil's Gap.

La route passe par **Bankhead**, mine de charbon abandonnée au début du 20e s. Un sentier d'interprétation relate l'histoire du site.

★ Mont Norquay

À 8 km du centre-ville. ☏ 403 762 4421 - www.banffnorquay.com - navette gratuite à partir de nombreux hôtels de Banff.

Une route sinueuse gravit le mont Stoney Squaw vers le télésiège du mont Norquay, offrant des **vues** sans cesse plus remarquables sur la vallée de la Bow, le site de Banff, et en toile de fond, le pan incliné du **mont Rundle**. En hiver, les skieurs ne manqueront pas de dévaler les pentes de la petite station.

Canmore

À 22 km au sud de Banff, route 1.

🚩 **Tourism Canmore Kananaskis** - *907-7th Ave - ☎ 403 678 1295 - www.tourism canmore.com.*

Ancienne petite ville minière logée au pied des Rocheuses, Canmore est aujourd'hui une destination prisée des sportifs. Les Jeux olympiques de Calgary (1988) ont favorisé son essor, entraînant la création de nombreux services et activités (chambres d'hôte, restaurants, golf, randonnée, VTT, deltaplane, escalade, kayak et rafting). À proximité se trouvent cinq centres de ski alpin, des pistes de ski de fond et des itinéraires raquettes. Située dans la large vallée de la Bow, Canmore est également la porte vers le Kananaskis, réserve de l'Alberta très appréciée pour sa nature et ses activités récréatives, qui englobe la plupart des montagnes au sud-est de Canmore. Le centre-ville, ensemble ordonné de boutiques, cafés et petites auberges, est très agréable à parcourir à pied et moins encombré que celui de Banff.

★ **LA ROUTE DE LA VALLÉE DE LA BOW** Carte des parcs des Rocheuses p. 216

◐ *Circuit de 48 km tracé en gris sur la carte p. 216. Dép. à 5,5 km à l'ouest de Banff, route 1A.*

Alternative à la rapide Transcanadienne, la pittoresque **Bow Valley Parkway** était le seul moyen de se rendre de Banff à Lake Louise dans les années 1920. Elle serpente à travers les forêts d'arbres à feuilles persistantes le long de la rive nord de la Bow et offre des **vues★** sur la chaîne Sawback au nord-est – particulièrement les crénelures du mont Castle – et sur les sommets de la ligne de partage des eaux au sud-ouest. De nombreux belvédères présentent une interprétation de la géologie, de la flore et de la faune régionales. On aperçoit

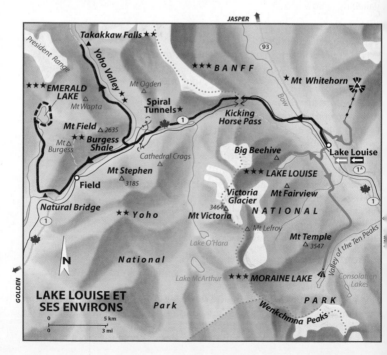

parfois ours noirs, cerfs et coyotes au bord de la route. Au **canyon Johnston★★** *(17 km)*, un sentier goudronné, souvent en corniche, surplombe l'étroite gorge de calcaire et mène aux **chutes inférieures★★** *(env. 1 km)* et **supérieures★★** *(env. 1,6 km)*. Dans une prairie au-dessus du canyon sourdent les sources d'eau froide des « pots d'encre » *(6 km)*.

À Castle Junction, la route 93 mène vers le parc national Kootenay (voir p. 224).

★★★ LAKE LOUISE ET SES ENVIRONS

Carte de Lake Louise et ses environs ci-contre

Plus petite et moins encombrée que Banff, la localité de Lake Louise se situe dans la partie centre-ouest du parc, célèbre pour ses pics glacés et ses étendues d'eau limpide. Ce furent les Amérindiens Stoney qui, en 1882, firent découvrir le fameux lac Louise – qu'ils appelaient le « lac aux petits poissons » – à **Tom Wilson**, membre de l'équipe chargée des relevés topographiques pour le futur chemin de fer. Wilson le baptisa Emerald Lake en raison de sa couleur, mais le nom fut changé deux ans plus tard en Lake Louise, en l'honneur de la fille de la reine Victoria, épouse du gouverneur général du Canada. Après l'achèvement de la voie ferrée, le lac devint une étape appréciée au milieu des Rocheuses et attira bientôt des alpinistes du monde entier, fascinés par les abruptes falaises qui l'entourent. Aujourd'hui, le **Château Lake Louise**, imposant hôtel du Canadian Pacific achevé en 1925, trône élégamment près du lac.

Village de Lake Louise

🛈 **Centre d'accueil du Parc Banff** – 𝄞 403 762 1550 - www.pc.gc.ca - de fin juin à fin août 9h-20h ; le reste de l'année, horaires variables - fermé 25 déc. Il présente d'excellentes expositions sur l'histoire naturelle de la région, notamment sur les schistes de Burgess, et fournit des renseignements touristiques divers : circuits routiers, randonnées, curiosités locales, etc.

🛈 **Banff/Lake Louise Tourism Bureau** – 𝄞 403 762 8421 - www.banfflakelouise.com. Cette petite station-carrefour située à la sortie de la Transcanadienne offre des installations en tout genre.

★★★ Lake Louise

À 4 km du village.

Enserré dans les puissantes montagnes qui forment la ligne de partage des eaux, caché dans une vallée suspendue au-dessus du large sillon de la Bow, ce magnifique lac glaciaire demeure l'un des points les plus célèbres des Rocheuses canadiennes.

On aperçoit au loin le **glacier Victoria**, qui s'avançait autrefois jusqu'à l'emplacement actuel du Château Lake Louise. En se retirant, le glacier laissa derrière lui un énorme barrage morainique (sur lequel fut d'ailleurs bâti l'hôtel) qui boucha en partie la vallée, provoquant ainsi la formation d'un petit lac de montagne (2 km de long, 500 m de large, 75 m de profondeur ; température maximale de 4 °). En été, le fin limon glaciaire en suspension dans les eaux de fonte du lac réfléchit les rayons du spectre solaire et émet des nuées virant, selon la luminosité, du bleu-vert à l'émeraude.

L'extrémité du lac est dominée par le **mont Victoria** (3 464 m), flanqué à gauche de la paroi rocheuse du **mont Fairview** (2 744 m), et à droite du **Big Beehive** (« la grande ruche »), ainsi nommé en raison de sa forme arrondie.

🥾 Un sentier de 2 km longe la rive nord du lac, tandis que d'autres chemins montent vers l'arrière-pays. Des randonnées d'une journée mènent à deux salons de thé : l'un sur le lac Agnes (🥾 *3,5 km*) et l'autre à la plaine des Six-Glaciers (🥾 *5,5 km*). L'escalade est une activité très couramment pratiquée autour du lac Louise *(rens. à l'hôtel Fairmont Chateau Lake Louise – voir Nos adresses p. 229 – et au centre d'accueil du parc)*.

★ Mont Whitehorn

À 5 km du village. ℰ 1 877 956 8473 - www.skilouise.com - télécabine (15mn) de mi-mai à fin sept. - 28,75 $.

Du sommet (où se trouve un restaurant) se découvre un **panorama★★** spectaculaire sur la vallée de la Bow : au sud, les pics Wenkchemna et le mont Temple, et à l'ouest le lac Louise, niché sous le glacier Victoria.

★★★ Moraine Lake (Lac Moraine)

À 13 km du village.

Ce joli lac jouit d'un **site** splendide, bordé d'un côté par la barrière aiguisée des pics Wenkchemna et de l'autre par l'épaisse forêt qui descend doucement jusqu'à la rive. La route *(Moraine Lake Rd)* s'élève au-dessus de la vallée de la Bow et offre tour à tour une **vue★★** impressionnante du **mont Temple** (3 549 m), puis des pics glacés des **Wenkchemna**, également appelés **Ten Peaks**. Un court sentier mène à un éboulis de roches qui barre l'extrémité nord du lac, d'où l'on profitera de la meilleure **vue★** des alentours. Cet énorme amas de pierres aurait été causé par l'éboulement d'une partie de la « Tour de Babel », sommet adjacent. D'autres sentiers serpentent jusqu'à l'extrémité du lac Moraine et permettent d'accéder aux vallées et lacs avoisinants de l'arrière-pays.

LES HÔTELS DE LA LIGNE GRAND RAILWAY

L'achèvement de la voie de chemin de fer plaça les Rocheuses à la portée des voyageurs de l'Est, mais encore restait-il à mettre en place une infrastructure touristique pour les recevoir. William Van Horne, président de la compagnie du Canadian Pacific, résolut le problème à sa manière.

Son **hôtel Banff Springs** *(voir Nos adresses p. 228)* était, à l'ouverture en 1888, le plus vaste (250 chambres) et le plus somptueux du monde. Bien qu'il n'exploite plus les sources thermales, l'établissement accueille un vaste centre de remise en forme disposant d'un bassin d'eau minérale qui rappelle les sources voisines de Cave et Basin.

Édifié au bord du lac en 1890, le **Chateau Lake Louise**, jadis simple gîte de montagne, est le berceau de la tradition canadienne des randonnées avec guides. Plusieurs excellents restaurants et le Wallister Stube à l'atmosphère intime, dont la cuisine suisse classique accompagne les spécialités de fondue, régalent les voyageurs.

Construit près de la ligne Grand Trunk Pacific Railway en 1922, **Jasper Park Lodge** est un bâtiment de bois d'un seul niveau. Grâce à son parcours de golf 18 trous créé par le Canadien Stanley Thompson, il était très apprécié des célébrités hollywoodiennes des années 1950 et servit de cadre au film *La Rivière sans retour*. Les golfeurs du 21e s. jouent sur le terrain qu'affectionnait Bing Crosby et descendent les rapides de l'Athabasca qui promurent Marilyn Monroe au rang de star.

Les trois établissements, qui appartiennent aujourd'hui à la chaîne Fairmont *(voir Nos adresses p. 228-229)*, ont tous été détruits par un incendie, reconstruits et agrandis. Plusieurs millions de dollars furent employés à restaurer la vision originale de William Van Horne : des châteaux-hôtels somptueux à l'ombre des Rocheuses.

★★ Yoho National Park Carte de Lake Louise et ses environs p. 212

Dans le dialecte amérindien local, le mot *yoho* signifie « l'aube ». Ce parc, le plus petit des Rocheuses, est une merveille de la nature à en juger par ses majestueux glaciers, ses cascades, ses cours d'eau bondissants et ses fabuleux gisements fossilifères de Burgess Shale, les plus importants jamais découverts. La Transcanadienne fend **Yoho** en diagonale en franchissant le **col Kicking Horse** (1 625 m). Ce dernier, sur la ligne de partage des eaux, marque la limite entre l'Alberta et la Colombie-Britannique, et entre les parcs nationaux de Banff et du Yoho. Il doit son pittoresque nom de « col du cheval qui rue » à un incident dont **James Hector**, géologue de l'expédition Palliser (1857-1860), fit les frais. Assommé par son cheval, le pauvre homme resta si longtemps inconscient que ses hommes, le croyant mort, faillirent l'enterrer.

Field

🄸 **Centre d'accueil du parc** – *℘ 250 343 6783 - www.pc.gc.ca -* ♿ *- de mi-juin à déb. sept. : 8h30-19h ; le reste de l'année : 9h-17h - fermé de mi-oct. à fin avr.* Il présente des expositions et des programmes vidéo sur les schistes de Burgess et sur les autres curiosités du parc.

Cette petite ville dans l'étroite vallée du Kicking Horse est le pivot central du parc.

★ Spiral Tunnels

À 9 km de l'entrée nord-est du parc.

Lorsqu'en 1884 la voie ferrée franchit le col, elle descendait droit vers la vallée du Kicking Horse par une pente de 4,5 %, ce qui occasionna plusieurs déraillements. C'est pourquoi deux tunnels en spirale furent construits en 1909, ce qui réduisit la pente à 2,2 %. Un belvédère présente des panneaux d'interprétation retraçant l'histoire de ces deux tunnels du Canadian Pacific. De ce point de vue, on aperçoit l'orifice du tunnel inférieur creusé dans le mont Ogden.

★★ Vallée du Yoho

À 13 km de la Transcanadienne. Route d'accès en lacet, caravanes interdites.

Logée entre le mont Field et le mont Ogden, la charmante vallée du Yoho est accessible par une route escarpée dotée d'un point de vue sur le confluent du Yoho et du Kicking Horse. Vers la fin de son parcours, la route fait face au pic et au glacier Yoho, flanqués à droite des chutes Takakkaw.

★★ **Takakkaw Falls** – En dévalant la falaise qui domine la vallée du Yoho, le torrent d'eau de fonte du glacier Daly forme un long jet vertical, visible de la route et coupé d'un seul rebond. 🥾 Un sentier goudronné mène au pied de ces chutes, qui comptent parmi les plus hautes du Canada (254 m).

★★ Burgess Shale

🥾 *Compter 6 km AR jusqu'aux lits de trilobites du mont Stephen et 20 km AR jusqu'aux schistes de Burgess. Ces deux randonnées ardues par des sentiers escarpés prennent la journée. La fragilité des gisements fossilifères rend l'accompagnement par un guide obligatoire. Yoho-Burgess Shale Foundation – ℘ 1 800 343 3006 - www.burgess-shale.bc.ca - sur réserv.*

😊 **Bon à savoir** – Les visiteurs qui ne souhaitent pas faire l'excursion à pied pourront voir des expositions sur les schistes de Burgess aux centres d'accueil de Field et de Lake Louise.

Au nord de la petite ville de Field, un site unique sur le **mont Field** (2 635 m) – connu des paléontologues amateurs et professionnels sous le nom de Burgess Shale – renferme des traces de vie pluricellulaire marine vieilles de quelque

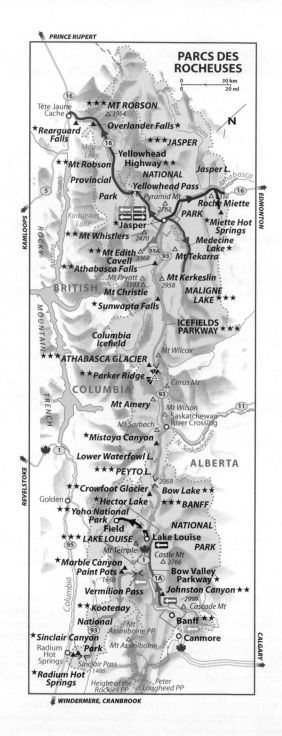

PARCS DES ROCHEUSES

0   30 km
0   20 ml

PRINCE RUPERT

N

Tête Jaune Cache

★★★ MT ROBSON
△ 3954

★ Rearguard Falls

★ Overlander Falls ★

★★★ JASPER

Moose Lake

Yellowhead Highway ★★

★★ Mt Robson

NATIONAL

Jasper L.

Provincial

Yellowhead Pass

Roche Miette △ 6316

Park

Pyramid Mt △ 2763

PARK

★ Miette Hot Springs

Kinbasket Lake

★ Jasper

Medecine Lake ★

★★ Mt Whistlers △ 2470

★★ Mt Edith Cavell △ 3368

Mt Tekarra

ROCKY

★★ Athabasca Falls

Mt Pryatt △ 3103

★ Mt Kerkeslin △ 2958

MALIGNE

BRITISH

Mt Christie

MOUNTAIN

★ Sunwapta Falls

MALIGNE LAKE ★★★

Columbia Icefield

ICEFIELDS PARKWAY ★★★

TRENCH

Mt Wilcox

★★★ ATHABASCA GLACIER

COLUMBIA

★★ Parker Ridge

Cirrus Mt

Mt Amery

Mt Wilson

Saskatchewan River Crossing

Mt Sarbach

★ Mistaya Canyon

Lower Waterfowl L.

ALBERTA

★★★ PEYTO L.

△ 2069

★ Crowfoot Glacier

Bow Lake ★★

Golden

★ Hector Lake

★★★ BANFF

★ Yoho National Park

Field

NATIONAL

★★★ LAKE LOUISE

Lake Louise

PARK

Mt Temple △

Castle Mt △ 2766

★ Marble Canyon Paint Pots △ 1650

Bow Valley Parkway ★

Vermilion Pass

Johnston Canyon ★★

△ 2999 Cascade Mt

★★ Kootenay

Banff ★★

National

Mt Assiniboine PP

Park △ 93

★ Sinclair Canyon

Mt Assiniboine

Canmore

Radium Hot Springs

Sinclair Pass 1486

★ Radium Hot Springs

Height of the Rockies PP

Peter Lougheed PP

Columbia

CALGARY

WINDERMERE, CRANBROOK

KAMLOOPS

EDMONTON

REVELSTOKE

515 millions d'années. Il s'agit là des plus riches gisements fossilifères du monde datant de la période cambrienne. En 1886, un employé du Canadian Pacific découvrit de remarquables lits de trilobites sur le **mont Stephen** (3 185 m). En 1909, le paléontologue **Charles Walcott** trouva sur le mont Field un rare fossile d'invertébré dans un morceau de schiste argileux et se rendit compte de la présence d'une couche fossilifère exceptionnelle. Walcott passa trois étés à excaver le site. Depuis sa mort, d'autres chercheurs ont pris la relève et travaillent sur ce site par intermittence.

Un sentier difficile *(se renseigner avant de le suivre)* mène jusqu'aux schistes de Burgess et offre des **vues**★★ splendides sur le lac Emerald et sur la chaîne President. Dans une petite carrière à flanc de colline, les visiteurs ont parfois l'occasion d'observer le travail de fouille des chercheurs et d'admirer leurs plus récentes découvertes.

★★★ Emerald Lake (Lac Émeraude)

À 8 km à partir de la Transcanadienne. Possibilités d'hébergement.

Les écoulements glaciaires de la chaîne President, au pied de laquelle il se situe, ont donné à ce ravissant lac la belle couleur émeraude qui lui valut le nom choisi une nouvelle fois par Tom Wilson en 1882 *(voir p. 213)*.

Peu après avoir quitté la Transcanadienne, la route du lac offre, depuis une aire de stationnement, des vues sur un **pont naturel** creusé dans le calcaire par le Kicking Horse. Le **site** est agréable, dominé au nord-est par le mont Stephen et à l'ouest par la chaîne Van Horne.

(5 km) La route s'arrête au lac, mais un joli **sentier** en fait le tour. À l'extrémité sud-est du lac, sur fond de mont Burgess, se dresse Emerald Lake Lodge *(voir Nos adresses p. 228)*, ancien chalet du Canadian Pacific transformé en hôtel. Au nord-est se distingue la silhouette du mont Wapta.

Après le détour par le lac Émeraude, la Transcanadienne suit la pittoresque **gorge inférieure** du torrentueux Kicking Horse jusqu'à sa jonction avec la Columbia et la ville de Golden.

★★★ La route des champs de glace

Carte des parcs des Rocheuses ci-contre

Circuit de 233 km, au départ de Banff, tracé en vert clair sur la carte ci-contre. Route 93.

Parallèle à l'axe des Rocheuses, **Icefields Parkway** relie Banff et Jasper, offrant un inoubliable spectacle sur les amples vallées, les chutes d'eau, les lacs, les glaciers et les sommets majestueux. C'est une large voie réservée au tourisme, expressément construite pour mettre en valeur la splendeur des paysages. De nombreux points de vue aménagés tout au long de la route présentent à cet effet l'histoire humaine et naturelle de la région.

Dès le départ, la route s'élève rapidement au-dessus de la Transcanadienne et offre d'intéressants points de vue sur la chaîne Waputik.

★ Hector Lake (Lac Hector)

Km 16. Cette ravissante étendue d'eau fut nommée en l'honneur du géologue James Hector. Elle est surplombée par la chaîne Waputik au sud, le mont Hector à l'est et le pic Bow au nord.

★★ Glacier Crowfoot

Km 33. Après avoir contourné le pic Bow, la route offre une perspective sur ce glacier qui recouvre les plateaux rocheux inférieurs du mont Crowfoot. En reculant, le glacier a perdu une partie de sa calotte qui le faisait ressembler à une patte de corbeau.

★★ Bow Lake (Lac Bow)

Km 37. Ce joli lac est situé en bordure de la route, mais on le voit mieux du belvédère menant à Num-ti-jah Lodge, bâtiment historique dont on aperçoit le toit rouge sur la rive nord. Remarquez le glacier Bow qui s'avance au-dessus du lac, entre les pics Portal et St Nicholas.

La route traverse une verte prairie de bouleaux et de saules avant d'atteindre le col Bow (2 069 m), point culminant du parcours.

★★★ Peyto Lake (Lac Peyto)

Route d'accès au km 40. Se garer sur le parking supérieur d'où un petit sentier mène jusqu'au belvédère.

Baptisé du nom, comme le glacier qui l'alimente, d'un guide de montagne du début du 20e s., ce lac est célèbre pour sa couleur bleu-vert qui vire progressivement au turquoise à mesure que les eaux de fonte y mêlent leurs alluvions. Sur la rive opposée se détache l'impressionnante silhouette du **mont Mistaya**, à droite du pic Peyto, tandis qu'au-delà du lac commence la vallée de la Mistaya.

La route descend dans la vallée et longe plusieurs lacs. Au belvédère du **lac Lower Waterfowl** *(km 56)*, belle **vue★** sur la formidable étendue rocheuse des sommets de la ligne de partage des eaux, particulièrement le pic Howse (3 290 m) et la pyramide du mont Chephren (3 307 m).

★ Mistaya Canyon

Route d'accès au km 72. Suivre le sentier vers la vallée pendant 400 m - 🅿.

La Mistaya a creusé dans le calcaire une pittoresque gorge, étroite et sinueuse.

Continuant vers le nord, la route longe le mont Murchison (3 337 m) à l'est, puis passe sous les parois abruptes du mont Wilson (3 261 m). Tous deux font partie d'une chaîne de synclinaux connue sous le nom de **Castle Mountain Syncline**, qui s'étire du mont Castle à l'extérieur de Banff, au mont Kerkeslin près de Jasper.

On débouche ensuite dans la vallée de la Saskatchewan nord. Un belvédère *(km 76 - sentier parmi les arbres)* révèle une **vue** sur la vallée de la Howse. C'est la voie que suivit l'explorateur **David Thompson** en 1807, lorsqu'il fonda le premier comptoir à l'ouest de ces montagnes, près d'Invermere.

Après la jonction avec la route 11, dite route David Thompson *(stations-service)*, la promenade se poursuit sous les parois abruptes du mont Wilson (à l'est), tandis qu'on aperçoit d'abord le pic Survey et le mont Erasmus à l'ouest, puis la façade stratifiée du **mont Amery**.

Au km 105, la route passe au pied du mont Cirrus, dont les falaises abruptes portent le nom très évocateur de **Weeping Wall** (Mur des lamentations) en raison des torrents qui s'en échappent. Elle escalade ensuite très rapidement le col Sunwapta (on gagne 430 m d'altitude en un seul tournant, nommé « big bend », le grand virage) et offre, d'un premier belvédère, un **panorama★★** spectaculaire sur toute la vallée de la Saskatchewan nord. Un second belvédère, presque adjacent, fait face aux embruns des **Bridal Veil Falls** (Chutes du Voile de la mariée).

★★ Parker Ridge

Km 118. Cette crête offre une **vue★★★** splendide sur les montagnes de l'arrière-pays et tout particulièrement sur le **glacier Saskatchewan**, l'un des principaux émissaires du champ de glace Columbia.

🔭 *(2,4 km)* Un sentier grimpe en serpentant à travers une forêt subalpine, puis une toundra dépourvue d'arbres, tapissée en été de fleurs naines.

Au km 122, la route franchit le col Sunwapta (2 035 m) pour pénétrer dans le parc national Jasper, découvrant le mont Athabasca et les autres sommets qui entourent le champ de glace Columbia.

★★★ Glacier Athabasca

Km 127. Le **champ de glace Columbia**, qui s'étire entre la Colombie-Britannique et l'Alberta, représente la plus vaste calotte glaciaire (325 km²) non polaire du continent. De son flanc est s'écoulent le glacier Athabasca (3 000 m) et quatre glaciers émissaires importants (Saskatchewan, Dome, Stutfield et Columbia), ainsi que d'autres, plus petits. Leurs eaux de fonte alimentent trois océans : l'Atlantique, le Pacifique et l'Arctique. En 1898, un groupe d'alpinistes de la Société géographique royale de Grande-Bretagne découvrit ce champ de glace jusqu'alors inconnu, semble-t-il, et lui donna le nom du fleuve Columbia. Du parking du **Columbia Icefield Centre**, admirables **vues★★★** sur les glaciers Athabasca, Kitchener et Dome.

🅱 **Centre d'accueil de la zone sud du parc national Jasper - Centre du Champ-de-Glace** – 📞 780 852 6288 - www.pc.gc.ca - ♿ - *1ᵉʳ juin-15 sept. 9h-17h ou 18h.* Il propose des expositions et une présentation audiovisuelle sur la glaciologie.

De l'autre côté de la route se trouve le lac Sunwapta, qu'alimente le glacier Athabasca. Un court sentier mène de l'aire de stationnement aux abords de la langue de glace. Des panneaux jalonnant la route d'accès et le sentier indiquent les étapes de sa régression, spectaculaire depuis quelques dizaines d'années.

★★ **Excursion sur le glacier en véhicule tout-terrain - Glacier Adventure** – *Brewster Tours - 📞 877 423 7433 - www.explorerockies.ca - ♿ - dép. de l'Icefield Centre - de mi-avr. à mi-oct. : 9h-16h ou 10h-18h - AR 1h30 - 50 $ - longue attente en juil.-août.* Ces navettes sont spécialement conçues pour couvrir la courte distance jusqu'au sommet du glacier Athabasca et pour permettre aux passagers d'en explorer la surface.

★ Sunwapta Falls (Chutes de la Sunwapta)

Km 176. Route d'accès au parking (400 m) de la route 93A.

La Sunwapta contourne un îlot, dévale une falaise, fait un brusque coude autour d'une ancienne moraine et pénètre dans un profond canyon de calcaire. Peu après les chutes, la Sunwapta se jette dans la rivière **Athabasca** dont la route suit jusqu'à Jasper l'impressionnante vallée, dominée à l'ouest par la forme pyramidale excentrée du **mont Christie** (3 103 m) et les trois pics du mont Fryatt (3 361 m). Au nord-ouest apparaît peu à peu le sommet enneigé du mont Edith Cavell tandis qu'à l'est de la route se dresse le **mont Kerkeslin** (2 956 m), dernier massif de la chaîne des synclinaux.

★★ Athabasca Falls (Chutes de l'Athabasca)

Km 199. Prendre à gauche la route 93A sur 400 m.

Les eaux limoneuses de l'Athabasca dévalent un rebord de quartzite et s'engouffrent dans un canyon spectaculaire aux parois devenues lisses sous l'action érosive d'un ruissellement constant. En arrière-plan, les roches siliceuses légèrement rougeâtres du mont Kerkeslin rappellent, par leur aspect stratifié, celles que l'on trouve à proximité des chutes.

En arrivant sur Jasper, on distingue à l'ouest le mont Whistlers, droit devant le mont Pyramid et, à l'est, la cime du **mont Tekarra**. Au crépuscule, des wapitis viennent souvent paître le long de la route, non loin d'un terrain de camping.

★★★ Jasper National Park Carte de Jasper et ses environs p. 222

Des quatre parcs nationaux des Rocheuses, **Jasper** est à la fois le plus grand (10 878 km²) et le plus septentrional. Remarquablement belles, ses immensités reculées présentent un large éventail de paysages et permettront à maintes reprises d'observer une faune variée dans son environnement naturel.

★ JASPER ET SES ENVIRONS

🅸 **Centre d'accueil du parc** – *500 Connaught Dr., Jasper -* ✆ *780 852 6176 - www.pc.gc.ca -* ♿ *- de mi-juin à mi-sept. 8h30-19h30 ; le reste de l'année 9h-17h ou 18h - fermé 1er janv. et 25 déc.*

Bâtie dans la vaste vallée de l'Athabasca, au confluent de la Miette, cette importante station de villégiature est entourée de ravissants petits lacs : **Pyramid**, **Patricia**, **Annette**, **Edith** et **Beauvert** (où se trouve le fameux Jasper Park Lodge – *voir l'encadré p. 214*). Au sud se dressent les parois enneigées du mont Edith Cavell, tandis qu'au nord pointent les formes déchiquetées du **mont Pyramid**, haut de 2 763 m.

La ville doit son nom à un employé de la Compagnie du Nord-Ouest, Jasper Hawes, qui établit vers 1801 un comptoir (Jasper House) sur le lac Brûlé, à 35 km au nord du site actuel de Jasper. Au fil des ans, les autochtones virent venir de plus en plus d'Européens dans la foulée des marchands de fourrures qui faisaient route par la rivière et le col Athabasca. Dans les années 1860, un groupe de 125 chercheurs d'or, les **Overlanders**, passèrent dans les environs, en route vers les champs aurifères des monts Cariboo. Mais alpinistes et trappeurs mis à part, la région fut peu habitée avant le début du 20e s. En 1907, les projets de construction d'un chemin de fer passant par le col Yellowhead amenèrent la création de la réserve du Jasper Park. En 1911, le Grand Trunk atteignait le parc, doublé en 1915 du Canadian Northern. Le site de Jasper se développa autour d'un camp de base établi pour le chantier ferroviaire. Aujourd'hui, située à la jonction des routes Yellowhead et Icefields, la ville est au cœur des activités du parc.

★★ Mont Whistlers

✆ *780 852 3093 ou 1 866 850 8726 - www.jaspertramway.com - téléphérique (7mn) - juil.-août 9h-20h ; mai-juin et sept.-oct. 10h-17h (18h30 en juin) - 32 $.*

Le téléphérique s'élève de plus de 900 m jusqu'au terminus, perché sur la crête de ce mont (2 470 m) qui doit son nom au sifflement *(whistle)* strident des marmottes, nombreuses sur ses flancs. À cette hauteur, le **panorama★★★**

DES EXPLORATEURS AU THÉÂTRE

David Thompson fut un découvreur, sur le plan géographique comme sur le plan intellectuel. Non content de tracer la première carte de l'Ouest canadien, il pressentit la valeur marchande de son idée et convainquit les dirigeants de la Compagnie du Nord-Ouest de financer ses voyages. Jeff Shea, né à Jasper, donne à voir quelques aspects de la vie et de la personnalité de David Thompson dans *The David Thompson Story*, pièce à un personnage montée plusieurs fois par été à Jasper. Autre hommage théâtral, *Edith Cavell Returns*, avec Grace Kohn, dépeint la vie de l'héroïne qui donna son nom à l'un des fameux sommets de Jasper.

🎭 **Jasper Heritage Theatre** – ✆ *780 852 4204.*

Jasper National Park.
Age / Photononstop

embrasse le site de la ville, la vallée de l'Athabasca parsemée de lacs et la chaîne des monts Colin au nord-est, puis le mont Yellowhead et la chaîne Victoria Cross au nord-ouest. Par temps clair, on aperçoit au-delà la grande pyramide blanche du mont Robson. Un joli sentier mène au sommet même du mont Whistlers, d'où se découvrent vers le sud des perspectives sur les monts Edith Cavell et Kerkeslin.

★★ Mont Edith Cavell

À 24 km au sud de la ville par l'Icefields Parkway jusqu'à la jonction avec la 93A, puis par Mt Edith Cavell Rd.

Jadis, les voyageurs nommaient ce pic majestueux (3 368 m) « la montagne de la grande traverse ». Il fut rebaptisé, après la Première Guerre mondiale, du nom d'une infirmière anglaise exécutée par les Allemands pour avoir prêté secours à des prisonniers alliés. Étroite et sinueuse, la route d'accès longe la spectaculaire vallée de l'Astoria et remonte une pente abrupte pour atteindre les hauteurs. Du terrain de stationnement d'où part le chemin pour la vallée Tonquin *(26 km)*, une courte marche permet de se rendre en bordure du **lac Cavell**, qui offre de belles **vues** sur la montagne. D'un joli vert, les eaux lacustres proviennent du **glacier Angel** dont les ailes glacées, qui se déploient sur la roche, sont aujourd'hui en recul. Au bout de la route *(2 km en voiture)*, on atteint le début du sentier qui longe cette mer de glace.

★★★ MALIGNE VALLEY Carte des parcs des Rocheuses p. 216

◐ *Circuit de 96 km AR, au départ de Jasper, tracé en marron clair sur la carte p. 216. Route 16 et Maligne Lake Rd.*

Cette pittoresque vallée, l'une des plus belles des Rocheuses, abrite un canyon et un lac magnifiques. Ce sont les voyageurs, au temps du commerce des fourrures, qui nommèrent ainsi la rivière en raison des dangereux courants qu'elle crée en se jetant dans l'Athabasca au sortir de sa gorge.

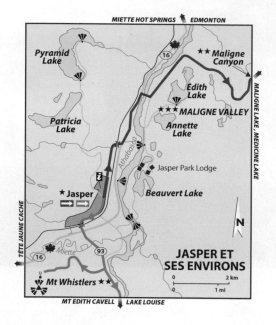

JASPER ET SES ENVIRONS

★★ Maligne Canyon

À 7 km de la jonction avec la route 16.

Ce long défilé taillé dans la roche calcaire constitue la gorge la plus spectaculaire des Rocheuses. Il atteint 50 m de profondeur sur une portée de moins de 3 m par endroits. Un chemin goudronné et plusieurs ponts permettent d'en suivre les bords et de voir les marmites de géant creusées dans la roche par les tourbillons, ainsi que les cascades qui jalonnent le cours de la rivière.

★ Medicine Lake (Lac Medicine)

Km 22. Cette belle étendue d'eau est dominée au sud par la chaîne Maligne et au nord par la crête en dents de scie de la chaîne Colin. Après la montée des eaux à la fonte des neiges *(début de l'été)*, le niveau du lac baisse progressivement à mesure qu'avance la saison, jusqu'à atteindre le fond vaseux. Curieusement, en l'absence de déversoir, les eaux s'infiltrent dans la roche calcaire pour réapparaître plus loin dans la rivière Maligne. La route, ponctuée de plusieurs points de vue agréables, longe le lac sur 8 km.

★★★ Maligne Lake (Lac Maligne)

Ce lac glaciaire de 23 km de long est le plan d'eau le plus grand et l'un des plus renommés des Rocheuses. Un géomètre nommé Henry MacLeod, qui cherchait alors un passage pour le Canadian Pacific, le découvrit en 1875 et le nomma Sorefoot (« pied endolori »). En 1908, l'exploration minutieuse du lac et des pics voisins fut menée par Mary Schaffer, veuve de Philadelphie qui aimait passer l'été dans les Rocheuses.

De la route qui prend fin sur la rive nord du lac, on aperçoit les sommets jumeaux des **monts Unwin** (3 300 m) et **Charlton** (3 260 m) au sud-ouest. Mais ces pics, et ceux qui bordent l'extrémité sud du lac, ne peuvent être véritablement admirés qu'en faisant le tour du lac en bateau.

★★★ **Promenade en bateau** – *À Jasper. Maligne Tours – ☎ 780 852 3370 ou 1 866 625 4463 - www.malignelake.com - dép. du chalet du lac Maligne - de déb. juin jusqu'à la formation des glaces au début de l'automne : 10h-16h ; de fin juin à déb. sept. : 10h-17h - AR 1h30 - 55 $.* On notera le changement de couleur des eaux glaciaires, vertes à l'extrémité nord du lac et d'un bleu-vert profond au sud. Passé le détroit Samson Narrows, le bateau fait un arrêt non loin d'un îlot nommé **Spirit Island** pour permettre aux passagers de descendre. Ils pourront alors bénéficier de **vues★★★** extraordinaires sur les sommets gelés qui dominent l'extrémité méridionale du lac.

★★ Yellowhead Highway : route 16

Carte des parcs des Rocheuses p. 216

La route 16 traverse deux parcs, Jasper et Mt Robson, et poursuit sa course en direction de l'ouest jusqu'à Prince Rupert, au bord du Pacifique. Cette grande voie de traversée de l'Ouest canadien doit son nom à un Iroquois blond surnommé « Tête Jaune » *(Yellow Head)* qui, vers les années 1820, s'était constitué une cache où il entreposait fourrures et provisions dans une petite localité qui porte aujourd'hui son nom.

★★ VERS LES SOURCES DE LA MIETTE

◗ *Circuit de 60 km, au départ de Jasper, tracé en rouge sur la carte p. 216.*
À l'est de Jasper, la route s'engage dans l'immense vallée de l'Athabasca. À l'horizon paraissent, en ombres chinoises, les crêtes déchiquetées de la chaîne Colin.
On découvre, sur les 40 km restants, de remarquables **vues★★★** sur la rivière dont les méandres s'étendent au pied des sommets environnants. La route passe entre le **lac Talbot** (est) et le **lac Jasper** avec, en toile de fond, la **chaîne De Smet**. Plus loin, à **Disaster Point★**, des mouflons des Rocheuses et des chèvres à poil blanc, plus rares, viennent lécher le sel qui affleure dans de petites mares en bordure de la route. Les animaux se font régulièrement renverser par les automobiles, d'où le nom du lieu. La route poursuit ensuite sa course en offrant des vues quasi ininterrompues sur **Roche Miette** (2 316 m).

★ Miette Hot Springs

À 42 km, prendre Miette Hot Springs Rd. ☎ 780 866 3939 ou 1 800 767 1611 - www.hotsprings.ca - & - juil.-août 8h30-22h30 ; mai-juin et sept. 10h30-21h - fermé oct.-avr. - 6,05 $.
De tous les établissements thermaux des parcs, celui-ci occupe sans aucun doute le **site★★** le plus spectaculaire, enserré dans de puissantes montagnes aux versants imposants. On y accède en empruntant une route qui serpente sur 18 km à travers une agréable gorge verdoyante. Riches en minéraux,

---

LES SOMMETS DES PARCS
De nombreuses montagnes des Rocheuses canadiennes approchent ou dépassent les 3 000 m. En voici quelques-unes : Mt Robson (3 954 m), Mt Temple (3 549 m), Mt Victoria (3 464 m), Mt Edith Cavell (3 368 m), Mt Fryatt (3 361 m), Mt Murchison (3 337 m), Mt Chephren (3 307 m), Mt Unwin (3 300 m), Howse Peak (3 290 m), Mt Wilson (3 261 m), Mt Charlton (3 260 m), Mt Stephen (3 185 m), Mt Christie (3 103 m), Cascade Mountain (2 999 m) et Mt Kerkeslin (2 956 m).

les sources de la Miette sont les plus chaudes des Rocheuses canadiennes (température maximale 54°C). Les curistes choisissent la piscine chaude, la tiède ou la froide avec un plongeoir.

Après la jonction, la route continue vers l'est sur 7 km jusqu'à l'entrée du parc national Jasper.

★ VERS LES CHUTES REARGUARD

Circuit de 100 km, au départ de Jasper, tracé en violet sur la carte p. 216.

À l'ouest de Jasper, la route 16 longe la vallée de la Miette, qui va en se rétrécissant. Au **col Yellowhead** (le moins élevé de tous les cols situés sur la crête des Rocheuses), à la limite de l'Alberta et de la Colombie-Britannique, la route quitte le parc national Jasper *(km 24)* et pénètre dans un parc provincial de toute beauté.

★★ Mount Robson Provincial Park

www.env.gov.bc.ca/bcparks - &- parc ouv. tte l'année - camping : ℰ *1 800 689 9025.*
ℹ *Centre d'informations des visiteurs –* ℰ *250 566 4038 - &- de mi-juin à août 8h-19h ; de mai à mi-juin et sept. 8h-17h ; 1re quinz d'oct. 9h-16h.*

Inscrit dans un remarquable site montagneux, ce parc de 224 866 ha englobe le **mont Robson★★★** (3 954 m), point culminant des Rocheuses canadiennes. Une fois dans le parc, la route 16 suit le cours du Fraser, longeant au passage les rives des lacs Yellowhead et Moose. Aux **chutes Overlander★** *(km 88 - accessibles par un sentier)*, les eaux bleu-vert du Fraser dévalent une grande plate-forme rocheuse et s'engouffrent avec puissance dans une gorge étroite. Non loin de là, dominé par l'imposante silhouette du mont Robson, le **centre d'informations des visiteurs** présente une exposition sur l'histoire naturelle de la région.

★ Rearguard Falls (Chutes Rearguard)

3,2 km. Cette large cascade de faible hauteur fait partie d'un petit parc provincial du même nom. Elle plonge dans le Fraser, faisant bouillonner les eaux turquoise du fleuve. À la saison du frai *(août)*, des saumons du Pacifique s'offrent en spectacle alors qu'ils remontent par bonds successifs le fleuve à contre-courant, au terme d'une montaison de 1 200 km.

La ville-carrefour de Tête Jaune Cache se trouve à 5 km à l'ouest.

★★ Kootenay National Park

Carte des parcs des Rocheuses p. 216

ℹ **Kootenay National Park Visitor Centre** – *Main St. East, Radium Hot Springs -* ℰ *250 347 9505 - &- www.pc.gc.ca - de mi-juin à août 9h-19h ; de mi-mai à sept. 9h-17h - hors saison, contacter Yoho National Park Visitor Centre :* ℰ *250 343 6783.*

Dixième du pays, le parc **Kootenay** s'étend de part et d'autre de la **route 93** sur 8 km. Il fut créé en 1920 aux termes d'un accord avec le gouvernement édéral, alors qu'avaient pris fin les travaux de percement de l'importante artère Banff-Windermere reliant le sud-ouest de l'Alberta à la vallée de la Columbia.

DE CASTLE JUNCTION AUX SOURCES RADIUM

Circuit de 105 km tracé en bleu clair sur la carte p. 216.

Cette **route★★** pittoresque à travers le parc national Kootenay quitte la Transcanadienne au lieu-dit Castle Junction pour escalader le **col Vermilion** (1 650 m), sur la crête des Rocheuses. Celui-ci marque à la fois la limite des parcs nationaux Banff et Kootenay et la frontière provinciale entre l'Alberta et la Colombie-Britannique.

★ Marble Canyon

À 17 km de la jonction.

Centre d'accueil de l'entrée nord du parc – *℘ 403 762 9196 ou 250 347 9615 en hiver.*

(1,6 km) Un sentier en sous-bois mène à une étroite gorge calcaire dans laquelle s'engouffrent les eaux du Tokumm avant de se jeter dans le Vermilion. Des panneaux d'interprétation fournissent des explications sur les affleurements de marbre blanc du canyon et sur les autres curiosités rencontrées en chemin, dont un pont naturel.

Paint Pots

À 20 km de la jonction.

(1,2 km) Ces **sources minérales★** furent un haut lieu de la spiritualité indigène. En jaillissant, leurs eaux froides fortement ferrugineuses ont formé des mares de glaise ocre dont se servaient jadis les autochtones pour les peintures de guerre et les décorations des tipis et des vêtements. Plus tard, les champs d'ocre furent exploités par les Européens pour alimenter une usine de colorants à Calgary.

La route suit la vallée du Vermilion jusqu'à son confluent avec le Kootenay. Au km 89, un belvédère offre une **vue★** panoramique sur la **vallée du Kootenay**, immense et boisée, avec la **chaîne Mitchell** sur son flanc ouest. Après avoir franchi le col Sinclair (1 486 m), la route rejoint la **vallée du Sinclair★**, bordée de falaises rouges nommées **Iron Gates** (portes de fer) en raison de l'oxyde de fer qui les colore.

★ Radium Hot Springs

Km 103 - ℘ 250 347 9485 ou 1 800 767 1611 - www.hotsprings.ca - ♿ - de mi-mai à sept. : 9h-23h ; le reste de l'année : dim.-jeu. 12h-21h, vend.-sam. 12h-22h - 6,30 $.

Ces eaux chaudes (température moyenne 47 °C) alimentent un complexe thermal. Leur teneur en minéraux est généralement moins forte que celle des autres sources des Rocheuses. La grande piscine principale, adossée à la paroi du canyon, borde le Sinclair.

On traverse bientôt le **canyon du Sinclair★**, où deux murailles abruptes enserrent la route comme dans un étau, pour atteindre l'entrée sud du parc.

1

😊 NOS ADRESSES DANS LES ROCHEUSES

INFORMATIONS UTILES

Les parcs des Rocheuses sont ouverts toute l'année. L'été dure de juin à mi-septembre. Durant la haute saison touristique, en juillet-août, il fait jour jusqu'à 22h. Pensez à vous équiper pour le froid – les chutes de neige en août et septembre ne sont pas rares. L'hiver, la plupart des routes des parcs restent ouvertes. Malgré un déneigement régulier, les pneus neige sont recommandés de novembre à avril.

TRANSPORTS

En avion

Les compagnies internationales, canadiennes et américaines desservent les aéroports internationaux de **Calgary** *(à 17 km du centre-ville, voir p. 262)* et d'**Edmonton** *(à 30 km du centre-ville, voir p. 262)*. Des services de cars font la liaison entre les aéroports et les principales villes des parcs *(voir « En autocar »)*.
Air Jasper – ☎ *780 865 3616 - www.airjasper.com*. Service de charters depuis l'aéroport Jasper Hinton.

En train

VIA Rail – ☎ *1 888 842 7245 - www.viarail.ca*. Plusieurs trains circulent dans les Rocheuses. Liaisons entre Jasper et Prince Rupert avec une halte de nuit à Prince George (pensez à réserver votre hôtel). Le **Canadian** roule entre Toronto et Vancouver en passant par Edmonton et Jasper. VIA Rail n'a pas de service de train pour Banff.

En autocar

Yoho et Kootenay sont les parcs les moins bien desservis par les transports en commun.

Greyhound – ☎ *1 800 661 8747 - www.greyhound.ca*. Service de car qui permet de circuler entre Calgary et Banff/Lake Louise, Edmonton et Jasper.
Sun Dog Tour Company – ☎ *780 852 4056 (Jasper), 403 762 8444 (Banff) ou 1 888 786 3641 - www.sundogtours.com*. Propose des connexions entre Calgary, Banff, Lake Louise et Jasper ainsi que des visites touristiques.

HÉBERGEMENT

Gîtes

Les gîtes de l'arrière-pays des Rocheuses sont réputés. La plupart de ces établissements sont uniquement accessibles à pied, à skis ou en hélicoptère. Entreprises souvent familiales, ils vont du chalet rustique au confortable chalet alpin bénéficiant d'une bonne table. Il est possible de réserver de simples cabanes *(25 $/nuit/pers.)* par l'intermédiaire de :
Alpine Club of Canada – *PO Box 8040, Indian Flats Rd, Canmore - ☎ 403 678 3200 - www.alpineclubofcanada.ca*.

Campings

Ils sont présents dans les parcs nationaux. Chacun d'entre eux offre des douches et des points d'énergie. Se renseigner directement auprès des parcs.

PREMIER PRIX

À Lake Louise

HI-Lake Louise Alpine Centre – *203 Village Rd - ☎ 403 522 2201 ou 1 866 762 4122 - www.hihostels.ca -* ♿ 🅿. Les voyageurs non familiers des auberges de jeunesse seront surpris de l'aspect soigné de cet établissement aux poutres apparentes, ainsi que de ses prestations. Les dortoirs *(2 à 6 lits)* sont impeccables, mais le centre propose aussi des chambres privées. Les clients ont accès à une cuisine, une salle de lecture, une laverie et un café avec Internet sans fil. L'établissement est l'un des sites gérés par Hostelling International, les autres sont situés à Banff, Jasper et le long de l'Icefields Parkway.

BUDGET MOYEN

À Banff
Blue Mountain Lodge –
327 Caribou St. - ✆ 403 762 5134 - www.bluemtnlodge.com - 🅿 - 10 ch. Construite en 1908, cette petite maison d'hôte offre un hébergement à prix raisonnable. Simplement décorées, les chambres possèdent toutes une salle de bains, TV, Internet sans fil. Un copieux buffet froid de petit déjeuner est compris dans le prix. Une cuisine commune et des casiers à skis sont également mis à la disposition des résidents.

POUR SE FAIRE PLAISIR

À Banff
Banff Voyager Inn –
555 Banff Ave - ✆ 403 762 3301 ou 1 800 879 1991 - www.banff voyagerinn.com - ♿ 🅿 - 88 ch. D'un bon rapport qualité-prix, l'établissement complète une série de motels installés le long de la voie séparant la Transcanadienne du centre-ville. Bien que sobrement aménagées afin de conserver leur tarif raisonnable, les chambres sont spacieuses et confortables. Un casier à skis et un emplacement en parking souterrain chauffé sont inclus dans le prix. On trouvera de nombreux restaurants dans un rayon de 10mn de marche.

À Jasper
Tekarra Lodge – *Route 93A Sud, à 1,6 km au sud de Jasper - ✆ 780 852 3058 ou 1 877 532 5862 -*
www.tekarralodge.com - ♿ 🅿 - fermeture annuelle, se renseigner. Lorsqu'en 1913 les véhicules à moteur eurent l'autorisation de pénétrer dans les parcs, les « campements de bungalows » se multiplièrent dans les Rocheuses canadiennes. Le Tekarra Lodge a parsemé la forêt qui domine l'Athabasca de cabanes rustiques aux lits confortables, avec cuisine et cheminée mais sans TV. Un téléphone est disponible à l'accueil. Le Tekarra Restaurant sert des menus variés.

À Lake Louise
Baker Creek Moutain Resort –
P.O. Box 66 - ✆ 403 522 3761 - www.bakercreek.com - ♿ 🅿. Entre Lake Louise et Banff sur la Bow Valley Parkway, ces chalets très cosy proposent des hébergements à bon prix. Les chalets ont tous balcon et kitchenette. Les suites sont dans un nouveau bâtiment aux tonalités chaudes. Vous pouvez manger au **Baker Creek Bistro**, qui sert des plats canadiens.

UNE FOLIE

À Banff
Brewster's Mountain Lodge –
208 Caribou St. - ✆ 403 762 2900 ou 1 888 762 2900 - www.brewster mountainlodge.com - ♿ 🅿 - 77 ch. Le style « Ouest canadien » de cette hostellerie moderne, située à deux pas de la rue la plus animée du centre-ville, saute aux yeux dès que l'on aperçoit sa silhouette de rondins écorcés. Un impressionnant escalier de bois mène aux chambres spacieuses et au décor rustique. Le petit déjeuner, généreux, est servi dans une attrayante salle du rez-de-chaussée.
Buffalo Mountain Lodge –
Tunnel Mountain Rd - ✆ 403 410 7417 ou 1 800 661 1367 - www.crmr.com - ♿ 🅿. Immense,

1

l'établissement offre une retraite paisible contrastant avec l'activité des rues voisines de Banff. Les grandes chambres, au décor contemporain à base de bois, comprennent une cheminée et un balcon ou une terrasse. Les salles de bains spacieuses ont parfois une baignoire à pieds griffus et un chauffage au sol. L'hôtel est doté d'un salon confortable et sert un excellent scotch *single malt*. Le restaurant est réputé pour sa cuisine, qui utilise les produits locaux vendus par un ranch des environs.

Fairmont Banff Spring – *405 Spray Ave - ₰ 403 762 2211 ou 1 866 540 4406 - www. fairmont.com* - ♿ 🅿 - *768 ch.* Cette hostellerie aux allures de château qui domine la Bow de ses tourelles est un des établissements de montagne les plus connus au monde. Ouvert en 1888, The Springs a été modernisé. Les chambres, très sobres, sont décorées avec élégance. Le véritable intérêt du lieu se trouve dans son atmosphère opulente et l'abondance de ses installations : luxueux centre de remise en forme, golf 27 trous et écuries. Il regroupe 11 restaurants, du bar à vin intime au très branché **Banffshire Club** avec ses spécialités d'agneau rôti, de bison et autres classiques canadiens. Chacun des restaurants accueille à midi les visiteurs non résidents, pour lesquels une visite gratuite (et vivement conseillée) de l'hôtel est organisée.

À Field

Emerald Lake Lodge – *Parc national de Yoho - ₰ 250 343 6321 ou 1 800 663 6336 - www. crmr.com* - ♿ 🅿. Encadré par de grands espaces vierges, idéal pour les escapades en montagne, l'établissement trône sur les hauteurs de l'un des plus pittoresques lacs de la région. Les vastes chambres aménagées dans les chalets, dotées d'une entrée privée, arborent cheminée de pierre et mobilier en pin. Prenez vos repas dans le bâtiment principal ou à l'un des sympathiques cafés des berges du lac. L'hôtel propose des activités d'été et d'hiver ainsi qu'une navette gratuite pour la station de ski de Lake Louise.

À Jasper

Fairmont Jasper Park Lodge – *Old Lodge Rd - ₰ 780 852 3301 ou 1 866 540 4454 - www.fairmont. com* - ♿ 🅿 - *446 ch. et bungalows.* Le domaine historique, qui s'étire le long des eaux turquoise du lac Beauvert, est fier de son terrain de golf de compétition et de ses diverses installations sportives (équitation, tennis, canoë). La clientèle peut choisir les sobres chalets ou les anciens bungalows de bois, qui ont accueilli la reine Elisabeth II. L'établissement propose une grande variété de restaurants, parmi lesquels le **Cavell's Restaurant & Terrace** avec vue sur le mont Edith Cavell.

À Lake Louise

Paradise Lodge and Bungalows – *Lake Louise Dr. - ₰ 403 522 3595 - www. paradiselodge.com* - ♿ 🅿 - *fermé en hiver - cabanes et suites.* Le charme indéniable de cette propriété classée située sur une parcelle boisée entre le fond de la vallée et Lake Louise attire une clientèle fidèle. Des jardins bien entretenus agrémentent les cabanes construites dans les années 1930, dont certaines arborent des plafonds voûtés et des baignoires à pieds griffus. Plus vastes, les suites dotées de cheminées offrent une meilleure vue ; certaines ont une cuisine sommairement équipée. Pas d'animaux domestiques.

Fairmont Chateau Lake Louise – *111 Lake Louise Dr. - ℰ 403 522 3511 ou 1 866 540 4413 - www.fairmont.com -* ☁ ▣. Le célèbre établissement bénéficie d'un point de vue sur le lac Louise inégalé dans les Rocheuses. Si les chambres donnant sur le lac sont les plus chères, les prestations sont équivalentes dans tout l'hôtel. Les immenses baies du célèbre salon Lakesideview forment un écrin parfait aux eaux cristallines si souvent photographiées. Parmi les nombreux restaurants de l'hôtel figure la table raffinée du **Fairview Dining Room**, qui allie festin et panoramas d'exception. Les jardins colorés mènent à une promenade pavée qui longe la berge. Les activités vont de l'escalade au dancing.

Lake O'Hara Lodge – *Parc National Yoho - ℰ 250 343 6418 ou 403 678 4110 (hors saison) - www. lakeohara.com - cabanes et ch. 2 nuits mini - pension complète et transport par autocar compris - fermé oct.-janv. et de déb. avr. à mi-juin.* Le Canada connaît peu de sites comparables au lac O'Hara, un plan d'eau magique entouré d'innombrables sentiers de randonnée. L'hôtel fut à l'origine construit par la Canadian Pacific. Une nuit sur place ajoute un plus à une visite déjà mémorable. Le vieux bâtiment principal comprend restaurant et chambres standard, mais les cabanes au bord du lac, avec leur balcon, sont les plus convoitées. Pas de TV, de radio ou d'Internet. On accède à la propriété en autocar au départ de la Transcanadienne *(les voitures privées ne sont pas admises dans le parc. Parking à 15 km à l'est de Field).* En hiver *(de déb. fév. à déb. avr.),* ski et raquette à 12 km du lodge.

Post Hotel – *200 Pipestone Rd - ℰ 403 522 3989 ou 1 800 661 1586 - www.posthotel.com -* ☁ ▣ - *94 ch.* Situé à quelques pas du village, cet établissement chic qui appartient au groupe français Relais & Châteaux borde les eaux tumultueuses de la Pipestone. Les chambres, spacieuses et élégantes, sont dotées de lits confortables et de luxueuses salles de bains ; toutes possèdent un balcon, beaucoup sont dotées d'un Jacuzzi et d'une cheminée. Le ravissant salon s'avère idéal pour siroter un cocktail vespéral avant de passer dans la **salle à manger** voisine, renommée pour sa cuisine canadienne préparée avec une touche européenne.

Simpson's Num-Ti-Jah Lodge – *Route 93 nord, à 40 km au nord de Lake Louise - ℰ 403 522 2167 - www.num-ti-jah.com -* ☁ ▣ - *16 ch.* Ce lodge original fut construit il y a environ 80 ans par Jimmy Simpson, un guide de montagne. Restaurée et agrandie, cette auberge en bois donne sur le Bow Glacier et le Bow Lake, dans un splendide environnement. Le Elkhorn Dining Room propose une table d'hôte. Salon confortable, bibliothèque, téléphone satellite mais pas de TV.

RESTAURATION

BUDGET MOYEN

À Jasper

Becker's Gourmet Restaurant – *Route 93 - ℰ 780 852 3535 - www.beckerschalets.com - mai-oct. : fermé le midi.* Tout en se régalant, les convives pourront admirer les montagnes s'élevant au-delà de l'Athabasca ; bœuf de l'Alberta, bison, gibier et flétan sont de mise dans cet établissement historique. Lorsque

1

le temps fraîchit, le feu ronronne dans la cheminée de pierre. Les habitués savent qu'il faut, en dépit du froid extérieur, réserver leur part de crème glacée maison.

À Lake Louise

Lake Louise Railway Station and Restaurant – *200 Sentinel Rd - ℰ 403 522 2600 - www. lakelouisestation.com -* ♿.
La gare de Lake Louise, élégant bâtiment de rondins datant de 1910, accueille toujours les visiteurs puisqu'elle a été convertie en restaurant. Rénové dans le style Arts and Crafts, avec des photos anciennes et des objets ayant trait au chemin de fer, l'intérieur dégage une atmosphère prestigieuse et rétro. Les menus, composés de plats de brasserie, sont marqués d'une touche étrangère : asiatique, italienne, mexicaine. Le wagon-restaurant de la Canadian Pacific de 1925 propose uniquement un menu pour le dîner. Pour l'authenticité, les trains de fret continuent de rouler bruyamment.

POUR SE FAIRE PLAISIR

À Banff

Maple Leaf – *137 Banff Ave - ℰ 403 760 7680 ou 1 866 760 7680 - www.banffmapleleaf.com.*
La cuisine canadienne est servie dans une salle ornée de cèdre, de pierre et autres matières naturelles. Les convives se restaurent sous la surveillance d'une tête d'orignal. Parmi les spécialités régionales du déjeuner, on appréciera les paninis, les *fish & chips*, le bison, les burgers d'élan. Le menu du dîner propose des plats plus raffinés : poissons des mers, agneau, bœuf, bison. Également un menu enfant. Demandez une table à l'étage pour une meilleure vue et une atmosphère plus calme.

PETITE PAUSE

À Lake Louise

Laggan's Mountain Bakery – *Samson Mall - ℰ 403 522 2017.*
Nichée dans l'unique centre commercial de Lake Louise, cette boulangerie réputée propose au voyageur un en-cas à peu de frais : assortiment de sandwichs, pâtisseries, muffins et gâteaux. Chacun se sert son café. Si l'on ne trouve pas de table, on peut toujours franchir l'allée pour s'asseoir au bord de la Pipestone, qui coule derrière les arbres.

ACHATS

Bon à savoir – Les paysages, parmi les plus spectaculaires du monde, ont toujours inspiré les artistes locaux. Néanmoins, il est difficile de trouver de véritables galeries parmi l'amoncellement de colifichets pour touristes. Trois d'entre elles se distinguent.

Artist's Own Downstairs Gallery – *618 Connaught Dr., Jasper, Parc national de Jasper - ℰ 780 852 3117.* Choix étendu d'aquarelles à un prix abordable.

Sunrise Gallery – *627 Patricia St. - au 1ᵉʳ étage de Jasper Marketplace.* Expose et vend bijoux, peintures et sculptures.

Our Native Land – *601 Patricia St. - ℰ 780 852 5592.* Propose d'authentiques objets d'art et d'artisanat indiens ; on y trouvera des mocassins de peau et des bijoux en jade.

ACTIVITÉS

Bon à savoir – Randonnée, bicyclette, équitation, canoë, pêche, baignade (sauf à Yoho), promenades en bateau et sports d'hiver se pratiquent dans les quatre parcs nationaux.

S'informer directement auprès des parcs.

Aventure

Pour les amateurs, des prestataires organisent des formules de voyage-découverte et fournissent équipement, guides et moyens de transport.

Tonquin Valley Adventures – ✆ 780 852 1188 - www.tonquinadventures.com.

Sur l'eau

Vous pouvez opter pour une balade avec un guide ou louer un canoë et ramer vous-même. Le long des forêts silencieuses, vous aurez peut-être la chance de voir des orignaux, des cerfs, des ours ou des aigles.

Rocky Mountain Raft Tours – À Banff - ✆ 403 762 3632 - www.banffrafttours.com.

Découverte de la vie sauvage

👥 Les hôtels Fairmont Banff Springs, Fairmont Lake Louise et Fairmont Jasper Lodge (voir « Hébergement » p. 228-229) proposent à leurs résidents, mais aussi à tous les touristes, des guides naturalistes qualifiés pour découvrir la montagne, sa faune, sa flore, ses légendes et son histoire.

Sports d'hiver

Ski de fond et de descente, héliski, patinage, traîneau à chiens et autres activités hivernales se pratiquent dans la région de Banff/Lake Louise de mi-novembre à mi-mai. Trois stations de ski se trouvent près de Banff :

Lake Louise – ✆ 403 522 3555 ou 1 877 956 8473 - www.skilouise.com.

Sunshine Village – ✆ 403 705 4000 ou 1 877 542 2633 - www.sunshinevillage.com.

Ski Banff Norquay – ✆ 403 762 4421 - www.banffnorquay.com.

Et une près de Jasper :

Marmot Basin – ✆ 780 852 3816 ou 1 866 952 3816 - www.skimarmot.com. Restaurants, garderies, location de skis, écoles de ski accréditées sont à votre disposition.

Pour le **ski de fond**, il existe 80 km de pistes autour de Banff et les parcs, notamment Kananaskis, sont parcourus par un vaste réseau de pistes.

Canmore Nordic Centre Provincial Park – ✆ 403 678 2400 - www.canmoreadventures.ca. Il englobe le site des épreuves de ski de fond des Jeux olympiques de 1988 et comporte plus de 65 km de pistes pour skieurs moyens et confirmés. Possibilité de louer des skis, de prendre des leçons et un logement.

Randonnée à cheval

Warner Guilding and Outfitting – ✆ 403 762 4551 ou 1 800 661 8352 - www.horseback.com. Organise des circuits dans les zones désertiques des environs au départ de Banff.

Train touristique

♿ Voir « Colombie-Britannique, Rocheuses, Yukon pratique », p. 102.

AGENDA

Banff Summer Arts Festival – www.banffcentre.ca. De mai à fin septembre. Il donne l'occasion d'assister à des concerts et des spectacles de danse, d'opéra et de théâtre.

Route de l'Alaska

★★

Colombie-Britannique, Yukon

☺ NOS ADRESSES PAGE 237

◯ SE REPÉRER

Carte de région AB1-2-3 (p. 92-93). La route de l'Alaska part de Dawson Creek en Colombie-Britannique, située à 9h de route d'Edmonton et 18h de Vancouver, pour rejoindre Fairbanks en Alaska. Il faut 22h pour rejoindre Whitehorse depuis Dawson Creek.

☺ À NE PAS MANQUER

Les eaux aigue-marine du lac Muncho, les grappes de fleurs roses ou mauves des épilobes.

⚹⚹ AVEC LES ENFANTS

Faites une pause aux sources chaudes du parc Liard River Hot Springs.

Route du Nord et de l'aventure, l'« Alaska Highway » s'étire dans un pays de montagnes et de lacs à la beauté sauvage, jalonné de petites localités. Elle part des plaines fertiles de la région de la rivière de la Paix (à la frontière de l'Alberta), longe les Rocheuses, traverse les Cassiar, frôle le nord de la Chaîne côtière et du massif St Elias, pour atteindre finalement la « Dernière frontière » : l'Alaska.

Excursions Carte de région p. 92-93

VERS LES BARRAGES B3

Cet agréable parcours à travers de jolis paysages ruraux ménage plusieurs **vues★★** spectaculaires de la rivière de la Paix. La route suit longuement la vallée et en grimpe parfois les versants, offrant alors de splendides **panoramas★** sur le plateau et les champs cultivés. La petite localité de **Hudson's Hope** fut d'abord un comptoir fondé par **Simon Fraser** en 1805. C'est à cet endroit

Le long de la route de l'Alaska.
Alaska Stock / age fotostock

qu'**Alexander Mackenzie** commença son *portage* dans le canyon de la rivière de la Paix lors de son expédition vers la côte ouest.

Du village, la route d'accès au barrage W.A.C. Bennett monte en serpentant à travers la montagne et découvre des vues sur les sommets enneigés.

★★ **W.A.C. Bennett Dam** (Barrage W.A.C. Bennett) B3

236 km AR au départ de St John par la route 29. À 11 km au nord de Fort St John, prendre la route 29 et la suivre jusqu'à Hudson's Hope. Prendre ensuite Dam Access Rd - la montée est en lacet : respecter la signalisation. Visitor Centre - ℰ 1 888 333 6667 - www.bchydro.com - mai-août : 10h-17h - 6 $.

Construit de 1963 à 1967 à l'extrémité supérieure du canyon de la rivière de la Paix, le barrage est une énorme digue de terre de 183 m de haut et 2 km de long. Le réservoir, le **lac Williston** (longueur : 362 km), est le plus grand lac de la province. Il occupe, le long du sillon des Rocheuses, une partie de la vallée des rivières Parsnip et Finlay, et donne naissance à la rivière de la Paix, qui se jette dans la rivière des Esclaves à la pointe du lac Athabasca. Le barrage est constitué de l'ancienne moraine déposée à la dernière glaciation 7 km plus loin dans l'ancienne vallée de la rivière de la Paix. À la fonte des glaces, il y a 15 000 ans, la rivière – bloquée par la moraine – ne put reprendre son cours préglaciaire : elle creusa une nouvelle voie, le canyon actuel. Le projet, malgré ses retombées économiques, est parfois considéré comme un échec écologique ; certaines sources ont par exemple disparu, lesquelles, en ressortant au printemps, régénéraient autrefois les marécages du delta de la rivière de la Paix et de l'Athabasca, dans la partie orientale du parc national Wood Buffalo (Alberta).

★ **G.M. Shrum Generating Station** – Départ du **centre d'accueil**, où sont présentées quelques expositions d'animation scientifique sur l'énergie hydroélectrique. Après un film sur l'histoire du site et la construction du barrage, les visiteurs descendront dans la salle des turbines creusée dans le roc à 152 m sous terre, et pourront voir la galerie collectrice et l'installation de décharge. La centrale produit plus de 13 milliards de kW chaque année, participant ainsi largement aux besoins énergétiques de la Colombie-Britannique.

West Side Lookout – *À 3 km du barrage. Route escarpée.* De ce belvédère, vues sur le lac Williston et le déversoir. On aperçoit aussi en aval le canyon de la rivière de la Paix et le réservoir du barrage Peace Canyon.

★ **Peace Canyon Dam** (Barrage Peace Canyon) B3

À 8 km au sud d'Hudson's Hope, sur la route 29. ℰ 1 888 333 6667 - www.bchydro.com - ♿ - centre d'accueil - mai-août 10h-16h - gratuit.

Situé à 23 km en aval, le barrage du canyon de la rivière de la Paix réutilise les eaux du barrage W.A.C. Bennett pour fournir de la puissance additionnelle. On visite la salle des turbines et la salle de contrôle. Un poste d'observation et un chemin en surplomb du barrage ménagent des **vues** sur celui-ci.

VERS LE PARC PROVINCIAL D'ATLIN A2

★ **Atlin** A2
196 km AR au départ de Jake's Corner (à 100 km au nord-ouest de Teslin). Route non goudronnée et relativement peu fréquentée. Visitor Centre - au musée d'Atlin, à l'angle de 3rd St. et de Trainor St. - ℘ 250 651 7522.

Centre minier au temps de la ruée vers l'or (la ville comptait 19 hôtels en 1899), Atlin occupe un **site** charmant au bord de son lac que dominent de majestueux sommets enneigés. Souvenir des beaux jours, le *MV Tarahne*, ancien bateau d'excursion, est ancré en ville ; la société historique locale organise des sorties de temps à autre en été. Par temps clair, on aperçoit, depuis Warm Bay Road, le glacier Llewellyn, dont les formes se détachent au-delà du lac. La ville est le point de départ vers les admirables paysages du **parc provincial d'Atlin**, propice aux activités sportives.

Circuits conseillés Carte de région p. 92-93

★★ **LES ROCHEUSES DU NORD** AB2

▶ *Circuit de 991 km, au départ de Fort Nelson, tracé en marron clair sur la carte p. 92-93.*
Après Fort Nelson, la route traverse une somptueuse région boisée de trembles et d'essences boréales puis se dirige vers les Rocheuses. Celles-ci présentent d'abord un relief tabulaire plus proche des mesas des Rocheuses du sud des États-Unis que des cimes aiguës de la région de Banff et de Jasper. Plus loin, elles apparaissent couronnées de neige. Le panorama, très dégagé, est d'une beauté à couper le souffle.

★ **Stone Mountain Provincial Park** B2
Km 627. www.bcparks.ca - de déb. mai à mi-sept.
Cette région au relief accidenté, dont les roches dénudées évoquent une carrière, doit son nom au mont Stone, situé au nord du parc (25 690 ha). Le paysage, bien que singulier, ne manque pas d'une sauvage beauté. Le trajet

---

UNE DÉCISION MILITAIRE

Quand en décembre 1941, le Japon entra en guerre contre les Alliés, attaquant la flotte américaine à Pearl Harbor et débarquant sur les îles Aléoutiennes, le Canada craignit une invasion des États-Unis par l'Alaska. Envoyer des troupes par la mer, alors infestée de sous-marins japonais, eût été périlleux. Aussi la construction d'une voie terrestre reliant l'Alaska et le Yukon au réseau routier canadien et américain fut-elle décidée. Malgré, les chaînes de montagnes à escalader, les fondrières à traverser, les ponts sur de puissantes rivières à jeter… l'armée américaine parvint à construire 2 451 km de chaussée en neuf mois. Améliorée et ouverte à la circulation civile après la guerre, la route de l'Alaska est aujourd'hui une voie d'importance capitale pour l'économie de la région, dont elle permet l'exploitation des richesses et le développement touristique.

longe les merveilleuses eaux vertes du plus beau site du parc, le **lac Summit★**, qui est également le point culminant de la route (1 295 m). Un terrain de camping balayé par les vents y a été aménagé.

La route traverse ensuite la gorge rocheuse du ruisseau Macdonald *(prendre garde aux nombreux moutons paissant dans les environs)*.

★★ Muncho Lake Provincial Park B2

Km 688. www.bcparks.ca - de mi-mai à fin sept.

C'est l'une des plus belles sections de la route, et l'une des plus intéressantes sur le plan géologique. On suit d'abord la vallée de la rivière Toad, région rocheuse assez désolée, adoucie seulement par la couleur vert pâle de l'eau. Puis la vue s'élargit, révélant de plus en plus de montagnes, la plupart enneigées. Dans cette région, il n'est pas rare, l'hiver, de voir des mouflons des Rocheuses non loin de la route. Véritable joyau du parc, le **lac Muncho★★** *(46 km après l'entrée)* est d'une magnifique couleur d'aigue-marine due, dit-on, à de l'oxyde de cuivre dissous dans l'eau. Les sommets qui s'y reflètent dépassent 2 000 m d'altitude. Passant dans une vallée d'altitude entre deux chaînes montagneuses, la route traverse les alluvions déposées par l'érosion. Ce parc provincial, qui marque la moitié du trajet entre Dawson Creek et Whitehorse, dispose de deux bons terrains de camping et de plusieurs gîtes.

★ Liard River Hot Springs Provincial Park B2

Km 765. Prendre à droite la route menant au terrain de stationnement, puis suivre à pied le sentier de planches. www.bcparks.ca - ouvert tte l'année - cabines de bain - 5 $ (10 $/famille).

Ces **sources chaudes** (température moyenne 42 °C) et sulfureuses forment deux grands bassins, que le cadre boisé rend fort agréables. L'un est assez profond pour y nager. L'autre, moins profond et plus chaud, attire davantage de baigneurs. Tous deux sont équipés de promenades en planches et de cabines. Le parc constituant la halte favorite des voyageurs de la route de l'Alaska, son terrain de camping affiche complet dès le début de l'après-midi en été. À 10 km environ des sources chaudes, la route pénètre dans une immense zone brûlée, qui témoigne des fréquents incendies sur l'écosystème de la région : 182 725 ha furent détruits en 1982 ; depuis, trembles, saules et épilobes ont investi le terrain, comme toujours ici après un incendie.

Au km 788, vous croisez la **rivière aux Liards**. Ce cours d'eau puissant et sauvage prend sa source dans les monts Pelly au Yukon, coule vers le sud-est entre les monts Mackenzie et les Rocheuses avant de bifurquer vers le nord-est pour y rejoindre le fleuve Mackenzie, qui se jette dans l'océan Arctique. La route suit la rivière sur environ 240 km en offrant quelques beaux panoramas. Au km 947, on pénètre dans le territoire du Yukon en traversant le 60e parallèle. Cependant, la route ne quitte pas définitivement la Colombie-Britannique car son parcours, suivant différentes vallées, franchit la frontière à plusieurs reprises. Elle offre de belles vues sur les **monts Cassiar**.

Watson Lake (Lac Watson) B2

Km 1016. Nœud de communication de la région des monts Cassiar, cette petite localité est connue pour sa collection de **panneaux indicateurs**. Le premier fut planté en 1942 par un soldat américain qui travaillait à la construction de la route. Sans doute pris du mal du pays, il y indiqua le nom de son village et la distance qui l'en séparait. Depuis, les touristes en ont fait une tradition. Le résultat aujourd'hui : au centre de Watson Lake, plus de 30 000 panneaux issus du monde entier se pressent sur un vaste terrain près du centre d'accueil.

1

Centre Northern Light – *℘ 867 536 7827 - www.northernlightscentre.ca - de mi-mai à mi-sept.: visite guidée (1h) 13h, 14h, 15h, 18h30, 19h30 et 20h30 - tarif, se renseigner.* Il propose une exposition sur l'exploration spatiale. Le planétarium présente les mythes entourant le phénomène de l'aurore boréale, ainsi que son explication scientifique.

Au km 1044 débouche la **route Stewart-Cassiar** *(route 37)* qui relie le Yukon à la côte pacifique et à la vallée du Skeena après un parcours de 800 km. Le carrefour dépassé, la route de l'Alaska entreprend la traversée des monts Cassiar, en procurant de belles vues sur leurs cimes enneigées.

Au km 1162, la route traverse la ligne de partage des eaux des bassins du Mackenzie et du Yukon. Ces deux fleuves se jettent respectivement dans les mers de Beaufort et de Béring.

Teslin Lake (Lac Teslin) A2

Km 1290. La route traverse la baie Nisutlin et suit les rives de ce lac (dont le nom signifierait « longues eaux » dans le dialecte amérindien local) sur environ 48 km. Le long de la berge fleurissent en été les hautes grappes roses ou mauves de l'**épilobe** *(fireweed* ou herbe à feu), emblème du Yukon et fleur très répandue aussi en Colombie-Britannique. Le climat est sec (précipitations inférieures à 305 mm) et chaud en été. À l'extrémité du lac, la route enjambe la rivière Teslin sur un pont à haut tirant d'air.

Teslin A2

★ **Musée George Johnston** – *℘ 867 390 2550 - www.gjmuseum.yk.net - & - de mi-mai à fin août: 9h-18h - 5 $.* Il évoque la vie des Amérindiens tlingit au début du 20e s. à travers des vêtements, des objets d'artisanat indigène et une exposition de **photographies** en noir et blanc. Ces photos furent prises par **Johnston** (1884-1972), lui-même d'origine autochtone.

★★ Marsh Lake (Lac Marsh) A2

Km 1428. Ce magnifique lac bleu-vert, encadré de montagnes, est en fait un bras du **lac Tagish** qui s'étend vers le sud et appartient au cours supérieur du Yukon. La proximité de Whitehorse fait que ce lac est plus fréquenté que les précédents, comme en témoignent les nombreuses maisons qui se pressent le long de ses rives. La route suit la berge sur 16 km, offrant un agréable paysage, puis traverse le Yukon en enjambant un barrage.

Au km 1445, jolie **vue★** dominant les blanches falaises et les eaux limpides du **Yukon**. Le fleuve, qui prend sa source à 24 km de l'océan Pacifique, entame à peine ici son cours, long de quelque 3 200 km, jusqu'à la mer de Béring.

★ Whitehorse A1-2

Voir p. 238.

😊 NOS ADRESSES SUR LA ROUTE DE L'ALASKA

INFORMATIONS UTILES

www.themilepost.com –
Mis à jour chaque année,
The Milepost fournit de nombreux
renseignements sur les sites
historiques et naturels à visiter,
et sur les différentes possibilités
d'hébergement et de restauration
le long de la route.

TRANSPORTS

En voiture
Législation routière –
Entièrement revêtue, la route
de l'Alaska ne présente pas de
difficulté particulière. Elle est
ouverte toute l'année, malgré
les chutes de neige (parfois
même en mai et en août). La
période du dégel peut rendre la
conduite difficile ; néanmoins,
les voyageurs sont rapidement
informés par la station de radio
de l'autoroute. Les mois d'été sont
consacrés aux travaux d'entretien
et d'aménagement des voies.
Des stations service, équipées
pour effectuer les réparations
courantes, apparaissent à
intervalles réguliers. La vitesse
est limitée de 50 à 100 km/h,
les phares doivent être allumés
en permanence.
Les distances – Elles ont tout
d'abord été mesurées en miles par
rapport au point de départ officiel
de l'autoroute, Dawson Creek
(C.-B.). Le basculement sur
le système métrique et les
modifications constantes subies
par la voie compliquent parfois
la mesure. On a posé dans les
années 1940 des **bornes de
pierre** (Historical miles) qui, bien
qu'obsolètes, sont encore en place
et utilisées par les entreprises
pour indiquer leur localisation.
Sur les **bornes kilométriques** qui
jalonnent la route côté Canada,
les localités sont généralement
désignées par la distance
(approximative) qui les sépare
de Dawson Creek : Watson Lake
se situe par exemple au km 1017.
Côté États-Unis, on a conservé les
mesures en miles.

HÉBERGEMENT

😊 **Bon à savoir** – Le trajet entre
Dawson Creek et Whitehorse se
fait généralement en deux étapes,
avec une halte à mi-parcours à
l'un des nombreux terrains de
camping, auberges et motels du
parc provincial du lac Muncho
ou du parc des Sources chaudes
de la rivière aux Liards. La route
de l'Alaska propose surtout
des motels de type routiers
assez rudimentaires.

BUDGET MOYEN
Northern Rockies Lodge –
*℘ 250 776 3481 ou 1 800 663 5269 -
www.northern-rockies-lodge.com.*
Situé sur le lac, c'est un
établissement en épicéa mené
par une équipe extrêmement
compétente ; les chambres sont
soignées et bien équipées.

1

Whitehorse

26 711 habitants – Yukon

☺ NOS ADRESSES PAGE 244

S'INFORMER
Visitor Centre – *100 Hanson St.* - *℘ 867 667 3084 - www.whitehorse.ca.*

SE REPÉRER
Carte de région A1-2 (p. 92-93). Whitehorse se trouve au sud-ouest du Yukon, sur la route de l'Alaska.

ORGANISER SON TEMPS
Prévoyez un jour pour visiter la ville et quelques jours supplémentaires pour faire les excursions.

La ville occupe un site plat sur la rive ouest du Yukon, dans le creux d'un méandre dessiné par le fleuve. En face, des collines arides marquent les débuts de la chaîne Big Salmon. Fière de son passé lié aux chercheurs d'or du Klondike, Whitehorse fait revivre le bon vieux temps chaque année lors du Sourdough Rendez-vous. La population, costumée comme en 1898, organise des courses de traîneaux à chiens sur le fleuve gelé. L'hiver est également marqué par les aurores boréales, qui attirent des milliers de visiteurs, particulièrement des Japonais.

Se promener

Si Whitehorse a perdu son aspect de ville de pionniers, elle a conservé quelques édifices d'intérêt historique, notamment la vieille **église en rondins** *(à l'angle d'Elliott St. et 3rd Ave)* bâtie en 1900, les **gratte-ciel** sur Lambert Street *(entre 2nd Ave et 3rd Ave)* construits après la Seconde Guerre mondiale pour pallier la crise du logement, et la **gare** en rondins *(à l'angle de 1st Ave et Main St.)*. Par contraste, le siège d'acier et d'aluminium du gouvernement territorial, **Administration Building** *(2nd Ave)*, semble résolument moderne (1976). L'intérieur clair et aéré, lambrissé, contient un faux vitrail en résine acrylique. Le bâtiment abrite la collection d'art permanente du Yukon, qui mêle art contemporain et artisanat autochtone traditionnel (costumes et objets divers). Autre édifice moderne et lumineux, **Philipsen Law Centre★** *(à l'angle de 2nd St. et Jarvis St.)* accueille dans son atrium une considérable collection d'art régional contemporain, où figure une immense **tapisserie** du célèbre artiste Ted Harrison. Remarquez à l'extérieur le groupe d'Alyx Jones en pierre, intitulé *The Conversation*.

★ MacBride Museum
À l'angle de 1st Ave et Wood St. - *℘ 867 667 2709 - www.macbridemuseum.com - de mi-mai à fin août : 9h30-17h ; le reste de l'année : mar.-sam. 10h-16h - 10 $.*
Construit en 1967, le bâtiment en rondins contient des souvenirs de la ruée vers l'or, des objets artisanaux amérindiens, un équipement de trappeur et une magnifique exposition de **photographies** anciennes d'habitants du Yukon. À l'extérieur du bâtiment sont exposés les vestiges de divers moyens

SS Klondike.
J. Warburton-Lee / Photononstop

de transport utilisés au Yukon, d'anciennes machines, la cabane du légendaire Sam McGee et un bureau du télégraphe (début 20ᵉ s.).

★★ SS Klondike

6 Robert Service Way - ☎ 867 667 4511 (en été) ou 1 800 661 0486 - www.pc.gc.ca - ♿ (pont supérieur inaccessible aux handicapés) - de mi-mai à mi-sept. : 9h30-17h - 6,05 $.

Construit en 1937, rénové depuis et classé site historique national, le SS Klondike fut l'un des quelque 200 bateaux à aubes qui effectuaient la navette sur le Yukon de Whitehorse à Dawson City. Le bateau transportait passagers, minerais et marchandises ; le voyage (700 km) jusqu'à Dawson City durait 40 h et consommait 32 cordes de bois, contre 96 heures et 112 cordes de bois au retour (à contre-courant). Unique bateau à vapeur du territoire à être désormais ouvert au public, il fut transporté sur des billes de bois le long de 1ˢᵗ Street jusqu'à son emplacement actuel, après que des spécialistes eurent échoué à le déplacer. La visite passe par l'énorme chaudière, la salle des machines, les cales, la timonerie, les cuisines et l'espace réservé aux premières classes, la salle panoramique et les tables de son restaurant décorées avec élégance.

Passe migratoire de Whitehorse Dam – Après avoir traversé la rivière en empruntant le pont Robert Campbell, dirigez-vous vers cette passe à saumon. Elle permet aux quinnats (saumons géants) de contourner le barrage pour atteindre leurs frayères en amont, généralement au mois d'août, au terme d'une montaison de 3 200 km. Le poste d'observation, composé de panneaux d'interprétation ; de hublots d'où l'on voit les poissons « monter » l'échelle, offre la meilleure vue du barrage.

Yukon Transportation Museum

Route de l'Alaska, près de l'aéroport. 30 Electra Crescent - ☎ 867 668 4792 - ♿ - de mi-mai à fin août : 10h-18h - tarif, se renseigner.

Étant donné l'importance des transports aériens dans une si vaste région, le musée consacre une section entière aux exploits des pilotes. Il expose des

UNE VILLE CARREFOUR

Au moment de la **ruée vers l'or**, le Yukon était la principale voie d'accès vers le Klondike, mais les prospecteurs éprouvaient de grandes difficultés à franchir le canyon Miles et les rapides de Whitehorse (aujourd'hui domptés par une centrale hydroélectrique). La compagnie ferroviaire White Pass and Yukon Route révolutionna les modes de transport en établissant un actif centre de transbordement en 1898 : passagers et marchandises en provenance de Skagway sur la côte, débarqués du train à Whitehorse, continuaient leur périple vers le nord en bateau ou en traîneau, selon la saison. En arrêtant la ligne à Whitehorse, sans la prolonger jusqu'à Dawson City, la compagnie ferroviaire fit littéralement naître la ville. Lorsque fut prise en 1942 la décision de tracer la route de l'Alaska, la présence du chemin de fer et de l'aéroport fut déterminante dans le choix de Whitehorse comme base opérationnelle du grand projet routier, alors que Dawson City déclinait. Signe révélateur de cette évolution, la capitale territoriale fut transférée en 1953 à Whitehorse. Elle offre aujourd'hui tous les services d'un chef-lieu moderne.

photos d'archives sur l'histoire aérienne du Yukon, une réplique du *Queen of the Yukon*, hydravion postal des années 1920, des traîneaux à chiens et des voitures anciennes.

★ Beringia Interpretive Centre

Voisin du Yukon Transportation Museum sur la route de l'Alaska. ℘ 867 667 8855 - www.beringia.com - ♿ - de mi-mai à fin sept. : 9h-18h ; le reste de l'année : dim.-lun. 12h-17h ou sur demande - 6 $.

Le centre relate de façon concise mais vivante le passé préhistorique de la région à partir des découvertes paléontologiques effectuées dans le Yukon. On appelle Beringia l'époque où le détroit de Béring se traversait à pied sec (entre -40000 et -20000). La région était alors peuplée par les mammouths, les ours et les chevaux, mais aussi par leur prédateur, l'homme. Le musée présente cette période dans un excellent film *(20mn)*.

Yukon Arts Centre

Au nord-ouest de Whitehorse. 300 College Dr. - ℘ 867 667 8574 - www.yukonarts centre.com - lun.-vend. 10h-15h.

La galerie d'art, publique, est consacrée aux œuvres d'artistes régionaux. Petite collection permanente complétée par des expositions temporaires.

À proximité Carte de région p. 92-93

★ Miles Canyon A2

À 9 km au sud de Whitehorse par Canyon Rd.

Longeant le lac Schwatka, **Canyon Road** passe devant l'embarcadère du *MV Schwatka (voir ci-contre)* puis domine le canyon *(virages en épingle, forte dénivellation)*. Le belvédère et le parking surplombant le canyon offrent tous deux une belle **vue★** de ses à-pics, que l'on pourra également admirer en empruntant la passerelle qui enjambe le Yukon.

Le fleuve se faufile sur plus d'un kilomètre à travers la gorge encaissée dont les parois de basalte en forme de tuyaux d'orgue doivent leur aspect au refroidissement de la roche volcanique. Le canyon élève (9-12 m) sa muraille rouge grisâtre au-dessus d'un fleuve puissant et par endroits tourbillonnant, comme à hauteur du Devil's Whirlpool (tourbillon du Diable), mais dont le barrage (construit en aval) a assagi les flots et diminué les risques pour la navigation.

Croisière panoramique – *MV Schwatka - Yukon Wings Ltd., 68 Miles Canyon Rd - pour accéder au quai où se trouve le bateau, prendre South Access Rd en direction du centre de Whitehorse et tourner à droite sur la route non goudronnée immédiatement après le sentier du chemin de fer - ℘ 867 668 4716 - www.yukonrivercruises.com - ♿ - dép. de fin mai à déb. sept. : 14h (et 16h du 15 juin au 15 août) - AR 2h - sur réserv. - 30 $.* Ce sera probablement la meilleure façon d'apprécier la formidable puissance du courant. Du bateau, **vues★** splendides sur les eaux vert émeraude du Yukon et sur les abruptes falaises du canyon. Intéressant commentaire historique.

Circuits conseillés Carte de région p. 92-93

★★ LA ROUTE DU KLONDIKE CÔTÉ OCÉAN A2

▷ *Circuit de 180 km, au départ de Whitehorse, tracé en vert pâle sur la carte p. 92-93. Routes 1 et 2. Poste de douane canadien à Fraser : ℘ 1 800 959 2036 (en français) - www.cbsa-asfc.gc.ca - avr.-oct. 24h/24 ; nov.-mars 8h-0h.*

Cet impressionnant parcours franchit la Chaîne côtière et rejoint le Pacifique à hauteur de Skagway, jusqu'où remonte la marée. La ville, au sud-est de l'Alaska, marque le terminus de la route du Klondike. Minuscules bourgades de pionniers, formidable enchevêtrement de lacs, étendues plates et arides, mines abandonnées, côte spectaculaire… le voyage, frappant par sa variété, est empli du souvenir des aventuriers d'antan et de leur terrible lutte pour atteindre les filons aurifères.

Les routes de l'Alaska et du Klondike se confondent sur plusieurs kilomètres au sud de Whitehorse, puis la route du Klondike s'enfonce dans la forêt et s'achemine vers les montagnes dont on distingue au loin les sommets enneigés. Le paysage change brusquement à partir de **Carcross**, petite localité

LE COL CHILKOOT

Un sentier plus éprouvant et bien plus escarpé que celui du **col White** (déclivité atteignant par endroits 70 %) partait de Dyea et passait par le **col Chilkoot** (1 062 m). La roche, nue en été, se transformait l'hiver, par des températures de -50 °C, en un cauchemar de neige et de glace ; 22 000 personnes l'empruntèrent pourtant au cours de l'hiver 1897-1898, en effectuant parfois jusqu'à 40 fois l'ascension ! Le Yukon étant difficile à ravitailler, la Police montée du Nord-Ouest, postée à la frontière, ne laissait entrer au Canada que les personnes munies de provisions pour un an. Mais que d'épuisants va-et-vient pour satisfaire à cette stricte exigence ! Aujourd'hui, les plus audacieux pourront revivre l'épopée des chercheurs d'or en empruntant à leur tour la **piste Chilkoot** (🥾 53 km), qui part du site abandonné de **Dyea** (*à 15 km au nord de Skagway par un chemin non goudronné*), ancienne rivale de Skagway, pour aboutir au lac Bennett. Cette difficile randonnée, qui nécessite un équipement adéquat, peut durer cinq jours.

🏞 **National Park Service** – *Skagway - ℘ 907 983 2921 - www.nps.gov/klgo.* Renseignements, cartes et autorisations.

historique où la White Pass and Yukon Route posa son dernier rail. La route longe les rives du **lac Tagish**, du **lac Windy Arm** et du **lac Tutshi** en révélant un saisissant spectacle d'énormes masses montagneuses aux flancs lisses qui plongent à pic dans les eaux bleues. Elle monte ensuite vers le col White et dévoile cette fois de plates étendues lunaires caractérisées par la présence de rochers tapissés de lichen et l'absence de couverture boisée. Vertigineuse, parfois même effrayante, la descente sur Skagway et sa côte dévoile **Taiya Inlet** en prolongement du chenal Lynn.

★ **Skagway** A2

ⓘ Skagway Visitor Centre – *Artic Brotherhood Hall - 240 Broadway - ☏ 907 983 2854 - www.skagway.com -* ♿.

ⓢ **Bon à savoir** – Skagway se trouve en Alaska : formalités d'entrée aux États-Unis *(voir « Avant de partir », p. 15)*.

Caressée par les eaux du Pacifique, cette petite communauté historique aux portes du Klondike occupe un joli **site** agrémenté de montagnes en arrière-plan.

Skagway est née avec la ruée vers l'or du Klondike. Avant l'arrivée du premier bateau de prospecteurs en juillet 1897, l'endroit ne comptait que deux colons européens : le capitaine William Moore et son fils, présents depuis 1887. Trois mois plus tard, Skagway comptait environ 20 000 habitants et le quadrillage de ses rues exhibait saloons, casinos, salles des fêtes et magasins en tout genre. Le désordre régnait dans cette ville peuplée de personnages douteux, parmi lesquels **Soapy Smith**, un escroc qui délesta de leur argent bien des pionniers naïfs. En 1898, la construction du chemin de fer White Pass and Yukon Route et le raffermissement de l'ordre transformèrent Skagway en une communauté respectable.

Terminus nord de la ligne maritime (ferry) du sud-est, c'est aujourd'hui un petit port actif, sur la route du Passage intérieur, où les bateaux font régulièrement escale. Ce centre touristique au charme très rétro attire chaque année de nombreux visiteurs. Site historique classé, la section de **Broadway** entre 1st Avenue et 7th Avenue comprend plusieurs constructions en bois du début du 20e s. : hôtels, saloons et magasins restaurés selon leur aspect au temps de la ruée vers l'or. Le tronçon Skagway-Carcross fut ajouté à la route du Klondike en 1978 et le chemin de fer fut rétabli en 1988.

Centre d'accueil du parc national historique Klondike Gold Rush – *À l'angle de 2nd Ave et Broadway - ☏ 907 983 2921 - www.nps.gov/klgo -* ♿ *- mai-sept. : 7h30-19h, w.-end 8h-18h*. Il se trouve dans un ancien hangar ferroviaire, bel édifice bâti en 1901 et qui a été restauré.

★★ **Chemin de fer White Pass and Yukon Route** – *À l'angle de 2nd St. et Spring St. - ☏ 907 983 2022 ou 1 800 343 7373 - www.wpyr.com -* ♿ *- mai-sept. : 8h15 et 12h45 ; dép. suppl. mar. et merc. 16h30 (de fin mai à déb. sept.) - AR 3h - sur réserv. - 115 $ - de nombreuses autres excursions peuvent vous être proposées*. Conçue en 1898 comme option à la dangereuse traversée des cols White et Chilkoot, cette étroite voie ferrée atteste l'ingéniosité et la persévérance de l'esprit pionnier. Le chemin de fer, qui reliait Skagway à Whitehorse, fut en exploitation de 1900 à 1982. Ses wagons remis à neuf, il n'est plus qu'une attraction touristique depuis 1988. Le trajet, au dénivelé de 873 m sur 32 km, révèle des **vues★** spectaculaires de Skagway et des pics déchiquetés qui la dominent. Le commentaire à bord signale les points dignes d'intérêt : cascades, ponts, vestiges de la piste White. Après avoir franchi le col White, le train achève son remarquable parcours de 45 km à la gare de Fraser, en Colombie-Britannique.

★★ LA ROUTE DU KLONDIKE CÔTÉ OR A1

◗ *Circuit de 540 km, au départ de Whitehorse, tracé en orange clair sur la carte p. 92-93. Route 2.*

Bien que la **route du Klondike** longe le lac Laberge (traversé par le Yukon), celui-ci ne s'entrevoit que furtivement. Mais en remontant le chemin d'accès *(non goudronné)* jusqu'au terrain de camping, on jouit d'une ravissante **vue** sur le lac et les montagnes à l'horizon.

Après avoir parcouru un arrière-pays vallonné, et dans l'ensemble désert, la route rejoint le Yukon à **Carmacks** *(km 178)*, dont le nom rend hommage au découvreur de l'or du Klondike. Plusieurs petits îlots rocheux surgissent brusquement au milieu d'un coude du fleuve *(km 196)*, divisant le cours en cinq chenaux, les « doigts » des **rapides Five Finger★**. Le courant traître qui rend aujourd'hui le passage dangereux posa bien des problèmes aux bateaux d'antan, qui empruntaient souvent le chenal le plus étroit, halés par des câbles. Le belvédère offre une belle vue sur les rapides.

À hauteur de **Minto**, une route non goudronnée *(1,6 km)* mène aux rives du Yukon, d'où la **vue★** est splendide. Parmi les vestiges d'anciens bâtiments en rondins, un panneau signale la piste carrossable Overland (1902), par laquelle le courrier était acheminé l'hiver de Whitehorse à Dawson City.

La route s'écarte ensuite de la vallée du Yukon pour s'engager sur le plateau central, enjambant au passage les rivières Pelly et Stewart. À Pelly Crossing, des **panneaux** d'interprétation relatent l'histoire des **Selkirk** qui, bien avant l'arrivée des Européens dans la région, venaient y pêcher au printemps. À Stewart Crossing, la route 11 *(non goudronnée entre Mayo et Keno)* désigne en fait la route de l'Argent, qui commence ses 112 km de traversée nord-est à travers les villages de Mayo et Elsa jusqu'à Keno.

Peu après Stewart Crossing, on remarquera un vaste fossé d'effondrement parallèle à l'axe de la route : le **sillon de Tintina**. Illustration de la tectonique des plaques, il s'étire à travers le Yukon et l'Alaska. Un belvédère *(signalé)*, à environ 61 km au sud de Dawson City, offre une jolie perspective sur la vallée. Au km 483, un **point de vue** domine la vallée du Klondike, tandis que se découpent au nord-est les monts Ogilvie. La route longe la rivière, dont la vue est obstruée par d'innombrables monceaux de déblais laissés par les dragues minières.

Au km 494, la **route Dempster** *(voir p. 602)* part vers le nord et se fraye un passage à travers les monts Ogilvie et Richardson avant d'aboutir à Inuvik sur le delta du Mackenzie. Elle doit son nom au caporal Dempster de la Police montée du Nord-Ouest, l'un des premiers à la parcourir en traîneau à chiens au début du 20e s. Elle fut l'unique route d'Amérique septentrionale à franchir le cercle arctique jusqu'à l'ouverture, en 1995, de la route Dalton en Alaska qui rejoint la baie Prudoe *(ouvert tte l'année, sauf fonte des neiges au printemps et prise des glaces en automne, qui interrompent les bacs sur la Peel et la Mackenzie)*.

Le km 538 voit enfin la traversée du légendaire Klondike, puis l'entrée dans Dawson City *(voir p. 245)*. Le nom Klondike dérive de l'appellation han des pieux que cette tribu plantait dans la rivière pour pêcher le saumon.

LA ROUTE DE L'ARGENT A1

◗ *Circuit de 224 km AR, à partir de la route du Klondike, tracé en bleu sur la carte p. 92-93.*

La route 11, appelée **Silver Trail**, offre, au cours de sa traversée de la région minière du Yukon, une vision du passé mais aussi du caractère sauvage d'un paysage subarctique typique.

Mayo A1

Km 53. Première étape, cet ancien port de bateaux à vapeur subissait jadis un des climats les plus extrêmes du monde, avec des températures pouvant atteindre 36 °C l'été (record du Yukon) et -62 °C l'hiver.

Keno City A1

Km 112. Ce hameau prospéra jusqu'à la fermeture de sa dernière mine en 1989 : 14 % de la production canadienne d'argent sortit de ses seules mines en 1930.
Musée de la Mine de Keno City – *Main St. - ℘ 867 995 3103 - www.yukon museums.ca - de fin mai à déb. sept. : 10h-18h - tarif, se renseigner.* L'exposition phare est une collection de **photographies★** passionnantes, faisant revivre la bourgade minière des années 1950, réalisées par un mineur autodidacte aujourd'hui décédé.

NOS ADRESSES À WHITEHORSE

HÉBERGEMENT

UNE FOLIE

Tincup Wilderness Lodge – *Sur Tincup Lake - PO Box 30049 - ℘ 604 484 4418 - www.tincup-lodge.com - fermeture annuelle, se renseigner - 4 cabanes.* On ne parvient dans cet établissement isolé sur le ravissant lac Tincup que par la voie des airs *(décollage de Whitehorse en général).* Pêche à la truite, randonnée et cueillette de fruits rouges préparent à la dégustation d'un merveilleux dîner de poisson frais ou de bœuf canadien. Après le dîner, les visiteurs peuvent se délasser dans le sauna ou dans un bain chaud. Les quatre confortables cabanes au toit de cèdre rouge offrent des prestations de luxe (douche et poêle à bois) pour un tel endroit. Le bâtiment principal comprend la salle à manger, un salon et une grande terrasse.

PETITE PAUSE

The Chocolate Claim – *305 Strickland St. - ℘ 867 667 2202 - www.chocolateclaim.com.*

Ce café spacieux confectionne des pâtisseries et des chocolats succulents ainsi que des en-cas et propose le café d'un torréfacteur de la Whitehorse Company, Bean North.

EN SOIRÉE

Bon à savoir – Bien que les prospecteurs aient probablement assisté à des attractions fort différentes de celles d'aujourd'hui, les cabarets de Whitehorse et Dawson City font partie des animations les plus courues dans le Yukon.
Frantic Follies Vaudeville Revue – *℘ 867 668 2042 - www.franticfollies.com - de mi-mai à fin août : en soirée - sur réserv. - 24 $.* Il fait des tournées dans le Canada et aux États-Unis. C'est une production plus sophistiquée qui se donne dans un hôtel de Whitehorse. Le french cancan est de rigueur.

AGENDA

Yukon Sourdough Rendez-vous – *En fév. www.yukonrendezvous.com.*

Dawson City

★★

1 328 habitants – Yukon

 NOS ADRESSES PAGE 253

S'INFORMER

Klondike Visitors Association – *À l'angle de Front St. et King St. - 𝒫 867 993 5575 - www.dawsoncity.ca.*

Visitor Centre – *𝒫 867 993 7200 - www.pc.gc.ca -* &. *- de mai à mi-sept. 8h-20h*. Les présentations audiovisuelles et expositions forment une bonne introduction à la visite. Les sites accompagnés de la mention « visite guidée » ne peuvent se découvrir qu'en compagnie d'un guide *(1h - de déb. juin à mi-sept. - 5,80 $)*. Pour les autres, un audioguide est à la disposition des visiteurs *(payant)*. Quant aux bâtiments historiques dont l'accès est interdit au public, ils donnent généralement un aperçu de leur histoire dans des vitrines explicatives disposées à l'extérieur.

SE REPÉRER

Carte de région A1 (p. 92-93). Dawson City se trouve sur la route du Klondike, à proximité de la frontière avec l'Alaska.

ORGANISER SON TEMPS

Arrêtez-vous d'abord au centre des visiteurs des parcs du Canada pour prendre une carte et choisir une visite commentée. Prévoyez 1h pour le centre-ville de Dawson City. La maison de Robert Service et le Centre Jack London nécessitent 2h. Ajoutez une journée pour les excursions.

Dawson City occupe un site superbe sur la rive est du Yukon, au confluent du Klondike. À l'époque de la ruée vers l'or, cette pittoresque ville de pionniers marqua, pour des milliers d'aventuriers, l'ultime étape d'une folle épopée. Aujourd'hui, plusieurs édifices de la ville regroupés sous le nom de Dawson Historical Complex sont classés site historique national. Chargée d'histoire, la ville attire désormais des milliers de visiteurs séduits par ses rues pavées, ses maisons basses et ses trottoirs à planches bordés de fausses façades dignes d'un décor d'Hollywood.

Se promener

★★ **CENTRE-VILLE**

Dawson City étale ses rues quadrillées au pied du Midnight Dome, dont on aperçoit bien les contours depuis le centre-ville. Le flanc de cette énorme colline est comme meurtri par le **Moosehide Slide**, glissement de terrain naturel probablement causé par une source souterraine, et qui menace moins la communauté que les inondations ou les incendies.

SS Keno – Ce bateau à aubes repose sur **Front Street** (ou 1ʳᵉ Avenue). Il transportait naguère sur la rivière Stewart les minerais d'argent, de plomb et de zinc des

Au pays du Klondike

Le 16 août 1896, **George Carmack** et ses deux beaux-frères, les Amérindiens Skookum Jim et Tagish Charlie, découvrirent de l'or dans le minuscule **ruisseau Bonanza**, tributaire d'un affluent du Yukon, le **Klondike**. À cette nouvelle, près de 100 000 individus venus jusque d'Australie allaient tenter l'aventure et entreprendre le long et difficile voyage vers Dawson City, ville-champignon surgie comme par miracle à l'embouchure du Klondike. Beaucoup ne parvinrent pas au but. Quant à ceux qui arrivèrent à destination, bien peu firent fortune.

LES ROUTES DE 1898

À l'époque, on pouvait se rendre à Dawson City de plusieurs façons. L'itinéraire des « riches », le plus long mais aussi le plus facile, se faisait par voie maritime jusqu'à l'embouchure du Yukon, après quoi on remontait le fleuve en bateau à aubes sur 2 100 km jusqu'à la « ville de l'or ». Certains essayèrent une voie terrestre au départ d'Edmonton (Alberta), qui correspondait en gros à l'actuelle route de l'Alaska ; malheureusement, d'innombrables tourbières et buissons la rendaient quasi impraticable. La majorité des prospecteurs remontaient donc la côte pacifique par le Passage intérieur jusqu'à Skagway ou Dyea, minuscules relais au sud-est de l'Alaska, et continuaient en descendant le Yukon à travers la terrible Chaîne côtière.

LA REINE DU KLONDIKE

La nouvelle de la découverte de 1896 se répandit très rapidement. Anxieux de faire valoir leurs droits, les prospecteurs déjà sur place s'empressèrent d'enregistrer leurs concessions. Un certain **Joe Ladue**, marchand des environs, fit tout autrement fortune. Il eut la brillante idée de fonder l'ébauche d'une ville sur un pâturage marécageux à l'embouchure du Klondike. Très vite, les terrains atteignirent 5 000 dollars par pied de façade sur la rue principale. Dawson City était née. On y trouvait de tout (vins et mets les plus fins, dernières toilettes de Paris), mais à des prix exorbitants (œufs à 1 dollar pièce, clous à 8 dollars la livre). Et dans les nombreux saloons de la ville, il était très courant de voir les clients régler l'addition en poudre d'or.

La plus grande et la plus riche des communautés minières de l'époque, Dawson City était aussi, contre toute attente, la plus respectueuse des lois. Car la Police montée du Nord-Ouest, seule autorisée à être armée, faisait régner en ville une discipline de fer. Le dimanche, par exemple, tout était fermé. Et malheur à ceux qui enfreignaient la loi ; un « ticket bleu » les informait de leur expulsion imminente.

DÉCLIN ET RENOUVEAU

Mais Dawson City connut une splendeur bien éphémère. Dès 1904, les riches **placers** (c'est-à-dire les gisements aurifères) étaient épuisés – on avait alors extrait pour 100 millions de dollars d'or – et pour exploiter le restant du précieux minerai, un équipement compliqué devenait nécessaire. Délaissée

LES BARDES DU GRAND NORD

La plupart des grandes épopées humaines doivent leur renom à des chroniqueurs qui, à leur tour, sont rendus célèbres par les événements qu'ils décrivent. Jack London et Robert Service ont ainsi contribué à faire entrer dans la légende la ruée vers l'or du Klondike.

Jack London arrive le premier, en 1897, jeune Californien venant chercher fortune au Yukon. Il extrait un peu d'or d'une concession sur la rivière Henderson, mais une attaque de scorbut le contraint l'année suivante à retourner en Californie. Il connaît la notoriété dès 1903 avec *L'Appel de la forêt*, aventure épique d'un chien de traîneau retourné à l'état sauvage. Considéré comme l'un des meilleurs auteurs du Grand Nord, Jack London devient l'un des écrivains les plus célèbres et les mieux payés de son époque.

Employé de banque, **Robert Service** arrive au Yukon en 1904, à Whitehorse. Son premier triomphe, *Songs of a Sourdough* (1907), est un recueil de poèmes sur le Yukon : le succès populaire est phénoménal. Sa banque le mute en 1908 à Dawson City, où il achève *Ballads of a Cheechako*, l'œuvre qui lui procure enfin l'indépendance financière. Il écrit alors une vivante épopée de la ruée vers l'or, *The Trail of Ninety-Eight*, et son dernier poème sur le Yukon, *Songs of a Rolling Stone*.

Comme tant d'autres ayant tiré leur fortune du Klondike, Jack London et Robert Service finirent leurs jours sous des cieux plus cléments. Jack London se retira dans son ranch californien jusqu'à sa mort en 1916, tandis que Robert Service s'installa en Europe, principalement en France, où il décéda en 1958. Leurs habitations sont aujourd'hui des hauts lieux du tourisme local (voir p. 249).

par les petits entrepreneurs, la ville perdit de son éclat et tomba aux mains des grandes compagnies minières et de leurs dragues monstrueuses.

Jadis la plus grande ville canadienne (30 000 habitants) à l'ouest de Winnipeg, Dawson City fut surpassée par Whitehorse aux alentours de la Seconde Guerre mondiale. En 1966, la dernière grande compagnie minière quittait la région, et Dawson City serait morte si le tourisme ne lui avait apporté un second souffle. Aujourd'hui, quelques prospecteurs y vivent encore de l'or, mais en comparaison des 66 millions de dollars extraits en 1898, leur production est négligeable.

Dawson City compte en permanence une population d'environ 2 000 habitants, grossie en été par l'afflux de visiteurs et résidents saisonniers. Située à moins de 300 km du cercle arctique, la ville repose sur de riches sols qui échappèrent à la glaciation, et bénéficie de chauds étés baignés par la lumière quasi constante du jour. On y verra des légumes dans les jardins et des fleurs à travers les lézardes le long des rues. Beaucoup de vieux bâtiments témoignent encore d'une splendeur inégalée à cette latitude ; mais certains, tordus et déformés, penchent sous l'action du pergélisol. Le gouvernement canadien s'est lancé dans une vaste entreprise de restauration visant à redonner à la ville un peu de sa magnificence d'autrefois.

mines du district de Mayo. Construit à Whitehorse en 1922, ce vapeur allait aussi à Dawson City, où il fit d'ailleurs son dernier voyage en 1960 avant d'y être mis définitivement en cale sèche. À la suite des terribles inondations de 1979, on a construit une digue de graviers et de sable le long de la rive où les bateaux entraient à quai.

Canadian Imperial Bank of Commerce – Non loin du *Keno*, on remarquera le bâtiment de cette ancienne banque dont l'imposante façade en tôle pressée imite la pierre de taille. Une plaque rend hommage à son célèbre employé, le poète Robert Service.

British North American Bank – *Visite guidée*. Elle occupe l'angle de Queen Street et de la 2ᵉ Avenue et possède de magnifiques comptoirs de bois ciré. Plusieurs bâtiments de Dawson City ont été restaurés, parmi lesquels **Ruby's Place**, ancienne maison close située au sud de la 2ᵉ Avenue.

Harrington's Store – *De mi-mai à mi-sept.* À l'angle de Princess Street et de la 3ᵉ Avenue, ce magasin, bâti en 1900 mais rénové depuis, abrite une belle exposition de photographies intitulée *Dawson As They Saw It*.

En face, remarquez l'échoppe du forgeron **Billy Bigg's**, et au nord de la 3ᵉ Avenue, le **KTM Building**, qui servait d'entrepôt à la Klondike Thawing Machine Company en 1912.

Ancienne bibliothèque Carnegie – De style néoclassique, elle marque l'angle de la 4ᵉ Avenue et Queen Street ; c'est aujourd'hui une **loge maçonnique**.

Diamond Tooth Gertie's Gambling Hall – De l'autre côté de la rue s'élève ce casino dont le nom évoque une femme légendaire de Dawson City *(voir « Nos adresses » p. 253)*.

De retour sur la 3ᵉ Avenue, on remarquera le **Dawson Daily News** (1898-1953) et **Madame Tremblay's Store**, magasin restauré selon son aspect de 1913.

Bureau de poste – *De déb. juin à mi-sept.* En face, un édifice en planches flanqué d'une tourelle octogonale contient une réplique de l'ancien **bureau de poste**. Construit en 1900, le bâtiment avait été conçu par l'Anglais **Thomas W. Fuller**, qui servit pendant quinze ans en qualité d'architecte en chef du pays et influença tout particulièrement l'architecture fédérale canadienne. Fuller dessina également les plans de la résidence du commissaire et des anciens locaux de l'administration territoriale.

★ **Palace Grand Theatre** – *Visite guidée*. Sur King Street trône ce remarquable bâtiment en pin orné d'une fausse façade aux détails compliqués, reproduction du théâtre d'origine construit en 1899 par « Arizona Charlie » Meadows. On y donnait jadis des représentations en tout genre, opéras aussi bien que spectacles western. La salle en demi-lune se compose de deux niveaux différents ; elle offre aux spectateurs des « chaises de cuisine » rembourrées en guise de sièges, le tout dans un décor très coloré de drapeaux américains et britanniques. Il s'y joue de nos jours les *Gaslight Follies*, mélange de vaudeville et mélodrame de la Belle Époque.

St Paul's Anglican Church – La rue suivante, très justement nommée Church Street, contient une église anglicane, bâtiment en planches construit en 1902 grâce à la générosité des mineurs des environs.

Résidence du commissaire – *De mi-mai à mi-sept. - 5 $.* Au sud, une demeure à deux portiques donne sur Front Street. Au début du 20ᵉ s., le commissaire du Yukon habitait ici. Le bâtiment actuel offre un extérieur moins élaboré que l'originel, conçu par T.W. Fuller et détruit en 1906 par un incendie. Toute l'activité mondaine de Dawson City gravitait autour de cet hôtel particulier aux parterres jadis fleuris ; on y donnait des thés d'après-midi, de grands dîners et d'élégantes réceptions en plein air.

Front Street.
P. & K. Smith / age fotostock

Fort Herchmer – *Extérieur ouvert au public.* Derrière la résidence du commissaire subsistent les vestiges d'une ancienne caserne de la Police montée du Nord-Ouest, avec ses appartements pour les familles, ses écuries, sa prison et les quartiers de son commandant.

À l'angle de Church Street et de la 4ᵉ Avenue, **St Andrews Church** et son **presbytère** rénové.

À VOIR AUSSI

★ Dawson City Museum

595 5ᵉ Ave - ℘ 867 993 5291 - www.dawsonmuseum.ca - été : 10h-18h - le reste de l'année : sur demande - 9,45 $.

En haut de la 5ᵉ Avenue, un bâtiment à la façade solennelle, qui accueillait jadis les bureaux de l'administration territoriale, abrite désormais le musée de la ville. C'est un imposant monument de style néoclassique (T.W. Fuller) construit en 1901. La galerie sud exploite les thèmes de la ruée vers l'or du Klondike, tandis que la galerie nord offre un aperçu de la vie à Dawson City au début du 20ᵉ s. On peut également voir des locomotives de la Klondike Mines Railway dans un hangar annexe.

Cabane de Robert Service (Robert Service Cabin)

À l'angle de la 8ᵉ Ave et de Hanson St.

De son emplacement sud-est, une cabane de deux pièces en rondins ornée d'une ramure d'orignal regarde vers la ville. C'est là que vécut, de 1909 à 1912, celui qu'on allait appeler le « chantre du Yukon » : **Robert Service** (1874-1958, *voir l'encadré p. 247*). Étrangement, Service ne fut pas directement témoin de la ruée vers l'or mais son œuvre poétique recrée pourtant de manière fort vivante l'ambiance de l'époque.

Jack London Interpretive Center

À l'angle de la 8ᵉ Ave et Firth St. - ℘ 867 993 5575.

Sur cette même propriété est reconstituée la cabane d'un autre écrivain qui connut le Dawson City d'antan : il s'agit de l'Américain **Jack London** (1876-1916, *voir l'encadré p. 247*). Un édifice adjacent abrite une exposition de photographies qui évoquent sa vie au Klondike. L'exposition contient aussi des photos des fouilles entreprises vers les années 1960 pour découvrir la « vraie » cabane de l'auteur (trouvée finalement au bord du ruisseau Henderson, à 73 km au sud de Dawson City).

À proximité Carte de région p. 92-93

★★ **Bonanza Creek** A1
De la ville, suivre Klondike Hwy pendant 4 km, puis prendre Bonanza Creek Rd.
La route, non goudronnée, entretenue sur 16 km, serpente le long du ruisseau Bonanza à travers d'énormes monceaux de **déblais** (rebuts de gravier lavé) laissés par les dragues.

Drague numéro quatre – *Visitor Centre* - ☏ 867 993 7200 - www.pc.gc.ca. Installé sur la concession 17BD, cette drague contient le plus de vestiges d'équipement minier. Énorme élévateur à godets sur coque de bois, elle se compose essentiellement de quatre parties : une barge de flottaison ; une chaîne de godets en acier pour racler les graviers à l'avant de la barge et les déposer dans la cuve ; la cuve elle-même, utilisée pour le lavage à l'eau des graviers et la récupération de l'or ; et enfin, un transporteur pour rejeter les graviers improductifs à l'arrière de la barge.

Les visiteurs pourront revivre un court moment la folle épopée des chercheurs d'or en lavant le gravier aurifère à la **batée** sur une concession mise à leur disposition par la Klondike Visitors Association *(voir « S'informer » p. 245)*. Ils verront aussi la plaque marquant l'emplacement de la « concession de la découverte », dite **Discovery Claim** *(à 14,5 km de la jonction avec la Klondike Hwy.)*, qui déclencha la ruée vers l'or du Klondike. Un peu plus loin *(à 19 km du carrefour)*, les ruisseaux Eldorado et Bonanza se rejoignent. L'Eldorado comptait parmi les plus riches concessions, et Grand Forks, au confluent des deux ruisseaux, fut jadis une communauté prospère. Aujourd'hui, il n'en subsiste rien.

Midnight Dome A1
À 9 km par Dome Rd (route sinueuse et escarpée).
Ainsi nommé en raison du soleil de minuit qui, le 21 juin, l'inonde de ses rayons, le « Dôme de Minuit » (884 m) se profile à l'arrière-plan. Du sommet, il offre nuit et jour une **vue★★** splendide sur Dawson City. On aperçoit la ville en contrebas, au confluent du Klondike et du Yukon. Le Klondike forme une traînée d'eau

---

MAJESTUEUX YUKON

Le fleuve tire son nom de l'amérindien *yu-kun-ah*, qui signifie « grande rivière », à juste titre d'ailleurs puisque, avec ses 3 185 km, il est l'un des géants d'Amérique septentrionale. Né dans le lac Tagish à la frontière avec la Colombie-Britannique, il s'écoule vers le nord à travers les rudes terres du Yukon et de l'Alaska avant de se jeter dans la mer de Béring. Ses principaux affluents canadiens sont les rivières Teslin, Pelly, Stewart et White. Au cours des siècles, le Yukon subvint aux besoins des populations autochtones ; ses richesses séduisirent marchands de fourrures et chercheurs d'or et ses courants transportèrent chalands et bateaux à aubes. Aujourd'hui, la singulière beauté de ses eaux bleu-vert attire les aventuriers de tous horizons.

claire qui disparaît dans les eaux boueuses du grand fleuve ; ce dernier poursuit sa course vers le nord en dessinant de beaux méandres. On arrive même à distinguer l'endroit où le ruisseau Bonanza se jette dans le Klondike, et l'on pourra constater la terrible ampleur des ravages que les dragues minières ont infligés à cette région de montagnes et de forêts. Au nord, les monts Ogilvie découpent leurs formes particulièrement impressionnantes.

Bear Creek A1

À 13 km de Dawson City par Klondike Hwy Visitor Centre - 𝄞 867 993 7200.
En 1966, la Yukon Consolidated Gold Company ferma cet assez grand complexe. Il abritait autrefois une active communauté de plus de 2 000 personnes qui travaillaient à l'entretien de toute une flotte de dragues. On pourra visiter l'atelier de maintenance et la **salle d'affinage de l'or**. La visite se conclut par la projection d'un document d'archives *(11mn)*.

Circuit conseillé Carte de région p. 92-93

★★ AU SOMMET DU MONDE A1

⊙ *Circuit de 945 km, au départ de Dawson City, tracé en bleu marine sur la carte p. 92-93. Route 9 (Top of the World), US-5 (route Taylor) et US-1 (route de l'Alaska), les deux premières étant fermées l'hiver. Remarque : route en lacet souvent mal entretenue (la route de l'Alaska est goudronnée), conduite prudente nécessaire (vitesse généralement limitée à 40-65 km/h). Allumer ses phares en permanence. Routes 9 et 5 : postes frontière américain et canadien. Ouvert de mi-mai à mi-sept. : 9h-21h (8h-20h, heure de l'Alaska). Route de l'Alaska : frontière ouverte tte l'année 24h/24. Douane canadienne. 𝄞 1 800 959 2036 (en français).*

ⓘ **Bon à savoir** – Formalités d'entrée aux États-Unis *(voir « Avant de partir », p. 15).*

★★ **Top of the World Highway** (Route Top of the World) Λ1

108 km jusqu'à la frontière. Route fermée en hiver. Accessible uniquement aux heures d'ouverture du poste de douane américain - bac mai-sept. : 24h/24.
De la route 9 – appelée « Sommet du monde » car son parcours s'effectue en majorité au-dessus de la zone boisée – la **vue★★★** est magnifique. Le bac de Dawson City permet tout d'abord de franchir le Yukon. À cet endroit, les eaux du fleuve ne sont plus d'un vert scintillant comme à la hauteur de Miles Canyon, mais plutôt d'un bleu grisâtre dû à l'apport de terre charriée par ses principaux affluents (les rivières Pelly, White et Stewart). La route s'élève sur environ 5 km, puis offre au détour d'un virage un **point de vue** sur Dawson City et son site ; 14 km plus loin, un second **panorama** s'ouvre sur les monts Ogilvie, la vallée du Yukon et au nord, le sillon de Tintina. La route monte encore avant de redescendre le long des crêtes en serpentant sur 90 km, découvrant des panoramas sans cesse renouvelés de montagnes et de vallées.

Parcours en Alaska A1

306 km. À la frontière américaine, retardez votre montre d'une heure.
La route 9 rejoint la route Taylor (US-5) 23 km après la frontière *(ravitaillement à Boundary, en Alaska)* et se dirige vers le sud en longeant la vallée de la Fortymile. On y trouva de l'or peu avant la grande découverte du Klondike et les ruisseaux parallèles à la route ont conservé des traces de cette activité minière.
Chicken – *www.chickenalaska.com - alimentation et essence.* Cette cité est empreinte de l'histoire des pionniers. Les mineurs voulaient, dit-on, baptiser

leur campement Ptarmigan (terme anglais pour « lagopède », un oiseau de la région) mais, ne sachant pas l'écrire, optèrent finalement pour Chicken (« poulet ») ! L'écrivain **Ann Hobbs** est née puis a enseigné à Chicken ; elle raconte sa vie d'institutrice dans son ouvrage *Tisha*.

À **Tetlin Junction**, prenez la route de l'Alaska en direction du sud jusqu'à la frontière canadienne *(avancez votre montre d'une heure)*.

★★ Route de l'Alaska (Alaska Highway) A1

491 km de la frontière à Whitehorse. La route est jalonnée de bornes kilométriques numérotées à partir de Dawson Creek (C.-B.). Le kilométrage ci-dessous, respectant ce bornage, est exprimé dans l'ordre décroissant.

Tetlin National Wildlife Refuge – *Visitor Centre - Milepost 1229, Alaska Hwy -* 📞 *907 883 5312 - www.fws.gov -* ♿ *- de mi-mai à mi-sept. : 8h-16h30.* Au nord de la frontière, non loin de Northway (en Alaska), la réserve couvre 385 620 ha de forêt boréale, de marécages, de lacs et de rivières d'origine glaciaire. Au km 1982, le Visitor Centre présente des expositions sur la faune et la flore de la vallée de la Tanana supérieure.

Après avoir franchi la frontière canadienne au km 1969, la route *(attention : elle est bosselée par endroits)* traverse une plate étendue de tourbières et enjambe tour à tour deux rivières chargées de limon glaciaire, la White puis la Donjek. Cette dernière offre, au km 1810, une **vue** de la chaîne Icefield, elle-même partie intégrante de la **chaîne St Elias**.

★★ Kluane Lake A1

Peu avant Burwash Landing *(km 1759)*, la route s'approche de cet immense lac qu'elle longe sur 64 km, offrant de très belles **vues★★**. Le lac Kluane, le plus grand et le plus élevé du Yukon, doit son extraordinaire couleur aux montagnes qui l'entourent et aux glaciers qui l'alimentent. Au sud et à l'ouest, la **chaîne Kluane**, au nord et à l'est, la **chaîne Ruby**. Leurs sommets se reflètent dans les eaux bleues et glacées du lac, dont la surface trompeusement sereine peut subitement se déchaîner.

À Burwash Landing, un bâtiment hexagonal en rondins abrite un musée.

Musée d'Histoire naturelle de Kluane – 📞 *867 841 5561 - www.yukon museums.ca -* ♿ *- 15 mai-15 sept. : 9h-18h30 - tarif, se rens.* Il présente plusieurs **dioramas★** de la faune locale, une montagne miniature couverte d'animaux empaillés, ainsi qu'une grande carte en relief des massifs du parc national Kluane.

★★ Kluane National Park Reserve A1

🛈 **Centre d'accueil et bureau du parc** – *C.P. 5495, Haines Junction -* 📞 *867 634 7207 - www.pc.gc.ca - de mi-mai à août 9h-17h ; le reste de l'année, sur demande - un autre centre d'accueil près de Sheep Mountain : de mi-mai à mi-sept. 9h-16h. Parc ouv. tte l'année -* ♿ *- droits d'entrée et enregistrement préalable obligatoire auprès des autorités du parc - accès des véhicules tout-terrain limité (passage à gué des ruisseaux) - randonnée, camping, pêche, rafting, ski de fond - possibilité de survol des glaciers en avion (Sifton Air - PO Box 5419, Haines Junction -* 📞 *867 634 2916 - www.yukonairtours.com -* ♿ *- tte l'année sur demande) ou en hélicoptère (Kluane Helicopters -* 📞 *867 634 2224).*

Son éblouissante beauté et la formidable variété de ses paysages ont valu à ce parc d'être inscrit sur la liste du patrimoine mondial en 1980. Occupant la totalité de l'angle sud-ouest du Yukon (22 000 km²), il englobe presque entièrement la partie canadienne de la chaîne St Elias. Les pics enneigés de la chaîne Kluane, qui peuvent atteindre 2 500 m, se distinguent de la route de l'Alaska. Séparée de la chaîne Kluane par l'étroite dépression Duke, la **chaîne**

Icefield, généralement peu visible de la route, s'élève en arrière-plan. Les plus hauts sommets canadiens se trouvent dans cette « chaîne des glaciers », dont plusieurs dépassent 4 500 m : parmi les plus célèbres figurent le **mont St Elias** (5 489 m) et le **mont Logan**, dont les 5 959 m en font le second point le plus élevé d'Amérique du Nord derrière le **mont McKinley** (6 194 m) en Alaska. Ces pics émergent d'un champ de glace à 2 500-3 000 m d'altitude, d'où partent de nombreux glaciers.

Au km 1707, la route de l'Alaska passe par le **mont Sheep** (Tachal Dhal), croupe rocheuse aride qui doit son nom au mouflon de Dall, aperçu parfois le long des pentes. La route traverse alors le vaste **delta de la Slims** (km 1707-2), dont la traînée blanchâtre d'alluvions charriées depuis le glacier Kaskawulsh pénètre dans les eaux bleues du lac Kluane avant de s'y dissiper.

Située au croisement des routes 1 (route de l'Alaska) et 3 (route Haines), **Haines Junction** occupe un joli site au pied de la chaîne Auriol.

La route Haines longe la partie sud du parc, offrant au passage des vues sur le **lac Kathleen★★**, puis elle franchit le col Chilkat avant de pénétrer en Alaska et d'atteindre la ville de Haines, sur le chenal Lynn.

À 20 km au sud de Haines Junction (route 3), un belvédère découvre de très belles **vues★★** sur le lac Kathleen. De l'unique terrain de camping du parc, les visiteurs pourront se rendre au bord de ses ravissantes eaux azur. Lorsque les vents fréquents de la région n'en troublent pas la surface, elles offrent le reflet des monts King's Throne et Worthington dressés en arrière-plan.

De retour à Haines Junction, continuez (route de l'Alaska) vers Whitehorse (km 1474), en admirant au passage la Chaîne côtière au sud. La route remonte la vallée de la Dezadeash et, 13 km environ après l'embranchement, dispense une **vue★** (par temps clair) sur les monts Hubbard et Kennedy (de la chaîne Icefield) dont les cimes enneigées émergent des chaînes Auriol et Kluane.

1

⊙ NOS ADRESSES À DAWSON CITY

HÉBERGEMENT

POUR SE FAIRE PLAISIR

Bombay Peggy's – À l'angle de 2ᵉ Ave et Princess St. - ℘ 867 993 6969 - www.bombaypeggys.com - fermé déc.-fév. La ravissante demeure victorienne (1900) à trois niveaux doit son nom à une tenancière de maison close des années 1950. Après son rachat en 1998, le bâtiment fut déplacé en centre-ville et transformé en un élégant hôtel. Les propriétaires actuels ont rénové une partie et décoré une autre de papiers peints et de mobilier d'époque. Il y a même un piano mécanique dans le salon ! Clients et visiteurs peuvent se faire servir des amuse-gueules et des boissons alcoolisées.

EN SOIRÉE

Diamond Tooth Gertie's Gambling Hall – ℘ 867 993 5525 - www.dawsoncity.ca - ♿ - mai-sept. 19h-2h (à partir de 14h le w.-end de juin à août) - spectacles à 20h30, 22h30 et 0h - 10 $. Le casino légal le plus ancien du Canada. Le soir, des spectacles incluent un turbulent cancan en costumes. Le spectacle de minuit est le plus animé.

AGENDA

21 juin – Le soleil de minuit se cache à peine derrière les monts Ogilvie.
Discovery Day – 3ᵉ w.-end d'août. Défilé, courses en radeau sur le Klondike et autres réjouissances.

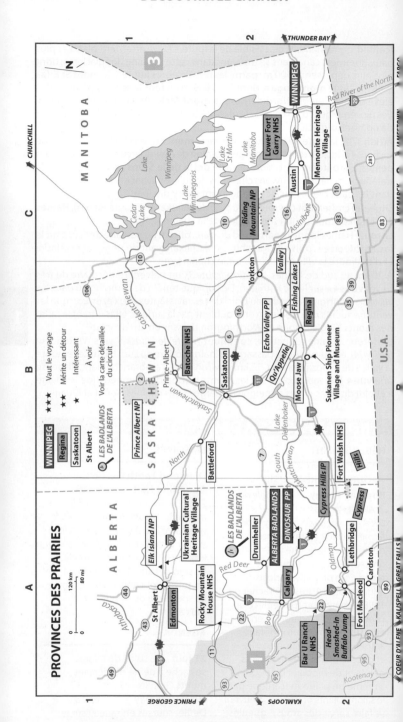

Provinces des Prairies 2

Cartes Michelin Regional n° 585 et n° 583

Panorama

L'Alberta, la Saskatchewan et le Manitoba forment ce que l'on appelle les provinces des Prairies, vastes plaines cultivées du Canada central, peu peuplées, comme écrasées sous un ciel trop grand et sans cesse balayées de nuages en mouvement. La platitude du modelé, à peine bosselé, est cependant rompue çà et là par des vallées fortement encaissées qui abritent les formes sculptées des Badlands de l'Alberta et de la Saskatchewan.

UN PEU DE GÉOGRAPHIE

Malgré la variété insoupçonnée de leurs paysages, les provinces des Prairies sont ainsi nommées en référence aux vastes étendues herbeuses d'Amérique du Nord où erraient jadis en toute liberté d'immenses troupeaux de bisons, chassés par les Indiens des Plaines. Peu de pâturages ont survécu ; les poches restantes de la Saskatchewan et du Manitoba sont protégées.

« Marches » des Prairies

Les Prairies forment un plateau légèrement incliné qui s'élève progressivement de l'est (240 m à Winnipeg) vers l'ouest (1 050 m à Calgary) en trois paliers : le premier s'achève par l'**escarpement du Manitoba** (altitude maximale 831 m) ; le deuxième se termine par le **coteau du Missouri**, dont les 879 m sont visibles depuis Moose Jaw ; le troisième prend fin au pied des Rocheuses. En bien des endroits, d'anonymes vallonnements ou quelques faibles formes structurelles rompent la platitude du paysage, tandis que les rivières dessinent un relief en creux caractéristique. Les Prairies sont interrompues par de nombreuses chaînes de collines au nord, par les Cypress Hills et la vallée de la Pembina au sud.

Sud-Ouest semi-aride

La frange méridionale de l'Alberta et de la Saskatchewan est une zone relativement aride d'herbe rase. Elle se compose aujourd'hui de riches pâturages qui ont contribué à faire de la région, et plus particulièrement des Cypress Hills et de la vallée de la Pembina, la seconde zone d'élevage du pays derrière les Cariboo de Colombie-Britannique.

Croissant céréalier

Au nord des terres arides se trouve une riche région agricole, plus arrosée, où l'herbe poussait jadis à hauteur d'homme. C'est aujourd'hui le grenier à blé du Canada, la « Prairie », où des fermes modèles parsèment d'immenses exploitations de blé, orge, colza et lin.

Le parc des forêts de trembles

La majorité de la population des trois provinces se concentre au nord des grands espaces céréaliers, dans cet espace en forme de croissant qui marque la transition entre la prairie et la forêt boréale. Les bosquets de trembles parsèment le paysage et l'agriculture mixte y prospère.

Forêt boréale et toundra

Le Bouclier canadien s'étend sur près de la moitié de la surface totale des trois provinces. Amalgame de roches précambriennes, de forêts et d'un essaim de lacs, cette région nord, encore sauvage, est marquée par une population amérindienne et de petites communautés. Rébarbative en hiver, la petite région de toundra située sur les bords de la baie d'Hudson, dans le nord du

---

UNE ERREUR D'APPRÉCIATION

En 1857, une expédition scientifique fut ordonnée par le gouvernement britannique afin d'étudier les possibilités de colonisation des Prairies. **John Palliser**, qui la dirigeait, déclara la région impropre à la culture, sans envisager le développement de l'irrigation, qui permet désormais l'exploitation d'une grande partie des terres, et sans reconnaître la valeur nutritive des herbages naturels.

Manitoba, se couvre en été d'un tapis de busseroles rouge vif, et d'autres plantes et fleurs subarctiques qui lui confèrent une beauté saisissante.

Climat

Cette région connaît un climat rude et fortement continental. Les hivers sont généralement longs et rigoureux, les étés courts et chauds. Les précipitations sont faibles (380-500 mm par an), parfois sous forme de blizzard en hiver et de violentes pluies d'orage en été. L'ensoleillement est fort toute l'année, particulièrement en juillet, le mois le plus chaud et le plus sec (la moyenne maximale pour Calgary est de 24 °C, 27 °C pour Regina, 27 °C pour Winnipeg). Au sud-ouest, l'hiver est adouci par le chinook, vent chaud du Pacifique qui traverse les Rocheuses et peut, en quelques heures, élever la température à 28 °C, faisant fondre la neige.

UN PEU D'HISTOIRE

Les Amérindiens des Plaines

Avant l'arrivée des Européens dans la région, les Assiniboines, Pieds-Noirs, Crees, Gros-Ventres et Sarcee vivaient principalement du bison, dont ils tiraient le **pemmican** (mélange nutritif de viande séchée réduite en poudre, de graisse animale et parfois de baies d'amélanchier) qui pouvait se garder un an. La peau servait à la confection des vêtements (décorés de franges, et par la suite, de perles), des mocassins et des jambières, et recouvrait les fameux **tipis**, tentes coniques à mâts de bois (pouvant atteindre 12 m).

Ces tribus nomades se déplaçaient à pied en petites bandes isolées, et utilisaient des **travois** (assemblage de perches fixées aux flancs d'un chien et, dès le milieu du 18e s., d'un cheval) pour transporter leurs effets personnels. Elles suivaient les troupeaux de bisons tout l'été, chassant les animaux à l'arc ou les poussant vers des enclos ou des précipices, puis elles se dispersaient en hiver, avant de se regrouper au printemps pour attendre le retour des bisons et célébrer la **danse du Soleil**.

L'apparition successive du cheval (introduit par les Espagnols), du fusil et des colons devait cependant bouleverser cette vie traditionnelle. Rivalités et guerres entre tribus devinrent plus meurtrières à mesure que les marchands de fourrures leur fournissaient armes et munitions. Dès les années 1880, les grands troupeaux de bisons avaient disparu, victimes d'un véritable jeu de massacre et des clôtures posées par les agriculteurs. Réduits à la famine et peu à peu dépossédés de leurs terres par les colons, les Amérindiens des Plaines se virent contraints de s'installer dans des réserves.

Les trappeurs

Le commerce lucratif des peaux incita les Français à établir les premiers postes permanents sur le continent au 17e s., et à en explorer l'intérieur dans l'espoir de rapporter de riches cargaisons. Dans la perspective d'éviter le long voyage en canoë entre le lac Supérieur et Ville-Marie (aujourd'hui Montréal), deux marchands, **Pierre Radisson** et **Médard Chouart des Groseilliers**, proposèrent de transporter les fourrures vers l'Europe plus rapidement et moins coûteusement, par la baie d'Hudson. Ne trouvant pas de capitaux français pour arriver à leurs fins, ils convainquirent les Anglais et leur roi Charles II du bien-fondé de leur projet. Partis de Londres à bord du *Nonsuch* en juin 1668, les deux hommes revinrent à bon port l'année suivante, munis d'un précieux chargement de fourrures. La **Compagnie de la baie d'Hudson** (CBH) doit sa création au succès de cette expédition : en 1670, une charte royale octroyait au « Gouverneur et à la Compagnie des aventuriers » le monopole de la traite sur la Terre de Rupert *(voir p. 168)*, immense territoire drainé par les fleuves se jetant dans la baie. Des comptoirs furent rapidement établis sur ses berges et le commerce des fourrures put prospérer.

Premier Européen à explorer l'intérieur de cette vaste région, **Henry Kelsey** traversa le nord du Manitoba et de la Saskatchewan au début des années 1690. Menacé par les contacts de Kelsey avec les Amérindiens, **La Vérendrye** établit en 1730 les premiers comptoirs français des Plaines. Lors de son voyage pour la CBH à travers l'Alberta en 1754, **Anthony Henday** vit les Français si bien implantés dans les Prairies qu'il recommanda à la compagnie d'établir des comptoirs à l'intérieur des terres plutôt que de laisser les Amérindiens apporter leurs fourrures jusqu'à la baie. Cependant, la chute de la Nouvelle-France en 1759 semblant réduire la menace, la suggestion de Henday ne fut pas adoptée.

Vers la fin du 18e s. et le début du 19e s., le commerce des fourrures entraîna dans la région d'acerbes rivalités. Fondée par des Écossais établis à Montréal, la **Compagnie du Nord-Ouest** fut bientôt une concurrente acharnée de la CBH. Des comptoirs rivaux naquirent le long des rivières, chaque cargaison étant prétexte à querelle. La fusion des deux compagnies en 1821 mit fin à cette compétition féroce.

Les métis et la création du Manitoba

Un nouveau groupe ethnique dut son existence au commerce des fourrures. Issus de femmes amérindiennes et de **coureurs des bois** français (qui pratiquaient le commerce indépendant des fourrures), puis plus tard de marchands écossais et anglais, les métis formaient un peuple à part : pour la plupart catholiques et francophones, semi-nomades, ils chassaient le bison comme leurs ancêtres amérindiens et vendaient leur pemmican aux négociants de fourrures. L'arrivée de colons sur la rivière Rouge en 1812 représenta la première atteinte à leur mode de vie. En 1870, le nouveau Dominion du Canada racheta la Terre de Rupert à la Compagnie de la baie d'Hudson et procéda à son arpentage, traçant les lots des futurs colons sans tenir compte des terres déjà occupées par les métis.

Inquiets, ceux-ci se regroupèrent sous l'autorité de **Louis Riel**, jeune homme de 25 ans revenu au pays après avoir reçu une solide éducation au collège de Montréal. Il s'empara de Fort Garry, créa un gouvernement provisoire et présenta au gouvernement fédéral la « liste des droits » revendiqués par les métis. Le gouvernement céda : en juillet 1870, la nouvelle province du Manitoba (dont le nom, choisi par Riel, signifie « l'esprit qui parle »), dotée d'une assemblée élue, fut créée ; les propriétés des métis furent reconnues, et la tenue des actes officiels et des procès en deux langues, le français et l'anglais, fut adoptée.

Les métis obtinrent donc gain de cause, mais une péripétie de la rébellion fut lourde de conséquences : au cours de la prise de Fort Garry, Riel avait fait quelques prisonniers ; l'un d'eux, **Thomas Scott**, jeune Ontarien, fut si provocant que, pour faire un exemple, Riel le fit condamner à mort. Élu au Parlement à plusieurs reprises, Riel ne put jamais siéger à Ottawa en raison de la colère suscitée en Ontario par la mort de Scott. Finalement exilé aux États-Unis, il fit reparler de lui quinze ans plus tard *(voir l'encadré p. 306)*.

Une mosaïque humaine

La Compagnie de la baie d'Hudson ayant cédé la Terre de Rupert au gouvernement, plusieurs questions restaient à résoudre. Il fallait d'une part négocier avec les peuples indigènes : des traités furent signés en 1877, lesquels n'empêchèrent pourtant pas la rébellion du nord-ouest en 1885. Il s'agissait d'autre part de procéder à la distribution des terres : par le **Dominion Lands Act** de 1872, les nouveaux venus recevaient des lots de 65 ha dont ils devenaient officiellement propriétaires au bout de trois ans, à condition d'y avoir construit une ferme et cultivé une partie du sol. Il était également nécessaire d'assurer la loi et le maintien de l'ordre dans ce vaste territoire, d'où la création en 1873 de la **Police montée du Nord-Ouest**. Il fallait enfin ouvrir la région à la colonisation en la rendant plus accessible. La construction du **Canadian Pacific Railway**, commencée en 1881, eut de très fortes répercussions sur le peuplement des Prairies. Celles-ci ne comptaient guère que 150 000 habitants à l'achèvement du chemin de fer (1885) ; moins de trente ans plus tard, la population avait atteint 1,5 million d'habitants.

1905 vit la création des provinces de l'**Alberta** et de la **Saskatchewan**. Le gouvernement de **Wilfrid Laurier** ne ménagea pas ses efforts pour attirer les immigrants, proposant des terres « gratuites », payant aussi une partie de la traversée et offrant le voyage en train à prix réduit. Ils vinrent nombreux du Canada de l'Est, des États-Unis et d'une Europe surpeuplée où la révolution industrielle avait provoqué un exode massif. Les colons européens, pour la plupart Hongrois, Ukrainiens ou Scandinaves, formèrent de petites communautés conservant leur langue et leurs traditions. Aux huttérites et mennonites de langue allemande, aux doukhobors d'origine russe persécutés en Europe vinrent s'ajouter catholiques, protestants, orthodoxes, juifs, mormons et, à partir de 1915, réfugiés politiques d'horizons divers. Tous participèrent à la formation d'une société multiculturelle dont la population passe aujourd'hui la barre des 5 millions.

ÉCONOMIE

Agriculture

Entre 1876 et 1915, le paysage de la Prairie, où s'épanouissaient autrefois toutes sortes de plantes herbacées et où poussaient par millions des fleurs des champs, devait considérablement changer de physionomie sous l'action de l'homme. Plusieurs facteurs contribuèrent à cette étonnante mutation : d'une part, l'avènement des chemins de fer transcontinentaux, qui ouvrirent les Plaines à la colonisation, jouant ainsi un rôle primordial dans leur mise en valeur agricole ; d'autre part, l'introduction en 1842 du **Red Fife**, variété de blé bien adaptée aux sols des Prairies (créée par David Fife, Ontario), à la fois résistante à la rouille des tiges et capable de donner une bonne récolte malgré un été court et sec. Dès 1915, les régions productrices de blé étaient méconnaissables pour qui les avait connues quarante ans plus tôt.

Près de 80 % des terres agricoles du Canada se trouvent dans l'Alberta, le Manitoba et la Saskatchewan, qui exportent leur blé vers plus de 60 pays. Blé, orge, seigle, avoine et autres céréales constituent le fondement de l'agriculture régionale, qui se diversifie néanmoins avec la présence de colza (utilisé de mille manières, de l'huile de table à l'antigel) et de lin. Les exploitations mixtes, mêlant culture et élevage bovin, ainsi que l'aviculture (volaille et œufs) et l'élevage porcin ont également leur rôle à jouer.

Les cathédrales des Plaines

Visibles à plusieurs kilomètres sur l'horizon des Prairies, les silos élévateurs en bois scandent le tracé de la voie ferrée qui dessert de nombreuses communes rurales. Les premières sentinelles silencieuses se dressèrent dès les années 1800, puis elles suivirent l'avancée vers l'ouest des rails à travers le Manitoba, la Saskatchewan et l'Alberta, protégeant les céréales des insectes et des éléments. On dénombrait 6 000 silos élévateurs à la fin des années 1920.

La technique dont ils tirent leur nom consiste à verser le grain dans une trémie de chargement, puis à le faire remonter, généralement à une vingtaine de mètres du sol, par une longue bande d'acier équipée de cuvettes nommée la « gaine », jusqu'aux compartiments de stockage et de nettoyage. Les céréales prêtes pour l'expédition sont versées sur une immense échelle où elles sont pesées, puis remontées dans leur compartiment d'où elles se déversent par la trémie dans les véhicules. Les cuvettes furent tout d'abord remontées par un cheval, mais la mécanisation fit son apparition avec l'arrivée des moteurs à vapeur au début du 19e s.; l'électricité supplanta la vapeur en 1897. La poussière de céréales étant extrêmement volatile, les premiers silos de bois brûlaient souvent : une étincelle pouvait engendrer une explosion dévastatrice. Ils furent par la suite doublés d'une feuille métallique ou construits en béton, afin de limiter les risques.

Les silos élévateurs jouant un rôle essentiel dans la culture et la commercialisation des céréales, leur histoire s'enchevêtre dans la vie quotidienne des Prairies. Malheureusement, ces symboles des communautés rurales disparaissent. Le gouvernement ne les subventionne plus, de nombreuses lignes secondaires sont abandonnées par les compagnies ferroviaires. Et d'immenses terminaux de ciment et d'acier, gérés par ordinateur et situés dans des villes plus importantes, remplacent peu à peu les anciens silos de bois, démolis par centaines.

LES DERNIERS SILOS

Les authentiques silos élévateurs en bois, généralement peints de couleurs vives, rectangulaires et coiffés d'un toit pointu, présentent certaines caractéristiques architecturales telles que l'étroit dôme. On estime à près de 900 les silos élévateurs traditionnels qui ponctuent encore l'horizon de la prairie. La communauté d'**Inglis**, dans le Manitoba, associée à Parks Canada pour conserver la dernière rangée complète de silos des années 1920, a pu la faire classer **site historique national**. Ces silos (désaffectés depuis 1995) sont en cours de restauration ; convertis en écomusée, cinq sont ouverts au public.

✆ *www.ingliselevators.com.*

Les silos élévateurs robotisés traitent les grains plus rapidement et plus efficacement, remplissant près de 15 autorails par heure, contre deux par heure pour les silos de bois.

Élevage

Si la culture des céréales demeure incontestablement l'épine dorsale de l'économie des Prairies, l'élevage vient en seconde position grâce en particulier aux contreforts de l'Alberta du Sud (l'Alberta est la province possédant le plus grand nombre de fermes d'élevage). Après la signature des traités amérindiens dans les années 1870, l'élevage se développa dans le sud de l'Alberta et de la Saskatchewan, dont les vastes espaces constituaient d'excellents pâturages, même en hiver : le chinook, faisant fondre la neige, découvrait l'herbe. Aujourd'hui encore, ces deux régions sont le domaine des cow-boys qui, malgré la mécanisation, accomplissent une tâche indispensable. Le spectacle de cavaliers au milieu de leurs troupeaux est chose commune, et les nombreux rodéos (Calgary Stampede a même acquis une renommée internationale) font revivre le folklore de l'Ouest.

Industrie

Bien que l'agriculture soit la première source de revenus de la Saskatchewan, elle ne vient qu'en seconde position au Manitoba et en troisième en Alberta. Le Manitoba s'intéresse à tous les secteurs : agroalimentaire, matériel agricole, engins de transport, imprimerie, textile et ameublement. La production pétrochimique de l'Alberta n'est surpassée que par celle du Québec et de l'Ontario.

Richesses du sous-sol

C'est l'Alberta qui produit aujourd'hui la grande majorité des hydrocarbures et du **gaz naturel** canadiens. Découvert à Lethbridge (Alb.) en 1869, puis près d'Estevan (Sask.) et à Canmore (Alb.), le **charbon** fut la première ressource naturelle extraite dans les Prairies.

Dans les années 1880, Kootenay Brown trouva du **pétrole** dans la région des lacs Waterton (Alb.). La découverte des gisements de Turner Valley en 1914, puis de Leduc en 1947 marqua le développement de l'industrie extractive albertaine.

L'extraction de **potasse** (utilisée comme fertilisant) débuta en 1951 près d'Esterhazy (Sask.) : la province est aujourd'hui le premier producteur mondial ; elle est également riche en hydrocarbures et **sulfate de sodium** (Lloydminster, Swift Current et Estevan). L'exploitation des gigantesques gisements de **zinc**, de **cadmium** et de **cuivre** de Fin Flon (Man.) démarra en 1915 pour s'étendre aujourd'hui jusqu'à la Saskatchewan. Du cuivre fut également découvert près de Lynn Lake (Man.) et de l'or dans la région du lac Athabasca (Sask.). Vers la fin des années 1940, on découvrit de l'**uranium** dans la région de Beaverlodge (Sask.), au nord du lac Athabasca. Dans les années 1960 commença l'exploitation de l'énorme gisement de **nickel** de Thompson (Man.).

😊 PROVINCES DES PRAIRIES PRATIQUE

INFORMATIONS UTILES

Offices de tourisme

Alberta – *PO Box 2500, Edmonton - 𝒫 780 427 4321 ou 1 800 252 3782 - http://travelalberta.com.*
Manitoba – *155 Carlton, 7e étage, Winnipeg - 𝒫 204 927 7838 ou 1 800 665 0040 - www.travelmanitoba.com.*
Tourism Saskatchewan – *189-1621 Alberta St., Regina - 𝒫 1 877 237 2273 - www.sasktourism.com.*

Sites Internet des provinces

Alberta – *http://alberta.ca.*
Manitoba – *www.gov.mb.ca.*
Saskatchewan – *www.gov.sk.ca.*

Sites Internet des parcs

Alberta – *www.albertaparks.ca.*
Manitoba – *www.gov.mb.ca/ conservation/parks.*
Saskatchewan – *www.tpcs.gov. sk.ca/parks.*

Heure locale

L'Alberta vit à l'heure des Rocheuses, le Manitoba à celle du Centre. La plus grande partie de la Saskatchewan vit à l'heure du Centre toute l'année, et se trouve ainsi à l'heure de l'Alberta l'été, à celle du Manitoba l'hiver. Néanmoins, certaines localités frontalières préfèrent s'aligner toute l'année sur l'heure de la province voisine.
🦽 *Carte des fuseaux horaires, p. 17.*

Taxes

En plus de la taxe nationale sur les produits et les services (TPS ou GST) de 5 %, le Manitoba et la Saskatchewan prélèvent une taxe de vente provinciale : 7 % (Manitoba) et 5 % (Saskatchewan). L'Alberta n'applique aucune taxe provinciale sur les ventes ou la restauration.

Loi sur les alcools

Âge légal pour la consommation d'alcool : 18 ans en Alberta et au Manitoba, 19 ans en Saskatchewan. Vente d'alcool dans les magasins d'État et certains détaillants autorisés au Manitoba et en Saskatchewan ; en Alberta, vente d'alcool exclusivement dans les magasins d'État ; dans les régions reculées du nord, où n'existe aucun magasin d'État, vente d'alcool dans les épiceries autorisées.

Loi sur le tabac

L'achat de tabac est interdit aux moins de 18 ans dans les trois provinces.

Jours fériés provinciaux

Fête de la Famille – Alberta et Saskatchewan : 3e lun. de fév.
Jour de Louis Riel – Manitoba : 3e lun. de fév.
Jour civique – Alberta, Manitoba et Saskatchewan : 1er lun. d'août.

TRANSPORTS

En avion

Les principaux aéroports :
Calgary Airport – *www.calgaryairport.com.* À 17 km au nord-est du centre-ville.
Edmonton Airport – *www.flyeia.com.* À 25 km au sud du centre-ville.
Regina Airport – *www.yqr.ca.* À 5 km au sud-ouest du centre-ville.
Saskatoon Airport – *www.yxe.ca.* Au nord-est de la ville.
Winnipeg Airport – *www.waa.ca.* À 8 km à l'ouest du centre-ville.
Pour les vols internationaux et intérieurs :
Westjet – *𝒫 1 888 937 8538 - www.westjet.com.* Assure les liaisons dans les Prairies.

♿ *Voir aussi « Transports intérieurs », p. 25.*
Vols réguliers pour Churchill à partir de Winnipeg :
Calm Air International – *www.calmair.com.*
Kivalliq Air – *www.kivalliqair.com.*

En train
VIA Rail assure des services réguliers dans les trois provinces.
♿ *Voir « Transports intérieurs », p. 25.*

En autocar
Greyhound dessert les grandes villes, mais aussi des communes plus petites des Prairies.
♿ *Voir « Transports intérieurs », p. 25.*

HÉBERGEMENT

☺ **Bon à savoir** – Chambres d'hôte et hôtels sont nombreux sur les itinéraires fréquentés. Possibilité de **vacances à la ferme** dans les trois provinces. L'Alberta dispose de nombreux ranchs d'accueil avec randonnées équestres et camping pour cavaliers de tous âges, débutants ou confirmés.

ACTIVITÉS

Activités récréatives
L'abondance de lacs et de cours d'eau permet la pratique de nombreux **sports nautiques** : bateau, voile, canoë, ski nautique et baignade. La Saskatchewan est renommée pour les **descentes de rapides** en canot pneumatique, notamment sur la rivière Clearwater ; l'Alberta propose des excursions en rafting d'une demi-journée à plusieurs jours. Les **descentes en canoë** sur la rivière Churchill sont très populaires. Dans les nombreux parcs nationaux et régionaux se pratiquent l'été **toutes sortes de sports** : randonnée, cyclisme, équitation et camping ; l'hiver : ski de fond, ski de descente, raquette et motoneige.

Pêche
La pêche est bonne dans les trois provinces, mais le nord du Manitoba et le nord de la Saskatchewan sont renommés pour leurs gîtes accessibles par avion. La région du lac La Ronge, en Saskatchewan, est très réputée pour la pêche sportive. Le permis requis pour la pêche ou la chasse s'obtient dans la plupart des magasins de sport. Des guides *(distribués gratuitement par les offices de tourisme provinciaux)* procurent tous les renseignements sur les règlements de pêche mais aussi de chasse, les limites de prises, etc.

Observation de la vie sauvage
Excursions ornithologiques *(mai-juin)*, observation des **bélugas** *(juil.-août, certaines excursions avec hydrophones)* et des **ours polaires** *(oct.-nov.)* à Churchill, au Manitoba : excursions d'un ou plusieurs jours ; réservation conseillée 6-9 mois à l'avance auprès notamment de :
Natural Habitat Adventures – ℘ *303 449 3711 ou 1 800 543 8917 - www.nathab.com.*
Sea North Tours – ℘ *204 675 2195 ou 1 888 348 7591 - www.seanorthtours.com.*

Aventure
Pour revivre l'épopée de l'Ouest sauvage, une **randonnée en chariot bâché** à travers les grands espaces de la Saskatchewan s'impose.
♿ *www.sasktourism.com.*

Calgary

★★

1 078 793 habitants – Alberta

 NOS ADRESSES PAGE 271

S'INFORMER
Tourist Office – *200-238 11ᵗʰ Ave SE -* ☎ *403 263 8510 ou 1 800 661 1678 -*
www.visitcalgary.com.

SE REPÉRER
Carte de région A2 (p. 254) - plan de ville (p. 266). Calgary est située au
sud d'Edmonton, dans les contreforts des Rocheuses, sur le tracé de la
Transcanadienne.

SE GARER
Les parcmètres sont en fonctionnement de 9h à 18h. Le Light Rail Transit
(LRT), au centre-ville, est gratuit.

À NE PAS MANQUER
Le Glenbow Museum, qui évoque aussi bien la vie des Indiens que celle
des colons.

ORGANISER SON TEMPS
Pour pouvoir assister au Stampede, il vous faut réserver votre séjour un
an à l'avance.

AVEC LES ENFANTS
Calgary Zoo, Heritage Park et le Bar U Ranch National Historic Site.

**Bâtie en terrain plat au confluent de la Bow et de l'Elbow, entourée de collines
peu à peu gagnées par les quartiers résidentiels, Calgary est l'une des
métropoles canadiennes les plus dynamiques. Sa prospérité est due en
grande partie à la richesse pétrolière de la province, au secteur automobile,
à l'absence de taxes sur les ventes, et à son climat particulièrement doux
et agréable, même si les sévères inondations de juin 2013 ont fait mentir
la légende pendant quelques semaines. Outre le fait qu'elle accueillit
les Jeux olympiques d'hiver en 1988, Calgary est surtout renommée
pour son Stampede, l'un des plus appréciés au Canada.**

Se promener Plan de ville p. 266

LE CENTRE-VILLE

Au pied de la célèbre tour de Calgary s'étend au nord le quartier des boutiques,
des banques et des compagnies pétrolières, où s'élèvent de nouveaux gratte-
ciel dont le plus haut, en marbre brun, abrite le siège de **Petro-Canada**. Une
partie de 8th Avenue a été aménagée en **rue piétonne**. Dans le centre-ville, un
réseau de passerelles aériennes relie les grands magasins tout en échappant au
froid hivernal. Côté ouest se trouve le quartier financier : le Royal Bank Centre, le
Scotia Centre et le Toronto Dominion (TD) Square, The Bay et Eaton's. La partie

Centre-ville de Calgary.
Barrett & MacKay / age fotostock

est de la rue piétonne, baptisée Stephen Avenue Walk, compose le quartier historique de la ville : de nombreux édifices en grès bâtis par les viticulteurs albertins du début du 20e s. sont dorénavant convertis en boutiques et salons de thé. À l'angle nord-est de ce quartier, le bâtiment néoroman (1907) de l'hôtel de ville *(à l'angle de 7th Ave et Macleod Trail)* est ravissant.

À l'est de la rue piétonne, **Municipal Building** élève son architecture de verre aux reflets bleutés autour d'un atrium de 12 étages. En face, sur 2nd Street S.E., un ensemble de bâtiments en brique, le **Centre for the Performing Arts**, est consacré aux arts du spectacle.

★ Devonian Gardens

4e niveau, entrée par Eaton's ou, après fermeture des magasins, par un ascenseur à l'entrée de TD Square, sur 8th Ave - ✆ *403 268 2489 -* ♿ *.*

Entre les tours noires du TD Square, ils abritent sous de grandes verrières obliques quelque 20 000 plantes tropicales. Également des sculptures et des fontaines.

★★ Glenbow Museum

Convention Centre - 130 9th Ave SE - ✆ *403 268 4100 - www.glenbow.org -* ♿ *- lun.-jeu. et sam. 9h-17h, vend. 11h30-19h30, dim. 12h-17h - fermé 25 déc. - 14 $.*

L'édifice de 7 étages accueille le plus grand musée de l'Ouest du Canada où 21 salles sur 3 étages passent en revue l'histoire humaine de l'Alberta. De plus, le musée accueille des expositions temporaires d'objets d'art.

Une des fiertés du musée est sa **section nitsitapiisinni** *(3e niveau)*, qui retrace la longue histoire haute en couleur des Indiens blackfeet, s'attachant à la période des années 1870. Remarquez le travail des perles, l'immense tipi et la coiffe de chef Stoney ornée de 96 plumes.

Mais ce musée présente aussi la colonisation européenne de la province autour des thèmes suivants : rôle des missionnaires, de la Police montée du Nord-Ouest et du chemin de fer, commerce des fourrures, agriculture, vie des métis, développement des exploitations d'élevage, découverte du pétrole et vie en Alberta dans les années 1920 et 1930.

Également, une belle collection d'armes et d'équipement militaire du Moyen Âge à nos jours et une immense œuvre sculptée en aluminium et acrylique de James Houston intitulée **Aurora Borealis**, qui occupe les quatre étages de la cage d'escalier. La section artistique comprend un trésor national : une riche collection de toiles de **Carl Rungius**, peintre animalier allemand venu à la fin du 19e s. croquer l'histoire naturelle de l'Alberta. Les œuvres exposées varient en fonction de la programmation du musée.

★★ Calgary Tower

Palliser Sq. - 101 9th Ave SW - 𝒫 403 266 7171 - www.calgarytower.com - ♿ 🅿 - juil.-août : 9h-22h ; sept.-juin : 9h-21h - fermé 25 déc. - 15,24 $.

Le champignon géant (hauteur : 191 m) ménage d'excellentes **vues**★★ sur la ville : on découvre le tracé des rues, l'inextricable réseau de voies ferrées et les vertes frondaisons des parcs, tandis qu'à l'ouest se profile le rempart crénelé des Rocheuses.

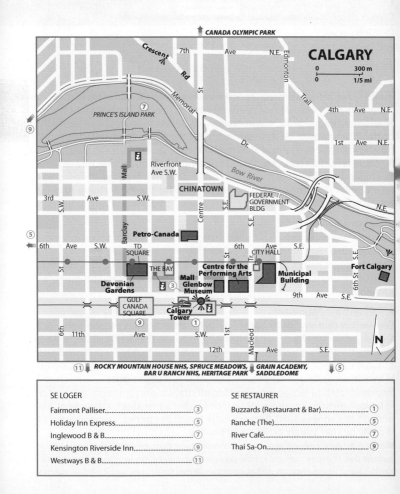

SE LOGER		SE RESTAURER	
Fairmont Palliser	③	Buzzards (Restaurant & Bar)	①
Holiday Inn Express	⑤	Ranche (The)	⑤
Inglewood B & B	⑦	River Café	⑦
Kensington Riverside Inn	⑨	Thai Sa-On	⑨
Westways B & B	⑪		

UNE TERRE CONVOITÉE

En 1875, la Police montée fondait **Fort Brisebois**, un poste de contrôle du trafic des spiritueux, baptisé par la suite Fort Calgary par le colonel James Macleod, commandant de la Police du Nord-Ouest, en souvenir de sa terre natale, l'Écosse. Autour se greffa un hameau qui se développa rapidement avec l'arrivée du chemin de fer (1883) et la marée de colons qui s'ensuivit. La terre fut divisée en ranchs et les éleveurs, dont certains Nord-Américains, encouragés par le Dominion Lands Act, y conduisirent leurs troupeaux. Commençait l'ère des cow-boys et des rodéos, dont la tradition est encore vivante.

À VOIR AUSSI

Crescent Road Viewpoint

Dominant la vallée de la Bow et Prince's Island Park, on aperçoit les gratte-ciel du centre-ville et, par beau temps, les Rocheuses à l'ouest.

Fort Calgary

750 9th Ave SE - ℘ 403 290 1875 - www.fortcalgary.com - &. 🅿 - 9h-17h - fermé Vend. saint, 1er janv., 24-26 et 31 déc. - 12 $.

Un **centre d'interprétation** raconte l'histoire du fort et des débuts de la ville. Vous découvrirez, en uniforme de la Police montée si vous le souhaitez, les écuries, l'atelier du maréchal-ferrant, celui du menuisier et les quartiers des hommes *(acteurs costumés)*. La visite passe également par **Deane House**, ancienne maison du surintendant, aujourd'hui convertie en restaurant. Du parc, **vues** sur les rives verdoyantes de la Bow. Un pont piétonnier permet d'accéder à l'île St-George et au zoo.

À proximité Plan de ville p. 266

★★ Calgary Zoo

Sur l'île St-George au nord de Fort Calgary. 1300 Zoo Rd NE - ℘ 403 232 9300 ou 1 800 588 9993 - www.calgaryzoo.org - &. 🅿 - 10h-17h - fermé 25 déc. - 10 $ - les inondations de juin 2013 ayant causé de graves dommages, le zoo est en cours de réaménagement ; seule une partie du parc reste ouverte à la visite (réductions de tarifs pendant les travaux).

👥 Immense et agréable, le zoo présente une riche diversité d'animaux du monde entier. Dans la serre tropicale, particulièrement réussie, évoluent papillons et oiseaux multicolores dans une végétation exotique. Le **parc préhistorique** recrée l'Ouest canadien au temps des dinosaures. Des reproductions grandeur nature de ces animaux géants apparaissent dans un décor de montagnes, volcans, cheminées de fées, marais et paysages du Bouclier canadien. La section **Canadian Wilds**, voisine du parc préhistorique, reproduit admirablement de nombreux habitats de l'Ouest du Canada : taïga (forêt boréale), tourbière, toundra, forêt de trembles et paysages des Rocheuses, peuplés d'orignaux, d'ours, de castors, de mouflons, de chèvres, de cerfs et autres habitants naturels de ces contrées. Le zoo mène une action remarquable pour le sauvetage de la grue blanche d'Amérique et de la marmotte de l'île de Vancouver, espèces en voie d'extinction.

★ Grain Academy

Plus 15, BMO Centre, 20 Roundup Way S.E. Au sud du centre-ville par Macleod Trail, dans le Roundup Centre (Stampede Park), à l'angle de 17th Ave et 2nd St. SE. ℘ 403 263 4594 - www.grainacademymuseum.com - ♿ 🅿 - lun.-vend. 10h-16h - fermé j. fériés - donation.

Unique centre pédagogique dédié aux céréales en Alberta, l'académie possède une maquette de silo élévateur équipée d'un mécanisme de levage en état de marche. Un chemin de fer miniature montre l'acheminement des céréales à travers les Rocheuses et un film *(12mn)* retrace l'histoire de la culture céréalière dans l'Ouest canadien.

★ Saddledome

Scotiabank Saddledome - 551 Saddledome Rise - ℘ 403 777 4646 - www.scotiabanksaddledome.com - lun.-vend. 8h30-17h - visite guidée (1h) juin-août (sf en cas d'événements) : lun.-vend. 11h-14h, dernier dép. 13h - sur réserv. au ℘ 403 777 1375.

Construit en 1983 dans le Stampede Park, le stade olympique peut contenir 20 240 spectateurs. Son toit en forme de selle de cheval évoque l'importance des cow-boys dans l'histoire de la ville.

★ Heritage Park

À 16 km au sud-ouest du centre-ville. Suivre Macleod Trail SW. 1900 Heritage Dr. SW - 🅿 - ℘ 403 268 8500 - www.heritagepark.ca - mai-août : 10h-17h ; sept.-oct. : w.-end 10h-17h - 15 $ (tour à cheval 3 $) - promenade sur le lac : ttes les 35mn.

👥 Des bâtiments de l'époque des pionniers provenant des environs ont été réunis dans un agréable **site** sur les rives d'un lac artificiel, le réservoir Glenmore, pour former une sorte de village du passé. On y voit notamment l'église, le bureau de poste, la boulangerie, le poste de police, la salle de billard, le magasin général, la gare avec son train à vapeur qui fait le tour du parc, et le silo élévateur en bordure de la voie ferrée. En retrait du village, quelques bâtiments de ferme ainsi qu'un moulin à vent. La réplique du *SS Moyie*, bateau à aubes qui naviguait autrefois sur le lac Kootenay en Colombie-Britannique, permet d'effectuer des promenades sur le lac Glenmore. Les enfants pourront faire un tour à cheval dans le **parc d'attractions** de l'époque.

STAMPEDE DE CALGARY

En anglais, le mot *stampede* désigne un troupeau emballé. Début juillet, Calgary fête le bétail, le cheval et le cow-boy ; dix jours ininterrompus de réjouissances attirent des milliers de spectateurs et de participants. À cette occasion, la quasi-totalité de la population de Calgary arbore une tenue western et participe aux festivités : la grande **parade** forme un impressionnant défilé de chars, d'orchestres, de majorettes et de groupes équestres. Au Stampede Park se tiennent des compétitions qui font la renommée de la fête : les **rodéos** et **courses de cantines ambulantes** *(chuckwagon races)* rappellent les courses de chariots auxquelles se livraient souvent les cow-boys après avoir rassemblé le bétail. La fête bat son plein avec musique et danses. Près de la porte sud, le village indien aligne ses magnifiques tipis colorés et vend toutes sortes d'artisanats.

🕯 **Informations** – ℘ 403 261 0101 ou 1 800 661 1260 - www.calgarystampede.com - réserv. conseillée.

Course de cantines ambulantes durant le Stampede de Calgary.
T. P. Widmann / Look / Photononstop

Canada Olympic Park

À 12 km à l'ouest de Calgary par la Transcanadienne. 88 Olympic rd. - ℘ 403 247 5452 - www.winsportcanada.ca/cop - ♿ 🅿 - les horaires et les prix dépendent des activités.

Cet immense complexe accueillit les épreuves de saut à skis, de luge, de bobsleigh et de ski acrobatique lors des Jeux olympiques d'hiver de 1988. Un hommage est rendu aux athlètes dans le plus grand Musée olympique d'Amérique du Nord, Olympic Hall of Fame, qui met l'accent sur le rôle joué par le Canada au cours des Jeux passés. Le parc continue d'accueillir athlètes et simples particuliers pour des compétitions et des entraînements. De nombreuses activités sont proposées en été et en hiver. Parmi les activités estivales, le Z-trip (Zorb), le Skyline at the Park (Zipline), l'Olympic Odyssey Audio Tour, le Mountain Biking, la Luge Rides. Un télésiège permet de rejoindre le tremplin de saut (90 m) ; les plus aventureux pourront s'y élancer en luge et connaître le grand frisson. Il est possible de visiter les sites un par un, mais la formule Grand Olympic Tour permet de les voir tous.

L'OR NOIR

Au sein d'une vaste région agricole traditionnellement associée à l'élevage et à la viande, Calgary doit sa prospérité nouvelle et son développement fulgurant au pétrole depuis la découverte, en 1914, d'un gisement à Turner Valley, au sud-ouest de la ville, puis celle, en 1947, d'un autre gisement à Leduc. Si les plus récentes découvertes ont été faites dans la région d'Edmonton, la capitale, Calgary joue cependant le rôle de centre administratif de l'industrie pétrolière, dont elle abrite la majeure partie des sièges sociaux. Elle fait également figure, au plan national, d'important centre de la finance, en seconde position après Toronto.

ROYAL CANADIAN PACIFIC TRAIN

Luxe et élégance ont connu leur apogée au Canada à la fin du 19e s. et au début du 20e s. dans la somptuosité des voitures créées pour les dirigeants du Canadian Pacific. Désaffectés depuis longtemps, ces wagons ont été réhabilités à des fins touristiques. Le train Royal Canadian Pacific, tracté par des locomotives anciennes, part du centre-ville de Calgary pour sa traversée des superbes paysages des Rocheuses. Les excursions, en été uniquement, comprennent cabines de luxe, repas gastronomiques dans les wagons-restaurants confortables et haltes pour la nuit dans des sites agréables (Banff et Lake Louise dans l'Alberta, Golden en Colombie-Britannique).

 Informations – *403 508 1400 ou 1 877 665 3044 - www.royalcanadian pacific.com.*

Spruce Meadows

Au sud-ouest du centre-ville par Macleod Trail, puis par la route 22X. 403 974 4200 - www.sprucemeadows.com.

Ce très beau centre de saut d'obstacles, véritable oasis raffinée, est installé entre les limites de la ville et des ranchs d'élevage. Le site, qui couvre 120 ha, a été créé dans les années 1970 ; il comprend des carrières, des manèges, des écuries pouvant accueillir 700 chevaux et un complexe de 3 étages destiné aux concours hippiques. Parmi les manifestations majeures organisées chaque année figurent les Masters *(1re semaine de sept.)*, le concours hippique de saut d'obstacles le mieux doté du monde, qui attire plus de 50 000 spectateurs par jour et recueille une audience télévisée de plusieurs millions de personnes. Il ne faut pas oublier de mentionner le National *(début juin)* et le North American *(début juil.)*, qui coïncide avec le Stampede de Calgary.

Excursions Carte de région p. 254

★★ Bar U Ranch National Historic Site A2

À 92 km au sud de Calgary par la route 2 Sud (Macleod Trail), la route 22X Ouest et la route 22 Sud. 403 395 2212 - www.pc.gc.ca - & - mai-sept. : 9h-17h - 7,80 $.

Datant de 1882, le ranch fut le stéréotype de l'exploitation agricole en Alberta jusqu'à la cessation de son activité en 1950. Campé dans les collines au sud de la ville, il conserve de nombreux bâtiments rénovés du début du 20e s. Points d'orgue de la visite : la réplique d'un campement de cow-boys avec cantine ambulante, la chambre froide et le bureau de poste. Plusieurs granges immenses, dont l'**écurie des chevaux de selle**, contiennent de passionnantes descriptions de la vie d'un ranch. Les visiteurs pourront partir en promenade en calèche tirée par les percherons qui ont fait la renommée du Bar U. Au-dessus de la magnifique vallée environnante, où coule le Pekisko, se découpe la silhouette des Rocheuses. L'été, le ranch met en scène presque chaque week-end certaines de ces activités quotidiennes, comme le travail d'un chien de berger ou le petit déjeuner des cow-boys, pour la plus grande joie des *greenhorns* (les « blancs-becs » citadins).

La route 541, qui croise la route 22 au nord du ranch, offre pour le retour vers Calgary un splendide **parcours touristique★**. Prenant d'assaut les contreforts des Rocheuses couverts d'une forêt de trembles, elle devient la route 40 pour traverser **Kananaskis Country**, une réserve avec activités de loisirs couvrant des sommets pointus, des glaciers et des cours d'eau de fonte, sillonnée d'innombrables sentiers menant vers les hauteurs.

★ **Rocky Mountain House National Historic Site** A1

À 225 km au nord-ouest de Calgary par la route 8 Ouest et la route 22 Nord. Emprunter la route 11A Ouest sur 6 km à Rocky Mountain House. ☎ 403 845 2412 - www.pc.gc.ca - ♿ - juil.-août : 10h-17h ; sept. : jeu.-dim. 10h-17h - 3,90 $.

Niché parmi les peupliers de Virginie sur les rives de la Saskatchewan nord, le comptoir (1799) fut le quartier général de David Thompson durant ses explorations cartographiques de l'Ouest du Canada. Dorénavant administré par Parks Canada, le **centre interprétatif** comprend une exposition sur les débuts du commerce des fourrures et quelques films sur David Thompson. Un agréable sentier mène aux vestiges des bâtiments anciens, à un village de tipis, à un fort de jeu pour les enfants et à une plate-forme panoramique permettant d'apercevoir le troupeau de bisons du parc.

Un ensemble moderne, voisin du parc, exploite des ressources inimaginables pour les anciens trappeurs : gaz naturel et pétrole. Remontant la vallée de la Saskatchewan, la **route 11** se prolonge vers les Rocheuses en un parcours particulièrement réjouissant pour les yeux et rejoint Icefields Parkway 174 km à l'ouest de Rocky Mountain House. Il est possible alors de rallier Jasper ou Banff.

☺ NOS ADRESSES À CALGARY

Plan de ville p. 266

HÉBERGEMENT

BUDGET MOYEN

Westways B & B –
216 25th Ave SW - ☎ 403 229 1758 ou 1 866 846 7038 - www.westways. ab.ca - 🅿 - 6 ch. Cette demeure de 1912 récemment restaurée située à 20mn du centre-ville est très accueillante. Les cinq chambres, toutes différentes, possèdent leur propre salle de bains et leur connexion Internet haut débit. Les deux plus grandes, avec lit double et cheminée à gaz, sont idéales pour un couple. Copieux petit déjeuner.

Inglewood B & B –
1006 8th Ave SE - ☎ 403 262 6570 - www.inglewoodbedandbreakfast. com - 🅿. Une agréable cour intérieure et une salle de bains dans chacune des chambres sobrement aménagées font de l'établissement une bonne adresse pour les voyageurs qui ne recherchent pas le luxe. Située à la limite du centre-ville, la maison d'hôte reste à courte distance du Stampede Park et autres sites touristiques. Excellent petit déjeuner compris dans le prix.

Holiday Inn Express –
1020 8th Ave SW - ☎ 403 269 8262 ou 1 877 660 8550 - 🅿. Cet hôtel rénové du centre-ville propose des chambres modestes mais confortables, ce qui lui confère un excellent rapport qualité-prix. Certaines chambres sont équipées d'une climatisation. Le restaurant de l'hôtel sert des petits déjeuners et des déjeuners tandis que le bar propose une cuisine de pub à prix modérés.

UNE FOLIE

Fairmont Palliser –
133 9th Ave SW - ♿ - ☎ 403 262 1234 ou 1 866 540 4477 - www.fairmont.com/palliser - 🅿 - 407 ch. Moins voyant que les châteaux du Canadien Pacifique, cet hôtel (1914) en grès de 12 étages situé dans le quartier historique est une oasis de quiétude et d'élégance au milieu du bourdonnement de la ville. À proximité du quartier financier, il attire une clientèle d'hommes d'affaires ou de vacanciers.

2

Les chambres, quoique petites, sont dotées d'accessoires agréables (couettes, peignoirs) et d'un accès Internet haut débit.

Kensington Riverside Inn – *1126 Memorial Dr. NW - ♿ - ✆ 403 228 4442 ou 1 877 313 3733 - www.kensingtonriversideinn. com -* 🅿 *- 19 ch.* Situé face au centre-ville, sur la rive opposée de la Bow, l'hôtel offre un cadre de qualité avec linge de maison en coton égyptien, séchoirs pour serviettes et peignoirs en polaire. Les chambres, hautes de plafond et s'ouvrant par des portes-fenêtres, offrent fauteuils confortables et lits profonds ; certaines bénéficient d'un balcon ou d'une terrasse fleurie. Le prix comprend un service de hors-d'œuvre en soirée, la gratuité des appels locaux, l'accès Internet, un journal quotidien et un mémorable petit déjeuner gastronomique.

RESTAURATION

PREMIER PRIX

Thai Sa-On – *351 10th Ave SW - ✆ 403 264 3526 - www.thai-sa-on.com.* La carte reflète toute la diversité et la complexité de la gastronomie thaïe et, bien que de nombreux plats aient été simplifiés, les repas proposés par cet établissement familial sans prétention demeurent authentiquement frais et parfumés. Plats végétariens.

BUDGET MOYEN

Buzzards Restaurant & Bar – *140 10th Ave SW - ♿ - ✆ 403 264 6959 - www.cowboycuisine.com.* Son cadre rustique aux poutres apparentes décoré d'authentiques objets de ferme ainsi que sa carte de spécialités de l'Ouest font de l'établissement un lieu recherché par ceux qui désirent s'immerger dans la culture locale. Les huîtres des Prairies peuvent surprendre, la plupart des convives restent donc attachés à ce qui fait la renommée de Calgary : le bœuf de l'Alberta.

POUR SE FAIRE PLAISIR

The Ranche – *Bow Bottom Trail SE, Fish Creek Provincial Park - ♿ - ✆ 403 225 3939 - www.crmr.com/ theranche.* Ce ranch de 1896 magnifiquement restauré est situé dans le parc provincial Fish Creek. Son menu propose les produits locaux. L'établissement joue la carte de l'originalité (viande fraîche ou fumée de bison, d'orignal et de caribou) tout en conservant les classiques : bœuf de l'Alberta, porc et produits de la mer sont accompagnés avec créativité de fruits rouges et de légumes biologiques. Le brunch du dimanche, servi dans la véranda, vaut le détour.

River Café – *25 Prince's Island Park - ✆ 403 261 7670 - www.river-cafe.com.* Avec son atmosphère rustique de cabane de pêcheur, cet établissement, bâti sur une île au cœur de Calgary, prépare de succulents plats régionaux cuits au feu de bois, avec des produits canadiens : bison, sirop d'érable, canneberges, saumon et céréales des Prairies. Accès par une passerelle piétonne partant du parking du marché Eau Claire.

ACHATS

Chocolats Callebaut –
1313 1st St. SE - ☎ 403 265 5777 ou 1 800 661 8367 - www.bernardcallebaut.com.
Il y a environ 25 ans, Bernard Callebaut a quitté la Belgique et s'est installé à Calgary avec l'ambition de créer les meilleurs chocolats du Canada, en utilisant un cacao d'excellente qualité et des produits frais venant d'Alberta. Dorénavant renommées sur tout le continent nord-américain, les confiseries de Bernard Callebaut sont disponibles à la fois en magasin (28 au Canada, 4 aux États-Unis) et par correspondance. Parmi les spécialités de la maison figurent des truffes, des nougats et autres délices. Les touristes sont invités à visiter l'usine tous les jours *(téléphoner auparavant)*, où ils se verront offrir des échantillons.

Eau Claire Market –
202-200 Barclay Parade SW, à l'angle de 2nd Ave et 2nd St. SW - ☎ 403 264 6450 - www.eauclairemarket.com -
🅿 *- lun.-merc. et sam. 10h-18h, jeu.-vend. 10h-20h, dim. 11h-17h.*
Les bâtiments colorés du marché Eau Claire sont proches du parc de l'île du Prince, sur la rivière Bow. Les quelque 60 boutiques proposent un choix exceptionnel de cadeaux, gravures, livres et vêtements. Un marché consacré aux aliments et une dizaine de restaurants proposent toutes sortes de spécialités, des cajun-créoles aux thaïes et aux libanaises en passant par la cuisine italienne.

Chapeaux de cow-boy et bottes de cuir

Calgary n'a pas tout perdu de son passé : en témoigne la pléthore de magasins proposant vêtements et équipement de cow-boy.

Alberta Boot – *50 50th Ave SW - ☎ 403 263 4623 - www.alberta boot.com - lun.-sam. 9h-18h.*
Spécialiste de la botte de cow-boy faite à la main (la Police montée en est équipée). Des centaines de modèles se présentent à l'amateur et les prix varient de l'économique à l'astronomique.

Lammle's Western Wear –
209 8th Ave SW - ☎ 403 266 5226 ou 1 877 526 6537 - www.lammles.com. La chaîne de magasins albertains d'authentique matériel pour cow-boys vend des vêtements de ranch, des bottes et des chapeaux.

2

Fort Macleod

3 045 habitants – Alberta

S'INFORMER

Office de tourisme – ☎ *403 553 4425 - www.fortmacleod.com o•*
www.fortmacleod.worldweb.com.

SE REPÉRER

Carte de région A2 (p. 254). Fort Macleod est situé à 165 km au sud d•
Calgary, au bord de la rivière Oldman.

SE GARER

Tous les sites à visiter possèdent des parkings.

ORGANISER SON TEMPS

Une demi-journée suffit pour les visites mais si vous avez davantage d•
temps, profitez-en pour dormir sous un tipi.

AVEC LES ENFANTS

Les spectacles équestres en musique au Fort Museum.

En octobre 1874, le commissaire adjoint James Macleod choisissa•
d'établir les quartiers d'hiver de sa troupe sur une île de la rivière Oldma•
créant ainsi le premier fort de la Police montée dans l'Ouest canadie•
Ses hommes, épuisés, venaient d'effectuer une terrible marche forcé•
à travers les Prairies pour mettre fin aux incursions américaines e•
territoire canadien et au trafic du whisky. Fort Macleod est aujourd'hu•
un centre agricole prospère dans une région de ranchs et de culture•
irriguées autour des Porcupine Hills.

Découvrir

★ Fort Museum

219 Jerry Potts Blvd. - Route 3 (à un pâté de maisons du centre-ville). ☎ *403 553*
4703 ou 1 866 273 6841 - http://nwmpmuseum.com ♿ - juil.-août : 9h-18h,
mai-juin : 9h-17h ; sept.-nov. : vend.-dim. 10h-16h - spectacle : juil.-août : 10h-11h30
14h-15h30- 15 $ - (10 $ hors saison).

Dans les années 1950, fut entreprise la reconstitution du fort tel qu'il se
présentait dans la seconde moitié du 19e s. Le site évoque la vie en Alberta du
Sud vers 1875. Entouré d'une palissade, il abrite plusieurs bâtiments en rondins.
Kanouse House, édifice au toit de terre, se consacre aux premiers colons de
la région, tandis que **Mounted Police Building** présente la maquette du fort
d'origine et des expositions sur la Police montée canadienne. **Indian Artefacts**
Building conserve une belle collection d'art et d'artisanat amérindiens.
Boutique sur place.

Bon à savoir – En été, des étudiants en uniforme de la Police montée
de 1878 (veste rouge, pantalon noir, casque colonial blanc) donnent des
spectacles équestres en musique.

Spectacle équestre au Fort Museum.
R. Horsley / All Canada Photos / age fotostock

À proximité Carte de région p. 254

★★ HEAD-SMASHED-IN BUFFALO JUMP A2

▷ _À 18 km au nord-ouest par la route 785. Spring Point Rd - ℰ 403 553 2731 - ♿ - juil.-août : 9h-18h ; reste de l'année : 10h-17h - fermé 1ᵉʳ janv., dim. de Pâques et 24-25 déc. - 10 $._

Inscrit sur la liste du patrimoine mondial de l'Unesco en 1981, ce site exceptionnel abrite l'un des précipices à bisons les plus anciens, les plus grands et les mieux préservés d'Amérique du Nord.

Durant plus de 5 000 ans, les bisons furent conduits à la mort du haut de cette falaise au pied de laquelle gît une impressionnante pile d'ossements de plus de 9 m de profondeur. Principale ressource des tribus des Plaines, les bisons fournissaient la viande pour l'alimentation, les peaux qui servaient à confectionner les vêtements et à fabriquer les abris, et les os qui étaient transformés en outils. Les films et expositions du **centre d'accueil** édifié dans la falaise explorent différents thèmes relatifs aux populations autochtones, dont la survie dépendait de ce mode de chasse. La cafétéria permet de goûter la cuisine de l'Ouest et celle des Amérindiens, comme le pain frit blackfoot _(iimistsikitaan)_. Des sentiers grimpent au sommet de la falaise, d'où se dévoile un **panorama★★** extraordinaire sur la région, d'autres descendent au pied du précipice, où les bisons blessés étaient achevés, puis dépecés.

CARDSTON A2

▷ _À 65 km au sud de Fort MacLeod._

🛈 **Tourist Information** – _67 3ʳᵈ Ave W - ℰ 403 653 3366 - http://cardston.ca/visit._
Située près du parc national Waterton Lakes, à 25 km au nord de la frontière du Montana (É.-U.), la petite ville de Cardston fut créée en 1887 par un groupe

de mormons venus de l'Utah sous la conduite de **Charles Ora Card**, gendre de Brigham Young. Installés au Canada, les mormons introduisirent dans la région l'irrigation et la culture de la betterave sucrière qui, aujourd'hui encore constitue une activité locale majeure.

★★ Remington Carriage Museum

623 Main St. - ☎ 403 653 5139 - www.history.alberta.ca/remington/default. aspx - &. - juil.-août : 9h-17h ; le reste de l'année : 9h-16h - fermé 1er janv., dim. de Pâques et 25 déc. - 10 $ - promenades en voiture à cheval en saison, se renseigner à l'accueil - 5 $.

Ce fascinant musée des transports possède l'une des collections les plus complètes de voitures à cheval d'Amérique du Nord. L'épopée des pionniers y est évoquée de façon fort originale à travers une collection variée de véhicules restaurés de main de maître : chariot bâché, diligence, cantine ambulante, phaéton, corbillard… Un film *(14mn)* intitulé *Wheels of Change*, d'abondantes photos d'archives et la reconstitution de plusieurs scènes typiques de l'Ouest (campement des Prairies, entreprise de fabrication des carrosses, poste d'incendie, etc.), accompagnées d'effets sonores, viennent apporter à l'ensemble une note humaine. Le musée contient également une **sellerie** où sont entreposées toutes sortes de harnais, un **atelier de restauration** et, à l'extérieur du bâtiment principal, un relais de diligences et des écuries.

Cardston Alberta Temple

348 3rd St. W - ☎ 403 653 3552 - &. - centre d'accueil : mai-sept.

Important centre de l'Église mormone au Canada, la petite localité se développa autour de cet imposant temple de granit blanc, dont la construction fut achevée en 1923. Mouvement religieux d'origine américaine fondé en 1830 par **Joseph Smith**, l'Église de Jésus-Christ des saints des derniers jours s'établit d'abord en Illinois où son chef fut assassiné en 1844 puis, sous la direction de **Brigham Young**, en Utah où ses fidèles fondèrent Salt Lake City en 1847. La secte, dont la doctrine repose sur la Bible et le Livre de Mormon, compte environ 135 000 adeptes au Canada, regroupés pour la plupart en Alberta, en Colombie-Britannique et en Ontario.

Lethbridge

30 227 habitants – Alberta

S'INFORMER
Office de tourisme – *910 4ᵗʰ Ave S -* 📞 *403 329 7355 - www.lethbridge.ca.*

SE REPÉRER
Carte de région A2 (p. 254). Lethbridge se trouve à 216 km au sud-est de Calgary, à une centaine de kilomètres de la frontière américaine.

ORGANISER SON TEMPS
Lethbridge est une ville plaisante où il fait bon passer la nuit.

La ville est née en 1870 avec la découverte de charbon dans la vallée. Établie au bord de la rivière Oldman, elle est de nos jours le centre d'une riche région agricole. La pratique de l'irrigation et la douceur relative des hivers ont encouragé l'élevage et la culture des céréales et des légumes. Par ailleurs, Lethbridge est célèbre pour le High Level Railway Bridge, pont ferroviaire de 1,5 km de long et 96 m de haut, qui enjambe un cours d'eau encaissé dans un profond couloir.

Découvrir

2

⋆ **Nikka Yuko Japanese Garden**
Henderson Lake Park - Mayor Magrath Dr. - 📞 *403 328 3511 - www.nikkayuko. com -* &. *- de mi-mai à mi-oct.: 9h-17h - 8 $.*
Lorsque le Canada entra en guerre avec le Japon en 1941, quelque 22 000 personnes d'origine japonaise furent déportées dans des camps de travail à l'intérieur du pays, dont 6 000 à Lethbridge. Après la guerre, beaucoup décidèrent de rester sur place.
Créé en 1967, ce parc rend hommage à la contribution japonaise au pays (Nikka Yuko signifie « amitié japonaise-canadienne »). Des allées sinueuses, se faufilant à travers cinq types de paysages typiquement japonais, mènent jusqu'à un charmant pavillon consacré à la cérémonie du thé.

⋆ **Fort Whoop-Up**
200 Indian Battle Park (accès par la route 3) - 📞 *403 329 0444 - www.fort whoopup.ca -* &. *- juin-sept.: merc.-lun. 10h-17h; avr.-mai et oct.: merc.-dim. 12h-16h; le reste de l'année: w.-end 12h-16h - 7 $.*
De tous les comptoirs de trafic illicite de whisky qui se développèrent dans le sud de l'Alberta et de la Saskatchewan vers les années 1870, Fort Whoop-Up était à la fois le plus important et le plus mal famé. Il fut construit en 1869 par des Américains venus de Fort Benton, dans le Montana. En 1874, la Police montée du Nord-Ouest se présenta aux portes de Fort Whoop-Up mais le trouva abandonné, les trafiquants ayant été prévenus de leur arrivée. La création de Fort Macleod et Fort Calgary allait enfin mettre un terme à ces activités illégales et rétablir l'ordre dans l'Ouest.
Une palissade carrée où flotte le drapeau de la compagnie de Fort Benton entoure le fort Whoop-Up reconstitué. Le **centre d'accueil** présente un film replaçant l'histoire du comptoir dans le contexte de l'Ouest canadien.

Un lieu historique

UNE OASIS DANS LE DÉSERT

En 1859, lors de son voyage d'exploration des Prairies pour le compte du gouvernement britannique, John Palliser parcourut ces collines dont il écrivit qu'elles constituaient une « parfaite oasis dans le désert ». Plus tard, jugeant l'endroit propice à l'élevage, des colons établirent des **ranchs** dans ces vastes étendues. D'une remarquable beauté, les Cypress Hills présentent une morphologie particulière. Bien que leur altitude soit modeste (inférieure à 1 500 m au point culminant), c'est l'ensemble topographique le plus élevé du Labrador aux Rocheuses. L'épaisse calotte glaciaire qui recouvrait jadis la région laissa à découvert ces hautes terres moutonnantes dont la crête forme la ligne de partage des eaux des bassins du Mississippi-Missouri (qui s'écoulent vers le sud) et de la baie d'Hudson (qui s'épanchent en direction du nord). La mixité du milieu naturel a favorisé le développement d'une faune et d'une flore étonnamment variées, tour à tour caractéristiques de la Prairie, de la zone boréale et de l'étage montagnard. Partout, des fleurs sauvages et des oiseaux chanteurs… Sur les coteaux exposés au sud poussent des cactus tandis que des orchidées fleurissent en bordure de paisibles étangs.

LE MASSACRE DE CYPRESS HILLS

La vénérable **Gendarmerie royale du Canada** (Royal Canadian Mounted Police) doit sa création à un épisode malheureux dont les Cypress Hills furent le théâtre. Vers les années 1870, des commerçants américains établirent plusieurs comptoirs dans la région. Ils fournissaient aux indigènes des marchandises diverses, notamment la fameuse « eau de feu », whisky de contrebande extrêmement fort, voire mortel. En 1873, un groupe de chasseurs de loups venu du Montana accusa (à tort) les Amérindiens assiniboines qui campaient sur la colline voisine, non loin des postes de Farwell et Solomon, du vol de ses chevaux (ils étaient en fait partis à la recherche de pâturages). Le whisky aidant, la querelle dégénéra en bagarre sanglante et 36 Assiniboines furent tués.

Craignant un soulèvement général des peuplades autochtones si de telles scènes se reproduisaient, le Premier ministre John A. Macdonald ordonna la création immédiate de la **Police montée du Nord-Ouest** (rebaptisée Gendarmerie royale du Canada en 1920) qu'il dépêcha dans le Nord-Ouest pour mettre fin aux incursions américaines et au trafic des spiritueux. Les responsables du massacre furent arrêtés, puis relâchés, faute de preuves. Cependant, l'impartialité de la Police montée dans cette affaire, impressionnant favorablement les Amérindiens, contribua à établir la réputation du corps policier.

Cypress Hills

★★

Alberta-Saskatchewan

◗ **SE REPÉRER**

Carte de région AB2 (p. 254). Les Cypress Hills sont localisées dans le Sud du Canada, à environ 70 km au nord de l'État américain du Montana.

◗ **À NE PAS MANQUER**

Le plus haut point de la Saskatchewan, à 1 468 m.

◗ **ORGANISER SON TEMPS**

Le parc est proche de la Transcanadienne.

◗ **AVEC LES ENFANTS**

Le Cypress Hills Interprovincial Park pour découvrir les étoiles ; le fort Walsh National Historic Site et le Farewell's Trading Post, qui recréent la vie frontalière d'autrefois.

Non loin de la frontière américaine, à cheval sur l'Alberta et la Saskatchewan, les Cypress Hills émergent d'une vaste plaine semi-aride couverte d'herbe rase. Entrecoupées de ravines, de lacs et de nombreux cours d'eau, ces collines basses verdoyantes sont coiffées de pins tordus latifoliés dont les Amérindiens se servaient pour construire leurs tipis. Ce sont les premiers colons français qui, prenant à tort ces arbres pour des pins gris de l'Est – ou « cyprès » –, donnèrent son nom à la région.

Découvrir Carte de région p. 254

★★ **Cypress Hills Interprovincial Park** AB2

En Alberta, à 65 km au sud-est de Medicine Hat par la Transcanadienne et la route 41 Sud. À 30 km au sud de Maple Creek par la route 21.

🛈 ☏ 403 893 3833 - www.cypresshills.com - ♿ - parc et centre : ouvert tte l'année - se renseigner sur l'état des routes auprès du bureau du parc ☏ 403 893 3833 (Alberta) ou 306 662 5411 (Saskatchewan).

SITTING BULL AU CANADA

Après la bataille de Little Big Horn aux États-Unis (1876) où ils exterminèrent les troupes du général **George Custer**, les Sioux s'attendaient à de terribles représailles. Sous la conduite de leur chef Sitting Bull, ils vinrent nombreux se réfugier au Canada. **James Walsh**, de la Police montée, reçut la délicate mission de leur faire regagner le territoire américain ; car il s'agissait non seulement d'éviter une crise diplomatique entre les deux pays, mais aussi d'empêcher une guerre entre les Sioux et leurs ennemis de longue date, les Pieds-Noirs et les Crees, qui habitaient la région. Seulement accompagné de quatre policiers et de deux éclaireurs, Walsh se rendit au campement sioux près du mont Wood *(à 350 km à l'est de Fort Walsh)* et intima à Sitting Bull l'ordre d'obéir à la loi. Si cet acte de bravoure ne manqua pas d'impressionner le chef amérindien, les Sioux ne consentirent cependant à regagner le sol américain que quatre ans plus tard.

Au centre du parc sont regroupés tous les services dont le centre d'accueil et les restaurants, les programmes d'interprétation et les sentiers de randonnée ainsi que la colline la plus élevée et la plus accidentée des Cypress Hills. Depuis le lac Elkwater, un joli circuit *(40 km)* passe par **Horseshoe Canyon** et rejoint le sommet du parc, **Head of the Mountain,** d'où la vue s'étend jusqu'aux collines Sweet Grass et aux monts Bear Paw du Montana. Le circuit mène ensuite au lac Reesor et à la limite est du parc. La route franchit la frontière entre l'Alberta et la Saskatchewan et continue vers Fort Walsh *(à environ 18 km au sud)*. La partie ouest du parc est plus sauvage et s'étend jusqu'à Lethbridge. 👥 Le parc est également le plus grand « ciel préservé » d'Amérique du Nord. Pour les amateurs d'étoiles, de constellations et d'astronomie, c'est un spectacle à ne pas manquer !

★ **Fort Walsh National Historic Site** A1-2
En Saskatchewan, à 52 km au sud-ouest de Maple Creek par la route 271. 📞 *306 662 3590 - www.pc.gc.ca -* ♿ *- juin-août 9h30-17h30 - 9,80 $.*

La piste Qu'appelle, dans les Cypress Hills.
Burrell & MucKay / All Canada Photos / age fotostock

👥 Non loin du site où se déroula le massacre de Cypress Hills, un fort de la Police montée du Nord-Ouest bâti en 1875 joua un rôle capital dans les rapports entre le gouvernement canadien et les Amérindiens des Plaines. Le fort, à qui son fondateur John Walsh donna son nom, fut le quartier général de la police de 1878 à 1882. Réhabilité en 1942 pour abriter son haras, il fut désaffecté en 1968.

Centre d'accueil – Expositions et films constituent une bonne introduction à la visite du fort *(accessible à pied ou en autocar)*. Les bâtiments blanchis à la chaux comprennent la caserne, les écuries, l'atelier et la demeure du chef de garnison.

★ **Farwell's Trading Post** – *À 2,5 km au sud, accès en autocar depuis le fort - visite guidée uniquement 45mn.* 👥 Ce comptoir aux grossiers bâtiments (crâne de bison au-dessus de la porte d'entrée) permet de découvrir, grâce aux guides costumés, la rude atmosphère d'une époque sans foi ni loi marquée par de douteuses activités clandestines.

Badlands de l'Alberta

▶ **SE REPÉRER**
Carte de région A2 (p. 254) - carte des Badlands (p. 284). Drumheller est à 138 km au nord-est de Calgary. La piste des Dinosaures s'étend vers le nord-ouest le long des deux côtés de la rivière Red Deer.

🅿 **SE GARER**
Toutes les attractions le long de la piste des Dinosaures disposent de parkings.

😊 **À NE PAS MANQUER**
Le Royal Tyrrell Museum et Hoodoos.

🕐 **ORGANISER SON TEMPS**
En une demi-journée, vous pouvez suivre la piste des Dinosaures et visiter le Royal Tyrrell Museum. Ensuite, dirigez-vous vers le sud-est le long de la rivière Red Deer pour voir Hoodoos et le parc provincial des Dinosaures.

👥 **AVEC LES ENFANTS**
Le Royal Tyrrell Museum avec ses dinosaures et ses fossiles fascinants.

Les Badlands de l'Alberta comptent parmi les plus riches gisements fossilifères du monde. Il y a plus de 10 000 ans, les eaux de fonte des derniers glaciers continentaux creusèrent dans le sud de la province une profonde vallée (qui sert désormais de lit à la rivière Red Deer). Vers la fin du secondaire, il y a environ 65 millions d'années, la région soumise au climat subtropical était habitée par des sauriens dont les restes fossilisés sont parvenus jusqu'à nous. L'érosion et les eaux de ruissellement ont progressivement mis à nu les roches du Crétacé vieilles de 64 à 140 millions d'années, créant un remarquable paysage de falaises striées et de buttes ravinées, livrant aux paléontologues depuis 1884 des centaines de squelettes de dinosaures.

Découvrir Carte de région p. 254

★ **Drumheller** A2
🅸 **Information Centre** – *60 First Ave W* - 𝒫 *1 866 823 8100 ou 403 823 1331* - *www.traveldrumheller.com* - *juil.-août : 9h-21h ; sept.-avr. : 10h-17h30 ; mai-juin : horaires réduits, se renseigner - accès au tyrannosaure : 3 $.*
Ancienne bourgade minière, Drumheller se situe, comme le parc provincial des Dinosaures, au cœur des Badlands dans la vallée de la rivière Red Deer. La ville est entourée de riches terres à blé que seuls entrecoupent çà et là quelques puits de pétrole. L'arrivée sur Drumheller offre le saisissant spectacle d'une rude vallée d'environ 120 m de profondeur et 1,6 km de largeur.
La réplique en acier et fibre de verre d'un *Tyrannosaurus rex*, achevée pendant l'été 2000 et haute de 26 m, domine l'entrée du centre d'accueil. Ce **tyrannosaure**, qui se veut « le plus grand du monde », renferme un escalier intérieur menant à une plate-forme panoramique située dans sa gueule béante. L'ascension des 106 marches qui y mènent offre une **vue★** sur la vallée et les plaines alentour.

LA CHASSE AUX FOSSILES : DES PRÉCAUTIONS S'IMPOSENT

Avant de partir chercher des fossiles (sur les roches sédimentaires exposées : carrières, bordures de route, falaises et bord de mer), il est indispensable d'obtenir une **autorisation préalable** des autorités locales ou des propriétaires des terrains et de se renseigner sur les **restrictions légales**. Le musée royal Tyrrell peut apporter son concours pour les autorisations de fouilles.

Il faut aussi prévoir un sac ou un sac à dos solide. Que l'on ramasse en surface ou que l'on creuse, un équipement de base est nécessaire : carte, boussole, loupe, carnet, petit pinceau, couteau, truelle et marteau de géologue. Gants et lunettes protectrices sont utiles lorsqu'on se sert du marteau ; un casque également en cas de chute de débris. Ne pas oublier le papier d'emballage et un sac de transport pour les fossiles.

Pour observer les règles de l'art, numérotez les spécimens et manipulez-les avec précaution afin de conserver les données scientifiques qu'ils renferment. Enregistrez dans un carnet leur emplacement et la date de la trouvaille. Décrivez également la couleur et la texture de la roche qui les emprisonne.

Enfin, si vous préférez directement les acheter ou vous procurer du matériel, rendez-vous à Drumheller, au **Badlands Historical Centre**, chez **The Fossil Shop** (61 Bridge St. - www.thefossilshop.com) ou à la **boutique** du musée Tyrrell.

Badlands Historical Centre – 335 1st St. E - ℘ 403 823 2593 - ♿ - été : 10h-18h ; le reste de l'année : sur demande - 4 $. Consacré à l'histoire, à l'écologie, la faune et la flore de la région, le musée présente des expositions, des vitrines interactives, des objets d'artisanat et des fossiles de dinosaures. Boutique.

2

★ **Horseshoe Canyon** Carte des Badlands p. 284
À 18 km au sud-ouest de Drumheller par la route 9.
Des sentiers à travers les collines mènent à la rivière en procurant l'une des meilleures **vues** des Badlands.

★ **Hoodoos** Carte des Badlands p. 284
À 17 km au sud-est de Drumheller par la route 10.
L'érosion a sculpté, dans les talus ravinés au bord de la route, ces cheminées de fées, curieux piliers naturels faits de roches fragiles.

★★★ **Dinosaur Provincial Park** A2 et carte des Badlands p. 284
À 174 km au sud-est de Drumheller. Prendre la route 56, puis la Transcanadienne en direction de l'est jusqu'à Brooks. Prendre ensuite la 873 sur 10 km, tourner à droite sur la 544, puis à gauche sur la 551.
℘ 403 378 4342 - http://albertaparks.ca - site ouvert tlj - centre d'accueil été : dim.-jeu. 8h30-17h, vend.-sam. 8h30-19h ; le reste de l'année : horaires variables, se renseigner - excursions en minibus : ℘ 403 378 4344 - dép. de la Visitor Centre Plaza - de mi-mai à fin août : horaires variables (env. trois dép./j.) - AR 2h - sur réserv. la veille - 14 $ - randonnées pédestres guidées : réserv. au ℘ 403 378 4344.
Inscrit sur la liste du patrimoine mondial de l'Unesco en 1979, ce remarquable parc se situe dans la partie la plus spectaculaire de la vallée de la Red Deer, et englobe les plus riches terrains fossilifères de la région. Ici pousse également le rarissime peuplier de Virginie, qui continue à décliner malgré des efforts soutenus de préservation.

À l'entrée du parc, un excellent **point de vue**★★★ dévoile 3 000 ha de terres rudement érodées de part et d'autre de la rivière. La route descend ensuite vers la vallée.

Un **circuit routier**★ *(5 km)* offre un aperçu de ce paysage désolé, presque lunaire, où ne pousse guère que l'armoise. Plusieurs courtes promenades conduisent à des vitrines où l'on peut voir, tels qu'ils furent découverts, des ossements de dinosaures ; des panneaux explicatifs identifient chaque espèce et en indiquent la taille. Plus longs, les sentiers de nature permettent de mieux apprécier cette terre sauvage.

La plus grande partie du parc n'est cependant accessible que lors d'**excursions en minibus**★ ou de **randonnées pédestres guidées**.

Circuit conseillé Carte des Badlands ci-dessous

LA PISTE DES DINOSAURES (DINOSAUR TRAIL)

▶ *Circuit de 51 km tracé en marron sur la carte ci-dessous. Quitter Drumheller au nord-ouest par la route 838.*

La piste des Dinosaures, aux environs de Drumheller, forme une boucle sur la plaine qui domine la rivière Red Deer. Elle offre de beaux points de vue sur les Badlands et permet de mieux apprécier l'étrangeté de ces « mauvaises terres ».

★★★ Royal Tyrrell Museum

ℰ 403 823 7707 ou 1 888 440 4240 - www.tyrrellmuseum.com - ⅋ - de mi-mai à fin août : 9h-21h ; le reste de l'année : mar.-dim. 10h-17h - fermé 1er-2 janv. et 24-25 déc. - 11 $.

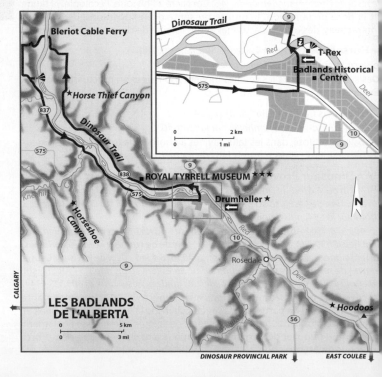

LES DINOSAURES

Du grec *deinos* (terrible) et *sauros* (lézard), ce mot évoque volontiers l'image de gigantesques prédateurs. Il existait en fait une grande variété de dinosaures. La plupart étaient herbivores, et si certains dépassaient les 20 m et pesaient plusieurs tonnes, d'autres n'étaient guère plus gros qu'un poulet. Les **dinosaures à bec de canard** étaient de grands bipèdes adaptés à la locomotion terrestre et aquatique ; les **dinosaures à cornes**, des quadrupèdes marcheurs caractérisés par une énorme tête cornue reposant sur un cou protégé d'une collerette osseuse ; les **dinosaures cuirassés** avaient le corps revêtu d'une carapace bombée munie de plaques osseuses dressées ou d'épines en guise de protection. La plupart de ces végétariens à locomotion lente étaient la proie des **dinosaures carnivores**, bipèdes coureurs à la longue mâchoire pourvue de dents redoutables.

Ce remarquable musée, étudiant les êtres vivants des temps géologiques, fut inauguré en 1985. Ses structures horizontales blanc et ocre, conçues par un architecte de Calgary, Douglas Craig, se fondent harmonieusement dans l'environnement austère des Badlands.

Galerie des dinosaures – Fidèlement reproduits à partir d'authentiques fossiles ou de moulages, les principaux types de dinosaures ayant jadis occupé la région ornent cette fascinante galerie. On notera le gigantesque tyrannosaure, le stégosaure à plaques osseuses, ainsi que des dinosaures à forme d'oiseau, plus petits. Une partie de la galerie représente le fond de l'ancienne mer crétacée Bearpaw, qui recouvrait l'ouest du Canada intérieur il y a quelque 70 millions d'années. De cette époque, on peut voir de grands reptiles marins, les mosasaures, qui atteignaient 15 m de long.

Paléoserre – Cette section particulièrement intéressante réunit une importante collection de plantes actuelles – descendantes ou proches parentes de la végétation contemporaine des dinosaures – qui, dans certains cas, n'ont guère évolué en 140 millions d'années.

Des expositions diverses et des films évoquent par ailleurs l'histoire de la Terre, les théories de l'évolution, l'époque des dinosaures et les causes possibles de leur disparition, les mammifères actuels et éteints, les périodes glaciaires et l'apparition des hominiens.

Après avoir dépassé le musée Tyrrell, la piste des Dinosaures réserve une jolie perspective sur les Badlands depuis le **Horse Thief Canyon★** dont les collines arrondies, presque stériles, s'étirent vers la rivière. Le circuit traverse ensuite la rivière sur un bac halé rustique, le **Bleriot Cable Ferry**. En remontant sur le plateau, belles **vues★** sur toute la vallée, dont les falaises arides contrastent avec les verts pâturages qui bordent la Red Deer.

2

Edmonton

★★

928 760 habitants – Alberta

 NOS ADRESSES PAGE 292

S'INFORMER
Edmonton Tourism – *9990 Jasper Ave (World Trade Centre) - ✆ 780 424 9191 ou 1 800 463 4667 - www.edmonton.com.*
Visitor Centre – *9797 Jasper Ave - ✆ 780 401 7696 - 9h-17h.*

SE REPÉRER
Carte de région A1 (p. 254) - plans de ville (p. 288). Edmonton enjambe la vallée de la Saskatchewan nord, au cœur de l'Alberta. Le centre-ville grimpe le long des collines au nord.

SE GARER
Les parkings sont payants *(sf dim.)*.

À NE PAS MANQUER
Edmonton est une introduction agréable à l'histoire de l'Ouest canadien

ORGANISER SON TEMPS
Prévoyez de visiter Edmonton durant l'un de ses nombreux festivals, la ville n'en sera que plus vivante.

AVEC LES ENFANTS
Fort Edmonton Park, le West Edmonton Mall, le Royal Alberta Museum, le Telus World of Science Edmonton.

Dominant les méandres encaissés de la Saskatchewan nord, la dynamique capitale de l'Alberta est devenue prospère grâce à l'agriculture et aux hydrocarbures. Au conditionnement de la viande, à la manutention du blé s'ajoutent désormais une industrie manufacturière et des technologies avancées. Sa position géographique lui vaut d'être un grand nœud de communication et de distribution pour l'Ouest du Canada. La ville peut aussi s'enorgueillir de ses activités culturelles qu'elle n'a cessé de développer au point de créer l'un des plus grands centres de loisirs au monde, le West Edmonton Mall.

Se promener Plans de ville p. 288

CENTRE-VILLE Plan II

Il se situe dans le quartier de Jasper Avenue et de Sir Winston Churchill Square. La vaste pelouse du square est entourée de bâtiments modernes, dont le **City Hall** (hôtel de ville), le **Court House** (palais de justice), l'Art Gallery, l'élégante architecture du **Citadel Theatre** (A) doté de trois scènes, la bibliothèque **Stanley A. Milner Library** (B) et le centre commercial Edmonton Centre avec ses boutiques et ses restaurants. Deux rues plus au sud se dresse la structure en acier et en verre du **Shaw Conference Centre** d'Edmonton. En face, Canada

DU COMPTOIR À LA PUISSANTE CAPITALE PROVINCIALE

À la fin du 18ᵉ s., la Compagnie de la baie d'Hudson et sa rivale, la Compagnie du Nord-Ouest, possédaient toutes deux un comptoir près de l'actuelle ville d'Edmonton et troquaient avec les Crees et les Pieds-Noirs des couvertures, des fusils et des objets usuels contre des fourrures. Avec la fusion des deux compagnies en 1821, le fort appelé **Edmonton House** devint le principal comptoir de fourrures de l'Ouest et une petite colonie s'établit autour du poste. Il étendit ses activités de l'Oregon au bassin du fleuve Mackenzie dans les régions arctiques, et de Le Pas, au nord-ouest du lac Winnipeg, jusqu'à l'ouest des Rocheuses. Les marchandises arrivaient de York Factory sur les fameux « bateaux d'York », ou de Winnipeg sur les « charrettes de la rivière Rouge ». La croissance se ralentit quelque peu avec le passage plus au sud de la ligne du Canadian Pacific, pour reprendre à la fin du 18ᵉ s. quand d'autres lignes ferroviaires arrivèrent à Edmonton. La ville devint alors un important centre d'approvisionnement pour toutes les régions du Nord-Ouest, en particulier pendant la ruée vers l'or du Klondike (1896-1899). Sa nouvelle vocation de « porte du Nord » et sa situation stratégique entre les terres agricoles au centre et les ressources énergétiques au nord expliquent principalement son statut de capitale de la nouvelle province de l'Alberta en 1905.

Edmonton aurait pu demeurer un paisible centre administratif et commercial si l'on n'avait pas trouvé de pétrole à **Leduc**, en 1947. D'autres découvertes suivirent, notamment celle de Redwater en 1948. La ville est aujourd'hui le centre de l'industrie pétrolière du Canada, la majorité des réserves d'hydrocarbures du pays se trouvant en Alberta, principalement dans la région d'Edmonton.

2

Place abrite les bureaux du gouvernement fédéral et le syndicat d'initiative de la ville.

★ Art Gallery of Alberta

2 Sir Winston Churchill Sq. - ℘ 780 422 6223 - www.youraga.ca - &. - mar.-dim. 11h-17h, merc. 11h-21h - fermé j. fériés - 12,50 $.

Fondé en 1924, ce musée d'art occupe depuis 2010 un édifice ultramoderne imaginé par l'architecte Randall, mêlant des fenêtres angulaires et un ruban sinueux d'acier de près de 200 m. Sur près de 3 000 m², il présente des expositions temporaires, puisées en partie dans la collection permanente de plus de 6 000 pièces retraçant le développement de l'expression artistique canadienne. Restaurant et boutique.

★ Muttart Conservatory

9626 96A St. - ℘ 780 442 5311 - www.edmonton.ca/muttart - &. - 10h-17h, jeu. 10h-21h, w.-end et vac. 11h-17h - fermé 25 déc. - 12 $.

Sous trois audacieuses pyramides de verre est reconstituée la végétation des zones désertique, tropicale et tempérée, tandis qu'une quatrième est réservée aux plantes ornementales. L'ensemble de ce conservatoire végétal regroupe près de 700 variétés de plantes.

Edmonton Queen – *℘ 780 424 2628 - www.edmontonqueen.com - 🅿 - dép. de déb. mai à mi-sept. : jeu.-sam. 12h et 15h, croisière-brunch dim. 13h, croisière familiale 15h30, croisière-dîner 19h30 - 1h AR - sur réserv. - à partir de 18 $.*

Amarré près de la berge non loin de la serre Muttart, ce vapeur à aubes propose à ses passagers une agréable **croisière** sur la Saskatchewan nord.

★ Legislature Building

Visitor Centre – 10800 97th Ave - ☏ 780 427 7362 - www.assembly.ab.ca - ♿ 🅿 - visite guidée uniquement (45mn) - de déb. mai à mi-oct.: 9h-12h ttes les heures, 12h30-16h ttes les 30mn; le reste de l'année: 9h-15h ttes les heures, w.-end 12h-16h ttes les heures - fermé 1er janv., Vend. saint et 25 déc.

Situé dans un joli cadre de jardins en bordure de la Saskatchewan nord, le Parlement est un majestueux édifice en grès ocre coiffé d'un élégant dôme à lanternon. Bâti en 1912, il occupe le site original de Fort Edmonton. L'entrée principale *(côté nord)* s'ouvre sur un impressionnant vestibule d'où un escalier

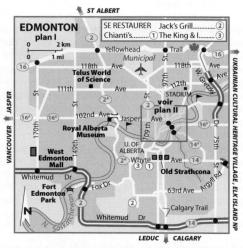

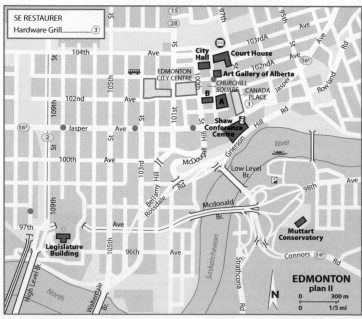

mène jusqu'à la **salle de l'Assemblée**. Au cinquième niveau, dans la galerie circulaire qui surplombe le vestibule, une intéressante exposition raconte l'histoire de la province.

HORS DU CENTRE-VILLE Plan I

Old Strathcona

En traversant la rivière depuis le centre-ville, on découvre de magnifiques bâtiments restaurés sur Whyte Avenue (82nd) dans le quartier historique d'Old Strathcona. Des cafés, restaurants, pubs et près de 300 magasins occupent la dizaine de blocs qui le constituent *(voir « Nos adresses » p. 293)*.

★★ Fort Edmonton Park

À l'angle de Fox Dr. et Whitemud Dr. 7000 143 St. - ℘ 780 496 8787 - www.fort edmontonpark.ca - ⚇ 🅿 - de fin juin à fin août : 10h-18h ; sept. : w.-end 10h-16h ; de fin mai à fin juin : lun.-vend. 10h-16h, w.-end 10h-18h - visite guidée en wagon et en charrette, se renseigner - 17,25 $.

👥 Occupant la verte vallée de la Saskatchewan nord, ce parc est destiné à faire revivre les grandes étapes de la colonisation européenne d'Edmonton. Un train d'époque mène au comptoir de **Fort Edmonton** (1846), dont les édifices ont été reconstitués à l'intérieur d'une haute palissade. De la galerie extérieure de la Grande Maison (Big House), qui domine l'ensemble, l'intendant général, ou gouverneur, pouvait surveiller son domaine. Le fort abritait environ 130 personnes (employés, artisans, ouvriers, domestiques, etc.) dont les quartiers ont été soigneusement recréés. On visite également les bâtiments de commerce et les entrepôts, la forge, l'écurie et la cale, où sont construits les célèbres « bateaux d'York » – lourdes barques de bois dont on verra un exemple sur la rivière –, et, enfin, la chapelle méthodiste construite pour le révérend **Robert Rundle**, premier missionnaire en Alberta, qui demeura à Fort Edmonton de 1840 à 1848.

Dans le **prerailway village**, Jasper Avenue est reconstituée telle qu'elle se présentait en 1885, avant l'arrivée du chemin de fer. C'est une très large rue boueuse où passent des chariots, entre des trottoirs de bois le long desquels s'alignent de modestes bâtiments : des échoppes de commerçants, le bureau du cadastre, le poste de la Police montée et l'imprimerie du journal local.

KLONDIKE DAYS

Chaque année en juillet, Edmonton célèbre avec effusion l'époque des chercheurs d'or. Appelé à l'origine Capital City Exhibition, ce festival est aujourd'hui connu sous le nom de **Capital Ex**. Il attire aussi bien des artistes du coin que des acrobates chinois. Pendant dix jours, les habitants costumés à la mode des années 1890 et les visiteurs se joignent aux festivités, défilent, dansent, jouent au poker dans des casinos de fortune après avoir avalé un déjeuner de *flapjacks* (grosses crêpes). Les batées se pressent autour d'un ruisseau aurifère aménagé pour l'occasion tandis que, sur la rivière, d'invraisemblables radiots font la course. S'ajoutent des démonstrations de bûcherons, une course de cantines ambulantes, une foire gastronomique internationale, une foire artisanale, ainsi que des vaudevilles et des feux d'artifice. Le Fun Town Farm plaît tout particulièrement aux familles et aux enfants. Rien n'est plus facile que d'être atteint par la gaieté contagieuse qui règne dans Edmonton pendant dix jours !

Ⓖ *www.capitalex.ca.*

Seul bâtiment d'époque, le premier temple protestant d'Alberta, construit en 1873 par le pasteur **George McDougall** et qui, en 1976, se trouvait encore au centre-ville. La promenade dans le temps se poursuit par la **rue de 1905** qui présente Edmonton à une époque de grande expansion. Un tramway circule au milieu de la chaussée bordée de bâtiments du début du 20e s. comme une salle de jeux, une loge maçonnique, deux églises, une caserne de pompiers et un foyer municipal.

Un bond de quinze ans et de quelques mètres, voici la **rue de 1920** avec son golf miniature et une confiserie où déguster des glaces.

West Edmonton Mall

De 170th St. à 178th St. et de 87th Ave à 90th Ave - ♪ 780 444 5321 - www.wem.ca - ♿
P - 10h-21h, dim. 11h-18h; horaires et tarifs variables pour le parc aquatique et les autres attractions.

👤👤 Avec une surface dépassant 483 000 m², ce gigantesque centre commercial et de loisirs à la façade animée d'un dragon cracheur de feu est le plus grand du monde. Il dispose d'un parc d'attractions, d'une patinoire de bonne taille, d'un parc aquatique, de cinémas et de théâtres, d'un casino, de deux hôtels, de plus de 800 magasins et d'une centaine de restaurants. L'immense Playdium Edmonton accueille un centre de loisirs high-tech comprenant 150 attractions virtuelles et interactives pour enfants et adultes.

★★ Royal Alberta Museum

12845 102nd Ave - ♪ 780 453 9100 - www.royalalbertamuseum.ca - ♿ - 9h-17h - fermé 24-25 déc. - 11 $.

👤👤 Ce musée d'ethnologie et d'histoire naturelle de l'Ouest du Canada occupe en bordure de la rivière un joli **site** voisin de l'ancienne résidence du lieutenant-gouverneur. Deux sections sont réservées à des expositions internationales et des présentations temporaires.

Le niveau principal accueille la **galerie Habitat**, qui propose des **dioramas** sur les animaux de l'Alberta observés dans leur cadre naturel, donnant ainsi un aperçu des principaux paysages morphologiques de la province.

À l'étage, la section amérindienne avec la **galerie de la Culture aborigène** offre une excellente introduction à la civilisation et au mode de vie des Amérindiens des Plaines. Sont exposés de remarquables objets brodés de perles, des pièges, des pointes de flèche et autres ustensiles qui appartiennent à la riche collection du musée. Les visiteurs peuvent entrer dans un tipi ou voir une chasse au bison reconstituée dans une plaine battue par les vents. Également à l'étage, la **section d'Histoire naturelle** est très appréciée des enfants pour la Bug Room, salle remplie d'animaux vivants, ainsi que la Bird Gallery, une remarquable collection d'oiseaux empaillés du pays. La section géologique Reading the Rocks et l'exposition de pierres précieuses et de minéraux Treasures of the Earth complètent la collection de fossiles, qui comprend notamment des squelettes de dinosaures et de mammifères.

★ Telus World of Science Edmonton

11211 142nd St. - ♪ 780 451 3344 - www.telusworldofscienceedmonton.com - ♿ P - de fin juin à fin août : 10h-22h ; le reste de l'année et observatoire : se renseigner - 17 $.

👤👤 Sa structure d'acier blanc en forme de soucoupe volante confère au bâtiment une allure très futuriste. Outre sa salle de projection Imax (écran géant) et son planétarium, ce centre d'animation scientifique offre diverses expositions. Les visiteurs gravissent l'escalier de la galerie nord, où une section de science médico-légale permet de suivre des interrogatoires de police, de prélever des

Fort Edmonton Park.
S. Saks / age fotostock

empreintes digitales et même de résoudre un crime. Les enfants pourront construire des bâtiments en brique molle et percer les secrets d'une station hydraulique dans la section Discovery Zone. La galerie de l'Univers traite des planètes, des météorites et de l'exploration spatiale. Des démonstrations interactives sur le pétillement des boissons gazeuses, la cryogénie et autres sujets aident à appréhender le monde scientifique. D'autres galeries se consacrent à l'environnement et à la santé. Installé dans un bâtiment annexe, l'**observatoire** fournit l'occasion de contempler de près étoiles et planètes.

À proximité Carte de région p. 254

Saint Albert A1
À 19 km au nord par la route 2.
Chapelle – *St Vital Ave - contacter Father Lacombe Chapel Provincial Historical Site - ℘ 780 459 7663 - www.history.alberta.ca/fatherlacombe - &. ▣ - de mi-mai à fin août : 10h-18h.* En 1861, le père oblat **Albert Lacombe** (1827-1916) fondait une mission catholique sur les rives de la Sturgeon. De cette époque subsiste la modeste **chapelle** de bois qu'il avait fait construire et que l'on considère désormais comme le plus ancien bâtiment de la province.
La crypte de l'église moderne (1922) abrite les tombeaux du père Lacombe et de Mgr **Vital Grandin** (1829-1902), dont on peut visiter la résidence.

★ Elk Island National Park A1
À 35 km à l'est par la route 16.
🛈 *Site 4 - Fort Saskatchewan - ℘ 780 922 5790 - www.pc.gc.ca - &. - parc ouvert tte l'année - centre d'accueil mai-sept. : 8h-12h, 12h30-16h - 7,80 $ - randonnée, canoë, ski de fond, golf, camping.*
Le parc national Elk Island est l'un des plus petits du Canada (194 km²), mais il abrite une faune étonnamment variée : bisons, élans, orignaux, castors et coyotes, mais aussi musaraignes pygmées et bien d'autres. Le lac Tawayik

regorge de gibier d'eau. Le rarissime cygne trompette fréquente de temps à autre le lac Astotin, autre plan d'eau au nord du parc. Une centaine de kilomètres de sentiers de nature sont aménagés à travers de paisibles paysages de marais, de forêts de trembles et d'étendues herbeuses. Avec un peu de chance, peut-être pourrez-vous aussi observer l'étrange phénomène de l'aurore boréale.

★ Ukrainian Cultural Heritage Village A1

À 50 km à l'est d'Edmonton par la route 16. Contact : 8820 112 St. NX, Edmonton - ✆ 780 662 3640 - www.history.alberta.ca/ukrainianvillage - ♿ 🅿 - de mi-mai à déb. sept. : 10h-17h - 9 $.

Comptant une trentaine de bâtiments reconstitués, ce village évoque la colonisation ukrainienne en Alberta depuis les années 1890 et la vie de ces colons avant 1930. Des guides costumés expliquent le développement des habitations, depuis les abris creusés dans le sol et recouverts de mottes de terre jusqu'aux maisons plus importantes, plâtrées de boue et blanchies à la chaux. On pourra également visiter une communauté rurale et une ville ukrainienne d'antan avec son silo élévateur, sa gare, son poste de police, son église à dôme et ses magasins. Des animations contribuent à faire renaître l'atmosphère ukrainienne : une foire agricole avec compétition de chevaux de trait, une journée ukrainienne où les visiteurs goûtent la cuisine traditionnelle et assistent à des danses folkloriques, une fête de l'automne où ils sont invités à participer aux moissons et à préparer le *sauerkraut* (choucroute) ; d'autres manifestations se déroulent toute l'année. Promenades en charrette à cheval.

😊 NOS ADRESSES À EDMONTON

Plans de ville p. 288

RESTAURATION

POUR SE FAIRE PLAISIR

Hardware Grill – Plan II - 9698 Jasper Ave - ✆ 780 423 0969 - www.hardwaregrill.com. Situé dans le centre-ville d'Edmonton, dans un ancien magasin de matériel informatique du quartier historique Goodridge Block, ce vaste établissement est réputé pour sa cuisine canadienne régionale strictement de saison.

Jack's Grill – Plan I - 5842 111th St. - ✆ 780 434 1113 - www.jacksgrill.ca. Prestigieuse adresse en dépit de son invraisemblable emplacement dans Lendrum au sud d'Edmonton, l'établissement respire le luxe : planchers de chêne, murs ocre, éclairage subtil, salle intime aux tables bien espacées. Les habitués comme les nouveaux venus, accueillis par un personnel courtois, sont attirés par la carte moderne de bistro. Le menu change régulièrement.

À Old Strathcona
♿ http://oldstrathcona.ca.

PREMIER PRIX
Chianti's – Plan I - 10501 82ⁿᵈ Ave - ☏ 780 439 9829 - www.chianticafe.ca. Pour déjeuner italien dans l'ancien bureau de poste.

BUDGET MOYEN
The King & I – Plan I - 8208 107ᵗʰ St. - ☏ 780 433 2222 - www.thekingandi.ca - fermé dim. midi. Excellente cuisine thaïe.

BOIRE UN VERRE

À Old Strathcona
O'Byrnes Irish Pub – 10616 82ⁿᵈ Ave - ☏ 780 414 6766 - www.obyrnes.com. Un endroit agréable pour boire une bière ou un whisky irlandais.

Blues on Whyte – 10329 82ⁿᵈ Ave - ☏ 780 439 3981 - www.bluesonwhyte.ca. Pour écouter du blues tous les soirs.

ACHATS

À Old Strathcona
Fort Door – 10308 81ˢᵗ Ave. Vous y trouverez de l'artisanat canadien et indigène.

The Ten Thousand Villages – 10432 82ⁿᵈ St - www.tenthousand villages.ca. Produits similaires à ceux du Fort Door.

Farmers Market – 10310 83ʳᵈ Ave - www.osfm.ca - 🅿 - sam. 8h-15h. Le **marché fermier** propose des produits régionaux et de l'artisanat local.

ACTIVITÉS

EvelineCharles Salon and Spa – Centre commercial West Edmonton Mall, 2ᵉ niveau près de la patinoire - ☏ 780 424 5666 - www.evelinecharles. com - 9h-21h, dim. 10h-17h - réserv. conseillée. Pour les promeneurs épuisés par l'atmosphère du centre commercial, ce spacieux salon est très attractif. Il dispense une multitude de soins : massage du dos et de la nuque, hydrothérapie vivifiante, bain à remous…

AGENDA

Fringe Theatre Adventures – www.fringetheatreadventures.ca. Août. L'un des plus importants festivals de théâtre alternatif du Canada qui se déroule au Fringe Theatre et au Walterdale.

2

Battleford

Saskatchewan

🛈 **S'INFORMER**

Office de tourisme – *502-1101-101 Street, North Battleford - ℘ 306 445 2000 ou 1 800 243 0394 - www.battlefordstourism.com - lun.-vend. 8h30-17h.*

◗ **SE REPÉRER**

Carte de région B1 (p. 254). Les Battleford se situent sur la Yellowhead Highway (route 16), à 153 km au nord-ouest de Saskatoon.

⊚ **À NE PAS MANQUER**

Renseignez-vous sur place, les Battleford proposent d'autres attractions touristiques intéressantes à proximité du fort.

🕓 **ORGANISER SON TEMPS**

Il faut compter 2 à 3h de visite pour le fort, surtout avec des enfants.

👥 **AVEC LES ENFANTS**

Fort Battleford National Historic Site, où les enfants peuvent se costumer et participer aux manœuvres des policiers.

Dans un cadre vallonné, les villes jumelles de Battleford et North Battleford s'observent de part et d'autre de la rivière Saskatchewan nord. Simple fort à la fin du 19e s., Battleford joua un rôle capital pour un temps limité dans les Territoires du Nord-Ouest avant d'être supplantée par la ville de North Battleford, qui se développa rapidement sur le plateau situé en face.

Découvrir

★ **Fort Battleford National Historic Site**

Central Ave, Battleford - ℘ 306 937 2621 - www.pc.gc.ca - & - de mi-mai à déb. sept. : 10h-16h - 3,90 $.

👥 Désaffecté depuis 1924, aujourd'hui restauré et classé site historique national, le fort de la Police montée a conservé plusieurs bâtiments intéressants. La **résidence du commandant**, à l'allure bourgeoise, les **quartiers des officiers**, les écuries et la salle de police évoquent particulièrement bien la vie des policiers du fort dans les années 1880. Hors de l'enceinte, un **centre d'interprétation** donne un fascinant aperçu de la rébellion du Nord-Ouest (1885) durant laquelle le fort joua le rôle clé de QG régional pour la police et de refuge pour les 500 colons des alentours. Les enfants sont invités à revêtir l'uniforme et à prendre part à des manœuvres.

UN PEU D'HISTOIRE…

Les négociants de fourrure établirent des postes sur le côté sud de la rivière de la Battleford dès le 18ᵉ s., mais les premiers colons n'arrivèrent pas avant 1874. La Compagnie de la baie d'Hudson et la Police montée fondèrent chacune, en 1876, un fort au confluent de la Saskatchewan nord et de la Battle, sur la future ligne de chemin de fer alors à peine entreprise. L'année suivante, Battleford devenait capitale des Territoires du Nord-Ouest et espérait un brillant avenir… jusqu'à ce que Regina ne lui soit préférée *(voir p. 303)* en 1883. La ville stagna puis fut mise à sac par les Crees durant la rébellion du Nord-Ouest. En 1903, quand arriva enfin le chemin de fer Canadian Northern, la compagnie préféra éviter Battleford et créer autour de la gare sa propre ville, North Battleford, dans un joli **site**★ qui domine la rivière, large, encombrée de bancs de sable. À la fois desservie par la route Yellowhead et par le train, la nouvelle localité s'impose comme une ville-relais non négligeable.

Galerie Allen Sapp

1 Railway Ave E, North Battleford - ☎ *306 445 1760 - www.allensapp.com.*

Puissantes et emplies de sensibilité, les peintures de l'artiste cree Allen Sapp exposées dans un grand bâtiment à la sortie de la route 16 *(route de Yellowhead)* reproduisent les paysages des plaines du Nord. Descendant du chef Poundmaker, Allen Sapp est né en 1928 dans une réserve au sud de la ville. Doué dès l'enfance pour le dessin, il a été encouragé par sa grand-mère. Ses toiles dressent un panorama vivant des traditions et de la rude vie du peuple cree. Les reproductions de ses œuvres, dont certaines à tirage limité, sont en vente à la boutique, de même que des ouvrages sur l'artiste, des bijoux indiens en perles, des sculptures et des objets artisanaux.

2

★ Western Development Museum

Au croisement des routes 16 et 40, North Battleford - ☎ *306 445 8033 - www.wdm.ca -* ♿ *- mai-sept. : 9h-17h - 9 $.*

Cette section du Western Development Museum – il en existe trois autres : à Moose Jaw *(voir p. 310)*, Saskatoon *(voir p. 300)* et Yorkton *(voir p. 308)* –, essentiellement consacrée à l'agriculture, possède une importante collection de matériel agricole et d'objets domestiques utilisés dans les fermes des années 1920.

À l'extérieur sont reconstitués une ferme et un village (1925) avec son silo élévateur aux abords de l'inévitable gare et, perpendiculaires à la voie ferrée, ses maisons, boutiques, poste de police et ateliers d'artisans reliés par des trottoirs de bois. Remarquez particulièrement l'église orthodoxe ukrainienne avec son dôme à bulbe et la datcha d'un des premiers immigrants ukrainiens, décorée à l'intérieur d'objets artisanaux et domestiques.

Prince Albert National Park

Saskatchewan

S'INFORMER

Visitor Center – *969 Lakeview Dr., Waskesiu Lake -* 𝄞 *306 663 4522 - www.pc.gc.ca -* & *- de fin mai à déb. sept. : 8h-20h ; le reste de l'année : horaires variables.*

Chambre de commerce – *Waskesiu Lake -* 𝄞 *306 663 5410 - www.waskesiu. org.* Informations sur l'hébergement et les commerces.

SE REPÉRER

Carte de région B1 (p. 254). Le parc se situe au centre de la Saskatchewan, à 90 km au nord de Prince Albert par les routes 2 et 264 et à environ 230 km au nord de Saskatoon.

SE GARER

Le parc a son propre parking.

À NE PAS MANQUER

Louez une bicyclette dans le parc ou faites un tour de bateau. Et pourquoi pas les deux !

ORGANISER SON TEMPS

Si vous voulez vraiment profiter du parc, il est préférable de dormir sur place.

Parsemé de marais, de grands lacs et de cours d'eau, ce vaste parc vallonné a été modelé par la dernière glaciation. Il doit son caractère unique à sa position géographique à mi-chemin entre le sud et le nord du Canada. Bel exemple des plaines boréales sud, il accueille dans ses forêts de trembles (au sud) et dans la Prairie, limitée à une étroite bande le long de la rivière Sturgeon, le bison, le coyote, le blaireau et le spermophile. La forêt boréale (au nord) abrite le loup, l'orignal, le wapiti, l'ours noir, le castor, le renard roux, le vison, le caribou, et la région du lac Lavallée, à l'extrême nord du parc, la seconde colonie de pélicans blancs d'Amérique du Nord.

Découvrir

Parc ouvert tte l'année - 7,80 $/j. - randonnée, canoë, baignade, bicyclette, golf, tennis, sports d'hiver, camping.

Le village de Waskesiu Lake, au sein du parc, regroupe les bureaux administratifs et le centre des visiteurs *(voir « S'informer » ci-dessus)*, qui propose une introduction à la visite ainsi que des renseignements sur les randonnées et les excursions nautiques.

Le parc offre en outre de nombreux parcours de canoë et sentiers de randonnée. L'une des excursions favorites conduit à la cabane et à la tombe de Grey Owl au bord du lac Ajawaan (🥾 *20 km*).

Hutte de castor dans le Prince Albert National Park.
D. Reede / age fotostock

Promenades en bateau

Waskesiu Marina Adventure Centre – ✆ *306 663 1999 (été) ou 306 763 1278 (hiver) - www.waskesiumarina.com.*

Des promenades en bateau à aubes sont organisées sur le lac, que l'on peut aussi admirer à loisir depuis les deux routes qui longent ses berges. La marina principale propose la location de bateaux, de canoës et de barques.

2

GREY OWL

Fervent défenseur de l'environnement, ce curieux personnage, qui se disait de sang apache, portait des cheveux longs et des vêtements en peau de chevreuil. Orateur talentueux, il fit campagne pour la protection de la faune et des espèces menacées d'extinction, le castor en particulier. Ses tournées de conférences le menèrent à travers l'Amérique du Nord et l'Europe, jusque devant le roi George VI en 1937. Il tenta de rétablir des colonies de castors et travailla, en qualité de naturaliste, pour deux parcs nationaux – Riding Mountain et Prince Albert –, accompagné de ses castors favoris Rawhide et Jelly Roll. Auteur passionné, il écrivit plusieurs ouvrages dont *Récits de la cabane abandonnée*, *Ambassadeur des bêtes*, *Un homme et des bêtes* et *Sajo et ses castors*. À sa mort en 1938, le public découvrit que Grey Owl était en vérité un Anglais nommé **Archibald Stansfeld Belaney**, né en 1888, qui avait pris le nom amérindien de Wa-sha-Quon-Asin (hibou gris) vers 1920. Malgré cette imposture, il demeure l'un des meilleurs chantres de la nature et figure au rang des précurseurs de l'écologie. Un film tourné en 1999, intitulé *Grey Owl*, dirigé par Richard Attenborough et dont le rôle-titre est tenu par Pierce Brosnan, lui rend hommage.

Saskatoon

219 469 habitants – Saskatchewan

😊 NOS ADRESSES PAGE 302

🔢 **S'INFORMER**
Tourism Office – *101 202 Fourth Ave N* - ℘ *306 242 1206 ou 1 800 567 2444* -
www.tourismsaskatoon.com.

▶ **SE REPÉRER**
Carte de région B2 (p. 254) - plan de ville (ci-contre). Saskatoon occupe
une position centrale dans la partie sud de la Saskatchewan, à 259 km au
nord-ouest de Regina.

🅿 **SE GARER**
Parkings payants *(sf dim.).* Le temps de stationnement autorisé varie de
30mn à 3h.

😊 **À NE PAS MANQUER**
Le Wanuskewin Heritage Park offre un aperçu fascinant de l'habitat humain
dans la région 6 000 ans plus tôt.

🕐 **ORGANISER SON TEMPS**
Si vous continuez en direction de Prince Albert sur la route 11, le site métis
de Batoche est sur votre chemin.

👫 **AVEC LES ENFANTS**
Nombreuses activités à Boomtown au Western Development Museum.

**Bâtie sur les rives de la Saskatchewan sud, la ville occupe un site agréable
mis en valeur par de larges rues bordées d'arbres et de jardins. Saskatoon
est le centre d'une riche région agricole et minière (potasse), dominée
par le mont Blackstrap (91 m), butte artificielle édifiée à 40 km au sud
de la ville pour les amateurs de ski. Saskatoon fut fondée en 1883 par
des méthodistes adeptes d'une société de tempérance qui fuyaient
les tentations d'un Ontario « perverti ». Un de leurs chefs, John Lake,
baptisa la ville du nom de la baie d'amélanchier (« saskatoon » en langue
indienne), abondante dans la région.**

UNE VILLE PIONNIÈRE

L'arrivée du chemin de fer en 1908 provoqua un afflux de nouveaux
immigrants allemands, scandinaves, ukrainiens et anglais, qui mit fin
aux vertueux idéaux des premiers occupants. Chaque année, lors des
Pioneer Days, au mois de juillet, la ville célèbre le temps des sobres colons.
Saskatoon est devenue une ville dynamique. Son université possède l'un
des plus puissants synchrotrons du monde, baptisé Canadian Light Source.
Cet exceptionnel outil participe, depuis sa mise en service en 2004, à la
recherche de solutions aux problèmes de santé et d'environnement de
la planète.

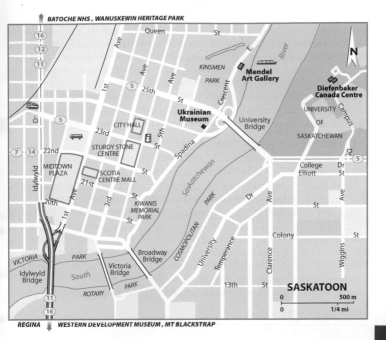

BATOCHE NHS , WANUSKEWIN HERITAGE PARK

REGINA   WESTERN DEVELOPMENT MUSEUM , MT BLACKSTRAP

Découvrir Plan de ville ci-dessus

LE CENTRE-VILLE

★ Mendel Art Gallery

950 Spadina Crescent E - ℘ 306 975 7610 - www.mendel.ca - ♿ ▣ - 9h-21h - fermé 25 déc. - gratuit.

Ce musée se dresse au bord de la rivière, face au campus de l'université. Il expose des objets d'art réunis en partie par **Fred Mendel**, un prospère industriel d'origine germanique qui dépensa une bonne partie de son temps et de son argent pour développer la galerie.

La collection permanente comprend des œuvres canadiennes (groupe des Sept, Emily Carr, David Milne) et européennes (Feininger, Chagall, Utrillo, Pissarro). Le musée accorde également une place importante aux expositions temporaires. Une petite serre de plantes et de fleurs exotiques occupe un côté du bâtiment.

Ukrainian Museum

910 Spadina Crescent E - ℘ 306 244 3800 - www.tourismsaskatoon.com ou www.umc.sk.ca - ♿ - mar.-sam. 10h-17h, dim. et j. fériés 13h-17h - fermé vac. canadiennes et ukrainiennes - 5 $.

Le musée présente une exposition de beaux costumes traditionnels, de tapisseries et de tissages, d'outils de pionniers, d'instruments de musique, d'objets marquetés et de divers produits de l'artisanat ukrainien. Remarquez les mannequins entièrement costumés et coiffés. L'art du *pysanki* n'est pas oublié, à travers une explication détaillée de la décoration complexe des œufs de Pâques crus ou durs, en bois ou en plastique.

Boutique – Ceux qui désirent apprendre l'art des *pysanki* et, peut-être, créer leurs propres œuvres, pourront s'y procurer le matériel nécessaire. Elle déborde en outre de souvenirs et d'informations : ouvrages sur la décoration de tous les œufs, même d'autruche, livres de cuisine traditionnelle, ouvrages sur les coutumes ukrainiennes, dictionnaires, méthodes linguistiques ; vidéos sur les mariages, chants et danses, anciennes traditions et documentaires de voyage ; céramiques et broderies, papeterie et gravures, vêtements et accessoires, disques, poupées et jouets, ainsi qu'un grand choix d'œufs de Pâques.

★ Diefenbaker Canada Centre

Sur le campus de l'université de la Saskatchewan (accès par la route 5). 101 Diefenbaker Pl. - 🕿 *306 966 8384 - www.usask.ca/diefenbaker -* ♿ 🅿.
Célèbre homme politique canadien né en Ontario, mais venu très jeune en Saskatchewan, **John Diefenbaker** (1895-1979) fut chef du Parti conservateur de 1956 à 1967 et Premier ministre fédéral de 1957 à 1963 (le treizième). Cet avocat de formation, défenseur des petites gens, légua à l'université de la Saskatchewan (où il fit ses études) ses collections, sa bibliothèque et ses documents personnels, réunis ici. Outre les photos, caricatures et souvenirs divers qui retracent sa carrière et forment un véritable sanctuaire de l'homme politique, vous pourrez voir une réplique grandeur nature du bureau du Premier ministre et de la Chambre du Conseil ministériel du temps où Diefenbaker était en fonction.

HORS DU CENTRE-VILLE

★★ Western Development Museum

À 8 km au sud du centre-ville par la route 11/16. Prairieland Exhibition Grounds - 2610 Lorne Ave - 🕿 *306 931 1910 - www.wdm.ca -* ♿ *- 9h-17h - fermé certains j. fériés - 9 $ -* 🅿.
👥 Reproduction fidèle d'une ville-champignon comme il en existait des dizaines dans les Prairies vers 1910, **Boomtown** est la grande attraction de cette section du Western Development Museum – il en existe trois autres : à Moose Jaw *(voir p. 310)*, North Battleford *(voir p. 295)* et Yorkton *(voir p. 308)*. Tout est minutieusement reconstitué (banque, garage, boutiques, blanchisserie chinoise, école, salle de billard, cinéma, hôtel, gare), à l'exception de l'église, seul bâtiment d'origine. Des véhicules d'époque, motorisés ou tirés par des chevaux, attendent le long des trottoirs. Des bâtiments séparés abritent une belle collection d'automobiles et de machines agricoles, dont des tracteurs à vapeur. Les visiteurs peuvent se faire photographier en costumes anciens au Boomtown Studio avant de se restaurer au Boomtown Cafe à l'aspect victorien : à ne pas manquer !

★★ Wanuskewin Heritage Park

À 5 km au nord du centre-ville par la route 11. 4 Penner Rd - 🕿 *306 931 6767 - www.wanuskewin.com -* ♿ 🅿 *- mai-sept. : 9h-16h30 - 8,50 $.*
Consacré à la culture des tribus amérindiennes des Plaines, ce parc de 120 ha englobe plusieurs sites archéologiques en bordure de la Saskatchewan sud, notamment un **précipice à bisons** ainsi qu'une rare **roue de médecine**, mystérieux groupe de pierres disposées en cercle. *Wanuskewin* est un terme cree signifiant « en quête de sérénité ». Pendant plus de 6 000 ans, les tribus autochtones nomades fréquentèrent ces lieux et y chassèrent, jusqu'à ce qu'elles soient confinées dans des réserves vers 1870.
Un remarquable **centre d'accueil** établit un exposé de la culture indigène et permet d'observer fouilles et travaux en laboratoire. Le spectacle de la

LA RÉBELLION DU NORD-OUEST

La rébellion des métis *(voir p. 258)*, menée par Louis Riel en 1870 dans la vallée de la rivière Rouge, entraîna la mise à disposition de 567 000 ha de terres pour la colonisation métisse. Privés de leur chef exilé aux États-Unis, les métis devinrent la proie des spéculateurs qui rachetaient leurs terres bien en dessous de leur valeur. Nombre d'entre eux partirent alors pour le Nord-Ouest jusqu'à la vallée de la Saskatchewan sud pour reprendre leur vie traditionnelle. Mais le progrès les poursuivait ; trop chassé, le bison disparaissait, et avec le chemin de fer arrivaient de nouveaux colons et des arpenteurs. Les métis constatèrent une fois encore qu'ils n'avaient aucun droit sur la terre qu'ils exploitaient et que le gouvernement du Dominion persistait à ignorer leurs revendications. En 1884, se sentant menacés, ils demandèrent à Riel de quitter son refuge aux États-Unis et de reprendre leur cause en main. Ce dernier instaura à Batoche un gouvernement provisoire et s'allia à la tribu des Crees. Malheureusement, l'affrontement de **Duck Lake** entre métis et Police, où plusieurs policiers périrent, provoqua la fureur du gouvernement canadien. Des troupes furent immédiatement dépêchées à Batoche sous le commandement du général **Frederick Middleton**. À leur arrivée, elles se trouvèrent devant un véritable camp retranché. Le combat dura quatre jours, du 9 au 12 mai 1885. À court de munitions, les métis durent céder. Riel se rendit quelques jours plus tard et fut jugé puis condamné à mort à Regina *(voir l'encadré p. 306)*. **Gabriel Dumont**, le chef des troupes métisses, réussit à s'enfuir aux États-Unis ; plus tard, amnistié, il revint à Batoche, où il finit ses jours. Mais la lutte n'avait pas été vaine : les métis obtinrent la terre qu'ils attendaient depuis tant d'années.

2

troupe de danse de Wanuskewin est toujours un grand moment ; la troupe est composée de danseurs à la fois contemporains et traditionnels, titulaires de nombreux prix. Le mouvement des costumes colorés, les pas variés, la musique et les instruments traditionnels resteront longtemps gravés dans la mémoire des spectateurs.

Excursion Carte de région p. 254

★★ Batoche National Historic Site B1

À 88 km au nord-est de Saskatoon par la route 11 jusqu'à Rosthern, puis par les routes 312 Est et 225 Nord. ☏ 306 423 6227 - www.pc.gc.ca - ♿ - de mi-mai à fin juin : lun.-vend. 9h-17h ; juil.-août : tlj 9h-17h ; de déb. sept. à mi-oct. jeu.-sam. 9h-17h - 7,80 $.

Ce site sauvage et tranquille sur les rives de la Saskatchewan sud fut le théâtre de la dernière bataille des métis en 1885, dont il conserve quelques rares vestiges parmi les prés et les bosquets. Sur une falaise dominant la rivière, on peut voir le petit cimetière métis et la tombe de Gabriel Dumont. L'**église**, dédiée à saint Antoine de Padoue, et le **presbytère**, marqué de quelques impacts de balles, ont été restaurés et abritent des objets évoquant la tragédie. Le **centre d'accueil** offre une émouvante présentation audiovisuelle de la rébellion et une exposition sur l'histoire et la culture des métis.

Le retour vers Saskatoon pourra s'effectuer par le bac à câbles *St-Laurent (à 10 km au nord de Batoche)*, et par le petit village de Duck Lake sur la route 11, où commença la rébellion du Nord-Ouest.

😊 NOS ADRESSES À SASKATOON

VISITE

Promenade en bateau
Saskatoon Princess –
Dép. de Riverside Park
(embarcadère situé derrière
la galerie Mendel) - Shearwater
Properties Ltd. - ✆ 306 955
5459 ou 1 888 747 7572 -
www.shearwatertours.com -
♿ *- mai-sept.: tlj 16h, 18h30;*
sam. 14h, 16h, 18h30; dim. 12h,
14h, 16h, 18h30 - 1h AR - 20 $ -
réserv. recommandée. Cette courte
croisière sur la Saskatchewan sud
est une façon à la fois originale et
agréable de découvrir la ville.

RESTAURATION

😊 **Bon à savoir** – Il est possible
de goûter les plats amérindiens
au **restaurant de Wanuskewin**
Heritage Park qui donne sur le
parc. Les gourmets essaieront la
charcuterie ou le steak grillé de
bison, ainsi que le *bannock* (pain
traditionnel) et différentes soupes
maison. La cuisine est concoctée à
partir des produits locaux.

ACHATS

Boutique du parc Wanuskewin –
✆ *306 931 6767.* La boutique
propose de splendides objets
d'artisanat et des vêtements,
dont la plupart proviennent des
environs : sacs en peau de caribou
et mocassins crees, poupées
dakota en tunique de cuir de
cerf brodée de perles, bourses
en porc-épic, bijoux de perles
et de métal, sculptures sur bois,
paniers et couvertures tissés
côtoient gravures, livres, disques
et cassettes.

Regina

178 809 habitants – Saskatchewan

🛈 S'INFORMER

Regina Regional Opportunities Commission – ☏ *306 789 5099 ou
1 800 661 5099 - www.tourismregina.com.*

◯ SE REPÉRER

Carte de région B2 (p. 254) - plan de ville (p. 305). Regina est située au
sud-est de la province de la Saskatchewan, sur la Transcanadienne.

🅿 SE GARER

Les parcmètres fonctionnent jusqu'à 18h en semaine (attention, ils sont
sévèrement contrôlés) ; le samedi, le stationnement est gratuit pendant
2h et toute la journée le dimanche.

☺ À NE PAS MANQUER

Le Wascana Centre, vaste parc urbain avec musées, galeries, attractions,
aires de détente…

◷ ORGANISER SON TEMPS

Regina peut vous servir de point de départ pour visiter Moose Jaw
(voir p. 309), qui se trouve à seulement 45mn de voiture.

👥 AVEC LES ENFANTS

Le Saskatchewan Science Centre/Kramer Imax Theatre.

2

**La capitale de la Saskatchewan est située au sein d'une riche région
à blé d'une platitude exemplaire. Ses tours dominent les cultures des
champs alentour. À la fois desservi par la Transcanadienne et le Canadian
Pacific Railway, cet important centre agricole est le siège de l'une des plus
grandes coopératives du monde : la Saskatchewan Wheat Pool. Regina
fut en outre le théâtre d'événements historiques, dont le célèbre procès
du métis rebelle Louis Riel en 1885.**

Découvrir Plan de ville p. 305

CENTRE-VILLE

★★ Royal Saskatchewan Museum

*À l'angle de College Ave et Albert St. 2445 Albert St. - ☏ 306 787 2815 - www.royal
saskmuseum.ca - ♿ - 9h30-17h - fermé 25 déc. - donation (env. 6 $ suggérés).*
Ce long bâtiment en calcaire de Tyndall abrite un fabuleux musée d'histoire
naturelle du Canada. À l'étage supérieur, une fascinante **galerie des Sciences
de la vie** présente plusieurs dioramas remarquables sur la faune et les habitats
de la Saskatchewan. Volcans précambriens, ère paléozoïque, dinosaures du
Crétacé, mastodontes de la forêt tertiaire, mammouths de la période glaciaire
exposés dans la **galerie des Sciences de la Terre**… n'ont plus de secrets pour
qui visite ce musée. La **galerie des Premières Nations** expose la reconstitution
d'un campement d'hiver au tipi recouvert de peau de bison et raconte
l'histoire des peuples autochtones de la province à partir de beaux exemples
d'art et artisanat.

Un peu d'histoire…

UN TAS D'OSSEMENTS

Lorsque le tracé nord du Canadian Pacific fut abandonné pour un itinéraire méridional par le col Kicking Horse, on décida de transférer plus au sud la capitale des Territoires du Nord-Ouest, alors à Battleford. Le site choisi portait le nom de « Pile of Bones » (tas d'ossements), ou *Oskana* en amérindien cree. Chaque année, Amérindiens et métis y organisaient une chasse aux bisons pour renouveler leurs provisions de *pemmican* et de cuir, et rabattaient les animaux dans des enclos provisoires avant de les tuer. La pile de leurs ossements donna son nom à l'endroit et au ruisseau voisin, le Wascana. Le choix de ce site fut controversé, notamment parce que le lieutenant-gouverneur des Territoires du Nord-Ouest de l'époque, Edgar Dewdney, possédait des terres dans la région. En août 1882, l'arrivée du chemin de fer fut célébrée en grande pompe et la princesse Louise, épouse du gouverneur général du Canada et fille de la reine Victoria, baptisa la ville Regina (reine en latin) en l'honneur de sa mère.

LA REINE DES PRÉS

En 1882, la Police montée du Nord-Ouest s'installa à Regina mais devant les besoins grandissants du pays, ses quartiers généraux déménagèrent à Ottawa. Regina conserva néanmoins l'Académie de la Police montée. Lorsque la province de la Saskatchewan fut créée en 1905, Regina fut élue pour capitale. Sa croissance s'accéléra avec l'arrivée massive d'immigrants d'origines diverses. Au départ, la ville jouissait d'atouts naturels peu favorables dont les colons réussirent à triompher : ils construisirent par exemple un barrage sur le Wascana, créant ainsi un lac de retenue pour remédier à la pénurie d'eau dans cette région sèche, et parvinrent même, en le boisant soigneusement, à faire du site morne et désolé de Regina un endroit agréablement verdoyant (plus de 300 000 arbres).

Malgré un essor quelque peu fragile au cours du 20e s., la capitale de la Saskatchewan connaît un développement soutenu depuis la Seconde Guerre mondiale. Aujourd'hui, Regina est une ville prospère, riche par son agriculture mais aussi par ses ressources en gaz et en pétrole. D'imposants bâtiments ont été construits et, telle un mirage, Regina émerge d'un véritable océan de blé, sa grâce sereine lui valant à juste titre l'épithète de « reine de la Prairie ».

★ **Saskatchewan Legislative Building**

2405 Legislative Dr. - ☏ 306 787 5357 - www.legassembly.sk.ca - ♿ 🅿 - de fin mai à déb. sept. : visite guidée uniquement (30mn) 8h-21h ; le reste de l'année : 8h-12h, 13h-17h - gratuit - fermé 1er janv., Vend. saint et 25 déc.

Construit de 1908 à 1912, le majestueux bâtiment cruciforme du Parlement (le plus grand du Canada), coiffé du traditionnel dôme central, est entouré de jardins à la française en bordure du lac. Les murs intérieurs et extérieurs s'ornent de trente-quatre marbres différents, importés du monde entier, et de calcaire de Tyndall (Manitoba). On visite la Chambre de l'Assemblée parlementaire, la bibliothèque, la rotonde, et plusieurs galeries de portraits portant le nom des rivières de la province.

★ **Wascana Centre**

2900 Wascana Dr. - ☏ 306 522 3661 - www.wascana.sk.ca - horaires d'ouverture, se renseigner - pique-nique, baignade, canotage. Centre d'information dans le

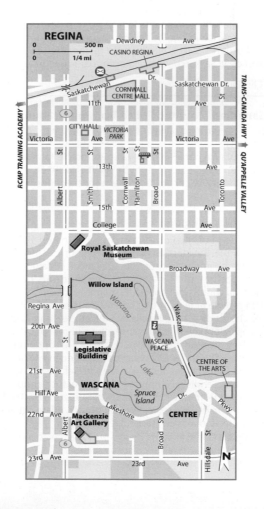

2

parc sur Waskana Pl. (accès par Broad St.). Bac : de fin mai à fin août : tlj sf w.-end 12h-21h - sur réserv. pour le soir et le w.-end.

Ce parc urbain de 930 ha, l'un des plus grands d'Amérique du Nord, fait la fierté de la ville. À l'ouest du lac artificiel Wascana se trouvent des jardins soigneusement dessinés et entretenus.

Un petit **bac** permet d'accéder à l'**île Willow**, aire de pique-nique agrémentée de tables et de barbecues. Le parc englobe plusieurs bâtiments publics (notamment le Parlement).

À l'est de Wascana Parkway, une réserve ornithologique accueille de nombreux oiseaux aquatiques, comme la fameuse **bernache du Canada**, qui niche dans les zones humides (marais, lacs…) et dont on admirera les ébats pendant les mois d'été.

★ Mackenzie Art Gallery

3475 Albert St. - ℰ 306 584 4250 - www.mackenzieartgallery.ca - &. ℙ - lun.-sam. 10h-17h30, dim. et vac. 12h-17h30 - fermé certains j. fériés.

Situé dans la partie ouest du T.C. Douglas Building, ce musée d'art se compose de sept salles essentiellement consacrées à des expositions temporaires ou itinérantes. La collection permanente, léguée par un avocat de Regina, Norman MacKenzie, comportait à l'origine de 374 œuvres. Elle comprend aujourd'hui plus de 3 000 œuvres d'art contemporain et canadien (notamment inuit, amérindien et de la Saskatchewan) exposées par roulement.

HORS DU CENTRE-VILLE

★ Royal Canadian Mounted Police Training Academy

À l'ouest du centre-ville par Dewdney Ave 5600 11th Ave - ℰ 306 780 5900 - www.rcmp-grc.gc.ca.

Largement popularisé par les films et la littérature, le fameux corps policier canadien créé en 1873 sous le nom de **Police montée du Nord-Ouest** (Northwest Mounted Police) possède ici son centre de formation. Rebaptisé

LE PROCÈS DE LOUIS RIEL

L'arrestation de Louis Riel et son procès à Regina en 1885 divisèrent l'opinion publique. Pour les Canadiens français qui le comptaient comme un des leurs (catholique et francophone, il avait fait ses études à Montréal), Riel était un patriote qui s'était battu pour les droits de son peuple. Les Ontariens au contraire, et surtout les orangistes *(voir p. 394)*, ne voyaient en lui qu'un rebelle et le meurtrier impuni de Thomas Scott *(voir p. 259)*. La défense choisit de plaider la folie de Riel, qui se disait inspiré de Dieu et se faisait appeler David. Mais l'accusé rejeta lui-même cet argument et revendiqua la responsabilité de ses actes : le jury le condamna à mort. Le Premier ministre, Sir John A. Macdonald, pouvait encore le gracier ; assailli de pétitions des partisans et des adversaires de Riel, il tenta de temporiser, mais la pression orangiste l'emporta et Louis Riel fut pendu au poste de police de Regina le 16 novembre 1885. Chaque été, **The Trial of Louis Riel**, la pièce écrite d'après les minutes du procès, relate cet épisode lors de représentations jouées au MacKenzie Art Gallery.

🎭 **MacKenzie Art Gallery** - *Voir ci-dessus - quelques représentations 2e quinz. juil. à 19h30 (1h45) - 15 $, billets sur place ou sur réserv. ℰ 306 728 5728.*

Parade des membres de l'Académie de la Police montée.
. Hicker / age fotostock

en 1920 **Gendarmerie royale du Canada**, il poursuit aujourd'hui son activité, faisant respecter la loi fédérale et, en dehors de l'Ontario et du Québec, faisant également fonction de police provinciale. Son **carrousel** est un spectacle renommé, dans la grande tradition de l'art équestre militaire, rehaussé par l'éclat du célèbre uniforme.

★ **Heritage Centre** – À l'entrée du RCMP Depot Division - 5907 Dewdney Ave - ℰ 306 522 7333 ou 1 866 567 7267 - www.rcmpheritagecentre.com - ⅙ 🅿 - de fin mai à déb. sept.: 9h-18h - le reste de l'année: 11h-17h, w.-end 12h-17h - fermé 24-27 déc., 1er janv. - 10 $. Il retrace le développement de la Gendarmerie royale des débuts jusqu'à nos jours. Il évoque à travers des expositions et des supports multimédia son rôle dans plusieurs épisodes marquants du passé canadien : le séjour de Sitting Bull en Saskatchewan, la rébellion du Nord-Ouest, la ruée vers l'or du Klondike et la fascinante épopée du St Roch.

RCMP Sergeant Major's Parade – ℰ 306 780 5900 - www.rcmp-grc.gc.ca/depot - lun., merc. et vend. 12h45. Elle se déroule au RCMP Depot Division, dans le Square de la parade devant la chapelle ou, à la fin de l'automne, durant l'hiver et en cas de mauvais temps, dans le Drill Hall.

RCMP Sunset Retreat Ceremony – Le 1er juil et les mar. suivants jusqu'à mi-août : 18h45. Au même endroit si le temps le permet. Les troupes portent les uniformes d'antan et font sonner le canon.

Saskatchewan Science Centre/Kramer Imax Theatre

Au nord du lac Wascana, accès par Wascana Dr. E et Broad St. ℰ 306 791 7900, 306 522 4629 ou 1 800 667 6300 - www.sasksciencecentre.com - lun.-vend. 9h-18h, w.-end 10h-18h, tarifs variables en fonction des activités : se renseigner.

👥 C'est véritablement un lieu de détente et de loisirs avec des stages, de la Gryo-Gym, un mur d'escalade et le Kramer Imax Theatre, qui montre des films exceptionnels sur écran géant.

Excursions Carte de région p. 254

★ VALLÉE DE LA QU'APPELLE B2

Creusée il y a quelque 12 000 ans par les eaux de fonte des glaciers, la verdoyante vallée de la Qu'Appelle s'étend du lac Diefenbaker jusqu'à la frontière Saskatchewan-Manitoba. Elle forme un vaste sillon vallonné aux rebords abrupts et au fond plat parsemé de lacs, contrastant profondément avec les vastes plaines des alentours. Dans ce couloir large de plus de 2 km et profond d'environ 120 m coule un petit cours d'eau qui doit son nom à l'écho que renvoie la vallée dans les méandres. Selon une légende amérindienne, un brave qui traversait l'un des lacs de la vallée en canoë entendit crier son nom. « Qui appelle ? » aurait-il lancé, mais seul l'écho lui répondit. De retour dans son village, il apprit que sa fiancée avait rendu l'âme en invoquant son nom.

★ Fishing Lakes B2
À 73 km à l'est de Regina. Prendre la Transcanadienne puis la route 10 (en direction du nord-est).
La meilleure façon de découvrir la vallée de la Qu'Appelle est de longer les lacs Fishing, qui se composent des lacs Pasqua, Echo, Mission et Katepwa.
★ **Echo Valley Provincial Park** – *℘ 306 332 3215 - www.saskparks.net/ EchoValley - parc : ouvert tte l'année - camping : fermé en hiver - centre d'accueil : de mi-mai à fin août : horaires variables - 7 $/j./voiture.* Vous y accéderez après un parcours particulièrement agréable, en suivant la route 56, qui longe la rive nord du lac Echo. C'est un endroit particulièrement agréable pour camper au bord de l'eau.

Yorkton B2
À 187 km au nord-est de Regina sur la route Yellowhead.
🛈 **Tourist Office** – *À la jonction des Hwys 9 et 16 - ℘ 306 783 8707 - www.tourismyorkton.com - lun.-vend. 8h-18h, w.-end 9h-17h.*
Cette ville-relais du sud de la Saskatchewan fut fondée vers 1882 par des colons originaires du comté d'York en Ontario. Elle fut ensuite assaillie par une vague d'immigrants de nationalités diverses, parmi lesquels de nombreux Ukrainiens. Aujourd'hui, parcs à bestiaux et production de matériel agricole font tourner son économie. Son architecture est marquée par une influence européenne tout comme sa cuisine et son artisanat.
★ **Western Development Museum** – *À l'ouest de la ville. Route 16 - ℘ 306 783 8361 - www.wdm.ca - ⭳ - de fin juin à mi-août : 9h-17h ; de déb. avr. à fin juin : lun.-vend. 9h-17h, w.-end 12h-17h - fermé certains j. fériés - 8,50 $.* Cette section du Western Development Museum – il en existe trois autres : à Moose Jaw *(voir p. 310)*, North Battleford *(voir p. 295)* et Saskatoon *(voir p. 300)* – est consacrée à l'histoire du peuplement de la Saskatchewan. Des expositions racontent la vie des peuples autochtones, des dioramas présentent les maisons des premiers colons ukrainiens, allemands, scandinaves, anglais et américains ; à l'extérieur sont exposées de vieilles machines agricoles, parmi lesquelles des locomobiles à vapeur et à essence.

Moose Jaw

★

35 629 habitants – Saskatchewan

 S'INFORMER

Tourism Moose Jaw – *450 Diefenbaker Dr. - ☎ 306 693 8097 ou 1 866 693 8097 - www.tourismmoosejaw.ca.*
Trolley Tour – *Moose Jaw Trolley Co. - 450 Diefenbaker Dr. - ☎ 306 693 8537 - juil.-août : 13h, 14h, 15h30 (juil.-août : dép suppl. 21h45 et 23h) ; mai-juin : horaires variables à consulter - 12 $.* En saison, n'hésitez pas à suivre une visite guidée de la ville à bord d'une réplique d'un tramway de 1911.

SE REPÉRER

Carte de région B2 (p. 254). Moose Jaw est située dans le sud de la province de la Saskatchewan, à 71 km à l'ouest de Regina par la Transcanadienne.

SE GARER

Les parkings sont payants.

À NE PAS MANQUER

Venez de préférence en mai au moment du Kinsmen International Band and Choral Festival.

ORGANISER SON TEMPS

Comptez une journée et demie, voire deux, pour profiter de la ville.

AVEC LES ENFANTS

Les tunnels de Main Street et le Burrowing Owl Interpretive Centre.

La ville doit apparemment son nom au coude en forme de mâchoire d'orignal que la rivière dessine à cet endroit, mais il est plus probable qu'il provienne du mot cree *mossegaw*, qui signifie « vents chauds ». Au cœur d'une plate région à blé, Moose Jaw est un nœud ferroviaire important ainsi qu'un centre industriel. Elle accueille une école de pilotage de l'Otan et une escadrille d'acrobates aériens de premier plan, les Snowbirds. L'ancienne capitale de la contrebande d'alcool arbore aujourd'hui une trentaine de fresques immenses qui rappellent son passé mouvementé.

Découvrir

Tunnels
18 Main St. N - ☎ 306 693 5261 - www.tunnelsofmoosejaw.com.
Pendant la Prohibition, Moose Jaw devint une plaque tournante du trafic d'alcool dans les Prairies. Les tunnels, creusés près de Main Street pour alimenter les chaudières des entreprises de la ville servirent, entre autres, à entreposer les caisses de bouteilles.

★ Western Development Museum

À la jonction de la Transcanadienne et de la route 2. 50 Diefenbaker Dr. - ✆ 306 69.
5989 - www.wdm.ca - ♿ - 9h-17h - fermé 1er janv. et 25-26 déc. - 9 $ - tour en train
de mi-mai à fin août : 11h-16h, 2 $.

Le musée du Développement de l'Ouest possède quatre établissements, celui-c
et ceux de Yorkton *(voir p. 308)*, North Battleford *(voir p. 295)* et Saskatoon *(voi
p. 300)*. Moose Jaw retrace l'histoire des moyens de transport en Saskatchewan
La section Navigation évoque le vapeur *Northcote*, qui approvisionnait l'armée
pendant la rébellion du Nord-Ouest, et les bacs à câbles, notamment ceux
qui étaient en service sur le St-Laurent. La Section ferroviaire possède une
locomotive du Canadian Pacific, une gare reconstituée et une Buick de 1934
équipée pour rouler sur les rails et utilisée comme véhicule d'inspection des
voies pendant plus de vingt ans. Une intéressante collection d'automobiles
forme la Section routière. Enfin, la Section aérienne contient plusieurs avions
canadiens, dont l'unique Red Pheasant (1927) du pays, ainsi qu'une exposition
consacrée à l'École de l'air du Commonwealth.

Burrowing Owl Interpretive Centre

Exhibition Grounds - 250 Thatcher Dr. E - ✆ 306 693 8710 - www.skburrowingowl.ca
♿ - de mi-mai à fin août : 10h-17h ; le reste de l'année : sur demande - visite guidée
sur demande - don suggéré.

👤👤 Ce centre offre la chance rare d'observer une espèce en danger (la chevêche
des terriers) dans son habitat naturel. À ciel ouvert et dans une galerie
souterraine reconstituée à taille humaine, vous pourrez voir les chouettes à
la fois en captivité et à l'état sauvage.

À proximité Carte de région p. 254

Sukanen Ship Pioneer Village and Museum B2

À 13 km au sud sur la route 2. ✆ 306 693 7315 - www.sukanenmuseum.ca
de mi-mai à mi-sept. : 9h-17h, dim. 12h-18h - 6 $.

Des voitures anciennes et quelque 30 bâtiments originaux ou reconstitués
(parmi lesquels une forge, une épicerie et une église) forment un village du
début des années 1900. La principale attraction est le bateau construit par le
colon finlandais Tom Sukanen, qui avait l'intention de rentrer dans son pays
natal par la Saskatchewan et la baie d'Hudson. Une réplique de la **maison
Diefenbaker** à Regina a été remontée dans ce village. Il s'agit d'une habitation
de pionnier composée de trois pièces appartenant à John George Diefenbaker,
Premier ministre du Canada de 1957 à 1963.

Winnipeg

★★★

684 100 habitants – Manitoba

 NOS ADRESSES PAGE 321

S'INFORMER

Visitor Centre – *Main floor - 259 Portage Ave -* ℘ *204 943 1970 ou 1 855 734 2489 - www.tourismwinnipeg.com.*

SE REPÉRER

Carte de région C2 (p. 254) - plans de ville (p. 314-315). Winnipeg se trouve au cœur géographique du Canada, au sud du Manitoba, à une centaine de kilomètres de la frontière américaine.

SE GARER

Parkings payants. Votre véhicule est menacé d'enlèvement si vous stationnez à des endroits et à des moments non autorisés.

À NE PAS MANQUER

Le Manitoba Museum, le parc de The Forks et une séance de shopping dans Corydon Avenue.

ORGANISER SON TEMPS

Winnipeg est célèbre pour ses activités culturelles. Essayez de séjourner dans la ville durant l'une de ses nombreuses manifestations.

AVEC LES ENFANTS

Le Manitoba Museum, le zoo et la statue de Winnie l'Ourson dans le parc Assiniboine, le Western Canada Aviation Museum.

Au confluent des rivières Rouge et Assiniboine, au cœur même du pays, la capitale du Manitoba joue depuis plus d'un siècle le rôle de ville-relais pour de nombreux immigrants en route vers le Canada occidental, d'où son épithète de « porte de l'Ouest ». Winnipeg doit son nom au lac immense et peu profond au nord de la ville, que les Amérindiens crees appelaient *win-nipi* **(eau boueuse). Son rôle de centre industriel, commercial et financier de l'Ouest subit depuis plusieurs années la concurrence de Vancouver et des villes de l'Alberta. Elle demeure cependant la plus importante bourse de marchandises du Canada, et son activité culturelle ne cesse de se développer.**

Se promener Plans de ville p. 314-315

CENTRE-VILLE Plan II

Au croisement de **Portage Avenue** et de **Main Street** bat le cœur de la ville. Certains prétendent que dix voitures tiennent de front dans ces rues. Ce carrefour – lieu le plus venté, dit-on, du Canada – est dominé par les gratte-ciel des banques et des grands hôtels, reliés les uns aux autres par les galeries marchandes souterraines du **Winnipeg Square** (A1). À l'ouest, entre Vaughan Street et Carlton Street, s'étend **Portage Place★** (A1), un vaste ensemble de commerces et de bureaux comprenant restaurants et cinémas, un écran géant Imax Theatre et la salle de spectacle Prairie Theatre Exchange.

Au sud du croisement de Portage Avenue et Main Street, dans un petit jardin au pied du Fort Garry Hotel, seule une porte d'enceinte en pierre marque l'emplacement d'**Upper Fort Garry** (B2), siège de la **Compagnie de la baie d'Hudson**, dont les bureaux actuels (A) se trouvent une rue plus loin.

The Forks B2
123 Main St.

Cet ambitieux complexe, baptisé **La Fourche** en raison de sa situation au confluent des rivières Rouge et Assiniboine, offre toutes sortes d'activités commerciales, récréatives et culturelles ainsi que des boutiques, des restaurants et un musée pour enfants. Dans ce parc de 26 ha, d'anciennes écuries abritent un **marché couvert**, tandis qu'une promenade au bord de l'eau offre de jolies vues de la ville.

Exchange District A1
Promenades guidées (1h30) - dép. d'Old Market Sq. - ℘ 204 942 6716 - www.exchangedistrict.org - juin-août : sur réserv. - 8 $.

Au nord, le quartier historique a conservé de remarquables exemples de l'architecture du début du 20e s. **Old Market Square** (*à l'angle de King St., Albert St. et Bannatyne Ave*) connaît une nouvelle jeunesse grâce à ses boutiques et ses restaurants. Tout proche, le **Centennial Centre** comprend une salle de concert, un théâtre et un musée reliés par des jardins en terrasses. **Chinatown**, le quartier chinois de Winnipeg, est un peu plus loin au nord.

Autre secteur animé de galeries marchandes, cafés et restaurants, **Osborne Village** (A2) se trouve au sud de la rivière Assiniboine, entre River Avenue et Stradbook Avenue.

★★★ Manitoba Museum A1-2
En face de l'hôtel de ville. 190 Rupert Ave - ℘ 204 956 2830 - www.manitoba museum.ca - ⅋ ⊡ - de mi-mai à déb. sept. : 10h-17h ; le reste de l'année : se renseigner - 9 $.

👥 Ce remarquable musée retrace l'histoire du peuplement du Manitoba au moyen de dioramas, d'expositions et de montages audiovisuels, et présente les grandes régions naturelles de la province. Dès l'entrée, le magnifique diorama d'un métis chassant le bison frappe l'imagination.

Galerie des Sciences – Elle est dotée d'un ordinateur parlant et de plus d'une centaine de vitrines interactives qui familiarisent avec les lois naturelles.

Galerie de l'Histoire de la Terre – Elle explique la géologie du Manitoba. Une œuvre murale de Daphne Odjig raconte la création du monde selon la tradition amérindienne odawa.

Galerie de l'Arctique et du Subarctique – Dédiée à l'extrême nord de la province, elle s'ouvre par un **inukshuk**. Cette sorte de sculpture de pierre anthropomorphique, utilisée comme aide à l'orientation et au marquage des campements, jouait souvent un rôle stratégique lors de la chasse, mais pouvait aussi revêtir une fonction commémorative. Une collection d'objets et de photographies souligne la profonde dépendance des Inuits et des Amérindiens chipewyan envers la nature ; des exposés sur la vie marine de la baie d'Hudson et sur les aurores boréales complètent cette présentation.

Galerie de la Forêt boréale – Elle recrée cet immense milieu naturel, avec ses tourbières, ses falaises de granit, ses cours d'eau et sa faune. Un diorama particulièrement impressionnant représente un Amérindien cree peignant

Une cité en mouvement

À l'est et au nord de Winnipeg, le relief calme de la Grande Plaine canadienne fait brusquement place à un affleurement de roches, boisé et criblé d'un véritable chapelet de lacs : c'est la ligne de contact entre la Prairie et le Bouclier qui marque ainsi la division entre l'Ouest et l'Est de façon spectaculaire.

LA COLONIE DE LA RIVIÈRE ROUGE

Au début du 19e s., fasciné par les perspectives qu'offrait l'Amérique du Nord, le comte Selkirk investit ses intérêts dans la Compagnie de la baie d'Hudson et reçut un énorme domaine de 300 000 km² englobant presque toute la partie sud du Manitoba actuel, qu'il nomma **Assiniboia**. Ému par la misère des fermiers écossais, ce philanthrope établit dans la vallée de la rivière Rouge une communauté de paysans originaires des Highlands. Le succès de la nouvelle colonie fut entravé par de nombreux obstacles : les rigueurs de l'hiver, les inondations, les invasions de sauterelles, et surtout la lutte sourde que leur livraient les employés de la Compagnie du Nord-Ouest, alliés aux métis qui voyaient leur mode de vie menacé.

Cette hostilité conduisit en 1816 au **massacre de Seven Oaks**, qui coûta la vie à une vingtaine d'immigrants et faillit entraîner la disparition pure et simple de la colonie. Mais cette dernière fut reconstituée et se développa peu à peu. D'importants échanges commerciaux s'établirent avec St Paul (Minnesota), soit par les fameuses « charrettes de la rivière Rouge », soit par les nouveaux bateaux à vapeur. Largement tributaire du réseau commercial américain, la région serait peut-être passée sous l'hégémonie des États-Unis, mais la **rébellion du Nord-Ouest** (voir p. 301) et la création du Manitoba en 1870 empêchèrent toute possibilité d'annexion.

UNE VILLE COSMOPOLITE

L'arrivée à Winnipeg de la ligne de chemin de fer construite par la compagnie Canadian Pacific fut le véritable moteur du développement de la communauté. Winnipeg (dont le nom date de la rébellion), important centre d'entretien et de réparation des voies, devint la plaque tournante de l'approvisionnement et de la distribution dans le Nord-Ouest. Aujourd'hui, Winnipeg héberge d'énormes dépôts de chemin de fer et parcs à bestiaux, et abrite le siège de la Compagnie de la baie d'Hudson dont les efforts contribuèrent largement au développement du commerce des pelleteries dans les Prairies.

Au 19e s., la population se composait d'Écossais, d'Irlandais, d'Anglais, de Français, de métis et d'Amérindiens. Le 20e s. vit l'arrivée d'Allemands et d'Européens de l'Est, notamment d'Ukrainiens. L'architecture de la ville, avec ses églises catholiques, protestantes et orthodoxes, reflète éloquemment la diversité culturelle de la société winnipegoise.

sur un rocher les symboles religieux de la chasse. La vie des trappeurs et le développement actuel de la région sont également représentés. Un tableau mural de Jackson Beardy traduit la vision indigène du monde.

Salle du Nonsuch – Sans doute le point d'orgue de l'exposition. Un immense diorama abrite la réplique du premier bateau qui, en 1668, quitta l'Angleterre en quête des peaux de castors de la baie d'Hudson. Le succès de cette expédition conduisit à la création, deux ans plus tard, de la Compagnie de la baie d'Hudson. Reconstruit à l'occasion du tricentenaire de la Compagnie en 1970, le ketch de 15 m est ancré dans un port anglais du 17ᵉ s., avec boutiques et tavernes aux portes basses et aux fenêtres à petits carreaux.

Galerie de la Compagnie de la baie d'Hudson – Du pseudo-fleuve, les visiteurs pénètrent dans cette galerie aux 10 000 objets retraçant les 330 années de la plus ancienne entreprise canadienne. Son histoire mouvementée est dévoilée en musique, en film et par de superbes objets amérindiens ornés de plumes (début 19ᵉ s.). Des vestiges témoignent de la malheureuse expédition arctique de John Franklin. Des kayaks de peau et des pirogues de bouleau sont accrochés au plafond ; un authentique bateau d'York domine de sa présence, et des rouleaux de tissu garnissent un comptoir reconstitué.

Galerie de la Prairie (Grasslands Gallery) – L'histoire du sud du Manitoba, de ses Amérindiens assiniboines et de ses colons européens en constitue le thème principal. La visite fournit l'occasion de voir une « **charrette de la rivière Rouge** ». Terriblement grinçant, ce moyen de transport jadis essentiel aux pionniers pouvait, grâce à ses roues démontables, se transformer en bateau pour franchir les cours d'eau. D'intéressantes expositions illustrent également la diversité ethnique et religieuse de la population manitobaine.

Galerie citadine – Là, le temps s'est arrêté un soir d'automne des années 1920. Avec ses trottoirs de bois, sa gare, ses boutiques, son restaurant, son hôtel meublé, sa mission et même son théâtre où l'on peut voir des films d'époque, une rue reconstituée évoque l'atmosphère de la Winnipeg d'alors.

Galerie des Sciences – *Au niveau inférieur - 9 $.* Elle passe en revue les perceptions sensorielles à travers une centaine de vitrines interactives.

Planétarium – *Au niveau inférieur - spectacles : 9 $.* Spectacle quotidien.

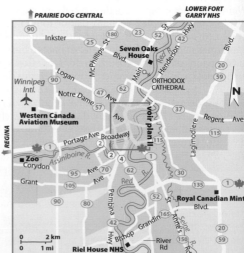

★ Ukrainian Cultural and Educational Centre AB1

184 Alexander Ave E - ☎ 204 942 0218 - www.oseredok.org - ♿ 🅿 - 10h-16h, dim. 13h-16h (juil.-août uniquement) - fermé j. fériés.

C'est l'un des plus importants centres culturels du genre hors d'Ukraine. Il constitue une intéressante introduction à la culture et à l'histoire de la communauté ukrainienne au Manitoba, et permet de mesurer la richesse de son patrimoine. Outre sa galerie d'art, sa bibliothèque, sa boutique et ses archives, le centre abrite un **musée** où l'on peut notamment admirer quelques vêtements brodés, des sculptures sur bois, des céramiques et des *pysanki*.

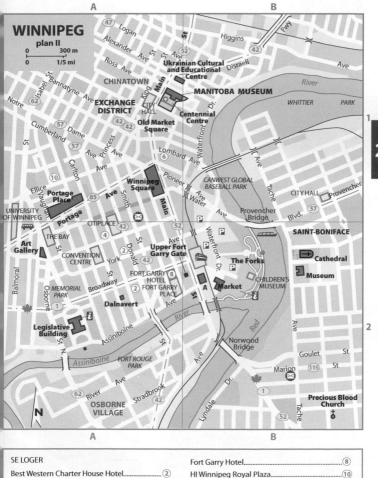

★ **Art Gallery** A2

300 Memorial Blvd. - ✆ 204 786 6641 - www.wag.ca - &. - mar.-dim. 11h-17h (vend. 21h) - 22 $.

Conçu par l'architecte Gustavo Da Roza, originaire de Winnipeg, ce bâtiment ultramoderne à la silhouette élancée abrite un musée d'art où les expositions sont sans cesse renouvelées. L'importante collection permanente est surtout réputée pour ses tableaux gothiques et Renaissance (collection de Lord et Lady Gort) et ses **sculptures inuits**.

★ **Legislative Building** A2

À l'angle de Broadway et Osborne St. N. 450 Broadway - ✆ 204 945 5813 - www.gov.mb.ca/legtour - &. ▣ - jours et horaires de visite : se renseigner.

L'élégant bâtiment néoclassique en forme de H du Parlement (1920), en calcaire de Tyndall, se tient non loin de la résidence du lieutenant-gouverneur de la province, dans un beau jardin anglais où des statues dispersées représentent d'importants personnages du Manitoba. Au sommet du dôme se dresse une sculpture en bronze doré de Charles Gardet, **Golden Boy**, qui tient d'une main une gerbe de blé (richesse de la province) et, de l'autre, brandit le flambeau symbolisant l'esprit d'entreprise du Manitoba. Le haut-relief à l'antique qui orne le fronton de l'entrée principale *(côté nord)* illustre la devise du Canada : *A mari usque ad mare* (d'un océan à l'autre). Au centre trône le Manitoba, province clé du pays, à mi-chemin entre l'Atlantique et le Pacifique.

À l'intérieur, le hall d'entrée s'ouvre sur un escalier monumental encadré de deux **bisons en bronze**, emblèmes de la province. La visite passe par la **salle parlementaire** en forme de fer à cheval et par deux salles de réception. En face, sur Assiniboine Avenue s'élève une **statue**, création de Miguel Joyal, à la gloire de Louis Riel.

Dalnavert A2

61 Carlton St. - ✆ 204 943 2835 - www.mhs.mb.ca - ▣ - visite guidée uniquement (45mn) - juil.-août : vend.-sam. 10h-16h - 6 $.

Brillamment restaurée, cette demeure victorienne en brique fut construite en 1895 pour Hugh John Macdonald, avocat et homme politique, Premier ministre du Manitoba de 1899 à 1900. Ce philanthrope distingué, qui réservait une partie de son sous-sol à l'hébergement des sans-abri, était le fils de John A. Macdonald, artisan de la Confédération et du gouvernement du Dominion dont il présida le premier cabinet. La maison, parée selon le goût d'antan de sombres boiseries et de lourdes tentures, est pourvue du confort le plus moderne pour l'époque : chauffage central, électricité, eau courante, penderies.

★ **Saint-Boniface** B2

🚩 **Tourisme Riel** – *219 Provencher Blvd. - ✆ 204 233 8343 ou 1 866 808 8338 - www.tourismeriel.com - circuits audioguidés.*

L'origine de la paroisse remonte à 1818, lorsque les pères Provencher et Dumoulin, venus du Québec, établirent une mission catholique au bord de la rivière Rouge. Ils furent bientôt suivis de colons canadiens français et de métis qui fondèrent une active communauté. Rattachée depuis 1972 à la ville, St-Boniface a gardé son caractère marqué de quartier francophone.

★ **Musée** – *494 Ave Taché - ✆ 204 237 4500 - www.msbm.mb.ca - &. - de mi-mai à déb. oct. : 10h-16h, w.-end 12h-16h ; le reste de l'année : se renseigner - visite guidée possible - 6 $.* Il occupe l'ancien couvent des Sœurs Grises. Excellent exemple du type d'architecture des débuts de la colonisation de la rivière

2

Rouge, ce vaste bâtiment de chêne blanc fut achevé en 1846. Il s'agit là du plus vieil édifice winnipegois. Le musée présente des meubles et des souvenirs historiques sur la vie des premières religieuses et sur les habitants de St-Boniface, notamment Louis Riel.

Cathédrale – ℘ 204 233 7304. Ravagée par un incendie en 1968, l'ancienne église ne dresse plus que sa façade de pierre blanche, derrière laquelle l'architecte Étienne Gaboury a construit la nouvelle cathédrale, à l'intérieur recouvert de boiseries. C'est le sixième sanctuaire érigé à cet endroit depuis 1818. Louis Riel repose dans le **cimetière** attenant.

Église catholique du Précieux-Sang (Precious Blood Church) – Ce charmant petit édifice en brique et en bois, dont la forme rappelle un tipi, fut également conçu par Étienne Gaboury. Remarquez son curieux toit en bardeaux.

À voir aussi Plan I

★ Royal Canadian Mint

À la jonction de la Transcanadienne et de la route 59. 520 Lagimodiere Blvd - ℘ 204 983 6429 - www.mint.ca - ♿ 🅿 - mar.-sam. 9h-17h (dernière visite guidée 16h) - fermé les principaux j. fériés - réserv. recommandée - 6 $ en semaine, 4,50 $ le w.-end.
Cette spectaculaire demi-pyramide, succursale winnipegoise de la Monnaie canadienne, dresse ses facettes de verre rose reflétant le ciel comme un signal sur la Plaine. Le hall d'entrée est orné de fontaines et de plantes exotiques. La visite retrace l'historique de la Monnaie au Canada et les procédés de fabrication des pièces, avant de mener le long des ateliers vitrés où l'on voit fonctionner les machines.

Riel House National Historic Site

330 River Rd, St Vital - ℘ 204 983 6757 - www.pc.gc.ca - ♿ 🅿 - visite guidée uniquement (30mn) juil.-août : 10h-17h (20h jeu.) - 3,90 $.
Bâtie en 1881, soigneusement restaurée depuis, la modeste maison de bois resta la propriété de la famille Riel jusqu'en 1968. Louis Riel n'y vécut jamais, mais son corps y fut solennellement exposé après son exécution en novembre 1885 *(voir p. 306)*. L'occasion de découvrir des détails sur la vie des parents du chef métis et sur la colonie de la rivière Rouge.

Seven Oaks House Museum

115 Rupertsland Blvd - ℘ 204 339 7429 - juin-août 10h-17h - donation.
Ce bâtiment en rondins est, dit-on, la plus ancienne maison (1853) encore habitable au Manitoba. Bâtie par John Inkster, riche négociant de la région, la spacieuse demeure se situe sur la paroisse de West Kildonan où s'établirent dès 1814 les colons écossais envoyés par Lord Selkirk, non loin du site du massacre de Seven Oaks (1816). À côté de la maison se trouvent le magasin d'Inkster et la poste recélant tous deux des meubles d'époque.

Zoo

Assiniboine Park - 32595 Roblin Blvd - ℘ 204 927 6000 - www.assiniboine parkzoo.ca - ♿ 🅿 - de fin mars à mi-oct. : 9h-18h ; le reste de l'année : 10h-16h - fermé 25 déc. - 8,50 $.
👥 Ce vaste zoo contient une grande **serre tropicale** où singes et oiseaux exotiques s'ébattent librement parmi la végétation luxuriante.
👥 Non loin *(dans Assiniboine Park)*, **Leo Mol Sculpture Garden** offre aux œuvres de l'artiste ukrainien un charmant cadre paysager. Une galerie voisine

contient tableaux et esquisses ; la représentation sculptée de l'ours Winnie (qui tire son nom de la ville) est censée avoir inspiré le personnage de Winnie l'Ourson créé par A. A. Milne.

★ Western Canada Aviation Museum

958 Ferry Rd, à l'angle de Ferry Rd et d'Ellice Rd, près de l'aéroport. ☎ 204 786 5503 - www.wcam.mb.ca - ♿ ℗ - 9h30-16h30, sam. 10h-17h, dim. et vac. 12h-17h - fermé j. fériés - 7,50 $.

👥 Une vingtaine d'appareils sont réunis, allant des premiers coucous des temps héroïques aux jets contemporains. À l'étage, une terrasse d'observation vitrée permet d'assister aux décollages.

Prairie Dog Central

Dép. d'Inkster Junction à Winnipeg (à 1 km au nord d'Inkster Blvd. entre Sturgeon Rd et Metro route 90) - Vintage Locomotive Society Inc. - ☎ 204 832 5259 - www.pdcrailway.com - horaires, se renseigner - sur réserv. - 27,95 $.

Le trajet entre Winnipeg et Warren à bord de ce vieux train à vapeur (fin 19ᵉ s.) est ponctué de haltes dans des bourgades où les marchés proposent objets artisanaux, conserves maison et denrées alimentaires.

Excursions Carte de région p. 254

★★ Lower Fort Garry National Historic Site C2

À 32 km au nord de Winnipeg par la route 52 et la route 9. ☎ 204 785 6050 ou 1 888 773 8888 - www.pc.gc.ca - ♿ ℗ - juil.-août : tlj sf mar. 9h-17h ; de mi-mai à fin juin : lun.-vend. 9h-17h - 7,80 $.

Bâti entre 1830 et 1847 par la Compagnie de la baie d'Hudson en vue de remplacer Upper Fort Garry trop souvent victime d'inondations, ce fort en pierre fit office de comptoir jusqu'en 1911. Il servait d'entrepôt pour les fourrures achetées aux Amérindiens, que les **bateaux d'York** (lourdes barques en bois, moins maniables mais plus grandes que les canoës) transportaient chaque été jusqu'à York Factory, sur la baie d'Hudson.

Dans le **centre d'accueil**, un montage audiovisuel constitue une bonne introduction à l'histoire du fort. Dans son enceinte carrée aux angles renforcés de bastions, le fort a peu changé au fil des ans. Au centre se tient la demeure du gouverneur, confortable et coquette avec sa véranda et ses hautes cheminées ; non loin de là, l'**entrepôt des fourrures**, avec sa magnifique **collection** de peaux (castor, renard, loup, vison, etc.), ainsi que les diverses denrées en magasin. La visite permet également de voir un bateau d'York et une « charrette de la rivière Rouge ».

★ Mennonite Heritage Village C2

À Steinbach, à 61 km au sud-est de Winnipeg par la Transcanadienne et la route 12. ☎ 204 326 9661 - www.mennoniteheritagevillage.com - ♿ ℗ - juil.-août : 10h-18h, dim. 12h-18h ; mai-juin et sept. : 10h-17h, dim. 12h-17h ; le reste de l'année : lun.-vend. 10h-16h - 10 $.

Ce village reconstitue l'atmosphère d'une communauté mennonite au Manitoba vers 1874. Descendants des disciples du prédicateur anabaptiste **Menno Simons** (1496-1561), les mennonites se distinguent par une foi profonde et le refus obstiné de prendre les armes. À l'origine, ils formaient des communautés rurales dispersées en Europe, mais leur esprit d'indépendance les obligea à s'expatrier à plusieurs reprises pour échapper aux persécutions dont ils étaient victimes. Au Canada, la communauté compte environ 100 000 adeptes, divisés en deux groupes : un premier d'origine suisse alémanique (Ontario), l'autre d'origine slave (Manitoba).

Le village comprend l'église, l'école, le moulin à vent et une ferme, originale par la disposition des pièces autour du four de brique qui fait ainsi office de chauffage central, et par l'accès direct à la grange. Dans le centre d'interprétation, une galerie rassemble des souvenirs de ces pionniers au passé errant et retrace leur histoire. Une ancienne grange abrite le restaurant The Livery Barn, qui sert des plats typiques *(voir « Nos adresses » p. 322)*.

★ **Austin** C2

À 123 km à l'ouest de Winnipeg sur la route 1.

Cette plaisante communauté rurale est située au cœur de la Prairie manitobaine, dans une zone de polyculture à grande échelle.

★ **Manitoba Agricultural Museum** – *À 3 km au sud de la Transcanadienne, route 34. PO Box 10 - ℘ 204 637 2354 - www.ag-museum.mb.ca - ᵹ - de mi-mai à fin sept. : 9h-17h ; le reste de l'année : lun.-vend. 9h-16h30 - 10 $.* Le principal attrait du musée est sa magnifique collection de machines agricoles d'époque, présentées en extérieur ou rassemblées sous hangar : locotracteurs, batteuses, premiers tracteurs à essence. Outre une belle collection d'objets de pionniers, il comprend également un **petit village reconstitué** de la fin du 19ᵉ s. *(homesteaders'village)* peuplé de figurants costumés, avec son église, ses maisons en rondins et son école.

⊛ **Bon à savoir** – L'ensemble des bâtiments, village de colons inclus, est ouvert fin juillet, lors de la **Manitoba Threshermen's Reunion and Stampede** (grande assemblée des batteurs de grains), manifestation au cours de laquelle défilent les monstres de fonte, en parfait état de marche. Après la parade ont lieu des courses de machines à vapeur et des concours de battage, puis un rodéo, des quadrilles, un concours de violon et, enfin, des promenades à cheval pour les plus jeunes. Vente de spécialités culinaires variées et d'objets artisanaux.

🙂 NOS ADRESSES À WINNIPEG

Plans de ville p. 314-315

VISITE

Promenade commentée – *Circuit de découverte à pied (2h) - dép. de la station Via Rail - ℰ 204 898 4678 - www.muddy watertours.ca - horaires, se renseigner - sur réserv. - 12 $.* Pour découvrir la riche histoire de The Forks et du centre-ville.

HÉBERGEMENT

PREMIER PRIX

Beechmount B & B – Plan I - *134 West Gate - ℰ 204 775 1144 ou 1 866 797 0905 - www.beechmount. ca - 🅿 - juin-août : séjour mini 2 nuits - 3 ch.* Un petit parc ombragé d'ormes et de chênes entoure la demeure victorienne au bord de la rivière dont l'emplacement, calme et central, est proche d'Osborne Village. Le séjour est agrémenté par la taille des chambres, la présence d'une piscine extérieure et de copieux petits déjeuners.

HI Winnipeg Royal Plaza – Plan II A1 - *330 Kennedy St. - ℰ 204 783 3000 - www.hihostels. com - ♿ - 120 lits.* Cet hôtel est situé en plein centre-ville, non loin des Forks, des musées, du shopping et de la vie noctambule. Toutes les chambres sont équipées de salles de bains avec douche et air conditionné. Il existe également des chambres familiales. Restaurant et bar sur place.

BUDGET MOYEN

Best Western Charter House Hotel – Plan II A2 - *330 York Ave - ℰ 204 942 0101 ou 1 800 762 0175 - www.bwcharterhouse.com - ♿ 🅿.* L'hôtel à cinq étages, agréable et bien équipé, se trouve à deux pas du centre de conférences et à proximité des Forks. L'affabilité de son personnel et la piscine extérieure ajoutent à son charme, attirant une clientèle plutôt familiale. Son restaurant **Rib Room** est apprécié de la population active du centre-ville.

POUR SE FAIRE PLAISIR

Delta Winnipeg – Plan II A2 - *350 St Mary Ave - ℰ 204 942 0551 ou 1 888 311 4990 - www.delta hotels.com - ♿ 🅿 - 393 ch.* Un emplacement privilégié face aux boutiques et aux restaurants de CitiPlace ainsi qu'une passerelle le reliant au centre de conférences font du Delta Winnipeg l'établissement favori des congressistes comme des voyageurs. Il bénéficie en outre de deux piscines (Intérieure et extérieure) ainsi que d'un accès Internet haut débit. **The Blaze Bistro and Lounge** propose un menu à prix doux.

Fairmont Winnipeg – Plan II A1 - *2 Lombard Pl. - ℰ 204 957 1350 ou 1 866 540 4466 - www.fairmont.com - ♿ 🅿 - 340 ch.* Le plus prestigieux établissement du centre-ville de Winnipeg trône sur le célèbre carrefour de Portage Ave et de Main St. Les chambres spacieuses, bien aménagées, donnent sur Exchange District. Les clients peuvent, selon leur tempérament, s'entraîner ou se prélasser dans la salle de sport et dans la piscine intérieure. Les gourmets sont assurés de faire un dîner exceptionnel au restaurant **The Velvet Glove**, dont la réputation n'est plus à faire.

Fort Garry Hotel – Plan II A2 - *222 Broadway - ℰ 204 942 8251 ou 1 800 665 8088 - www.fortgarryhotel.com - ♿ 🅿 - 246 ch.* Cet imposant édifice historique, à quelques pas du carrefour de Portage Ave et de Main St., date de 1913. Idéalement situé à 5mn de marche des Forks, des commerces et du principal quartier d'affaires, l'hôtel propose des chambres spacieuses, un centre de remise en forme, une piscine intérieure et un traiteur ouvert 24h/24. Le hall d'entrée, avec ses murs revêtus de marbre et ses lustres en cristal, est remarquable. Le restaurant **Broadway Room** est connu pour son plantureux brunch du dim.

RESTAURATION

PREMIER PRIX
The Livery Barn – Plan I - *Mennonite Heritage Village -* 📞 *204 326 9661.* Faites une pause dans cet établissement au cours de votre visite du **village mennonite** pour goûter quelques plats traditionnels russes mennonites. Commencez par un bortsch, potage russe au chou avec des oignons, des pommes de terre, de la crème et du bouillon de bœuf (mais sans la betterave de la recette originale) accompagné d'un pain de froment maison préparé avec la farine moulue au village. Vous pouvez aussi vous laisser tenter par la *pluma moos*, soupe froide à base de trois fruits secs. Avec les saucisses et la salade de chou cru, dégustez des *vareniki* (ou *pierogi*), petites boulettes de pâte en demi-lune fourrées de fromage blanc, arrosées d'un jus de viande ou d'une crème aigre. Tarte à la rhubarbe ou tourte aux fruits termineront agréablement le repas.

BUDGET MOYEN
Civita – Plan I - *691 Corydon Ave -* 📞 *204 453 4616.* L'établissement branché doit son succès à ses pizzas californiennes à pâte fine cuites dans un four à bois en argile. L'été, les convives peuvent,

selon leurs goûts, apprécier pizzas et pâtes dans le patio animé donnant sur la rue ou dans le paisible jardin intérieur.

POUR SE FAIRE PLAISIR
Café La Scala – Plan I - *725 Corydon Ave -* 📞 *204 474 2750 - http://cafelascala.ca.* Les murs de cet étroit restaurant italien sont ornés d'œuvres d'art. Commencez par des champignons cuisinés avec des tomates séchées, des aubergines épicées et des poivrons rouges rôtis, puis choisissez les fettucinni sauce curry-coco. Toujours appréciée, la salade Arugula au fromage Asiago et aux pignons s'accompagne d'une sauce au vinaigre balsamique.

Amici – Plan II A2 - *326 Broadway -* 📞 *204 943 4997 - www.amiciwpg. com.* Le chef a su attirer depuis longtemps une clientèle d'affaires mais aussi le monde du show-business (Mick Jagger, Jane Seymour, Kiefer Sutherland entre autres) grâce à ses spécialités d'inspiration toscane. Dans l'atmosphère raffinée de l'Amici vous seront servis antipasti, pasta et risotto, veau grillé, agneau ou volailles accompagnés de sauces originales et de savoureux légumes. Situé au rez-de-chaussée, le **Bombolini** (📞 *204 943 5066*), dont le succès demeure constant et les prix plus abordables, propose pizzas, panini et pâtes

ACHATS

Winnipeg Outfitters – *250 McPhillips St. -* 📞 *204 775 9653 ou 1 800 665 0193 - www. outfitters.ca.* Un imposant bœuf musqué naturalisé accueille les visiteurs à l'entrée du bâtiment de brique situé à cinq minutes du centre-ville. La Bourse aux fourrures est réputée depuis des décennies pour son catalogue de plus de 7 000 articles : attirail de chasse, panoplie d'homme de l'Ouest, mocassins, manteau de cuir, équipement contre le froid extrême (bottes réchauffant les pieds par -40 °C). Le plus large choix de couvre-chefs en fourrure du pays se trouve ici : loutre, raton laveur, renard bleu, coyote, lapin, rat musqué, chinchilla… Il suffit de demander. Les enfants et les alpinistes ne sont pas oubliés.

Winnipeg's Little Italy

Lorsque la chaleur s'installe, entre juin et août, quelques centaines de mètres de Corydon Avenue, entre Stafford Street et Osborne Street, sont envahis de piétons en goguette, qui dégustent des glaces italiennes en faisant les boutiques de cette artère très fréquentée, bien pourvue en restaurants.

Room for Style – *875 Corydon Ave - 204 287 8833*. Pour ceux qui cherchent à améliorer la décoration de leur intérieur : accessoires (crochets, cadres, étagères) et mobilier renouvelant le concept du fer forgé.

Radiance Books & Treasures – *875 Corydon Ave - 204 284 4231 - www.radiancegifts.com*. Cette boutique mérite une visite, ne serait-ce que pour ses apaisantes fontaines de table.

EN SOIRÉE

 Bon à savoir – Les riches programmations des différents organismes culturels de Winnipeg sont désormais célèbres dans le monde entier.

Manitoba Theatre Centre – *174 Market Ave - 204 942 6537 - www.mtc.mb.ca*.

Manitoba Opera – *555 Main St. - 204 942 7479 - www.manitoba opera.mb.ca*.

Winnipeg Symphony Orchestra – *Box office : 555 Main St. - 204 949 3999 - www.wso.ca*.

Canada's Royal Winnipeg Ballet – *380 Graham Ave - 204 956 0183 - www.rwb.org*.

AGENDA

Festival du voyageur – *En fév.* Pendant 10 jours, à St-Boniface, ce festival rappelle le temps des premiers marchands de fourrures par des activités de plein air, des danses et la dégustation de plats traditionnels. *Parc du Voyageur - 233 Blvd Provencher - www.festivalvoyageur.mb.ca*.

Folk Festival – *En juil.* Un événement populaire. *www.winnipegfolkfestival.ca*.

Folklorama – *En août*. Ce festival, qui se déroule dans tous les quartiers de la ville, célèbre sa diversité culturelle. *www.folklorama.ca*.

2

Riding Mountain National Park

Manitoba

😊 NOS ADRESSES PAGE 326

🛈 S'INFORMER

Visitor Centre – *Wasagaming* - 📞 *204 848 7275* - *www.pc.gc.ca* - ♿ -
de déb. mai à déb. sept. : horaires, se renseigner.
Wasagaming Chamber of Commerce – *PO Box 222* - 📞 *204 848 2742* -
www.discoverclearlake.com - *mai-oct.* Informations sur l'hébergement,
les commodités et les événements.

◗ SE REPÉRER

Carte de région C2 (p. 254). Le parc se trouve dans le sud-ouest du
Manitoba à 219 km à l'ouest de Winnipeg par la Transcanadienne, puis à
91 km au nord de Brandon par la route 10.

😊 À NE PAS MANQUER

Le troupeau de bisons près du lac Audy.

🕐 ORGANISER SON TEMPS

Adressez-vous à la Wasagaming Chamber of Commerce pour connaître
les événements prévus durant votre séjour.

👥 AVEC LES ENFANTS

Le centre d'accueil du parc.

**Le mont Riding appartient à l'escarpement du Manitoba, qui s'étend sur
1 600 km à travers le Dakota du Nord, le Manitoba et la Saskatchewan.
Cette chaîne, morcelée en buttes distinctes par de nombreuses rivières,
est couverte d'une végétation luxuriante, parsemée de lacs. Le mont
Riding doit son nom aux trappeurs qui échangeaient en ces lieux leurs
canots contre des chevaux pour continuer vers l'ouest. Ses forêts de
trembles, ses marais, ses prairies et ses bois sont peuplés d'orignaux,
d'élans, d'ours et de renards.**

Découvrir

*Parc ouvert tte l'année - 7,80 $ - randonnée pédestre, canotage, pêche, bicyclette,
équitation, golf, sports d'hiver, camping.*
😊 **Bon à savoir** – Une fois dans le parc, il est interdit de descendre de voiture
pour s'approcher des animaux.
Créé en 1933, le Riding Mountain National Park s'élève à 457 m au-dessus de
la campagne environnante (756 m au-dessus du niveau de la mer) et se trouve

Riding Mountain National Park.
R. Hicker / age fotostock

au point de jonction de trois milieux naturels : la forêt de conifères, la forêt caduque et la prairie. Épicéas, pins, sapins et mélèzes s'épanouissent dans les secteurs les plus élevés du parc, tandis qu'à plus basse altitude poussent arbres feuillus, arbrisseaux, plantes grimpantes et fougères.

À l'ouest, des prairies de fétuques – parmi les dernières du continent – se couvrent en été d'un tapis de fleurs sauvages.

👥 Le **centre d'accueil** présente, à partir d'expositions et de films, l'histoire géologique du mont Riding, sa flore et sa faune ainsi que ses différents habitats. L'été, les sentiers de randonnée sont très prisés des marcheurs et des cyclistes ; l'hiver, ils sont sillonnés par les skieurs de fond. Les ornithologues accourent du monde entier en quête des grands hiboux gris et des nombreuses espèces d'oiseaux chanteurs peuplant le parc (environ 200 espèces). Le bureau du parc organise des excursions d'observation des loups et des élans, au cours desquelles les guides attirent les animaux en imitant leurs hurlements et brames.

Non loin du **lac Audy** (à 47 km de Wasagaming), un troupeau de bisons erre à l'intérieur d'un vaste enclos (route 10 puis Lake Audy Rd) que l'on peut contourner en voiture. Un point de vue interprétatif dominant la plaine d'Audy, qui doit son absence d'arbres à un sol sablonneux, permet d'observer les animaux dans leur environnement naturel.

Sur la route 10, non loin de l'entrée nord du parc, une tour d'observation offre de belles **vues★** sur l'escarpement du Manitoba.

😊 NOS ADRESSES PRÈS DU PARC NATIONAL

ACTIVITÉS

Triangle Ranch – *Mooswa Dr. E, Onanole - 📞 204 848 4583 - réserv. recommandée.* Situées près du Elkhorn Ranch Resort, les écuries du Triangle Ranch sont ouvertes au public pour des balades d'une ou deux heures voire de plusieurs jours dans les environs immédiats du ranch ou dans le Parc national Riding Mountain. En été, les promenades en charrettes à foin se terminent avec une dégustation de saucisses grillées ; en hiver, les promenades en traîneau (pour deux pers.) sont un moyen agréable de découvrir la vie extérieure. Des guides expérimentés accompagnent les visiteurs pour chaque sortie. Chevaux pour tous niveaux.

AGENDA

Festival national ukrainien – *Fin juil.* Danses folkloriques et contemporaines, musique et gastronomie sont au programme de cette fête estivale, qui se déroule à proximité du parc national Riding Mountain et connaît chaque année une affluence considérable. Depuis 1966, les Canadiens d'origine ukrainienne (le pays en compte environ 1 million) font pendant trois jours la démonstration de leurs talents et traditions. Les temps forts du festival comptent un défilé, des danses de rue, un concours de broderie, des expositions et performances d'artistes et d'artisans, le concours du meilleur pain (un four est installé pour l'occasion), des jardins de brasserie, des démonstrations de sculpture sur bois et une fête enfantine. Des groupes folkloriques venus de Colombie-Britannique, de l'Ontario et des provinces des Prairies se produisent. Les cérémonies d'inauguration n'oublient pas l'accueil traditionnel des officiels avec le pain et le sel, symboles de santé et de prospérité (les pains rituels revêtaient autrefois une grande importance religieuse et culturelle). Les visiteurs peuvent acheter des pains et des pâtisseries décorés et tressés ainsi que des livres de cuisine. Des offices se déroulent selon le rite orthodoxe ukrainien dans les églises ouvertes au public. *1550 Main St. South, Selo Ukraina - à 60 km au nord de Wasagaming et à 12 km au sud de Dauphin, près de l'intersection des routes 5 et 10 - 📞 204 622 4600 ou 1 877 474 2683 - www.cnuf.ca.* Possibilité de camper sur place (sur réserv.) et transport en bus depuis la Saskatchewan, l'Alberta et Winnipeg.

Churchill

★★

923 habitants – Manitoba

 S'INFORMER

Chambre de commerce de Churchill – ℘ *204 675 2022 ou 1 888 389 2327 - www.churchillchamberofcommerce.ca.* Informations pour se rendre à Churchill, hébergement et visites dans la région.

Centre d'accueil du Canada Wapusk National Park – *Au niveau de la gare ferroviaire -* ♿ *- horaires saisonniers, se renseigner - ℘ 204 675 8863 - www.pc.gc.ca.* Il donne des informations sur la nature et l'histoire régionales, le fort Prince of Wales et le site historique national York Factory.

www.churchillrivercanoe.com – Descentes en canoë sur la rivière Churchill.

🅞 **SE REPÉRER**

Carte de région C1 en direction (p. 254). Churchill se trouve à environ 1 000 km au nord de Winnipeg, à l'ouest du parc national du Canada Wapusk.

🅟 **SE GARER**

Vous pouvez aller en voiture jusqu'à Churchill mais, ensuite, il vous faut louer un truck ou un van pour le parc.

☺ **À NE PAS MANQUER**

Du fort Prince of Wales, l'observation de la vie sauvage de la région.

👪 **AVEC LES ENFANTS**

Les ours polaires et les aurores boréales, incontournables !

2

Ce port maritime en eau profonde, le plus septentrional du Canada, se trouve dans la baie d'Hudson, à l'embouchure du fleuve Churchill dans une région de toundra, à quelques kilomètres au nord de la zone boisée. Malgré la rudesse des hivers, la faune et la flore y sont variées. En été, un riche tapis de fleurs couvre le sol. Début juillet, les bélugas entrent dans la rivière pour mettre bas. En automne, les ours polaires, qui migrent de la région de Churchill jusqu'à leur habitat d'hiver dans le Nord, s'aventurent parfois jusque dans les villes... Quant aux aurores boréales, elles sont réputées pour être les plus intenses au monde !

Découvrir

Churchill se compose d'une douzaine de rues goudronnées bordées de maisons, de commerces et d'hôtels. Le silo élévateur domine le port. **Town Centre Complex** rassemble les services de la ville sous un même toit : installations récréatives (dont une piscine, une patinoire de curling, une cafétéria, un théâtre), services médicaux, scolaires et autres, expositions d'art inuit ; de là, jolies **vues** sur la baie d'Hudson. Kelsey Boulevard traverse la ville en suivant la voie ferrée jusqu'à Arctic Trading Co., charmant magasin où le visiteur trouvera de l'artisanat, des vêtements et des souvenirs.

★★ Eskimo Museum

Près de la mission catholique. ℘ 204 675 2030 - juin-oct. : lun. 13h-17h, mar.-sam. 9h-12h, 13h-17h ; le reste de l'année : lun.-sam. 13h-16h30 - fermé j. fériés - contribution requise.

Le musée possède une **collection** de belles sculptures inuits sur pierre, ivoire de morse et os, rassemblée pendant plus de cinquante ans par les missionnaires oblats. Un commentaire enregistré souligne l'intérêt documentaire de ces pièces. Certaines illustrent des scènes de la vie quotidienne inuit ; d'autres évoquent les légendes traditionnelles et les nouveautés introduites par les Européens dans la vie de ce peuple, comme l'avion et la motoneige.

★ Prince of Wales Fort

De l'autre côté de l'estuaire. Accès par bateau ou hélicoptère selon les marées et les conditions météorologiques. 204 675 8863 - www.pc.gc.ca - *juil.-août : tlj, visite guidée sur demande - 7,80 $.*

La construction de cet imposant fort de pierre (1731-1771) fut entreprise par la Compagnie de la baie d'Hudson (CBH) afin de protéger ses intérêts commerciaux des ambitions françaises. Le monopole de la CBH était en outre menacé de l'intérieur par un groupe de marchands montréalais (qui devaient plus tard former la Compagnie du Nord-Ouest). Après la défaite de la France aux plaines d'Abraham en 1759, la menace étrangère s'affaiblit. Aussi, l'explorateur Samuel Hearne, alors gouverneur du fort, fut-il surpris lorsqu'en 1782 une flotte française commandée par le navigateur La Pérouse se prépara à attaquer ses murailles. Hearne ignorait même que l'Angleterre et la France étaient à nouveau en guerre ! La plus grande partie de la garnison s'étant rendue à l'intérieur des terres pour surveiller les commerçants de Montréal, Hearne ne put que capituler ; aucun coup de feu ne fut échangé. La Pérouse mina les murs et incendia la forteresse ; malgré le départ rapide des Français, le fort ne fut jamais réutilisé, la CBH préférant s'installer en amont. Remarquez le mur d'enceinte à redans, épais de 12 m et haut de 5 m, ainsi que l'impressionnante batterie de canons.

⊙ **Bon à savoir** – L'excursion en bateau jusqu'au fort est idéale pour approcher les bélugas qui fréquentent les eaux de l'estuaire en juillet et en août.

UN PEU D'HISTOIRE...

Alors qu'il cherchait un passage vers le nord-ouest, un explorateur danois, Jens Munk, prit ses quartiers d'hiver au bord du fleuve Churchill en 1619. Quelque soixante-dix ans plus tard, la Compagnie de la baie d'Hudson tenta sans succès d'établir un comptoir à l'embouchure du fleuve ; une seconde tentative réussit en 1717. Le site reçut le nom du gouverneur de la Compagnie, **John Churchill**, futur duc de Marlborough. Le comptoir fut dès lors remplacé par le fort Prince of Wales afin de défendre les intérêts de la compagnie. Une ligne de chemin de fer fut construite en 1929 et la petite ville de Churchill fut transférée sur l'autre rive du fleuve en 1931. Pour satisfaire les exigences des producteurs céréaliers, Churchill se dota d'un silo élévateur et d'un port. La bourgade, aujourd'hui port céréalier, expédie le blé et l'orge des Prairies pendant la courte période où la baie et le détroit d'Hudson sont navigables *(de mi-juil. à mi-nov.)*. La population active, composée pour moitié d'aborigènes, travaille dans le transport, le tourisme ou la santé.

LES OURS POLAIRES AU FIL DES SAISONS

Lorsque le réchauffement printanier fait fondre la glace, les grands ours blancs, poussés par les vents dominants, dérivent le long de la côte occidentale sur d'énormes blocs de glace. Ils accostent et passent l'été à se reproduire, se nourrissant d'herbe et d'algues. Vers le mois d'octobre, affamés et sentant venir l'époque où les eaux vertes de la baie d'Hudson vont se couvrir de glace, les mâles retournent passer l'hiver sur la banquise et se gorger de phoques. De la mi-octobre à la mi-novembre, la prise des glaces commence le long des pointes et des caps proches de Churchill. Les ours se rassemblent alors, faisant de la ville un poste propice d'observation.

Cap Merry National Historic Site – ✆ 204 675 8863. Sur la rive est du Churchill, face au fort, les vestiges de la batterie de pierre (18ᵉ s.) du cap Merry constituent un bon poste d'observation de la faune : les bélugas pénètrent dans le fleuve avec les marées et les phoques se dorent au soleil sur la glace flottante. Des oies des neiges survolent l'endroit, où viennent se nourrir sternes de l'Arctique, harles huppés, plongeons catmarins et plusieurs centaines d'autres espèces subarctiques.

York Factory National Historic Site

Près de l'embouchure de la rivière Hayes à 240 km au sud-est ; accessible uniquement en canoë ou en avion. ✆ 204 675 8863.

Il montre les vestiges d'un ancien comptoir de la Compagnie de la baie d'Hudson.

Excursion

2

Observation des ours polaires

www.tundrabuggy.com. Cet opérateur de Frontiers North Adventures propose un forfait avec hébergement dans le Tundra Buggy Lodge, train de véhicules, où voiture-lit, voiture-cantine, voiture pour l'équipement, etc. sont reliées entre elles par des passerelles d'observation. Réserver très tôt les excursions. Travel Manitoba et la chambre de commerce de Churchill fournissent la liste des organisateurs d'excursions.

L'immense ourse s'assied soudain, fichée dans la neige, pour allaiter ses petits. Surveillant l'horizon, elle hume l'air à petits coups, à la recherche d'odeurs. Les touristes s'extasient devant l'énorme créature (300 kg pour une femelle adulte, 600 kg pour un mâle).

Les observateurs sont installés dans leur Tundra Buggy® chauffé avec salle de bains, sorte de large autobus rectangulaire équipé de pneumatiques tout-terrain d'une hauteur suffisante (1,80 m) pour maintenir les vitres (et les passagers) hors de portée des ours curieux, qui n'hésitent pas à se dresser de toute leur hauteur pour mieux voir l'intérieur (qui observe qui ?). Les animaux mordillent les pneus, se roulent en boule derrière un rocher ou se vautrent dans la neige. Les jeunes mâles se bagarrent souvent debout, au grand amusement des visiteurs qui en oublient la puissance et l'imprévisibilité de ces carnivores.

Ontario 3

Carte Michelin Regional n° 583

Thunder Bay.
R. Hicker / age fotostock

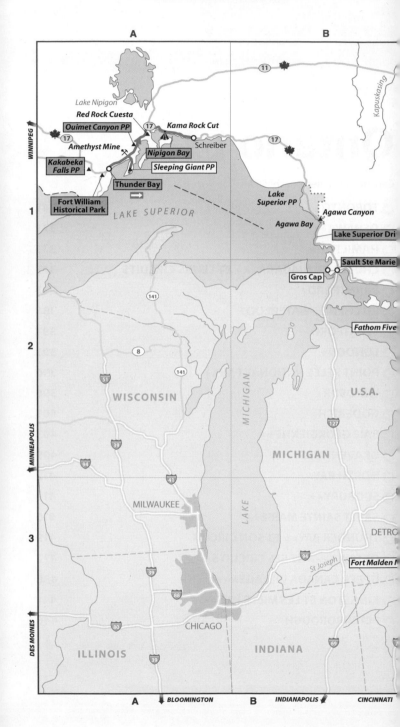

C   D

Réservoir Gouin

QUÉBEC

N

4

Ottaouais

Ottawa

MONTRÉAL

Sudbury   **Sturgeon Falls**   **North Bay**

Lake Nipissing

MUSÉE CANADIEN DES CIVILISATIONS

Peninsula NP   **Thirty Thousand Islands**   *Algonquin PP*

OTTAWA

UPPER CANADA VILLAGE

pot   *Georgian*   **Parry Sound**   *Muskoka Lakes*   *St Lawrence Islands NP*   **Prescott**

Bay   **Gravenhurst**

mory   *Beausoleil Island*   **Midland**   **Huron Ouendat Village**   **Gananoque**   **Thousand Islands Parkway**

Penetanguishene   *Petroglyphs PP*

Thornbury   **Orillia**   **Peterborough**   **Kingston**

Wasaga Beach   **Oshawa**   **Lang Pioneer Village**   *Thousand Islands*

Goderich   *Blue Mountains*   **TORONTO**   LAKE   ONTARIO   **U.S.A.**

Elora

Kitchener-Waterloo   **African Lion Safari**   **NIAGARA FALLS**   ALBANY

Bayfield

Stratford   **Hamilton**   **NEW YORK**

nawe Pioneer Village   **Brantford**   *CHUTES DU NIAGARA*

London   NEW YORK

cle s Cabin   **Ska-Nah-Doht Iroquoian Village and Museum**

Dresden

dsor   LAKE   ERIE

Road 50

Point Pelee NP

ck Miner's Sanctuary

CLEVELAND

OHIO   **PITTSBURGH**   3

COLUMBUS

ONTARIO

| 0 | 120 km |
| 0 | 80 mi |

TORONTO	★★★	Vaut le voyage
Kingston	★★	Mérite un detour
Stratford	★	Intéressant
Dresden		À voir
➡		Ville de départ du circuit
→		Rive nord du lac Supérieur
🔍 *CHUTES DU NIAGARA*		Voir la carte détaillée du circuit

C   D

Panorama

Cœur économique, industriel, financier, politique et culturel du Canada, l'Ontario est la province la plus peuplée et la plus riche. Son territoire, qui s'étend des Grands Lacs, au sud, à la baie d'Hudson au nord, offre une variété infinie de paysages très souvent à proximité d'eau : villes modernes et dynamiques, campagnes paisibles, immensités sauvages du Bouclier canadien… Avec environ 200 000 km² de lacs, l'Ontario, « belle eau » en iroquois, mérite décidément bien son nom.

UN PEU DE GÉOGRAPHIE

Une terre formée par les glaciers

Il y a 10 000 ans, l'Ontario était comme le reste de l'Amérique du Nord, complètement couvert par les glaces. Elles finirent par se retirer, laissant derrière elles un paysage marqué, remodelé. D'immenses cavités se remplirent progressivement d'eau. Le socle cristallin du **Bouclier canadien** présente dorénavant un paysage de roches, d'eau et d'arbres escaladant les rochers, de forêts sauvages, de lacs et de rivières qui font le bonheur des amateurs de sports de plein air. Au nord et à l'extrême sud de cette province, une large bande sur la côte de la baie d'Hudson est recouverte de sédiments primaires.

Les Grands Lacs

Ce vaste ensemble lacustre est dû en partie à l'érosion causée par le retrait des glaces. Les Grands Lacs forment une véritable mer intérieure couvrant une superficie égalant environ la moitié de la France. Ils se composent de cinq étendues d'eau douce reliées entre elles par un complexe réseau de chenaux, qui se déversent aujourd'hui dans l'Atlantique par le St-Laurent. Le **lac Supérieur** est à la fois le plus grand, le plus profond et le plus froid. Il fut créé avant l'âge des glaces par une faille dans le Bouclier. Les autres lacs, **Huron**, **Érié**, **Ontario** et **Michigan**, se sont formés au moment de l'érosion. Tous, à l'exception de ce dernier, bordent l'Ontario (formant un littoral de 1 800 km) dont ils adoucissent sensiblement le climat.

Le nord

Cette région, au nord d'une ligne imaginaire allant de la rivière des Outaouais (Ottawa) à la baie Géorgienne en passant par le lac Nipissing, est appelée « l'Ontario du Nord ». L'altitude n'y dépasse guère 460 m, à l'exception de quelques crêtes rocheuses plus élevées à proximité du lac Supérieur. La population est très clairsemée, sauf dans les zones d'exploitation minière. À l'exception de quelques fermes dans le nord-est, l'agriculture est virtuellement inexistante. De vastes étendues forestières alimentent les scieries et les usines de pâte à papier. Les lacs font la joie des sportifs.

Le sud

Comme dans toutes les provinces, la grande majorité de la population est massée dans le sud, formé ici par une péninsule oblique cernée de lacs et de rivières : baie Géorgienne, lacs Huron, Érié et Ontario, St-Laurent et rivière des Outaouais. Le sud-ouest est une riche plaine sédimentaire semée de douces ondulations, dépôts alluvionnaires laissés par les glaciers, dont le seul relief marquant est l'**escarpement du Niagara**. C'est la terre des fermes. Le sud-est, entre les rivières St-Laurent et Ottawa, forme un petit triangle également cultivé. La péninsule ontarienne est la plus grande région industrielle du pays, surtout à l'extrémité occidentale du lac Ontario, dans la zone comprise entre Toronto et Hamilton, communément appelée **Golden Horseshoe**.

Le climat

Les données climatiques varient d'un bout à l'autre de la province. Dans le nord, les hivers sont longs, froids et secs, et les étés ensoleillés, avec des journées chaudes et des nuits fraîches. Le sud bénéficie d'un climat assez doux, dû à l'influence modératrice des Grands Lacs : les étés sont longs, parfois humides, et les hivers moins sévères qu'ailleurs. Ainsi, les températures moyennes minimales/maximales atteignent en janvier -7 °C/-1 °C à Toronto, -15 °C/-6 °C à Ottawa et -21 °C/-8 °C à Thunder Bay tandis que les minimales/maximales en juillet s'élèvent à 17 °C/27 °C à Toronto, 15 °C/26 °C à Ottawa et 11 °C/23 °C à Thunder Bay.

Les précipitations sont généralement étalées de façon équitable sur toute l'année. À titre indicatif, Toronto et Thunder Bay reçoivent une moyenne de 76 mm de pluie au mois de juillet, contre 100 mm à Ottawa. Le coefficient d'enneigement est plus élevé dans les régions exposées aux vents d'ouest des Grands Lacs que dans celles protégées par l'escarpement du Niagara, et le nombre de nuits sans gelée varie de 179 sur la Pointe Pelée (au sud) à 60 sur les bords de la baie d'Hudson (au nord).

UN PEU D'HISTOIRE

Algonquins et Iroquois

Dans le nord de l'Ontario vivaient des Indiens dont le mode de vie ressemblait fort à celui des tribus des Territoires du Nord-Ouest. Au sud, auprès des Grands Lacs, vivaient des **Amérindiens des forêts de l'Est**, divisés en deux familles linguistiques, Algonquins et Iroquois, dont les modes de vie, adaptés au même milieu, présentaient de nombreux points communs. Les Algonquins, au nord des lacs Supérieur et Huron, étaient des chasseurs et des pêcheurs. Ils logeaient dans des huttes d'écorce, en villages semi-sédentaires. Ils se déplaçaient en canots d'écorce de bouleau, et l'hiver marchaient sur la neige les pieds chaussés de raquettes, utilisant aussi de petits traîneaux appelés « toboggans ».

Les Iroquois occupaient les régions autour des lacs Érié et Ontario. Ils chassaient également, employaient canots d'écorce et raquettes, mais étant plus sédentarisés, ils pratiquaient l'agriculture (maïs, fèves, tabac, tournesol). Quand, après une quinzaine d'années, la terre était épuisée, ils partaient défricher ailleurs et construire un autre village où, derrière la palissade protectrice, s'alignaient les **longues maisons**. Couvertes d'écorce, celles-ci pouvaient atteindre 50 m de long sur 10 m de large, et loger une douzaine de familles. La maison et les champs appartenaient aux femmes, très influentes dans cette société matriarcale ; elles choisissaient les chefs, et c'est à elles que revenait la charge de travailler la terre.

Guerriers organisés, les Iroquois assirent leur puissance sur la **Ligue des cinq nations** (qui devint, après 1722, la Ligue des six nations, lorsque les Tuscarora eurent rejoint les Mohawk, Onondaga, Seneca, Cayuga et Oneida), confédération guerrière qui tenta d'exterminer les premiers colons français et réussit à anéantir les **Hurons**, groupe iroquois qui n'appartenait pas à la Ligue. Parmi les sociétés secrètes actives chez les Iroquois, il faut citer la **Société des faux visages**, aux masques de bois grimaçants garnis de vrais cheveux : taillés sur l'arbre vivant, ces masques avaient la propriété magique d'éloigner les mauvais esprits des bois causant les maladies.

La Nouvelle-France

Aux 17e et 18e s., l'intérêt sans cesse accru pour le commerce des fourrures joua un rôle fondamental dans l'exploration des vastes espaces canadiens. De nombreux Français parcoururent en tous sens le territoire correspondant à l'Ontario d'aujourd'hui. Le premier fut **Étienne Brûlé**, suivi par **Champlain**, puis par **Radisson** et **Groseilliers**, qui cherchaient une voie d'accès à la baie d'Hudson. **Marquette** et **Jolliet** partirent à la recherche d'une rivière qui s'écoulait du lac Supérieur vers l'ouest. **La Salle** traversa la région lorsqu'il descendit le Mississippi. En 1639, les **jésuites**, en provenance du Québec, après avoir parcouru plus de 1 300 km, établirent la mission de Ste Marie sur le site actuel de Midland, sur les bords de la baie Géorgienne afin de convertir les Hurons au christianisme, mais les attaques répétées des Iroquois – en 1650, ils martyrisèrent cinq pères jésuites – les forcèrent à abandonner les lieux dix ans plus tard. Au début du 18e s., des colons s'installèrent sur les bords de la rivière Detroit, au sud-ouest de l'Ontario ; environ 400 d'entre eux y vivaient au moment de la chute de la Nouvelle-France. La **Compagnie de la baie d'Hudson** s'établissait entre-temps dans la partie nord de la province. En 1673, un comptoir fut fondé à **Moosonee**, sur la baie James.

Les loyalistes

En 1775, dans les « treize colonies » américaines régnait alors une sorte de guerre civile entre les rebelles et les colons britanniques attachés à la mère patrie. On appelait ces derniers « Tories », c'est-à-dire conservateurs, pour leur refus du changement, ou encore « loyalistes », pour leur fidélité au roi George III.

Avec la victoire des révolutionnaires, bien des loyalistes furent persécutés et forcés de fuir. Le gouvernement britannique, ne pouvant rester insensible au sort de ses loyaux sujets, leur distribua de nouvelles terres au Canada. On estime ainsi à environ 80 000 le nombre de loyalistes venus s'installer en Nouvelle-Écosse, au Nouveau-Brunswick, sur l'île du Prince-Édouard, dans les Cantons-de-l'Est, dans la vallée du St-Laurent et dans la péninsule du Niagara. Parmi ceux qui s'établirent en Ontario, tous n'étaient pas anglo-saxons. Sous la conduite de leur chef **Joseph Brant**, les Amérindiens de la Ligue des six nations, dite **Confédération iroquoise**, avaient combattu aux côtés des Britanniques et, à ce titre, reçurent une concession près de Brantford.

L'arrivée de cette vague de réfugiés (l'un des plus grands mouvements de population de l'époque) amena dès 1791 la création de la colonie du Haut-Canada, avec pour capitale Niagara-on-the-Lake, puis Toronto. Entre-temps, les lacs et les rivières de la province bourdonnaient de l'activité des brigades de coureurs des bois qui récoltaient les fourrures pour la Compagnie de la baie d'Hudson et la Compagnie du Nord-Ouest.

L'invasion américaine de 1812-1814

De fortes tensions subsistaient entre la Grande-Bretagne et ses anciennes colonies, devenues États-Unis, qui voyaient dans le Canada une gêne à leur expansion sur le continent. Tandis que la métropole était engagée dans les guerres napoléoniennes, les Américains envahirent le Canada, sûrs de bénéficier du soutien de ses habitants. Quelle ne fut leur surprise de se trouver en face d'une population unie, sinon par sa fidélité à l'Angleterre, du moins par son aversion pour les États-Unis ! La guerre se déroula surtout dans le Haut-Canada : combats dans la péninsule du Niagara au cours desquels s'illustrèrent **Isaac Brock** et **Laura Secord**, mise à sac de Toronto, batailles navales sur les Grands Lacs. Quelques engagements eurent lieu le long du St-Laurent, particulièrement à Crysler Farm. Malgré la fréquente indécision de ces batailles, les Américains furent contenus hors des frontières.

Vers la Confédération

Conséquence du conflit anglo-américain, le gouvernement britannique favorisa l'immigration vers le Haut-Canada afin d'en augmenter la population et d'en diminuer la vulnérabilité face à d'éventuelles incursions étrangères. Entre 1820 et 1840, environ 1,5 million de personnes, fuyant la grave crise économique qui frappait alors la Grande-Bretagne, traversèrent l'Atlantique, attirées par l'offre de terres gratuites et par l'espoir d'une vie meilleure en Ontario.

En 1841, le Haut et le Bas-Canada furent regroupés en une province : le Canada-Uni. Cette union, marquée par des tensions entre forces conservatrices et libérales et par des luttes de pouvoir entre francophones et anglophones, donna naissance à un courant fédéraliste dominé par l'Ontarien **John A. Macdonald** et le Québécois **George-Étienne Cartier**. Lorsqu'en 1867, la création de la Confédération canadienne concrétisa l'union des colonies britanniques d'Amérique du Nord, le Haut-Canada prit officiellement le nom d'Ontario.

ÉCONOMIE

L'agriculture

L'Ontario méridional bénéficiant de sols fertiles, d'un climat assez doux et de la saison sans gelée la plus longue de toute la province, a développé une agriculture florissante : maïs blanc, maïs doux, soja, betterave à sucre, riches cultures maraîchères, surtout dans la péninsule de Windsor (tomates autour de Leamington), **vergers** (pêches, cerises) dans la péninsule du Niagara autour de St Catharines, où l'on cultive aussi les fraises et où la vigne a fait naître une prospère **industrie vinicole**, élevage et produits laitiers dans le sud-est de la province, sur les rives du lac Ontario et dans la vallée de l'Upper Thames.

Les richesses du sous-sol

Le Bouclier assure à l'Ontario la première place parmi les provinces pour l'extraction des principaux minerais métallifères (nickel, cuivre, zinc, or, argent, platine, uranium, etc.), auxquels viennent s'ajouter d'importantes quantités de sel, de gypse et de syénite néphélinique. Le **bassin de Sudbury** réunit la plus grande concentration de nickel au monde et fournit plus de la moitié de la production canadienne de nickel ; on y extrait également platine, cuivre, or, argent, sélénium, tellure et dérivés du soufre.

Si le Bouclier renferme sans aucun doute l'essentiel des ressources naturelles de la province, l'Ontario péninsulaire produit tout de même une modeste quantité de pétrole et de gaz depuis 1859, exploite le gypse, et possède des mines de **sel gemme** à Goderich et Windsor.

Les autres ressources

Foresterie, pêche, pelleterie et hydroélectricité jouent un rôle important dans l'économie ontarienne. Malgré une exploitation forcenée de ses ressources forestières au 19e s., la province fournit en abondance bois de sciage et bois de pulpe (l'Ontario est le troisième producteur après la Colombie-Britannique et le Québec). Ses 250 000 plans d'eau et ses quatre Grands Lacs en font le premier producteur de poissons d'eau douce du pays. Ressource la plus ancienne de la province, la pelleterie (sauvage ou d'élevage) contribue toujours à son économie. Particulièrement importante dans une province pauvre en combustibles fossiles, la production ontarienne d'énergie hydroélectrique (troisième du pays derrière celle du Québec et de la Colombie-Britannique) est abondante, grâce à l'aménagement de différents cours d'eau (St-Laurent et Niagara en particulier).

L'industrie manufacturière

L'industrie canadienne, traditionnellement tournée vers la transformation des ressources naturelles (bois, minéraux, produits agricoles), s'est largement diversifiée. Véhicules à moteur et pièces détachées sont des secteurs majeurs en Ontario, mais l'industrie des télécommunications, l'électronique, le matériel électrique, la transformation des métaux, l'industrie du caoutchouc, la chimie, l'alimentation, l'imprimerie et l'édition ont également un rôle à jouer. La plupart de ces industries sont concentrées autour de Toronto et le long de la route 401 entre Windsor et Kingston, dans ce qui constitue la plus vaste zone industrielle du Canada. Les régions de Sarnia (pétrochimie), Niagara (pièces détachées), Sault Ste Marie (sidérurgie, pâtes et papiers) et Ottawa-Carleton (télécommunications, informatique) contribuent également à la puissance économique torontoise.

La voie maritime des Grands Lacs et du Saint-Laurent

Ouverte à la navigation en 1959, cette voie de passage ne se limite pas à la section reliant le St-Laurent au lac Ontario (3 790 km), mais représente un ensemble de canaux et d'écluses (soit 15 325 km de voies navigables) offrant aux Grands Lacs un débouché sur l'Atlantique. D'une importance économique capitale pour les États-Unis et le Canada, elle permet une pénétration peu coûteuse des marchandises (fer, charbon et céréales venant en tête du palmarès) par voie maritime. Les quatre écluses américaines de Sault Ste Marie, au carrefour des voies de transport, enregistrent l'un des trafics les plus denses du réseau.

La spectaculaire diminution (plus de un mètre) du niveau des cinq lacs occasionnée par la chaleur et la sécheresse a dramatiquement affecté la navigation, la pêche et le tourisme pendant plusieurs années ; le processus s'inverse néanmoins depuis peu.

Les nouvelles technologies

Biotechnologie, informatique et télécommunications sont principalement centrées sur Toronto et Ottawa, bien que l'économie de la province soit toujours dominée par les industries de transformation.

Le tourisme

Bien que l'Ontario reçoive toujours le plus grand nombre de visiteurs du pays, sa part des revenus de l'industrie touristique a diminué, passant de la moitié au début des années 1990 à un tiers à la fin des années 2000.

☺ ONTARIO PRATIQUE

INFORMATIONS UTILES

Office de tourisme
Ontario Travel – *10 Dundas St. E, suite 900, Toronto M7A 2A1 -* 📞 *1 800 668 2746 - www.ontariotravel.net.*

Sites Internet
Province – *www.ontario.ca.*
Parcs – *www.ontarioparks.com.*

Heure locale
La majeure partie de l'Ontario vit à l'heure de l'est. Le tiers ouest de la province, au-delà du 90e méridien, vit à l'heure du Centre du Canada.
🖐 *Carte des fuseaux horaires, p. 17.*

Taxes
La GST ou TPS et la TVP sont remplacées par une taxe de vente harmonisée (TVH) de 13 %.

Loi sur les alcools
Âge légal de consommation d'alcool : 19 ans. Bouteilles d'alcool en vente dans les magasins d'État.

Loi sur le tabac
L'achat de tabac est interdit aux moins de 18 ans.

Jours fériés provinciaux
Fête de la Famille – 3e lun. de fév.
Fête civique – 1er lun. d'août.

TRANSPORTS

En avion
Les aéroports de Toronto et de London sont desservis par des vols internationaux et domestiques.
Toronto Pearson International Airport – *www.torontopearson.com.* À 25 km du centre-ville.
London International Airport – *www.londonairport.on.ca.*

Principales compagnies :
Bearskin Airlines – *www.bearskinairlines.com.*
Air Creebec – *www.aircreebec.ca.*
Wasaya Airways – *www.wasaya.com.*
🖐 *Voir « Transports intérieurs », p. 25.*

En voiture
L'Ontario possède des routes goudronnées en bon état.

ACTIVITÉS

Activités de plein air
Les nombreux lacs et cours d'eau de la province se prêtent à toutes sortes de sports nautiques. Les plaisanciers apprécieront particulièrement le canal Rideau et les lacs entre Ottawa et Kingston, ainsi que la voie navigable Trent-Severn, qui va de Trenton à la baie Géorgienne en passant par les lacs Kawartha et le lac Simcoe. Le canoë a beaucoup d'adeptes, aussi bien sur lacs et rivières que dans les rapides.
Canoë – Les destinations les plus connues sont le parc provincial Algonquin, avec 1 500 km navigables, et le parc provincial Quetico, où passe la Boundary Waters Fur Trade Canoe Route (523 km et 43 portages).
🖐 *www.algonquinpark.on.ca; www.ontarioparks.com.*
Randonnée – Parmi les sentiers fréquentés l'été, le fameux Bruce Trail longe l'escarpement du Niagara sur 692 km, dans la partie sud de la province, tandis que le Coastal Trail traverse des contrées sauvages sur les rives du lac Supérieur dans le parc national Pukaskwa.
🖐 *www.pc.gc.ca.*
Pêche – L'Ontario est aussi le paradis de la pêche, dans le

3

nord surtout où s'organisent de nombreuses expéditions. Le permis, requis pour les non-résidents, s'obtient dans les magasins de sport locaux.

Natural Heritage Information Centre – *www.mnr.gov.on.ca/mnr/fishing.*

Ski – Thunder Bay, Blue Mountain (Collingwood) et Gatineau Hills (Ottawa) sont des stations populaires de ski et de snowboard. Le ski de randonnée est largement pratiqué dans les parcs et dans la province. *www.skiontario.ca.*

Tourisme-découverte

Ontario Northland – *200 Railway St., Cochrane P0L 1C0 - ☎ 705 272 4228 ou 1 800 265 2356 - www.ontarionorthland.ca - dép. juin-août : lun.-vend. 9h ; retour à Cochrane 22h - sur réserv. - AR 100 $.* Le train **Polar Bear Express** traverse les immenses forêts, la brousse et les tourbières de la ligne de partage des eaux de l'Arctique en un fascinant voyage d'une journée de Cochrane à Moosonee, en bordure de la baie d'Hudson. L'arrivée vers midi permet de visiter tranquillement la plus vieille implantation anglaise en Ontario, fondée en 1673 par la Compagnie de la baie d'Hudson sur l'île Moose Factory.

St Lawrence Cruise Lines – *253 Ontario St., Kingston K7L 2Z4 - ☎ 613 549 8091 ou 1 800 267 7868 - www.stlawrence rivercruise.com - dép. de Kingston de mi-mai à fin oct. - croisière de 3-7 j. - sur réserv.* Une croisière de luxe sur le vapeur **MV Canadian Empress** emprunte les voies d'eau que suivirent les premiers explorateurs de l'intérieur, avec la visite de lieux historiques, d'Ottawa, de Montréal, de Québec et d'autres villes.

Toronto
★★★

5 052 522 habitants

 NOS ADRESSES PAGE 365

S'INFORMER

Tourism Toronto – Plan III B3 - *207 Queens Quay W* - ✆ *416 203 2500 ou 1 800 499 2514 - www.torontotourism.com.*

SE REPÉRER

Carte de région C2 (p. 332-333) - plans de ville I (Grand Toronto, p. 363), II (p. 357), III (centre-ville, p. 350). Bâtie sur le large littoral nord du lac Ontario, au sud-est de la province, la ville de Toronto est au centre du Golden Horseshoe, croissant de 60 km de large qui relie Oshawa à Hamilton, où se concentrent plus du quart des moyens de production du Canada. La rivière Humber borde Toronto à l'ouest, la rivière Don à l'est.

☺ **Bon à savoir** – Commencez par situer **Yonge Street**, perpendiculaire au lac Ontario. Elle débouche à proximité de la gare centrale, **Union Station**, et divise la ville d'est en ouest : les rues qui lui sont perpendiculaires sont partagées en deux sections, est et ouest, l'exemple le plus cité étant la **Queen Street**, divisée en Queen Street East et Queen Street West (laquelle se prolonge même en West Queen Street West !).

SE GARER

Il est difficile de se garer dans la rue, où le parking minuté et le parking avec permis sont les seuls valables. Mieux vaut laisser son véhicule dans les parkings fermés. Ceux des musées sont souvent payants (en argent liquide).

À NE PAS MANQUER

La tour CN et le Royal Ontario Museum. Pour la musique classique, passez une soirée au Roy Thomson Hall. Et puisque vous êtes au Canada, pourquoi ne pas aller voir le Hockey Hall of Fame ?

ORGANISER SON TEMPS

SI vous souhaitez profiter des principaux musées de Toronto (ROM, Art Gallery), réservez-leur chacun plusieurs heures. Il est donc difficile d'en visiter plus d'un par jour. Prenez aussi en compte la durée des déplacements à pied dans le centre-ville, très étendu, et n'hésitez pas à utiliser les transports publics (Toronto Transit Commission ou « TTC ») dont les réseaux de bus, de métro et de tramway, sont efficaces, bon marché et sans danger. Si vous conduisez, évitez l'artère nord-sud Yonge Street, toujours bondée. Essayez plutôt Avenue Road, Bathurst ou Don Valley Parkway.

AVEC LES ENFANTS

Les collections de sciences naturelles du Royal Ontario Museum, les parcs d'attractions dans les îles de Toronto, Fort York, Ontario Place, le Ontario Science Centre, le Metro Toronto Zoo et le Black Creek Pioneer Village.

Histoire d'une capitale

LE « PASSAGE DE TORONTO »

À la fin du 16e s., les **Hurons** et les **Pétuns** abandonnèrent la rive nord du lac Ontario à la belliqueuse **Confédération iroquoise** qui put ainsi contrôler le marché des fourrures, avant d'être à son tour chassée des lieux par les marchands français. Ces derniers connaissaient très bien le « passage de Toronto », raccourci emprunté par les autochtones, qui leur permettait de se rendre du lac Ontario au lac Huron en empruntant rivières et sentiers.

LE RÉGIME FRANÇAIS

Vers 1720, les Français construisirent en ces lieux un comptoir de fourrures qu'ils nommèrent **Fort Rouillé**, mais ce dernier ne connut qu'une brève existence : en 1759, lors de la guerre de Sept Ans, il fut incendié par sa propre garnison, qui refusait de tomber aux mains des Britanniques. Des vestiges du fort ont été mis au jour à Toronto.

YORK

En 1787, **Sir Guy Carleton**, le gouverneur de l'Amérique du Nord britannique, acheta le site aux Amérindiens **mississauga**, qui l'occupaient à la suite des Iroquois. Les loyalistes qui fuyaient les États-Unis s'installèrent progressivement le long du lac. La création du Haut-Canada, décidée en 1791, conduisit le colonel John Graves Simcoe, lieutenant-gouverneur du nouveau territoire, à choisir le terrain acheté par Sir Carleton pour établir une capitale provisoire. Distante de la frontière américaine et dotée d'un port intéressant, la ville fondée en 1793 fut baptisée **York** en hommage au fils de George III. En 1813, une flotte américaine arriva devant la ville, s'en empara et mit feu à l'Assemblée et à quelques autres bâtiments importants. En guise de représailles, en 1814, les troupes britanniques incendièrent en partie Washington.

Le Family Compact

À York et sur l'ensemble du territoire du Haut-Canada, le pouvoir était détenu par un petit groupe d'hommes riches aux fortes attaches britanniques, le Family Compact, élite très fermée qui choisissait en son sein les responsables de postes officiels. Mais à partir de 1814, York connut un développement considérable. Des vagues d'immigrants, qui fuyaient les difficultés économiques nées en Grande-Bretagne à la suite des guerres napoléoniennes, s'installèrent à York bien décidés à participer au pouvoir. Élu en 1828 à l'Assemblée législative (sans avoir cependant le droit d'y siéger), le fondateur du journal *The Colonial Advocate*, **William Lyon Mackenzie** (1795-1861), devint le chef de l'aile radicale du Parti réformateur et l'adversaire désigné du Family Compact. En 1834, York était érigée en municipalité et rebaptisée Toronto, mot huron signifiant « point de rencontre » ; l'année suivante, Mackenzie devenait le premier maire de la ville. En 1836, le gouverneur, **Francis Bond Head**, dissolvait l'Assemblée et les élections voyaient cette fois la défaite des réformateurs.

LA RÉBELLION DU HAUT-CANADA

Les réformateurs furieux en appelèrent à Londres pour obtenir un gouvernement responsable : en vain. Mackenzie déclencha dès lors la révolte armée.

En décembre 1837, profitant de l'absence de la garnison appelée au Bas-Canada, il réunit ses partisans et marcha sur Toronto : il voulait s'emparer de la mairie et créer un gouvernement provisoire. En ville, de loyaux citoyens formèrent une milice qui se dispersa à la première escarmouche, tandis que de leur côté les troupes rebelles, elles aussi prises de panique, s'éparpillèrent avant de réaliser leur victoire. Le lendemain, l'arrivée de renforts gouvernementaux commandés par le colonel Allan MacNab mit fin à l'insurrection. Deux rebelles furent exécutés et Mackenzie s'enfuit aux États-Unis. Il ne put revenir au Canada qu'en 1849. La rébellion attira l'attention de Londres et aboutit finalement à la création du Canada-Uni.

DIVERSITÉ DES COMMUNAUTÉS

En 1941, Toronto était encore anglo-saxonne à 80 %, mais à partir de la fin de la Seconde Guerre mondiale, cette ville si homogène s'ouvrit aux immigrants du monde entier. Aujourd'hui, Italiens, Allemands, Ukrainiens, Néerlandais, Polonais, Scandinaves, Portugais, Indiens, Chinois, Antillais, etc. ont fait de Toronto leur patrie, et l'ont enrichie d'une vivifiante diversité culturelle.

TORONTO AUJOURD'HUI

En 1998, les six municipalités composant le Grand Toronto (North York, Scarborough, Toronto, York, East York et Etobicoke) ont fusionné, regroupant près de 2,6 millions d'habitants. Une terrasse, à 5 km environ du rivage, marque l'ancienne rive du lac Iroquois qui précédait le lac actuel. Cet épaulement de terrain, et les ravines creusées par les rivières Humber à l'ouest et Don à l'est sont les seuls reliefs d'un site autrement plat. Ayant acquis maturité et richesse, Toronto se tourne aujourd'hui vers l'avenir. Sa candidature à l'organisation des Jeux olympiques de 2008 lui a permis d'entamer un plan de développement ambitieux (poursuivi bien que Pékin ait été choisie). Un de ses grands projets est la mise en valeur du littoral du lac Ontario : création d'un nouveau centre-ville, d'un espace vert et d'une promenade en bordure de lac et, surtout, un éventuel nouveau tracé pour la voie express Gardiner, une horreur qui sépare, à l'heure actuelle, la ville de son lac, de ses îles et de leurs espaces verts.

À CHAQUE QUARTIER SA COMMUNAUTÉ

Kensington Market *(Kensington Ave, à l'ouest de Spadina et au nord de Dundas)* et les rues adjacentes, avec leurs boutiques et leurs étalages, sont le domaine des communautés portugaise et indienne. Lui aussi très animé avec ses étals, **Chinatown** *(Dundas St., entre Elizabeth St. et Spadina St.)* est l'un des plus grands quartiers chinois d'Amérique du Nord. Toronto compte également un quartier italien *(à l'angle de College St. et St. Clair Ave., à l'ouest de Bathurst)* plein des charmes du vieux continent. **Greektown** *(Danforth Ave., entre Coxwell et Broadview ; Chester)*, le quartier grec, comprend de nombreux cafés, des marchés et de sympathiques échoppes regorgeant de délicieuses spécialités grecques. Le **Bazar Indien** *(Gerrard St. Est)* regorge de restaurants, de produits de toutes sortes, de vêtements et de nourriture du Sud-Est de l'Asie. **Koreatown** *(Bloor St. W.)* est renommé pour ses barbecues et ses karaokés. **Roncesvalles Village** propose des produits appréciés des Polonais. **Queen Street West**, particulièrement active entre Spadina Street et John Street, est devenue un lieu pittoresque avec ses bistros à la mode, ses bouquinistes insolites et ses boutiques de jeunes stylistes.

Dynamique, cosmopolite, stimulante, la plus vaste métropole du pays est également l'une des villes les plus peuplées d'Amérique du Nord. Toronto, la capitale de l'Ontario, jouit d'une économie solide, soutenue par la finance, les biotechnologies, les télécommunications, l'aérospatiale, les nouveaux médias, l'industrie du cinéma et les productions télévisées. Elle s'étale sur près de 600 km² sur la rive nord du lac Ontario, où elle abrite un port de qualité, ponctué au loin par un chapelet d'îles qui lui dessine une rade bien protégée. Elle bénéficie d'un centre-ville animé et de quartiers pittoresques, d'une activité culturelle, artistique et théâtrale d'envergure mondiale, de trésors architecturaux, d'équipes sportives professionnelles, de quartiers commerçants et de multiples infrastructures de loisirs.

Découvrir les principaux musées Plan III p. 350

★★★ ROYAL ONTARIO MUSEUM A1

● *Museum. 100 Queen's Park -* 🖉 *416 586 8000 - www.rom.on.ca -* ♿ ✗ *- 10h-17h30 (vend. 20h30) - comptez 3 à 4h de visite - fermé 25 déc. - 16 $ (27 $ avec l'accès aux expositions temporaires), 10 $ (21 $) le vend. à partir de 16h30, gratuit merc. 15h30-17h30. Entrée principale sur Bloor St. W.*

🅿 *– Le parking le plus proche se trouve au 9 Bedford Rd (1 bloc à l'ouest d'Avenue Rd) mais il est plus facile de s'y rendre à pied ou en métro.*

👫 Les enfants apprécieront particulièrement le deuxième niveau pour son exposition sur la faune et la flore à travers le monde, et la petite galerie de la Découverte. Des activités en anglais sont proposées très régulièrement *(rens. sur le site Internet).*

Devant la diversité et la richesse des collections, il est particulièrement conseillé de se procurer un plan du ROM, disponible à l'accueil dans le hall d'entrée.

Possibilité de restauration au sous-sol et au 5ᵉ étage du musée.

Cet immense musée (abréviation courante : ROM) installé dans un bâtiment de 5 étages en forme de H, est particulièrement réputé pour ses acquisitions d'Extrême-Orient et pour ses activités de recherche. La richesse de ses collections (plus de 6 millions de pièces du monde entier) et la grande diversité de ses départements (plus de 20 sections dans les domaines de l'art, de l'archéologie et des sciences naturelles) en font l'un des plus grands musées du monde.

D'UN SIMPLE MUSÉE MUNICIPAL...

Au début du 20ᵉ s., le banquier torontois Byron E. Walker entreprit une campagne pour créer un musée municipal. L'archéologue **Charles Trick Currelly** se joignit à lui et proposa comme collection de départ les trésors qu'il avait amassés lors de ses voyages. Créé en 1912 par une loi du Parlement ontarien, le Royal Ontario Museum fut inauguré deux ans plus tard ; il faisait alors partie de l'université de Toronto. Devenu indépendant en 1968, il passa sous la tutelle provinciale. Il attire aujourd'hui touristes et savants du monde entier. Dans la galerie Samuel Hall Currelly, des vitrines donnent un excellent aperçu des recherches entreprises par le ROM ainsi que du fonds qu'il détient. Photos, documents et objets divers illustrent le processus d'acquisition des œuvres d'art et d'artisanat.

L'extension du Royal Ontario Museum.
K. Straiton / Design Pics / Photononstop

Rez-de-chaussée

On accède au musée par Bloor Street, où s'élève l'extension dessinée par Daniel Libeskind et baptisée **Michael Lee-Chin Crystal** (2007). Cette entrée donne sur un grand vestibule où sont installés notamment les caisses, le magasin du musée, les ateliers éphémères pour les enfants et sur lequel s'ouvrent les salles d'expositions temporaires. Pour avoir une idée de l'aménagement précédent, traversez le hall Samuel / Gallery Currelly. Sur votre droite se trouve l'ancienne entrée du musée, qui ouvrait alors sur Queen's Park. Cette salle en **rotonde** est décorée d'un magnifique **plafond** en mosaïque de pâte de verre de Venise illustrant les différentes parties du musée. Le sol, décoré d'un immense soleil, est en marbre de l'Ontario. Dans les cages d'escalier qui mènent au niveau 2 se dressent deux **mâts totémiques** en cèdre rouge sculptés par les Haïda et les Nisga'a de Colombie-Britannique (19e s.). Le plus haut des deux (25 m) relate la vie du chef auquel il appartenait.

Collection chinoise – Hormis le beau fonds de minéraux situé dans l'atrium sud-ouest, l'étage est réservé à la remarquable collection d'art chinois, l'une des plus riches au monde hors de Chine. Elle embrasse une période allant sommairement de la dynastie Shang (1523 av. J.-C.), l'âge du bronze chinois, au renversement de la dynastie Qing ou mandchoue (1644-1911) et aux débuts de la République (1912). La collection est réputée pour ses figurines funéraires en céramique du 3e s. (serviteurs, courtisans, chevaux, etc.) qui étaient enterrées jadis avec les défunts. La curiosité principale demeure cependant la **tombe Ming**, unique en Occident : le tumulus précédé d'une allée monumentale (symbolisant la « voie spirituelle ») est gardé par une succession de sculptures représentant des militaires, des civils et des animaux. Il s'agit vraisemblablement du tombeau de Zu Dashou, général qui servit le dernier des Ming et vécut au début de la période Qing. Les salles suivantes sont consacrées à la **Chine impériale** des 10e-19e s. L'agencement traditionnel d'une pièce, une cour chinoise grandeur nature et une « porte de lune » recréent la vie de la noblesse sous les dynasties Ming (1368-1644) et Qing. Une importante collection de céramiques, dont les célèbres porcelaines Ming, complète l'ensemble.

La **galerie Bishop White** reproduit l'intérieur d'un temple de Chine du Nord, avec de remarquables peintures murales à l'encre et en couleurs. La plus grande, *Le Paradis de Maitreya* (vers 1298), est flanquée de deux fresques taoïstes de la province de Shanxi (vers 1325). Des statues polychromes et dorées grandeur nature (12ᵉ-14ᵉ s.) de *bodhisattvas* (sage destiné à devenir bouddha) se tiennent au centre.

La section Herman Herzog Levy présente sous un éclairage tamisé des œuvres d'**Asie orientale** (12ᵉ s.-14ᵉ s.) extrêmement sensibles à la lumière : fresques murales, statues monumentales et collection de petits bronzes bouddhiques et taoïstes. La galerie d'**art coréen** expose des ustensiles, des pots de grès, des céramiques, des panneaux calligraphiés, des vêtements et des accessoires (épingles à cheveux, sacs et poignards d'ornement). Une des œuvres les plus remarquables est une peinture sur 8 panneaux de soie, à l'encre et en couleurs, intitulée *Cent jeunes gens s'amusent*. La galerie consacrée à l'**Asie du Sud** de Christopher Ondaatje dévoile ses trésors à travers étoffes, bijoux, sculptures et pièces d'arme.

Dynamic Earth rend hommage à l'extraordinaire diversité de la planète par le biais de vitrines interactives et de présentations où l'on pourra toucher et examiner fossiles et roches. Après y avoir pénétré par une grotte de quartz, on assiste à un film explicatif *Earth in Motion* avant de se rendre dans Mineral Hall admirer des roches, précieuses ou non, parfois énormes. Ne manquez pas la salle S.R. **Perren Gem and Gold Room**, consacrée aux pierres précieuses et aux bijoux.

Deuxième niveau

L'étage est essentiellement consacré aux sciences naturelles. De magnifiques **dinosaures** sont présentés dans leur milieu naturel. Leurs squelettes proviennent des Badlands de l'Alberta (Red Deer River Valley), où les roches du crétacé supérieur ont été mises à nu par l'érosion. Bernaches du Canada, dindons, hiboux, canards et oiseaux plus petits, saisis en vol, constituent le principal intérêt de la **galerie des oiseaux**.

Reconstitution fidèle de la cavité souterraine de St Clair, située à la Jamaïque, la **grotte des chauves-souris** permet de voir évoluer dans les airs des centaines de chiroptères fabriqués à la main, et de vivre une expérience sensorielle quelque peu étrange.

La **biodiversité interactive** se tient sur deux étages où l'on peut flâner à son gré dans une tanière de loups, identifier des feuilles, des sons et des traces, toucher des défenses, des cornes, des os et des peaux. Derrière ses portes vitrées, la **galerie de la découverte** permet aux enfants d'opérer des fouilles pour mettre au jour les restes d'un dinosaure, de jouer dans un igloo et d'observer des insectes au microscope.

Troisième niveau

Une suite de salles contiguës présente un fascinant aperçu du développement des civilisations de l'Antiquité autour du Bassin méditerranéen. La collection **égyptienne** d'ustensiles, d'outils, de bijoux et de figurines miniatures illustre la vie quotidienne des habitants de l'Égypte ancienne ; la section sur la **religion** comprend des cercueils, des animaux momifiés, des canopes, la **momie d'Antjau** remarquablement préservée et le sarcophage polychrome d'une musicienne. Un tableau chronologique de la période prédynastique à la période ptolémaïque orne le **mur de l'Histoire**. Notez aussi les **reliefs décoratifs de Pount**, moulages de ceux qui ornaient le temple de la reine Hatchepsout à Deir el-Bahari (1503-1482 av. J.-C.). L'exposition sur la **Nubie** (ancien pays qui s'étendait du Sud de l'Égypte au Nord du Soudan) contient des armes, des poteries, des objets en verre et des bijoux représentatifs d'une période allant de 2000 av. J.-C. au 19e s. La **galerie du monde grec et étrusque** (1100-100 av. J.-C.) conserve une collection de sculptures en marbre, de pièces de monnaie, d'amphores peintes, ainsi qu'une maquette de l'Acropole, tandis que la section d'**art islamique** se distingue par sa réplique grandeur nature d'une maison et d'un bazar du Moyen-Orient. Une petite exposition consacrée à l'**art byzantin** (330-1453) permet d'admirer de superbes bracelets et bagues, et toutes sortes de bijoux en or datant de 500 à 700.

Les **salles européennes Samuel** sont consacrées aux arts décoratifs, du Moyen Âge à nos jours. La **collection Lee** contient notamment de magnifiques pièces d'orfèvrerie médiévale et Renaissance en or et en argent. Une section consacrée aux **armes et armures** permet de suivre l'évolution des équipements guerriers, du Moyen Âge aux Temps modernes. D'autres sont dédiées à l'héritage judaïque et au travail des métaux (de 1300 à aujourd'hui), du verre et de la céramique. **Culture et Contexte** présente quant à elle des reconstitutions partielles de pièces, tel ce petit salon victorien (1860-1885). Enfin, des meubles et objets d'art divers représentatifs d'une période allant du Moyen Âge au 20e s. sont exposés dans l'aile sud.

Sous-sol

Plusieurs salles illustrent les nombreuses facettes du riche héritage historique et culturel canadien. La **galerie de l'archéologie de l'Ontario** explore divers aspects des cultures autochtones. On y voit des dioramas grandeur nature évoquant la vie des Algonquins et des Iroquois, et de très belles reproductions de pétroglyphes.

Les collections de tableaux et d'objets d'arts décoratifs de la **galerie canadienne Sigmund Samuel** sont consacrées essentiellement au passé du Canada, l'accent étant mis sur la période allant du 17e s. au début du 20e s. et sur les apports culturels français et britanniques. Remarquez la chambre à panneaux de la maison Bélanger (1820).

Dans la **galerie du souvenir des peuples du Canada** et la **galerie des peuples indigènes**, sont exposées par rotation les œuvres de Canadiens inuits ou amérindiens.

3

★★ ART GALLERY OF ONTARIO A2

● St Patrick. 317 Dundas St. W - ℰ 416 979 6648 ou 1 877 225 4246 - www.ago.net - 🏵 - mar.-dim. 10h-17h30 (20h30 merc.) - 19,50 $ (25 à 40 $ avec l'accès aux expositions temporaires).

☺ **Bon à savoir** – Au rez-de-chaussée à gauche (avant les caisses), le magasin du musée installé sur deux étages offre un très vaste choix d'objets design et de reproductions d'œuvres d'art, ainsi qu'un beau rayon librairie. Une bonne adresse, pleine d'idées d'objets-souvenirs.

La galerie réunit la plus riche collection du monde d'œuvres du sculpteur anglais **Henry Moore** (1898-1986) et abrite une collection permanente dont les quelque 16 000 pièces vont de la peinture européenne du 15e s. à l'art contemporain international, en passant par la peinture canadienne.

★★ Henry Moore Sculpture Centre – En 1968, Henry Moore offrait au musée 150 de ses créations. Une section du musée, entièrement consacrée à son œuvre, fut inaugurée quelques années plus tard (1974). Située à l'étage supérieur, cette salle est baignée par la lumière naturelle diffusée par le toit vitré. Elle abrite plus d'un millier de réalisations du célèbre artiste, dont 689 gravures, 139 plâtres et bronzes originaux et 74 dessins.

UN MUSÉE EN PERPÉTUELLE TRANSFORMATION

Le vaste complexe muséologique en brique et en béton, flanqué d'une tour métallique bien caractéristique, couvre presque tout un quartier. Créée en 1900, l'Art Gallery de Toronto s'installa onze ans plus tard dans une belle demeure, The Grange, dont la silhouette traditionnelle se fond harmonieusement au décor actuel. Il changea plusieurs fois de nom, et les bâtiments adjacents, construits en 1918, furent agrandis et rénovés à mesure que le musée élargissait son champ d'activité. En 2008, le musée connut les derniers profonds changements sous la houlette de l'architecte Frank Gehry et grâce à la donation d'un homme d'affaires, Kenneth Thomson. L'espace dédié à l'art se vit ainsi augmenté de 50 %.

★★ **Collection permanente** – La **collection européenne** comprend des œuvres des maîtres anciens ainsi qu'une collection de tableaux de la fin du 19e s. et du début du 20e s. (dont un grand nombre d'œuvres impressionnistes). On reconnaîtra notamment des peintures de Brueghel le Jeune, Rembrandt, Frans Hals, Renoir, Degas, Monet, Sisley, Gauguin, Matisse, Picasso, Bonnard, Chagall et Dufy. Répartie dans plusieurs salles, la **collection canadienne** offre un aperçu de l'évolution de l'art canadien avec des œuvres du 18e s. à nos jours. Parmi les artistes représentés, citons Cornelius Krieghoff, Tom Thomson *(The West Wind)*, le groupe des Sept, Emily Carr, David Milne et Paul Peel. L'**art inuit** couvre les 90 dernières années. Taillées dans l'ivoire, l'os de baleine, la pierre grise ou la serpentine verte, les sculptures (miniatures pour la plupart) illustrent la faune arctique et la vie dans le Grand Nord. De grandes tentures brodées ou de feutre, des gravures sur pierre et des dessins au pochoir complètent la collection.

★ **The Grange** – *Entrée par le restaurant Agora et le jardin des sculptures.* Cette demeure en brique de style georgien fut construite vers 1817 au milieu d'une propriété de 41 ha qui s'étendait jadis de Queen Street à Bloor Street.

D'abord résidence de la famille Boulton, loyalistes de Nouvelle-Angleterre qui devinrent les leaders du Family Compact (l'un d'entre eux, **Henry John Boulton**, fut l'un des principaux adversaires de William Lyon Mackenzie), elle joua un rôle de premier plan dans la vie mondaine et politique du Haut-Canada. En 1875, le manoir devint la propriété d'un éminent universitaire, **Goldwin Smith**, titulaire d'une chaire d'histoire à Oxford, qui en fit un foyer de vie intellectuelle où germaient les idées progressistes. À sa mort en 1911, sa veuve légua la maison au musée. Restaurée en 1973 et meublée dans le style des années 1830, la demeure recrée aujourd'hui la grande époque du Family Compact *(voir p. 342).* Remarquez dans l'entrée le bel escalier à la courbe gracieuse. Les cuisines, caractéristiques d'une demeure nantie du 19e s., occupent le sous-sol. La maison fait face à Grange Park, d'où l'on peut admirer sa gracieuse façade. Son portique actuel, en pierre, est une réplique du portique d'origine en bois.

Se promener Plans de ville p. 350 et 357

★ **YORK, LA VIEILLE VILLE** Plan III B2

En 1793, le lieutenant-gouverneur Simcoe adoptait un plan quadrillé pour la ville d'York : dix pâtés de maisons étaient délimités par Front Street, George Street, Adelaide Street et Berkeley Street En 1813, Jarvis Street marquait la limite ouest d'York. Entre Front Street et King Street se tenait la place du marché. Aucun des édifices de l'époque de Simcoe ne subsiste, mais le quartier a conservé quelques bâtiments du 19e s.

South St Lawrence Market B2

● King. À l'angle de Jarvis St. 92 Front St. E - ℘ 416 392 7219 - www.stlawrence market.com - ♿ - mar.-jeu. 8h-18h, vend. 8h-19h, sam. 5h-17h.
Daté du 19e s., ce vaste édifice de brique abrite, répartis sur deux niveaux, des commerces d'alimentation. Très vivant le samedi matin, le marché inclut l'architecture encore en place du second hôtel de ville ou **Second City Hall** (1845-1899).
Market Gallery – Dans la salle du Conseil, au 2e niveau - ℘ 416 392 7604 - www.stlawrencemarket.com - ♿ - mar.-vend. 10h-16h, sam. 9h-16h - fermé vac. scol. Cette galerie (1845-1899) présente en alternance des expositions de documents et d'objets historiques issus des archives de la ville de Toronto.
À l'ouest, le long de Front Street, remarquez une belle rangée de magasins en brique et pierre du 19e s. Juste en face, un édifice moins grand abrite un marché très fréquenté.

North St Lawrence Market B2

℘ 416 392 7219 - www.stlawrencemarket.com - ♿ - le bâtiment est ouvert tte l'année - le marché : sam. 5h-17h - pour les stands d'objets anciens, les horaires sont variables, consulter le site Internet. De l'entrée, bonne vue à l'ouest, de Gooderham (Wellington St.).
Sa silhouette caractéristique (1892), qui se détache en avant des tours de Brookfield Place, lui a valu le surnom de **Flatiron Building** (« fer à repasser »). Du marché, une allée piétonne mène à **St Lawrence Hall** (à l'angle de King et Jarvis St.). Ce bâtiment néoclassique au dôme particulier abrite aujourd'hui des commerces ; il servait au 19e s. de marché et de lieu de réunion. De l'autre côté de King Street, remarquez un charmant espace vert, St James Park, doté d'un kiosque à musique.

★ Toronto's First Post Office B2 en direction

260 Adelaide St. E - ℘ 416 865 1833 - www.townofyork.com - ♿ - 9h-16h, w.-end 10h-16h - fermé j. fériés.
Plus à l'est se trouve la première poste de Toronto. Elle a retrouvé son aspect de 1833, date de sa mise en service, et fonctionne de nouveau, avec ses boîtes postales et son salon de lecture. Le personnel costumé fait des démonstrations d'écriture à la plume d'oie. Les enfants peuvent écrire une lettre dans le style de l'époque pour 1 $.

★★ CENTRE-VILLE Plan III AB2-3

Le centre-ville, qui englobe le formidable quartier de la finance, respire la prospérité avec ses tours élancées et les maisons de commerce du début du 20e s. Véritable « Wall Street » du Canada, le carrefour des environs de Bay Street et de King Street rassemble les principales banques, compagnies d'assurances, firmes de courtage et cabinets d'avocats-conseils du pays, ainsi que la Bourse de Toronto.
Aujourd'hui, les gratte-ciel du centre-ville sont reliés entre eux par une **ville souterraine**, **The Path** (magasins, restaurants, banques, galeries et passages), fort appréciée pendant la mauvaise saison, et dont les allées forment un réseau de 10 km. Réputée la plus grande du monde, cette véritable « ville sous la ville » couvre huit blocs et passe sous Union Station, le **Fairmont Royal York Hotel** au City Hall, le Eaton Centre et Dundas Street.

3

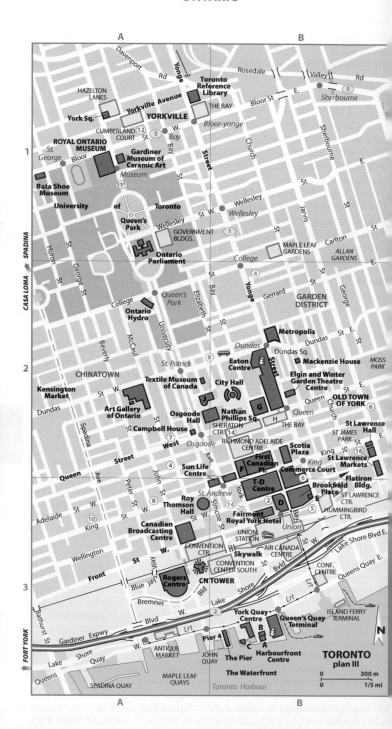

TORONTO
plan III

0   300 m
0   1/5 mi

Tracée dès 1795 par le lieutenant-gouverneur Simcoe à des fins militaires, **Yonge Street** divise la ville d'est en ouest. Trait d'union entre les lacs Ontario et Simcoe au nord, cette rue est l'une des plus longues et des plus célèbres du Canada. La section qui passe à Toronto est bordée de magasins chics, d'étalages de fleurs, de restaurants à la mode, de librairies avenantes et de luxueuses boutiques d'antiquaires. Certains immeubles dégradés entre Bloor Street et Dundas Street connaissent une campagne de réhabilitation parallèle au programme de développement de Yonge Street et **Dundas Square**, aujourd'hui l'une des destinations privilégiées des touristes à Toronto. L'attraction principale de ce quartier est la « plage urbaine », espace composé de dix fontaines entre lesquelles les gens peuvent déambuler. L'aspect visuel, ultramoderne, contribue à sa transformation en un espace convivial, animé et contemporain. À l'angle opposé, le nouveau centre commercial et de loisirs Toronto Life Square (anciennement appelé Metropolis) a ouvert ses portes à la même période ; il renferme une salle de concert, des boutiques de marque, des restaurants, des bars et 30 salles de cinéma.

★★ **Financial District** (Quartier de la finance) AB2-3

● *King ou St-Andrew.*

★★ **Toronto-Dominion Centre** B3 – Dessinées par l'éminent architecte Mies van der Rohe, ses tours de verre foncé très sobres furent la première réalisation d'envergure du quartier. Cet ensemble architectural, dont la construction commença en 1964, se compose aujourd'hui de cinq éléments. La tour Ernst & Young (1992), qui donne sur Bay Street, englobe l'ancienne Bourse (1937) de style Art déco (Art Deco Stock Exchange Building). L'intérieur du T-D Centre comprend ici et là, en guise de décoration, des œuvres d'artistes contemporains, principalement canadiens.

★ **Royal Bank Plaza** (D) B3 – Ce gratte-ciel fut conçu en 1976 par un architecte de renom : Boris Zerafa. Il s'agit de deux tours triangulaires de verre mordoré (l'une de 26 étages, l'autre de 41 étages), reliées par un hall bancaire en verre, haut de 40 m, qui permet d'accéder à la ville souterraine. Au plafond est fixée une imposante sculpture composée de 8 000 tubes d'aluminium, œuvre du célèbre artiste vénézuélien Jesús Rafael Soto.

Brookfield Place B3 – *Hockey Hall of Fame (descendre au niveau inférieur par l'escalier roulant). ℘ 416 360 7765 - www.hhof.com - & - 9h30-18h, dim. 10h-18h - fermé 1er janv. et 25 déc. - 17,50 $ (11 $).* Les tours bleu-vert en paliers de l'ancienne BCE Place, dessinées par l'architecte espagnol Santiago Calatrava, encadrent un édifice bas qu'un **atrium** en aluminium divise en deux ailes symétriques. La tour la plus au sud est coiffée d'une antenne de télécommunication cruciforme. Ce complexe (1990) est le siège social de Bell Canada et le foyer du **Hockey Hall of Fame**★ (E). L'original de la fameuse coupe Stanley est exposé dans le hall d'entrée (1886) de l'ancienne Banque de Montréal, intégrée au reste du complexe.

3

Commerce Court B2-3 – Cet ensemble est formé de quatre immeubles de bureaux (1931-1972) disposés autour d'une cour centrale. Revêtue d'acier inoxydable, la tour principale de 57 étages (conçue par l'architecte I. M. Pei) est le siège de la Canadian Imperial Bank of Commerce.

Scotia Plaza B2 – En face de Commerce Court, ce bâtiment (1988, Boris Zerafa) constitue un ajout remarquable à la silhouette de la ville. Un auvent métallique en forme de Meccano marque l'entrée de cette élégante structure de 68 étages, rouge rubis, dont la partie supérieure est taillée en biseau.

Toronto Stock Exchange (F) B2 – *℘ 416 947 4670 - www.tsx.com - ⟨⟩ P - lun.-vend. 9h30-16h - fermé j. fériés.* Le **First Canadian Place** est un ensemble composé de deux tours. L'une, de 72 étages (1975), loge les bureaux ontariens de la Banque de Montréal ; la seconde, de 36 étages (1983), abrite la **Bourse de Toronto**. Des panneaux de couleurs vives rehaussent les murs en marbre blanc du hall d'entrée, accessible de King Street. Installé au rez-de-chaussée, un **centre d'accueil** interactif, baptisé Stock Market Place, propose une simulation de terminaux d'agents de change, un accès Internet gratuit et un mur immense plaqué de moniteurs où passent les cours des actions.

Les tours sont reliées par une esplanade de trois niveaux ornée d'une jolie cascade et d'élégantes boutiques. Au coin nord-ouest du complexe, un tunnel souterrain (passant sous Adelaide St.) mène aux galeries marchandes du centre « the Lanes » et à celles des Plaza Shops, qui se prolongent jusqu'au Sheraton Centre.

★ **Sun Life Centre** B2-3 – Les tours (1984, Boris Zerafa) aux multiples facettes en verre s'élèvent de chaque côté d'University Avenue, à la hauteur de King Street. À l'extérieur, devant l'entrée de la tour Est (28 étages), remarquez une sculpture abstraite de Sorel Etrog.

★★ **Roy Thomson Hall** A3 – ● *St-Andrew. 60 Simcoe St. - ℘ 416 593 4822 - www.roythomson.com - ⟨⟩ - visite guidée uniquement (1h) tte l'année, téléphonez pour connaître les horaires - sur réserv. - 9 $.* Cette immense salle de concert en forme de bol renversé doit sa conception à **Arthur Erickson** et son nom à un magnat de la presse canadienne. Elle domine King Street et Simcoe Street, sa robe de verre reflétant le ciel et se faisant transparente aux lumières de la nuit. L'édifice, inauguré en 1982, accueille l'Orchestre symphonique de Toronto et conjugue la supériorité acoustique à l'originalité architecturale. Pour assurer une meilleure propagation du son, un large corridor circulaire aux entrées espacées crée une sorte de sas acoustique. Le choix des revêtements des sièges, parterres et plafonds n'a pas non plus été laissé au hasard. Un double anneau lumineux tient lieu de grand lustre, tandis qu'une pluie de gouttes d'eau métalliques en suspension éclaire la scène. Des pans de tissu coloré peuvent s'élever ou s'abaisser selon les vibrations.

CULTURE OU CONTRE-CULTURE ?

Longtemps considérés comme du vandalisme, les graffitis sont désormais valorisés comme le signe d'une culture urbaine alternative particulièrement créative. À Toronto comme ailleurs, cette forme d'art collectif bénéficie d'un engouement croissant, au point d'être l'objet d'un projet municipal, intitulé **StreetARToronto** (StART), qui recense les principaux sites. Le plus officiel d'entre eux, **Graffiti Alley**, offre près d'un kilomètre de fresques et s'étend de Spadina Ave à Portland St. (l'allée est accessible entre Queen St. et Richmond St.). Attention, parmi ces œuvres murales spontanées et par principe toujours mouvantes, ce qui est visible aujourd'hui peut ne plus l'être demain.

⟨⟩ *www.toronto.ca/streetart/gallery.htm.*

Kensington Market.
C. Heeb / hemis.fr

Canadian Broadcasting Centre A3 – Sur Front Street, au sud du Roy Thomson Hall, ce cube de béton a une façade quadrillée rouge et blanc ornée de formes géométriques en verre. Œuvre du célèbre architecte américain Philip Johnson, cet édifice de dix étages (1992) est un exemple du style dit « déconstructiviste ».

★ **City Hall Area** (Quartier de l'hôtel de ville) AB2

● *Osgoode ou Queen.*

★ **City Hall** B2 – Œuvre du Finlandais **Viljo Revell**, l'hôtel de ville (1965) était, avant la construction de la tour du CN et de Rogers Centre, le monument le plus audacieux de Toronto et son symbole. Ses deux tours de béton sont incurvées comme des parenthèses autour d'une rotonde centrale qui abrite la salle du Conseil. À ses pieds, **Nathan Phillips Square** (du nom d'un ancien maire) est une place animée avec son grand bassin qui devient en hiver le pôle d'attraction des patineurs. Remarquez *The Archer*, bronze du sculpteur Henry Moore, dont de nombreuses œuvres sont exposées à l'Art Gallery of Ontario.

★ **Old City Hall** (G) B2 – À l'est du square se trouve un édifice de style roman richardsonien conçu par l'architecte torontois **Edward J. Lennox** (1855-1933). Il s'agit de l'ancien hôtel de ville qui servit de mairie de 1899 à 1965 et où siège aujourd'hui la cour provinciale. Son aspect extérieur massif, flanqué d'un beffroi, cache un intérieur élaboré : carrelage à motifs, colonnes de marbre coiffées de chapiteaux cuivrés. Derrière l'escalier d'honneur en fer forgé, un grand vitrail illustre la croissance de la ville.

★ **Eaton Centre** B2 – ● *Queen. Sur plusieurs pâtés de maisons le long de Yonge St., entre Queen St. et Dundas St.* ✆ *416 598 8560 - www.torontoeatoncentre.com - ♿* 🅿 *- 10h-21h, sam. 9h30-19h, dim. 11h-18h.* Largement éclairé par la lumière naturelle et orné d'arbres, de plantes et de jets d'eau, cet immense ensemble architectural (1977, Eberhard Zeidler), à la fois composé de bureaux et de magasins (plus de 300), inaugura une nouvelle ère dans la conception des centres commerciaux.

3

Empruntez la passerelle couverte au-dessus de Queen Street pour atteindre The Bay, grand magasin de la Compagnie de la baie d'Hudson.

★ **Elgin and Winter Garden Theatre Centre** B2 – ● *Queen. En face de Eaton Centre au nord de Queen St. 189 Yonge St. - ☎ 416 325 5015 - www.heritagetrust. on.ca - & cap; - visite guidée uniquement (1h30) jeu. 17h, sam. 11h - 12 $ - box office lun.-sam. 11h-17h ou jusqu'à l'heure du spectacle du soir - fermé 25 déc.* Rénové, ce splendide édifice abrite l'un des seuls exemples de théâtres superposés du monde. Les salles Elgin (1 500 places) et Winter Garden (1 000 places) réalisées par Thomas Lamb furent respectivement ouvertes en 1913 et 1914, d'abord pour jouer des vaudevilles, puis pour passer des films muets. Le Winter Garden ferma ses portes en 1928. Quant au Elgin, il fut transformé en cinéma. Le hall doré, orné de miroirs et de colonnes corinthiennes, mène au luxueux Elgin, aux loges et aux plafonds richement décorés. Un escalier de marbre conduit au Winter Garden, où des branches de hêtre pendent du plafond. Belle exposition de décors de scène peints à la main.

★ **Mackenzie House** B2 – ● *Dundas. 82 Bond St. - ☎ 416 392 6915 - www.toronto.ca/culture/mackenzie_house.htm - mai-sept. : mar.-dim. 12h-17h ; sept.-déc. : mar.-vend. 12h-16h, w.-end 12h-17h ; reste de l'année : w.-end 12h-17h - fermé j. fériés - 7 $.* Cette modeste maison en brique du 19ᵉ s., avec ses quatre cheminées, fut la dernière demeure de William Lyon Mackenzie *(voir p. 342)*. Les pièces des trois étages sont restaurées dans le style des années 1850. Dans l'annexe moderne à l'arrière, une petite exposition raconte la vie de cet homme et de son temps. Une réplique de son **atelier d'imprimeur** montre la presse manuelle sur laquelle il imprimait le *Colonial Advocate*, qui sert parfois à des démonstrations.

★ **Osgoode Hall** AB2 – ● *Osgoode. 130 Queen St. W - ☎ 416 947 3300 ou 1 800 668 7380 - www.lsuc.on.ca - visite guidée gratuite (45mn) juil.-août : lun.-vend. à 13h15 - silence exigé si la Cour siège.* Siège de la Cour suprême de l'Ontario, cet imposant édifice néoclassique à l'ouest de Nathan Phillips Square fut entouré en 1867 d'une grille en fer forgé destinée à empêcher les chevaux et les vaches de piétiner ses pelouses. Commencé en 1829, le bâtiment ne comprenait alors que l'aile est. Dégradé par les soldats venus mater la rébellion de Mackenzie, l'édifice fut rénové en 1844 et agrandi avec le pavillon central et l'aile ouest, la façade et l'intérieur redécorés. La cour intérieure, couverte d'une verrière rectangulaire, est admirable, tout comme la **grande bibliothèque**, dont le plafond voûté (12 m), orné de moulures élaborées, repose sur plusieurs rangées de colonnes corinthiennes.

Court House (J) AB2 – Au nord d'Osgoode Hall se trouve le palais de justice provincial, ou Court House, avec sa rotonde et son passage vers Nathan Philips Square.

★ **Campbell House** A2 – ● *Osgoode. À l'angle de Queen St. et d'University Ave. 160 Queen St. W - ☎ 416 597 0227 - www.campbellhousemuseum.ca - visite guidée uniquement (30mn) - de Victoria Day (mai) au 2ᵉ lun. d'oct. : mar.-vend. 9h30-16h30, w.-end. 12h-16h30 - fermé janv., Vend. saint-Lun. de Pâques et 25-26 déc. - 6 $ (4 $).* Cette belle demeure en brique de style georgien appartint à **William Campbell** (1758-1834), président de la Cour suprême du Canada de 1825 à 1829. Autrefois située dans la vieille ville, elle fut transférée près du palais de justice, en 1972. Les pièces restaurées contiennent des objets anciens et des portraits de la famille Campbell. Remarquez, au deuxième niveau, une maquette d'York en 1825. La propriété appartenait à une époque à la compagnie d'assurances Canada Life, dont le siège s'élève juste derrière la maison. Construction remarquable, l'édifice se distingue la nuit par sa tour-baromètre, dont l'illumination indique la pression atmosphérique.

Textile Museum of Canada A2 – ● *St Patrick. 55 Centre Ave -* 𝄞 *416 599 5321 -* *www.textilemuseum.ca -* ♿ *- 11h-17h (20h merc.) - fermé j. fériés - 15 $ (6 $).*
Ce musée est le seul du Canada exclusivement consacré à l'étude, la collection et l'exposition de textiles; il occupe deux étages d'un complexe hôtelier et résidentiel. Des expositions temporaires présentent des œuvres traditionnelles et contemporaines du monde entier, tirées de la collection permanente (environ 8 500 pièces) et de prêts.

★ QUEEN'S PARK Plan III A1

Ce parc ovale (1876, E. J. Lennox) au cœur de Toronto constitue le cadre du Parlement de l'Ontario et de quelques bâtiments du gouvernement. À l'est et à l'ouest s'étend le campus de l'**université de Toronto**, l'une des plus célèbres du pays, particulièrement renommée pour sa faculté de médecine à laquelle restent liés les noms de **Frederick Banting** et **Charles Best** (premiers travaux de recherche sur l'insuline dans les années 1920). Au sud, remarquez la façade concave revêtue de miroirs de la compagnie **Ontario Hydro** (1975, Kenneth R. Cooper). Son système de chauffage utilise exclusivement l'énergie dégagée par la lumière artificielle, les machines et le personnel; des accumulateurs thermiques emmagasinent cette énergie et la redistribuent à travers le bâtiment.

★ **Ontario Parliament** A1

● *Queen's Park.* 𝄞 *416 325 7500 - www.ontla.on.ca -* ♿ *- visite guidée (30mn) depuis le comptoir des informations vers les portes d'entrée de fin mai à déb. sept.: 9h-16h; le reste de l'année: lun.-vend. 9h-16h - possibilité d'assister à une session du Parlement depuis les galeries, se renseigner - fermé pdt les vac.*
Dominant l'extrémité sud du parc, le **Legislative Building** (également appelé Parliament Buildings) est un bâtiment de style roman richardsonien. Il fut inauguré en 1893 après une controverse de six ans. Au cœur de la dispute, l'architecte **Richard Waite** (1846-1911) s'était attribué le projet après un concours avorté dont il était juge.
La lourde façade extérieure ne rend pas justice à l'élégante beauté de l'intérieur, particulièrement l'**aile ouest** en marbre blanc, reconstruite après l'incendie de 1909, et la majestueuse **Chambre de l'Assemblée** en acajou et sycomore. Remarquez, au rez-de-chaussée, une masse d'arme âgée de 200 ans; ce bâton de cérémonie en or doit obligatoirement figurer lors des sessions du Parlement; pris par les Américains lors de l'assaut de York en 1813, il ne fut rendu que bien des années plus tard par le président F.D. Roosevelt.

★★ **Gardiner Museum of Ceramic Art** A1

Face au Royal Ontario Museum. 111 Queen's Park - 𝄞 *416 586 8080 - www.gardiner museum.on.ca -* ♿ ✕ *- lun.-jeu. 10h-18h, vend. 10h-21h, w.-end 10h-17h - visite guidée 14h - fermé 1er janv. - 12 $ (-12 ans gratuit), demi-tarif vend. 16h-21h.*
Un édifice moderne en granit abrite ce musée spécialement conçu par Helen et George Gardiner pour accueillir leur remarquable collection d'objets en terre cuite, en porcelaine et en faïence provenant de pays et de cultures très variés.
Galerie des poteries – Elle présente une **collection précolombienne** du Mexique, d'Amérique du Sud et d'Amérique centrale (2000 av. J.-C. - 1500 apr. J.-C.) principalement composée de figurines et de vaisselle d'origines olmèque, toltèque et aztèque. Une autre section est consacrée aux **majoliques italiennes**, poteries recouvertes d'émail à base d'étain fabriquées aux 15e et 16e s. Les pièces en vitrine, essentiellement de grands plats richement décorés ou ornés de scènes religieuses, sont remarquables par l'éclat de leurs couleurs.

3

La collection de **faïences anglaises** du 17e s., appelées « delftware » en raison de leur ressemblance avec les productions hollandaises de Delft, contient également de grands plats, portant chacun le portrait d'un monarque anglais.

Galerie des porcelaines – Consacrée au 18e s. européen, elle présente de beaux exemples de porcelaine de Meissen (dont un service à thé de 1745 environ, dans sa valise en cuir), de Vienne (Du Paquier), de Sèvres (caractérisée par des jaunes vifs) et des grandes manufactures anglaises (Worcester, Derby, Chelsea). On trouve en outre une série de figurines inspirées de la Commedia dell'arte, fabriquées dans toute l'Europe tant était grande la popularité de cette forme italienne de théâtre improvisé, ainsi qu'une collection de minuscules et ravissants flacons à parfum (1715-1765) provenant essentiellement d'Angleterre et d'Allemagne. La nouvelle collection Bell de porcelaine chinoise bleu et blanc, admirablement présentée dans des vitrines, regroupe plus de 200 pièces comme des théières, boîtes avec couvercle, vases, plats, tasses à vin et grande gourde de pèlerin de la dynastie Qing.

★★ RIVES DU LAC ONTARIO

Construit en grande partie sur les rives du lac, entre 1850 et 1950, pour recevoir les installations grandissantes du port, le quartier au sud de Front Street regroupe aujourd'hui les réalisations les plus actuelles de Toronto et constitue un remarquable projet de revitalisation urbanistique. Plusieurs quais ont été réhabilités avec des boutiques, des galeries, des salles de spectacle, des restaurants, des écoles de voile ainsi que CIBC Stage, théâtre à ciel ouvert.

Pour accéder au Rogers Centre et à la tour du CN, descendez à la station de métro Union, puis empruntez **Skywalk** (B3), une passerelle couverte avec restaurants et boutiques de souvenirs.

★★★ **CN Tower** Plan III A3

● *Union, puis par Skywalk. Entrée à l'angle de Front St. et John St. 301 Front St. W. - ℰ 416 868 6937 - www.cntower.ca - ♿ - ouv. tte l'année - fermé 25 déc. - observation : 9h-23h - attractions : 10h-21h - de 36 $ à 48 $ selon la formule choisie - 360 Restaurant : ℰ 416 362 5411, réserv. recommandée.*

Pôle d'attraction populaire (près de 2 millions de visiteurs par an), la tour de béton du CN étonne par son gigantisme (plus de 553 m de haut, soit un total de 180 étages) et sa forme audacieuse, effilée comme une fusée, qui en font le symbole de la ville. Construite en 1976 par la compagnie ferroviaire Canadien National, elle est surmontée d'une puissante antenne de communication.

L'un des ascenseurs extérieurs en verre vous propulse à 346 m (presque la hauteur de l'Empire State Building) en moins de 58 secondes, jusqu'au **niveau panoramique**, nacelle d'acier de sept étages. De la galerie d'observation, agrémentée de panneaux indiquant les différents édifices et parcs alentour, tout comme du restaurant, le **panorama★★** sur la ville, la banlieue, le lac et ses rives est superbe et donne un aperçu global de Toronto. À l'étage inférieur, les visiteurs pourront s'asseoir ou marcher sur un **sol transparent** offrant une vue vertigineuse de la rue, quelque 342 m plus bas…

Pour 12 $ de plus (hors taxes), un ascenseur intérieur permet d'atteindre, 33 étages plus haut, une seconde galerie d'observation appelée **Skypod**. De cet anneau vitré en forme de soucoupe volante, à 447 m au-dessus du sol, le **panorama★★★** sur la ville et sur le lac Ontario est spectaculaire. La sensation d'altitude est renforcée par les avions du Toronto Island Airport que l'on voit passer en dessous. Lorsque la visibilité est bonne, la vue embrasse un rayon de 120 km, au-delà des chutes du Niagara et de Buffalo.

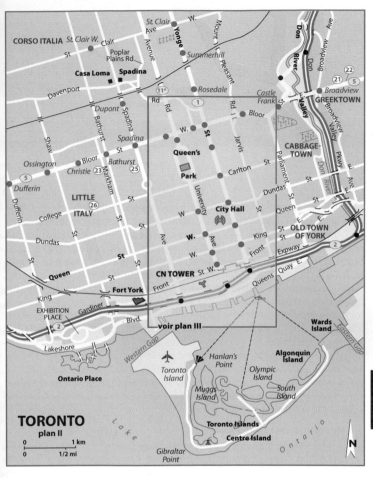

TORONTO
plan II

0   1 km

0   1/2 mi

N

3

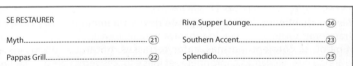

SE RESTAURER		Riva Supper Lounge	26
Myth	21	Southern Accent	23
Pappas Grill	22	Splendido	25

N'hésitez pas à vous arrêter au sous-sol, où un film *(20mn - compris dans le prix du billet)* retrace l'histoire de la construction de cet ouvrage hors du commun… Une *success story* qui a définitivement transformé la ligne d'horizon de Toronto.

★★ Rogers Centre Plan III A3

● *Union, puis par Skywalk. Près de la tour du CN.* 𝒫 *416 341 2770 - www.rogers centre.com -* ♿ **P**.

Ce vaste complexe sportif abrite le stade de l'équipe de base-ball de la Ligue américaine, les Blue Jays. Sa toiture en forme de dôme est composée de quatre panneaux qui coulissent vers le nord, libérant ainsi le terrain de son toit.

En cas de nécessité, le stade peut être recouvert en vingt minutes. D'une largeur maximale d'environ 205 m, le dôme s'élève à 91 m au-dessus du terrain. Au centre, sa hauteur est telle qu'un immeuble de 31 étages y trouverait sa place. Dans ce stade peu ordinaire, l'aménagement du terrain est flexible. Selon la nature des manifestations (basket, football américain, base-ball, tennis, athlétisme), le nombre de sièges peut varier de 10 000 à 53 000.

Conçu par l'architecte Roderick Robbie et l'ingénieur Michael Allen, le centre fut financé en 1989 par un consortium privé en partenariat avec les gouvernements locaux et provinciaux pour la modique somme de 570 millions de dollars. Multifonctionnel, il accueille, outre des événements sportifs, des concerts de rock, des opéras, des foires commerciales et des congrès. Le Rogers Centre (anciennement SkyDome) comprend également un hôtel, une salle de spectacle de 150 places, plusieurs restaurants et un grand parking souterrain. Surplombant Front Street, à 5 m de haut, une fresque de **Michael Snow**, composée de 14 sculptures peintes en fibre de verre et intitulée *The Audience*, accueille les spectateurs à leur arrivée.

★★ Harbourfront Centre Plan III B3

● *Union ou Spadina, puis LRT 510 pour York Quay Centre. 235 Queens Quay W - ☎ 416 973 4000 - www.harbourfrontcentre.com - ♿ - centre d'accueil (au York Quay Centre) 10h-23h, dim. et vac. 10h-21h - box office mar.-sam. 13h-18h (20h en cas de spectacle prévu pour le soir même).*

Mis en chantier en 1976, ce projet de développement du front du lac a transformé un quartier riverain auparavant négligé en un ensemble d'environ 4 ha où se côtoient marinas, cafés-terrasses, boutiques d'artisans et d'antiquaires, élégantes copropriétés et jolis espaces verts. Pôle d'attraction de la vie culturelle, surtout en été, Harbourfront est aussi un lieu d'activités récréatives, éducatives et commerciales qui se déroulent toute l'année sur les quais et dans les entrepôts rénovés. Les habitants de Toronto aiment fréquenter, l'hiver, la patinoire dominant le lac.

Le doyen des quais, **Queen's Quay Terminal** (1927), au beffroi imposant et à la solidité rectangulaire, a été complètement refait, percé de larges fenêtres vert bouteille et ouvert en 1983. Restauré par l'architecte Eberhard Zeidler, cet ancien débarcadère contient des bureaux spacieux, des appartements luxueux, des boutiques et des restaurants, le Premiere Dance Theatre et les bureaux de Metro Toronto Convention and Visitors Association. À proximité, **York Quay Centre**, également rénové, accueille une galerie d'art, un atelier d'artisans et un théâtre d'été. Face au **Power Plant Contemporary Art Gallery** (A), le **centre**

Le front du lac de Toronto.
Mauritius / Photononstop

théâtral du Maurier (B), avec son foyer aux facettes vitrées, a été édifié dans une ancienne glacière (1920). Amphithéâtre de 1 750 places pour les concerts en plein air, le **Concert Stage** (C) occupe le coin sud-ouest du quai. Écoles de voile, magasins d'articles nautiques et restaurants peuplent le **quai 4**, tandis que la division maritime de la police de Toronto est basée sur le quai John.

★★ Toronto Islands (Îles de Toronto) Plan II

☏ 416 392 8193 - www.toronto.ca/parks/island - les ferries au départ du quai Queen desservent les îles en trois points (Ward's Island, Centre Island et Hanlan's Point, proche de l'aéroport) - liaisons pour Centre Island : oct.-avr. : 9h-22h30 ttes les 45mn, mai-sept. : 8h-23h15 ttes les 30mn ; liaisons pour Ward's Island : oct.-avr. : 6h30-22h15 ttes les h., mai-sept. : 6h-23h ttes les 30mn ; liaisons pour Hanlan's Point : oct.-avr. : 8h-16h ttes les 30mn, mai-sept. : 9h-22h ttes les 45mn - AR 7 $ (-14 ans 3,50 $).

Créées par l'érosion des falaises de Scarborough, les îles formaient jadis une péninsule qu'une violente tempête sépara de la terre ferme en 1853, créant l'archipel actuel. Elles s'étendent sur près de 6 km, ornées de belles pelouses, d'arbres centenaires, de rives sablonneuses et de marinas. Elles offrent d'excellentes **vues★★** sur le centre-ville de Toronto.

3

Centre Island – *☏ 416 203 0405 - www.centreisland.ca - juin-août : 10h30-16h ; mai et sept. : w.-end 10h30-16h - un train fait la navette entre Centre Island et Hanlan's Point - possibilité de louer des vélos.* 🚻 Elle regroupe des restaurants et des cafés *(attention, fréquemment fermés en semaine en basse saison)* une plage du côté du lac Ontario et un parc d'attractions très amusant.

Des kilomètres de sentiers pédestres et de pistes cyclables permettent d'explorer les îles voisines, **Algonquin** et **Wards** en particulier, dont les routes bordées de petits cottages ont un charme typiquement campagnard. Près du petit aéroport situé à l'extrémité ouest des îles, la **pointe Hanlan** est renommée pour le **panorama** qu'elle offre de Toronto.

Excursions en bateau – *Toronto Harbour Tours - 145 Queen's Quay W. - ☏ 416 203 6994 - www.harbourtourstoronto.ca - 🅿 - juin-août 11h-21h départ ttes les 30mn - avr.-mai et sept.-oct. : 11h-16h, départ ttes les h. - AR 1h - 27 $ (17 $).* Elles permettent aux visiteurs pressés d'apprécier le lac et les îles, tout en bénéficiant de commentaires sur la ville, et ménagent d'excellentes **vues**.

★ Fort York Plan II

Accès par le tramway de Bathurst. En voiture : de Lakeshore Blvd., prendre Strachan St. devant l'entrée Princes' Gate du parc des expositions (Exhibition Grounds), puis à droite Fleet St. et à gauche Garrison Rd. (sous la voie express Gardiner).

100 Garrison Rd. - ℘ 416 392 6907 - www.fortyork.ca - 🅿 - de mi-mai à déb. sept. : 10h-17h ; de déb. sept. à mi-déc. : 10h-16h, w.-end 10h-17h ; de déb. janv. à mi-mai : 10h-16h30, w.-end 10h-17h - fermé vac. scol. Noël - 9 $ (5,50 $).

👤👤 Point stratégique au bord du lac, Fort York fut longtemps la sentinelle du port de Toronto. Aujourd'hui, les restes de la garnison historique semblent écrasés par la ville en arrière-plan.

Le poste fut construit en 1793 par le gouverneur Simcoe et fortifié dix-huit ans plus tard lorsque les relations anglo-américaines commencèrent à se détériorer. Dévasté lors de la prise de la ville en 1813, il fut reconstruit par les Anglais. Puis, la menace américaine diminuant, le fort perdit de l'importance. Un nouveau fort fut édifié plus à l'ouest après 1841.

Rénové pour le centenaire de Toronto en 1934, il est devenu une attraction touristique très appréciée. Le **quartier des officiers** est meublé selon son aspect de l'époque. Les visites sont guidées par un personnel en costume d'époque qui exécute des manœuvres militaires en juillet et en août. Les journées du Canada Day *(1ᵉʳ juil.)* et du Simcoe Day *(1ᵉʳ août)* sont saluées par des feux de mousquets et de canons.

★★ Ontario Place Plan II

Accès par le parc des expositions (Exhibition Grounds). 955 Lakeshore Blvd. W - ℘ 416 314 9900 - www.ontarioplace.com - ♿ 🅿.

👤👤 Magnifiquement aménagé par l'architecte **Eberhard Zeidler** (né en 1926) dans un extraordinaire ensemble de lagons, de marinas et d'îles artificielles en bordure du lac, ce vaste parc de loisirs familial est actuellement fermé en vue d'une modernisation des infrastructures, tout comme **Cinesphere**. Le **Molson Canadian Amphitheatre**, grand théâtre de plein air (16 000 places), et l'**Echo Beach**, surprenante « salle » de concert au bord du lac (les pieds dans le sable !), restent ouverts pendant les travaux et continuent de proposer un large éventail de spectacles *(programme disponible sur www.livenation.com).*

À voir aussi Plans de ville p. 350 et 357

★★ Bata Shoe Museum Plan III A1

● *St-George. 327 Bloor St. W - ℘ 416 979 7799 - www.batashoemuseum.ca - ♿ - lun.-sam. 10h-17h (jeu. 20h), dim. 12h-17h - fermé Vend. saint et 25 déc. - 14 $ (5-17 ans 5 $) - le jeu. de 17h à 20h - tarif à discrétion.*

Un curieux bâtiment de cinq étages en forme de boîte à chaussures, conçu par l'architecte **Raymond Moriyama**, abrite ce fascinant musée dont la collection, composée d'environ 10 000 pièces, promet un voyage dans le temps (4 500 ans) pas comme les autres. Parmi les innombrables curiosités à découvrir : des chaussons funéraires égyptiens vieux de 3 550 ans, des sandales anasazi (culture amérindienne originaire des territoires à la jonction de l'Utah, du Nouveau-Mexique, du Colorado et de l'Arizona) ayant 1 500 ans, les sandales de cuir du Mahatma Gandhi (années 1940) et les chaussures de scène du chanteur Elton John ou celles, de sport rose vif, de la princesse Diana enfant ! Les visiteurs seront fascinés par les *padukas* ornées de clochettes tradition-nellement portées par les mariées en Inde, les *fumidawara* japonais servant à marcher dans la neige, les hautes *chopines* de la Renaissance italienne et les sabots français (19ᵉ s.) munis de pointes en fer pour écraser les châtaignes. Les sandales de cuir que l'ancien Premier ministre canadien Pierre Trudeau (1919-2000) a portées lorsqu'il était étudiant font également partie de la collection.

HISTOIRES DE PIEDS

On attribue au roi Édouard II d'Angleterre l'origine de l'unité de mesure du *pied*, en 1320. Son propre pied équivalait à 36 grains d'orge ; chaque grain mesurant le tiers d'un pouce, un pied mesurait 12 pouces. Dans l'Angleterre du 14ᵉ s., la longueur de la pointe d'une chaussure, définie par la loi, dépendait de la position sociale de son possesseur. La hauteur du talon indiquait également l'importance sociale de son propriétaire, les nantis étant les plus « élevés », dans tous les sens du terme !

Source : Bata Shoe Museum

★ **Yorkville** Plan III A1

● *Bay.*

Autrefois centre culturel des bohèmes et paradis des hippies, Yorkville est aujourd'hui l'un des quartiers les plus chics de Toronto. **Yorkville Avenue**, entre Yonge Street et Avenue Road, est bordée de charmantes maisons victoriennes converties en magasins de luxe ou cafés à la mode arborant des façades dernier cri.

York Square – *À l'angle de Yorkville Ave et Avenue Rd*. Des boutiques et des restaurants s'alignent autour d'une agréable cour intérieure en brique. Derrière, sur University Ave, se trouve l'élégant Hazelton Lanes *(heures ouvrables)*, complexe commercial, administratif et résidentiel conçu par Boris Zerafa (1978). De l'autre côté de Yorkville Avenue, Cumberland Court, bordée de restaurants, de magasins et de bureaux, forme un passage jusqu'à Cumberland Street.

★ **Toronto Reference Library** Plan III A1

● *Bloor-Yonge. 789 Yonge St. -* ☎ *416 395 5577 - www.torontopubliclibrary.ca -* &. *- lun.-jeu. 9h30-20h30, vend. 9h30-17h30, sam. 9h-17h.*

Cet édifice massif en brique et en verre (1977), l'un des chefs-d'œuvre de Raymond Moriyama, renferme la plus grande bibliothèque publique du Canada (près de 1,5 million de volumes). Derrière la façade s'ouvre un vaste espace central qui s'élève sur cinq niveaux, tous garnis de balcons drapés de verdure. Le système d'insonorisation étouffe les bruits et préserve l'atmosphère studieuse des lieux. À l'étage principal, une galerie expose régulièrement des pièces, souvent rares, tirées de la collection permanente. Au cinquième niveau, une salle indépendante abrite la **collection Arthur Conan Doyle**, contenant les fameuses aventures de Sherlock Holmes, la critique sherlockienne, l'autobiographie de Doyle, ses romans historiques, poèmes et autres écrits. Des meubles victoriens, des pipes, une pantoufle et l'inévitable casquette de chasse accrochée à une patère suggèrent la présence du grand détective.

★★ **Casa Loma** Plan II

● *Dupont, puis monter les marches. 1 Austin Terrace -* ☎ *416 923 1171 - www.casaloma.org - 9h30-17h (dernière entrée 16h) - fermé 1ᵉʳ janv. et 25 déc. - 21 $ -* 🅿 *3 à 9 $.*

Mélange de manoir médiéval et de décor hollywoodien, cet énorme château de grès (1914, E. J. Lennox), dressé au bord de la crête Davenport qui marque la rive de l'ancien lac Iroquois, est né de la fantaisie d'un milliardaire, **Henry Pellatt**. Ce dernier avait fait fortune en exploitant l'énergie hydroélectrique des chutes du Niagara, mais ses excès finirent par le perdre et Casa Loma échut à la ville de Toronto pour impôts impayés. Entretenue depuis 1937 par le Club Kiwanis, cette maison de sept étages est devenue une véritable attraction touristique.

3

La somptueuse demeure arbore deux tours, l'une ouverte, l'autre fermée, avec vue panoramique des alentours. Elle compte 21 cheminées et 98 pièces, dont la **chambre ronde** de style Louis XV, le **salon Windsor**, l'**appartement de Lady Pellatt**, le **hall central** de plus de 22 m de haut, le salon lambrissé de chêne, la **serre** au sol de marbre, la **bibliothèque** et ses 10 000 volumes, les passages secrets, le tunnel (244 m) menant aux écuries et au **hangar à voitures**. Remarquez la piscine intérieure (inachevée), 52 téléphones, l'ascenseur et d'autres éléments luxueux des plus rares au début du 20ᵉ s.

★ Spadina Plan II

● *Dupont, puis monter les marches. 285 Spadina Rd. - ℘ 416 392 6910 - www.toronto.ca/culture/spadina.htm - ₺ - avr.-août : visite guidée uniquement (1h) mar.-dim. et lun. fériés 12h-17h ; sept.-déc. : mar.-vend. 12h-16h, w.-end 12h-17h ; janv.-mars : w.-end 12h-17h - fermé 1ᵉʳ janv. et 25 déc. - 9 $ (6 $).*

Construit à flanc de colline vers le milieu du 19ᵉ s., sur une propriété de 32 ha, ce manoir en brique de 50 pièces domine aujourd'hui ses 2,5 ha restants de jardins qu'entoure un élégant quartier résidentiel. Il livre un intéressant témoignage sur la vie dans les beaux quartiers de Toronto dans les années 1920-1930. En 1866, **James Austin** fit l'acquisition de la propriété, et remplaça la demeure d'origine (1836) par une nouvelle maison de style géorgien. Son commerce d'épicerie étant fructueux, il avait pu s'offrir une part importante de la Consumer's Gas Company, dont il prit la tête (1874-1897). Il fonda plus tard la Dominion Bank (constituée en société en 1869), dont il fut le premier président. Ses descendants adaptèrent l'édifice aux styles architecturaux en vogue et à la dimension de la famille. La grande salle de billard fut rajoutée en 1898 ; en 1907, les terrasses et la porte cochère ; et en 1912, le troisième étage, avec son toit en croupe et ses mansardes à fronton.

À l'intérieur, le **salon de réception** et le **jardin d'hiver** reflètent particulièrement bien la grandeur des styles édouardien et victorien et le degré de confort de la famille Austin.

Le Grand Toronto Plan I ci-contre

★★★ Ontario Science Centre

▶ *À 22 km en voiture par Don Valley Parkway jusqu'à Eglinton Ave. ● Eglinton et autobus nᵒ 34 Eglinton East (arrêt Don Mills Rd). 770 Don Mills Rd - ℘ 416 696 1000 - www.ontariosciencecentre.ca - ₺ 🅿 (10 $) - 10h-16h, w.-end 10h-17h - fermé 25 déc. - 13 $ (9 $)- démonstrations et films en Omnimax tlj (billet combiné musée + Omnimax 27 $ - pour les horaires, consultez le panneau au pied de l'escalier roulant, niveau C).*

👪 Ce vaste complexe (1969) est consacré aux sciences et techniques d'hier et d'aujourd'hui. Construit dans le ravin du Don par l'architecte Raymond Moriyama, il se compose de plusieurs bâtiments en verre et en béton reliés par des escaliers roulants intérieurs qui épousent la pente de la colline.

L'endroit, très populaire, est fait pour les touche-à-tout : en pressant des boutons, en actionnant des leviers, en pédalant ou en faisant tourner des roues, on expérimente les lois mathématiques ou physiques exposées en ces lieux. Des cinq étages, les trois derniers sont consacrés à des expositions et des activités interactives. Dans la section **Terre/nourriture**, des chariots d'épicerie ont été empilés de manière à mieux représenter la quantité de nourriture consommée en l'espace d'une année. L'exposition **Espace** aborde notamment la culture hydroponique et la pesanteur (siège autopropulsé). Ne manquez pas l'exposition **Living Earth**, où l'on peut explorer une grotte et découvrir la forêt pluviale,

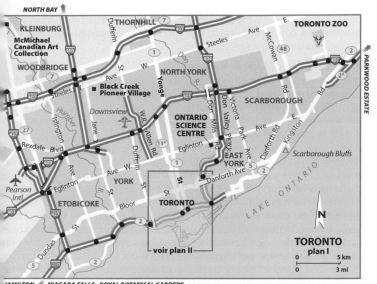

NORTH BAY

KLEINBURG
McMichael
Canadian Art
Collection
WOODBRIDGE

THORNHILL

Steeles Ave

TORONTO ZOO

NORTH YORK

Black Creek
Pioneer Village

Downsview

SCARBOROUGH

ONTARIO
SCIENCE
CENTRE

Rexdale Blvd

Eglinton

EAST
YORK

Scarborough Bluffs

Pearson
Intl

YORK

Danforth Ave

ETOBICOKE

Bloor

TORONTO

LAKE ONTARIO

N

TORONTO
plan I

0   5 km
0   3 mi

voir plan II

HAMILTON   NIAGARA FALLS , ROYAL BOTANICAL GARDENS

le **hall des transports** avec son modèle réduit de dirigeable, son bateau à moteur CA-3 et ses vieilles bicyclettes, la **galerie des sciences**, aux multiples expériences sur l'électricité et les **communications**, où l'on participe à la fabrication d'un journal. Le **hall de la technologie** présente quant à lui des ponts cantilever pour étudier tous les effets des contraintes. Enfin l'autoroute de l'information donne l'occasion de se brancher sur le réseau Internet.

★★★ Toronto Zoo

▶ *À 35 km du centre-ville.* ● *Kennedy, puis autobus n° 86A.* ✆ *416 392 5929 - www.torontozoo.com -* ♿ *- dès 9h (oct.-mars 9h30), horaires de fermeture variables - fermé 25 déc. - 28 $ (18 $) - plan du zoo disponible à l'entrée - en été, il est préférable de commencer la visite en empruntant la navette Zoomobile (de mi-mai à fin août, 5 $), qui procure une excellente vue d'ensemble du parc. Descendez à la gare Serengeti et continuez la visite à pied. Activités enfants payantes.*

👫 Situé dans un vaste domaine de 287 ha, ce remarquable parc zoologique (1974) recrée l'habitat naturel de ses quelque 5 000 pensionnaires, en plein air chaque fois que possible, ou à couvert, dans des pavillons de bois (conçus par Raymond Moriyama) pour les animaux qui ne peuvent pas s'adapter au climat canadien. Le parc s'organise en six régions zoogéographiques : Afrique, Australasie, Eurasie, Amérique, Indo-Malaisie et Canada. Parmi les quelque 450 espèces représentées, nombreux sont les animaux rares ou en voie d'extinction comme le tigre de Sibérie, le léopard des neiges, le tapir malais, l'hippopotame pygmée ou le rhinocéros indien.

Attraction très populaire, le **pavillon de l'Afrique** est une grande serre tapissée d'une végétation luxuriante, où s'ébattent bruyamment des oiseaux exotiques autour d'une faune africaine inhabituelle (gorilles des plaines et autres primates). Non loin de là réside le plus gros troupeau d'éléphants d'Afrique au Canada. Noter aussi les pavillons américain et indo-malais, et l'exposition **Edge of Night** *(dans le pavillon de l'Australasie)*, qui donne l'occasion de découvrir un monde nocturne habité par des espèces rarement vues, comme le diable de Tasmanie. Les enfants peuvent profiter de promenades et d'activités spécialement conçues pour eux : tour à chameau ou à poney, maquillage du visage, simulateur de safari, tatouage.

★★ Black Creek Pioneer Village

◗ *À 29 km au nord-ouest du centre-ville.* ● *Yonge et Finch, puis autobus n° 60 (bus pour Steeles). 1000 Murray Ross Parkway -* ✆ *416 736 1733 - www.blackcreek.ca -* ◪ *(7 $) - mai-juin : 9h30-16h, w.-end 11h-17h ; juil.-août : 10h-17h, w.-end et j. fériés 11h-17h ; sept.-déc. : 9h30-16h, w.-end 11h-16h30 - fermé janv.-avr. et 25-26 déc. - 17 $ (12 $) - plan du village distribué à l'entrée.*

👥 Cette reconstitution d'une communauté rurale évoque les traditions et l'architecture du passé de l'Ontario. Ouvert en 1960 sur une propriété de 12 ha, le village compte une quarantaine de bâtiments, dont cinq d'origine faisant partie de la ferme érigée entre 1816 et 1832 par des colons allemands venus de Pennsylvanie, et nombre d'autres datant du 19e s., transférés sur le site.

En sortant du **centre d'orientation**, vous cheminerez au milieu d'une verdure abondante, entre des chemins de terre bordés de trottoirs en bois et de barrières de ranch. L'ensemble, au charme suranné, donne l'impression de remonter le temps. Les maisons restaurées sont meublées à la façon des années 1860. Parmi les bâtiments les plus intéressants : la ferblanterie, la **ferme Stong**, le relais de diligences doté d'une véranda à deux étages, le **moulin Roblin**, grande bâtisse en pierre de quatre étages dont la meule est actionnée par la force de l'eau, et l'atelier de l'imprimeur équipé de sa presse. Des guides en costume refont les gestes traditionnels des métiers de l'époque.

★★ McMichael Canadian Art Collection

À 40 km au nord, route 400 jusqu'à Major Mackenzie Dr., puis à l'ouest sur 6 km environ jusqu'à Islington et au nord sur 1 km. 10365 Islington Ave., Kleinburg - ✆ *905 893 1121 ou 1 888 213 1121 - www.mcmichael.com -* ♿ ◪ *(5 $) - tlj sf lun. 10h-16h - fermé 25 déc. - 15 $.*

En 1952, **Robert** et **Signe McMichael** construisirent une maison en rondins et en pierre près de Kleinburg et la décorèrent de tableaux du **groupe des Sept**. En 1965, ils firent don de leur collection et de leur propriété à la province de l'Ontario. Les bâtiments rustiques en bois équarri, cachés dans les bois de la vallée de la Humber, abritent cette remarquable collection complétée d'œuvres contemporaines amérindiennes et inuits, que des donateurs tel R.S. McLaughlin ont achevé de rendre exceptionnelle.

Lawren Harris, **A.Y. Jackson**, **J.E.H. MacDonald**, **Franklin Carmichael**, **Arthur Lismer**, **Frederick Varley**, **Frank Johnston**, qui fondèrent le groupe des Sept en 1920, d'autres comme **A.J. Casson**, qui le rejoignit en 1926, et surtout **Tom Thomson** (1877-1917, inspirateur et précurseur du groupe, qui mourut avant sa formation) sont aujourd'hui considérés comme les membres de la première école véritablement canadienne. Rompant avec la tradition classique, ils créèrent un art vigoureux et coloré reflétant avec force les paysages du Bouclier canadien. Le groupe se dispersa officiellement en 1932, mais certains membres formèrent le Groupe canadien des peintres, qui continua dans la même direction.

Le rez-de-chaussée est essentiellement consacré à Tom Thomson, A.Y. Jackson et Lawren Harris, l'âme du groupe et longtemps chef de file de l'art canadien. On remarquera aussi les tableaux de peintres proches du groupe des Sept, dont **Clarence Gagnon**, **Emily Carr** et **David Milne**. À l'étage sont exposées de très belles œuvres d'artistes amérindiens contemporains tels que **Clifford Maracle**, **Norval Morrisseau**, **Daphne Odjig** et **Arthur Shilling**. Une section d'**art inuit** réunit d'autre part de magnifiques sculptures et lithographies.

☺ NOS ADRESSES À TORONTO

Plans de ville p. 350 et 357

INFORMATIONS UTILES

Indicatif téléphonique –
La zone du Grand Toronto
comportant plusieurs indicatifs,
il faut composer les 10 chiffres du
numéro (indicatif plus numéro)
pour tous les appels locaux à
l'intérieur de cette zone.

TRANSPORTS

Arriver

**Toronto Airport
Express** – ℘ 1 800 387 6787 -
www.torontoairportexpress.com -
aller simple 28 $. Navettes express
reliant l'aéroport et le centre-ville
dans les deux sens.

**Transports en commun
régionaux** – *www.gotransit.com.*
La ligne 192 *(dép. du Terminal 1 ttes
les 30mn de 5h à 2h - 24 $ - comptez
1h de trajet)* conduit à la gare
centrale (Union Station).

Union Station (gare VIA Rail) –
*65 Front St. W, entre York St.
et Bay St.*

Gare routière – *610 Bay St. -*
℘ 416 594 1010.

Sur place

☺ **Bon à savoir** – La meilleure
façon de découvrir Toronto
est de marcher et, pour les
longues distances, d'emprunter
les transports publics,
car les rues sont souvent
encombrées et le stationnement
parfois problématique.

Transports en commun –
www.ttc.ca. Les métros, bus et
tramways circulent sur le réseau
de la Toronto Transit Commission.
Les **horaires** sont variables en
fonction des lignes : d'environ
6h à 1h du matin (1h30 pour le
métro) en semaine, de 9h à 1h le
dimanche (1h30 pour le métro).

Le **billet** adulte coûte 3 $ aller
simple pour tout trajet sans
interruption, le forfait à la
journée *(Day Pass)* 10 $, 5 jetons
pour 12,50 $ ou 10 pour 25 $
(faire l'appoint). Les tickets et
les jetons s'achètent dans les
stations de métro, ou dans les
bus (prévoir de la monnaie).
Les correspondances avec bus et
tramways sont gratuites.

Trolleys – *Gray Line Tours -*
℘ 289 288 0155 ou 1 800 594 3310 -
www.grayline.ca.

En voiture

Les voitures doivent être garées
dans des parkings qui sont
identifiés par des panneaux
portant un grand « P » vert.
Les stationnements sont limités
à 3h.

http://parking.greenp.com –
Pour connaître l'emplacement des
parkings et les tarifs.

VISITE

City Pass – *70 $ (4-12 ans 42 $) -
en vente auprès des attractions
participantes.* Il donne accès à
cinq attractions majeures de
la ville (CN Tower, Musée royal
de l'Ontario, Casa Loma, Zoo,
centre des Sciences de l'Ontario).
Intéressant à partir de trois visites.

Presse locale – Guides gratuits :
pour tout savoir sur les spectacles,
magasins, restaurants, consultez
www.torontolife.com. Voir aussi
les guides *Where* (mensuel -
www.wheretoronto.com)
et *Now* (hebdomadaire -
www.nowtoronto.com).

HÉBERGEMENT

**Downtown Toronto
Association of B & B Guest
Homes** – ℘ 647 654 2959 -
www.bnbinfo.com.

3

BUDGET MOYEN

Hotel Victoria – ⑥ Plan III B2-3 - *56 Yonge St.* - ℘ *416 363 1666 ou 1 800 363 8228 - www.hotel victoria-toronto.com* - ♿ 🅿 - *56 ch.* Ce modeste établissement à quelques pas des théâtres, des boutiques, des restaurants et du Hockey Hall of Fame est écrasé par les gratte-ciel de Yonge Street. Les petites chambres, joliment décorées de bois sombre et de tons pêche et gris, ont les prestations de base. Le petit déjeuner (non compris dans le prix de la chambre) est servi dans une agréable salle au sous-sol.

Les Amis – ④ Plan III B2 - *31 Granby St.* - ℘ *416 591 0635 - www.bbtoronto.com.* Ici, on parle français. Et pour cause, les hôtes, Paul-Antoine et Michelle, sont d'origine française. La fréquentation de cette maison d'hôte, installée dans une allée toute proche de Yonge Street et du quartier universitaire, est cependant très cosmopolite et vous partagerez la table du petit déjeuner (végétarien, généreux et délicieux) avec des voyageurs du monde entier. Les chambres très confortables et la proximité des grands musées achèvent de faire de cet établissement une adresse très recommandable.

Strathcona Hotel – ⑭ Plan III B3 - *60 York St.* - ℘ *416 363 3321 ou 1 800 268 8304 - www.thestrathconahotel.com* - 🅿. Face à la gare Union Station, au cœur du quartier financier, cet hôtel rafraîchi donne sur l'active York Street. Les chambres standard, plutôt petites, sont nettes et confortables, avec sèche-cheveux, cafetière et planche à repasser. La clientèle de l'hôtel peut accéder à une salle de gymnastique voisine et au spa.

POUR SE FAIRE PLAISIR

Metropolitan – ⑧ Plan III AB2 - *108 Chestnut St.* - ℘ *416 977 5000 ou 1 800 668 6600 - www.metropolitan.com* - ♿ 🅿 - *427 ch.* Des lignes pures et claires et une influence asiatique caractérisent cet établissement du centre-ville. Un hall ouvert sur deux étages à sol de marbre, boiseries et rampes de cuivre étincelant accueille les visiteurs. Les chambres ornées de bois blond, de verre et de couleurs neutres ont des duvets moelleux, du linge italien, un coffre-fort privé, une connexion Internet. Le restaurant **Lai Wah Heen**, dont le nom signifie « établissement luxueux », est une des meilleures tables cantonaises de la ville.

RESTAURATION

PREMIER PRIX

Shopsy's Deli – ⑭ Plan III B2 - *Sheraton Centre - 96 Richmond St. W* - ℘ *416 365 3354 - autre adresse sur Center Islands - ℘ 416 203 0405 - www.shopsys.ca* - ♿. Cette institution de Toronto (depuis 1921) ouverte toute la journée est réputée pour ses hot-dogs de bœuf et ses sandwichs au corned-beef que l'on peut emporter, consommer dans la salle ou sur le vaste patio. Large choix de sandwichs, hamburgers et salades. Portraits et caricatures de personnes célèbres habillent les murs.

Spring Rolls – ⑯ Plan III B2 - *85 Front St. E (plusieurs autres adresses à Toronto)* - ℘ *416 365 3649 - www.springrolls.ca.* La décoration asiatique ainsi que la saveur et le prix modéré des plats vietnamiens, chinois et thaïlandais attirent une clientèle d'étudiants, d'employés de bureau mais aussi de touristes. Les entrées changent tous les jours et comprennent soupes et salades. *Thaï pad*, curry rouge thaï et viandes sautées sauce Setchuan ou aux haricots noirs figurent parmi les favoris. Sans oublier les rouleaux de printemps !

Mystic Muffin – ⑥ Plan III B2 - *113 Jarvis St. - ☎ 416 941 1474 - www.mysticmuffin.ca - lun.-sam. 6h-17h (sam. 15h), fermé dim.* Tenu par un jeune et dynamique Libanais, ce chip-chop ne paie pas de mine, mais les plats servis, à consonance orientale, sont frais et pleins de saveurs. À la belle saison, sandwichs-pitas *(3,50 $ pièce)*, falafel ou houmous, ainsi que les incontournables muffins *(1 $ pièce)* se prêtent parfaitement à un déjeuner sur le pouce entre deux visites. Et lorsque le temps se fait plus rigoureux, quoi de mieux qu'une revigorante soupe de lentilles ou de poulet ?

BUDGET MOYEN

Marché – ⑤ Plan III B3 - *42 Yonge St. - ☎ 416 350 6999 - www.marche-restaurants.com - ♿ - sam.-jeu. 7h30-23h, vend.-sam. 7h30-1h.* Idéalement placé au début de Yonge Street, ce vaste établissement est installé au rez-de-chaussée sur cour. Muni d'une carte à puce, on déambule parmi les stands aux couleurs de différents pays, où sont préparés devant vous les plats de votre choix. L'Europe germanophone est plaisamment représentée, origine suisse oblige. Une adresse pratique et amusante, pour le choix qu'elle propose et pour le public, extrêmement varié, qui s'y presse. Attention, toutefois, l'addition monte vite.

The Red Tomato – ⑧ Plan III A3 - *321 King St. W - ☎ 416 971 6626 - www.redtomato.ca.* L'un des restaurants les plus populaires et l'un des plus animés dans ce quartier des spectacles de King

Street. Cet établissement cosy de l'entresol (le **Fred's Not Here**, à l'étage, est plus onéreux) avec son café au niveau du trottoir, propose une carte éclectique : salades, pizzas, pâtes fraîches et viandes à griller soi-même.

Rodney's Oyster House – ⑩ Plan III A3 - *469 King St. W - ☎ 416 363 8105 - www.rodneys oysterhouse.com - réserv. conseillée.* L'établissement a la réputation de servir quelques-uns des meilleurs fruits de mer de la ville. Spécialité de la maison : plateau d'huîtres de Malpèque assorties de nombreux condiments (dont une sauce pimentée maison). Ambiance gaie et tapageuse comme au bon vieux temps.

Myth – ㉑ Plan II - *417 Danforth Ave - ☎ 416 461 8383.* Comptant au nombre des meilleures tables méditerranéennes et grecques du quartier grec, le Myth est un restaurant haut de plafond avec écrans vidéo et tables de billard. Plats servis en salle ou en terrasse. Parmi les grands succès : poulpe glacé au vinaigre balsamique, fromage de chèvre sur légumes grillés, sandwich complet à l'agneau avec du fromage kaseri et de l'aïoli.

Pappas Grill – ㉒ Plan II - *440 Danforth Ave - ☎ 416 469 9595 - www.pappasgrill.com.* Cet établissement est renommé pour son *houmous* fait maison, son *tzatziki* et ses pizzas cuites dans un four en argile.

Riva Supper Lounge – ㉖ Plan II - *584 College St. - ☎ 416 588 7377 - www.rivasupperlounge.com.* Cette adresse, qui fait le plein d'étudiants, propose une cuisine d'inspiration méditerranéenne dans une salle aux hauts plafonds.

Queen Mother Cafe – ⑦ Plan III A2 - *208 Queen St. W - ☎ 416 598 4917 - www.queenmother cafe.ca - ♿ - lun.-sam. 11h30-1h,*

3

dim. 11h30-0h. Très tendance, ce café est pris d'assaut le dimanche à l'heure du brunch. Dans un décor qui décline le souvenir de la regrettée « Queen Mum » est servie une savoureuse cuisine internationale (inspiration thaï et burgers sont à l'honneur). Mention spéciale pour les desserts, servis en parts généreuses.

POUR SE FAIRE PLAISIR

Sassafraz – ⑫ Plan III A1 - *100 Cumberland St. (à l'angle de Cumberland St. et Bellair St.) - ℘ 416 964 2222 - www.cafe sassafraz.com.* Ancré à l'un des carrefours les plus importants de Toronto, ce restaurant branché propose une cuisine créative (poulet, poisson, coquilles St-Jacques, etc.) aux tables du patio fleuri qui donne sur Cumberland St. La salle à manger-véranda jaune et ensoleillée est fleurie toute l'année. Plusieurs fois par semaine, le Sassafraz accueille un groupe de jazz pour la soirée.

Southern Accent – ㉓ Plan II - *595 Markham St. - ℘ 416 536 3211 - www.southernaccent.com - le soir uniquement.* Ce restaurant cajun/ créole à la mode, installé dans une ancienne demeure victorienne de Mirvish Village, attire une clientèle hétéroclite dans son patio et dans ses petites salles dispersées aux différents étages. Commencez votre repas avec un Martini créole à la vodka et au piment cajun. Parmi les favoris toujours présents : *jambalaya* créole ou foies de volaille. Tout est à la carte, y compris les accompagnements et le succulent pain de maïs.

The Fifth Restaurant and Social Club – ④ Plan III A2 - *225 Richmond St. W - ℘ 416 979 3000 - restaurant sur réserv.* Connu sous le nom de **Easy & The Fifth**, cet établissement distingué occupe une usine rénovée dans le quartier des théâtres. La discothèque, **Easy**, prend des allures de loft de luxe attirant de jeunes cadres supérieurs (25-45 ans) qui viennent se détendre, boire et danser, après une semaine éprouvante. Le Black Betty Rock'n'roll Bar est un lieu fait pour flâner. Au cinquième étage, **The Fifth** est l'une des meilleures tables de ville : dans cette charmante salle aux chaises juponnées, aux tables habillées de blanc, la carte française et les menus gastronomiques proposent des plats originaux. L'été, on peut profiter de la vue sur la ville depuis **The Terrace**, un ravissant patio installé sur le toit.

UNE FOLIE

Canoe – ② Plan III B3 - *66 Wellington St. W - ℘ 416 364 0054 - www.oliverbonacini.com - &.* Perché au 54e étage de la tour Toronto Dominion Bank, l'établissement domine le port et les îles. Le décor minimaliste crée une atmosphère confortable. La cuisine, canadienne, est rehaussée d'un service parfait.

Splendido – ㉕ Plan II - *88 Harbord St. - ℘ 416 929 7788 - www.splendido.ca - &.* Ce restaurant propose une sélection de produits canadiens frais agrémentés d'une pointe de Méditerranée. Les vins, issus de l'Ancien et du Nouveau Monde, accompagnent à merveille viandes et poissons. Desserts raffinés pour clore le festin.

PETITE PAUSE

Thé à l'anglaise

Et si, au lieu d'un *lunch*, vous optiez pour un *afternoon tea* ? Trois hôtels historiques du centre-ville sacrifient toujours à la cérémonie du thé anglais :

sandwichs, *scones* à la crème épaisse, pâtisseries, petits fours et choix étendu de thés. Une manière agréable pour les gourmands et les amateurs du style Old Britain de profiter du cadre somptueux de ces hôtels qui cultivent volontiers le souvenir de la grande époque des voyages en chemin de fer… tout en cédant souvent à une conception standardisée du luxe.

Windsor Arms Hôtel – Plan III A1 - *18 St Thomas St.* - ☏ *416 971 9666 ou 1 877 999 2767* - *www.windsorarmshotel.com* - *tlj à 12h30 et 15h - lun.-vend. 35 $, sam.-dim. 42 $* - ♿ **P**. Le somptueux salon richement décoré propose deux services de thé dînatoire ainsi qu'une (peu orthodoxe) formule « *take away* » (25 $). Pour la même formule, le tarif est sensiblement moins cher en semaine.

Omni King Edward – Plan III B2 - *37 King St. E* - ☏ *416 863 9700* - *www.starwoodhotels.com* - *vend.-dim. 14h30-17h - 32/59 $* - ♿ **P**. Le thé est servi dans le majestueux **Victoria's**, l'une des salles de restaurant les plus anciennes de la ville.

Hotel Fairmont Royal York – Plan III B3 - *100 Front St.* - ☏ *416 368 2511 ou 1 866 450 4489* - *www.fairmont.ca - w.-end 12h30-16h - 40/65 $* - ♿ **P**. Un des symboles de Toronto, il reçoit à l'heure du thé dans son Library Bar.

ACHATS

Que vos préférences aillent au chic ou au bon marché, vous trouverez tout ce que vous cherchez dans les divers quartiers commerçants de Toronto. Les boutiques chics de **Bloor/Yorkville** *(Bloor and Cumberland St., Yorkville et Hazelton Ave)* proposent le haut de gamme – en choix comme en prix.

De la tenue de soirée aux week-ends décontractés, **Yonge and Eglinton** s'adresse à la clientèle des jeunes cadres. Les boutiques de **Queen Street West** *(à l'ouest de Bathurst St.)* se tiennent à la pointe de la mode, alors que les couturiers qui montent occupent **West Queen West** *(de Bathurst St. à Shaw St.)*, mine de boutiques bohèmes bon marché où les plus sophistiqués trouvent de la haute couture à un prix abordable. Enfin, **College Street** *(de Bathurst St. à Shaw St.)* attire les étudiants et les amateurs de mode jeune dernier cri.

♿ *www.city.toronto.on.ca/shoptoronto*.

Quelques boutiques

Romancing the Home – *511 Danforth Ave.* - ☏ *416 461 4663*. Cette boutique propose de la vaisselle peinte à la main, des objets en provenance d'Afrique (miroirs, raphia, coussins, tapis marocains).

All the Best – *1101 Yonge St.* - *www.allthebestfinefoods.com*. À 10mn de voiture environ en direction du nord et Summerhill, on trouvera une rangée de boutiques et de cafés d'allure bohème. L'une d'entre elles remporte un vif succès. Ses rayonnages croulent sous les marchandises de qualité, d'articles originaux pour la décoration, sa boulangerie déborde de bons gâteaux, son rayon fromages propose à profusion cheddar, mozzarella fumée et gouda, mais aussi des sauces exotiques.

Marchés

Sur les marchés de Toronto, comme le **St Lawrence Market** *(92 Front St. E)*, situé dans la vieille ville, on trouve produits frais, poissons et fruits de mer, fleurs, souvenirs et artisanat.

3

EN SOIRÉE

Info-loisirs

Consulter les suppléments Arts et Spectacles de la presse locale *(numéro du jeu.)* pour obtenir la liste des manifestations culturelles et l'adresse des principaux théâtres et salles de concert.

www.torontolife.com – Événements, restaurants, sorties en soirée.

Ticketmaster – *℘ 416 870 8000 pour les concerts ou 416 872 1111 - www.ticketmaster.ca*. Réservation des billets pour les événements sportifs et culturels.

www.mirvish.com – Réservations pour les théâtres Royal Alexandra et Princess of Wales.

Spectacles

Principal centre culturel urbain du Canada anglophone, Toronto s'enorgueillit d'un orchestre symphonique et des chœurs Mendelssohn au Roy Thomson Hall, de concerts au Massey Hall, du Toronto Dance Theatre, du Harbourfront Centre. La Compagnie d'opéra canadienne et le Ballet national du Canada logent au Four Seasons Centre for the Performing Arts. De nombreuses salles de théâtre (Saint Lawrence Centre for the Arts, the Royal Alexandra, Princes of Wales Theatre, Elgin and Winter Garden Theatre Centre) présentent des œuvres théâtrales et musicales classiques et contemporaines.

Rendez-vous d'étudiants

Si vous brûlez d'envie de savoir où les étudiants de l'université de Toronto et de Ryerson passent leur temps, rejoignez College Street. La nuit, clubs et pubs accueillent les noctambules.

Souz Dal – *636 College St. - ℘ 416 537 1883 - www.souzdal.com*. Des cocktails sont servis dans un salon intime.

AGENDA

Taste of the Danforth – *Début août*. À l'occasion de ce festival, le quartier de Greektown bourdonnant d'activité devient une zone piétonne animée de spectacles de rue, d'étals et de défilés de mode ; plaisir assuré pour toute la famille. *www.tasteofthedanforth.com*.

Rencontres sportives

Les événements sportifs sont nombreux : le base-ball avec les Toronto Blue Jays, le basket-ball avec les Toronto Raptors et le hockey avec les Maple Leafs, les régates annuelles de canoë et d'aviron, les concours hippiques (Royal Agricultural Winter Fair), le football et les courses automobiles.

Toronto Blue Jays (base-ball) – *http://toronto.bluejays.mlb.com*. Saison avr.-oct. à Rogers Centre.

Toronto Maple Leafs (hockey sur glace) – *http://mapleleafs.nhl.com*. Saison oct.-avr. à Air Canada Centre.

Toronto Argonauts (football américain) – *www.argonauts.on.ca*. Saison de mi-juin à fin nov. à Rogers Centre.

Toronto Raptors (basket-ball) – *www.nba.com/raptors/*. Saison de mi-oct. à avr., à Air Canada Centre.

Parkwood Estate.
R. Hicker / mauritius images / age fotostock

Oshawa

★★

291 959 habitants

 S'INFORMER
Tourist Information – ☎ 905 436 3311 ou 1 800 667 4292 - www.oshawa.ca.

SE REPÉRER
Carte de région C2 (p. 332-333). Oshawa se dresse sur le littoral nord du lac Ontario, à 39 km à l'est de Toronto.

ORGANISER SON TEMPS
Vous pouvez consacrer une petite journée à Oshawa et prendre le temps d'un agréable déjeuner au Parkwood Estate.

AVEC LES ENFANTS
Le Canadian Automotive Museum.

Située sur la rive nord du lac Ontario, Oshawa est l'un des principaux centres de l'industrie automobile canadienne. Son nom reste associé à celui du célèbre industriel et philanthrope Robert S. McLaughlin, qui transforma l'entreprise paternelle en compagnie automobile. En lançant sur le marché sa McLaughlin-Buick dans les années 1910, il donna à la ville son véritable essor économique.

Découvrir

★★ Parkwood Estate
À 4 km au nord de la route 401. 270 Simcoe St. N - ☎ 905 433 4311 - www.parkwood estate.com - de juin à déb. sept. : 10h30-17h ; le reste de l'année : mar.-sam. 9h-17h - tarif, se renseigner.

GENERAL MOTORS AU CANADA

Après avoir débuté comme apprenti dans la fabrique de voitures à chevaux de son père, **Robert Samuel McLaughlin** (1871-1972) transforma l'entreprise familiale en atelier de fabrication d'automobiles. C'est dans ses usines que virent le jour les McLaughlin-Buick, dotées d'un moteur Buick. Après son rachat par General Motors en 1918, McLaughlin resta à la tête de l'entreprise, devenue la branche canadienne de la grande firme américaine.

Parkwood est une élégante résidence construite en 1917 par Robert McLaughlin, qui en fit don à sa mort à l'hôpital général d'Oshawa. La somptueuse demeure est garnie avec goût de meubles et d'objets anciens venus du monde entier. Les plus beaux bois, travaillés par les meilleurs artisans, des tapis, des tableaux contribuent au charme et à l'élégance des lieux.

Le **parc** qui l'entoure est l'un des plus somptueux de l'Est canadien. Ses grands arbres, ses pelouses soignées, ses massifs d'arbustes, ses jardins à la française, ses statues et ses fontaines sont artistiquement disposés. Le plaisir de la visite est renforcé par une halte au charmant **pavillon de thé**, au bord d'un bassin animé de jets d'eau.

★ Canadian Automotive Museum

À 1,5 km au nord de la route 401. 99 Simcoe St. S - ℘ 905 576 1222 - www.oshawa.ca/tourism/can_mus.asp - 9h-17h, w.-end 10h-18h - fermé 25 déc. - tarif, se renseigner.
Bien plus qu'une simple exposition de voitures anciennes, ce petit musée décrit l'histoire de l'industrie automobile au Canada (photographies, illustrations, maquettes). Parmi les 70 véhicules datant pour la plupart de la période 1898-1981, certains sont tout à fait remarquables : une Redpath Messenger de 1903 construite à Toronto (unique au monde), une McLaughlin-Buick de 1912 et une voiture électrique Rauch and Lang de 1923.

Robert McLaughlin Gallery

Civic Centre - 72 Queen St. - ℘ 905 576 3000 - www.rmg.on.ca - ♿ - lun.-vend. 10h-17h (jeu. 21h), w.-end 12h-16h - fermé pendant les principales vacances - tarif, se renseigner.
Construit en 1969 puis agrandi, le musée est dû à Arthur Erickson. Il rassemble des œuvres du **groupe des Onze**, créé en 1953 à Toronto et composé en grande partie de peintres abstraits. Des expositions présentées par roulement illustrent l'art contemporain canadien.

Hamilton

★

667 977 habitants

 NOS ADRESSES PAGE 376

S'INFORMER
Tourist Office – *28 James St N - ℘ 905 546 2666 ou 1 800 263 8590 - www.tourismhamilton.com - lun.-vend. 10h-16h, w.-end 10h-15h*

SE REPÉRER
Carte de région C2 (p. 332-333) - plan de ville (p. 374). Hamilton occupe l'extrémité ouest du lac Ontario, au sud-ouest de Toronto.

SE GARER
Les parkings sont payants sauf le dimanche.

À NE PAS MANQUER
Les Royal Botanical Gardens.

ORGANISER SON TEMPS
Prévoyez une journée pour visiter la ville.

AVEC LES ENFANTS
L'African Lion Safari.

La vaste rade d'Hamilton est séparée du lac Ontario par un cordon littoral. Ce dernier est coupé par un canal qu'empruntent les bateaux acheminant le minerai de fer dans les aciéries. Une route, Burlington Skyway, passe au-dessus du cordon littoral. Elle fait partie de la voie rapide qui relie Toronto aux chutes du Niagara, la Queen Elizabeth Way (QEW). La cité occupe un plateau dominant la plaine de 76 m, au pied de l'escarpement du Niagara. À cet endroit, plusieurs parcs offrent de jolies vues.

3

Se promener Plan de ville p. 374

★ CENTRE-VILLE

Plusieurs bâtiments modernes marquent le centre-ville, le long de Main Street, entre Bay Street et James Street : City Hall, l'hôtel de ville ; Education Centre, un centre éducatif ; Art Gallery, un musée d'Art, et Hamilton Place, un centre culturel doté de deux théâtres.

★ **Hess Village** – *À l'angle de George St. et Hess St.* Un peu à l'ouest du centre-ville se trouve ce quartier de vieilles maisons joliment restaurées, transformées en boutiques d'art, restaurants et cafés.

Farmers' Market
35 York Blvd. - mar. et jeu. 7h-18h, vend. 8h-18h, sam. 6h-18h.
L'un des plus grands marchés fermiers couverts d'Ontario écoule les produits de la péninsule du Niagara, importante région d'arboriculture fruitière.

★ **Art Gallery**

123 King St. W - ☎ *905 527 6610 - www.artgalleryofhamilton.on.com -* ♿ *-*
mar.-merc. et vend. : 11h-18h, jeu. 11h-20h, w.-end 12h-17h - fermé lun. sf vac. - 10 $.
Ce curieux édifice de béton occupe le fond de la grand-place qui se trouve
devant l'hôtel de ville. Les vastes espaces intérieurs présentent des expositions
itinérantes ou tirées de la collection permanente.

Whitehern Historic House and Garden

41 Jackson St. W - ☎ *905 546 2018 - www.hamilton.ca - visite guidée uniquement*
(1h) : mar.-dim. 12h-16h - fermé 1er janv., Vend. saint, 1er juil. et 25-26 déc. - 6,75 $.

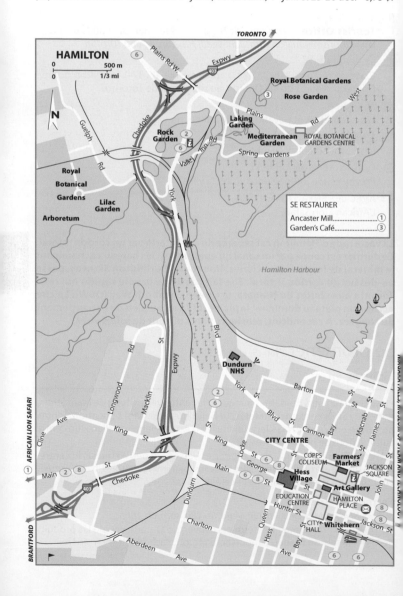

Pendant trois générations, de 1840 à 1968, une famille aisée vécut dans cette maison bourgeoise de style georgien. La demeure a conservé ses meubles d'origine et s'assortit d'un agréable petit jardin. Les **McQuesten**, établis à Hamilton depuis le début du 19e s., furent des pionniers de la sidérurgie, qui devint la grande activité de la ville, et participèrent largement à la vie publique. Ils furent à l'origine des jardins botaniques de la ville et de Niagara Parkway.

HORS DU CENTRE-VILLE

★ Dundurn National Historic Site

610 York Blvd. - ℰ 905 546 2872 - www.hamilton.ca - visite guidée uniquement (1h) - de juil. à déb. sept.: 11h-16h; le reste de l'année: mar.-dim. 12h-16h - fermé 1er janv., Vend. saint et 25 déc. - 11,25 $.

Sur la colline dominant la rade se dresse une élégante demeure en pierre blanche au portique néogothique, construite de 1832 à 1835 par **Allan Napier MacNab**. Brillant soldat, juriste et homme politique lié au Family Compact, il fut Premier ministre du Canada-Uni de 1854 à 1856. La richesse et la puissance des familles privilégiées du 19e s. s'étalent dans cette somptueuse demeure (dont les meubles ne sont pas d'origine). La visite du sous-sol, réservé à l'armée de serviteurs nécessaire à une demeure de cette importance, est particulièrement intéressante. Le jardin, qui abrite également un petit musée militaire, offre une belle **vue** sur Hamilton et sa baie.

★ Royal Botanical Gardens

680 Plains Rd. W - ℰ 905 527 1158 - www.rbg.ca - RBG Centre: 10h-20h; les jardins: à partir de 10h, horaires de fermeture variables (20h en été, 17h en hiver) - fermé 1er janv. et 25 déc. - 12,50 $.

Ces jardins occupent près de 1 000 ha à l'extrémité ouest du lac Ontario. Si la majeure partie, sillonnée de sentiers, est laissée à l'état naturel, plusieurs jardins ont été aménagés. La visite commence par le **jardin méditerranéen** avec une végétation provenant du pourtour de la Méditerranée, d'Afrique du Sud, d'Australie, de Californie et du Chili. De l'autre côté de la route, la **roseraie** fleurit de juin à octobre. À côté, le **jardin Laking** regorge d'iris, de pivoines *(mai-juin)* et de plantes vivaces *(mai-oct.)*. Plus loin, le **jardin de rocailles** offre en été une féerie de couleurs. Dans l'arboretum *(rejoindre York Blvd. et tourner à droite)*, le **jardin des lilas** est splendide *(de fin mai à déb. juin)*.

★ Museum of Steam and Technology

Au sud de la route Queen Elizabeth Way. 900 Woodward Ave. - ℰ 905 546 4797 - www.hamilton.ca - mar.-dim. 12h-16h - fermé 1er janv., 1er juil. et 25-26 déc. - 6,75 $.

L'ancienne station de pompage de Hamilton (1859) est un des rares exemples de la technologie de la vapeur au 19e s. Intéressant par son architecture (arcs et colonnes doriques en fonte), le bâtiment des machines abrite deux engins à balancier Gartshore de 1859 en parfait état de marche, qui pompèrent jusqu'à 20 millions de litres d'eau par jour jusqu'à leur remplacement par des pompes électriques en 1910. L'ancien bâtiment des chaudières accueille une exposition sur l'usage de la vapeur avec un modèle réduit d'une machine à balancier.

À proximité Carte de région p. 332-333

★ African Lion Safari C2

À Cambridge, à 32 km au nord-ouest par les routes 8, à droite par la route 52 Nord après Rockton, puis Safari Rd. à gauche. ℰ 519 623 2620 ou 1 800 461 9453 -

3

www.lionsafari.com - ♿ - de fin juin à déb. sept. : 9h-17h30 ; de déb. mai à fin juin et de déb. sept. à mi-oct. : 10h-16h (17h w.-end) - de fin mai à déb. sept. 32,95 $; de déb. mai à mi-mai et de déb. sept à mi-oct. 27,95 $.

👥 Le parcours pour voitures traverse divers enclos où s'ébattent en liberté des animaux sauvages d'Afrique et d'Amérique du Nord. Dans l'enclos des singes, une centaine de babouins africains grimpent parfois sur les voitures pour dérober ce qu'ils peuvent. La visite peut également se dérouler en bus. Un petit train amusera les enfants.

😊 NOS ADRESSES À HAMILTON

Plan de ville p. 374

RESTAURATION

PREMIER PRIX

Garden's Café – *In RBG Centre au Royal Botanical Gardens -* 📞 *905 527 1158, ext 540 - www.rbg. ca - 11h30-15h.* Agréable restaurant situé dans le jardin botanique. À la carte : sandwichs, potages, salades et plats de saison.

POUR SE FAIRE PLAISIR

À Ancaster

Ancaster Mill – *548 Old Dundas Rd - juste à l'ouest d'Hamilton,* *suivre la route 403 Ouest, sortie Mohawk Rd. -* 📞 *905 648 1828 - www.ancasteroldmill.ca.* Installé dans un ancien moulin en pierre du 18e s., ce restaurant chic reçoit dans différentes salles à manger, dont la plus prisée domine la cascade de ses immenses baies vitrées. Le chef prépare chaque jour des plats délicieux et se laisse volontiers inspirer par les produits qu'il a dénichés le jour même. Bons vins et délicieux pains faits maison.

Chutes du Niagara

Niagara Falls

S'INFORMER
Niagara Falls Tourism – *5400 Robinson St. - ℘ 905 356 6061 ou 1 800 563 2557 - www.niagarafallstourism.com.*

SE REPÉRER
Carte de région CD2 (p. 332-333) - plans des chutes (p. 379, 381 et 382). Entre la pointe sud du lac Ontario et l'extrémité nord du lac Érié.

SE GARER
Les parkings sont gratuits en dehors des parcs des chutes et de la Reine Victoria. Il faut alors utiliser les bus People Mover.

À NE PAS MANQUER
La tour Skylon avec son excellente vue sur les chutes et la région ; les chutes illuminées la nuit et les feux d'artifice en été et en hiver ; la route de Niagara et ses merveilleux paysages.

ORGANISER SON TEMPS
Contactez l'office de tourisme pour connaître les horaires des feux d'artifice. Prévoyez suffisamment de temps pour les chutes et pour vous promener sur la route de Niagara.

AVEC LES ENFANTS
La promenade White Water, à la fois effrayante et amusante ; les Niagara Parks Botanical Gardens et le Conservatoire des papillons.

3

En dévalant une immense falaise à mi-chemin entre les lacs Érié et Ontario, le Niagara crée de spectaculaires chutes d'eau dont la beauté attire chaque année quelque 12 millions de visiteurs. Ce sont les chutes les plus visitées au monde. Leur hauteur – 50 m environ – n'est pas exceptionnelle, mais leur ampleur et la puissance des eaux qui s'y engouffrent sont véritablement impressionnantes. Les touristes arrosés ont généralement le souffle coupé devant tant de majesté. Au loin, sur la rive américaine, s'étend la grande ville industrielle de Niagara Falls. Au Canada, la ville du même nom est vouée au tourisme. De magnifiques parcs fleuris bordent la rivière à proximité des chutes.

Découvrir

Gérés par Niagara Parks Commission, les bus People Mover font une vingtaine d'arrêts le long de Niagara Parkway, des chutes jusqu'au Queenston Heights Park - navettes env. ttes les 20mn de mi-avr. à fin oct. : se renseigner pour les horaires au ℘ 1 877 642 7275 - www.niagaraparks.com - se procurer le ticket de bus au 7369 Niagara Parkway (au sud-ouest des chutes) ou en été, dans l'un des guichets People Mover situés le long de Niagara Parkway - 10 $ valable une journée, trajet illimité, inclus le Falls Incline Railway. Parking possible en été au Rapidsview Parking Lot à 10 $/voiture, le reste de l'année au Falls Parking Lot à 10 $/voiture.

Un phénomène menacé

L'ŒUVRE DU TEMPS

À la dernière époque glaciaire, le fleuve Niagara, déversoi du lac Érié dans le lac Ontario, dévalait l'escarpement du Niagara à hauteur de Queenston, rongeant les tendre roches schisteuses à la base de la falaise, puis sapant la couche de calcaire dur du sommet. L'érosion a depuis fait reculer la chute de 11 km (au rythme de plus de un mètre par an), creusant la gorge que nous voyons aujourd'hui Dans quelque 25 000 années, la gorge atteindra le lac Érié et les chutes finiron par disparaître si on ne trouve pas de solution pour stopper l'érosion d'ici là Il existe en fait deux séries de chutes séparées par l'étroite île Goat. Les chute américaines, **American Falls**, sur le côté de la rivière qui appartient aux États Unis, font 300 m de large et plus de 50 m de haut. Les chutes canadiennes **Horseshoe Falls** (en forme de fer à cheval), ont près de 800 m de large pou 50 m de haut. Elles drainent 90 % de l'eau du fleuve. Lorsque l'on parle de chutes de Niagara, c'est à Horseshoe Falls que l'on fait allusion.

DOMPTER LES EAUX DU FLEUVE

Le premier témoignage de l'existence des chutes nous vient du père **Louis Hennepin**, un récollet qui en 1678 accompagnait l'explorateur Cavelier de La Salle sur le lac Ontario. Intrigué par un grondement lointain, il remonta jusqu'aux chutes. Si aujourd'hui la rumeur de la cataracte ne porte plus si loin la cause est peut-être imputable aux aménagements modernes qui captent en amont des chutes, jusqu'à 75 % des eaux de la rivière pour alimenter les centrales hydroélectriques tant américaines que canadiennes. Le volume d'eau des chutes varie donc selon les saisons et les heures. Le flux est réduit la nuit au moment où les chutes sont illuminées. Parfois en hiver, quand l'eau est trop basse, les chutes peuvent geler en partie, ce qui est spectaculaire La prise d'eau présente en outre l'avantage de ralentir l'érosion des roches e par conséquent le recul inexorable des chutes.

LA GLOIRE OU LE NÉANT

La fin du 19e s. vit une floraison de casse-cou en quête de gloire défier la mort sur le Niagara devant un public amateur de frisson. Le plus célèbre de ces téméraires cascadeurs fut, en 1859, le funambule français **Blondin** qui, sur un fil tendu au-dessus des rapides, transporta son impresario sur ses épaules, puis revint se faire cuire un repas avant de traverser la gorge à bicyclette et de revenir les yeux bandés… D'autres tentèrent, sans toujours éviter la noyade, de traverser les rapides à la nage ou de les descendre dans des tonneaux. Les plus hardis, ou les plus inconscients, voulurent sauter les chutes dans des embarcations spécialement conçues, mais la plupart disparurent à jamais dans les flots. Désormais, la police interdit toute tentative de cet ordre.

★★★ LES CHUTES Plan III ci-dessous

Éclairées le soir de lumières multicolores, gelées en hiver, les chutes du Niagara sont un spectacle permanent. Elles sont visibles du bord de la rivière, du bord de l'eau en bas de la cataracte et du sommet de différentes tours d'observation.

★★★ Promenade de Rainbow Bridge à Table Rock

🚶 *1,6 km env.* Depuis Rainbow Bridge, vous pouvez vous promener le long de la rivière, en passant par **Queen Victoria Park**, très en beauté en avril à la saison des jonquilles. Vous faites alors face aux chutes américaines, amples, majestueuses et étrangement apaisantes. Vous continuez ensuite sur Table Rock, au bord de la chute canadienne.

Tunnels – ℘ *1 877 642 7275 - www.niagaraparks.com -* ♿ *- à partir de 9h, horaires de fermeture variables - fermé 25 déc. - 13 $.* À Table Rock House, de vastes ascenseurs vous y descendent, au bord de l'immense mur d'eau.

★★★ Maid of the Mist

Accès par River Rd. Ascenseur et excursion en bateau (si le temps le permet). Maid of the Mist Steamboat Co. Ltd. - ℘ 905 358 5781 - www.maidofthemist.com - ♿ *- dép. de Maid of the Mist Pl. - mai-oct. : à 9h ou 9h45, horaires du dernier départ variables - fermé de fin oct. à la fonte des glaces - AR 30mn - 16,50 $.*

Du bateau, qui longe la chute américaine avant de s'immobiliser au pied du « fer à cheval » au milieu des tourbillons furieux, la formidable puissance de la cataracte est saisissante, tandis que les imperméables des passagers ruissellent sous les embruns.

★★★ Vue panoramique

Skylon Tower - 5200 Robinson St. - ℘ 905 356 2651 - www.skylon.com - ♿ *- te la journée - tarif, se renseigner.*

Trois tours offrent des **vues** spectaculaires des chutes, mais le meilleur point de vue s'obtient de la tour **Skylon Tower** face à Goat Island. Cette version

3

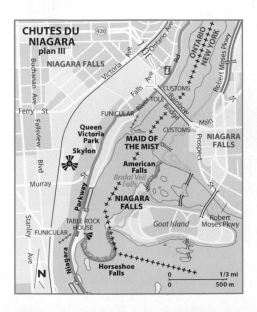

miniature de la tour du CN s'élève à 236 m au-dessus de la rivière. Ses ascenseurs vitrés ajoutent de multiples angles de vision au panorama que l'on découvre du sommet.

À proximité

La route **Niagara Parkway (nord)**★★, qui longe la rivière jusqu'à son embouchure sur le lac Ontario, est riche de vues et de jardins, ce qui en fait une agréable promenade. Après les chutes, la route passe sous un pont, le Rainbow Bridge, et traverse un charmant quartier résidentiel. Environ 1,5 km plus loin, au lieu-dit Thompson's Point, on atteint le point opposé avec une belle **vue**★ sur le tourbillon.

★ **Niagara Glen** Plan II ci-dessous
Un sentier amorce la descente le long de la falaise jusqu'au bord de l'eau furieuse *(descente 15mn, montée 30mn).*

★ **Niagara Parks Botanical Gardens** Plan II ci-dessous
1 877 642 7275 - www.niagaraparks.com - &. - ouvert tte l'année du lever au coucher du soleil - fermé 25 déc.
Dans cette école horticole, la Commission des parcs du Niagara dispense un diplôme sur trois ans. Les jardins, variés, sont entretenus par les élèves. La **roseraie**, en pleine floraison début juin, est splendide.
Conservatoire des papillons – *À partir de 9h ou 10h, horaires de fermeture variables - fermé 25 déc. - 12,25 $.* Quelque 2 000 papillons évoluent dans un périmètre de 1 022 m².
À 1,6 km du jardin, la route traverse une petite zone industrielle, proche de deux centrales qui captent les eaux de la rivière : **Robert Moses Generating**

3

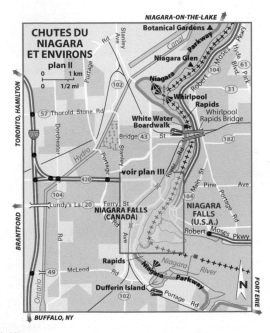

Les chutes du Niagara.
R. Elsen / Mauritius / Photononstop

Station (côté États-Unis) et **Sir Adam Beck Generating Station** (côté Canada). Un peu plus loin, une grande **horloge florale** décore le bord de la route.

★ **Queenston Heights** Plan I ci-dessous
Ouv. tte l'année.

Voici le bord de l'escarpement que jadis dévalaient les chutes. Un parc entoure la colonne élevée à la mémoire du général **Isaac Brock** qui, durant la guerre de 1812, fut l'âme de la défense contre les Américains et mourut ici même, en montant à l'assaut d'une troupe ennemie campée sur les lieux. Du sommet du monument, la vue s'étend sur la vallée du Niagara.

Circuits conseillés Plan I ci-dessous

DE QUEENSTON À NIAGARA-ON-THE-LAKE

▸ *Circuit de 12 km tracé en vert clair sur la carte ci-dessous.*

★ **Queenston**
Ce charmant village aux jolies maisons noyées de verdure est l'une des plus anciennes localités de la péninsule.

Laura Secord Homestead – *29 Queenston St. - ℘ 1 877 642 7275 - www.niagaraparks.com - visite guidée uniquement (30mn) de mi-juin à déb. sept. : 11h-17h ; de déb. sept. à mi-oct. : merc.-dim. 11h-16h - 9,50 $.* C'est dans cette simple maison de bois, restaurée par la compagnie de confiserie qui porte son nom, que vécut l'héroïne du Haut-Canada. En 1813, quand Queenston

CHUTES DU NIAGARA
plan I

était occupée par les troupes américaines, Laura Secord courut par les taillis à travers les lignes ennemies pour prévenir l'armée britannique, stationnée à 30 km de là, qu'une attaque surprise se préparait. Cet acte courageux allait permettre, deux jours plus tard, la victoire anglaise de Beaver Dams.

La route jusqu'à Niagara-on-the-Lake est bordée de parcs et d'aires de pique-nique, et offre quelques jolies vues de la rivière. L'été, les produits des vergers de la région sont vendus au bord de la route.

★★ Niagara-on-the-Lake

Chambre de Commerce – *26 Queen St. - www.niagaraonthelake.com.*

On croirait un pittoresque village d'Angleterre, posé par magie à l'embouchure du Niagara sur le lac Ontario. Fondée par les loyalistes, première et éphémère capitale du Haut-Canada en 1792, reconstruite après avoir été rasée par les Américains en 1813, la ville semble n'avoir pas changé depuis. Ses gracieuses demeures du 19e s. entourées de jardins et ses rues bordées d'arbres en font une agréable villégiature d'été. Niagara-on-the-Lake est également un centre culturel qui abrite le **Shaw Festival** (*mars-nov.*), consacré au théâtre de l'Irlandais **George Bernard Shaw** (1856-1950).

Le théâtre principal, à l'angle de Queen's Parade et de Wellington Street, est une construction de brique au bel intérieur de bois.

★ Queen Street – *Niagara Apothecary - www.niagaraapothecary.ca - ᯤ - de mai à déb. sept.: 12h-18h; de déb. sept. à mi-oct.: w.-end 12h-18h.* La rue principale incite à la promenade. Près de la tour de l'horloge se groupent de charmantes boutiques, salons de thé, restaurants, hôtels et une authentique pharmacie de 1866, **Niagara Apothecary**.

★ Fort George – *River Rd., 26 Queen St. -* ℘ *905 468 6621 - www.friendsof fortgeorge.ca ou www.pc.gc.ca - ᯤ - mai-oct.: 10h-17h; avr. et nov.: w.-end 10h-17h - 11,70 $.* Construit par les Anglais peu avant 1800, ce fort fut, durant la guerre de 1812, tour à tour pris par les Américains et repris par les Britanniques. Retranché derrière un talus herbeux aux angles renforcés de bastions, il comprend le carré des officiers, la forge, la poudrière, le corps de garde, et trois blockhaus de bois équarri abritant des expositions militaires. Des guides costumés font revivre l'ambiance d'autrefois.

3

★★ WELLAND CANAL

◖ *Circuit tracé en bordeaux sur la carte ci-contre. De Niagara Falls, suivre la route Queen Elizabeth Way (QEW) jusqu'à St. Catharines; sortir sur Glendale Ave., tourner à gauche et traverser le canal par le pont levant. Tourner à droite ou à gauche sur Welland Canals Parkway. De Niagara-on-the-Lake, suivre Niagara Stone Rd (route 55) jusqu'au bout; prenez à droite sur Queenston St. et traverser le canal. Tourner à gauche ou à droite sur Welland Canals Parkway.*

Ouvert en 1829, le premier canal Welland permettait à la navigation de relier les lacs Érié et Ontario. Élargi, redressé, le canal actuel fait partie de la voie maritime du St-Laurent. Long de 45 km, il traverse la péninsule du Niagara entre St Catharines et Port Colborne, et compte huit écluses franchissant au total une dénivellation de 99 m entre les deux lacs.

★★ Route le long du canal

La route longe sept des huit écluses du canal, et permet d'apprécier l'intense trafic de la voie maritime et la taille des navires qui l'empruntent.

Centre d'accueil – *1932 Welland Canals Parkway, St Catharines -* ℘ *905 984 8880 ou 1 800 305 5134 - www.stcatharines.ca - ᯤ - mai-nov.: 9h-17h; déc.-avr.: 9h-17h, w.-end et vac. 10h-17h - fermé certains j. fériés - donation.*

Situé au nord du pont levant, à l'écluse 3, il est équipé d'une belle **plate-forme d'observation**. Les horaires de passage des bateaux, très fréquents *(il faut environ 30mn pour passer une écluse)*, sont affichés. Plus au sud, à Thorold, les écluses 4, 5 et 6 franchissent l'escarpement du Niagara. Ces ouvrages jumelés permettent le passage simultané de deux navires, du bief d'amont au bief d'aval et inversement.

DES CHUTES À FORT ERIE

◗ *Circuit de 32 km tracé en vert foncé sur la carte p. 382.*

Au départ, la route **Niagara Parkway (sud)**★ longe les **rapides**★★ qui précèdent les chutes, spectacle impressionnant par sa puissance et son ampleur. Puis elle traverse l'**île Dufferin**, où un parc agréable regroupe sentiers, ruisseaux, baignade surveillée, avant de longer les digues qui détournent l'eau du Niagara vers les centrales en aval ; la rivière s'étale largement, plate et calme, en contraste total avec son cours inférieur. Agréables vues sur la rive américaine à la hauteur de Grand Island.

Après le Peace Bridge, pont reliant la ville de **Fort Erie** à **Buffalo**, belles **vues**★ sur la ville américaine.

Old Fort Erie

℘ 1 877 642 7275 - www.niagaraparks.com - de juin à déb. oct. : 10h-18h ; le reste de l'année : horaires, se renseigner - 12,25 $.

C'est la reconstitution du troisième fort construit à la source de la rivière Niagara, à l'embouchure du lac Érié, détruit par les Américains en 1814. On pénètre dans cet ouvrage de pierre en étoile renforcé de bastions par un pont-levis, et l'on peut visiter le quartier des officiers, les casernes, le corps de garde et la poudrière, tandis que des étudiants en uniformes du début du 19e s. exécutent des manœuvres et guident les visiteurs.

Brantford

★

)2 538 habitants

 NOS ADRESSES PAGE 387

S'INFORMER
Visitor and Tourism Centre – *399 Wayne Gretzky Parkway -* ℘ *519 751 9900 ou 1 800 265 6299 - www.discoverbrantford.com.*

SE REPÉRER
Carte de région C2 (p. 332-333). Brantford est au sud-ouest de Toronto, au nord du lac Érié, sur la route 403 entre Hamilton à l'est et Woodstock à l'ouest.

À NE PAS MANQUER
La Grande Rivière est agréable pour faire du canoë et la Transcanadienne permet de faire des randonnées et des balades à vélo à travers la ville.

ORGANISER SON TEMPS
Brantford est à environ une heure de route de Toronto et des chutes du Niagara. Comptez moins d'une journée de visite.

AVEC LES ENFANTS
Le Wayne Gretky Sports Centre.

Cette petite ville industrielle est célèbre pour ses multiples activités sportives, en particulier le hockey sur glace, dont elle s'est autoproclamée capitale en Ontario. Brantford voue en effet un culte évident au hockeyeur Wayne Gretzky, qu'elle vit naître en 1961 : une route (Wayne Gretzky Parkway), un tournoi annuel et un complexe sportif lui rendent hommage.

3

Découvrir

★ **Bell Homestead National Historic Site**
)4 Tutela Heights Rd - Du centre-ville, suivre Colborne St. W, traverser Grand River, prendre à gauche Mt. Pleasant St., puis encore à gauche Tutela Heights Rd. ℘ 519 756 6220 - www.bellhomestead.ca - &. - visite guidée (45mn) tlj sf lun.)h30-16h30 - fermé du 25 déc. à déb. janv. et certains j. fériés - 6,25 $.

DE JOSEPH BRANT À BRANTFORD
Brantford se trouve dans la vallée de la rivière Grant et fait partie de la vaste concession donnée en 1784 par le gouvernement britannique aux tribus de la Ligue des six nations (la Confédération iroquoise). Ces Amérindiens, conduits par leur chef **Joseph Brant**, étaient les alliés des Anglais durant la guerre d'Indépendance américaine. Traités comme les autres loyalistes, ils durent fuir les États-Unis à la fin de la guerre. En 1830, des colons européens leur rachetèrent une partie de leurs terres pour fonder Brantford, dont le nom, « le gué de Brant », évoque le chef de la Confédération iroquoise. Plus réduite qu'autrefois, la réserve indienne existe toujours.

GRETZKY LA MERVEILLE

Wayne Gretzky, adulé des Canadiens, fait partie des plus grands joueurs de la Ligue nationale de hockey. Il chausse les patins à glace dès l'âge de 2 ans ; entraîné par son père, il devient le plus jeune joueur puis le meilleur buteur (1977) du Championnat du monde junior. Devenu professionnel, il est le premier joueur à marquer en moyenne plus de deux points par match. Il mène son équipe (Edmonton) à la victoire de la Stanley Cup pendant quatre ans et bat le record des points au cours de la saison 1981-1982. Sacré sept années de suite meilleur buteur de la ligue, il obtient le trophée du meilleur joueur de la Ligue huit années consécutives.

Venu d'Écosse avec ses parents en 1870, Alexander Graham Bell (1847-1922) choisit de poursuivre la carrière de son père et s'installa à Boston, où il enseigna le langage des signes aux sourds-muets. Ses recherches le conduisirent à s'intéresser à l'électricité et à son application dans la propagation des sons. C'est à Brantford, tandis qu'il était en vacances chez ses parents, qu'il conçu en 1874 l'idée du téléphone, mais ce n'est qu'en mars 1876 qu'il put, à Boston transmettre par ce moyen le premier message intelligible. L'été suivant, il réalisa la première liaison interurbaine (11 km environ) entre Brantford et la ville voisine de Paris, et put reconnaître la voix de son père.

Située sur les hauteurs bordant la rivière Grand, la maison (1858), meublée comme à l'origine, abrite une exposition sur la vie de Bell et ses inventions. À côté, transporté du centre-ville, se trouve le bâtiment qui accueillit le premier bureau de téléphone au Canada (1877-1880) ; à l'intérieur, l'un des plus anciens standards téléphoniques et une exposition sur le développement du téléphone.

Woodland Cultural Centre

184 Mohawk St. - 𝄞 519 759 2650 - www.woodland-centre.on.ca - ♿ - 9h-16h, w.-end 10h-17h - fermé j. fériés - 7 $ (musée).

Ce centre gère un **musée** dont l'intéressante collection se compose d'objets d'artisanat autochtone : calumets iroquois, sacs ojibway ornés de motifs floraux en perles, un exemplaire de la Constitution de la Ligue des cinq nations (1452) en ficelle et coquillages, etc. Plusieurs expositions et l'intérieur d'une « longue maison » illustrent le mode de vie des tribus des forêts de l'Est dont font partie les Amérindiens des Six Nations.

Her Majesty's Royal Chapel of the Mohawks

291 Mohawk St. - 𝄞 519 756 0240 - www.mohawkchapel.ca - sam.-merc. 10h-17h contribution requise.

Il s'agit du plus vieux temple protestant de l'Ontario. Édifié grâce à des donations du gouvernement britannique, ce lieu de culte est doté de vitraux commémorant l'histoire des tribus des Six Nations.

😊 NOS ADRESSES À BRANTFORD

RESTAURATION

POUR SE FAIRE PLAISIR

À proximité
Olde School Restaurant – *687 Powerline Rd., à 2 km sur la route 403 - 🖉 519 753 3131 ou 1 888 448 3131 - www.theolde schoolrestaurant.ca -* ♿ 🅿. Une ancienne école en brique (19ᵉ s.) des faubourgs de Brantford a été convertie en restaurant à la mode, au confort victorien. La reine Élisabeth II elle-même a honoré ces lieux en 1997. Plusieurs salles à manger sont ornées de vitraux et de luminaires aux motifs compliqués. Le grand piano-bar et le fumoir rencontrent un vif succès. La cuisine, enfin, est de qualité.

ACTIVITÉS

Wayne Gretzky Sports Centre – *254 North Park St. - 🖉 519 756 9900 - www.wayne gretzkysportscentre.ca.* 👥 Il constitue un lieu de détente idéal, avec une piscine olympique, une patinoire et d'autres activités.

AGENDA

Wayne Gretzky International Hockey Tournament – *Fin déc.* Tournoi annuel de hockey sur glace.
Six Nations Native Pageant – *En août.* Cette manifestation fait revivre chaque année l'histoire et la culture des Amérindiens des Six Nations.

3

Kitchener-Waterloo

450 917 habitants

NOS ADRESSES PAGE 390

S'INFORMER
Kitchener-Waterloo Tourism – *260 King St. W, suite 201, Kitchener* – *519 585 7517 ou 1 877 585 7517 - www.kwtourism.ca.*

SE REPÉRER
Carte de région C2 (p. 332-333). Kitchener et Waterloo sont des ville séparées qui forment, avec la cité de Cambridge, une agglomératior urbaine. Elles se trouvent entre Toronto (au nord-est) et London.

SE GARER
Les parkings des marchés fermiers sont gratuits.

À NE PAS MANQUER
Les marchés fermiers de Kitchener et des environs, et celui de St Jacobs

ORGANISER SON TEMPS
N'hésitez pas à sillonner la région qui fourmille de villes petites ou grandes mais surtout n'oubliez pas votre carte !

Ces cités jumelles industrielles du sud de l'Ontario ont été fondée au début du 19e s. par des immigrants allemands qui exercèrent su la région une forte influence. Toujours marquées par leurs origines propres et ordonnées, Kitchener et Waterloo organisent chaque automne l'Oktoberfest. Cette grande fête donne l'occasion à tous de déguste pendant neuf jours, au son d'orchestres bavarois, bières et spécialité gastronomiques qui, le reste de l'année, sont vendues sur les marché fermiers. Dotée d'une salle de concert, d'un atelier-théâtre et d'une galerie d'art, la ville de Kitchener sert de cadre à diverses manifestation culturelles.

Découvrir

Woodside National Historic Site
528 Wellington St. N, Kitchener - *519 571 5684 ou 1 888 773 8888 - www.pc.gc.ca de déb. oct. au 23 déc. : 10h-17h - 3,90 $.*
C'est dans cette maison en brique construite en 1853, située dans ur agréable parc, que **William Lyon Mackenzie King**, Premier ministre du Canada de 1921 à 1930, puis de 1935 à 1948, passa une partie de son enfance La demeure a été restaurée et remeublée dans le style victorien qu caractérise l'époque de Mackenzie. Une **exposition** retrace la vie de ce homme politique qui subit fortement l'influence de son grand-père, le rebelle William Lyon Mackenzie.

LES MENNONITES DE ST JACOBS

Les **mennonites** étaient membres d'une secte protestante issue du mouvement anabaptiste (prônant le baptême à l'âge adulte) fondée au 16e s. par Menno Simons. Ils quittèrent au début du 18e s. l'Ancien Monde, où ils étaient persécutés, pour la Pennsylvanie, mais leur pacifisme les rendit impopulaires durant la guerre d'Indépendance. Beaucoup s'installèrent alors en Ontario avec les loyalistes, où ils reçurent des terres dans la région de Kitchener, dont ils furent les premiers colons européens. Les mennonites du mouvement de l'Ordre ancien, qui est le plus strict, n'utilisent ni voiture, ni téléphone, ni machine moderne. On rencontre parfois dans la campagne environnante ces fermiers menant une vie simple et frugale, les hommes en costume noir et large chapeau, les femmes en robe longue et bonnet serré. Ils se déplacent en carriole à cheval munie à l'arrière, seule concession au 21e s., d'un triangle fluorescent.

Centre d'accueil de St Jacobs – *1386 King St. N, St Jacobs -* 𝄐 *519 664 1133 - www.stjacobs.com.* La projection d'une vidéo *(15mn)* permet d'en savoir plus sur le mode de vie des mennonites de l'Ontario.

Joseph Schneider Haus Museum

466 Queen St. S, Kitchener - 𝄐 *519 742 7752 - www.region.waterloo.on.ca - juil.-août: 10h-17h, dim. 13h-17h ; le reste de l'année : merc.-sam. 10h-17h, dim. 13h-17h - 2,25 $.* Cette maison en bois de style georgien, construite vers 1820 par Joseph Schneider, fondateur de Kitchener, a été restaurée et meublée dans le style des années 1850. Une aile supplémentaire accueille une exposition d'arts décoratifs et d'art populaire allemand.

Waterloo Region Museum

À 3 km de la route 401, prendre la sortie 275, puis direction nord. 10 Huron Rd., Kitchener - 𝄐 519 748 1914 - http://waterlooregionmuseum.com - ♿ - musée mai-août : 9h30-17h ; sept.-déc. 9h30-17h, dim. 11h-17h ; mi-janv.-avr. : 9h30-17h, dim. 11h-17h - Doon Heritage Village mai-août : 9h30-17h ; de sept. au 23 déc. : lun.-vend. 9h30-16h30 - 10 $.
Ce musée prête son cadre moderne à des expositions sur la région de Waterloo, de la préhistoire à nos jours. Il constitue en outre la porte d'entrée au Doon Heritage Village, qui reconstitue un petit village rural de Waterloo de 1914. La maison à deux étages de la **ferme de Peter Martin**, construite en 1820, montre le cadre de vie d'une famille mennonite.

3

À proximité Carte de région p. 332-333

Elora C2

▷ À 37 km au nord-est par les routes 22 et 18. Centre d'accueil - 9 Mill St. E - 𝄐 1 877 242 6353 - www.elora.info.
Charmant village sur les rives de la Grand, Elora est parvenu à conserver son âme de bourgade industrielle du 19e s. Certains bâtiments de pierre (1805 env.) sont occupés aujourd'hui par des boutiques pittoresques et des restaurants. La curiosité locale est la **cascade** spectaculaire de 21 m que domine l'ancienne scierie convertie en auberge.

NOS ADRESSES À KITCHENER-WATERLOO

RESTAURATION

 Bon à savoir – À ceux qui recherchent la cuisine allemande, les autochtones recommandent plusieurs tavernes, datant toutes des années 1800.
Décor fonctionnel et portions généreuses sont le mot d'ordre de ces établissements sans façon, auxquels on accède par des routes sillonnant la campagne splendide.

PREMIER PRIX

À proximité

Desert Rose Café – *130 Metcalfe St., Elora -* 519 846 0433 - *www.thedesertrosecafe.com.* Ce restaurant sert de la cuisine végétarienne dans une atmosphère désinvolte. De délicieuses soupes, des salades ou des sandwichs peuvent être dégustés en salle ou dans le patio à l'extérieur.

Kennedy's Restaurant – *À l'ouest de Kitchener, au croisement des routes 9 et 12 - 1750 Erb's Rd, St Agatha -* 519 747 1313 - *www.kennedycatering.ca.* Avec son atmosphère de vieux pub irlandais, ce restaurant est renommé pour ses côtelettes et ses accompagnements.

Olde Heidelberg Restaurant, Tavern & Motel – *3006 Lobsinger Line, Heidelberg -* 519 699 4413 - *www.oldhh.com.* Situé près du marché St Jacobs, ce restaurant

des années 1860 sert de la cuisine allemande : roulades de porc, galettes de pomme de terre ou queues de porc rôties. Des photographies des différents plats affichées à l'entrée aident à choisir.

ACHATS

Marchés

Les marchés fermiers sont une véritable attraction de la région. Ils proposent la production locale mais aussi des spécialités allemandes ou ethniques régionales.

Marché Kitchener – *300 King St. W (à l'angle de Frederick St. et de Duke St.) -* 519 741 2287 - *www.kitchenermarket.ca - tte l'année sam. 7h-14h - boutiques et restaurants ouverts mar.-vend. 9h-17h, sam. 7h-14h.*

Marché St Jacobs – *Sur Weber St. N et Farmers' Market Rd., au nord de Waterloo -* 519 747 1830 - *www.stjacobs.com - tte l'année jeu. et sam. 7h-15h30 ; de mi-juin à fin août : mar. 8h-15h.*

AGENDA

Festival d'Elora – *À Elora - www.elorafestival.com. 3 semaines en juil.* Musique classique et contemporaine.

Oktoberfest – *www.oktoberfest.ca. En automne.* Le plus grand festival bavarois du Canada.

Stratford

★

30 902 habitants

☺ NOS ADRESSES PAGE 392

☒ S'INFORMER
Tourism Alliance – *47 Downie St. - ℰ 519 271 5140 ou 1 800 561 7926 - www.visitstratford.ca.*

▶ SE REPÉRER
Carte de région C2 (p. 332-333). Stratford est située au nord de London et à l'ouest de Kitchener, à 2h de route à l'ouest de Toronto.

🅿 SE GARER
L'office de tourisme donne aux visiteurs un ticket de parking gratuit valable une journée. On ne peut pas se garer le soir dans les rues de la ville.

☺ À NE PAS MANQUER
Profitez du festival pour assister à une représentation théâtrale.

🕐 ORGANISER SON TEMPS
La ville est très animée pendant le festival, pensez donc à réserver hôtel et restaurants à l'avance.

Créée au 19ᵉ s. autour d'une auberge, Stratford, baignée par la rivière Avon, est devenue un centre culturel d'importance au cœur d'une région agricole prospère. Dédiée à Shakespeare, la ville a acquis sa célébrité lorsque le journaliste Tom Patterson créa un festival en l'honneur du célèbre dramaturge. De renommée mondiale, cet événement théâtral attire chaque année plus de 500 000 spectateurs. Outre les œuvres de Shakespeare, le Stratford festival propose une grande variété de pièces dramatiques ou musicales, ainsi que des conférences et des ateliers d'expression artistique.

Découvrir

Durant la **saison du festival**, quatre théâtres – le Festival, le Tom Patterson, l'Avon et le Studio Theatre – présentent toutes sortes de pièces et de programmes musicaux d'un très bon niveau, la place d'honneur revenant naturellement aux œuvres de Shakespeare.

Festival Theatre
La forme arrondie de ce bâtiment rappelle le chapiteau du premier festival. Sa scène avancée, ouverte sur trois côtés, témoigne du parti pris, dans les années 1950, de revenir à la simplicité du théâtre élisabéthain : la scène peut être employée dans sa totalité et les spectateurs en sont proches.

Backstage Tour – *De déb. juin à déb. nov.* Les spectateurs peuvent jeter un coup d'œil dans les coulisses lors de visites où tous les secrets leur seront révélés.

Devant le théâtre, un agréable parc descend jusqu'à la rive du **lac Victoria**, un élargissement de l'Avon. Les soirs d'été, les pelouses et la petite île sur le lac sont envahies par les pique-niqueurs et les promeneurs.

NOS ADRESSES À STRATFORD

VISITE

**Costume Warehouse
Tour** – *350 Duoro St. -
www.stratfordfestival.ca - visite
guidée (1h) - de mi-mai à fin oct. :
merc.-sam. 9h30, 10h, 10h30 et 11h -
8 $.* Pour admirer des centaines de
costumes et accessoires

Garden Tour – *55 Queen St. -
www.stratfordfestival.ca - de déb.
juin à mi-sept. : merc.-sam. 11h - 8 $.*
Promenade guidée dans les
rues, les jardins et les théâtres
du festival.

RESTAURATION

Bon à savoir – Pour les
restaurants, la réservation est
fortement conseillée.

Pique-nique

De nombreux restaurants locaux
préparent des pique-niques pour
les visiteurs qui assistent aux
représentations et sont souvent
pressés à l'heure du déjeuner.

UNE FOLIE

Church Restaurant –
*70 Brunswick St. - 519 273
3424 - www.churchrestaurant.
com.* Ce restaurant occupe une
ancienne église. Les menus sont
sophistiqués avec des plats
délicieux d'inspiration française.
Pour les passionnés de théâtre,
le restaurant propose un menu
fixe pour aller plus vite. Il sert
également des brunchs le
dimanche, des soupers après les
représentations du soir *(le week-
end)*. Le bistro **The Belfry**, rattaché
au restaurant, offre pour la même
qualité des menus simplifiés.

The (Old) Prune – *151 Albert St. -
519 271 5052 - http://theprune.
com.* Dans une maison étroite
d'une rue résidentielle, un cadre
intime très apprécié, en particulier
pour son jardin d'hiver. Le chef
propose un menu à prix fixe pour
les plus pressés (entrée, plat,
dessert) et une carte alléchante
avec des plats originaux pour les
gourmets. Également un service
d'avant-représentation entre 17h
et 18h30.

AGENDA

Stratford Festival – *Rens.
et réserv. : Stratford Festival
box office, PO Box 520,
Stratford - 1 800 567 1600 -
www.stratfordfestival.ca.* Il se
déroule de mai à novembre.

London

★

363 448 habitants

NOS ADRESSES PAGE 395

S'INFORMER
London Tourism Information Centre – *696 Wellington Rd S et 267 Dundas St. -*
☎ 1 800 265 2602 ou 519 661 5000 - www.londontourism.ca.

SE REPÉRER
Carte de région C2-3 (p. 332-333). London se trouve entre Toronto et
Windsor sur la route 401, dans la partie sud de l'Ontario.

SE GARER
Se garer en centre-ville ou sur le campus n'est pas facile. Le stationnement
sur les parkings en ville n'est possible que pour un temps limité.

ORGANISER SON TEMPS
L'aéroport international de London est bien desservi par les lignes
régulières. Située non loin de Toronto, la ville est proche de la frontière
américaine.

AVEC LES ENFANTS
Le village Fanshawe Pioneer et celui de Ska-Nah-Doht, iroquois.

**Grand centre industriel au cœur d'une riche région agricole, London
est une ville dynamique, renommée pour ses recherches médicales, ses
placements en assurances et ses nombreuses activités culturelles. Métropole
bourdonnante et embouteillée, elle conserve néanmoins de paisibles
rues ombragées bordées de belles maisons, ainsi que de grands espaces
verts. Le parc Springbank, où les habitants s'adonnent aux activités
de plein air, offre une oasis de nature à l'ouest du centre-ville. Il abrite
l'université de l'Ontario de l'Ouest, l'une des plus renommées du Canada.**

3

Découvrir

★★ Museum London

*421 Ridout St. N - ☎ 519 661 0333 - www.museumlondon.ca - ♿ - mar.-dim. 11h-17h
(21h jeu.) - contribution requise - parking 2 $/h.*
Lové dans un parc dominant les rives de la Thames, cet étonnant édifice est
une œuvre remarquable de l'architecte Raymond Moriyama de Toronto.

> **UNE VILLE PRESQUE CAPITALE**
> En 1792, **John Graves Simcoe**, lieutenant-gouverneur du Haut-Canada,
> choisit le site d'une nouvelle capitale pour remplacer Niagara-on-the-Lake
> qu'il trouvait trop proche des États-Unis. Il nomma la ville London, comme
> la capitale britannique, et Thames la rivière qui l'arrosait. Mais les autorités
> refusèrent son choix, lui préférant la ville d'York (future Toronto), ce qui
> n'empêcha pas London de croître et de prospérer.

CE N'EST QU'UN AU REVOIR

Enfant du pays, le chef d'orchestre **Guy Lombardo** (1902-1977) s'est introduit chaque année, pendant près de cinquante ans, à l'occasion du Nouvel An, dans les foyers américains et canadiens, avec les retransmissions radiophoniques, puis télévisées, de ses concerts new-yorkais. Avec son orchestre, **The Royal Canadians**, ils jouèrent d'abord au Roosevelt Grill à New York et popularisèrent le 1er janvier 1954 la tradition américaine de l'*Auld Lang Syne* (Ce n'est qu'un au revoir) en l'interprétant à l'hôtel Waldorf Astoria. Violoniste de formation, Guy Lombardo est le fils aîné d'une famille de musiciens doués. Trois de ses frères et une de ses sœurs faisaient partie de son orchestre, créé à Londres en 1924. Les Royal Canadians ont joué dans plusieurs films américains et se sont produits à la soirée d'investiture de six présidents américains. La légendaire formation a vendu plus de 300 millions de disques. Depuis de nombreuses années, la salle de danse des jardins **Wonderland** (Wonderland Rd S, au bord de la Thames) fait virevolter les passionnés des grands ensembles orchestraux. Les jardins accueillent aussi un petit musée consacré à Guy Lombardo et ses Royal Canadians

🚘 **Guy Lombardo Music Centre** – *205 Wonderland Rd S -* ☏ *519 473 9003 - juin : merc.-dim. 11h-19h ; le reste de l'année : dim. 12h30-16h30.*

Sa structure avec ses voûtes en berceau utilise au maximum la lumière du jour tout en évitant un éclairage trop cru sur les œuvres présentées. Les collections exposées illustrent l'art canadien des 18e et 19e s. Elles montrent entre autres les portraits réalisés par Paul Peel, peintre local né à London qui installa son atelier sur Richmond Street. Une section historique évoque le passé de la ville.

★ Eldon House

481 Ridout St. N - ☏ *519 661 5169 - www.eldonhouse.ca - juin-sept. : mar.-dim. 12h-17h ; janv.-avr. : w.-end 12h-17h ; mai et oct.-déc. : merc.-dim. 12h-17h - donation.*
Eldon House, la plus vieille maison de la ville, date de 1834. Elle se trouve au nord d'une rangée de maisons victoriennes restaurées. C'est une belle demeure, bâtie par John et Amelia Harris pour leur famille nombreuse et habitée par leurs descendants jusqu'en 1960. Les vastes pièces de réception témoignent d'une intense vie sociale et culturelle au 19e s. La bibliothèque et le salon de réception sont remarquables, tout comme les beaux meubles de famille et les objets raffinés.

À proximité Carte de région p. 332-333

Fanshawe Pioneer Village C2

À 15 km au nord-est de London. Fanshawe Conservation Area - 2609 Fanshawe Park Rd E - ☏ *519 457 1296 - www.fanshawepioneervillage.ca - de mi-mai à mi-oct. : mar.-dim. et les lun. fériés 10h-16h30 - 7 $.*
👥 Situé dans un parc au bord du lac Fanshawe, qui régularise le cours de la Thames, ce village reconstitue une localité presbytérienne au 19e s. : plusieurs maisons,

---

ORANGISME

Fondée en Irlande en 1795, la confrérie de protestants radicaux des orangistes était opposée aux catholiques. Elle agissait en faveur des rois d'Angleterre issus de la famille d'Orange : William III, Guillaume… Son influence fut considérable en Ontario.

des boutiques, une église presbytérienne, le local des pompiers et la loge des **orangistes**. Des guides costumés font visiter le village.

Ska-Nah-Doht Iroquoian Village & Museum C3

À 32 km au sud-ouest par la route 401 puis la route 402, sortie 86. Longwoods Rd Conservation Area - 8348 Longwoods Dr., Mount Brydges - 519 264 2420 - - mai-oct. : 9h-16h30 ; le reste de l'année : lun.-vend. 9h-16h30 - fermé pdt les vac. - tarif, se renseigner. Il est recommandé de se munir d'un répulsif contre les insectes.

 Protégé derrière une palissade traditionnelle de bois, ce village reconstitué recrée l'ambiance d'une communauté iroquoise de l'Ontario il y a de cela environ 1 000 ans. Présentations audiovisuelles et expositions sont visibles au centre d'accueil du parc. L'entrée du village est compliquée pour faciliter sa défense. À l'approche de la palissade, sur la droite, les visiteurs apercevront un grand piège à cerf en pieux, ainsi qu'une butte funéraire. Le village comprend notamment trois « longues maisons », un *sweat lodge,* sorte de hutte, ancêtre du sauna, des claies pour fumer la viande et une nasse. Hors de l'enceinte sont cultivés le maïs, le tabac, les courges et le tournesol.

NOS ADRESSES À LONDON

RESTAURATION

PREMIER PRIX

Café Milagro –
*1271 Commissioners Rd W -
 519 473 0074.* Avant une promenade matinale au parc Springbank, on peut s'attarder sous le store de la terrasse de ce café à l'européenne pour déguster un petit déjeuner ou simplement siroter un expresso : l'établissement est ouvert du matin au soir.

Amici Authentic Italian Restaurant – *350 Dundas St. -
 519 439 8983 - www.amici eatery.com - fermé dim.* Spécialités italiennes bien sûr autour de pâtes, pizzas et paninis. Également des plats végétariens.

BUDGET MOYEN

Michael's on the Thames –
*1 York St. - 519 672 0111 -
www.michaelsonthethames.com.*
La salle est au bord de l'eau.
Le menu très attractif propose de la viande locale soigneusement cuisinée (canard, bœuf, agneau).
Les desserts flambés à la table sont une spécialité de la maison.

Villa Cornelia – *142 Kent St. -
 519 679 3444 - www.villa corneliarestaurant.com.*
Pour un repas romantique dans le centre-ville, essayez ce restaurant niché dans une demeure à tourelles de 1892.
Le menu propose viande et poisson cuisiné avec beaucoup d'originalité.

3

Point Pelee National Park

S'INFORMER

Visitor Centre – *407 Monarch Lane, Leamington* - ✆ *519 322 2365 - www.pc.gc.ca* - ♿ - *juil.-août 10h-18h ; mai 7h-17h ; juin et sept.-oct. 10h-17h.* Il présente d'excellentes expositions sur la flore et la faune du parc ainsi que sur la formation de la presqu'île. Pour mieux identifier les oiseaux du parc, procurez-vous sur place la brochure intitulée *Checklist of Birds.*

SE REPÉRER

Carte de région C3 (p. 332-333). Point Pelee se trouve sur une péninsule pointue qui s'étend dans le lac Érié, au sud de Windsor près de la frontière du Michigan. Il est à environ 10 km de Leamington. Suivre les panneaux portant le symbole du castor des parcs.

SE GARER

Il existe plusieurs aires de parking. Les voitures garées sur le bord de la route sont enlevées.

À NE PAS MANQUER

C'est le moment ou jamais de découvrir les oiseaux. Fiez-vous aux guides, ils vous aideront à les repérer facilement.

ORGANISER SON TEMPS

Il faut une journée entière pour profiter du parc.

AVEC LES ENFANTS

Les plages et les nombreux sentiers de randonnée courts et faciles pour découvrir la faune et la flore du parc.

Ce parc est l'un des rares endroits où croît encore la forêt de feuillus qui couvrait autrefois une partie de l'Amérique du Nord. Longue pointe de sable façonnée par les vents et les courants, il s'avance dans le lac Érié, à l'extrême sud du Canada. Du fait de sa latitude (celle de Rome), il bénéficie d'un climat doux, propice au développement d'une flore et d'une faune uniques, en particulier les oiseaux. Jadis fort commun dans cette région, le désormais rare noyer noir est recherché en ébénisterie, ainsi que le sassafra, le magnolia, le sycomore, le cornouiller ou le micocoulier. Même les figuiers de Barbarie à fleurs jaunes se plaisent dans cet environnement.

UN PARADIS ORNITHOLOGIQUE

Point Pelee est situé à la convergence de deux courants aériens ; son extension dans le lac Érié et son absence de culture ont favorisé une large population d'oiseaux. Dans cette zone sauvage du sud ontarien, plus de 300 espèces ont été répertoriées, dont une centaine de sédentaires. Pendant les migrations de printemps et d'automne, on peut voir jusqu'à une centaine d'espèces différentes. Septembre est le mois de la migration vers le sud pour les **papillons monarques**, qui se rassemblent pour leur envol vers le Texas, où ils passent l'hiver avant de revenir pondre au printemps à Point Pelee. Les visiteurs verront alors, émerveillés, les arbres se couvrir de ces merveilleux insectes.

Découvrir

Parc ouvert de mai à mi-oct. 6h-22h (ouvert dès 5h pendant la migration de mai) ; le reste de l'année, 7h-19h - navette vers la pointe Pelée de mi-avr. à fin oct. - randonnée pédestre, pêche, canoë, bicyclette - baignade interdite à la pointe même, mais autorisée à certains endroits accessibles depuis les aires de pique-nique - 7,80 $.

Bon à savoir – Du Visitor Centre part un petit train menant jusqu'à la pointe du parc.

La péninsule a pris sa forme il y a plus de 10 000 ans quand le vent et les courants des lacs ont déposé du sable sur les bords d'une moraine glaciaire sous les eaux du lac Érié. Cette crête de sable, aujourd'hui dotée d'un phare moderne, est un emplacement idéal pour observer en automne la migration annuelle des oiseaux et des monarques. De la pointe, des sentiers permettent d'accéder à une plage de sable fin longue de 19 km.

3

Laurier Trail – *1 km.* Le long du sentier, les promeneurs découvrent une maison datant des années 1840, ainsi qu'une grange et des panneaux d'interprétation donnant un aperçu de l'histoire locale.

Derrière les cordons de dunes se sont formés des marais, refuges de nombreux animaux aquatiques, dont une **promenade de planches** *(1 km)* permet l'approche. Deux tours d'observation offrent des **vues★** sur les marécages et leur faune (rats musqués, tortues, poissons et oiseaux).

Windsor

2188 743 habitants

S'INFORMER
Tourist Office – *333 Riverside Dr. W, suite 103 -* ☎ *519 255 6530 ou 1 800 265 3633 - www.visitwindsoressex.com.*

SE REPÉRER
Carte de région C3 (p. 332-333). Windsor se dresse sur le côté sud du fleuve Detroit face à la ville américaine du même nom. Un pont suspendu et un tunnel relient les deux cités.

SE GARER
Faites bien attention à la signalisation : la nuit, il est interdit de se garer dans certaines rues.

ORGANISER SON TEMPS
Une demi-journée suffit pour visiter Windsor.

AVEC LES ENFANTS
Le site historique de la Case de l'oncle Tom.

Comme Detroit aux États-Unis, Windsor est un centre industriel important dont l'activité repose sur la construction automobile et sur son port situé sur la voie maritime des Grands Lacs et du St-Laurent. La ville, bâtie à la pointe sud de l'Ontario au bord de la rivière Detroit, est également l'un des points d'entrée au Canada accueillant le plus de visiteurs.

Découvrir

★ Dieppe Gardens
La **vue**★★ sur les gratte-ciel de Detroit est le grand attrait de ce parc aménagé au bord de l'eau, à l'ouest d'Ouellette Avenue, la grande artère de la ville. Sur la rivière Detroit passent sans cesse de gros navires à destination des ports du lac Supérieur ou du St-Laurent.

UN PEU D'HISTOIRE…
En 1701, le Français Antoine de La Mothe Cadillac fondait, au nord de la rivière Detroit, un comptoir de fourrures qui devint l'un des centres majeurs français pour le commerce dans la zone des Grands Lacs et du Mississippi. Pris d'assaut par les Anglais en 1760, le fort et la ville furent remis plus tard aux Américains après la guerre d'Indépendance et la rivière devint la frontière entre le Canada et les États-Unis. Une ville canadienne, Sandwich, se développa sur la rive sud. Elle fut par la suite absorbée par la cité de Windsor, fondée au début des années 1830. Aujourd'hui, Detroit (É.-U.) et Windsor célèbrent conjointement une **Summerfest** *(juin-juil. - www.summerfestwindsor.org)*, qui associe les fêtes nationales des deux États *(1er et 4 juillet)*.

Vue sur la ville américaine de Detroit depuis Dieppe Gardens.
Kord.com / age fotostock

★ Art Gallery of Windsor

401 Riverside Dr. W - ℘ 519 977 0013 - www.agw.ca - ♿ - merc.-dim. 11h-17h - fermé lun.-mar. - gratuit.

Ce musée d'Art présente par roulement sa collection de plus de 2 500 œuvres canadiennes, de 1750 à nos jours, parmi lesquelles de très belles toiles du groupe des Sept.

À proximité Carte de région p. 332-333

★ Fort Malden National Historic Site C3

À 25 km au sud par les routes 2 et 20. 100 Laird Ave., Amherstburg - ℘ 519 736 5416 - www.pc.gc.ca - ♿ - juil.-août : 10h-17h ; de mi-mai à juin : mar.-sam. 10h-17h ; sept.-oct. : mar.-sam. 13h-17h - 3,90 $.

Lorsqu'en 1796 les Britanniques abandonnèrent la ville de Detroit aux Américains, ils installèrent ce fort à l'endroit le plus propice à la surveillance de la navigation, forcée de longer la rive canadienne. Le **site** est très agréable, entouré de pelouses et face à la rivière aux rives boisées. Il ne reste du fort que quelques talus recouverts d'herbe et une caserne restaurée selon son aspect de 1819.

Dans le **centre d'accueil**, un montage audiovisuel évoque le rôle du fort durant la guerre de 1812 et la rébellion de 1837. Le drapeau rebelle de Mackenzie (deux étoiles blanches sur fond marine) est exposé dans le **centre d'interprétation**, avec des souvenirs du passé militaire.

Route 50 C3

31 km entre Malden et Kingsville.

Cette route tranquille longe le lac Érié en offrant de belles échappées sur ses rives marécageuses où vivent de nombreux oiseaux. On peut en même temps apprécier l'importance des cultures de l'arrière-pays ainsi que les vignobles John R. Park.

Jack Miner's Bird Sanctuary C3

À Kingsville, à 2 km au nord du centre-ville par la route 29 (Division Rd), puis la route 3 Ouest. ℘ 519 733 4034 - www.jackminer.com - ⚬ - lun.-sam. 10h-16h, dim. 13h-16h.

Fondé par **Jack Miner** (1865-1944), qui se voua à la protection de la nature et dont un petit musée évoque la mémoire, ce refuge sert de halte aux oiseaux migrateurs. En novembre et début décembre, l'endroit connaît une très grande activité lorsque quelque 10 000 bernaches du Canada et canards viennent y chercher pâture.

Excursion Carte de région p. 332-333

Dresden C3

À 124 km au nord-est de Windsor. Quitter la route 401 (la Transcanadienne) à la sortie 101 et suivre la signalisation en direction de la route 21.
🔲 *www.dresden.ca*

Les premiers colons de la région furent des esclaves noirs qui fuyaient les États-Unis pour chercher asile et liberté au nord de la frontière. **Josiah Henson**, pasteur méthodiste, parti du Kentucky avec sa famille, arriva sur ces terres en 1830. Avec l'aide de ligues antiesclavagistes, il fonda Dresden, qui devint un refuge pour ses compagnons qui pouvaient désormais cultiver leurs propres terres et faire instruire leurs enfants. Henson, qui ne savait pas écrire, dicta l'histoire de sa vie, publiée sous le titre de *La Vie de Josiah Henson, ancien esclave*. Son témoignage impressionna tant Harriet Beecher Stowe qu'elle s'en inspira pour son célèbre roman : *La Case de l'oncle Tom*.

★ **Lieu historique de la Case de l'oncle Tom** – *À 1,6 km à l'ouest de Dresden par la route 21. 29251 Uncle Tom's Rd - ℘ 519 683 2978 - www.uncletomscabin. org - ⚬ - de mi-mai à fin oct. : mar.-sam. 10h-16h, dim. 12h-16h ; juil.-août : 10h-16h, dim. 12h-16h - 6,25 $.* 👥 Le site regroupe plusieurs bâtiments en bois, dont la maison d'Henson (la case de l'oncle Tom à proprement parler), une église et une cabane d'esclaves. Un petit musée évoque la vie des esclaves avec des affiches qui annoncent des ventes d'esclaves, un boulet similaire à celui que l'on attachait à leurs pieds pour les empêcher de s'enfuir, des fouets, des gourdins, etc. À l'extérieur se trouve la tombe de Josiah Henson.

Goderich

★

7 493 habitants

😊 **NOS ADRESSES PAGE 402**

 S'INFORMER

Goderich Visitor Information Centre – *91 Hamilton St. - ✆ 519 524 6600 ou 1 800 280 7637 - www.goderich.ca.*

▶ **SE REPÉRER**

Carte de région C2 (p. 332-333). La ville est érigée sur un escarpement à la pointe sud du lac Huron, au nord-ouest de London, à mi-chemin entre Port Elgin et Sarnia.

☺ **À NE PAS MANQUER**

Les grandes maisons et les trois plages de la « plus jolie ville du Canada » comme l'appelle la reine.

🕐 **ORGANISER SON TEMPS**

À partir de Goderich, un agréable circuit en voiture explore le nord de la baie Géorgienne par la route 21 *(voir p. 403).*

👥 **AVEC LES ENFANTS**

Le Huron Historic Gaol.

Cette petite ville fut fondée en 1828 sur une falaise qui domine la jonction des eaux de la rivière Maitland et de celles du lac Huron. Elle sert de terminus à Huron Road, route tracée d'est en ouest vers le lac Huron afin de faciliter la colonisation. Goderich doit son charme singulier à ses rues bordées d'arbres et à son urbanisme particulier. La ville est en effet construite selon un plan en étoile qui rayonne depuis Court House Square. Aujourd'hui, le port accueille les immenses bateaux des Grands Lacs venus charger les céréales de l'arrière-pays agricole et le sel gemme extrait sur place d'une veine qui plonge sous le lac.

3

Découvrir

Les quais

Suivre West St. à partir de Court House Sq.

Le port de Goderich est actif, surtout depuis que le dragage du lac en 1984 a permis l'accès aux cargos de gros tonnage, pilotés par une flottille de remorqueurs. D'autres bateaux mouillent au port de plaisance. Logé dans la roue d'un ancien cargo, un petit musée naval retrace la vie du port. Les plages de sable, les snack-bars et les grandes **promenades en planches** sont très fréquentés.

Huron County Museum

110 North St. - ✆ 519 524 2686 - www.huroncounty.ca/museum - ♿ - mai-déc. : 10h-16h30, dim. 13h-16h30 ; janv.-avr. : lun.-vend. 10h-16h30, sam. 13h-16h30 - 5 $ (7,50 $ prison comprise).

Ce vaste musée présente l'histoire de la région sous tous ses aspects à travers des équipements agricoles, des objets et du mobilier militaires.

Huron Historic Gaol

181 Victoria St. N - 519 524 6971 - www.huroncounty.ca/museum - mai-août :
10h-16h30, dim. 13h-16h30 ; sept.-oct. : dim.-vend. 13h-16h30, sam. 10h-16h30 - 5 $
(7,50 $ musée compris).

L'ancienne prison du comté, en usage de 1842 à 1972, est un étonnant petit bâtiment de pierre au plan octogonal. Les visiteurs peuvent pénétrer dans les cellules, la bibliothèque, la cuisine et la lingerie. La salle qui servait de tribunal se trouve à l'étage supérieur. La maison du gouverneur accueillait le geôlier et sa famille.

À proximité Carte de région p. 332-333

Bayfield C2

À 21 km au sud par la route 21.

L'attrait de ce petit village proche du lac Huron vient de sa rue principale, petite mais très vivante, ombragée de grands arbres et débordante de boutiques, restaurants, auberges, églises et temples. Loin de l'agitation urbaine, le village historique est très fréquenté. Dès les beaux jours, les visiteurs se prélassent aux terrasses des auberges. Des résidences secondaires et des maisons bien entretenues aux jardins manucurés bordent les rues plantées d'arbres.

NOS ADRESSES À GODERICH

HÉBERGEMENT

POUR SE FAIRE PLAISIR

À Bayfield
The Little Inn – *26 Main St. -* 519 565 2611 ou 1 800 565 1832 - *www.littleinn.com -* ⊞ *- 28 ch.* Ancien relais de diligences (1832) à l'extrémité nord de la rue principale de Bayfield, cette charmante auberge combine la simplicité d'un long passé et le confort moderne (bains à remous). Les chambres sont toutes différentes. Le restaurant propose un menu en phase avec la production locale et qui change selon la saison. Carte des vins intéressante.

Baie Géorgienne

★★

NOS ADRESSES PAGE 408

🚩 **S'INFORMER**
Tobermory Chamber of Commerce – *P.O. Box 250, Tobermory - ℘ 519 596 2452 - www.tobermory.org.*

📍 **SE REPÉRER**
Carte de région C2 (p. 332-333). La baie Géorgienne se trouve au nord-ouest de Toronto. Elle jouxte le lac Huron.

😊 **À NE PAS MANQUER**
Une croisière autour des îles.

🕐 **ORGANISER SON TEMPS**
Il faut quelques jours pour faire le tour de la baie.

👥 **AVEC LES ENFANTS**
Le village des Hurons, les goélettes du Discovery Harbour et la plage de Wasaga et son parc de loisirs.

Cette immense baie, nommée Georgian Bay en hommage au roi George IV d'Angleterre, presque fermée, est séparée du lac Huron par la péninsule Bruce et l'île Manitoulin. Les rives nord et est, sauvages, sont parsemées d'une multitude d'îlots. Contrastant avec ces rivages rocheux et l'escarpement du Niagara, la péninsule de Midland est au contraire sablonneuse. La baie Géorgienne est une région de villégiature très populaire où l'on pratique toutes sortes de sports nautiques. Owen Sound, Collingwood, Midland, Port McNicoll et Parry Sound sont des villes industrielles et des ports commerciaux très dynamiques dotés de silos élévateurs.

Découvrir Carte de région p. 332-333

LES SITES HISTORIQUES

★ **Midland** C2
Ville active et petit centre régional, Midland est au cœur d'une région riche de souvenirs historiques et de beautés naturelles.
★★ **Sainte-Marie-au-Pays-des-Hurons** – *À 5 km à l'est de Midland sur la route 12. ℘ 705 526 7838 - www.saintemarieamongthehurons.on.ca - ♿ 🅿 - de mi-mai à sept. : 10h-17h ; d'avr. à mi-mai et oct. : lun.-vend. 10h-17h - 10 $ (12 $ en haute saison).* Reconstitution fidèle de la mission jésuite, Ste-Marie-au-Pays-des-Hurons, protégée par sa haute palissade, évoque ce qu'était la vie en Nouvelle-France au 17e s., au tout début de la colonie *(voir p. 335)*. Une présentation audiovisuelle sur l'histoire de la mission constitue une bonne introduction à la visite. À l'intérieur de la palissade, la chapelle, la forge, la scierie, la boutique du tisserand, les ateliers et les logements sont tels qu'au 17e s., animés par des guides en costumes d'époque. Remarquez la nette séparation entre les bâtiments des missionnaires, ceux des laïcs et l'enclos

des Hurons, avec la « longue maison » et le dispensaire. Le musée évoque certains événements replacés dans leur contexte historique : l'Europe du 17e s., la Nouvelle-France, le mode de vie des Amérindiens, la Compagnie de Jésus et le rôle politique du clergé de l'époque.

Wye Marsh Wildlife Centre – *À proximité de Ste-Marie. 16160 Highway 12 E -* 📞 *705 526 7809 - www.wyemarsh.com -* ♿ *- 9h-17h (21h juil.-août) - 11 $.* Il se consacre à la faune et à la flore régionales à travers des montages audiovisuels et des expositions. Des sentiers de randonnée à travers le marais sont ponctués de passages en bois et d'une tour d'observation.

★ **Martyrs' Shrine** – *Près de Wye Marsh Wildlife Centre. 16163 Highway 12 W -* 📞 *705 526 3788 - www.martyrs-shrine.com -* ♿ *- mai-oct. : 8h-21h - 4 $.* Cette chapelle en pierre à double flèche fut édifiée en 1926 à la mémoire des huit martyrs de la Nouvelle-France tombés sous les coups des Iroquois entre 1642 et 1649 et béatifiés en 1930 : les pères jésuites Jean de Brébeuf, Gabriel Lalemant (tous deux atrocement torturés avant de mourir et dont les **statues** ornent le portique d'entrée), Garnier, Daniel, Chabanel, Jogues et Goupil, et le laïc Jean de la Lande. À l'**intérieur**, remarquez les murs recouverts de panneaux de bois et la forme inhabituelle de la voûte en bois de santal rapporté de Colombie-Britannique.

★ **Huron Ouendat Village** – *549 Little Lake Park -* 📞 *705 526 2844 - http://huroniamuseum.com/exhibits/huron-village -* ♿ *- mai-oct. : 9h-17h ; le reste de l'année : lun.-vend. 9h-17h - fermé Vend. saint et 25-26 déc. - 10 $ (musée inclus).* 👥 Les visiteurs peuvent voir, derrière la palissade, la reconstitution d'un village huron du 16e s. : les « longues maisons », quelques silos, la maison de l'« homme-médecine », le bain de vapeur ou encore l'atelier de fabrication des pirogues.

Musée Huronia – *Horaires identiques.* Près du village, dans le parc, il expose des peintures et des objets amérindiens ou ayant appartenu aux pionniers.

★ **Penetanguishene** C2

À 12 km à l'ouest de Midland par les routes 12 et 93.

Durant la guerre de 1812, des forts britanniques établis à l'ouest du lac Huron furent conquis par les Américains et abandonnés. Leurs habitants refluèrent à Penetanguishene (« Penetang » selon une abréviation courante), et parmi

3

DES CREUX ET DES BOSSES

Le littoral est et nord de la baie, avec sa multitude de petites îles et son aspect sauvage et rocheux, a fortement inspiré les peintres du groupe des Sept qui l'ont immortalisé sur leurs toiles. Parmi les sédiments qui composent la plaine du sud de l'Ontario, une couche calcaire exceptionnellement résistante forme une crête en courbe autour du bassin du Michigan. Elle se dresse vers l'est et plonge doucement vers l'ouest. De la frontière américaine où il donne naissance aux célèbres chutes du Niagara *(voir p. 377)*, cet **escarpement** passe à Hamilton, s'étire le long de la péninsule Bruce, affleure à nouveau dans l'île Manitoulin après une brève immersion, et se prolonge dans la péninsule qui sépare le lac Michigan de Green Bay sur son flanc ouest pour se finir dans le Wisconsin. Par contraste, la côte ouest de la péninsule de Midland est bordée par de longues étendues sableuses, en particulier dans la région de Wasaga. Dans l'angle sud-est de la baie Géorgienne se trouve le parc national Bay Islands, créé en 1929.

Vue aérienne de la baie Géorgienne.

eux des coureurs des bois francophones. Deux anges symbolisant l'harmonie entre les cultures française et anglaise gardent l'entrée sud de cette localité, dont la communauté francophone demeure très présente.

★ **Discovery Harbour** – 93 Jury Dr. - ☎ 705 549 8064 - www.discoveryharbour. on.ca - 🅿 - juil.-août : 10h-17h ; de fin mai à fin juin : mar.-sam. 10h-17h - fermé Victoria Day - 7 $. 🏊🏊 Dans un joli site dominant la rade de Penetang, se dressent les bâtiments reconstitués de la garnison britannique et de l'arsenal installés ici après la guerre de 1812. Dans l'arsenal, qui fonctionna de 1817 à 1834, des guides font revivre le chantier naval et l'entrepôt. Les répliques de trois goélettes du 19e s. sont à quai. La visite passe par le quartier des officiers de la garnison qui vécurent à Penetang de 1828 à 1856.

★ **Wasaga Beach** C2

À 30 km au sud de Midland.

🏊🏊 Cette station balnéaire très populaire est appréciée pour sa plage de sable fin longue de 14 km et son parc de loisirs nautiques sur la route 92.

★ **Nancy Island Historic Site** – *Dans le parc provincial Wasaga Beach, sur Mosley St. sur la route 92. 11-22nd St. N - ☎ 705 429 2516 - www.wasagabeach park.com -* ♿ *- de mi-juin à déb. oct : horaires, se renseigner.* L'île Nancy, sur la rivière Nottawasaga, est formée d'alluvions agglomérées autour de l'épave du **Nancy**, coulé pendant la guerre de 1812. Dernier bateau britannique en service sur les Grands Lacs après la destruction de la flotte sur le lac Érié en septembre 1813, réquisitionné pour assurer le ravitaillement des troupes, le *Nancy*, poursuivi par trois navires américains, cherchait dans la rivière un abri précaire quand il fut découvert et attaqué. Le musée expose son épave, dégagée en 1927 ; il évoque également la guerre de 1812.

LES SITES NATURELS

★ **Thirty Thousand Islands** C2

Plusieurs prestataires organisent des **croisières** à la découverte des beautés de la baie Géorgienne.

De Midland – *Midland Tours Inc. - ☎ 705 549 3388 - www.midlandtours.com -* ♿ *- dép. mai-oct. : horaires, se renseigner - AR 2h30 - réserv. recommandée - 27 $.*
De Penetanguishene – *Argee Boat Cruises, Ltd. - ☎ 705 549 7795 ou 1 800 363 7447 - www.georgianbaycruises.com - dép. de mi-juin à mi-oct. : différentes formules, horaires et tarifs, se renseigner - réserv. recommandée.*
De Parry Sound – *Island Cruise Lines Inc. - ☎ 705 746 2311 ou 1 800 506 2628 - www.island-queen.com -* ♿ *- de juin à mi-oct. : différentes formules, horaires et tarifs, se renseigner - sur réserv.*

★ **Tobermory** C2

🛈 *Voir « S'informer », p. 403.*

À la pointe de la péninsule Bruce où l'escarpement du Niagara disparaît sous les eaux mêlées de la baie Géorgienne et du lac Huron, le petit village de Tobermory domine ses ports jumeaux appelés Big Tub et Little Tub. Les cristallines eaux turquoise recouvrent des fonds rocheux où dorment des épaves qui attirent de nombreux plongeurs. Les marcheurs peuvent faire le tour du port de plaisance et suivre le chemin autour du lac, qui offre de belles perspectives.

MS Chi-Cheemaun – *Owen Sound Transportation Co. - ℘ 519 376 6601 ou 1 800 265 3163 - www.ontarioferries.com - ᶑ - dép. de mi-mai à mi-oct. : horaires, se renseigner - aller simple 2h- 35,40 $/voiture et 16,25 $/adulte.* Ce navire de 110 m de long fait la navette entre Tobermory et l'île Manitoulin.

★ Bruce Peninsula National Park C2

🛈 *℘ 519 596 2233 - www.pc.gc.ca - ᶑ* 🅿 *- centre d'accueil (port de Little Tub) été : 8h-20h ; printemps : jeu., vend., dim., lun. 9h-17h, sam. 8h-17h, fermé mar. et merc. ; automne : jeu.-lun. 9h-17h, fermé mar. et merc - 11,70 $/voiture.*

Ouvert en 1987, ce parc national tire sa renommée des pistes qui longent le spectaculaire escarpement du Niagara.

★ Fathom Five National Marine Park C2

Mêmes horaires de visite que le Bruce Peninsula National Park - 5,80 $.

Le premier parc marin national du Canada englobe 20 îles, baignées par les eaux traîtresses de la région de Tobermory. Vingt-deux épaves recensées d'embarcations à voile ou à vapeur ont fait naufrage ici depuis le milieu du 19e s.

Îlot Flowerpot – Il fut à une époque entièrement couvert par les eaux du lac Huron, comme en témoignent les grottes creusées par l'érosion au sommet des rochers. Il doit son nom à deux piliers rocheux qui se dressent sur le rivage, en forme de « pot de fleurs ». Les vagues ont rongé le grès friable de leur base, laissant intacte la couche supérieure de calcaire. Il est possible de se rendre à pied jusqu'aux **pots de fleurs** (d'une hauteur respective de 7 m et 11 m).

Bateaux à fond transparent – *Blue Heron Co. - ℘ 519 596 2999 ou 1 855 596 2999 - www.blueheronco.com - ᶑ.* Découvrez le parc, deux de ses épaves et ses îles, notamment l'îlot Flowerpot.

Beausoleil Island C2

À 40 km au nord-est de Midland par les routes 12, 400 et 5. Accès par bateau privé ou bateau-taxi au dép. d'Honey Harbour.

🛈 **Centre d'accueil de l'île** – *ᶑ - juil.-août : dim.-jeu. 9h-17h, vend.-sam. 9h-19h.*

Bureau du parc – *901 Wye Valley Rd - ℘ 705 526 9804 - www.pc.gc.ca - ouvert tte l'année.* **Centre d'accueil** – *ᶑ - 8h-16h - 5,80 $/j.*

L'île fait partie du **Georgian Bay Islands National Park**, qui englobe 58 autres îles. Elle est dotée de sentiers de promenade, d'une aire de pique-nique, d'un camping et d'un centre d'accueil.

Blue Mountains C2

À 56 km de Wasaga Beach par la route 26 en direction de Meaford.

Agréable parcours le long de la baie Géorgienne, au pied des Blue Mountains, les plus élevées de l'escarpement du Niagara.

3

NOS ADRESSES DANS LA BAIE GÉORGIENNE

INFORMATIONS UTILES

Tobermory – À la pointe de la péninsule, cette villégiature est particulièrement appréciée des estivants. Passionnés de pêche ou de navigation, plongeurs et passagers du bac se pressent dans les motels, les boutiques, les tavernes et les restaurants du village.

Thornbury – Le village, à proximité de Meaford, constitue une halte rafraîchissante. Les visiteurs auront du mal à choisir parmi l'abondance de boutiques et de restaurants, particulièrement nombreux près du croisement de Bruce St. et King St.

HÉBERGEMENT

BUDGET MOYEN

À Tobermory

Harbourside Motel – *24 Carlton St. - ℰ 519 596 2999 - www.blueheronco.com - 36 ch.* De votre patio, vous pouvez voir les bateaux de pêche rentrer au port de Little Tub.

Motel Grandview – *11 Earl St. - ℰ 519 596 2220 - www.grandview-tobermory.com.* Situé à l'entrée du port, il attire de nombreux visiteurs séduits par la vue sur le chenal et le *Chi-Cheemaun* à quai.

Les convives peuvent s'attabler en terrasse ou en salle pour déguster le corégone pêché dans la baie, un filet de porc, un canard rôti ou un plateau de fruits de mer.

Blue Bay Motel – *32 Bay St. - ℰ 519 596 2392 - www.bluebay-motel.com - 16 ch.* Sobres et propres, les chambres offrent une belle vue sur le port de Little Tub.

RESTAURATION

PREMIER PRIX

À Tobermory

Restaurant Leeside – *3 Eliza St. - ℰ 519 596 8375 - www.leesiderestaurant.com.* Repas complet de corégone à prix abordable, ainsi que d'autres spécialités de la mer, hamburgers et sandwichs. L'immense patio est particulièrement agréable par grosse chaleur. Le restaurant ouvrant bien avant le premier départ du bac, les lève-tôt peuvent avaler une tasse de café ou un petit déjeuner complet.

BUDGET MOYEN

À Thornbury

SiSi Trattoria – *27 Bruce St. - ℰ 519 599 7769 - http://sisi trattoria.com.* Une bonne adresse, où l'on sert poissons et fruits de mer, pâtes ou bœuf.

Gravenhurst

★

11 000 habitants

 NOS ADRESSES PAGE 411

S'INFORMER
Town of Gravenhurst – *3-5 Pineridge Gate - ℘ 705 687 3412 - www.gravenhurst.ca.*

SE REPÉRER
Carte de région C2 (p. 332-333). Gravenhurst se trouve au nord de Toronto, à l'extrémité sud des lacs de Muskoka, à l'est de la baie Géorgienne, sur la route 11 entre Orillia et Bracebridge.

À NE PAS MANQUER
Une croisière sur le lac pour comprendre pourquoi la région de Muskoka est l'endroit le plus populaire de l'Ontario pour les vacances.

ORGANISER SON TEMPS
Gravenhurst et les lacs de Muskoka peuvent être inclus dans un circuit autour de la baie Géorgienne.

AVEC LES ENFANTS
Une descente en canoë ou une baignade dans le parc Algonquin.

Avec ses rues bordées d'arbres, ses élégantes maisons et son Opéra transformé en centre des arts, Gravenhurst est une jolie ville d'époque victorienne qui a grandi au sud des lacs Muskoka. Cette région de villégiature, dont les lacs aux rives déchiquetées sont parsemés d'îles, attire les passionnés de sports nautiques. Ancien centre d'exploitation forestière, Gravenhurst fut la première communauté à obtenir le statut officiel de ville (1887). Elle est de nos jours le point de passage obligé vers les lacs Muskoka et la patrie de Norman Bethune (1890-1939), chirurgien, inventeur, défenseur de la médecine sociale et héros national en Chine.

Découvrir

★ **Bethune Memorial House National Historic Site**
297 John St. N - ℘ 705 687 4261 - www.pc.gc.ca - juil.-oct. : 10h-16h ; juin : merc.-dim. 10h-17h - 3,90 $.

Fils de pasteur presbytérien, **Norman Bethune** fait ses études de médecine à Toronto puis s'installe à Detroit, où il contracte la tuberculose. Confiné dans un sanatorium, il apprend la méthode, alors peu répandue, du traitement de la tuberculose par collapsus du poumon et la fait appliquer sur lui-même avec succès. Une fois guéri, il exerce la pneumologie à Montréal (1928-1936). Déçu par le tiède accueil de la médecine sociale au Canada, il part combattre auprès des républicains espagnols et met en place la première unité mobile de transfusion sanguine. Il rejoint les communistes chinois en 1938, organise leur dispositif médical militaire, mais meurt d'une septicémie en 1939. Vénéré en Chine, il devient célèbre au Canada.

La maison natale de Norman Bethune, meublée dans le style des années 1890, sert de cadre à une excellente présentation, en plusieurs langues (anglais, français et chinois), de sa vie et de son œuvre.

Bateau à vapeur

Muskoka Lakes Navigation – *185 Cherokee Lane -* ☎ *705 687 6667 ou 1 866 687 6667 - www.realmuskoka.com -* ♿ *- dép. de Sagamo Park - de mi-juin à déb. sept : horaires, se renseigner - AR 1h à 4h - sur réserv. - de 20 à 50 $.*

La promenade en bateau à bord du **RMS Segwun** permet d'apprécier la beauté des lacs, en bordure desquels de somptueuses résidences d'été ont été bâties. L'ancien *Royal Mail Ship* (1887) transportait courrier, passagers et fret jusqu'en 1958.

Excursions Carte de région p. 332-333

PARC PROVINCIAL ALGONQUIN CD1-2

◖*À 100 km au nord-est de Gravenhurst par les routes 11 et 60. Park Superintendent - PO Box 209, Whitney -* ☎ *705 633 5572 - www.algonquinpark.on.ca - ouv. tte l'année - permis requis pour circuler dans le parc 16 $/voiture.*

🚶🚶 Destination de loisirs très appréciée couvrant près de 7 725 km² de forêts à l'est de la province, ce parc est jalonné de sentiers de randonnée, de cours d'eau navigables en canoë, de terrains de camping, de lieux réservés à la pêche et à la baignade, de pistes de ski, et parcouru par une faune abondante. La route 60 (Parkway Corridor) traverse la partie sud du parc. Un centre d'information se trouve à chaque entrée et le **musée de la Foresterie** près de la porte est retrace cette activité dans la région. Situé à 13 km au nord-ouest de la porte est, le centre d'accueil des visiteurs propose un salon de thé, une librairie, un théâtre, des expositions et une terrasse panoramique. Commerces, loueurs de canoës

> ### PAYS DES COTTAGES
>
> Tout nouveau venu en Ontario entendra inévitablement parler du « pays des cottages ». Pour la plupart des habitants de Toronto, il s'agit de la zone des **lacs Muskoka** et de la **baie Géorgienne.** D'autres pensent plutôt à la partie sud du Bouclier canadien entre la baie Géorgienne et la **rivière des Outaouais** en direction du parc Algonkin. Presque chaque virage des routes qui découpent la roche, révélant des dentelures de granit rose, dévoile un des quelque 1 600 lacs parsemant le paysage boisé.
>
> Durant la saison, traditionnellement du jour de Victoria à Thanksgiving, familles et pêcheurs abandonnent leur résidence principale pour se ruer dans les cabanes, les maisonnettes et les demeures (le tout baptisé « cottages » par les Canadiens) qui fourmillent autour des eaux bleues. Du strict nécessaire au grandiose, tout est possible : les hangars à bateaux du lac Muskoka eux-mêmes ont été convertis en antres convenables.
>
> 🕭 *Voir Nos adresses ci-contre.*

et organisateurs d'excursions sont disséminés à l'intérieur et à la périphérie du site. La beauté et la variété des paysages ont attiré l'artiste canadien **Tom Thomson**, amateur de vie en plein air, qui sut saisir la rudesse de la nature algonquine dans un style qui influença le groupe des Sept.

★ ORILLIA C2

▶ *À 41 km au sud de Gravenhurst par la route 11.*

▪ *www.orillia.ca*

Située sur l'étroite péninsule qui sépare les lacs Simcoe et Couchiching, Orillia est une petite ville industrielle dont la réputation est hors de proportion comparée à ses dimensions. Très fréquentée par les touristes, elle doit sa célébrité au fait qu'elle servit de modèle pour la communauté de « Mariposa » imaginée par le grand humoriste et auteur canadien **Stephen Leacock** (1869-1944) dans *Sunshine Sketches of a Little Town.*

★ Stephen Leacock Museum

Près d'Old Brewery Bay. À la sortie de l'échangeur (route 12), tourner à gauche sur Forest Ave. puis à droite sur Museum Dr. 50 Museum Dr. - ☎ 705 329 1908 - www.leacockmuseum.com - ♿ - lun.-vend. 9h-17h, sam. 9h-14h - 5 $.

Cette belle et grande maison et son agréable parc donnent sur la baie de Brewery. Elle fut bâtie en 1928 par Stephen Leacock, qui passa dès lors tous ses étés à Orillia. Professeur de sciences politiques à l'université McGill et auteur prolifique de romans humoristiques, d'essais littéraires et d'articles, Leacock aurait, à l'en croire, préféré avoir écrit *Alice au pays des merveilles* que l'*Encyclopedia Britannica*. L'humour fantasque et absurde dont il débordait règne encore dans la maison.

☻ NOS ADRESSES À GRAVENHURST

HÉBERGEMENT-RESTAURATION

Deux stations rustiques proposent hébergement et restauration :

À Killarney

Killarney Lodge – ☎ 1 877 767 5935 - www.killarneylodge.com.

À Hunstville

Arowhon Pines – *Little Joe Lake - PO Box 10001 - ☎ 705 633 5661, 416 483 4393 (hiver) ou 1 866 633 5661 - www.arowhonpines.ca.*

ACHATS

The Muskoka Store – *Route 11, près de Gravenhurst - ☎ 705 687 7751 - www.muskokastore.com.* Cet immense magasin de décoration intérieure et de matériel de loisirs propose des meubles en bois (dont les éternelles chaises Muskoka), des vêtements, des jouets, des outils de jardin, des canoës et des kayaks, des ustensiles de cuisine, du matériel de pique-nique et absolument tout l'attirail nécessaire aux « cottagers » pour profiter pleinement de leurs congés.

3

North Bay

53 281 habitants

S'INFORMER
City of North Bay – *200 McIntyre St. E - ℘ 705 474 0400 ou 1 800 465 1882 - www.cityofnorthbay.ca.*

SE REPÉRER
Carte de région C1 (p. 332-333). North Bay se dresse sur les bords du lac Nipissing, entre la baie Géorgienne et la frontière du Québec.

À NE PAS MANQUER
Fin septembre, le train express Dreamcatcher met le cap sur Temagami pour les *fall colours (www.northlander.ca)*.

ORGANISER SON TEMPS
Une vie culturelle active (festivals et théâtre) anime North Baye.

AVEC LES ENFANTS
Le Sturgeon River House Museum prévoit des activités pour les enfants.

Cette station de vacances au bord du lac Nipissing est située dans une région réputée pour la chasse et la pêche sportive. Jadis, les voyageurs qui remontaient la rivière des Outaouais puis la Mattawa passaient par ce lac pour rejoindre la baie Géorgienne. North Bay est restée le centre d'un prospère commerce de fourrures de vison, castor, rat musqué… Quatre fois par an, la Fur Harvesters Auction organise des ventes aux enchères de fourrures parmi les plus importantes au monde.

Découvrir

Dionne Quints' Museum
Sur la route 11/17. Seymour St. - ℘ 705 472 8480 - www.northbaychamber.com - &. - juil.-août : 9h-19h ; de mi-mai à oct. : 9h-17h, w.-end 10h-16h - 3,75 $.
Les **sœurs Dionne** naquirent dans cette maison le 28 mai 1934. Ces quintuplées (*quints* en anglais) tournèrent dans leur enfance de nombreux films publicitaires et

devinrent célèbres dans le monde entier, attirant jusqu'à 3 millions d'admirateurs dans la région pendant la dépression. Le musée rassemble des souvenirs (jouets, vêtements) et photos de Cécile, Annette, Émilie, Yvonne et Marie.

Rives du lac Nipissing
Les rives sont le centre d'une intense activité estivale.
Promenades en bateau – *Georgian Bay Cruise Co.* - 𝄂 *705 494 8167 ou 1 866 660 6686 - www.chiefcommanda.ca -* &. - *dép. de Government Dock - de fin mai à fin sept.: horaires, se renseigner - AR 3h - sur réservation - 22/38 $.*
Le *Chief Commanda II* parcourt le lac Nipissing et l'embouchure de la rivière des Français, contournant les îles Manitou.

À proximité Carte de région p. 332-333

Sturgeon Falls C1
À 37 km à l'ouest de North Bay par la route 17.
Sturgeon River House Museum – *250 Fort Rd -* 𝄂 *705 753 4716 - www.sturgeon riverhouse.com - 9h-16h, w.-end sur RV - fermé j. fériés - tarif, se renseigner.*
Au sud-ouest de cette petite ville, il présente l'histoire du commerce des fourrures dans le nord de l'Ontario. L'ensemble, élevé en 2000 à la place de l'ancien bâtiment, renferme notamment un comptoir de la Compagnie de la baie d'Hudson, différentes sortes de pièges et des peaux tannées. Divers sentiers sillonnent la propriété.

☺ NOS ADRESSES À NORTH BAY

RESTAURATION

POUR SE FAIRE PLAISIR
Churchill's –
631 Lakeshore Dr. -
𝄂 *705 476 7777 - www.churchills.ca.*
Pour un repas de qualité, rendez-vous au Churchill's. Recettes élaborées autour d'excellentes viandes et des filets de poisson frits, le tout accompagné de produits de saison. Après le repas, il fera bon prendre une bière au pub Winnie's ou au Chumbolly's bar.

ACHATS

Fur Harvesters Auction, Inc. – *1867 Bond St. -* 𝄂 *705 495 4688 - www.furharvesters.com.*
Des ventes de fourrures sont organisées quatre fois par an (en janvier, mars, mai et juin).

3

Sudbury

★★

108 209 habitants

 NOS ADRESSES CI-CONTRE

S'INFORMER
Sudbury Tourism – *City Hall - 200 Brady St. -* 📞 *705 673 4161 - www.sudbury tourism.ca.*

SE REPÉRER
Carte de région C1 (p. 332-333). Sudbury se trouve à l'est de la baie Géorgienne, entre North Bay et Sault Ste Marie, à la lisière des vastes étendues sauvages. La ville marque la limite nord de la route de la côte de la baie Géorgienne (Georgian Bay Coastal Route) à l'opposé de l'île Manitoulin.

ORGANISER SON TEMPS
Une demi-journée suffit.

AVEC LES ENFANTS
Science North, pour descendre dans une mine et s'initier à la géologie.

Situé sur le plus grand gisement de nickel du monde, Sudbury est le plus important bassin minier du Canada, et l'un des principaux centres de la culture francophone en Ontario : les Franco-Ontariens représentent environ un quart de sa population et l'Université laurentienne, qui regroupe les étudiants de la partie nord-est de la province, est bilingue. Les paysages des environs sont typiques du Bouclier canadien. Plusieurs lacs se trouvent dans les limites mêmes de la ville, notamment le lac Ramsey, bordé de plages et suffisamment riche en dorés jaunes (poissons d'eau douce à la chair estimée) pour combler les pêcheurs.

Découvrir

★★★ Science North

À 1,5 km au sud de la Transcanadienne. De la route 69, prendre Paris St. jusqu'à Ramsey Lake Rd. 100 Ramsey Lake Rd - 📞 *705 522 3701 ou 1 800 461 4898 - www.sciencenorth.ca -* ♿ *- été : 9h-18h ; le reste de l'année : 9h-16h ou 17h - de 20 à 48 $ en fonction des options choisies.*

Cet impressionnant centre des Sciences, perché sur un rocher dominant le lac Ramsey, fut conçu par Raymond Moriyama avec le concours d'architectes locaux. Le pavillon des expositions, en forme de flocon de neige, symbolise l'action glaciaire à l'origine de la formation de l'Ontario du Nord. Les expositions mettent l'accent sur l'expérience scientifique directe et la technologie des régions du Nord.

On pénètre par un **tunnel** dans l'impressionnante **caverne rocheuse** (hauteur : 9 m ; diamètre : 30 m) où un film en trois dimensions projeté sur écran géant, accompagné d'effets laser, explique la géologie de la région. On rejoint les étages par une rampe en spirale qui passe au-dessus de la **faille de Creighton**, fracture géologique de plus de 2 milliards d'années qui a laissé à cet endroit

---

LES STRATES DE SUDBURY

Les richesses minérales (platine, cuivre, cobalt, argent, or et nickel) de la région proviennent du **bassin de Sudbury** (Sudbury Igneous Complex). Cette dépression, d'environ 60 km de long sur 27 km de large, située dans un cratère de 200 km de diamètre, aurait été créée il y a plusieurs millions d'années par la chute d'une immense météorite ou à la suite d'une gigantesque éruption volcanique. C'est en 1883, lors de la construction du chemin de fer Canadien Pacifique, qu'un forgeron, **Thomas Flanagan**, découvrit un morceau de roche de couleur rouille. Une plaque *(route 144, près de la mine Murray)* commémore cet événement qui marqua les débuts de l'exploitation minière dans la région.

La ville possède aujourd'hui le plus grand complexe intégré d'extraction, de fonderie et de raffinage au monde, surmonté par une énorme cheminée, **Super Stack**, qui domine de 380 m la campagne environnante. Sa construction en 1970 avait pour but de réduire les retombées des émissions de dioxyde de soufre. Avec succès, puisque quelque 90 % du soufre présent dans le minerai sont récupérés.

---

du Bouclier canadien un sillon de 4 m de profondeur. Au-dessus est suspendu le squelette d'une baleine trouvé sur l'île d'Anticosti (23 m, 1 800 kg). Des sections sont consacrées à la météorologie et aux fossiles, et le Théâtre des découvertes donne régulièrement des spectacles scientifiques.

★★ Dynamic Earth

À 5 km à l'ouest de Science North par Regent St. et Lorne St. 122 Big Nickel Rd. - ℰ 705 522 3701 ou 1 800 461 4898 - été : 9h-18h ; le reste de l'année : horaires, se renseigner - fermé nov.-fév.

Liée au Science North dans sa conception, cette attraction invite à descendre dans une ancienne mine de nickel. Symbole de Sudbury, le fameux **Big Nickel** qui se dresse près de la mine est une réplique de la pièce commémorative de cinq sous frappée au Canada en 1951 (9 m de haut pour 60 cm d'épaisseur).

3

☺ NOS ADRESSES À SUDBURY

RESTAURATION

BUDGET MOYEN

Pasta e Vino – *118 Paris St. - ℰ 705 674 3050.* Dans une maison vieille d'une centaine d'années, le chef concocte ses classiques italiens en y ajoutant une pincée d'imagination.

Alexandria's – *211 Shaughnessy St. - ℰ 705 688 1453 - www. alexandriasrestaurant.com.* En salle ou sur la terrasse, vous dégusterez des plats d'inspiration méditerranéenne, mais pâtes, poulet, poissons et fruits de mer locaux figurent également au menu.

Apollo – *844 Kingsway - ℰ 705 674 0574.* Cet établissement sert une alléchante cuisine grecque depuis 1970. À Sudbury, on évoque avec bonheur la moussaka de l'Apollo !

ACTIVITÉS

Excursions en bateau – *Cortina Cruise - ℰ 705 522 3701, 705 523 4629 ou 1 800 461 4898 - ઐ - dép. de fin mai à fin sept. - AR 1h - 13 $.* Elles parcourent le lac Ramsey.

Sault Sainte Marie

67 670 habitants

S'INFORMER
Tourism Office – *99 Foster Dr. -* ✆ *705 759 5442 ou 1 800 461 6020 -*
www.saulttourism.com.

SE REPÉRER
Carte de région B2 (p. 332-333) - plan de ville (ci-contre). Sault Sainte
Marie se niche entre la pointe ouest du lac Huron et l'extrémité est du
lac Supérieur.

À NE PAS MANQUER
Les étendues sauvages de l'Algoma, en empruntant le train de l'Algoma
Central Railway.

ORGANISER SON TEMPS
Les environs de Sault Ste Marie sont encore sauvages, ponctués de parcs
et de jolies routes. Prévoyez plus d'une journée sur place.

**Reliée à son homonyme américain dans l'État du Michigan par
l'International Bridge, cette ville est un centre industriel de la sidérurgie
et du papier. Communément appelée « The Soo », elle occupe la rive nord
de la rivière Ste Marie, qui relie le lac Supérieur au lac Huron. Cette cité
tranquille, malgré l'intense navigation qui emprunte les écluses, vit
naître Roberta Bondar, la première femme astronaute canadienne. Porte
d'entrée de l'Algoma, région sauvage de lacs et de forêts qui inspira
largement les peintres du groupe des Sept, elle vit aussi passer les plus
grands explorateurs du Canada.**

Se promener Plan de ville ci-contre

★ Sault Sainte Marie Canal National Historic Site
Centre d'accueil : 1 Canal Dr. - ✆ *705 941 6262 - www.pc.gc.ca - de fin juin à déb.
sept. : 8h30-16h30 ; le reste de l'année : lun.-vend. 8h30-16h30 - 5,80 $.*
La section entre les lacs Huron et Supérieur est l'une des plus fréquentées
de la voie maritime. Quatre écluses géantes, sur la rive américaine, voient
défiler chaque année des millions de tonnes de fret. À l'intérieur même de
l'unique écluse canadienne, fermée depuis déjà quelques années, une écluse

---

UN INCONTOURNABLE
Un simple regard sur une carte d'Amérique du Nord suffit pour comprendre
l'importance historique du site de Sault Ste Marie. Les Amérindiens ojibway
venaient en ces lieux pour pêcher le corégone. Puis ce furent les
explorateurs de la Nouvelle-France, qui recherchaient une hypothétique
route commerciale vers la Chine, ou simplement de nouvelles sources
d'approvisionnement en fourrures. Ce lieu fut baptisé par le père Marquette,
qui établit finalement en 1668 la mission jésuite de Sainte-Marie-du-Sault.

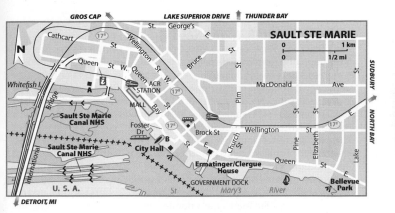

inaugurée en juillet 1998 facilite aux beaux jours le passage des bateaux de plaisance. Remarquez, au bout d'Huron Street, la reconstitution de la **première écluse** (A), édifiée en 1798 par la **Compagnie du Nord-Ouest** pour faciliter le passage de ses canots d'écorce chargés de fourrures. Elle fut détruite durant la guerre de 1812.

★ City Hall

L'hôtel de ville occupe un édifice moderne en verre mordoré, bordé d'une agréable promenade au bord de l'eau avec vues sur la rivière St Mary.

MS Norgoma (B)

Station Mall, près du pavillon Roberta Bondar. ℰ 705 256 7447 - www. norgoma.org - de déb. juin à déb. sept. : 11h-19h ; de déb. sept. à fin oct. : horaires variables - 6 $.

Mouillé à quai en permanence, il fut le dernier paquebot en service de nuit sur les Grands Lacs. À bord, un **musée** retrace leur histoire.

★ Lieu historique national Ermatinger/Clergue

831 Queen St. E - ℰ 705 759 5443 - http://www.ecnhs.com/Home.aspx - de mi-avr. à fin nov. : 9h30-16h30.

Charles Oakes Ermatinger, prospère négociant en fourrures, fit bâtir en 1814 cette jolie maison de pierre au portique georgien pour son épouse Charlotte, une princesse ojibway. La demeure, restaurée selon le goût de l'époque, accueillit de nombreux invités de choix, dont le peintre **Paul Kane**.

À l'étage, un intéressant musée relate l'histoire de la famille Ermatinger et de la ville de Sault Ste Marie.

Bellevue Park

Il offre de magnifiques **vues★** sur la rivière, les bateaux et le pont menant aux États-Unis.

À proximité Carte de région p. 332-333

★ Gros Cap B2

À 26 km à l'ouest par la route 550.

Du cap, **vues★** impressionnantes sur le lac Supérieur et les débuts de la rivière St Mary.

ROBERTA BONDAR, ASTRONAUTE

Née à Sault Ste Marie en 1945, où elle passe ses premières années, elle entreprend une formation de pilote et obtient un doctorat en neurologie et en biologie. Elle est finalement choisie en 1983 pour faire partie du premier groupe canadien d'astronautes. En 1992, elle se joint à l'équipage de la navette *Discovery*, devenant ainsi la première femme canadienne dans l'espace. Les universités canadiennes ont décerné 24 diplômes honorifiques à cette brillante scientifique et le magazine *MacLean's* l'a citée en 1998 parmi les dix héros historiques de la nation. Appréciée du grand public, elle apporte régulièrement sa contribution à la recherche médicale. C'est une photographe acharnée du spectacle de la nature, et ses clichés sur les parcs canadiens ont été exposés au musée canadien de la Nature à Ottawa et au musée royal de l'Ontario à Toronto. Roberta Bondar est très respectée à Sault Ste Marie, qui a donné son nom à un espace vert, une marina et un bâtiment administratif.

Excursions Carte de région p. 332-333

Train trip du Agawa Canyon (Excursion en train au canyon Agawa) B1
183 km au départ de la gare de Bay St. Algoma Central Railway Inc. - ☎ 705 946 7300 ou 1 800 242 9287 - www.agawacanyontourtrain.com - ♿ - de juin à mi-oct. : dép. 8h, retour 18h - 108 $ (88 $ en été).
Le parcours traverse les paysages accidentés de l'Algoma, au nord de Sault Ste Marie. L'excursion est particulièrement belle fin septembre, lorsque l'automne déploie sa palette colorée. Le train s'arrête *(2h, sf en hiver)* dans la vallée de l'Agawa. Montez jusqu'au belvédère, vous aurez une belle **vue★** de la rivière et de son canyon.

★★ **Lake Superior Drive** (Route du lac Supérieur) B1
230 km par la Transcanadienne (route 17) jusqu'à Wawa.
La traversée de l'Algoma fait découvrir la beauté sauvage du Bouclier canadien. À partir de la baie de Batchawana, la route longe la rive du lac Supérieur, tantôt en corniche, tantôt au niveau de l'eau. Vous pourrez alors admirer les caps, les anses, les îles, les rochers, et les hautes falaises de granit battues par les eaux du plus profond des Grands Lacs. Les sections les plus pittoresques sont au niveau de la **baie d'Alona** *(point de vue au km 108)* et de la **baie d'Agawa** *(point de vue au km 151)*. Des belvédères jalonnent la route.
Lake Superior Provincial Park – *☎ 705 856 2284 - www.ontarioparks.com - ♿ - ouv. tlj mai-oct. - 14 $/voiture - baignade, randonnée, location de bateaux.*
Sur 84 km, la route traverse ce parc, région accidentée bordée de falaises qui plongent dans le lac. Au km 153, une route secondaire conduit à un terrain de stationnement. Prenez le sentier *(parfois difficile)* qui mène jusqu'aux falaises de la rive. L'une d'entre elles, **Agawa Rock** *(accessible uniquement par temps calme ; prudence extrême conseillée)*, est décorée de **pétroglyphes**, dessins mystérieux tracés sur la roche par les Amérindiens il y a plusieurs siècles. En débouchant sur le lac, vous aurez une très jolie **vue★** sur l'eau transparente, les îles boisées et les falaises.

Thunder Bay

★★

102 006 habitants

S'INFORMER

Tourism Thunder Bay – *500 Donald St. E - ℘ 807 625 2230 - www.thunder bay.ca.*

SE REPÉRER

Carte de région A1 (p. 332-333). Thunder Bay se dresse sur le littoral nord du lac Supérieur, à quelques kilomètres de la frontière américaine (Minnesota), sur la route 11.

À NE PAS MANQUER

L'impressionnant spectacle du port vu du parc Marina.

ORGANISER SON TEMPS

Les sites à visiter se trouvent essentiellement le long du lac, à l'est de la ville. L'Isle Royale National Park (États-Unis) se trouve juste en face de Thunder Bay. Pour vous y rendre, pensez à vous munir des papiers nécessaires au passage en douane.

AVEC LES ENFANTS

L'activité du port et Fort William Historical Park.

Sur les rives du lac Supérieur, à l'extrémité ouest du parcours canadien de la voie maritime des Grands Lacs et du St-Laurent, Thunder Bay est naturellement devenu un port important, bien équipé, avec deux terminaux pour le charbon et la potasse, des installations de chargement, une malterie, une usine d'ensachage. Des routes et de nombreuses lignes de chemin de fer déversent sur les quais toutes sortes de marchandises à charger sur les bateaux des Grands Lacs pour les acheminer vers l'est. Le blé des Prairies est temporairement stocké dans d'énormes élévateurs à céréales dont les imposantes silhouettes dominent la ville.

3

Découvrir

★ **The Waterfront** (Le littoral du lac)

Du **parc Marina** *(à l'extrémité de Red River Rd - ouv. tte l'année)*, vous pourrez particulièrement bien apprécier le gigantisme des **terminaux céréaliers** et des fameux « laquiers ». Ces bateaux de commerce longs et étroits (222 m sur 23 m), adaptés à la navigation sur les Grands Lacs et la voie maritime, peuvent contenir un million de boisseaux de grain, soit la récolte de 20 650 ha ! Remarquez les jetées qui protègent le port des terribles tempêtes du lac Supérieur, fréquentes en automne et dont les vagues peuvent atteindre jusqu'à 12 m de haut. En été, le lac, plus calme, se prête chaque semaine à des régates de voiliers.

★ **Points de vue**

Thunder Bay est encerclée par les collines du Bouclier canadien. Sa vaste baie est fermée par une péninsule longue de 40 km, appelée **Sleeping Giant** (le géant endormi), au profil de chef indien.

★ Mont McKay

À l'extrémité de Mountain Rd (sur la réserve amérindienne).

Ce mont au sommet plat (488 m) est le point culminant de la chaîne Northwester. Du promontoire à 180 m d'altitude, **vue** par beau temps sur la ville et son port, dont le Sleeping Giant garde l'entrée.

★ Hillcrest Park

High St., entre John St. et Red River Rd.

Du parc dominant Port Arthur, on peut voir le port, ses élévateurs, et au loin, le Sleeping Giant et les îles qui ferment la baie.

À proximité Carte de région p. 332-333

★★ Fort William Historical Park A1

À 16 km au sud par Broadway Ave 1350 King Rd - 📞 807 473 2344 - www.fwhp.ca - ♿ - 10h-17h - 14 $ (7,50 $ en hiver, 12 $ au printemps).

C'est une excellente reconstitution de l'ancien comptoir, au bord de la Kaministikwia, sur la route commerciale (en canot) pour le Nord-Ouest. Du centre d'accueil, un sentier à travers bois mène à la haute palissade qui protégeait cette petite ville bien organisée. Le fort comprend 42 bâtiments (certains surélevés en raison des inondations), dont une ferme, des campements indiens, une officine d'apothicaire et une prison qui évoquent la vie d'un ensemble commercial au début du 19e s. Aujourd'hui, des guides en costumes d'époque recréent l'atmosphère d'antan.

★★ Kakabeka Falls Provincial Park A1

À 29 km à l'ouest par la Transcanadienne (route 17). 📞 807 473 9231 - www.ontario parks.com - ♿ - parc ouv. tte l'année - voitures admises de mi-mai à déb. oct. - 10,75-20 $/voiture - randonnée, camping, pêche, canoë.

La rivière Kaministikwia, traversée par un pont, dévale 39 m sur de larges dalles de schiste qui forment un escalier géant enserré dans une gorge étroite. Les chutes représentaient jadis le premier obstacle à franchir pour les voyageurs de la Compagnie du Nord-Ouest qui partaient vers le nord. Les rives boisées et la tranquillité du lieu ajoutent à la grandeur et à la beauté des chutes. Du pont, belle perspective sur la gorge qui s'éloigne vers Thunder Bay.

Circuit conseillé Carte de région p. 332-333

★★ RIVE NORD DU LAC SUPÉRIEUR (NORTH SHORE LAKE SUPERIOR) A1

▷ *Circuit de 211 km de Thunder Bay à Schreiber par la Transcanadienne tracé en vert sur la carte p. 332-333.*

La région présente, au nord-est de Thunder Bay, quelques paysages particulièrement spectaculaires.

Terry Fox Monument

À 1 km à l'est de Hodder Ave.

Ce beau monument de bronze, qui surplombe le lac Supérieur, commémore les efforts héroïques de **Terry Fox** pour collecter des fonds destinés à la lutte contre le cancer. Cette maladie lui ayant fait perdre sa jambe droite à l'âge de 18 ans, il entreprit, en 1980, une marche qui devait lui faire traverser le Canada à partir de Terre-Neuve. Deux mois après son départ, parvenu près de Thunder Bay, il dut abandonner, repris par la maladie. Il mourut en 1981.

LE GRAND RENDEZ-VOUS

La vocation commerciale de Thunder Bay, créée en 1970 par la réunion de Fort William et Port Arthur, remonte à l'époque de la Compagnie du Nord-Ouest. De l'Athabasca à Montréal, les **peaux** devaient parcourir quelque 5 000 km, d'où l'idée de créer le Grand Rendez-vous de Fort William : les « hivernants », qui avaient commercé avec les Amérindiens durant l'hiver, descendaient les rivières dès la fonte des glaces pour retrouver en juillet à Fort William les négociants de la Compagnie du Nord-Ouest venus de Montréal. Après six semaines de discussions, de marchandage et de réjouissances, chacun repartait de son côté. La fusion de la Compagnie du Nord-Ouest avec celle de la baie d'Hudson supprima le Rendez-vous, mais le commerce des fourrures persista à Fort William jusqu'à la fin du 19e s. Chaque année, le Grand Rendez-vous, en juillet, est remis en scène dans le fort.

★ Sleeping Giant Provincial Park

Au km 51, prendre la route 587 jusqu'à Pass Lake. ☎ *807 977 2526 - www.ontario parks.com - ♿ - parc ouv. tte l'année - pistes de ski de fond accessibles janv.-mars - 10,75-20 $/voiture.*

Doté de hautes falaises, cet agréable parc qui occupe presque toute la péninsule du Sleeping Giant offre de belles **vues★** sur le lac Supérieur. À l'extrémité de la route subsistent les restes du village de Silver Islet, sur un îlot près du rivage où l'on découvrit en 1868 un riche filon, vertical, d'argent qui rapporta 300 millions de dollars jusqu'en 1884, lorsque le puits de 400 m de profondeur fut inondé.

Amethyst Mine (Mine d'améthyste)

Au km 56, prendre E. Loon Rd. sur 8 km ☎ *807 622 6908 - www.amethystmine.com - ♿ - juil.-août : 10h-18h ; de mi-mai à fin juin et de déb. sept. à mi-oct. : 10h-17h - visite guidée - 8 $.*

L'améthyste est une variété de quartz très répandue sur la rive nord du lac Supérieur. Dans cette mine à ciel ouvert, on peut ramasser les améthystes en payant un droit à la sortie et acheter des pierres polies.

3

★★ Ouimet Canyon Provincial Park

Au km 76, prendre à gauche une route (signalée) sur 12 km ☎ *807 977 2526 - www.ontarioparks.com - de mi-mai à mi-oct. : du lever au coucher du soleil - 2 $.*

Ce spectaculaire canyon au fond tapissé de rocailles fut creusé durant la dernière ère glaciaire. Large de 150 m, profond de 100 m, il s'étire sur 1,6 km dans le plateau boisé, longé quelque temps par un sentier qui borde l'abîme. Le froid et l'ombre règnent au fond de la gorge, où seules quelques plantes arctiques s'accrochent à la roche nue.

À la hauteur de l'embranchement de Red Rock *(sur la Transcanadienne)* se dresse une falaise (3 km de long sur 210 m de haut) qui doit sa couleur rouge et son nom, **Red Rock Cuesta**, à la présence d'hématite.

★★ Nipigon Bay

88 km, de Nipigon à Schreiber.

Après avoir franchi la rivière Nipigon, la route suit le rivage. Des **vues★★** magnifiques dévoilent les îles et la côte de la baie, où rochers et conifères composent un paysage typique des rives du lac Supérieur.

Kama Rock Cut – *À 27 km après Nipigon.* De ce lieu-dit, la **vue★★** sur la baie de Kama est particulièrement belle.

Ottawa

917 550 habitants

NOS ADRESSES PAGE 435

S'INFORMER

Tourist Office – *130 Albert St., suite 1800 (au rdc du centre commercial) - 800 363 4465 - www.ottawatourism.ca - lun.-vend. 9h-17h.*

SE REPÉRER

Carte de région D2 (p. 332-333) - plans de ville I (environs, p. 432), II (p. 426) et III (p. 424). La capitale fédérale est située au cœur de la zone la plus densément peuplée du Canada (qui court le long du fleuve St-Laurent et des lacs Ontario et Érié), quasiment à équidistance (450 km) de Québec, à l'ouest, et de Toronto, à l'est.

SE GARER

Il est interdit de se garer sur la colline du Parlement. Des parkings payants sont à disposition dans le centre-ville au sud de Wellington Street. De nombreux musées sont dotés de leur propre parking, tout comme les hôtels.

À NE PAS MANQUER

La colline du Parlement (Parliament Hill), jalonnée de panneaux expliquant à la fois l'histoire de la ville et celle du pays ; le musée canadien des Civilisations, à Gatineau ; la nature toute proche de la ville, à apprécier dans l'un des multiples parcs et sentiers offrant des vues magnifiques, en particulier le long du canal Rideau.

ORGANISER SON TEMPS

Comptez trois jours pour profiter des richesses de la ville.

AVEC LES ENFANTS

Le musée canadien des Civilisations, à Gatineau, le Canadian Museum of Nature, le Canada Agriculture Museum.

La capitale fédérale du Canada charme les visiteurs par ses ravissants cours d'eau, ses vastes espaces verts, son printemps coloré de multiples tulipes et par la plus grande patinoire du monde, le canal Rideau, classé au patrimoine mondial de l'Unesco en 2007. Située sur la rive sud de la rivière des Outaouais à sa confluence avec la rivière Gatineau, Ottawa est avant tout la cité des parlementaires, des diplomates et du gouvernement. Symbole du bilinguisme (il suffit de traverser la rivière des Outaouais pour se retrouver au Québec), elle offre une magnifique introduction à la compréhension du Canada tout entier, au musée des Civilisations.

Découvrir Plan III p. 424

★★★ National Gallery of Canada

380 Sussex Dr. - 613 990 1985 ou 1 800 319 2787 - www.gallery.ca - & mai-sept. : 10h-17h (jeu. 20h) ; le reste de l'année : mar.-dim. 10h-17h (jeu. 20h) et *lun. pdt les vac. scol. - fermé 1er janv., Vend. saint et 25 déc. - 12 $ (coût suppl. pour les expositions temporaires).*

Cette somptueuse construction moderne, flanquée à ses deux extrémités de tourelles prismatiques en verre, est l'œuvre de Moshe Safdie (1988). Annoncé par une monumentale et troublante araignée (*Maman,* Louise Bourgeois, 1999), cet édifice à la silhouette originale qui surplombe la rivière des Outaouais, face aux bâtiments du Parlement, abrite les remarquables collections du musée des Beaux-Arts du Canada. Elles sont exposées aux différentes galeries thématiques ponctuées de jardins intérieurs fleuris et d'un atrium où l'on pourra se reposer à loisir. Enfin, au cœur de la galerie consacrée à l'art canadien, la **chapelle** du couvent de N.-D.-du-Sacré-Cœur (1888) présente une voûte en éventail, des colonnes en fonte et des boiseries sculptées, tandis que les murs du salon Croscup ont été peints en Nouvelle-Écosse au milieu du 19e s.

Art canadien – *1er étage.* Tous les grands courants de l'art canadien sont ici illustrés. Parmi les nombreux chefs-d'œuvre du musée, admirez le tabernacle doré de Paul Jourdain, le *Portrait de sœur Saint-Alphonse* par Antoine Plamondon, premières manifestations de l'art religieux québécois, les œuvres de Paul Kane et de Cornelius Krieghoff, le magnifique *Lever de soleil sur le Saguenay* de Lucien O'Brien, la série de toiles de Tom Thomson et du groupe des Sept, en particulier le *Pin* de Thomson, l'*Érable rouge* de Jackson, *Rive nord du lac Supérieur* d'Harris et les peintures murales provenant du cottage MacCallum-Jackman. Les artistes modernes et contemporains ne sont pas oubliés. Citons par exemple Emily Carr et David Milne, ainsi que le paysagiste Marc-Aurèle Fortin, Jean-Paul Lemieux, qui s'éloigna progressivement de la peinture conventionnelle, Alfred Pellan *(Sur la plage),* Goodridge Roberts, connu pour ses représentations de paysages québécois… Voyez aussi les œuvres abstraites de Paul-Émile Borduas, d'Harold Town, de Jack Shadbolt, ou celles de Michael Snow, grande figure de l'art contemporain.

Art européen et américain – Les grands noms et les courants majeurs de la peinture européenne s'exposent au fil des salles. Parmi les œuvres les plus célèbres : *Sainte Catherine d'Alexandrie* de Simone Martini, la *Vénus* de Lucas Cranach l'Ancien, *La Vierge et l'Enfant* de Bernard Van Orley, *La Toilette d'Esther* de Rembrandt, *Saint François d'Assise et son frère Léo* du Greco, le très beau buste du pape **Urbain VIII** du Bernin, la *Mort du général Wolfe* par Benjamin West (il s'agit de l'œuvre originale, maintes fois reproduite). Les impressionnistes sont bien représentés, tout comme les grands peintres du 20e s. tels Gustav Klimt, Fernand Léger et Pablo Picasso.

Une partie de l'étage est consacrée à l'**art oriental,** du 3e s. à nos jours.

Musée canadien de Photographie contemporaine – Il est désormais hébergé par la National Art Gallery et propose des expositions temporaires.

Se promener Plan III p. 424

★★ **PARLIAMENT HILL** (COLLINE DU PARLEMENT)

◗ **National Capital Commission's Capital Infocentre** – *90 Wellington St. - ☎ 613 239 5000 ou 1 800 465 1867 - www.canadascapital.gc.ca - mai-août : lun.-vend. 8h30-21h ; w.-end 9h-17h ; le reste de l'année : 9h-17h - fermé 1er janv. et 25-26 déc. - calendrier des manifestations au kiosque d'information Info-tent (entre l'édifice central et l'édifice de l'Ouest) : de mi-mai à fin août : 9h-17h.*

Au sommet de la falaise, qui surplombe de près de 50 m l'Outaouais et le canal Rideau, d'où le nom de « colline », se dressent les bâtiments du Parlement

3

canadien. Le majestueux ensemble, de style néogothique, domine le côté nord de **Confederation Square**. Au centre de cette place triangulaire trône l'arche en granit du **National War Memorial** (1), monument commémoratif inauguré en 1939 par le roi George VI.

La colline du Parlement est le théâtre de diverses manifestations. En été, des membres de la Gendarmerie royale du Canada se tiennent devant le Parlement, arborant leur fameux uniforme de cérémonie : chapeau à larges bords, veste rouge, culotte de cheval, bottes et éperons. On rencontre aussi des régiments de la garde à pied (Foot Guard), portant bonnet en peau d'ours, tunique écarlate et pantalon bleu.

★★ **Relève de la garde** – *Juil.-août : 9h45.* Sur le modèle de celle de Buckingham Palace, elle est accompagnée de musique militaire.

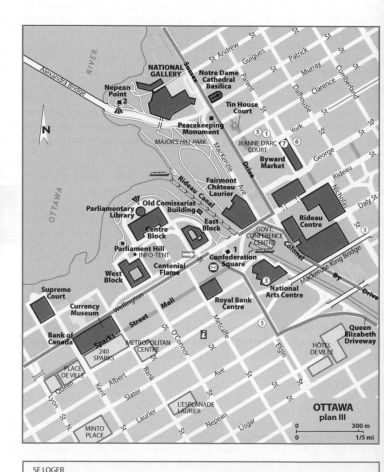

★ Centre Block

☎ 613 996 0896 - www.parl.gc.ca - ♿ - horaires et circuits des visites guidées, se renseigner - visites guidées (20 à 60mn selon les activités parlementaires en cours) gratuites - nombre de billets limité.

Inauguré en 1866, l'édifice central, imposant, fut conçu par Thomas Fuller, Chilion Jones et Charles Baillairgé. Victime d'un incendie en 1916, il fut reconstruit en 1920. La visite montre le Sénat, la Chambre des communes et la **bibliothèque du Parlement** (1877), seule partie du bâtiment à avoir échappé aux flammes. Les séances des Communes et du Sénat sont publiques, solennellement ouvertes par le **défilé du Président**, conduit par l'Orateur. Du sommet de la tour de la Paix ou **Peace Tower**, érigée en 1927 à la mémoire des Canadiens morts pour leur patrie, on jouit d'un vaste **panorama★** sur la capitale.

★ East Block

☎ 613 996 0896 - www.parl.gc.ca - ♿ - du 2 juil. à déb. sept. : 10h-17h15.

Flanqué d'une étrange tour où les fenêtres dessinent les traits d'un visage, l'édifice de l'Est fut, comme l'édifice de l'Ouest (West Block), réalisé en 1865 par Strent et Laver. Quelques bureaux sont décorés de meubles de l'époque du Premier ministre d'alors, Sir John A. Macdonald, de son collègue québécois et « père » de la Confédération George-Étienne Cartier, du gouverneur général Lord Dufferin et du Conseil privé. L'été, des étudiants jouant le rôle de ces personnages historiques rendent la visite plus vivante.

Parc

En pénétrant dans les jardins, remarquez la **flamme du Centenaire** (Centenial Flame), inaugurée pour le 100e anniversaire de la Confédération. Campée sur une fontaine entourée des 13 écussons des provinces et territoires canadiens, elle porte leur date d'entrée dans la Confédération.

De l'allée qui passe derrière l'édifice central se découvrent de belles **vues★** sur la rivière et sur Gatineau, dont les traditionnelles industries de pâtes et papiers ont cédé la place aux vastes édifices gouvernementaux. Le long de la promenade, les statues qui agrémentent les jardins, pour la plupart du sculpteur québécois **Louis-Philippe Hébert** (1850-1917), représentent des Premiers ministres canadiens, ainsi que les reines Victoria et Elizabeth II. Remarquez également la gracieuse rotonde gothique de la **bibliothèque du Parlement**, qui ressemble au chevet d'une cathédrale.

3

AUTOUR DE LA COLLINE DU PARLEMENT

★★ Promenade en bateau sur la rivière des Outaouais

Paul's Boat Lines – *Écluses d'Ottawa* - *☎ 613 225 6781 - www.paulsboatcruises.com - ♿ - de mi-mai à mi-oct. : 11h, 14h et 16h (et 19h30 de fin juin à fin août) - dép. du quai de Gatineau (Hull) 30mn plus tôt - AR 1h30 - 23 $ (12 $).*

Cette excursion permet d'apprécier la taille impressionnante et la majesté de la rivière, et de voir sous leur meilleur jour la colline du Parlement, les chutes Rideau et les belles résidences de Sussex Drive *(voir p. 434).*

★ Rideau Canal

De Wellington Street, descendez dans la tranchée où **huit écluses** successives permettent aux bateaux de franchir la falaise depuis la rivière Ottawa.

En haut de Wellington Street se dresse le **Fairmont Château Laurier,** reconnaissable à ses tourelles et à ses toitures en pente raide recouvertes de cuivre.

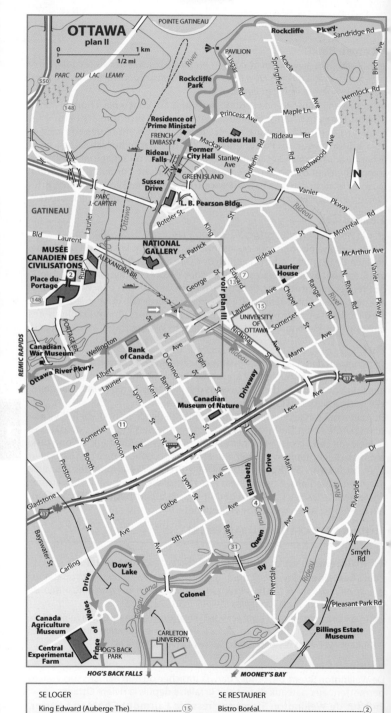

OTTAWA
plan II

0 .... 1 km
1/2 mi

POINTE GATINEAU

Rockcliffe Pkwy. Sandridge Rd

PARC DU LAC LEAMY

PAVILION

Rockcliffe Park

Lisgar Rd

Acacia Ave

Springfield

Birch Ave

Princess Ave

Maple Ln.

Hemlock Rd

Residence of Prime Minister

Mackay

Rideau Ter

FRENCH EMBASSY

Rideau Hall

Rideau St

Beechwood Ave

Rideau Falls

Former City Hall

Stanley Ave

Dufferin Rd

GREEN ISLAND

Sussex Drive

L. B. Pearson Bldg.

Vanier Pkwy

Rideau

Montréal Rd

GATINEAU

Boteler St.

King St

McArthur Ave

N. River Rd

Vanier Pkwy

PARC J.-CARTIER

Laurier

Bld Laurent

NATIONAL GALLERY

St Patrick

Rideau

Laurier House

MUSÉE CANADIEN DES CIVILISATIONS

ALEXANDRA BR.

George St

Edward St

voir plan III

Chapel

Range Rd

River Rd

Place du Portage

Laurier

UNIVERSITY OF OTTAWA

Somerset St.

Nicholas St

Mann Ave

PORTAGE BR.

Wellington

St

O'Connor

Ave

Elgin St

Rideau St

Canadian War Museum

Bank of Canada

Driveway

Ottawa River Pkwy.

Albert

Laurier

Lyon

Kent St

Bank St

St

Canadian Museum of Nature

Lees Ave

Main St

Riverside Dr

REMIC RAPIDS

Somerset

Bronson Ave

N St

Ave

Driveway

Preston

Booth

Ave

Lyon St. S.

Elizabeth St

River Rd

Gladstone

Glebe Ave

Bank St

Smyth Rd

Bayswater St.

Carling

5th Ave

Queen

Riverdale Ave

Dow's Lake

Rideau Canal

Colonel

By

Pleasant Park Rd

Wales Drive

Prince of

Canada Agriculture Museum

CARLETON UNIVERSITY

Billings Estate Museum

Central Experimental Farm

HOG'S BACK PARK

HOG'S BACK FALLS

MOONEY'S BAY

SE LOGER		SE RESTAURER	
King Edward (Auberge The)	15	Bistro Boréal	2
McGee's Inn (Auberge)	7	Canal Ritz	4
Swiss Hotel	13	Yang Sheng	11

Old Commissariat Building

613 234 4570 - www.bytownmuseum.com - de mi-mai à déb. oct. : 10h-17h ; le reste de l'année : 11h-16h - fermé 23 déc.-1ᵉʳ janv. - 6,50 $ (gratuit jeu. 17h-21h).
Remarquez, le long des écluses, cet édifice construit par le colonel By en 1827 pour servir de dépôt militaire et de trésorerie. Il abrite aujourd'hui le **musée Bytown** et son exposition sur la construction du canal.

★ National Arts Centre

53 Elgin St. - 613 947 7000 - www.nac-cna.ca - &.
Logé au sud de Wellington Street, entre Confederation Square et le canal, ce bâtiment aux lignes basses (1969) abrite des salles de spectacle et un restaurant doté d'une agréable terrasse au bord de l'eau. Un peu plus loin s'élève **Rideau Centre** et ses boutiques.

Sparks Street Mall

Une agréable allée piétonne bordée d'arbres et de parterres fleuris, de commerces et de cafés chemine au sud de la colline du Parlement. Remarquez **Royal Bank Centre** et, à l'autre extrémité du mail, l'ensemble harmonieux de la **Banque du Canada★** et son **musée de la Monnaie★★** *(fermé jusqu'en 2016)* dessiné par Arthur Erickson (1980).

Supreme Court

301 Wellington St. - 613 995 5361 ou 1 866 360 1522 - www.scc-csc.gc.ca - & - mai-août : visite guidée 9h-17h ; sept.-avr. : lun.-vend. 9h-17h - sur réserv. (sept.-avr.).
La Cour suprême siège dans un bâtiment aux toits verts en bordure de la rivière des Outaouais. La Cour se compose de neuf juges dont cinq constituent le *quorum*. Créée en 1875, elle ne devint « Cour suprême » qu'en 1949, lorsque furent abolis les recours au Comité judiciaire du Conseil privé en Angleterre. Le public peut assister à l'audition d'un appel et visiter l'intérieur.

★ ByWard Market

613 562 3325 - www.marche-by.com - 🅿 - de déb. mai à mi-oct. : 6h-18h ; le reste de l'année : 8h-17h - fermé 1ᵉʳ janv. et 25 déc.
Ce pittoresque marché, avec ses étals de fleurs, de fruits et de légumes qui débordent à la belle saison dans les rues avoisinantes, existe depuis les années 1820. **Byward Market Building** regroupe des restaurants et des boutiques d'artisanat. Vers Clarence Street, un bronze de l'artiste nunavut Pauta Saila, représentant un ours qui danse, anime **Jeanne d'Arc Court**.

★ Tin House Court

La « cour de la maison de fer-blanc » est une place pavée paisible, ornée d'une fontaine. Une sculpture est fixée sur un mur au nord-ouest de la place, qui appartenait autrefois à la maison d'un ferblantier nommé Honoré Foisy. Sa maison fut démolie et, en 1973, Art Price restaura la sculpture de la façade, témoin du savoir-faire du ferblantier. Les habitants d'Ottawa chérissent cette place et aiment y paresser pour lire ou avaler un en-cas.

Peacekeeping Monument

De l'autre côté de la rue, un monument de bronze et de granit intitulé *The Reconciliation* (1992) rend hommage aux forces armées canadiennes et à leur contribution au maintien de la paix internationale.

★ Notre Dame Cathedral Basilica

385 Sussex Dr. - 613 241 7496 - & - lun. 11h30-18h ; mar.-sam. 10h-18h ; dim. 8h-20h - possibilité de visite guidée.

3

D'hier à aujourd'hui

LE CANAL RIDEAU

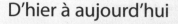

La guerre anglo-américaine de 1812 mit en évidence la fragilité des communications entre Montréal et le Haut-Canada. Le St-Laurent, seule voie praticable, était éminemment vulnérable, puisque tout navire s'y trouvait à portée de canon de la rive américaine, sans parler des dangers occasionnés par les rapides. Aussi, dès la fin de la guerre, le **duc de Wellington** chargea des hommes de déterminer un passage plus sûr. Le tracé retenu remontait les fleuves Outaouais (Ottawa) et Rideau, puis par une série de lacs rejoignait la rivière Cataraqui et la base navale de Kingston sur le lac Ontario. Le lieutenant-colonel **John By** fut chargé de construire le canal et les écluses nécessaires. Il s'établit en 1826 sur le site actuel d'Ottawa au débouché de la rivière Rideau, où bientôt se développa une colonie florissante baptisée Bytown. En 1832, les travaux étaient achevés, mais ils avaient coûté si cher que By rentra ruiné en Angleterre.

LES FORÊTS DE L'OUTAOUAIS

Autrefois, la vallée servait de voie de passage pour les Amérindiens outaouais, les premiers explorateurs français et les voyageurs. En 1800, des Américains dirigés par **Philemon Wright**, vinrent de Nouvelle-Angleterre en char à bœufs par les cours d'eau gelés et s'installèrent dans la vallée. Ils exploitèrent les **chutes de la Chaudière** pour faire tourner leurs moulins et leurs scieries. Cultivateurs, ils se firent également bûcherons, et en 1806 leur premier train de bois flottait jusqu'à Québec. L'industrie forestière devait faire merveille dans les vallées de l'Outaouais et de la Gatineau, surtout entre 1835 et 1900. Et tandis que tombaient les magnifiques pins rouge et blanc (aujourd'hui disparus) si recherchés en Angleterre, Bytown devenait le centre de tout le commerce du bois et le marché de l'embauche des bûcherons et des « cageux ». Navigateurs expérimentés, capables de négocier les passages les plus difficiles sur les rivières, ces derniers étaient chargés de mener les trains de bois (ou « cages ») à destination. Après 1840, le marché s'orienta surtout vers les États-Unis, les scieries se multiplièrent dans la région, et le canal Rideau se couvrit de bateaux chargés de planches à destination du sud. Le dernier radeau descendit l'Outaouais en 1908.

LA WESTMINSTER DES BOIS

Dans les années 1850, Québec, Montréal, Toronto et Kingston se disputaient l'honneur d'être la capitale du Canada nouvellement uni. La querelle était si vive que le gouvernement demanda à la **reine Victoria** de se prononcer : elle choisit Bytown, qui aussitôt adopta le nom anglais de la rivière, Ottawa. Les critiques accablèrent la jeune capitale : « C'est le village de bûcherons le plus proche du pôle Nord ! », écrivait l'illustre **Goldwin Smith** de Toronto, et la presse américaine ajoutait avec humour qu'Ottawa avait tout de même un argument en sa faveur : même l'envahisseur le plus déterminé serait incapable

Le canal Rideau se transforme en patinoire géante en hiver.
R. Smith / age fotostock

de prendre la ville, il se perdrait dans les bois avant de la trouver! Malgré toutes ces railleries, les travaux des édifices parlementaires débutèrent en 1859, et lorsque naquit la Confédération en 1867, c'est sans objection qu'Ottawa en fut reconnue la capitale et que les nouveaux parlementaires prirent possession des locaux à peine achevés.

LA VILLE AUJOURD'HUI

Dotée de nombreux espaces verts et de pistes cyclables, la ville donne également l'occasion de faire d'agréables promenades en voiture. En mai fleurissent partout des tulipes, offertes par les Pays-Bas, dont la reine passa les années de guerre à Ottawa. Le **canal Rideau** se prête aujourd'hui à toutes sortes d'activités récréatives. En été, on y fait du canoë ou du bateau et en hiver du patin à glace, tandis que sur les promenades qui le bordent, on pratique selon la saison bicyclette, course ou ski de fond. Des petits chalets construits sur le sol gelé proposent nourriture et location de skate. Les quelque 200 km de voie navigable qui relient le lac Ontario à la rivière des Outaouais sont réservés à la navigation de plaisance et aux loisirs.

Le rôle fédéral d'Ottawa se retrouve dans son architecture: ici, le paysage urbain n'est pas dominé, comme à Montréal ou à Toronto, par les imposantes tours d'institutions financières, mais par des édifices gouvernementaux dont le plus proéminent, **Place du Portage**, s'élève à Gatineau, de l'autre côté de la rivière des Outaouais. C'est aussi dans ce quartier que s'élève le musée canadien des Civilisations qui, avec les nombreux musées nationaux et le **National Arts Centre** d'Ottawa, où se donnent ballets, concerts et pièces de théâtre, constituent un ensemble culturel particulièrement animé.

Cathédrale catholique d'Ottawa, la basilique Notre-Dame fut consacrée en 1846, mais sa construction ne s'acheva que dans les années 1880. Elle est reconnaissable de loin à ses flèches jumelles délicatement ajourées entre lesquelles se trouve la statue dorée d'une Vierge à l'Enfant. Admirez, à l'intérieur, les **boiseries** d'acajou sculptées par Philippe Parizeau, et les statues en bois peint de Louis-Philippe Hébert représentant les prophètes, les apôtres et les quatre évangélistes.

★ Nepean Point

Au point le plus haut de ce petit cap dominant la rivière près du pont Alexandra, se dresse face à l'ouest une statue de **Samuel de Champlain** (2), qui remonta la rivière des Outaouais en 1613 et en 1615. Au pied de la statue, **vue★★** splendide sur la colline du Parlement, Gatineau et au loin, ses collines.

À voir aussi Plans I, p. 432 et II, p. 426

★★★ Musée canadien des Civilisations (Gatineau) Plan II

100 r. Laurier (entre le pont Alexandria et la rue Victoria) - ℘ 819 776 7000 ou 1 800 555 5621 - www.civilization.ca - ✗☕🅿 - mai-août : 9h-18h (jeu. 9h-20h, w.-end 9h30-18h) ; avr. : lun.-vend. 9h-17h (jeu. 9h-20h, w.-end 9h30-17h) ; de sept. à mi-oct. : 9h30-18h (jeu. 9h30-20h) ; de mi-oct. à mars : 9h30-17h (jeu. 9h30-20h) - 12 $ (3-12 ans 8 $) - pour la visite de deux musées, 18 $ (3-12 ans 12 $) - entrée libre jeu. 16h-20h et certains j. fériés.

Inauguré en juin 1989, ce vaste complexe est consacré à l'histoire du Canada depuis la venue des Vikings, ainsi qu'à l'art et aux traditions des peuples autochtones et des divers groupes ethniques du pays. Il abrite une impressionnante collection de 3,5 millions d'objets, un cinéma de haute technologie et accueille des expositions interactives. Le musée, qui affiche également une vocation de recherche depuis son origine, est appelé à devenir le musée canadien de l'Histoire d'ici à 2017, pour le 150ᵉ anniversaire du pays.

Architecture – Il se compose de deux édifices dont l'architecture, due à **Douglas Cardinal**, symbolise le paysage canadien. Des courbes majestueuses évoquent l'émergence du continent nord-américain, façonné par l'action érosive du vent, de l'eau et des glaciers, tandis que le revêtement mural, en calcaire de Tyndall, révèle ici et là des traces de fossiles. À gauche de l'entrée principale, le **pavillon du Bouclier canadien** abrite les réserves du musée. À droite, le **pavillon du Glacier** accueille les visiteurs dans un vaste espace de 16 500 m², dont environ 3 300 m² sont réservés à des expositions temporaires.

Musée canadien des Enfants – *⛷ Niveau principal.* Fascinant lieu d'apprentissage et de découverte, ce charmant musée propose des activités variées autour du thème de la **Grande Aventure** véritable microcosme de notre planète, qui permet de s'embarquer dans un tour du monde passionnant. Une trentaine de modules formant autant d'environnements, et comprenant des accessoires divers et des costumes, permettent un voyage aléatoire et interactif.

Grande Galerie – *Niveau inférieur.* Elle est consacrée au riche patrimoine culturel et artistique des Amérindiens de la côte nord-ouest du Canada. Six façades de maisons de chef symbolisent un village traditionnel amérindien. Chacune évoque une culture particulière : Salish de la Côte, Nuu-chah-Nulths (Nootka), Kwakwaka'wakw (Kwakiutl), Nuxalk, Haïda et Tsimshian. Notez le **mât totémique de Wakas** (1893), haut de 12 m, qui trôna pendant plus d'un demi-siècle dans le parc Stanley, à Vancouver. La paroi de verre ménage une belle vue sur la rivière des Outaouais et le Parlement canadien.

Salle des Premiers Peuples – *Niveau inférieur*. Elle est consacrée aux réalisations culturelles et artistiques des populations autochtones du Canada, à leur histoire et à leur rôle dans la société d'aujourd'hui, illustrés par 10 000 tableaux, gravures, sculptures, photographies et objets d'artisanat divers.

Salle du Canada – *Niveau supérieur (fermeture prévue courant 2014 pour une durée de plusieurs années)*. Une voûte de 17 m de hauteur coiffe cette gigantesque salle d'exposition. Des reconstitutions historiques grandeur nature, accompagnées d'effets visuels et sonores, évoquent mille ans du patrimoine social et culturel canadien, depuis l'arrivée des Vikings à Terre-Neuve vers l'an 1000 jusqu'à la révolution industrielle du 19e-20e s.

Tête-à-tête – *Mezzanine du niveau supérieur*. Cette exposition présente la vie de 27 personnalités qui ont contribué à façonner le Canada.

★★ **Canadian War Museum** Plan II

1 Vimy Pl. - ℰ 819 776 8600 ou 1 800 555 5621 - www.warmuseum.ca - ♿ - juil.-août : 9h-18h (jeu. et vend. 20h) ; mai-juin et sept. 9h-18h (jeu. 20h) ; le reste de l'année : mar.-dim. 9h-17h (jeu. 20h) - fermé 25 déc. - 13 $ (gratuit jeu. après 16h) - billet combiné avec le musée des Civilisations 20 $.

Ce musée de la Guerre à l'architecture saisissante retrace l'histoire des conflits du Canada ou de ceux auxquels des Canadiens ont participé, depuis les combats entre Français et Iroquois au 17e s. jusqu'à la guerre de Corée (13 000 œuvres exposées). On voit une reconstitution grandeur nature d'une tranchée de la Première Guerre mondiale, complétée par des effets sonores, un diorama du débarquement allié en Normandie (juin 1944), une énorme Mercedes blindée utilisée par Hitler dans les années 1930, un chasseur Voodoo, des chars, des pièces d'artillerie du 19e s. Une galerie commémorative rend hommage aux soldats décorés de la Victorian Cross et une section est consacrée à des expositions temporaires. De la terrasse sommitale, on a de superbes **vues★** sur la rivière Ottawa.

★★ **Canadian Museum of Nature** Plan II

240 Macleod St. - PO Box 3443, Station D - ℰ 613 566 4700 ou 1 800 263 4433 - www.nature.ca - ♿ - de mai à déb. sept. : 9h-18h (merc. et jeu. 20h) ; le reste de l'année : mar.-dim. 9h-17h (jeu. 20h) - fermé 25 déc. et 2e sem. de janv. - 12 $ (entrée libre jeu. à partir de 17h).

Essentiellement consacré à la géologie de notre planète et aux origines de la vie sur Terre, le musée canadien de la Nature occupe depuis 1989 tout le bâtiment qu'il partageait autrefois avec le musée canadien des Civilisations. Les sections sur la formation des océans et des continents donnent des explications détaillées sur celle du sol et du relief de l'Amérique du Nord. Dans la salle sur les **dinosaures** sont reconstitués plusieurs squelettes complets.

Une galerie des **oiseaux du Canada** propose des dioramas très réalistes représentant les oiseaux des diverses régions du pays. On remarquera en particulier un « vol » de bernaches du Canada. Le musée présente également des films et des dioramas sur les **mammifères canadiens** (bœuf musqué de l'Arctique, orignal du Nouveau-Brunswick, antilope de la Saskatchewan, grizzli de Colombie-Britannique, etc.) dans leur milieu naturel. Les enfants adoreront l'exposition **Animalium** et son grouillement de cafards, limaces, araignées et autres escargots, tandis que le squelette de rorqual bleu exposé dans la galerie de l'eau impressionnera tout le monde. D'autres salles abordent la faune à travers sa géographie, son comportement et ses relations avec l'homme. L'**Herbier national** forme une section conséquente. La grande serre, **Hall of Plant Life**, abrite la pharmacie de la Nature et ses plantes médicinales.

3

★ **Laurier House** Plan II

335 Laurier Ave E - ℘ *613 992 8142 - www.pc.gc.ca - visite guidée (1h) uniquement* *de mi-mai à déb. oct. : 9h-17h ; le reste de l'année : lun.-vend. 9h-17h, sur RV - ferme* *vac. de Pâques - 4 $.*

La grande maison de brique jaune, entourée d'une véranda, évoque le souvenir de trois des Premiers ministres canadiens. Le premier, le Canadien français **Wilfrid Laurier**, ministre de 1896 à 1911, vécut dans cette maison de 1897 à sa mort. Sa veuve en fit don à **William Lyon Mackenzie King**, petit-fils du rebelle du même nom qui, à sa mort (1950), légua à son tour la maison et son domaine situé au parc de la Gatineau *(voir p. 435)* à la nation. La visite passe par la bibliothèque de William Lyon Mackenzie King, sa chambre, la salle à manger, deux pièces consacrées au souvenir de Wilfrid Laurier, et pour finir une reconstitution du cabinet de travail de **Lester Bowles Pearson**, Prix Nobel de la paix en 1957 et Premier ministre de 1963 à 1968. Les caricatures qu'on avait faites de lui et qu'il avait collectionnées sont fascinantes.

★ **Billings Estate Museum** Plan II

2100 Cabot St. - ℘ *613 247 4830 - www.ottawa.ca/musees -* ♿ 🅿 *- de mi-mai à* *fin oct. : merc.-dim. 12h-17h - possibilité de visite guidée - 2,50 $.*

Construite en 1828 par Braddish Billings, cette imposante demeure de style néoclassique fut habitée par quatre générations de sa famille avant de devenir propriété de la ville en 1975. Outre les nombreux documents, objets, photographies et mobilier de famille, une exposition passe en revue les différents styles architecturaux de cette maison, l'une des plus anciennes d'Ottawa.

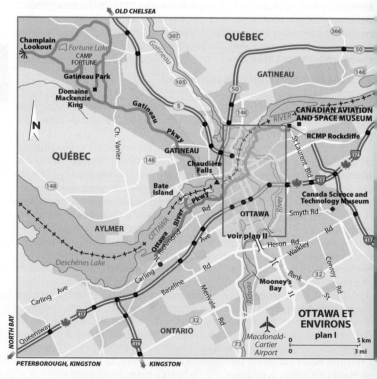

★ Canada Agriculture Museum Plan II

Dans les jardins de la Ferme expérimentale centrale. Bâtiment 88 - Prince of Wales Dr. - ℘ 613 991 3044 - www.agriculture.technomuses.ca - ⬧ ⬛ - expositions mars-nov. : 9h-17h - fermé déc.-fév. ; bâtiments des animaux ouv. tte l'année sf 25 déc. : 9h-17h - promenade en chariot juin-sept. : merc.-dim. 10h-14h - 10 $ (7 $).

Le musée de l'Agriculture, installé dans une grange construite dans les années 1920, fait partie de la **Ferme expérimentale centrale** (425 ha) du Département canadien de l'agriculture et l'agroalimentaire. Des spécimens de races anciennes de moutons, vaches laitières, cochons et chevaux de trait sont élevés ici. Les machines exposées, l'explication sur les techniques agricoles évoquent une ferme d'autrefois, tandis qu'une exposition consacrée aux abeilles aborde le thème ô combien actuel de leur rôle dans l'équilibre de l'écosystème.

Extérieur – ⬧ ⬛ - *parc ouv. tte l'année du lever au coucher du soleil ; serre : tte l'année 9h-16h.* Remarquez le jardin de plantes ornementales, où, selon les saisons, lilas, iris, pivoines et chrysanthèmes se laissent admirer. Une serre tropicale et un grand **arboretum** bordent le canal Rideau. C'est le lieu de rendez-vous des promeneurs, des pique-niqueurs et des cyclistes.

★★★ Canada Aviation and Space Museum Plan I

Aéroport de Rockcliffe - 11 Aviation Parkway - ℘ 613 993 2010 - www.aviation. technomuses.ca - ⬧ ⬛ - de déb. mai à déb. sept. : 9h-17h ; le reste de l'année : merc.-lun. 10h-17h - fermé 25 déc. - 13 $.

Le musée canadien de l'Aviation et de l'Espace occupe depuis 1988 des locaux spécialement conçus pour lui. La forme triangulaire du bâtiment rappelle le plan à trois côtés des nombreux aérodromes construits sur le sol canadien pendant la Seconde Guerre mondiale. Une importante collection, complétée par de vieux films et des présentations audiovisuelles, retrace l'histoire de l'aviation et surtout son développement au Canada.

On y voit une réplique du *Silver Dart,* mis au point à Baddeck en Nouvelle-Écosse, qui réussit le premier vol canadien en 1909, ainsi que des bombardiers et avions de combat des deux guerres mondiales, un Spad 7, un Sopwith Snipe, un Hawker Hurricane, un Supermarine Spitfire et un bombardier Lancaster. Boeing 247, Lockheed 10A et Douglas DC-3 illustrent les débuts de l'aviation civile. La collection compte également quelques-uns des premiers hydravions qui permirent l'entrée dans le Nord canadien : le De Havilland Beaver, qui prit son premier envol en 1947, est renommé pour ses capacités ADAC (atterrissage et décollage courts). Près du hall d'entrée, la salle **RCAF Hall of Tribute** rend hommage aux membres des forces aériennes canadiennes.

★★ Canada Science and Technology Museum Plan I

1867 St Laurent Blvd - ℘ 613 991 3044 - www.sciencetech.technomuses.ca - ⬧ - ⬛ - avr.-août : 9h-17h ; le reste de l'année : mar.-dim. 9h-17h - fermé 25 déc. - 12 $.

La lumière clignotante de l'ancien phare du cap Nord, en Nouvelle-Écosse, signale l'emplacement du musée national des Sciences et de la Technologie. À l'extérieur sont exposées plusieurs pièces, dont une fusée Atlas. L'intérieur du musée renferme une intéressante exposition sur les transports. Le hall des **locomotives à vapeur** est particulièrement impressionnant. On voit également des automobiles des années 1900-1930 ainsi que la maquette du paquebot *Titanic*. D'autres sections évoquent l'évolution des communications, l'informatique, les sciences physiques, l'astronomie et l'exploration de l'espace.

3

Circuits conseillés

Les **promenades en voiture★★**, au départ de Confederation Square, qui longent le canal et la rivière des Outaouais ainsi que les collines de la Gatineau au nord, font le charme et la renommée de la ville.

★★ SUSSEX DRIVE ET ROCKCLIFFE PARKWAY Plan II

▶ *Circuit de 8 km tracé en vert sur le plan p. 426.*

Ce parcours longe la rivière des Outaouais et traverse le quartier résidentiel élégant de Rockcliffe, noyé de verdure, habité surtout par des hommes politiques, des hauts fonctionnaires et des diplomates.

Juste après le pont Macdonald-Cartier (qui rejoint Gatineau) se dresse la silhouette caractéristique, rayée de béton et de verre teinté, du **Lester B. Pearson Building** qui abrite le ministère des Affaires étrangères et du Commerce international. La route traverse ensuite Green Island, entre les deux bras de la rivière Rideau, où se trouve l'ancien hôtel de ville ou **Ottawa's Former City Hall**, dessiné par Moshe Safdie, architecte de la National Gallery.

> **24 SUSSEX DRIVE**
> La demeure de pierre grise cachée par les arbres qui domine la rivière est la résidence officielle des Premiers ministres canadiens.

★ Rideau Falls

🅿 *Se garer près de l'ambassade de France.*

En se jetant dans la rivière des Outaouais de part et d'autre de **Green Island**, la rivière Rideau forme deux chutes. Elles sont particulièrement pittoresques au printemps, lorsque le débit devient important, ou en hiver lorsqu'elles gèlent. Des passerelles, belles vues sur la rivière des Outaouais et Gatineau.

Rideau Hall

1 Sussex Dr. - ℰ 1 866 842 4422 - www.gg.ca - ♿ - visite guidée (45mn) juil.-août : 11h-16h ; mai-juin et sept.-oct. : w.-end 10h-16h ; sept.-oct. et fév. : 12h-16h ; le reste de l'année : sur RV ; jardins : de 8h à 1h av. le coucher du soleil - visite guidée sur réserv. mai-sept. : 9h-16h.

Tout près, remarquez la grille de Rideau Hall, résidence officielle du gouverneur général. Elle se dresse au milieu d'un parc paysager ouvert au public.

La route traverse ensuite **Rockcliffe Park**. Elle est d'abord à sens unique et la rivière ne se voit que sur le chemin du retour ; mais un peu plus loin, les deux chaussées se rejoignent, et vous profiterez d'excellentes **vues★★** sur la rivière Gatineau (au Québec), son estacade (chaîne de bois servant à retenir les bois flottés) et les collines dans le lointain. On aperçoit le clocher pointu de l'église St-François-de-Sales (à Pointe Gatineau), construite en 1886.

Rockliffe

C'est une zone de maisons construites en grosses pierres, aux rues bordées d'arbres et aux jolis jardins fleuris.

RCMP Rockliffe (Royal Canadian Mounted Police) – ℰ 613 741 4285 - *www.rcmp-grc.gc.ca* ou *www.canadascapital.gc.ca* - ♿ - *mai-août : lun.-vend. 9h-15h30 ; sept.-avr. : mar. et jeu. 10h-15h.* La promenade s'achève aux écuries et au célèbre **carrousel** de la Gendarmerie. Lorsque ses membres ne sont pas en tournée, l'hiver, les écuries sont ouvertes au public, qui peut alors assister à l'entraînement des chevaux.

★ PROMENADES DU CANAL RIDEAU Plan II

◗ *Chaque promenade fait 8 km. Circuit tracé en vert sur le plan p. 426.*

Les deux promenades sont bordées de parcs verdoyants particulièrement attrayants à la saison des tulipes *(mai)*.

Queen Elizabeth Driveway – Elle longe la rive ouest du canal, **Colonel By Drive** la rive est. Peu après le départ, on aperçoit sur la gauche l'université d'Ottawa, et, plus loin, celle de Carleton. Autour du **lac Dows** *(location de pédalos et canoës)*, où le canal s'élargit, s'étalent au mois de mai de superbes parterres de tulipes. Queen Elizabeth Driveway quitte alors la rive pour pénétrer dans la Ferme expérimentale centrale tandis que, sur l'autre rive, Colonel By Drive offre des vues sur les chutes Hog's Back et sur les dernières écluses du canal Rideau, qui débouchent sur la rivière Rideau.

★ **Hog's Back Falls** – *Stationnement gratuit dans Hog's Back Park*. La **baie Mooney** marque la fin du canal Rideau et le début de la partie navigable de la rivière Rideau. De cet endroit pittoresque et sauvage après les chutes Hog's Back, la rivière s'engouffre dans une petite gorge rocheuse. La digue a été construite par le colonel By en 1829. Ici se trouve l'une des principales zones de loisirs d'Ottawa à laquelle on accède par Riverside Drive : plage, aires de pique-nique.

★ OTTAWA RIVER PARKWAY Plan II

◗ *Circuit de 11 km tracé en vert sur le plan p. 426.*

La promenade commence après le pont du Portage. Des panneaux sur la droite signalent **The Mill**, vieux moulin de pierre (1842) converti en brasserie. Plusieurs belvédères offrent des vues sur les rapides Remic, mais le meilleur point de vue se trouve sur l'**île Bate★** qui émerge de la houle des rapides *(prendre le pont Champlain en direction de Gatineau et sortir sur l'île)*.

★★ PARC DE LA GATINEAU Plan I p. 432

3

◗ *À 55 km. Franchir le pont du Portage en direction de Gatineau, prendre à gauche la route 148 (sur 2 km), puis tourner à droite sur Gatineau Parkway.*

🛈 **Centre des visiteurs** – *33 chemin Scott, Old Chelsea -* ℘ *819 827 2020 ou 1 800 465 1867 - www.capitaleducanada.gc.ca/gatineau -* ⚠ ♿ 🅿 *- 9h-17h - 10 \$/ voiture - certaines routes sont fermées des premières chutes de neige jusqu'en mai.*

Montagnes et forêts couvrent ce territoire de 361 km² compris entre la vallée de la rivière des Outaouais et celle de la rivière Gatineau. Doucement ondulé et parsemé de lacs, le parc possède quelques édifices fédéraux, dont la résidence d'été du Premier ministre du Canada (au lac Mousseau) et le pavillon des rencontres officielles, ou maison Willson (au lac Meech).

😊 NOS ADRESSES À OTTAWA

Plans de ville p. 424 et 426

HÉBERGEMENT

PREMIER PRIX

Hostelling International Ottawa : Ottawa Jail – ③ Plan III - *75 Nicholas St. -* ℘ *613 235 2595 ou* *1 866 299 1478 - www.hihostels.ca -* 🅿. L'auberge de jeunesse, sise dans l'ancienne geôle du comté de Carleton (1863) près du marché Byward, a été créée en 1973. Les lits sont disposés dans les cellules rénovées, qui ont conservé leurs briques et leurs plafonds voûtés d'origine. Peintes en blanc et meublées de façon spartiate, les chambres sont larges et propres. Dortoirs, chambres pour couples, laverie, casiers, Internet.

BUDGET MOYEN

Auberge McGee's Inn – ⑦ Plan II - *185 Daly Ave - ☎ 613 237 6089 ou 1 800 262 4337 - www.mcgeesinn. com* - 🅿 - *14 ch.* Cette grande demeure en brique (1886) sur Sandy Hill fut jadis construite pour John McGee frère de Thomas D'Arcy McGee (un des pères de la Confédération assassiné à Ottawa en 1868). Deux chambres à thème sont dotées d'une cheminée, d'un Jacuzzi, d'air conditionné, d'un accès Internet, de la télévision par câble et d'un petit frigo.

Auberge The King Edward – ⑮ Plan II - *525 King Edward Ave - ☎ 613 565 6700 ou 1 800 841 8786 - www.kingedwardottawa. com* - 🅿 - *3 ch.* Cette maison victorienne sur Sandy Hill est munie de tourelles asymétriques et de fenêtres en œil-de-bœuf de style Tudor. Les pièces ont des parquets, des moulures, des passages voûtés, des cheminées et des baies vitrées. Chambres ornées d'un mobilier ancien.

Swiss Hotel – ⑬ Plan II - *89 Daly Ave - ☎ 613 237 0335 ou 1 888 663 0000 - www.swiss hotel.com* - 🅿. Dans une demeure en calcaire (1832), située à l'est du centre-ville, dans le quartier de Sandy Hill, à proximité de l'université, des cinémas et des théâtres, les chambres sont confortables et le petit déjeuner plantureux est servi à l'intérieur ou dans le paisible jardin en été.

POUR SE FAIRE PLAISIR

Lord Elgin Hotel – ⑤ Plan III - *100 Elgin St. - ☎ 613 235 3333 ou 1 800 267 4298 - www.lord elginhotel.ca* - ♿ 🅿. Cette institution, qui porte le nom de James Bruce, comte d'Elgin et gouverneur général de l'Amérique du Nord britannique de 1847 à 1854, est idéalement située près de Confederation Square. Ouvert en 1941, l'hôtel est doté d'un centre de remise en forme. Agréables chambres, décorées de tissus pastel et de bois blond.

RESTAURATION

PREMIER PRIX

Blue Cactus – ① Plan III - *2 ByWard Market - ☎ 613 241 7061 - www.blue cactusbarandgrill.com* - ♿. Tout en savourant une des meilleures margaritas d'Ottawa, la sangria maison ou l'une des neuf bières artisanales brassées dans la région, on goûte ici une cuisine américaine du sud-ouest avec des *nachos* Blue Cactus, très populaires, le poulet vaudou (« Voodoo Chicken ») à la moutarde créole ou les *fajitas*, spécialité de la maison.

Yang Sheng – ⑪ Plan II - *662 Somerset St. W - ☎ 613 235 5794.* Ce restaurant chinois, toujours empli de convives d'origine asiatique, sert une cuisine épicée du Yang Sheng : des *dim sum*, de la soupe aigre, du canard grillé ou encore des aubergines épicées à la setchuanaise.

Le Moulin de Provence – ⑦ Plan III - *55 Byward Market Square - ☎ 613 241 9152 - http:// moulindeprovence.com - 7h-22h.* Difficile de rater la large devanture de cette boulangerie à laquelle une visite d'Obama en février 2009 a apporté une publicité qu'on célèbre encore. Que vous ayez le mal du pays ou que vous cherchiez de quoi pique-niquer sur les bords de la rivière toute proche, vous aurez l'embarras du choix entre les viennoiseries, les salades, les sandwichs et autres pâtisseries. Service bilingue.

BUDGET MOYEN

Bistro Boréal – ② Plan II - *Musée des Civilisations de Gatineau - ☎ 819 776 7009 - lun.-merc. 11h30-14h30, jeu.-sam. 11h30-21h, dim. 11h30-15h.* Dans cet espace clair et agréable, niché dans une courbe du rez-de-chaussée du musée, ce restaurant propose une cuisine fraîche et savoureuse, avec des associations souvent inédites pour des palais européens. Service francophone, Québec oblige.

Canal Ritz – ④ Plan II - *375 Queen Elizabeth Dr. - ☎ 613 238 8998.* Les clients du restaurant peuvent s'y rendre en canoë, qu'ils amarreront au quai pour ensuite pénétrer dans ce hangar à bateaux reconverti, et perché sur une courbe du canal Rideau ; ils peuvent aussi, plus classiquement, s'y rendre à pied ou à bicyclette par les voies qui longent la voie d'eau. Baies vitrées et patio d'été font la part belle au canal. Pizza et pâtes sont à l'honneur.

POUR SE FAIRE PLAISIR

The Fish Market Restaurant – ⑥ Plan III - *54 York St. - ☎ 613 241 3474 - www.fishmarket.ca.* Juste à côté du Byward Market, cette adresse vaut d'abord pour la qualité de ses plats de poissons et fruits de mer. L'atmosphère est paisible dans la grande salle, dont la décoration évoque l'intérieur d'un bateau. Service efficace.

Le Café – ③ Plan III - *National Arts Centre - 53 Elgin St. - Station B - ☎ 613 594 5127 - ♿.* Dominant le canal Rideau, l'établissement est réputé pour sa cuisine régionale créée avec panache. Toutes les provinces et tous les territoires sont représentés : du saumon de l'Atlantique au bœuf de l'Alberta. En été, les convives apprécient le patio clair et la parade des embarcations sur le canal.

Empire Grill – ⑤ Plan III - *47 Clarence St. - ☎ 613 241 1343 - www.empiregrill.com.* Un patio ouvert l'été sur les rues animées du marché, un bar à cocktails Art déco et de confortables alcôves incitent les dîneurs à s'attarder dans ce bistro chaleureux et sans façon. La carte réunit une bonne sélection de viandes grillées.

BOIRE UN VERRE

Heart and Crown – *67 Clarence St. - sur Parent St. à ByWard Market - ☎ 613 562 0674 - www.irishvillage.ca.* Sympathique et animé, ce pub sert des plats irlandais comme le *shepherd's pie* (sorte de hachis Parmentier) et le ragoût de bœuf à la Guinness. Les nombreux robinets de bière à la pression promettent bien des délices. Le grand patio ouvre l'été sur le trottoir, au cœur du marché. Le pub s'anime au rythme des musiques celtiques du mercredi au samedi et des concerts *live* sont donnés chaque soir.

D'Arcy McGee's Irish Pub *44 Sparks St. - ☎ 613 230 4433 - www.darcymcgees.ca/ottawa.* Il arbore des boiseries luisantes et des volutes autour du bar, sculptées en Irlande pour la touche d'authenticité. Bière, superbe sélection de whisky, de cognac, de bourbon et de porto. Musique celtique, blues, etc., les jeudi, vendredi et samedi.

AGENDA

Festival canadien des tulipes – *En mars. www.tulipfestival.ca.*
Spectacle son et lumière bilingue – *De mi-juil. à mi-août 21h30 et 22h30, de mi-août à sept. 21h et 22h - 30mn (annulé en cas de pluie) - ♿.* Toute l'histoire du Canada, sur la colline du Parlement - *☎ 613 239 5000.*

3

Upper Canada Village

😀 **NOS ADRESSES PAGE 440**

S'INFORMER

Centre d'information – *Upper Canada Village - 13740 County Rd 2 Morrisburg - 📞 613 543 4328 ou 1 800 437 2233 - www.uppercanadavillage.com ♿ - de mi-mai à déb. oct. : 9h30-17h - transport en voiture à cheval sur les lieux (gratuit) - entrée 15 $ (20 $ si événement spécial).*

SE REPÉRER

Carte de région D2 (p. 332-333). Le village est localisé à Crysler Farm Battlefield Park, à 11 km à l'est de Morrisburg, près du St-Laurent, et au sud d'Ottawa sur la route 31. Depuis Cornwall, sur la route 401, prenez la sortie 758 Upper Canada Raod en direction du sud. Tournez à gauche sur la route 2 et continuez vers le village (2 km).

SE GARER

Grands parkings à l'entrée du site, tout de suite après Crysler Farm Battlefield Park.

ORGANISER SON TEMPS

Prévoyez 3 à 4h, mais vous pouvez aussi suivre une visite guidée (1 ou 2h).

AVEC LES ENFANTS

Parmi les guides costumés se trouvent des enfants qui se feront un plaisir d'accompagner les vôtres dans le village.

La construction du barrage de Cornwall, en faisant monter les eaux du St-Laurent, noya 8 000 hectares de terrain et huit villages créés par des loyalistes à la fin du 18e s. Pour garder la mémoire de ces lieux historiques, les bâtiments anciens furent démontés et reconstruits un peu plus loin près de Morrisburg. Ainsi naquit, à la fin des années 1950, Upper Canada Village, illustration d'une cité du Haut-Canada des années 1860-1867. Plus de 500 maisons, édifices religieux, bureaux, boutiques et autres bâtiments composent ce village de 27 ha devenu l'une des attractions touristiques les plus populaires du Canada : une vingtaine de ces édifices historiques sont aujourd'hui ouverts au public.

Découvrir

Le village

Les visiteurs ont l'impression de remonter plus d'un siècle en arrière lorsqu'ils pénètrent dans ce village rural qui montre l'évolution du mode de vie des premiers colons. Animé de personnages en costume d'époque, il est bourdonnant d'activité : chacun vaque à ses occupations (travaux d'aiguille, fabrication de fromages ou de pain, etc.) et se déplace à pied, en char à bœufs ou en diligence. La plupart des animaux que vous rencontrerez – et qui servaient jadis aux travaux des champs – ont aujourd'hui quasiment disparu, comme ces chevaux de trait canadiens attelés aux charrettes et aux diligences ou les énormes bœufs roux du Devon qui labourent les champs. Vous pourrez,

Upper Canada Village.
t. Lawrence Parks Commission

d'un bateau à fond plat tiré par des chevaux, sur le chemin de halage le long du canal, apercevoir le village selon une perspective différente.

La rétrospective va du modeste logis de pionnier à la **ferme** solide et prospère comme **Loucks Farm**, à l'élégant raffinement de **Robertson House** et à la richesse et au luxe de l'architecture néogrecque de **Crysler Hall**. Vous verrez aussi des écoles et des églises, une maison de médecin, un magasin de village, une taverne. Actionnés à l'énergie hydraulique, une **scierie**, un moulin à farine (doté d'une machine à vapeur de 1865) et une **filature** montrent l'industrialisation progressive, manifeste vers 1867.

Au cœur du village se dresse le bâtiment à deux niveaux en bardeaux de **l'hôtel Willard's** *(voir « Nos adresses » p. 440)*, qui accueille la cafétéria Village Cafe et le restaurant Harvest Barn. La demeure, construite en 1785 par un loyaliste new-yorkais d'origine allemande, fut transformée en auberge. La propriété fut acquise vers 1830 par John Willard, gérant d'une taverne à Montréal. Aujourd'hui, l'hôtel brille de tous les feux de sa splendeur du milieu du 19e s. Possibilité de déguster un repas typique des années 1860 et de se procurer, à la boutique de souvenirs, des miches de pain cuites dans le grand four en brique de la boulangerie du village. Toutes sortes d'activités sont réservées aux enfants au **Children's activity centre**.

À proximité

Battlefield Monument
Dans le parc.

Ce monument commémore la **bataille de Crysler Farm** où, en 1813, une petite troupe canadienne et britannique mit en déroute des soldats américains pourtant plus nombreux, qui tentaient de couper Montréal du renfort des troupes de Kingston. Du monument, au bord du St-Laurent, belle **vue** sur le site aujourd'hui inondé de la ferme.

Long Sault Parkway

À 5 km à l'est d'Upper Canada Village entre Ingleside et Cornwall par la route 2. Hébergement : rens. et réserv. auprès de la Commission des parcs du St-Laurent - 🖉 *613 543 4328 ou 1 800 437 2233.*

Cette route touristique, qui part du continent, traverse un chapelet d'îlots sur le St-Laurent. Une grande variété d'activités s'offre aux voyageurs le long du trajet : pêche, location de canoës, pique-nique n'en sont que quelques-unes. D'innombrables sentiers propices à la bicyclette ou à la marche sillonnent les gorges et le littoral, les plages de sable fin invitent à la baignade *(non surveillée)* tandis que les marais sont un terrain idéal d'observation des oiseaux. Hébergement dans trois terrains de camping.

😊 NOS ADRESSES À UPPER CANADA VILLAGE

HÉBERGEMENT

POUR SE FAIRE PLAISIR

Upper Canada Guest House – *c/o Upper Canada Village - 13740 County Rd 2, Morrisburg -* 🖉 *613 543 4328 ou 1 800 437 2233 - 275 $/nuit pour 2 pers. - 2 nuits mini de juin à août.* Si vous désirez dormir à la ferme, cette adresse à proximité d'Upper Canada Village constitue une expérience de choix. Les familles et les petits groupes *(6 pers. maxi)* trouveront la solitude dans cette ferme-maison d'hôte de la fin du 19e s. Par nuit claire, le parc en bordure du St-Laurent est un remarquable point d'observation des étoiles ; en journée, les bernaches du Canada, le grand héron et d'autres volatiles aquatiques patrouillent autour de la ferme.

RESTAURATION

BUDGET MOYEN

Willard's – 🖉 *613 543 3735 - www.uppercanadavillage.com.* Très couru, l'hôtel Willard's accommode d'authentiques recettes du 19e s. Le personnel, costumé, guide d'un pas feutré les visiteurs vers de grandes salles à manger dotées d'un mobilier ancien. Les cuisiniers concoctent de merveilleux plats : des perches sautées sauce Rosemary and Robert ou des steaks d'aloyau fumé avec une sauce au vin. Pour clôturer le festin, la tourte à la pomme, le pudding ou l'exotique sabayon au citron se révéleront un choix judicieux. Le **thé** est servi à l'étage, sous le large porche ombragé par les grands avant-toits de l'hôtel ou dans le petit salon.

Kingston.
B. Hoferichter / All Canada Photos / age fotostock

Kingston et les Mille Îles

★★

😊 NOS ADRESSES PAGE 445

3

 S'INFORMER

Visitor Information Centre – *209 Ontario St., Kingston -* ℘ *613 548 4415 ou 1 888 855 4555 - www.kingstoncanada.com*. Il est aménagé dans l'ancienne gare ferroviaire qui fait face au Prince George Hotel.

SE REPÉRER

Carte de région D2 (p. 332-333) - plan de ville (p. 442). La ville de Kingston se trouve sur le littoral nord du lac Ontario, là où se forme le St-Laurent, entre Ottawa et Toronto.

SE GARER

Parking payant en centre-ville (limité à 2h).

À NE PAS MANQUER

Il faut absolument faire une croisière autour des îles.

ORGANISER SON TEMPS

Si vous décidez de visiter une île américaine, pensez à vous munir des documents nécessaires pour la douane *(voir « Avant de partir », p. 15)*.

AVEC LES ENFANTS

La parade de Fort Henry.

Autrefois capitale de la province du Canada, Kingston doit son développement économique et politique à sa position géographique, à la pointe nord-est du lac Ontario, où se rejoignent la rivière Cataraqui et le St-Laurent. La ville est devenue un centre touristique réputé, inséparable des Mille Îles (Thousand Islands) et de la pittoresque région des lacs Rideau. Les parcs au bord de l'eau composent un agréable décor.

Découvrir

★★ KINGSTON Plan de ville ci-dessous

La ville abrite de nombreux édifices construits en calcaire du pays : l'hôtel de ville ou **City Hall★**, en bordure de Confederation Park, sur le port, initialement bâti pour abriter le Parlement canadien avant que la reine Victoria ne choisisse Ottawa pour capitale ; le palais de justice ou **Court House★**, doté d'une coupole semblable à celle de l'hôtel de ville ; la **Cathédrale St-George**, dont le style rappelle les églises londoniennes de Christopher Wren ; enfin, **Grant Hall** (Queen's University) et plusieurs bâtiments du Collège militaire royal.

★ Marine Museum of the Great Lakes

55 Ontario St. - ℘ 613 542 2261 - www.marmuseum.ca - &. - de mi-mai à déb. sept. : 10h-17h ; de mi-mars à mi-mai et sept.-nov. : lun.-vend. 10h-16h - fermé nov.-mars, possibilité de visite sur rendez-vous - 8,50 $.

Installé dans un ancien chantier naval le long du lac Ontario, ce musée se consacre aux différents navires à voile et à vapeur qui sillonnaient jadis les Grands Lacs. Une galerie présente les techniques de construction des bateaux, tandis qu'une section évoque Kingston au 19e s., époque à laquelle la ville était l'un des principaux centres de construction navale des Grands Lacs.

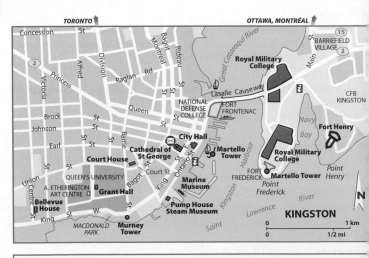

> **UN CENTRE COMMERCIAL ET UN LIEU STRATÉGIQUE**
>
> En 1673, un comptoir de commerce des fourrures, appelé Fort Cataraqui ou Fort Frontenac, s'établit sur le site de la ville actuelle. Abandonnée au moment de la chute de la Nouvelle-France, la région fut recolonisée plus tard par les loyalistes qui donnèrent à la ville son nom actuel. Elle devint rapidement une importante base navale britannique et un arsenal qui se renforça durant la guerre de 1812. La paix revenue, la construction du canal Rideau et celle de Fort Henry, puissante forteresse de pierre, augmentèrent l'importance de la ville qui, entre 1841 et 1843, fut capitale du Canada-Uni. Kingston demeure aujourd'hui un important centre militaire, avec le **Collège militaire royal** (Fort Frederick), le Collège d'état-major de l'armée canadienne et le Centre des études sur la sécurité nationale.

Pump House Steam Museum

23 Ontario St. - ☎ 613 544 7867 - http://steammuseum.ca/ - ♿ - de mi-mai à août : tlj sf lun. 10h-17h ; d'avr. à mi-mai et sept.-déc. : mar.-vend. 12h-16h, sam. 10h-17h - 5,15 $.

Ce musée est logé dans l'ancienne station de pompage de Kingston construite en 1849, où sont restées les deux énormes pompes à vapeur d'origine. Les machines, restaurées dans leur état de 1897, sont à même de fonctionner. De nombreuses maquettes complètent l'exposition.

Lieu historique national Murney Tower

À l'ouest du port. ☎ 613 572 5181 - www.kingstonhistoricalsociety.ca - de mi-mai à août : 10h-17h - 5 $.

Ronde, trapue, renforcée de solides voûtes, cette tour Martello *(voir l'encadré p. 508)* en pierre fut construite en 1846 pour protéger le port. On visite les quartiers de la garnison ainsi qu'une plate-forme à canon dotée d'une pièce d'artillerie sur un anneau de pointage.

★ Bellevue House

25 Centre St. - ☎ 613 545 8666 - www.pc.gc.ca - ♿ - juil.-août : 10h-17h ; mai-juin et sept.-oct. : jeu.-lun. 10h-17h - fermé nov.-avr. - 3,90 $.

Cette villa construite en 1840 fit sensation à cause de son style italianisant (tour carrée et balcons). Les sobriquets les plus divers lui furent attribués, comme « Tea Caddy Castle » (la boîte à thé), allusion à l'épicerie que tenait son propriétaire. La maison fut brièvement habitée, de 1848 à 1849, par **John A. Macdonald** (1815-1891), qui tenait alors un cabinet d'avocat à Kingston. Il fut l'un des principaux artisans de la Confédération canadienne et devint Premier ministre du Canada de 1867 à 1873, puis de 1878 à 1891. Né en Écosse, élevé à Kingston où il fit ses études, Macdonald connut une brillante carrière politique à la tête du Parti conservateur. Il soutint avec ferveur la réalisation du chemin de fer Canadien Pacifique, un de ses grands rêves. La maison est meublée dans le goût de l'époque de Macdonald.

★★ Fort Henry

County Rd 2, à l'est du centre-ville. Contacter Rideau Canal National Historic Site - 43A Beckwith St. S, à Smiths Falls - ☎ 613 542 7388 - www.forthenry.com ou www.pc.gc.ca - de mi-mai à sept. : 10h-17h - 12 $.

👥 Situé sur une presqu'île dominant le lac Ontario, cet ouvrage défensif en pierre (1837) est renforcé surtout au nord pour protéger l'accès terrestre à l'arsenal sur la pointe Frederick, son accès naval étant gardé par une série de

3

tours Martello construites vers 1846. Le fort ne subit aucune attaque et fut finalement abandonné. Restauré en 1938 et classé site historique national, c'est aujourd'hui un musée vivant de la vie militaire au 19e s. La **Garde de Fort Henry** est constituée d'étudiants qui recréent devant les visiteurs la vie des soldats au 19e s. dans les quartiers du fort. Ne pas rater la **parade de la garnison**.

★★ LES MILLE ÎLES Carte de région D2, p. 332-333

1000 Islands Tourist Office – *Lansdowne* - *℘ 315 482 2520* - *www.visit 1000islands.com*.

À sa sortie du lac Ontario, le St-Laurent est encombré sur 80 km d'un millier d'îles et d'îlots. Toutes ces îles sont issues du socle granitique précambrien de l'**axe de Frontenac** qui relie le Bouclier canadien aux monts Adirondack, aux États-Unis. Les eaux scintillantes, bordées de forêts, et les rochers de granit rose lentement érodés par les glaciers, attirent les habitants des deux pays, dont la frontière passe entre les îles. C'est, pour le nord-est du continent, l'une des régions de vacances les plus anciennes et les plus courues, naturellement dédiée au nautisme.

★★ Excursion en bateau

Plusieurs compagnies proposent des croisières à travers le dédale des îles. Les résidences d'été, depuis la simple cabane perchée sur un îlot rocheux jusqu'aux extravagants palaces de « Millionaire's Row » sur l'île Wellesley, se cachent parmi les arbres. Les grands navires de la voie maritime du St-Laurent passent le long de la rive américaine, tandis qu'entre les îles s'égaie une nuée de bateaux de plaisance, yachts et canots.

★ Thousand Islands Parkway D2

La route part à 3 km à l'est de Gananoque à l'échangeur 648 (route 401) et se déroule sur 37 km jusqu'à l'échangeur 685 (route 401), au sud de Brockville.

Cette route pittoresque longe le St-Laurent et offre de nombreuses vues sur le fleuve.

Peu après Ivy Hill, prendre le pont jusqu'à Hill Island (péage 2 $; ne pas pénétrer aux États-Unis).

Skydeck – *℘ 613 659 2335* - *www.1000islandsskydeck.com* - & - *de mi-avr. à fin oct. : 9h-18h (20h en été)* - *10 $*. Cette tour d'observation de 120 m offre une jolie **vue★** sur l'ensemble des îles.

St Lawrence Islands National Park – *2 County Rd. 5, à Mallorytown* - *℘ 613 923 5261* - *www.pc.gc.ca* - & - *de mi-mai à mi-oct. : 10h-16h* - *parking 7 $/j.* Il comprend plusieurs îles uniquement accessibles par bateau À proximité du centre d'accueil, une cabane abrite les débris d'une canonnière du début du 19e s.

Excursion Carte de région p. 332-333

★ Prescott D2

À 101 km au nord-est de Kingston.

Town of Prescott – *www.prescott.ca*.

Cette petite ville industrielle, fondée vers 1851 par des loyalistes, se développa au bord du St-Laurent, en amont d'une série de rapides qui interdirent pendant longtemps la navigation sur cette partie du fleuve. Prescott fut le théâtre de la bataille de Windmill quand, en 1838, les partisans rebelles de

William Lyon Mackenzie furent délogés d'un moulin à vent sur les bords de la rivière. Aujourd'hui, Prescott est le seul port en eau profonde sur la voie maritime entre Montréal et Kingston. Non loin de la ville, l'un des 13 ponts reliant l'Ontario aux États-Unis enjambe le St-Laurent.

Lieu historique national Fort Wellington – *À l'est de la ville. 370 Vankoughnet St. - 𝄐 613 925 2896 - www.pc.gc.ca - ⟡ - juil.-août : 10h-17h ; mai-juin et sept.-oct. : jeu.-lun. 10h-17h - fermé nov.-avr. - 3,90 $.* Construit après 1812 pour protéger les communications entre Montréal et Kingston d'une éventuelle attaque américaine, ce petit fort (aujourd'hui classé site historique national) retranché derrière de solides talus de terre ne subit finalement aucun assaut. La visite se déroule accompagnée de guides en costume d'époque (uniforme des régiments britanniques) entre le quartier des officiers et un massif **blockhaus** en pierre de trois niveaux, restauré selon son aspect des années 1840.
À l'est du fort *(1,5 km)*, entre la route 2 et le fleuve, se dresse l'ancien **moulin à vent** témoin de la célèbre bataille. Agréable **vue** sur le St-Laurent *(aire de pique-nique)*.

😊 NOS ADRESSES À KINGSTON

Plan de ville p. 442

HÉBERGEMENT - RESTAURATION

😊 **Bon à savoir** – La ville de Kingston, ancienne et animée, fourmille de cafés, restaurants, boutiques et hôtels divers.

BUDGET MOYEN

À Gananoque
Trinity House Inn – *90 Stone St. S - 𝄐 613 382 8383 - www.trinityinn.com - 🅿 - 8 ch.* Cette maison en brique de 1859 propose des chambres confortables avec B & B. La salle de restaurant sert des menus français confectionnés à partir de produits locaux.

POUR SE FAIRE PLAISIR

À Gananoque
Gananoque Inn and Spa – *550 Stone St. S - 𝄐 613 382 2165 ou 1 888 565 3101 - www.gananoque inn.com - 🅿 - 57 ch.* Cet hôtel reçoit des visiteurs depuis les années 1890. Il propose des suites. La salle à manger spacieuse dispose d'une terrasse au bord de l'eau. Cuisine française soignée.

EN SOIRÉE

À Gananoque
Thousand Islands Playhouse – *185 South St. - 𝄐 613 382 7020 ou 1 866 382 7020 - www.1000islands playhouse.com - de mi-mai à oct.* Au bord de l'eau et près Gananoque Inn, cet espace programme des pièces classiques ou contemporaines, du théâtre pour enfant et des concerts.

ACTIVITÉS

Excursions en bateau
De Kingston – *Kingston 1000 Islands Cruises - 𝄐 613 549 5544 ou 1 800 848 0011 - www.1000islandscruises.ca.*

De Gananoque ou d'Ivy Lea – *Gananoque Boat Line - 𝄐 613 382 2144 ou 1 800 717 4837 - www.ganboatline.com.*

De Rockport – *Rockport Boat Line - 𝄐 613 659 3402 ou 1 800 563 8687 - www.rockportcruises.com.*

3

Peterborough

79 478 habitants

🚩 S'INFORMER

Peterborough and the Kawarthas Tourism – *1400 Crawford Dr. -*
𝒫 705 742 2201 ou 1 800 461 6424 - www.thekawarthas.net.

⊙ SE REPÉRER

Carte de région D2 (p. 332-333). Peterborough se trouve entre Toronto
et Kingston sur la rivière Otonabee au point où elle s'élargit et se jette
dans le lac Little.

⊛ À NE PAS MANQUER

Les écluses en activité et en particulier l'ascenseur hydraulique : à observer
lors d'une croisière.

⊙ ORGANISER SON TEMPS

Prévoyez votre visite en fonction des nombreux festivals et événements
organisés à Peterborough.

👥 AVEC LES ENFANTS

Le Canadian Canoe Museum et le Lang Pioneer Village.

**Cette ville agréable, située sur la rivière Otonabee, borde le canal Trent,
qui fait partie de la voie navigable Trent-Severn reliant le lac Ontario
à la baie Géorgienne. Trois écluses règlent la navigation à hauteur de
Peterborough, dont le célèbre ascenseur hydraulique. Les amateurs de
canoë trouveront ici leur bonheur, notamment sur les lacs Kawartha,
et plus au nord, sur les voies d'eau du parc provincial Algonquin.
La ville est un haut lieu de la fabrication des pirogues que les Amérindiens
confectionnaient bien avant l'arrivée des premiers colons. De nombreux
vestiges pétroglyphiques amérindiens émaillent en outre la région.**

Découvrir

★ Lift Lock

En service de mi-mai à mi-oct.

Il existe dans le monde peu d'ascenseurs hydrauliques du type de celui de
Peterborough (1904), que l'on peut voir fonctionner à partir du parc adjacent.
Selon les besoins, il élève ou descend les bateaux sur 20 m de dénivelé dans
des bassins montés sur pistons. L'eau se déplace d'un cylindre à l'autre de
façon à faire descendre un bassin tandis que l'autre monte.

Centre d'accueil du lieu historique national Trent-Severn – *PO Box 567 -
𝒫 705 750 4900 - www.pc.gc.ca -* ♿ 🅿 *- de mi-mai à mi-oct.* Les explications
permettent de mieux comprendre le fonctionnement de l'écluse, et donnent
par la même occasion d'intéressants détails sur la voie navigable Trent-Severn,
qui possède une seconde écluse hydraulique à Kirkfield, un ber roulant sur la
Severn et 36 écluses ordinaires.

Promenade en bateau – *Dép. de Del Crary Park près du Holiday Inn au centre-
ville - Liftlock Cruises - 𝒫 705 742 9912 ou 1 888 535 4670 - www.liftlockcruises.com -*
♿ *- juil.-août : 3 fois/j. ; de mi-mai à fin juin et de déb. sept. à mi-oct. : 2 fois/j. - 22 $ -
réserv. conseillée.* Elle permet aux visiteurs d'emprunter l'ascenseur hydraulique.

★ Canadian Canoe Museum

910 Monaghan Rd. - 𝒫 705 748 9153 ou 1 866 342 2663 - www.canoemuseum.ca -
♿ 🅿 *- 10h-17h, dim. 12h-17h - fermé pdt la plupart des vac. - 10,50 $.*
👥 Un bâtiment industriel abrite cette remarquable collection de plus de
600 canots, kayaks et bateaux à rames en tout genre, autrefois exposée au
Kanawa International Museum, dans la région des hautes terres d'Haliburton
(en Ontario). Vous pourrez voir des embarcations utilisées par les tribus
autochtones : pirogues de la côte ouest, kayaks inuits, canoë kutenal du centre
de la Colombie-Britannique, bateau des Amérindiens des Prairies. Pagaies,
maquettes et objets divers complètent la visite. Une section est consacrée à
l'équipement de l'ancien Premier ministre **Pierre Elliott Trudeau** et présente
son canoë de bouleau et sa veste en daim.

À proximité Carte de région p. 332-333

Lang Pioneer Village D2
*À 16 km au sud-est de Peterborough par les routes 7 et 34. 104 Lang Rd., Keene -
𝒫 705 295 6694 ou 1 866 289 5264 - www.langpioneervillage.ca - de mi-juin à fin
août : 10h-16h ; de fin mai à mi-juin : lun.-vend. 10h-15h ; 1er-15 sept. : lun.-vend.
10h-16h (visite guidée uniquement) - 8 $.*
👥 Installé sur un terrain de 10 ha dans un cadre rural des plus charmants,
cet ensemble de bâtiments recrée l'atmosphère d'un village rural du 19e s.
Le moulin à broyer le grain (1846) est en parfait état de marche. Visitez
la cabane en rondins de David Fife, qui introduisit une variété de blé
particulièrement bien adaptée aux sols des Prairies. Des guides costumés
font des démonstrations de techniques artisanales ancestrales.

Petroglyphs Provincial Park D2
*À 55 km au nord-est de Peterborough par la route 28. 𝒫 705 877 2552 -
www.ontarioparks.com -* ♿ *- de mi-mai à mi-oct. : 10h-17h - de 10,75 à 20 $/voiture.*
La plus grande concentration de pétroglyphes du Canada se trouve ici, au
bord du lac Stony : environ 900 gravures sur pierres vieilles de 500 à 1 000 ans.

3

Québec 4

Carte Michelin Regional n° 583

 **MONTRÉAL**★★★ 452

>  *Québec et ses innombrables richesses font l'objet d'un autre guide dans notre collection. Pour la commodité du lecteur, nous conservons dans cet ouvrage la ville de Montréal, ainsi que Gatineau, à proximité d'Ottawa (voir p. 435). Parmi les curiosités qui apparaissent sur la carte p. 454-455, seuls les lieux figurant à l'index sont traités.*
> *Pour plus de détails, consultez* Le Guide Vert Michelin Québec.

Panorama

Bastion de la culture canadienne française, la plus vaste des provinces du Canada représente, avec une superficie de 1 356 367 km², environ 16 % du territoire national. Sur 7,5 millions d'habitants, plus de 75 % sont francophones, héritiers d'un empire fondé au début du 17ᵉ s. et qui englobait en son temps la moitié du continent. Fiers d'une riche tradition, les Québécois se sont taillé une place à part dans le milieu nord-américain en préservant une culture et un mode de vie bien à eux. La province compte environ 8 % d'habitants d'origine britannique, regroupés pour la plupart dans l'agglomération montréalaise. Véritable mosaïque ethnique, le reste de la population comprend notamment Amérindiens, métis et Inuits (au total 1 %) vivant en petits groupes dans le Grand Nord.

UN PEU DE GÉOGRAPHIE

Grandes régions naturelles

D'une extrémité à l'autre, le Québec atteint 1 500 km d'est en ouest et 2 000 km du nord au sud. Au nord, les grands espaces rocheux du **Bouclier canadien** recouverts par la toundra ou la forêt sont émaillés de lacs. À l'extrême sud, ce sont les terrasses cultivées des **montagnes appalachiennes** qui atteignent 972 m dans l'Eastern Towships et 1 288 m dans la péninsule de Gaspé. Entre ces deux régions, la **plaine du St-Laurent** avec ses sols fertiles et son climat modéré génère presque toute la production agricole de la province et réunit la majorité de la population québécoise. Le St-Laurent (long de 1 197 km) s'écoule en direction du nord-est le long de l'Ontario et à travers le Québec jusqu'à l'Atlantique en passant par le golfe du St-Laurent.

Climat

Du fait de sa latitude et de sa position en bordure orientale du pays, le Québec est soumis à d'extrêmes écarts de température. Des hivers rigoureux succèdent à de chaudes périodes estivales. Les précipitations sont équitablement réparties entre les pluies d'été et les neiges d'hiver. Dans le centre du Québec, les chutes de neige peuvent atteindre 150 cm. Dans le sud, les étés sont aussi humides. Parfois, fin octobre ou début novembre, le sud est touché par l'été indien. Les températures à Montréal peuvent descendre jusqu'à -20 °C avec une moyenne de chutes de neige de 254 cm pendant tout l'hiver. En juillet, les températures maximales atteignent 26 °C à Montréal. Elles peuvent même parfois dépasser les 30 °C.

UN PEU D'HISTOIRE

Vers une nouvelle identité

Le mouvement séparatiste québécois est né dans les années 1960 *(voir p. 71)*. Entre 1960 et 1966, sous le Premier Ministre **Jean Lesage** (1912-1980), des changements sociaux, économiques et politiques émergent au Québec, appelés « Révolution tranquille », laquelle est marquée par l'accroissement des pouvoirs provinciaux et un regain de nationalisme. Le référendum de 1980 sur la souveraineté du Québec est néanmoins un échec pour le Premier Ministre **René Lévesque** (1922-1987), chef du Parti québécois, de conviction indépendantiste. Les tensions entre la province et le gouvernement fédéral atteignent leur paroxysme lorsque le Québec refuse de signer la loi constitutionnelle de 1982. Les **accords du lac Meech** (30 avril 1987), qui prévoient pour le Québec un statut spécial de « société distincte », n'ayant pas obtenu l'unanimité des provinces canadiennes, le Québec maintient son refus d'adhérer à la Constitution de 1982. En 1995, un second **référendum** obtient 50,6 % de « non » et 49,4 % de « oui ». En 1998, la Cour suprême du Canada déclare anticonstitutionnelle toute sécession éventuelle du Québec entreprise sans négociations préalables avec les autres provinces. Aucune solution n'est encore venue résoudre cette délicate question.

ÉCONOMIE

Si l'essentiel des activités économiques québécoises repose sur les **services** (près de 70 % du produit intérieur brut) et sur le secteur industriel (plus de 20 %), la province continue néanmoins à exploiter ses abondantes ressources naturelles (industrie forestière – bois, pâte à papier – et minière). Le Québec maintient en outre son secteur agricole, d'origine animale, céréalière (maïs, orge, avoine, blé) ou maraîchère, ainsi que ses activités de pêche (morue, flétan, sébaste, maquereau, hareng, saumon, crustacés). Enjeu majeur dans la colonisation du Québec, aujourd'hui devenue une activité plutôt marginale sur le plan national, la pelleterie se pratique encore dans le Nord.

Depuis l'ouverture en 1959 de la **voie maritime du St-Laurent**, qui relie les Grands Lacs à l'océan Atlantique, le lien entre les économies du Québec et des États-Unis n'a cessé de se consolider et une grande partie des produits manufacturés sont exportés vers le voisin méridional.

Les fabuleuses **ressources hydroélectriques** de la province permettent de produire à bon marché l'électricité québécoise et de fournir l'énergie nécessaire à l'industrie du bois, à la pétrochimie et à l'électrométallurgie, car le Québec est devenu aussi un gros producteur d'aluminium.

Les nouvelles orientations

Les secteurs traditionnels de l'économie québécoise ont souffert ces dernières années d'une concurrence accrue des pays asiatiques. La province a néanmoins élargi les débouchés de ses compétences en haute technologie (aéronautique, télécommunications et ingénierie). Dans les années 1970, Montréal a perdu son rôle de centre financier au profit de Toronto, mais son agglomération domine l'économie régionale avec la présence de la moitié des industries du Québec, qui fournissent 50 % des emplois de la province. Plusieurs compagnies d'assurances, des banques ainsi que la Bourse ont établi leur siège à Montréal, qui a accueilli en 2000 le premier marché canadien du Nasdaq par satellite.

Montréal

1 692 082 habitants

😊 NOS ADRESSES PAGE 469

🛈 S'INFORMER

Centre Infotouriste – *1255 r. Peel, angle r. Ste-Catherine - ☏ 514 873 2015, 1 877 266 5687 ou 0 800 90 77 77 (gratuit depuis la France) - www.bonjour quebec.com ; www.tourisme-montreal.org - juil.-août : 9h-19h ; de déb. avr. à fin juin et sept.-oct. : 9h-18h ; nov.-mars : 9h-17h - fermé 1er janv. et 25 déc.*
Bureau d'accueil touristique du Vieux-Montréal – *174 r. Notre-Dame Est - www.tourism-montreal.org - juin-sept. : 9h-19h ; de fin avr. à mai et oct. : 10h-18h.* Il édite le très utile *Guide touristique officiel.*
www.ville.montreal.qc.ca – Site officiel de la ville de Montréal.
www.montrealinfo.com – Calendrier des événements, recherche par quartiers, transports et loisirs.

◯ SE REPÉRER

Plan de ville (p. 458-459) - plan des environs (p. 454-455). Montréal est située au sud du Québec à proximité de la frontière américaine, non loin d'Ottawa et de l'Ontario.

🅿 SE GARER

Il est facile de se garer dans l'un des nombreux parkings du centre-ville (env. 18 $/j). Dans la rue, le stationnement est payant (de 1 à 3 $/h selon le quartier) tous les jours, à partir de 9h (13h le dim.) et jusqu'à 21h (18h le w.-end). Les parkings des lieux de visite sont souvent payants. *www.statdemtl.qc.ca.*

😊 À NE PAS MANQUER

Une promenade sur le mont Royal, une balade entre les buildings du centre-ville, un coucher de soleil sur le centre-ville vu du quai du Vieux-Port.

🕐 ORGANISER SON TEMPS

TROIS JOURS À MONTRÉAL	
Jour 1	Promenade dans le Vieux-Montréal : de la place d'Armes à la place Jacques-Cartier, visite du château Ramezay. Pause gourmande au marché Bonsecours. Retour par le Vieux-Port et visite du musée d'Archéologie et d'Histoire. Profitez de la soirée pour découvrir l'atmosphère du Plateau.
Jour 2	Découverte du centre-ville moderne au départ de la place Ville-Marie. Visite du musée McCord, puis déambulation dans la rue Sherbrooke Ouest et alentour. Après le déjeuner, visite du musée des Beaux-Arts. Sortie culturelle dans le quartier des Spectacles.
Jour 3	Matinée au vert, dans le parc du Mont-Royal et après-midi shopping sur le boulevard St-Laurent. Ou Visite du Parc olympique et de l'Espace pour la vie regroupant le Jardin botanique, l'Insectarium, le Biodôme et le Planétarium.

⚇ AVEC LES ENFANTS

Le Centre des sciences, le Biodôme, le Jardin botanique, l'Insectarium, le dôme de la Biosphère et le Cosmodôme à Laval.

Située sur la plus vaste des îles de l'archipel d'Hochelaga et longée par le St-Laurent, Montréal offre tous les attraits d'une ville au caractère international. Deuxième agglomération canadienne derrière Toronto, place financière et commerciale fort active, elle abrite un centre industrialo-portuaire de première importance, sur la longue voie reliant les Grands Lacs à la mer. Montréal est la deuxième ville francophone du monde après Paris, et la seule grande ville du Canada à réunir deux communautés que l'Histoire a longtemps fait s'opposer. Cette coexistence nourrit la créativité culturelle d'une cité où les influences du Vieux Monde et la modernité nord-américaine se mêlent de façon unique.

Se promener Plan de ville p. 458-459

★★★ VIEUX-MONTRÉAL CD1-2

✪ *Place-d'Armes*. Le cœur historique de Montréal, délimité par le Vieux-Port et les rues St-Jacques, Berri et McGill, était, au début du 18e s., clos par un mur d'enceinte en pierre. Délaissé, il fut réhabilité à partir des années 1960, et les magasins furent transformés en logements. Cafés et restaurants l'animent désormais.

★ Place d'Armes C1

Conçue au 17e s. par le sulpicien Dollier de Casson, elle servait alors de champ de manœuvre pour l'armée. Au centre se trouve un **monument★** (Louis-Philippe Hébert) dédié à Paul de Maisonneuve, fondateur de Montréal qui tua, selon la légende, le chef indien local sur ce site en 1644.

★ **Banque de Montréal** – ℘ 514 877 6810 - *lun.-vend. 9h-17h*. Datant de 1847, elle domine le côté ouest de ce charmant petit square restauré et constitue l'une des plus belles architectures de style néoclassique de la ville.

★ Rue Saint-Jacques BC2

Au sud de la place d'Armes.

Centre financier du Canada jusque dans les années 1970, elle a conservé de beaux bâtiments commerciaux de la fin du 19e s. et du début du 20e s., qui lui confèrent une remarquable unité architecturale. Citons en particulier l'édifice **Canada Life Assurance** *(n° 275)*, premier gratte-ciel montréalais à la charpente d'acier (1895), l'ancienne **Banque de commerce impériale du Canada** *(n° 265 - lun.-vend. 9h30-16h)*, classée en 2012, dont la façade est ornée de colonnes corinthiennes (1909), et la **Banque royale du Canada★** *(n° 360 - ℘ 514 874 2959 - ☧ - lun.-vend. 10h-16h - fermé principaux j. fériés)*, qui occupe une tour de vingt étages de style néo-Renaissance.

★★★ Basilique Notre-Dame C1

110 r. Notre-Dame Ouest - ℘ 514 842 2925 - www.basiliquenddm.org - ☧ - lun.-vend. 9h-16h, sam. 9h-15h30, dim. 13h-15h30 ; accès ttes les 30mn - 5 $ - possibilité de visites guidées 10 $ - spectacle son et lumière mar.-jeu. 18h30 et 20h30 (en été), vend. 18h30 et 20h30, sam. 19h et 20h30 - 10 $ - récital d'orgue, vend. 14h30 - 15 $.

4

Montréal en son île

La métropole occupe la majeure partie de l'île de Montréal, à la confluence du fleuve St-Laurent et de la rivière des Outaouais. La toponymie des quartiers garde le souvenir des villages qui se sont agrégés à la ville.

UNE VILLE EN MOUVEMENT

Montréal se déploie autour du mont Royal. Le centre économique et culturel s'étend à l'est de l'éminence, jusqu'au fleuve St-Laurent. Au nord-est du boulevard St-Laurent s'étirent les quartiers traditionnellement français, autrefois populaires, aujourd'hui à la mode, comme **Le Plateau**, **Mile-End**, **Quartier-Latin**, **Le Village** (quartier gay) ou, plus au nord, autour du Parc olympique, **Hochelaga-Maisonneuve**, qui s'est embourgeoisé dans les années 2000. Au sud-ouest du boulevard, les quartiers huppés anglophones.

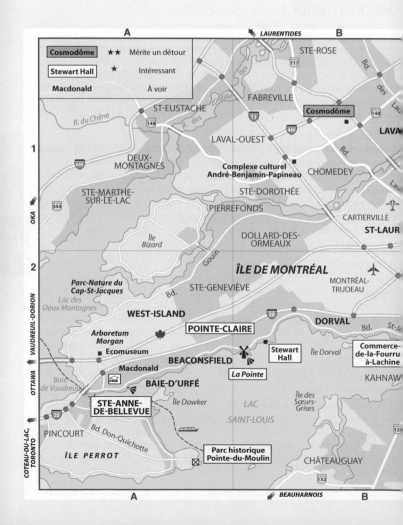

POUR SE REPÉRER : UN FLEUVE ET UN BOULEVARD

Le **St-Laurent** coulant d'ouest en est, on parle de sa rive nord et de sa rive sud. Mais à Montréal, le fleuve fait un crochet vers le nord, ce qui modifie son axe d'orientation dans sa traversée de la métropole. Néanmoins, les artères parallèles au fleuve sont dites est-ouest (au lieu de nord-sud), tandis que celles qui lui sont perpendiculaires sont dites nord-sud (et non est-ouest).

Autre repère utile : le **boulevard St-Laurent**, qui passe à l'est du mont Royal, délimite les parties est et ouest de la ville. Distinguez, par exemple, rue Notre-Dame Ouest ou Notre-Dame Est. Les numéros croissent de part et d'autre du boulevard. Ce dernier marque la frontière entre les quartiers de tradition anglophone, à l'ouest, et la ville francophone à l'est.

D'ici à 2025, le très ambitieux projet fédéral **Nouveau Havre de Montréal** revitalisera les quartiers en friche à l'ouest du Vieux-Port, autour du Pôle des rapides, de la pointe du Moulin et de la Cité-du-Havre.

MONTRÉAL ET SES ENVIRONS
plan I

Le plus célèbre édifice religieux (1829) de Montréal, dont les tours jumelles s'élèvent à plus de 69 m, est un bâtiment de style néogothique. Véritable galerie d'art religieux, **l'intérieur** ne cesse de surprendre par sa beauté et sa richesse. Finement sculpté, peint et doré, le décor en pin est particulièrement remarquable. Le maître-autel et son **retable** ont été dessinés par Victor Bourgeau et sculptés par Henri Bouriché. Dans la **chaire★** en noyer noir, entièrement sculptée, sont incorporées de nombreuses statues, œuvres de Louis-Philippe Hébert. L'**orgue** monumental (1887) est l'un des plus grands du monde.

Près de la basilique se tient le plus ancien bâtiment de la ville : le **Vieux Séminaire de St-Sulpice★** (1685) avec son horloge en façade datant de 1701.

★★ Place Jacques-Cartier D1

🕐 *Champ-de-Mars.* Charmante place pavée (1847) bordée de terrasses de café et très animée en été (musiciens et acrobates). **Statue de Nelson** (1809) commémorant sa victoire à Trafalgar. L'**Hôtel de ville★** est un imposant édifice Second Empire, d'où le général de Gaulle lança son fameux « Vive le Québec libre ! » en 1967. La **rue St-Paul★★** est l'une des plus vieilles de Montréal.

★ Vieux-Port D1

🕐 *Place-d'Armes.* Le long du St-Laurent, le Vieux-Port a été transformé en un immense parc récréatif et culturel (environ 54 ha) : aires paysagées, sentiers de promenade, pistes cyclables, espace skate, expositions, cinéma Imax.

★ **Centre des sciences de Montréal** – *Quai King-Edward, bd St-Laurent et rue de la Commune -* 📞 *514 496 4724 ou 1 877 496 4724 - www.centredessciences demontreal.com - 9h-16h, w.-end 10h-17h - 14 $ (4-12 ans 10,50 $), forfaits en fonction du nombre d'activités choisies, tarif variable suivant les expositions temporaires.* 👪 Il réunit sur deux niveaux expositions temporaires et permanentes présentées de manière ludique et didactique.

★ **Croisières au départ du port de Montréal. Croisières AML** – *Quai King-Edward -* 📞 *514 842 3871 ou 1 800 563 4643 - www.croisieresaml.com - de mi-mai à déb. oct. : excursions maritimes plusieurs départs quotidiens, brunch-croisière embarquement 10h30, soupers-croisières embarquement 18h - durée entre 1h et 4h selon la formule - prix variable, à partir de 27 $ pour l'excursion d'1h (6-16 ans 14 $).* **Le Bateau-Mouche** – *Quai Jacques-Cartier -* 📞 *514 849 9952 ou 1 800 361 9952 - www.bateaumouche.ca - de mi-mai à mi-oct. : le même type de croisières que la précédente compagnie.* Ces promenades sur le fleuve offrent aux visiteurs une belle perspective sur la ville de Montréal et en particulier sur les installations portuaires, les différents ponts, les îles, la voie maritime du St-Laurent et le Stade olympique.

★★ **Saute-Moutons** – *Quai de l'Horloge -* 📞 *514 284 9607 - www.jetboating montreal.com - de mai à mi-oct. : 10h-18h - 1h AR - 67 $ (13-18 ans 57 $, 6-12 ans 47 $).* Cœurs fragiles s'abstenir ! Pour la plus amusante, mais aussi la plus arrosée de ces expéditions, les passagers remontent le fleuve jusqu'aux tumultueux rapides de Lachine en bateaux-jets. Ces embarcations originales montent et descendent les rapides plusieurs fois, les embruns n'épargnant aucun passager. Les **vues★★** sur Montréal et ses environs sont splendides, en particulier si le retour se fait au coucher du soleil.

★ Château Ramezay D1

280 r. Notre-Dame E - 📞 *514 861 3708 - www.chateauramezay.qc.ca -* 🍴 ♿ *- juin-mi-oct. : 10h-18h ; le reste de l'année : mar.-dim. 10h-16h30 - 10 $ (5-17 ans 5 $).* Construit en 1705 pour Claude de Ramezay, onzième gouverneur de Montréal sous le Régime français, c'est l'un des plus beaux exemples de l'architecture

Le Vieux-Port.
W. Bibikow / age fotostock

domestique des débuts du 18ᵉ s. Restauré, l'édifice devenu **musée** aborde l'histoire politique, économique et sociale de Montréal.

🕊 **Bon à savoir** – Des guides en costume d'époque proposent une visite commentée des expositions permanentes et temporaires. Le château est entouré d'un jardin à la française, réaménagé dans le goût du 18ᵉ s., qui accueille diverses animations et circuits autour de la gastronomie et de la botanique.

★ Lieu historique national de Sir-George-Étienne-Cartier
(Sir-George-Étienne-Cartier NHS) D1

458 r. Notre-Dame E - ✆ 514 283 2282 - www.pc.gc.ca/cartier - ♿ - juil.-août 10h-17h ; juin et de sept. à mi-oct. : vend.-dim. et j. fériés 10h-17h - 3,90 $ (6-16 ans 1,90 $).

Ancienne demeure de **George-Étienne Cartier** (1814-1873), l'un des pères de la Confédération. Plusieurs expositions évoquent la vie et l'œuvre du grand homme, tandis que des salles restaurées dans le style victorien illustrent le mode de vie bourgeois du 19ᵉ s.

Rue Bonsecours CD1
Plaisante artère joignant la rue Notre-Dame à la rue St-Paul.

Maison Papineau – *Nᵒ 440.* Louis Joseph Papineau, chef du parti des Patriotes, résida périodiquement dans cette maison de style Régime français entre 1814 et 1837. Elle resta dans la famille Papineau pendant six générations.

★ **Maison du Calvet** – *Nᵒ 401, à l'angle de la rue St-Paul Est.* Construite en 1725, elle est caractéristique des résidences citadines du 18ᵉ s. Elle fut habitée entre autres par un marchand français huguenot, Pierre du Calvet.

★ Chapelle Notre-Dame-de-Bon-Secours D1
400 r. St-Paul E - ✆ 514 282 8670 - www.marguerite-bourgeoys.com - mai-oct. : mar.-dim. 10h-18h ; mars-avr. et de déb. nov. à mi-janv. : mar.-dim. 11h-16h - fermé de mi-janv. à fin fév. - musée 10 $ (enf. 5 $).

4

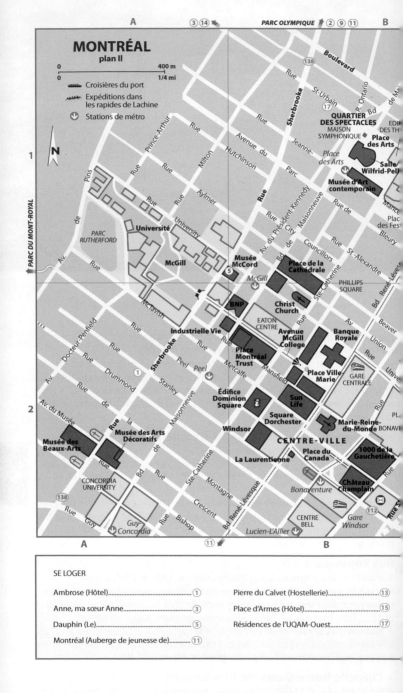

SE LOGER

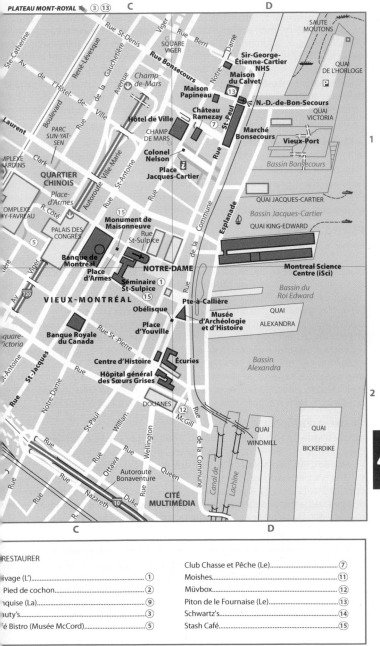

PLATEAU MONT-ROYAL ③ ⑬

C　　　　　　　　**D**

SAUTE MOUTONS

QUAI DE L'HORLOGE

Rue St-Denis
Viger
Rue Berri
Notre-Dame

SQUARE VIGER

Rue Bonsecours

Sir-George-Étienne-Cartier NHS

Maison du Calvet

Champ-de-Mars

⑬

N.-D.-de-Bon-Secours

QUAI VICTORIA

Maison Papineau

Ste-Catherine

Av. de l'Hôtel-de-Ville

Boulevard

Avenue de la Gauchetière

René-Lévesque

Château Ramezay
⑦

St-Paul

Marché Bonsecours

Vieux-Port

Laurent

Hôtel de Ville

CHAMP DE MARS

Rue

Bassin Bonsecours

PARC SUN-YAT-SEN

Colonel Nelson

Rue Ville-Marie

St-Antoine

Place Jacques-Cartier

QUARTIER CHINOIS

Autoroute Ville-Marie

Clark

R. Côté

Place-d'Armes

QUAI JACQUES-CARTIER

Bassin Jacques-Cartier

QUAI KING-EDWARD

⑮

Monument de Maisonneuve

Esplanade

PALAIS DES CONGRÈS

Rue St-Sulpice

⑤

Viger

Banque de Montréal

NOTRE-DAME

Place d'Armes

Montreal Science Centre (iSci)

Av. 720

Séminaire ①
St-Sulpice

VIEUX-MONTRÉAL

⑮

Bassin du Roi Edward

Obélisque

Pte-à-Callière

QUAI ALEXANDRA

Place d'Youville

Musée d'Archéologie et d'Histoire

Banque Royale du Canada

Rue St-Pierre

Bassin Alexandra

Centre d'Histoire

Écuries

Hôpital général des Sœurs Grises

St-Jacques

Rue

Notre-Dame

DOUANES ⑫
McGill

QUAI WINDMILL

QUAI BICKERDIKE

St-Paul
William
Wellington
Queen

Rue

Ottawa

Autoroute Bonaventure

Nazareth
Duke
⑩

CITÉ MULTIMÉDIA

Canal de Lachine

4

C　　　　　　　　**D**

Petite église du 18ᵉ s. remarquable pour son clocher en cuivre et sa statue de la Vierge (9 m) ouvrant les bras en direction du St-Laurent. La première chapelle en bois, commandée par Marguerite Bourgeoys en 1657, fut détruite par le feu en 1754. Un belvédère offre une **vue panoramique★** sur le fleuve, l'île Ste-Hélène, le pont Jacques-Cartier et le Vieux-Port.

Musée Marguerite-Bourgeoys – Attenant à la chapelle, le musée est installé dans une résidence pour religieuses. Il évoque la vie de la fondatrice (1620-1700, canonisée en 1982) de la congrégation de Notre-Dame qui arriva à Montréal en même temps que Maisonneuve en 1653.

★ Marché Bonsecours D1

350 r. St-Paul E - 🖋 *514 872 7730 - www.marchebonsecours.qc.ca -* ✕ ♿ 🅿 *janv.-avr. et nov.-déc. : 10h-18h ; mai-juin : dim.-jeu. 10h-18h, vend.-sam. 10h-21h ; juil.-août : 10h-21h ; sept.-oct. : dim.-merc. 10h-18h, jeu.-vend. 10h-21h, sam. 10h-19h.* Près de l'église se trouve ce grand édifice néoclassique couronné d'une majestueuse coupole, qui servit d'hôtel de ville de 1852 à 1878.

Place d'Youville C2

La rivière St-Pierre coulait autrefois à l'emplacement de l'actuelle place d'Youville jusqu'à ce qu'elle soit enterrée dans une canalisation au 19ᵉ s. Cette agréable place fut baptisée en l'honneur de **Marguerite d'Youville**, fondatrice, en 1737, des Sœurs de la Charité de Montréal, dites les Sœurs Grises. Les bâtiments autour de la place illustrent différentes époques de l'histoire montréalaise : l'**Hôpital général des Sœurs Grises** a été reconstruit en 1765 sur les décombres du bâtiment précédent (1694), détruit par un incendie ; les **écuries d'Youville**, édifiées en 1828, ont été d'emblée converties en entrepôts.

★ **Centre d'histoire de Montréal** – *N° 335 -* 🖋 *514 872 3207 - www.ville.montreal. qc.ca/chm -* ♿ *- mar.-dim. 10h-17h - fermé 25 déc.-2 janv. - 6 $.* Il se trouve dans une ancienne caserne de pompiers (1903) à l'architecture baroque dans le style des Pays-Bas. Le centre se consacre à l'histoire de Montréal de 1635 à nos jours. En été, il organise des visites guidées du Vieux-Montréal.

Pointe-à-Callière D2

Un **obélisque** de 10 m commémore le débarquement de Paul de Maisonneuve, qui établit ici la colonie de Ville-Marie en 1642.

★★ **Musée d'Archéologie et d'Histoire de Montréal** – *350 pl. Royale -* 🖋 *514 872 9150 - www.pacmusee.qc.ca -* ♿ *- mar.-vend. 10h-17h, w.-end 11h-17h (18h en été) - 20 $ (6-12 ans 7 $).* Il présente des vestiges archéologiques du site et fait revivre la riche histoire du quartier à l'aide d'expositions et d'une présentation multimédia. Du belvédère, jolies **vues★** sur l'esplanade du Vieux-Port.

★★ CENTRE-VILLE AB1-2

🔆 *Rue-Peel.* Cœur de la culture et du commerce, siège des monuments et des institutions célèbres de Montréal, il est situé à l'ouest du Vieux-Montréal et délimité par la rue St-Jacques à l'est, la prestigieuse rue Sherbrooke à l'ouest et les rues Atwater et St-Denis au nord et au sud. La rue Ste-Catherine regroupe les magasins prestigieux et les centres commerciaux, l'avenue McGill College les gratte-ciel du 20ᵉ s.

★ Square Dorchester B2

Longtemps considéré comme le cœur de la ville, cet agréable espace public rénové est entouré de remarquables bâtiments dont l'imposant **édifice Dominion Square★** au décor néo-Renaissance (1929). L'élégant hôtel **Windsor★**, avec sa toiture mansardée et ses ouvertures en œil-de-bœuf,

Histoire d'une métropole

L'île de Montréal est habitée par les **Mohawks**, de la nation iroquoise, lors de la première véritable tentative européenne de colonisation du site, en 1642, par Paul de Chomedey, **sieur de Maisonneuve**. Ce dernier fonde la mission de Ville-Marie, qui sera rebaptisée « Montréal » au début du 18e s. Maisonneuve et ses compagnons se heurtent à l'hostilité des Amérindiens jusqu'à la signature d'un traité de paix avec les Iroquois, en 1701.

LES FRANÇAIS S'ORGANISENT

Si la tentative d'évangélisation est un échec, **Ville-Marie** se développe grâce au commerce des fourrures. La pauvreté des plus démunis suscite la vocation de Marguerite d'Youville en 1737 *(voir ci-contre)*, tandis que la compagnie des prêtres de **Saint-Sulpice** se voit octroyer des terrains par concession royale afin de financer le service spirituel de Ville-Marie qu'ils assurent depuis 1657, date de création de leur premier séminaire. Après la victoire britannique et la reddition de la ville en 1760, la plupart des nobles français regagnent la France. Écossais et loyalistes venus des États-Unis viennent alors étoffer la population anglophone.

L'ASCENSION D'UNE REBELLE

Après la **Rébellion des Patriotes** (1837), les autorités britanniques accordent au Québec un gouvernement représentatif. L'économie montréalaise se tourne vers le commerce et l'import-export. Quand s'établit la Confédération en 1867, Montréal participe activement au développement du chemin de fer. Le quartier d'affaires, qui se développe le long de la rue St-Jacques, contribuera à sa prépondérance sur la scène financière canadienne jusque dans les années 1970. Après la crise des années 1930, l'après-guerre apporte à la ville un second souffle. Alors que les projets de rénovation se multiplient, la ville accueille **Expo'67** (en commémoration du centenaire de la Confédération canadienne) et les **Jeux olympiques** (1976). Important centre de culture francophone, Montréal a célébré en 2008 ses **400 ans**.

MONTRÉAL AUJOURD'HUI

La communauté urbaine de Montréal comprend, depuis 2006, 19 arrondissements montréalais et 15 villes de banlieue reconstituées. La ville même de Montréal occupe plus d'un tiers de la superficie insulaire, bien desservie par un métro (🔵) qui ne cesse de s'étendre et une ville souterraine où la population se déplace sans souffrir des rigueurs du froid hivernal. La métropole se métamorphose doucement, en conservant son caractère **multiculturel**, comme l'illustre l'importante immigration, en particulier haïtienne, qui a modifié la physionomie de sa population depuis la fin du 20e s. Une diversité humaine et architecturale appréciée par les **cinéastes** (Brian de Palma, Martin Scorsese, Roland Emmerich, entre autres) qui utilisent le cadre montréalais pour figurer les rues de villes aussi bien européennes qu'asiatiques ou américaines ! La vie culturelle n'est pas en reste, avec une **scène musicale** dynamique (Léonard Cohen est né à Montréal, le groupe Arcade Fire a marqué le rock contemporain, tandis que le Festival de jazz anime chaque année le quartier des Spectacles). Montréal fut aussi désignée en 2006 ville du **design** par l'Unesco. Tous les ans au printemps, la ville organise un circuit portes ouvertes du design afin de faire partager la créativité du secteur.

abrite désormais des bureaux. Dans l'énorme édifice **Sun Life**★★ (1913), de style Beaux-Arts, à la structure d'acier revêtue de granit blanc, de célèbres firmes d'assurance et de courtage ont installé leur siège.

Face au square Dorchester, la verdoyante **place du Canada** est bordée de constructions plus récentes : l'hôtel Marriott **Château-Champlain** (1967), remarquable avec ses fenêtres convexes en demi-lune, le **1000 de la Gauchetière** (1992), le plus haut gratte-ciel de Montréal (205 m), et **La Laurentienne** (1986), qui dresse sa structure postmoderne, toute de cuivre et de verre, à l'angle sud-ouest de l'intersection Peel-René-Lévesque.

★★ Basilique-cathédrale Marie-Reine-du-Monde B2

Bd René-Lévesque - ✆ 514 866 1661 - www.cathedralecatholiquedemontreal.org - &. - 7h-18h15, w.-end 7h30-18h15.

Monumental édifice de style néobaroque, conçu par Victor Bourgeau sur le modèle de St-Pierre de Rome, elle fut consacrée en 1894. Le magnifique **baldaquin** en cuivre doré à l'or fin (1900) est une réplique du chef-d'œuvre créé pour la basilique St-Pierre de Rome par le Bernin, sculpteur italien du 17ᵉ s. La **chapelle mortuaire** (1933) abrite les tombes de plusieurs évêques et archevêques.

★★ Place Ville-Marie B2

Ensemble composé de la tour en aluminium de la **Banque royale**★ (1962, I. M. Pei), à la silhouette cruciforme caractéristique, et de trois autres bâtiments encadrant une esplanade de béton très animée en été, d'où l'on profite d'une **perspective**★ unique sur l'université McGill et le mont Royal. Avant l'extension du réseau autour de la station de métro McGill, ce complexe était au cœur de la **ville souterraine**, véritable ville couverte piétonnière dont les couloirs spacieux relient hôtels, bureaux, grands magasins, stations de chemin de fer, boutiques, cinémas, restaurants et autres *(accès à la ville souterraine par les pavillons de verre en face de la tour de la Banque Royale - www.placevillemarie.com).*

Avenue McGill College – Point de mire de l'architecture postmoderne montréalaise, elle relie la place Ville-Marie et l'université McGill. Au cours des dernières décennies, elle a fait l'objet de plusieurs projets monumentaux, parmi lesquels la **place Montréal Trust**★★ *(nᵒ 1500)*, cylindre de verre bleu pastel enchâssé dans une base carrée de marbre rose et de verre, les tours jumelles de la **Banque nationale de Paris (BNP)/Banque laurentienne**★ *(nᵒ 1981)* et la tour **Industrielle-Vie** *(nᵒ 2000)* revêtue de granit.

★ Christ Church Cathedral (Cathédrale anglicane) B2

Entre la rue University et l'avenue Union. R. Ste-Catherine - ✆ 514 843 6577 (poste 371) - www.montreal.anglican.org/cathedral - &. - 8h15-17h15.

Cette cathédrale anglicane de style néogothique (1859) est remarquable par ses très beaux vitraux, les chapiteaux d'arcades de sa nef agrémentés de feuilles d'arbres du Canada et son magnifique **retable** en pierre sculptée.

Derrière s'élève la **place de la Cathédrale**★, un étonnant édifice aux parois de verre cuivré, datant de 1988, dont les éléments rappellent l'architecture de Christ Church.

★★ Musée McCord d'Histoire canadienne AB1

🅜 *McGill. 690 r. Sherbrooke O - ✆ 514 398 7100 - www.musee-mccord.qc.ca - ✗ &. 🅿 - mar.-dim. 10h-18h (merc. 21h, w.-end 17h) - fermé lun. sf j. fériés, 1ᵉʳ janv. et 25 déc. - 14 $ (6-12 ans gratuit), gratuit merc. après 17h - supplément pour certaines expositions.*

Ce prestigieux musée offre un brillant aperçu du patrimoine historique canadien (québécois en particulier), des premières nations amérindiennes jusqu'à l'époque actuelle. Remarquez la merveilleuse collection de costumes et textiles du musée, ainsi qu'une sélection de photos issues des Archives photographiques Notman. Cette chronique très complète de la vie au Canada du 19e s. au début du 20e s. se compose de négatifs et épreuves (personnages historiques, événements, scènes urbaines et rurales), dont 400 000 sont l'œuvre de **William Notman** (1826-1891), célèbre photographe canadien du 19e s.

★ **Université McGill** A1-2

Au bout de l'avenue McGill College. ℰ *514 398 4455 - www.mcgill.ca.*
La plus ancienne université canadienne (1821) bénéficie d'un magnifique campus en plein cœur de la ville, adossé aux pentes du mont Royal et dont les bâtiments offrent une grande variété de styles architecturaux.

Pavillon des Arts – *Au bout de l'avenue principale.* Le corps central et l'aile est (pavillon Dawson) de cet édifice, le plus ancien du campus, furent bâtis par John Ostell de 1839 à 1843. L'aile ouest (pavillon Molson) et les sections de raccordement remontent aux années 1861-1880. L'intérieur fut entièrement refait en 1924. En gravissant les quelques marches du large escalier menant au portique de pierre (il était à l'origine en bois), on bénéficie d'une jolie **vue** sur le centre-ville. En face du pavillon des Arts se dresse la tombe de James McGill, fondateur de l'université.

★★ **Musée des Beaux-Arts de Montréal** A2

1380 r. Sherbrooke O - ℰ *514 285 2000 - www.mmfa.qc.ca -* ✕ ♿ *- mar.-vend. 11h-17h (nocturnes merc.-jeu. 17h-21h), w.-end 10h-17h - fermé 1er janv. et 25 déc. - collections permamentes gratuites, expositions temporaires 20 $ (-13 ans gratuit, 13 à 30 ans 12 $), nocturnes merc. à moitié prix.*
Ce musée remarquable, l'un des plus prestigieux du pays, possède plus de 37 000 œuvres des maîtres anciens à l'art contemporain. Il est particulièrement réputé pour ses collections d'art canadien et inuit, ses objets d'art décoratif (depuis les bronzes archaïques de la Chine ancienne jusqu'à la verrerie du 20e s.) et sa fabuleuse collection – la plus importante du monde – de plus de 3 000 boîtes à encens japonaises. Il abrite en outre une importante collection d'arts graphique et photographique.

Pavillon Claire et Marc Bourgie - Art canadien et québécois – Ouvert en 2011, il présente quelque 600 œuvres depuis l'art inuit et l'art de la Nouvelle-France, jusqu'aux créations des années 1970.

★ Pavillon Liliane et David M. Stewart - Arts décoratifs et design – Le musée regroupe 16 000 objets, de la Renaissance à nos jours, dont la collection de design du 20e s. léguée par Liliane et David M. Stewart. Réaménagé en 2011 par Nathalie Crinière, le nouveau dispositif présente sur trois étages près de 1 000 objets, dont des acquisitions récentes, et met l'accent sur les créateurs modernes et contemporains. Une galerie est en outre entièrement consacrée au verre, de l'Antiquité à nos jours, ainsi qu'aux arts décoratifs anciens au Québec depuis le 18e s. L'**Erskine and American United Church** (Église unie Erskine et American) abrite vingt vitraux Tiffany et sert aujourd'hui de salle de concert au musée.

Pavillon Jean-Noël Desmarais - Art international – *Côté sud de la rue Sherbrooke.* Œuvre de l'architecte Moshe Safdie, il rassemble des collections d'art occidental du Moyen Âge à nos jours. Nombreuses pièces d'art contemporain, tant local qu'international.

Pavillon Michal et Renata Horstein – Archéologie et cultures du monde – Figures tutélaires, masques, objets rituels, textiles, arts décoratifs des mondes égyptien, gréco-romain, africain, océanien, précolombien, islamique, asiatique…

4

★★ QUARTIER DES SPECTACLES B1

★★ Place des Arts B1

www.laplacedesarts.com - ✕ 🅿 - *billetterie :* ℘ *514 842 2112 ou 1 866 842 2112.*
Le plus grand centre culturel de la ville rassemble six salles de spectacle où
se côtoient les arts de la scène sous toutes leurs formes, ainsi qu'un musée
et divers espaces publics.

Précédée d'une élégante façade en ellipse toute en fenêtres et minces colonnes
de béton, la **salle Wilfrid-Pelletier** (1963) accueille les Grands Ballets canadiens
et l'opéra de Montréal, mais aussi des concert rocks, des récitals et des one-
man-show. Son auditorium peut recevoir près de 3 000 spectateurs dans un
décor conçu par des artistes canadiens renommés : tapisseries flamboyantes
de Robert LaPalme et Micheline Beauchemin, imposante sculpture d'Anne
Kahane, dominant le grand escalier du foyer, les *Anges radieux* de Louis
Archambault, en feuilles de laiton. On note également, dans le foyer inférieur,
une composition murale d'aluminium réalisée par Julien Hébert, des tympans
de céramique de Jordi Bonnet, un cygne de marbre de Hans Schleech et une
sculpture de l'Inuit Innukpuk. Une peinture de Jean-Paul Riopelle, *La Bolduc*,
et une toile de Fernand Toupin apportent au décor sa touche finale.

Inaugurée en 2011, la **Maison symphonique**, résidence de l'orchestre symphonique
de Montréal, peut accueillir plus de 2 000 personnes dans des conditions
acoustiques idéales, pour le jazz comme pour le classique.

À l'angle des rues Ste-Catherine et St-Urbain, le grand **Édifice des théâtres**
(1967) rassemble trois salles polyvalentes. Les deux premières, le **théâtre Jean-
Duceppe** et le **théâtre Maisonneuve**, sont superposées l'une au-dessus de
l'autre. Un ingénieux système de ressorts, formant un plancher flottant pour
le Maisonneuve à l'étage supérieur et un plafond suspendu pour le Jean-
Duceppe à l'étage inférieur, les sépare. Une insonorisation parfaite en permet
l'utilisation simultanée. Au niveau du métro, le petit **Studio-Théâtre** vient
compléter l'ensemble. Enfin, dotée de plates-formes mobiles, la **Cinquième
Salle** (1992), près du musée d'Art contemporain, est le lieu privilégié des
créations d'avant-garde.

La place des Arts compte aussi des espaces publics, intérieurs et extérieurs,
destinés aux expositions et festivals. Vaste de plus de 100 000 m², l'ensemble
porte le nom de **Quadrilatère**. On y trouve l'**Espace culturel Georges-Émile-
Lapalme** (2011), un lieu de passage en souterrain doté de salles d'exposition
(entre le métro Place-des-Arts et le complexe Desjardins), d'un mur d'écrans
pour les œuvres vidéo, de cafés, d'une billetterie et d'accès aux salles de
spectacle. Située juste au-dessus, entre la Maison symphonique et l'édifice
des Théâtres, l'**Esplanade** accueille le célèbre Festival international de jazz.
Trois nouveaux espaces extérieurs sont venus récemment compléter l'offre
culturelle. Depuis 2009, la **place des Festivals** (rue Jeanne-Mance), équipée
de fontaines, se mue l'été en une gigantesque scène à ciel ouvert animée
jour et nuit. Inauguré en 2010, le **Parterre**, à l'angle des rues St-Urbain et
Maisonneuve, près de la Maison symphonique, est un nouvel espace de
verdure légèrement incliné et formant un amphithéâtre naturel. La **promenade
des Artistes** (2011), le long de la rue Maisonneuve, est un lieu d'installations
temporaires, comme le très charmant ensemble de 21 balançoires musicales.

★★ Musée d'Art contemporain de Montréal B1

185 r. Ste-Catherine O.- ℘ *514 847 6226 - www.macm.org -* ♿ 🅿 *- mar.-dim. 11h-18h*
(merc. 21h) - fermé lun., 1er janv. et 25 déc. - 12 $ (-12 ans gratuit), nocturne merc. réduction.

Parc du Mont-Royal.
J. Bognar / age fotostock

Les principales tendances de l'art contemporain québécois de 1939 à aujourd'hui et, à un moindre degré, l'expression artistique internationale sont représentées à travers une sélection d'œuvres issues de la collection permanente (soit environ 7 000 tableaux, sculptures, estampes, photographies et installations conceptuelles). Le **Jardin de sculptures** *(fermé en hiver)* est le cadre d'expositions temporaires d'œuvres monumentales issues de la collection permanente.

★★ MONT-ROYAL ET SES ENVIRONS Plan des environs p. 454-455

Surgissant de la plaine, le mont Royal (233 m) appartient aux Monteregian Hills, une série de huit pics situés entre le St-Laurent et les Appalaches. Sur le flanc ouest du mont Royal s'étend la charmante enclave résidentielle de **Westmount**, largement anglophone ; sur le flanc est, la municipalité d'**Outremont**, constituée de somptueuses demeures et de beaux espaces verts davantage réservés à la bourgeoisie francophone.

4

★★ Parc du Mont-Royal C1

À pied : à environ 20mn du centre-ville. Prendre la rue Peel jusqu'à l'avenue des Pins, puis suivre un chemin coupé de petits escaliers ; le dernier escalier, très raide, comporte 204 marches. En métro : ◑ Mont-Royal. En voiture : accès par la voie Camillien-Houde ou le chemin Remembrance. ℰ 514 843 8240 - www.lemontroyal.qc.ca - ✕ ⑆ ☐ - 6h-0h.

Premier parc urbain de Montréal (1876) conçu par l'architecte-paysagiste américain **Frederick Law Olmsted**, auquel on doit aussi Central Park (à New York). Composée d'environ 60 000 arbres et de 650 espèces de plantes et de fleurs, cette véritable réserve naturelle abrite aujourd'hui une faune très variée, un lac, deux belvédères d'observation, un chalet d'accueil et de nombreux sentiers à travers bois.

Points de vue – Du **belvédère du chalet**, **vue★★★** splendide sur Montréal. Le chemin du sommet mène à une immense **croix** métallique qui, illuminée la nuit, est visible à 100 km à la ronde. Elle remplace une croix en bois érigée à cet emplacement par Maisonneuve. Du **belvédère Camillien-Houde** *(accessible en voiture par la voie Camillien-Houde)*, **vue★★** superbe sur l'est de Montréal.

★★ **Oratoire Saint-Joseph** C1

🕒 *Côte-des-Neiges. Chemin Queen-Mary -* 🕾 *514 733 8211 - www.saint-joseph. org -* ✖ ♿ 🅿 *- 7h-22h (musée 10h-16h30), 4 $ (6-17 ans 2 $).*

Haut lieu de pèlerinage catholique, construit sous la supervision du moine-architecte bénédictin **Dom Paul Bellot,** l'édifice de style néo-Renaissance (1924-1967) s'élève à 154 m au-dessus de la ville. Intérieur immense et austère. L'ensemble comprend aussi une chapelle votive, qui abrite la tombe du frère André, un carillon à 56 cloches, un **musée** (photographies, crèches, pièces d'art religieux) et, près de la basilique, la **chapelle du Saint-Frère-André** (chapelle d'origine de l'oratoire) ainsi qu'un **chemin de croix★** construit à flanc de colline. De la grande terrasse devant la basilique, belle **vue** sur le nord de Montréal et les Laurentides.

★★ **PLATEAU-MONT-ROYAL** Plan des environs C1, p. 454-455

Familièrement appelé « le Plateau », ce quartier s'étend au nord de la rue Sherbrooke et à l'est du mont Royal. Il se répartit en différents paliers que traverse et relie entre eux le **boulevard St-Laurent**. Le Plateau est réputé pour être le quartier de Montréal le plus créatif et le plus artiste. On ne compte plus les salles de concert programmant des groupes émergents, les ateliers de design, les salons de microédition, les magasins branchés, les boutiques tendance, les vendeurs ambulants, les restaurants et les nombreux cafés où se retrouvent les *hipster*, ces jeunes (et moins jeunes) gens cultivés à l'affût des tendances. C'est aux environs de l'**avenue de Mont-Royal**, qui croise le boulevard St-Laurent, que choisissent souvent de s'installer les nouveaux arrivants d'origine française ; on y trouve cafés, croissanteries et librairies spécialisées en littérature. Au sud, la **rue Rachel** qui lui est parallèle mène à l'est au parc Lafontaine réputé pour ses plans d'eau, ses arbres et son théâtre de verdure. À l'ouest, elle débouche au pied du mont Royal sur le parc Jeanne-Mance où se tiennent les dimanches d'été des concerts de percussions.

Boulevard Saint-Laurent C1

Animée en permanence par ses magasins « ethniques » et ses boutiques branchées, ses vendeurs ambulants, ses restaurants et ses nombreux cafés, cette voie très populaire demeura longtemps la plus importante artère de Montréal, d'où son surnom : « la Main » (la rue principale). Son tracé initial, établi en 1672, fut rapidement prolongé jusqu'à la rivière des Prairies, près du Sault-au-Récollet. Après l'incendie de Montréal en 1852, la rue atteignit le **Mile End** (le dernier mille), qui marquait alors les nouvelles limites de la cité. Elle devint officiellement un boulevard en 1905.

Depuis plus d'un siècle, le quartier accueille les minorités culturelles qui viennent s'établir à Montréal. L'urbanisation du boulevard a donc progressé au rythme des nouveaux arrivants. Des immigrants chinois s'installèrent dans sa partie sud au 19ᵉ s. donnant naissance au **quartier chinois★** *(rue de la Gauchetière)*. Des juifs, arrivés vers 1880, développèrent une industrie textile (aujourd'hui presque disparue) dans la section située au nord de la rue Ste-Catherine. Toute une communauté grecque vint s'établir dans le voisinage mais, vers les années 1940, quitta les lieux pour le nord de l'avenue du Parc. La relève est désormais assurée par une immigration d'origine slave, portugaise et latino-américaine.

Mile End

Poursuivez dans le boulevard St-Laurent et passez sous le viaduc.

Au tournant des années 2000, l'implantation d'entreprises internationales et dynamiques dans le Mile End a donné un coup de jeune à ce quartier jadis populaire. La rue Fairmount en marque la limite sud et le viaduc de la voie rapide, contre lequel s'élève un entrepôt de brique coiffé de l'antique **château d'eau**, symbole du quartier, sa limite nord. L'essentiel de l'activité se concentre autour des rues St-Viateur (au pied de la surprenante église à dôme St-Michael) et Bernard, et dans les rues perpendiculaires arborées, aux maisons flanquées d'escaliers métalliques en spirale typiquement montréalais. Le quartier préserve ses contrastes. La population branchée nouvellement arrivée, issue des milieux du cinéma, de la télévision ou de la musique, y côtoie les représentants de la communauté juive hassidique vêtus de l'habit traditionnel et les Grecs établis sur l'avenue du Parc.

Plus au nord, la Petite Italie

Autour de la partie supérieure du boulevard St-Laurent, elle est un peu le pendant nord du quartier chinois. De la même façon, son périmètre est marqué de portails qui enjambent les rues. Magasins et cafés côtoient pizzerias et trattorias – où l'italien est de mise – parmi les meilleures de la ville. Son principal attrait demeure l'immense **marché Jean-Talon**, l'un des préférés des Montréalais avec, aux beaux jours, ses étals débordants de fruits et légumes, de charcuteries et de viandes, d'olives et de fromages.

★★ **QUARTIER DU PARC OLYMPIQUE** Plan des environs CD1, p. 454-455

Cette vaste aire de loisirs est dominée par l'impressionnante architecture du stade olympique. Elle se situe au cœur d'**Hochelaga-Maisonneuve**, deux anciens villages annexés à la ville entre la fin du 19e et le début du 20e s. Autrefois industriel et populaire, le quartier a souffert du départ progressif des manufactures, en particulier au cours des années 1960. Redynamisé par le projet olympique, Hochelaga accueille depuis les années 1980 des entreprises du secteur tertiaire et une population de travailleurs indépendants et d'artistes, attirés par les loyers modestes. Lieux underground, petites boutiques et bistros amusants se développent à la suite depuis une dizaine d'années, tandis que des aménagements urbains revitalisent l'arrondissement.

4

⊚ **Bon à savoir** – Navette gratuite entre le Parc olympique, le Biodôme et le Jardin botanique.

★★ Parc olympique C1

⊕ *Viau. Entrée par le parking au 3200 r. Viau - informations et billets au pied de la tour - ℘ 514 252 4141 - www.parcolympique.qc.ca - ⟨ ⟩ ☐ - 10h-17h ; visite guidée (40mn) - 9 \$ (5-17 ans 4,50 \$).*

Pour accueillir les Jeux olympiques d'été en 1976, de gigantesques installations sportives, réparties sur un terrain d'une superficie de 55 ha, furent construites au cœur de la partie est de Montréal, dans l'ancienne ville de Maisonneuve. Ce complexe, véritable monument de béton à la gloire du sport, pour avoir été le projet public le plus controversé de la ville, n'en constitue pas moins une remarquable réalisation architecturale. Seuls le stade, les piscines, le vélodrome et le village olympique furent achevés à temps pour les Jeux. D'un coût phénoménal (1,5 milliard de dollars), le chantier resta longtemps inachevé.

Village olympique – Les deux tours de vingt étages qui logèrent les 11 000 athlètes des Jeux ont été transformées en quartier résidentiel et commercial. Depuis 2008, le complexe abrite aussi le stade Saputo, nouveau domicile de l'Impact, l'équipe de soccer de Montréal, tandis qu'à terme, le planétarium devrait quitter son emplacement du centre-ville pour venir s'installer dans le parc.

Stade – 📞 514 252 4737 - www.parcolympique.qc.ca - ✕ ♿ 🅿 - visite guidée (30mn) ne comprenant pas l'ascension de la tour - mars-sept. : dép. réguliers à partir de 10h ; le reste de l'année : 11h, 12h, 13h30, 14h30 et 15h30 (visite bilingue) - 8 $ (6-17 ans 6,25 $). Le tour du Stade olympique vaut vraiment le coup d'œil : on aperçoit les neufs collines montérégiennes (mont Royal compris) de la région de Montréal. Conçu par l'architecte français Roger Taillibert, cet immense édifice de béton est dominé par une haute tour inclinée (voir ci-après). Sa superficie de 59 307 m² serait assez importante pour contenir... le Colisée de Rome ! Il compte 55 147 sièges répartis sur sept niveaux, et un parterre central de 18 950 m². Destiné aux rencontres sportives, le stade est également utilisé pour des concerts, des opéras, des foires, des congrès et des rassemblements politiques.

Observatoire de la Tour de Montréal – Accès hall touristique - 📞 514 252 4737 - www.parcolympique.qc.ca - ✕ ♿ 🅿 - ouv. tlj horaires variables - 22,50 $ (5-17 ans 11,25 $). Membre de la Fédération des grandes tours du monde, cette immense structure (165 m de hauteur) est l'un des éléments les plus distinctifs du paysage montréalais. Achevée en 1987, elle se compose d'un socle bombé en béton destiné à recevoir la charge de la partie supérieure en acier, inclinée à 45° au-dessus du toit rétractable. Un funiculaire extérieur monte en deux minutes au sommet d'où le **panorama★★★** porte, par temps clair, jusqu'à 80 km. Un **centre d'interprétation** interactif, à l'étage inférieur de l'observatoire, présente des expositions sur l'histoire et la construction du Parc olympique.

★★ Espace pour la vie C1

Ce vaste ensemble explore toute la diversité du vivant et accueillera bientôt le planétarium.

★★ Jardin botanique de Montréal – 🚇 Pie-IX. 4101 r. Sherbrooke E - 📞 514 872 1400 - www.museumsnature.ca - ✕ ♿ 🅿 - de mi-mai à déb. sept. : 9h-18h ; sept.-oct. : 9h-21h ; de nov. à mi-mai : mar.-dim. 9h-17h - 18,75 $ (5-17 ans 9,50 $). Un service de navette gratuit dessert le Biodôme, le Parc olympique et le Jardin botanique.

👥 Le Jardin botanique de Montréal, l'un des plus beaux du monde, fut créé en 1931 par frère Marie-Victorin (1885-1944), professeur de botanique passionné. Sur un terrain de 75 ha poussent plus de 21 000 espèces de plantes provenant des quatre coins de la planète, regroupées dans dix serres d'exposition et une trentaine de jardins thématiques. Les **serres d'exposition★** abritent la merveilleuse **collection Wu** de penjing ou bonsaïs, la flore des régions tropicales et arides, des plantes comestibles, 1 500 types d'orchidées, fougères, bégonias, cactées, plantes grasses, etc. Le **Jardin de Chine★** reproduit un jardin typique de la dynastie Ming. Le **Jardin japonais** réunit un pavillon traditionnel, un jardin zen et une collection de bonsaïs. Le **Jardin des Premières-Nations**, évoquant un environnement naturel – 2,5 ha de feuillus (érables, frênes, ormes), de conifères et de toundra –, présente les rapports des Amérindiens et des Inuits avec le monde végétal. À voir aussi le Jardin aquatique, le Jardin ombragé, le Jardin alpin, le Ruisseau fleuri, l'**Arboretum** sur 40 ha (plus de 10 000 spécimens d'arbres), et la fabuleuse **roseraie**.

★ Biodôme – 4777 av. Pierre-de-Coubertin - 📞 514 868 3000 - ✕ ♿ 🅿 - mars-sept. : 9h-18h ; reste de l'année : mar.-dim. 9h-17h - 18,75 $ (5-17 ans 9,50 $). 👥 Dans ce vélodrome reconverti en musée vivant de l'environnement et des sciences naturelles, un sentier d'interprétation (500 m) mène à la découverte successive des milieux de vie des quatre principaux écosystèmes d'Amérique : la forêt tropicale, la forêt laurentienne, le fleuve St-Laurent et la région polaire.

Insectarium de Montréal – 🕒 Pie-IX. 4581 r. Sherbrooke Est - 🖋 514 872 1400 - www.museumsnature.ca - de déb. janv. à mi-mai : mar.-dim. 9h-17h ; de mi-mai. à déb. sept. : 9h-18h ; sept.-oct. : 9h-21h - fermé nov.-déc. - 14 \$ (5-17 ans 7 \$). 🔛 Ce bâtiment en forme d'insecte géant abrite une impressionnante collection d'insectes du monde entier (près de 150 000 spécimens) naturalisés pour la plupart, une ruche et une volière pour les papillons.

À proximité Plan des environs p. 454-455

★★ **Cosmodôme à Laval** B1

À 12 km au nord-ouest de Montréal. Prendre l'autoroute 15 (sortie 8 en venant du sud, 10 en venant du nord) et suivre les panneaux indicateurs. 2150 autoroute des Laurentides (Chomedey) - 🖋 450 978 3600 - www.cosmodome.org - 🚻 🅿 - juil.-août : 10h-17h ; le reste de l'année : mar.-dim. et lun. fériés 10h-17h - 11,50 \$ (6-18 ans 7,50 \$).

🔛 L'excellent **Centre des sciences et de l'espace**, dont la mission est de faire découvrir et pratiquer les sciences et technologies spatiales, propose toutes sortes d'expositions interactives, de modèles réduits, répliques grandeur nature, simulateurs, etc. Adjacent au Cosmodôme, le **camp spatial Canada** organise, à l'intention des jeunes et des adultes, des stages de durée variable modelés sur les entraînements des programmes spatiaux américains.

😊 NOS ADRESSES À MONTRÉAL

Plan de ville p. 458-459

INFORMATIONS UTILES

Office de tourisme - Tourisme Québec – PO Box 979, Montréal - 🖋 1 877 266 5687 - www.bonjour quebec.com.
Presse locale – Francophone : Le Journal de Montréal, Le Devoir, La Presse. Anglophone : The Gazette. Museo : magazine gratuit des musées.
Poste – www.canadapost.ca. Services postaux disséminés dans les boutiques de la ville.

Taxes

En plus de la taxe fédérale sur les produits et les services de 5 % (TPS), il faut ajouter la taxe de vente du Québec (TVQ) de 8,5 %.

Loi sur les alcools

Âge légal de consommation d'alcool : 18 ans. La Société des alcools du Québec ou SAQ contrôle la vente du vin et des alcools dans ses propres magasins. Bières et vins sont également vendus dans des épiceries.

Loi sur le tabac

L'achat de tabac est interdit aux moins de 18 ans.

Jour férié provincial

Fête nationale – 24 juin.

TRANSPORTS

Arriver à Montréal

En avion

Les vols intérieurs et internationaux arrivent à :
Aéroport international Pierre-Elliott-Trudeau – www.admtl.com - à 22 km à l'ouest de Montréal, dans la ville de Dorval. (env. 35mn).

4

Service 747 Express Bus *(9 $)* ou taxi *(45 $).*

En train
Gare centrale – *895 r. de la Gauchetière Ouest* (♿ *Bonaventure) - rens. et réserv.:* ✆ *1 888 842 7245 - www.viarail.ca.*

En autocar
Gare routière / Station centrale – *505 bd de Maisonneuve Est (♿ Berri-UQAM) -* ✆ *514 842 2281 - www.stationcentrale.com.* D'ici partent les compagnies Orléans Express *(www.orleansexpress.com)* et Greyhound *(www.greyhound.ca).*

Circuler dans Montréal
STM – ✆ *514 786 4636 (514 288 6287 pour les horaires de bus) - www.stm.info.* La Société de transport de la communauté urbaine de Montréal gère métro (♿) et autobus. Le service est généralement assuré de 5h30 à 1h (lignes 1, 2 et 4) ou 0h (ligne 5). Cependant, chaque station ou ligne a ses horaires. Les tickets de métro, valables aussi pour l'autobus, peuvent s'acheter dans les stations de métro à l'unité *(3 $),* pour deux *(5,50 $)* ou dix passages *(24,50 $)* ou encore sous forme de carte touristique *(9 $/24h ou 18 $/3 j.).* Il existe aussi un tarif soirée illimité *(4 $),* w.-end illimité *(12 $)* et des cartes hebdomadaires ou mensuelles.

À vélo
C'est encore le meilleur moyen d'appréhender la ville.
Bixi – ✆ *514 789 2494 ou 1 877 820 2453 - www.bixi.com.* Le réseau de vélos en libre-service de Montréal. Des bornes de location sont installées dans la rue d'avril à novembre. Abonnement 30 jours *(31,25 $),* 72h *(24 $)* et 24h *(7 $).* On peut louer jusqu'à deux vélos avec la même carte de paiement; 30 premières minutes gratuites.

Ça roule – ✆ *514 866 0633 - www.caroulemontreal.com.* Visites guidées à bicyclette ou location de rollers (été).

En taxi
Quelques compagnies:
Royal – ✆ *514 277 2552;*
Diamond – ✆ *514 273 6331;*
Champlain – ✆ *514 273 2435.*
🚕 **Bon à savoir** – Les taxis sont une des rares professions à afficher leurs tarifs taxes incluses. Le prix à régler est donc celui indiqué au compteur.

VISITE

Carte musées Montréal – ✆ *1 877 266 5687 - www.musees montreal.org.* Vendue dans les musées partenaires, en ligne et dans les centres d'informations touristiques, elle est valable 3 semaines et donne l'accès à 27 musées pendant 3 jours non consécutifs *(60 $).* La formule 3 jours consécutifs *(80 $)* offre la gratuité des transports.

HÉBERGEMENT

PREMIER PRIX

Centre-ville
Auberge de jeunesse de Montréal – ⑪ A2 en direction - *1030 r. Mackay* (♿ *Lucien-l'Allier) -* ✆ *514 843 3317 ou 1 866 843 3317 - www. hostellingmontreal.com - 217 lits.* Cette auberge de jeunesse proche du centre-ville propose, dans un environnement non-fumeur, un espace cuisine, une salle de télévision et une laverie automatique. Les dortoirs peuvent accueillir jusqu'à dix personnes. Chambres privées ou partagées (de 3 à 6 lits), avec salle de bains.
Résidences de l'UQAM Ouest – ⑰ B1 - *2100 r. St-Urbain* (♿ *Place-des-Arts) -* ✆ *514 987 7747 -*

www.residences-uqam.qc.ca -
295 ch. Située en bordure de la
place des Arts, cette résidence
universitaire pratique des tarifs
défiant toute concurrence.
Différentes formules, depuis le
studio équipé jusqu'aux groupes
de 2, 3, 4 ou 8 chambres se
partageant cuisine, salle de bains
et toilettes. Le tout fort bien tenu.

BUDGET MOYEN

Centre-ville

Hôtel Ambrose – ① A2 - *3422 r.
Stanley - (🚇 Peel) - 𝒫 514 288 6922 -
www.hotelambrose.ca - 22 ch.*
Une adresse au charme victorien,
au bon rapport qualité-prix
pour le quartier. Chambres au
confort variable, certaines avec
toilettes sur le palier et salle de
bains partagée, et d'autres plus
spacieuses mais donnant sur cour.
Pas d'ascenseur.

Plateau-Mont-Royal

Anne, ma sœur Anne – ③
C1 en direction - *4119 r. St-Denis
(🚇 Mont-Royal ou Sherbrooke) -
𝒫 514 281 3187 ou 1 877 281 3187 -
www.annemasoeuranne.com -
17 ch.* Cette adresse occupe une
maison typique du Plateau, à
deux étages avec un escalier
d'entrée. Les microcuisines et les
lits encastrables transforment
chaque chambre en un petit
studio. L'ensemble est très
fonctionnel. Courette intérieure.
Certaines chambres disposent
d'une terrasse.

POUR SE FAIRE PLAISIR

Centre-Ville

Le Dauphin – ⑤ C1 - *1025 r. de
Bleury (🚇 Square-Victoria) -
𝒫 514 788 3888 ou 1 888 784 3888 -
www.hoteldauphin.ca - 72 ch.*
Voisin du Palais des congrès,
cet hôtel se trouve à la croisée
de différents quartiers :
Chinatown, Vieux-Montréal,

les universités. Chambres
confortables et fonctionnelles
avec moquette sombre, couettes
claires et moelleuses, mobilier
contemporain. Accès laverie.

UNE FOLIE

Hostellerie Pierre du Calvet –
⑬ D1 - *405 r. Bonsecours
(🚇 Champ-de-Mars) - 𝒫 514 282
1725 - www.pierreducalvet.ca -
✕🅿 - 9 ch.* Cette maison abrite
le plus vieil hôtel de la ville.
Ornées d'antiquités, les chambres
exhalent un charme désuet. Le
petit déjeuner est servi dans une
serre victorienne agrémentée
de plantes vertes, tandis que le
dîner (mets anciens cuisinés au
goût du jour) se tient dans la salle
principale, celle du restaurant
Les Filles du Roy *(table d'hôte)*.
Hôtel Place d'Armes –
⑮ C1 - *55 r. St-Jacques Ouest
(🚇 Place d'Armes) - 𝒫 514 842
1887 ou 1 888 450 1887 - www.
hotelplacedarmes.com - 80 ch. et
53 suites.* Ce luxueux et élégant
hôtel-boutique aux douces
couleurs et à l'élégant mobilier en
acajou domine la place d'Armes
de sa haute stature. Outre le
spa et le bar lounge (**Suite 701**),
il comprend un restaurant à
l'entrée indépendante dont
la carte revisite le terroir (**Aix** -
www.aixcuisine.com).

RESTAURATION

🥢 **Bon à savoir** – Montréal
compte plus de 200 **BYOW**,
autrement dit **Bring your own
wine** (apportez votre vin).
Beaucoup sont installés dans
le quartier du Plateau et le
Quartier latin.
La municipalité souhaite remettre
au goût du jour une forme de
restauration qui avait disparu
depuis son interdiction dans
les années 1940 : les **camions-
cuisines**. Eu égard au succès de

4

l'opération lancée en 2013 dans le quartier de Ville-Marie, cette nouvelle mode a de bonnes chances d'être pérennisée. Pour retrouver les camions dans la ville, connectez-vous sur *www.streetfoodmtl.com*.

Table d'hôte – Il s'agit du menu à trois plats (entrée, plat principal, dessert).

PREMIER PRIX

Vieux-Montréal

Müvbox – ⑫ D2 - *Quai des Éclusiers (à l'angle des rues de la Commune et McGill,* ⓥ *Square-Victoria) - www.muvbox.ca - de mi-juin à mi-sept.: dim.-merc. 11h-21h, jeu.-sam. 11h-22h ; de mi-mai à mi-juin et de mi-sept. à mi-oct.: w.-end 11h-19h.* Plantée sur le Vieux-Port, cette roulotte sert de délicieux sandwichs au homard *(12,60 $)*, des chaudrées de palourdes, ainsi que des glaces du célèbre glacier d'Outremont, le Bilboquet. Son jumeau le **Porchetta** sert des sandwichs à la porchetta *(10 $)* avec salade.

Plateau-Mont-Royal

Schwartz's – ⑭ A1 en direction - *3895 bd St-Laurent (*ⓥ *Mont-Royal ou Sherbrooke) -* ℘ *514 842 4813 - www.schwartzsdeli.com - dim.-jeu. 8h-0h30, vend. 8h-1h30, sam. 8h-2h30 - 7 $.* Ouvert en 1928, ce *delicatessen* est une véritable institution. On y vient ni pour le décor ni pour le service, mais simplement pour déguster les sandwichs à la viande fumée qui ont fait sa renommée.

La Banquise – ⑨ B1 en direction - *994 r. Rachel Est (*ⓥ *Mont-Royal) -* ℘ *514 525 2415 - www.labanquise. com - 24/24h - à partir de 8 $.* Le temple de la poutine (frites et fromage) avec sa trentaine de variantes. On y vient à toute heure du jour et de la nuit pour apprécier le célèbre plat québécois.

Beauty's – ③ A1 en direction - *93 av. Mont-Royal Ouest -* ℘ *514 849 8883.* Brunchs branchés dans ce restaurant au décor des années 1950. Bagels, saumon fumé et crêpes aux myrtilles vous y attendent ; mais attention, l'établissement affiche souvent complet.

BUDGET MOYEN

Vieux-Montréal

Stash Café – ⑮ C2 - *200 r. St-Paul Ouest (à l'angle de la rue St-François-Xavier,* ⓥ *Place-d'Armes) -* ℘ *514 845 6611 - www.stashcafe.com - table d'hôte à partir de 33 $.* Une belle salle aux murs de pierre, fréquentée tant par les Montréalais que par les touristes. À la carte, cuisine polonaise simple et savoureuse : *pierogis* (raviolis), saucisses et choux farcis, harengs marinés, gâteaux au pavot ou aux noisettes.

L'Arrivage – ① C2 - *350 pl. Royale -* ℘ *514 872 9128 - lun. 11h30-14h, mar.-dim. 11h30-16h - plats 21/23 $.* Ce restaurant situé au deuxième étage du musée d'Archéologie et d'Histoire sert une cuisine soignée d'un bon rapport qualité-prix. Vue sur le Vieux-Port.

Centre-ville

Café Bistro (Musée McCord) – ⑤ AB1 - *690 r. Sherbrooke Ouest (*ⓥ *McGill) -* ℘ *514 398 7100 - mar.-vend. 11h30-14h30 - table d'hôte 29 $.* Une adresse très prisée des employés et cadres du quartier à l'heure du déjeuner. On y déguste une cuisine créative, à prix raisonnable. Risotto de crevette, cuisse de canard confit, tataki de thon frais sur salade niçoise…

Plateau-Mont-Royal

Le Piton de la Fournaise – ⑬ C1 en direction - *835 r. Duluth Est (*ⓥ *Mont-Royal ou Sherbrooke) -*

*514 526 3936 - www.restole
piton.com - mar.-dim. dès 17h30
(2 services vend.-sam. à 17h30 et
20h30).* Cette adresse régale les
amateurs de plats créoles d'une
cuisine mâtinée d'influences
indienne, africaine et française.
Cari de requin, de porc ou de
poulet et civet de zouritte
(pieuvre) se dégustent dans
un décor insulaire. Apportez
votre vin.

POUR SE FAIRE PLAISIR

Vieux-Montréal

Le Club Chasse et Pêche – ⑦ D1 -
*423 r. St-Claude (Champ-
de-Mars) - 514 861 1112 -
www.leclubchasseetpeche.com -
mar.-sam. 18h-22h30 - 39/45 $.*
Les tons chocolat et bois de ce
restaurant très discret créent une
ambiance feutrée adaptée à sa
carte contemporaine. Ici, salé et
sucré se mêlent en d'heureux
mélanges. Les plats suivent les
saisons et l'inspiration du chef.

Plateau-Mont-Royal

Moishes – ⑪ B1 en direction -
*3961 bd St-Laurent (Mont-Royal
ou Sherbrooke) - 514 845 3509 -
www.moishes.ca - - 17h30-22h
(merc. 23h, jeu.-sam. 0h) - steaks
33/67 $, table d'hôte 29 $ après
21h.* Véritable institution fondée
en 1938, ce *steak house* est
renommé pour ses pièces de
bœuf (surlonges, filet mignon,
aloyau, côte…) grillées au
charbon de bois, qui sont encore
meilleures accompagnées d'un
vin sélectionné par la maison.
Service courtois et efficace.

Au Pied de cochon – ② B1
en direction - *536 r. Duluth Est
(Mont-Royal ou Sherbrooke) -
514 281 1114 - www.restaurant
aupieddecochon.ca - merc.-dim.
17h-0h - plats 23/58 $.* Dans une
salle aux murs lambrissés, on
prend ses repas à table ou au
comptoir. Poutine au foie gras,
boudin maison, tartares de cerf
ou de bison… la cuisine du
terroir revisitée par le jeune chef
Martin Picard, star montante
de la gastronomie québécoise,
est délicieuse. L'été, la part
belle est faite aux fruits de mer,
notamment la langouste sauvage.
Il est impératif de réserver.

PETITE PAUSE

Vieux-Montréal

Olive + gourmando –
*351 r. St-Paul Ouest (Square-
Victoria) - 514 350 1083 -
www.oliveetgourmando.com -
mar.-sam. 8h-18h.* Cette
boulangerie réinvente la
restauration rapide et le salon
de thé en proposant sandwichs
frais (*à partir de 11,50 $*), soupes
et salades, dans un décor coloré
au plancher de bois. On peut
aussi y boire un thé accompagné
d'un biscuit ou de viennoiseries
et repartir avec des confitures ou
du pain au levain.

Europea boutique – *33 r.
Notre-Dame Ouest (Place-
d'Armes) - 514 844 1572 -
www.europeaespaceboutique.ca -
lun.-vend. 8h-16h30.* La boutique
du restaurant Europea (*1227 r. de la
Montagne*) décline la gourmandise
sur tous les plans : macarons,
sandwichs, salades et pâtisseries
bien dignes du chef Jérôme Ferrer.
« Boîtes à lunch » à savourer sur
place ou à emporter.

Mile End

Bon à savoir – Toute
l'Amérique du Nord reconnaît
que les meilleurs **bagels** sont faits
à Montréal, voilà ce qu'affirment
les Montréalais. Et ils n'auraient
pas tort ! Reste à trancher, qui
de Bagel Shop ou de Fairmount
Bagel remporte la palme. Ces
deux maisons se livrent une

4

concurrence acharnée depuis plus d'un demi-siècle.

The Bagel Shop – *263 St-Viateur Ouest (◐ Rosemont) - ☎ 514 276 8044 - www.stviateurbagel.com - tlj 24h/24h.* La boulangerie ouverte en 1957 par Meyer Lewkowicz perpétue la tradition du bagel au sésame ou au pavot, roulé à la main et surtout cuit au four à bois. Imaginez la bonne odeur de bagel chaud qui s'échappe de la boutique ! Possibilité d'acheter sur place crème de fromage, saumon, etc.

Fairmount Bagel – *74 r. Fairmount Ouest (◐ Rosemont ou Laurier) - ☎ 514 272 0667 - www.fairmountbagel.com - tlj 24h/24h.* Cette enseigne, fondée en 1919, décline le bagel en une vingtaine de variétés, toutes cuites au four à bois. Les stars demeurent le bagel nature, au pavot ou au sésame. Ils s'agrémentent de crème de fromage, de saumon ou de truite fumée, de beurre et de confiture. Autant de produits que l'on trouve sur place. Bon appétit !

ACHATS

🐝 **Bon à savoir** – Chaque quartier a ses spécialités. **Vieux-Montréal** : galeries, boutiques-cadeaux ; **rues Ste-Catherine**, **Sherbrooke**, **Peel**, **Crescent** et **de la Montagne** : habillement, informatique, antiquaires, galeries ; **rue St-Denis** : mode, studios d'art ; **boulevard St-Laurent** : épiceries « ethniques », boutiques branchées ; **rue du Mont-Royal** : friperies, librairies,

disques et DVD d'occasion ; **rue Notre-Dame Ouest** entre l'avenue Atwater (*ouest*) et la rue Guy (*est*) : brocanteurs, antiquaires.

EN SOIRÉE

🐝 **Bon à savoir** – Consultez les magazines gratuits *Voir* (francophone), *Montréal scope* (bilingue) et *Hour* (anglophone), ainsi que la rubrique Arts et Spectacles des journaux (numéros de fin de semaine).

www.montrealplus.ca – Pour toutes les activités culturelles, sportives et récréatives.

La Vitrine – *145 r. Ste-Catherine Ouest - (◐ Place-des-Arts) - ☎ 514 285 4545 - www.lavitrine. com.* Situé en plein centre-ville, sur la Place des Arts, ce guichet centralise l'offre culturelle montréalaise et permet la réservation des spectacles, y compris à la dernière minute.

Ambiance

Deux Pierrots – *104 r. St-Paul Est - ☎ 514 861 1270 - www.2pierrots. com.* Cette boîte à chansons est devenue au fil des ans une institution dans le Vieux-Montréal. Idéale pour découvrir la chanson québécoise dans une ambiance où règne la bonne humeur.

Musique

Le **complexe de la Place des Arts**, qui comprend de nombreuses salles polyvalentes, compte parmi ses prestigieux résidents l'**Opéra de Montréal** (*www.operademontreal.com*). L'**université McGill** possède un orchestre de chambre réputé

(𝒫 514 487 5190), qui se produit également place des Arts. Située sur le campus même, la **salle de concert Pollack** (𝒫 514 398 4547) programme de la musique classique, de la musique de chambre et du jazz.

Le **Centre Bell** (www.centrebell.ca) organise toute l'année différentes manifestations, notamment des concerts de rock.

Dans le Mile End, la **Casa del Popolo** et sa grande sœur la **Sala Rossa** (4848 bd. St-Laurent - 𝒫 514 284 0122 - www.casadelpopolo.com) sont les temples de la musique indépendante. Toujours dans le même quartier et dans un style proche, surveillez aussi le **Cabaret du Mile end** (5240 av. du Parc - 𝒫 514 563 1395 - www.lemileend.org). Un peu plus bas, à la hauteur de l'avenue du Mont-Royal, le **Divan Orange** (4234 bd St-Laurent - 𝒫 514 840 9090 - www.divanorange.org) surfe sur la même vague avec un goût prononcé pour l'électro et les musiques émergentes.

Cirque

La Tohu – 2345 r. Jarry Est, angle d'Iberville (🚇 St-Michel) - 𝒫 514 376 8648 - www.tohu.ca. Pour découvrir le dernier spectacle de l'école du cirque ou d'autres artistes tout aussi inventifs et étonnants. Visite guidée du site.

AGENDA

Festival Montréal en lumière – 2e quinz. de février. Ce festival touche tous les domaines : la gastronomie, avec chaque année un pays à l'honneur, la culture, avec l'ouverture de certains sites la nuit, des illuminations, des animations sur le Vieux-Port… www.montrealenlumiere.com.

Francofolies – En juin. La version québécoise du célèbre festival de chanson francophone dure dix jours. www.francofolies.com.

Portes ouvertes Design Montréal – Mai. Comptant parmi les onze villes Unesco de design, la métropole abrite, outre quelque 25 000 créateurs, de nombreuses institutions vouées à l'architecture et au design. Tous les deux ans (années impaires), le premier week-end de mai, une centaine d'architectes et de designers sélectionnés ouvrent leurs portes. www.portesouvertesdesignmontreal.com.

Festival international de jazz – Fin juin-déb. juil. Inauguré par Ray Charles en 1980, le Festival de jazz de Montréal est l'un des plus réputés au monde. Concerts en salle pour les stars d'aujourd'hui et dans la rue pour celles de demain. Ambiance garantie. Quartier des spectacles (🚇 Place des Arts) - www.montrealjazzfest.com - ♿.

Festival Juste pour rire – En juil. Une rencontre d'humoristes francophones du monde entier. www.hahaha.com.

Festival du nouveau cinéma de Montréal – Dix jours en oct. Cinéma d'auteur et création numérique sont à l'honneur de ce festival depuis 1971. www.nouveaucinema.ca.

4

Provinces de l'Atlantique 5

Carte Michelin Regional n° 583

Vallée de l'Annapolis.
T. Kitchin & Vict / age fotostock

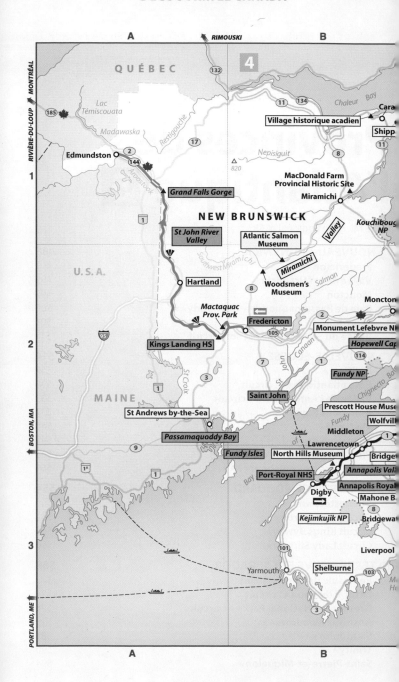

PROVINCES DE L'ATLANTIQUE

C   **D** *CHANNEL-PORT AUX BASQUES, NFLD*

GULF OF ST LAWRENCE

0   100 km
0   50 mi

ÎLES DE LA MADELEINE
(Québec)

Cap-aux-Meules

1

dy Slipper Drive

PRINCE EDWARD ISLAND

ÎLE DU PRINCE-ÉDOUARD

PISTE CABOT

Cape Breton Highlands NP

Blue Heron Drive

Chéticamp   Cape Smokey

ARGENTIA (NEWFOUNDLAND)

Cumberland Strait

Charlottetown   Kings Byway Drive

Cabot Trail

Great Bras d'Or

Miners' Museum

16

19   Baddeck   Sydney

ort Beauséjour NHS

Sutherland Steam Mill Museum

Bras d'Or Lake

FORTRESS OF LOUISBOURG

Cobequid Mount   Balmoral Mills

105

Split   104

16   104   *CAPE BRETON ISLAND*

2

215   Truro   *St Marys*

7   Canso

as Basin   *omidon*   Maitland

Grand-Pré NHS   Sherbrooke

102   **NOVA SCOTIA**

Windsor

101

Farm   Uniacke Estate   7

seum   Halifax   Dartmouth

ester   *McNab's Island*   *ATLANTIC OCEAN*

York Redoubt NHS

St Margarets Bay   Peggy's Cove

Lunenburg

Ovens Natural Park

Atlantic Shore

3

FORTRESS OF LOUISBOURG	★★★	Vaut le voyage
Halifax	★★	Mérite un détour
Maitland	★	Intéressant
Moncton		À voir
⇨		Ville de départ du circuit
→		De Fredericton à Edmundston
→		D'Halifax à Liverpool
→		De Digby à Windsor
🔍 *PISTE CABOT*		Voir la carte détaillée du circuit

C   **D**

Panorama

Battues par l'océan Atlantique d'un côté et baignées par les eaux plus calmes du golfe du St-Laurent de l'autre, les quatre provinces canadiennes de la côte atlantique connues sous le nom de Canada atlantique forment la partie orientale du pays. Le Nouveau-Brunswick (New Brunswick), la Nouvelle-Écosse (Nova Scotia) et l'île du Prince-Édouard (Prince Edward Island) sont réunies sous l'appellation de Provinces maritimes. Terre-Neuve (Newfoundland) et Labrador baignent à la fois dans les eaux de l'Océan et dans celles de la mer du Labrador. Dénominateur commun, l'influence océanique a modelé leur développement économique, politique et culturel.

UN PEU DE GÉOGRAPHIE

Grandes régions naturelles

La région des Maritimes est constituée d'îles et de péninsules densément boisées correspondant au prolongement nord-est des **Appalaches**. Les côtes magnifiquement sauvages, tantôt plates et marécageuses, tantôt sablonneuses ou encore rocheuses et profondément échancrées, sont une longue suite de baies, de criques, d'anses et de falaises et, autour de la **baie de Fundy**, de rivières envahies par des marées spectaculaires. Ces dernières enregistrent par exemple à **Burncoat Head**, sur la côte de Nouvelle-Écosse, la plus forte amplitude du monde (presque 20 m). Le nord-est du Nouveau-Brunswick et de l'île du Cap-Breton qui forme l'extrémité des Appalaches est valonné. La province de Terre-Neuve se compose quant à elle d'une partie continentale, le Labrador, pays rude et montagneux faisant partie du Bouclier canadien, et de Terre-Neuve même, grande île rocheuse aux côtes fortement découpées, marquée à l'ouest par les hauteurs appalachiennes des **monts Long Range** (610 m de hauteur en moyenne).

Climat

La mer exerce, sur le climat de la région, une influence déterminante. La rencontre du **courant froid du Labrador** (qui descend du nord et pénètre dans le golfe du St-Laurent par le détroit de Belle-Isle) et des vents d'ouest dominants, réchauffés par leur passage au-dessus du continent, cause à tout moment du brouillard (moins fréquent tout de même en été), surtout le long des côtes de Terre-Neuve et de Nouvelle-Écosse.

Les zones exposées aux influences de l'Océan connaissent des hivers tourmentés, mais plus doux que les régions de l'intérieur. Des villes comme Halifax (N.-É.) et St John's (T.-N.) enregistrent respectivement des températures maximales moyennes de 0 °C et de 1 °C en janvier, alors que dans le nord-ouest du Nouveau-Brunswick, les températures minimales extrêmes peuvent atteindre -34 °C. Les étés sont moins chauds et moins humides qu'en Ontario et qu'au Québec à la même latitude, et la côte est plus fraîche que l'intérieur. La moyenne des maxima pour juillet est, par exemple, de 23 °C à Halifax et 21 °C à St John (N.-B.), tandis qu'on a déjà enregistré à la même époque des températures maximales de 38 °C dans le nord-ouest du Nouveau-Brunswick. Réparties assez également tout au long de l'année, les pluies sont plus importantes le long des côtes. S'il tombe ainsi, en moyenne, 1 345 mm de pluie par an à St John's et 1 372 mm à Halifax, on compte environ 1 016 mm à Gander (à l'intérieur de Terre-Neuve) et au nord-ouest du Nouveau-Brunswick. La grande péninsule nord de Terre-Neuve connaît le climat le plus sec.

Il neige sur l'ensemble des provinces de l'Atlantique, mais les précipitations sont plus importantes dans le nord-ouest du Nouveau-Brunswick (254-305 cm) et moindres le long de la côte (Halifax 163 cm). Le climat du Labrador est plus rigoureux : on y observe de plus grands écarts de température, mais des précipitations moins importantes. À Goose Bay, la moyenne maximale est de -14 °C en janvier et de 21 °C en juillet, avec des précipitations annuelles de 737 mm. Le nord du Labrador subit l'influence d'un climat subarctique plus froid ; la moyenne hivernale au niveau de la mer est d'environ -20 °C.

Population

Les quatre provinces rassemblent plus de 2,3 millions d'habitants. La majorité de la population est originaire des îles Britanniques (Angleterre, Écosse et Irlande) ; celle de Terre-Neuve est la plus homogène, avec 98 % d'habitants de langue maternelle anglaise. Mais il existe aussi, dans cette partie du Canada, des minorités francophones (principalement acadiennes) réparties de la façon suivante : 1 % à Terre-Neuve (dans la région de St George's/Port-au-Port), 4 % en Nouvelle-Écosse, 17 % sur l'île du Prince-Édouard, et 33 % au Nouveau-Brunswick (surtout dans le nord et l'est). Près de 30 % de la population de Nouvelle-Écosse est d'origine écossaise, groupée surtout sur l'île du Cap-Breton et le long du détroit de Northumberland ; un groupe d'origine allemande (4 % de la population) s'est également installé sur la côte sud, à l'ouest d'Halifax. La population autochtone de Nouvelle-Écosse, du Nouveau-Brunswick et de Terre-Neuve se compose essentiellement de Micmacs. Les Inuits et les Indiens montagnais-naskapi résident plutôt au nord du Labrador. Surtout concentrée dans les villes de Nouvelle-Écosse et du Nouveau-Brunswick, la population noire représente moins de 1 % des habitants de la région.

CANINS CANADIENS

Des 43 races de chiens officiellement reconnues par le Club canin canadien (CCC), cinq sont spécifiquement autochtones : le **chien d'ours de Tahltan**, le **chien eskimo canadien**, le **retriever de Nouvelle-Écosse**, le **labrador** et le **terre-neuve**. Éteinte aujourd'hui, la race du chien d'ours de Tahltan, de petite taille (du type spitz), était élevée par les Indiens tahltan du nord-ouest de la Colombie-Britannique pour la chasse à l'ours et au lynx.

La palme de la popularité revient aux terre-neuve et aux labradors. Ces deux races de chiens de travail assistaient les pêcheurs en ramenant les filets dérivants et en tirant les charrettes de poissons.

Les Vikings évoquaient dès le 11e s. de grands chiens à poil long qui travaillaient auprès des pêcheurs canadiens. Ces géants noirs étaient les **terre-neuve**. Leurs pattes palmées et leur épaisse robe huileuse en font de parfaits nageurs, capables de demeurer plusieurs heures dans une eau glacée. Les mâles atteignent en moyenne 70 cm à l'épaule pour un poids de 68 kg à l'âge adulte, ce qui leur permet de tirer vers le rivage un homme qui se noie. Ils sont donc communément utilisés pour leurs aptitudes au sauvetage, et les anecdotes sur leur bravoure abondent.

Doté d'une grande faculté d'adaptation, le **labrador** a été ainsi dénommé pour être distingué du terre-neuve, plus grand. Il fut introduit en Angleterre aux alentours de 1800 par les pêcheurs britanniques. La noblesse, réalisant la qualité de son flair, l'utilisa pour la chasse. Un représentant mâle de cette race trapue au large poitrail mesure en moyenne 60 cm et pèse 36 kg. De nos jours, sa courte robe imperméable, son expression douce et son épaisse queue de loutre (excellent gouvernail lorsqu'il nage) font de lui le compagnon idéal pour la chasse au gibier d'eau.

UN PEU D'HISTOIRE

Les tribus autochtones

Avant l'arrivée des Européens, les provinces de l'Atlantique étaient peuplées par les **Amérindiens des forêts de l'Est**. À la suite de la découverte de Terre-Neuve et ses riches bancs de pêche, pêcheurs basques, anglais, français, portugais et espagnols vinrent chercher dans ces eaux poissonneuses les morues, de plus en plus demandées en Europe. Séchées sur le rivage, elles devenaient légères, presque imputrescibles et facilement transportables vers les marchés d'Europe. Ainsi s'établit sur les côtes une activité saisonnière, les marins retournant l'hiver dans leur pays.

La colonisation de ces territoires ne fut pas encouragée par la puissante corporation des **marchands** propriétaires de la flottille de pêche anglaise, qui craignait la concurrence d'une population sédentaire. Malgré l'interdiction de toute installation permanente se développèrent pourtant, le long des côtes de Terre-Neuve, de petits villages de pêcheurs anglais.

En 1583, l'Angleterre prit possession de Terre-Neuve, alors sujet de grandes rivalités en Europe. Seuls les Français s'attaquèrent à la domination anglaise dans la région. **Jacques Cartier** revendiqua l'île du Prince-Édouard pour la France en 1534, la rebaptisant île St-Jean, mais aucun effort de colonisation ne s'y fit vraiment avant le 18e s.

L'Acadie française

En 1603, le roi de France Henri IV cédait à **Pierre du Gua de Monts** (v. 1560-1628) l'Acadie, territoire compris entre le 40e et le 46e degré de latitude Nord (du site actuel de Philadelphie à mi-hauteur du Cap-Breton), avec l'obligation d'y fonder une colonie. Au cours de l'histoire, cette région de Nouvelle-France allait être le théâtre de nombreux conflits.

Après l'échec de la colonie de Ste-Croix en 1604, de Monts et **Samuel de Champlain** (v. 1567-1635) fondèrent avec succès **Port-Royal** l'année suivante. Grâce à un commerce fructueux avec les Amérindiens et de bonnes récoltes sur un sol fertile, la colonie prospéra. Elle allait malheureusement être rasée en 1613 par les Anglais qui revendiquaient le territoire. Lorsqu'en 1632, le traité de St-Germain-en-Laye reconnut l'Acadie à la France, de nouveaux colons (dont les Acadiens d'aujourd'hui sont les descendants) vinrent alors de France. Ils s'installèrent d'abord à La Hève et à Port-Royal, puis essaimèrent le long de la vallée de l'Annapolis, vers le bassin Minas et l'isthme de Chignecto. Continuellement attaquées par des expéditions de Nouvelle-Angleterre durant les guerres franco-anglaises du 17e s., ces communautés rurales changèrent plusieurs fois de mains.

Une « Nouvelle-Écosse »

La Nouvelle-Écosse naquit au temps de l'Acadie française. En 1606, le roi d'Angleterre Jacques Ier concédait en effet à deux compagnies le territoire côtier compris entre le 34e et le 45e degré de latitude nord, ce qui recouvrait en partie la concession de Pierre du Gua de Monts en Acadie ; car pourquoi tenir compte d'une signature de Paris alors qu'aucun véritable traité ne départageait la région ? En 1621, Jacques Ier allait plus loin en concédant à **William Alexander**, écossais comme lui, le territoire correspondant aujourd'hui à la Nouvelle-Écosse, à l'île du Prince-Édouard et au Nouveau-Brunswick. Baptisée « Nova Scotia » dans sa charte en latin, la colonie de Sir William fut un échec. En 1632, Charles Ier, qui ne partageait pas l'engouement paternel pour une nouvelle Écosse, restituait la région aux Français par le traité de St-Germain-en-Laye. La future Nouvelle-Écosse n'en était pas moins née. Ses armoiries attribuées en 1621 figurent toujours au blason de la province.

Le traité d'Utrecht

Au 17e s., la Couronne anglaise distribua quelques chartes pour établir des colonies à Terre-Neuve, mais l'autorité, selon un décret de Charles Ier en 1634, restait entre les mains de l'**amiral de la Pêche**, c'est-à-dire le capitaine du premier bateau britannique à entrer chaque année dans un port, sans souci de l'éventuelle présence d'une population préexistante. La crainte de l'expansion française força les Anglais à établir des colonies permanentes à Terre-Neuve (*voir p. 568*). Il leur fallait une base solide et forte pour défendre les ports de l'Atlantique contre les attaques des Français, menées à partir de leur colonie de **Plaisance**, établie depuis 1662. Le traité d'Utrecht, en 1713, mit fin aux revendications françaises sur la région, la France ne conservant que les petites îles de **St-Pierre-et-Miquelon** et cédant l'ensemble de la Nouvelle-Écosse à l'Angleterre. Port-Royal, rebaptisé Annapolis Royal, en devint alors la capitale.

La question acadienne

L'Acadie désormais passée à l'Angleterre, deux possibilités s'offraient aux Acadiens : s'installer en territoire resté français (comme l'île Royale, aujourd'hui île du Cap-Breton, et l'île St-Jean, qui devient l'île du Prince-Édouard) ou demeurer sur place et devenir sujets britanniques. Les Acadiens choisirent de se déclarer neutres : ils ne consentiraient à prêter serment qu'à condition d'être exemptés du service militaire. Le gouverneur anglais accepta d'abord ; il lui fallait, pour nourrir ses troupes, le ravitaillement fourni par les Acadiens. En temps de paix, cet accord aurait pu durer, mais le conflit franco-anglais reprit en Europe et le pouvoir anglais se sentit menacé par la construction de la forteresse de Louisbourg sur l'île Royale et par les indéniables sympathies des Acadiens pour la cause française. En 1747, les troupes françaises de Québec attaquèrent par surprise des soldats de Nouvelle-Angleterre cantonnés dans le village de Grand-Pré et tuèrent une centaine d'hommes dans leur sommeil. Les Acadiens furent aussitôt suspectés de trahison.

Le Grand Dérangement

Dès lors, la position britannique se durcit. Pour fortifier la colonie, la forteresse d'Halifax, capable d'approvisionner l'armée (2 500 soldats), fut bâtie en 1749. En 1755, le gouverneur **Charles Lawrence** émit son ultimatum : partir ou jurer. Lorsque les Acadiens refusèrent de prêter serment, Lawrence signa l'ordre de déportation. Un à un, les villages furent investis. Rassemblée en hâte, la population fut entassée sur des bateaux, parfois en séparant les familles ; le bétail fut confisqué, les fermes et les églises brûlées. On estime qu'en huit ans, 14 600 Acadiens furent déportés de force. Dépourvus de tout, mal accueillis dans les autres colonies, les Acadiens tâchèrent de se regrouper. Une communauté fixée en Louisiane subsiste encore sous le nom de **Cajuns**. Certains se réfugièrent sur St-Pierre-et-Miquelon. D'autres gagnèrent l'île St-Jean, où ils restèrent jusqu'en 1758, lorsque l'île fut conquise par l'expédition britannique de **Lord Rolo**, puis annexée par la Nouvelle-Écosse. Un petit groupe, laissé pour compte dans la région de Malpèque, est à l'origine de la population francophone de l'île du Prince-Édouard. Lorsque la paix fut rétablie entre la France et l'Angleterre en 1763, la plupart des exilés regagnèrent la Nouvelle-Écosse, mais leurs riches terres agricoles avaient été distribuées à des colons britanniques. Les Acadiens s'installèrent alors au Nouveau-Brunswick, où leurs descendants vivent encore aujourd'hui.

Écossais, loyalistes et autres colons

Après la déportation des Acadiens, les autorités britanniques offrirent des terres à tous ceux qui voulaient bien s'installer en Nouvelle-Écosse. Des colons de Nouvelle-Angleterre, des îles Britanniques et même d'États rhénans acceptèrent l'offre. Les 200 Écossais qui arrivèrent en 1773 étaient les premiers d'une importante vague d'immigrants fuyant les Highlands, où ils étaient sans ressources depuis que les grands propriétaires avaient reconverti dans l'élevage des moutons les terres jusqu'alors louées aux paysans. Ils s'installèrent surtout sur l'île du Cap-Breton, autour de Pictou et d'Antigonish, et sur l'île du Prince-Édouard. En 1775 éclata la guerre d'Indépendance américaine. La Nouvelle-Écosse, qui aurait pu se joindre aux 13 colonies rebelles, préféra au contraire demeurer britannique et devint terre d'asile pour les 30 000 loyalistes chassés de chez eux. Leur arrivée transforma la Nouvelle-Écosse. Un territoire administratif créé en 1784 fut appelé Nouveau-Brunswick, d'après le duché de Braunschweig-Lüneburg gouverné alors par George III d'Angleterre. D'autres loyalistes s'installèrent sur l'île du Prince-Édouard, qui se sépara de la Nouvelle-Écosse en 1769 et fut baptisée en 1799 en l'honneur du père de la reine Victoria.

La Confédération

En septembre 1864, des représentants de la Nouvelle-Écosse, du Nouveau-Brunswick et de l'île du Prince-Édouard rencontrèrent une délégation du Canada (Ontario et Québec) pour discuter d'une union britannique en Amérique du Nord. Cette conférence historique traça la voie de la Confédération de 1867. L'île du Prince-Édouard refusa d'abord d'entrer dans la Confédération, mais se ravisa sous la pression de l'Angleterre et la menace d'une mise en banqueroute due à la construction du chemin de fer, et y fit son entrée en 1873. Terre-Neuve décida de s'abstenir et ne changea d'avis qu'après la Seconde Guerre mondiale, lorsqu'elle devint en 1949 la dixième province du Canada.

ÉCONOMIE

Les provinces de l'Atlantique bénéficient d'immenses ressources forestières et terrestres. Leurs magnifiques paysages ont fait du tourisme un facteur important dans les économies provinciales, et la mer constitue une richesse dont elles ont longtemps dépendu.

La pêche

De toutes les pêches, la plus rentable, la pêche au homard, est strictement réglementée et limitée à une courte saison pour préserver le renouvellement de l'espèce. On garde ces crustacés dans des viviers (notamment sur Deer Island, au Nouveau-Brunswick) d'où ils sont expédiés à la demande, vivants, dans le monde entier. Les **huîtres** de Malpèque (Î. P.-É.), les **moules** de l'île du Prince-Édouard et les **pétoncles** de Digby (N.-É.) figurent parmi les autres spécialités des Maritimes. On pêche aussi le **thon** au large des trois provinces, ainsi que la sardine et le saumon de l'Atlantique à partir des ports du Nouveau-Brunswick. En Nouvelle-Écosse, au nord de Dartmouth, et au Nouveau-Brunswick, l'**aquaculture** produit également des moules, des palourdes et des huîtres. Les fameux bancs au large des côtes de Terre-Neuve constituent depuis longtemps l'une des zones de pêche les plus riches du monde. Mais depuis plusieurs années, une inquiétante diminution des stocks, due à la surexploitation des domaines et à divers facteurs écologiques, a conduit le gouvernement canadien à imposer certaines mesures dont les conséquences sur l'emploi local ne font que souligner la nécessité de diversifier l'économie terre-neuvienne en développant le secteur secondaire (industries minière et manufacturière).

L'agriculture

Importante activité des Maritimes, l'agriculture représente la principale ressource de l'île du Prince-Édouard, particulièrement célèbre pour ses **pommes de terre**. Quelques-unes des plus grosses usines de frites nord-américaines sont implantées dans la région.

Les vallées du St John et de l'Annapolis constituent les deux autres espaces agricoles majeurs des régions atlantiques. Terre-Neuve compte également des fermes, sur la **péninsule d'Avalon** et dans la **vallée Codroy** par exemple, mais ces dernières n'approvisionnent que les marchés locaux.

L'industrie forestière

Activité marginale sur l'île du Prince-Édouard et encore récente à Terre-Neuve, qui tente de diversifier son économie, l'exploitation forestière joue néanmoins un rôle majeur au Nouveau-Brunswick et en Nouvelle-Écosse, où la forêt couvre respectivement 85 % et 77 % du territoire. Au Nouveau-Brunswick en particulier, les industries de **pâtes** et **papiers** ainsi que les **scieries** se sont développées au détriment de l'agriculture. Autrefois dépendante de la pêche, Terre-Neuve a développé l'exploitation minière et la transformation du bois.

Les richesses du sous-sol

L'exploitation du **minerai de fer** se fait à Terre-Neuve depuis le début du 20e s. Aujourd'hui, plus de la moitié de la production canadienne de minerai de fer est extraite de la **dépression du Labrador**. L'une des plus grandes mines à ciel ouvert du monde se trouve à Labrador City. La province produit aussi de l'or et du cuivre.

Dans les Maritimes, l'industrie minière contribue sensiblement à l'économie du Nouveau-Brunswick. On y trouve d'importants gisements de zinc, de plomb et de cuivre près de Bathurst et de Miramichi, d'antimoine près de Fredericton, de potasse près de Sussex, et de **charbon** à Minto-Chipman. Le gypse, le sel et le charbon sont exploités en Nouvelle-Écosse, où plusieurs mines de combustible ont rouvert pour alimenter les hauts-fourneaux et les centrales thermiques. Du **nickel** a été découvert dans le Labrador à Voisey Bay (1993), de **l'or** et des métaux communs au Nouveau-Brunswick (1999).

De nouvelles technologies permettent aujourd'hui d'exploiter les immenses réserves de **gaz naturel** et de **pétrole** situées au large de Terre-Neuve et du Labrador.

L'énergie hydroélectrique

Au Labrador, le **potentiel hydroélectrique** est énorme, et pratiquement toute la puissance produite par l'immense centrale de **Churchill Falls** est acheminée vers le Québec. Le Nouveau-Brunswick est la seule province des Maritimes à posséder une centrale nucléaire (à Point Lepreau, sur la baie de Fundy) malgré d'importantes ressources hydroélectriques. Par exemple, plusieurs barrages ont été aménagés le long du St John, notamment ceux de Mactaquac et de Beechwood. Dans un tout autre registre, le Nouveau-Brunswick et la Nouvelle-Écosse comptent éventuellement exploiter la formidable énergie produite par les marées de la baie de Fundy ; à titre expérimental, un prototype de centrale marémotrice a été construit à Annapolis Royal en 1983.

Le secteur industriel

Grâce à un excellent réseau routier et ferroviaire, des ports continuellement libres de glace et une bonne desserte aérienne, les provinces de l'Atlantique acheminent leurs produits vers les marchés intérieurs et internationaux. Leur activité manufacturière repose largement sur l'industrie alimentaire, notamment la transformation des produits de la pêche. Plus de 300 compagnies consacrent toutefois leurs efforts à la recherche médicale et pharmaceutique, aux télécommunications et aux technologies de pointe (télédétection par satellite, etc.). Notons aussi, en Nouvelle-Écosse, trois usines de fabrication de pneus, une usine d'assemblage automobile (Halifax), une aciérie (Sydney) et une usine d'assemblage de moteurs d'avion (Halifax), sans parler du raffinage du pétrole, de la construction navale et de la réparation des navires (Halifax). Ces trois dernières activités jouent également un rôle important à St John, au Nouveau-Brunswick. Terre-Neuve abrite quant à elle les chantiers navals de Marystown, la raffinerie de Come by Chance et l'usine de peinture de St John's.

ACTIVITÉS ET LOISIRS

Parcs et réserves naturelles – Les quatre provinces bénéficient de parcs provinciaux et nationaux fort bien équipés pour le camping et proposant toutes sortes d'activités. Baigné par les eaux relativement chaudes du golfe du St-Laurent, le parc national de l'île-du-Prince-Édouard offre des plages ravissantes. Le **parc national Kouchibouguac**, au Nouveau-Brunswick, contient des kilomètres de dunes littorales. Également au Nouveau-Brunswick, le parc national Fundy et plusieurs parcs provinciaux disposent de nombreux sentiers de randonnée, tout comme le parc national Cape Breton Highlands en Nouvelle-Écosse et les parcs nationaux de Terre-Neuve.

Observation des baleines – En août et en septembre surtout, de nombreuses excursions au large des côtes de Terre-Neuve, du Nouveau-Brunswick et de Nouvelle-Écosse permettent d'observer de près ces fascinants mammifères marins (petits rorquals, rorquals communs, baleines à bosse et autres). De telles promenades se déroulent à Terre-Neuve dans les environs de St John's, du parc national de Terre-Neuve, de Trinity et de Twillingate. Au Nouveau-Brunswick, elles partent de l'île Deer, de l'île Grand Manan et de St Andrews. En Nouvelle-Écosse, elles débutent à partir de l'île du Cap-Breton et de Digby Neck.

Observation des oiseaux – La région attire de nombreux oiseaux, surtout le long des côtes. Le célèbre naturaliste James Audubon s'était rendu sur l'île **Grand Manan** pour en dessiner les nombreuses espèces. En Nouvelle-Écosse, au sud de Liverpool, **Seaside Adjunct** (partie intégrante du parc national Kejimkujik) abrite une colonie de pluviers. Cormorans et goélands fréquentent la région de Yarmouth. Les **Bird Islands** attirent des quantités d'oiseaux de mer, et l'île McNab, dans le port d'Halifax, est un lieu de nidification pour les aigles pêcheurs. Les visiteurs auront peut-être le plaisir d'apercevoir des pygargues à tête blanche qui fréquentent les alentours du lac Bras d'Or et le parc national Cape Breton Highlands.

Parmi les 520 espèces d'oiseaux recensées au Canada, 300 vivent à Terre-Neuve et sur l'île du Prince-Édouard ; beaucoup sont des oiseaux migrateurs, mais un nombre important y demeure toute l'année, spécialement des oiseaux de proie. Trois réserves ornithologiques, **cap St Mary**, **Witless Bay** et **Funk Island**, permettent d'observer fous de Bassan, guillemots, mouettes tridactyles, pingouins Torda, macareux et mergules. La côte sud de Terre-Neuve offre le rare spectacle de pygargues à tête blanche et même de quelques aigles royaux.

Sports nautiques – Les provinces de l'Atlantique se prêtent particulièrement à la **navigation de plaisance** à voile ou à moteur, et à la baignade. La température de l'eau est étonnamment chaude sur la côte nord de l'île du Prince-Édouard et le long du détroit de Northumberland, aux alentours du parc provincial Parlee Beach, près de Shediac (N.-B.). Ceux qui trouvent l'Océan trop agité préféreront peut-être les eaux plus abritées du lac Bras d'Or (île du Cap-Breton) ou du St John, que l'on peut parcourir sur des **péniches aménagées**. Activité de plus en plus populaire dans la région, le canoë se pratique notamment dans le **parc national Kejimkujik** et sur les lacs et rivières de Terre-Neuve, également favorables à la voile. Le **kayak maritime** est un des agréments du Cap-Breton et de la côte est de Nouvelle-Écosse. Les adeptes de **rafting** apprécieront la rivière Medway et pourront même braver le mascaret dans la région de la baie de Fundy. Enfin, les baies et les plages de la côte nord de l'île du Prince-Édouard (Stanhope Beach en particulier), la région de la Restigouche (N.-B.) et la côte de la péninsule acadienne fournissent maintes occasions de se livrer aux joies de la **planche à voile**.

Randonnées – Des randonnées à pied, en canoë, en traîneau et en **motoneige** (au Labrador) sont possibles dans l'arrière-pays de Terre-Neuve, par l'intermédiaire d'organisateurs.

Sports d'hiver – Le ski alpin et le ski de fond se pratiquent dans le nord de la Nouvelle-Écosse (notamment sur l'île du Cap-Breton). La province se prête également aux joies de la motoneige ; des clubs ont des pistes ouvertes au public. Le Nouveau-Brunswick compte quelques stations de ski alpin et un centre de ski de fond : Charlo. Marble Mountain, à Terre-Neuve, offre quelques-unes des plus belles pistes de ski alpin du Canada atlantique. Caravaneige et patinage sur les lacs et les étangs gelés sont d'autres activités prisées dans toute la région.

Pêche – La pêche à la truite et au saumon, à Terre-Neuve et au Labrador, est probablement sans égale dans l'est de l'Amérique du Nord. Pour voir les saumons remonter les rivières au moment du frai *(août)*, rendez-vous au **Squires Memorial Park** près de Deer Lake. Les rivières renommées pour leurs **saumons** de l'Atlantique sont, en Nouvelle-Écosse, la Margaree et, au nord du Nouveau-Brunswick, la Miramichi et la Restigouche. En Nouvelle-Écosse, les pêcheurs à la ligne ne peuvent pêcher le saumon qu'à la **mouche**. La **pêche en haute mer** est très courue dans les Maritimes, et il est toujours possible d'y affréter un bateau.

Nouveau-Brunswick

Baignée par l'océan Atlantique, cette province du littoral canadien, de 73 436 km², est limitée au sud-ouest par les États-Unis – elle jouxte le Maine et le New Hampshire – et au nord par le Québec, en particulier la Gaspésie. Le Nouveau-Brunswick (New Brunswick) fait le lien entre les provinces de l'Atlantique et le continent. Il est relié à l'île du Prince-Édouard par le pont de la Confédération, long de 13 km, qui enjambe depuis 1997 le détroit de Northumberland, et est rattaché à la Nouvelle-Écosse par l'isthme de Chignecto.

UN PEU DE GÉOGRAPHIE

Littoral et intérieur

Un littoral infini fait face à la baie des Chaleurs au nord, au golfe du St-Laurent à l'est, et à la baie de Fundy au sud, dans laquelle s'avancent les trois **îles Fundy** (Deer, Campobello, Grand Manan). La morphologie du Nouveau-Brunswick est caractérisée au centre par de hautes terres culminant à 820 m, au sud par la vallée du St John, et à l'est par une plaine légèrement inclinée vers la baie des Chaleurs.

Le fleuve St John

Nommé à l'origine par Champlain et de Monts en l'honneur de saint Jean, ce fleuve prend sa source dans le nord du Maine, suit quelque temps la frontière entre le Canada et les États-Unis, dessine un brusque coude vers l'est, puis se jette dans la baie de Fundy au terme d'un parcours d'environ 673 km.

Des communautés rurales parsèment la vallée du St John entre Edmundston et Grand Falls, où le cours d'eau devient soudain turbulent ; il s'enfonce dans une gorge avant de sauter les chutes de Grand Falls (25 m) et de Beechwood (18 m). Après avoir traversé **Fredericton**, capitale provinciale, le fleuve s'élargit et arrose les pittoresques paysages d'une campagne bigarrée. Les sols fertiles du cours supérieur et du cours inférieur permettent une agriculture développée. Deux agglomérations provinciales majeures se trouvent sur le St John : Fredericton d'une part, et la grande ville portuaire de **St John** de l'autre, à hauteur de laquelle se forment les rapides de **Reversing Falls** *(voir p. 508)*. Importante voie navigable, le St John ne connaît plus guère aujourd'hui que des plaisanciers de la voile et du moteur, pour lesquels les immenses étendues d'eau profonde de son cours inférieur représentent une véritable aubaine.

UN PEU D'HISTOIRE

L'âge d'or des bateaux de bois

Grâce aux forêts de la région, qui fournissaient à profusion la matière première, de nombreux chantiers navals s'étaient multipliés le long des côtes. À l'origine simples ateliers de fabrication de mâts pour la marine anglaise, ils allaient perfectionner les clippers, bricks, goélettes et trois-mâts qui sillonnaient les mers du globe. Le chantier de St John devint ainsi, vers le milieu du 19e s., l'un des plus grands centres mondiaux de la construction navale. Il existait également la célèbre compagnie de transports maritimes **Cunard Line**, créée par deux frères qui avaient établi leur chantier à Chatham.

Au moment de son entrée dans la Confédération en 1867, le Nouveau-Brunswick était donc riche et bien établi. À la fin du 19e s., c'était la province la plus prospère du Canada. Vers 1900, hélas, la vapeur avait pris le pas sur la voile, et les coques d'acier remplacèrent celles de bois. Bien peu de chantiers s'adaptèrent à cette mutation et se convertirent aux nouvelles techniques. Au moment de la Première Guerre mondiale, on ne construisait plus de bateaux en bois ; la grande époque des Maritimes avait pris fin.

Patrimoine culturel

Micmacs et Malécites, loyalistes de Nouvelle-Angleterre, Acadiens, Écossais, Irlandais, Allemands, Danois et Hollandais laissèrent leur empreinte dans les coutumes des communautés rurales et des villages de la côte. L'influence amérindienne se traduit par exemple dans de nombreux toponymes aux accents pittoresques, comme Kouchibouguac, Memramcook, Shediac ou Richibucto. Le riche patrimoine multiculturel dont a hérité la province se manifeste aussi par l'abondance de traditions des plus diverses : ainsi, les Brayons font fièrement flotter le drapeau de leur « République » toute symbolique, tandis que les Acadiens célèbrent chaque année la bénédiction de la flotte. Ces particularismes ethniques sont également honorés par une multitude d'événements culturels ; c'est au Nouveau-Brunswick que l'on trouvera notamment le plus grand festival irlandais du Canada.

Produits de la mer (saumon, palourdes, huîtres, homard) ou de la terre (maïs, fraises, pommes de terre, etc.) donnent lieu, de mai à octobre, à de nombreuses festivités. Parmi les plats traditionnels, goûtez le *hot podge* (pommes de terre nouvelles et légumes mélangés dans du lait, servi chaud), la tarte à la palourde et à la pomme de terre (d'origine acadienne), la soupe de poisson (spécialité loyaliste) et les crêpes de sarrasin au sirop d'érable.

Des sites reconstitués tels **Kings Landing**, le parc historique de la ferme MacDonald et le village historique acadien ont contribué à la préservation du patrimoine culturel en perpétuant les techniques artisanales d'autrefois.

😊 NOUVEAU-BRUNSWICK PRATIQUE

INFORMATIONS UTILES

Office de tourisme et parcs
New Brunswick Tourism –
*Tourism and Parks - PO Box
12345, Campbellon - E3N 3T6 -
✆ 1 800 561 0123 - www.tourisme
nouveaubrunswick.ca.*

Site Internet de la province
www.gnb.ca.

Heure locale
Le New-Brunswick vit à l'heure
de l'Atlantique.
♿ *Carte des fuseaux horaires,
p. 17.*

Taxes
La GST ou TPS et la TVP sont
remplacées par une taxe de vente
harmonisée (TVH) de 13 %.

Loi sur les alcools
L'âge légal pour la
consommation d'alcool est fixé
à 19 ans.

Loi sur le tabac
L'achat de tabac est interdit
aux moins de 19 ans.

Jour férié provincial
**Fête du Nouveau-
Brunswick** – 1er lun. d'août.

TRANSPORTS

En avion
Air Canada et ses filiales
desservent St John et Fredericton.
♿ *Voir « Transports intérieurs », p. 25.*
**Fredericton International
Airport** – *www.fredericton
airport.ca/fr.*
À 15 km au sud-est de la ville.
Saint John Airport –
www.saintjohnairport.com.
À 10 km à l'est de la ville.

En train
VIA Rail assure des liaisons vers
certaines villes de la province,
notamment entre Moncton
et Montréal.
♿ *Voir « Transports intérieurs »,
p. 25.*

En bateau
Des traversiers desservent la basse
vallée du St John et quelques
îles de la baie de Fundy. D'autres
relient le New-Brunswick à la
Nouvelle-Écosse. Pour plus de
détails, contacter New Brunswick
Tourism *(voir ci-contre)*.

En voiture
Le New-Brunswick possède de
bonnes routes goudronnées.

Fredericton

★★

57 795 habitants

🏵 NOS ADRESSES PAGE 494

 S'INFORMER

Fredericton Tourism – *11 Carleton St. - 𝒫 506 460 2041 ou 1 888 888 4768 - www.tourismfredericton.ca.*

◐ **SE REPÉRER**

Carte de région B2 (p. 478-479) - plan de ville (p. 492). À l'ouest de Moncton sur la Transcanadienne, Fredericton est proche de la baie de Fundy et de la frontière américaine.

🅿 **SE GARER**

Le Visitor Centre à City Hall *(397 Queen St.)* distribue des pass gratuits de trois jours pour les parkings.

🕐 **ORGANISER SON TEMPS**

Fredericton est une bonne base pour partir en balade dans les environs.

Établie au bord du paisible St John, face à la rivière Nashwaak, la capitale du Nouveau-Brunswick est une cité calme aux élégantes demeures dispersées dans la verdure. Siège administratif de la province, Fredericton en est également devenu le centre culturel, en grande partie grâce à la générosité de Lord Beaverbrook (1879-1964). Ces dernières années, l'économie de la ville s'est diversifiée, notamment avec le développement de l'informatique : environ 70 % des entreprises provinciales du secteur sont regroupées à Fredericton. Industrie, commerce de détail et tourisme jouent également un rôle important pour l'économie de la ville.

Se promener Plan de ville p. 492

Les principaux bâtiments de Fredericton sont groupés le long d'un parc très agréable, le **Green★**, qui borde la rive sud du St John.

★★ Beaverbrook Art Gallery

703 Queen St. - 𝒫 506 458 2028 - www.beaverbrookartgallery.org - 🕭 - de mi-juin à mi-sept. : 10h-17h, jeu. 10h-21h, dim. 12h-17h ; le reste de l'année : fermé le lun. - fermé 1ᵉʳ janv. et 25 déc. - 10 $.

Ouvert au public en 1959 et agrandi en 1983, ce musée est un important centre artistique du Canada atlantique. Il fut conçu par Lord Beaverbrook, qui en choisit lui-même les tableaux avant d'en faire don à la province.

Dès l'entrée, le saisissant **Santiago el Grande**, immense toile de Salvador Dalí, représente saint Jacques sur son cheval dressé contre la voûte céleste. Le musée recèle une remarquable collection d'œuvres de **peintres britanniques** des 18ᵉ et 19ᵉ s., particulièrement riche en portraits : Hogarth, Lawrence, Romney, Gainsborough, Reynolds, Turner, Stanley Spencer, Augustus John et Graham Sutherland. Mobilier, tapisseries et peintures – Cranach, Corneille de Lyon, Botticelli, Delacroix et Tissot – illustrent quant à eux l'Europe continentale.

5

La **collection canadienne** comprend des toiles de maîtres, dont Cornelius Krieghoff.

★ Legislative Building

Face à Beaverbrook Art gallery. ℘ 506 453 2527 - www.gov.nb.ca - ♿ *- de fin juin à fin août : 9h-17h ; le reste de l'année : lun.-vend. 8h30-16h - fermé j. fériés.*

Cet élégant bâtiment fut construit en 1880 en remplacement de l'ancien édifice législatif détruit par un incendie. La salle des séances, d'une impressionnante hauteur sous plafond, est ornée des **portraits** du roi George III et de la reine Charlotte (reproductions de tableaux exécutés par Joshua Reynolds). Un remarquable escalier central à cage arrondie mène à la bibliothèque parlementaire.

★ Christ Church Cathedral

168 Church St. - ℘ 506 450 8500 - www.christchurchcathedral.com - ♿ *- visites guidées en été, se renseigner.*

Entourée d'arbres et d'élégantes demeures en bois comme les construisaient les loyalistes à la naissance de la ville, cette cathédrale anglicane en pierre est un gracieux bâtiment de style néogothique, élevé vers 1850 sur le modèle de l'église de Snettisham en Angleterre. À l'intérieur, remarquez la belle **charpente en bois**, les vitraux et, au fond du bas-côté droit, le **gisant de marbre** du révérend John Medley, premier évêque de Fredericton.

★ Military Compound

Relève de la garde juil.-août : 11h et 16h, relève suppl. mar. et jeu. à 19h.

Les établissements militaires s'étendaient jadis au cœur de la ville, de Regent Street à York Street : c'est dire l'importance de l'ancienne garnison britannique. Aujourd'hui, l'armée canadienne a quitté la ville pour s'installer dans la base de Gagetown, au sud-est de Fredericton.

L'ancienne place d'armes est devenue le jardin public **Officers'Square**. Construit en 1839 puis agrandi en 1851, le **quartier des officiers**, édifice de trois étages, se signale par une rangée d'arcades blanches. Un peu plus à l'ouest

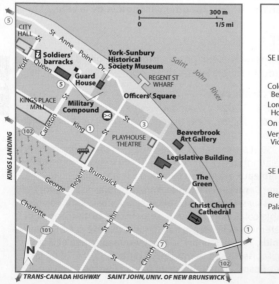

FREDERICTON

SE LOGER

Colonel's In
 Bed & Breakfast (The).........①
Lord Beaverbrook
 Hotel.............................③
On the Pond.........................⑤
Very Best
 Victorian B & B...................⑦

SE RESTAURER

Brewbakers..........................①
Palate (The).........................⑤

Le Legislative Building.
Barrett & MacKay / All Canada Photos / age fotostock

se trouvent deux bâtiments, restaurés et meublés selon leur aspect d'antan : le **corps de garde** de 1827 et les **casernes**, avec leurs terrasses de bois rouge.
York-Sunbury Historical Society Museum – *Dans le quartier des officiers. 571 Queen St. - ℘ 506 455 6041 - www.yorksunburymuseum.com - juil.-août : 10h-17h, dim. 12h-17h ; sept.-nov. et avr.-juin : mar.-sam. 13h-16h - 3 $.* Le musée évoque l'histoire de Fredericton jusqu'à nos jours, son occupation par les tribus amérindiennes, la vie des loyalistes et de l'ancienne garnison britannique… Il présente une reconstitution d'une tranchée de la Première Guerre mondiale. Inattendu : une grenouille naturalisée qui pesait quelque 19 kg.

UN PEU D'HISTOIRE…

Le site de Fredericton servait à l'origine de lieu de campement saisonnier pour les Indiens. En 1692, le gouverneur français d'Acadie construisit un fort à l'embouchure de la rivière Nashwaak. Bientôt abandonné en raison de son isolement, le fort devint alors le site d'une communauté acadienne qui survécut jusqu'à la guerre de Sept Ans. En 1758, le village passa sous domination anglaise. Fredericton fut fondée par quelque 2 000 loyalistes en 1783, à l'emplacement de l'ancien village acadien. Lorsque la province du Nouveau-Brunswick fut créée l'année suivante, le gouverneur Thomas Carleton en fit la capitale en raison de son site plus central et moins exposé aux attaques maritimes que celui de St John. Baptisée « Fredericstown » en 1785 en l'honneur du second fils de George III, la nouvelle capitale devint une importante ville de garnison et le centre d'une société distinguée. Une grande partie de la population travaillait autrefois pour le gouvernement ou l'université du Nouveau-Brunswick. Aujourd'hui, l'activité économique de la ville s'est largement diversifiée. La proximité de décideurs politiques provinciaux et municipaux est un facteur puissant dans le choix de certaines entreprises d'ingénierie à s'installer à Fredericton.

😊 NOS ADRESSES À FREDERICTON

Plan de ville p. 492

HÉBERGEMENT

BUDGET MOYEN

Lord Beaverbrook Hotel – *659 Queen St. - ☏ 506 455 3371 ou 1 866 444 1946 - www.cp fredericton.com - ♿ 🅿 - 168 ch.* Le Lord Beaverbrook (1947) fait partie du Crowne Plaza Group. Il est très bien situé, à côté de la galerie d'art Beaverbrook. Les chambres sont spacieuses avec tout le confort moderne ; une moitié d'entre elles donnent sur le fleuve. L'hôtel est pourvu de trois restaurants, où l'on pourra manger des en-cas ou déguster une cuisine haut de gamme.

The Colonel's In Bed & Breakfast – *843 Union St. - ☏ 506 452 2802 ou 1 877 455 3003 - www.thecolonelsin.com - 🅿 - 3 ch.* Seul le fleuve sépare cette résidence de 1902, impeccablement tenue, du centre-ville que l'on peut rejoindre en suivant une agréable promenade sur un pont ferroviaire désaffecté. Le petit déjeuner est inclus.

Very Best Victorian B & B – *806 George St. - ☏ 506 451 1499 - www.bbcanada.com/2330.html - 4 ch.* Installée dans un calme quartier résidentiel à deux pas du centre, cette ravissante maison du 19e s. est une des meilleures adresses de la ville. Les chambres au mobilier ancien, équipées d'une salle de bains, incitent au repos. Certaines installations (piscine, sauna et billard) sont inattendues dans une maison d'hôte. Le petit déjeuner complet se prend dans la salle à manger ou dans le pavillon jouxtant la piscine.

À proximité

On the Pond – *20 rte 615, Jewett Mills - ☏ 506 363 3420 ou 1 800 984 2555 - www.onthepond.com - 🅿.* Installée sur un vaste domaine boisé à 20mn de route à l'ouest de Fredericton, cette auberge propose de multiples activités de loisirs. De tranquilles promenades sur l'eau, des marches revigorantes et des soins de relaxation attendent les résidents. Inspiré des cottages anglais, le bâtiment comporte à l'étage des vitraux aux motifs sylvestres. Au rez-de-chaussée se trouve une vaste pièce confortable, agrémentée d'une cheminée de pierre. Les forfaits remise en forme comprennent des repas diététiques, des massages et des bains à remous.

RESTAURATION

BUDGET MOYEN

Brewbakers – *546 King St. - ☏ 506 459 0067 - www.brew bakers.ca.* Amusant, festif et souvent bruyant, cet établissement très fréquenté rassemble différentes salles sur plusieurs niveaux. Très apprécié pour les repas de groupe, l'établissement possède néanmoins assez de recoins pour offrir calme et intimité aux couples. La carte propose aussi bien des pâtes que des pizzas ou du poulet au sésame.

The Palate – *462 Queen St. - ☏ 506 450 7911 - www.the palate.com.* Ce bistro sans prétention dont la cuisine ouvre sur la salle séduit avec ses œuvres d'art locales, sa musique jazz et sa réputation de table la plus originale de la ville. La carte, éclectique, propose une cuisine internationale. Profitez du beau temps pour déjeuner à l'ombre des parasols de la terrasse.

Vallée de la Miramichi

S'INFORMER
New Brunswick Tourism – *www.tourismenouveaubrunswick.ca*

SE REPÉRER
Carte de région B1-2 (p. 478-479). La vallée se situe dans le centre-est du Nouveau-Brunswick. À partir de Fredericton, prenez la route 8 vers Miramichi au nord-est.

À NE PAS MANQUER
Les villes de Caraquet et Shippagan constituent des arrêts agréables au nord de Miramichi.

ORGANISER SON TEMPS
Prévoyez deux jours pour tout visiter.

AVEC LES ENFANTS
Le New Brunswick Aquarium and Marine Centre de Shippagan ainsi que le Village historique acadien à Caraquet.

Le nom Miramichi est souvent associé à la pêche au saumon. En effet, en période de frai, les saumons de l'Atlantique affectionnent particulièrement les eaux de cette rivière dont les deux bras, la Miramichi sud-ouest et la Petite Miramichi sud-ouest, traversent la province. La région vit de l'exploitation forestière, sans oublier la construction navale, qui a joué un rôle important dans le développement de Newcastle et Chatham, ville natale de Joseph Cunard (fondateur de la fameuse compagnie maritime qui porte son nom), qui forment désormais la ville de Miramichi.

Découvrir

Central New Brunswick Woodmen's Museum

À 68 km au nord de Fredericton. 6342 Rte 8, Boiestown - ☎ 506 369 7214 - www.woodmensmuseum.com - de déb. juin à mi-oct.: 9h30-17h - 6 $ (8 $ avec la visite guidée, sur réserv.) - petit train: service continu, 3 $.

Dispersés sur 6 ha, les bâtiments de ce musée recréent la vie d'un camp de bûcherons, avec notamment une scierie (dotée d'une collection d'outils allant de la hache sommaire aux scies les plus performantes), des dortoirs et une cantine. Un petit train fait le tour du site.

★ Atlantic Salmon Museum

À 94 km au nord de Fredericton. 263 Main St., Doaktown - ☎ 506 365 7787 - www.atlanticsalmonmuseum.com - ♿ - juil.-août: lun.-merc. 9h-17h, jeu.-sam. 9h-21h, dim. 12h-21h - 5 $.

Cet agréable musée, d'où l'on domine une série de bassins d'élevage sur la Miramichi, est consacré au saumon de l'Atlantique. Des bateaux y sont exposés ainsi que des filets, du matériel de pêche et des cartes montrant les différentes montaisons des saumons. Dans l'auditorium, une présentation audiovisuelle illustre la pêche au saumon. Un petit aquarium abrite des spécimens de ce poisson migrateur.

5

MacDonald Farm Provincial Historic Site

À 16 km à l'est de Miramichi. Près de Bartibog Bridge. 600 Rte 11 - ✆ 506 778 6085 - www.macdonaldfarm.ca - juin-août. mar.-dim. 10h-16h - 3 $.

Restaurée selon l'époque où elle était habitée par la famille d'Alexander MacDonald, cette ferme en pierre (1820) occupe un très beau site dominant l'estuaire de la Miramichi. Vous pourrez participer aux tâches domestiques et apprendre quelques gestes traditionnels d'artisans. Remarquez, au bord du fleuve, une cabane de pêcheur typique de la région, équipée d'un attirail de pêche.

Excursions Carte de région p. 478-479

★ Shippagan B1

À 104 km au nord-est de Bartibog Bridge.

Ce village de la péninsule acadienne est un important centre de pêche et d'extraction de la tourbe. Un pont le relie à l'île Lamèque, d'où un traversier *(gratuit)* conduit à l'île de Miscou, bordée de belles plages sur le golfe du St-Laurent.

★ **New Brunswick Aquarium and Marine Centre** – *100 Aquarium Dr. - ✆ 506 336 3013 - www.aquariumnb.ca - ♿ - de déb. juin à fin sept.: 10h-18h - 8,50 $.* Consacré à la vie maritime dans le golfe du St-Laurent, cet agréable musée propose des expositions sur le grand fleuve et sur les lacs et rivières du Nouveau-Brunswick. Un montage audiovisuel *(20mn)* retrace l'histoire de l'industrie de la pêche, tandis que des aquariums, un bassin extérieur et un bassin tactile présentent la faune aquatique vivant dans ces eaux. Enfin, une cabine de chalutier permet de voir les appareils électroniques utilisés aujourd'hui pour détecter et attraper les poissons.

★ Village historique acadien B1

À 47 km à l'ouest de Shippagan et à 11 km de Caraquet. 14311 Rte 11 - ✆ 506 726 2600 ou 1 877 721 2200 - www.villagehistoriqueacadien.com - ♿ - de déb. juin à mi-sept.: 10h-18h ; de mi-sept. à fin sept.: horaires réduits ; hiver : site ouvert gratuitement aux marcheurs de 8h30 à 16h30 - 17,50 $ (9 $ fin sept.).

La région à la pointe sud de la baie des Chaleurs s'est peuplée d'Acadiens au retour du Grand Dérangement *(voir p. 483)*. Leurs descendants sont aujourd'hui encore pêcheurs et agriculteurs. Ce village a été reconstitué, avec des édifices provenant de toute la province, pour témoigner de la vie des Acadiens de 1780 à 1890. Il s'étire le long d'un chemin de 1,6 km. Hormis l'église en bois, tous les bâtiments sont d'époque et sont meublés de façon à refléter la période. Les « habitants » du village, en costume traditionnel, expliquent les techniques anciennes (filage, tissage, séchage de la morue, etc.). Sur le village flotte le **drapeau acadien** (tricolore comme le drapeau français, mais frappé dans le bleu de l'étoile de la Vierge). On le rencontre souvent dans les régions acadiennes de Nouvelle-Écosse et de l'île du Prince-Édouard. Au **centre d'accueil**, un **diaporama** présentant l'histoire des Acadiens constitue une bonne introduction à la visite.

CARAQUET

Il faut visiter cette ville au mois d'août, quand a lieu son **Festival acadien**, qui s'ouvre avec la traditionnelle **bénédiction de la flotte** ; quelque 60 bateaux de pêche, parés de pavillons multicolores, reçoivent la bénédiction de l'évêque de Bathurst en souvenir de celle que le Christ donna aux pêcheurs de Galilée.

Moncton

102 163 habitants

🛈 S'INFORMER

Tourism Moncton – *City Hall - 655 Main St. - ☎ 1 800 363 4558 - www.tourism.moncton.ca.*

⊙ SE REPÉRER

Carte de région B2 (p. 478-479). La ville se situe au sud-est de la province, à proximité de la Nouvelle-Écosse, au nord-est de Fredericton.

🅿 SE GARER

Il est relativement facile de se garer à Moncton. Les parkings sont dotés de parcmètres électroniques qui acceptent les pièces ou les cartes que vous pouvez acheter à City Hall.

⏱ ORGANISER SON TEMPS

Depuis Moncton, vous êtes seulement à 1h de l'île du Prince-Édouard ou de la Nouvelle-Écosse en empruntant les ponts.

👪 AVEC LES ENFANTS

Les fantastiques rochers d'Hopewell Cape.

La ville fut baptisée ainsi en hommage au colonel anglais Robert Monckton, qui s'empara de Fort Beauséjour en 1755. Au bord de la rivière Petitcodiac, elle est soumise à de longues vagues déferlantes au moment du flux dans la baie de Fundy. Colonisée par des émigrants d'origines diverses, Moncton fait aujourd'hui figure de « capitale acadienne » avec son université francophone fondée en 1963 : un tiers de sa population parle le français. Autrefois dépendante du chemin de fer et des administrations, l'économie de la ville se tourne désormais vers le commerce, l'équipement électronique, le transport, la distribution, l'agroalimentaire et l'industrie légère. Le bilinguisme de la ville a favorisé le développement du secteur des télécommunications.

Découvrir

★ Bore Park

À l'angle de Main St. et King St. - ☎ 506 853 3516 - www.gomoncton.com - ♿ - renseignez-vous sur les heures du mascaret auprès de l'office de tourisme ou sur Internet - arrivez 20mn avant pour voir la rivière à son niveau le plus bas, et revenez si possible 1h plus tard, à marée haute.

Ce parc offre les meilleures vues sur le mascaret et le changement de niveau de la rivière Petitcodiac à 40 km de son embouchure. Petit cours d'eau à marée basse au centre d'un lit de boue rouge, la rivière monte jusqu'à 7 m à marée haute, et remplit son lit pour atteindre finalement 1,6 km de large.

5

> **UNE ONDE DANS L'ENTONNOIR**
>
> L'amplitude des marées se trouve nettement accentuée dans certaines baies en forme d'entonnoir. C'est le cas de la baie de Fundy ; large de 77 km à l'embouchure, elle se rétrécit en largeur et en profondeur tout le long de ses 233 km. Comprimée au fond de la baie, la marée s'engouffre avec force dans le lit des rivières, précédée d'une onde de front, le **mascaret**. Lors des grandes marées, cette vague atteint sa hauteur maximale (jusqu'à 60 cm à Moncton).

MONCTON ET LA COLONISATION

Les premiers colons qui s'installèrent à Moncton en 1763 étaient des familles d'origine allemande et hollandaise qui étaient parties de Pennsylvanie. Plus tard, ils furent rejoints par des Acadiens que le gouvernement britannique autorisa à revenir d'exil après le rétablissement de la paix entre la France et l'Angleterre.

Excursions Carte de région p. 478-479

★ Monument Lefebvre National Historic Site B2

À 20 km au sud-est de Moncton par la route 106 à St-Joseph. 480 r. Centrale, Memramcook - ✆ 506 758 9808 - www.monumentlefebvre.ca - ♿ - 1er juin-15 oct. : 9h-17h ; le reste de l'année : lun.-sam. 9h-17h - fermé 25 déc.-1er janv. - 3,90 $.

La vallée de Memramcook, dans laquelle se tient la communauté de St-Joseph, est l'un des rares endroits où les Acadiens se sont maintenus malgré le Grand Dérangement. Ce petit musée retrace leur lutte pour conserver leur culture et illustre leur importance actuelle.

Le musée se trouve dans le bâtiment Lefebvre, qui fait partie du **collège St-Joseph**, premier institut acadien d'études supérieures. C'est dans ce collège, fondé par le révérend Camille Lefebvre en 1864, que les personnalités acadiennes étudièrent pendant près d'un siècle jusqu'à sa fusion avec l'université de Moncton. C'est également là qu'eut lieu la première convention nationale des Acadiens en 1881.

★★ Hopewell Cape B2

À 35 km au sud de Moncton par la route 114. Les falaises et les rochers sont saisissants sous les rayons du soleil matinal. Attention : empruntez les escaliers menant à la plage aux heures indiquées, car la marée montante peut atteindre près de 10 m d'amplitude.

👪 Au débouché de la rivière Petitcodiac, sur la baie de Shepody, ce cap est célèbre pour ses falaises de conglomérat rouge dont l'érosion a détaché de pittoresques **rochers** parfois coiffés d'épinettes noires (épicéas) et de quelques sapins baumiers. À marée haute, ces rochers forment de petits îlots. Lorsque les eaux marines se retirent, on aperçoit leur base étrangement rétrécie par le frottement de l'eau. On peut alors se promener au pied des falaises entre ces impressionnants « pots de fleurs » géants.

★★ Fundy National Park B2

À 77 km au sud de Moncton, près d'Alma, sur la route 114 qui suit la côte sud.

🚹 **Centre d'accueil** – *Entrée Est - ✆ 506 887 6000 - www.pc.gc.ca - ♿ - juil.-août : 8h-21h45 ; de mi-mai à mi-juin et de déb. sept. à mi-oct. : 9h-16h45 ; de mi-oct. à mi-mai : 8h15-12h, 15h45-16h30, w.-end 9h-17h - 7,80 $ - attention : brouillard fréquent - golf, location de bateaux, baignade, piscine, pêche, tennis, VTT, randonnée pédestre ou à skis, raquettes, camping (pas ouvert tte l'année, se renseigner), aires de jeux.*

Le parc occupe un territoire de fortes collines boisées, dressées en falaises abruptes sur 13 km le long de la baie de Fundy, entrecoupées de rivières et de ruisseaux qui s'écoulent dans de profondes vallées. Les marées atteignent à cet endroit une amplitude minimale de 9 m. Certaines ont même atteint les 20 m : un record mondial ! Lorsque la mer se retire, la grève dégagée révèle alors une impressionnante faune aquatique.

Hopewell Cape.
Mauritius / Photononstop

Entrée Est du parc – Agréable **vue★** sur Alma, petit village de pêcheurs adossé au promontoire rocheux d'Owl's Head, sur la longue plage qui borde la baie de Fundy, et sur la paisible rivière Salmon bordée vers le nord de collines boisées.

★★ **Point Wolfe** – *À 10 km de l'entrée du parc.* La route qui conduit vers la péninsule de Point Wolfe traverse la rivière du même nom par un charmant pont couvert. Non loin de lui subsiste un barrage de bois qui retenait jadis les troncs destinés à la scierie établie à l'embouchure de la rivière ; des goélettes venaient les charger aux embarcadères de l'anse. Aujourd'hui, la petite localité de Point Wolfe a disparu avec la scierie. Un sentier offre de belles **vues★★** sur ce site accidenté, bordé de falaises roses et de hauteurs boisées. Le rivage, largement dégagé à marée basse, grouille de toute une faune enfouie sous le sable et les rochers.

Herring Cove – *À 11 km de l'entrée du parc.* À l'extrémité de la route, jolies **vues★** sur la côte. Un sentier mène à une anse où se découvrent, à marée basse, de vastes estrans peuplés de coquillages (bernicles, anatifes), d'anémones de mer et de puces des sables.

★★ **Fort Beauséjour-Fort Cumberland National Historic Site** C2

Au sud-est de Moncton, sur la Transcanadienne (sortie 550A), près de la frontière de la Nouvelle-Écosse. 11 Fort Beauséjour Rd, Aulac - ℘ *506 364 5080 - www.pc.gc.ca -* ⅃ *- de fin juin à déb. sept. : 9h-17h - 3,90 $.*

Ce fort est situé sur l'isthme de Chignecto, étroite bande de terre qui relie le Nouveau-Brunswick à la Nouvelle-Écosse. Par beau temps, vous profiterez d'un splendide panorama sur le bassin de Cumberland, pointe de la baie de Chignecto qui prolonge la baie de Fundy. Autour du site, à perte de vue, s'étend une plaine partiellement occupée par les marais de Tantramar. La région, l'ancienne Acadie colonisée par les Français, fut le théâtre de furieux combats qui les opposèrent aux Anglais. Les Acadiens vaincus furent déportés. Fort Beauséjour, devenu Fort Cumberland, fut classé site historique national du Canada en 1926. Du fort, il ne subsiste que les talus herbeux, trois casemates souterraines restaurées qui se visitent et quelques ruines. Au **centre d'accueil**, exposition sur l'histoire du fort, des Acadiens et de la région.

Baie de Passamaquoddy Îles Fundy

★★

 NOS ADRESSES PAGE 504

🔲 S'INFORMER

New Brunswick Tourism – 📞 1 800 561 0123 - *www.tourismenouveau brunswick.ca.*

◗ SE REPÉRER

Carte de région A2-3 (p. 478-479) - carte de la baie (ci-contre). La ville de St Stephen, proche de la frontière américaine, à environ 90mn à l'ouest de St John, marque la limite ouest de la baie de Passamaquoddy. St Andrews by-the-Sea se tient sur une petite péninsule juste au sud.

◉ À NE PAS MANQUER

L'île de Campobello, patrie de Franklin D. Roosevelt.

◷ ORGANISER SON TEMPS

Planifiez votre itinéraire en tenant compte des horaires des ferries. Attention, températures fraîches et brouillard fréquent, même en été, surtout dans les îles.

👥 AVEC LES ENFANTS

Le HMSC Aquarium-Museum à St Andrews.

Petit bras de mer à l'embouchure de la baie de Fundy, la baie de Passamaquoddy présente une côte déchiquetée, semée de caps et d'îles, partagée entre le Nouveau-Brunswick et le Maine. St Andrews by-the-Sea est une région de villégiature connue, célèbre pour ses homards et ses algues comestibles appelées rhodyménies. Selon une légende micmac, les îles furent créées par le dieu Glooscap, qui vit un jour des loups sur le point d'attaquer un chevreuil et un orignal. Pour éviter le massacre, la divinité transforma les animaux en îles.

Découvrir Carte de la baie ci-contre

★ St Andrews by-the-Sea

🔲 St. Andrews Chamber of Commerce – *www.standrewsbythesea.ca*

Cette charmante petite station de villégiature est située à la pointe de la péninsule qui sépare l'estuaire de la rivière Ste-Croix et la baie proprement dite. Artère principale, **Water Street** est animée de nombreux cafés et boutiques, tandis que d'élégantes maisons centenaires s'alignent le long des avenues tranquilles. Certaines, construites sur la rive sud de la rivière Ste-Croix avant que le traité de 1842 n'en fasse la frontière entre les États-Unis et le Nouveau-Brunswick, furent transportées à St Andrews, de l'autre côté de l'estuaire, pour rester en territoire britannique. Plusieurs personnalités eurent une maison à St Andrews, parmi lesquelles **William Van Horne**, directeur général du Canadien Pacifique de 1888 à 1899.

UNE CONQUÊTE EN DEUX TEMPS

En 1604, la première expédition acadienne, conduite par **de Monts** et **Champlain**, choisit la baie pour établir son campement et hiverna à l'île Ste-Croix (un site historique national), dans l'estuaire de la rivière du même nom, avant de trouver un meilleur asile à Port-Royal en Nouvelle-Écosse. La région ne fut vraiment colonisée qu'à partir de 1783, avec l'arrivée des loyalistes qui s'installèrent à St Stephen, St Andrews by-the-Sea, St George et dans les îles Deer, Grand Manan et Campobello.

★ **HMSC Aquarium-Museum** – *Hustman Marine Science Centre - 1 Lower Campus Rd - ℘ 506 529 1200 - www.huntsmanmarine.ca - été : 10h-17h ; le reste de l'année : se renseigner - 12,40 $ en été, tarif réduit le reste de l'année.* 👪 Une famille de phoques joueurs constitue l'attraction principale de cet intéressant petit aquarium consacré aux écosystèmes marins de la baie de Fundy et de l'Atlantique. Une salle de cinéma projette régulièrement des films.

St. Andrews Blockhouse National Historic Site – *Whipple St. - ℘ 506 529 4270 (en été) ou 506 636 4011 - www.pc.gc.ca - juin-août : 10h-18h - 1 $.* Seul vestige des quatorze fortins qui protégeaient jadis la frontière ouest du Nouveau-Brunswick de l'invasion américaine, cet ouvrage défensif en bois fut construit pendant la guerre de 1812. À l'intérieur, des documents retracent l'historique de la ville et du petit fort.

★ **Deer Island** (Île Deer)

Bac au dép. de Letete : ℘ 506 747 7010 ou 1 888 747 7006 - www.tourismnew brunswick.ca - horaires, se renseigner ; bac au dép. de Eastport (Maine) : ℘ 506 747 2159 ou 1 877 747 2159 - www.eastcoastferriesltd.com - juin-sept. : 9h30-18h -

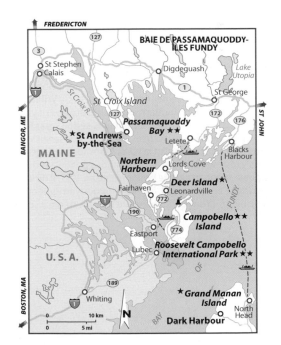

trafic continu - 13 $/voiture, 3 $/passager - ♿ 🅿 *- attention : embarquement au fur et à mesure des arrivées ; longues files d'attente le w.-end et en haute saison.*
L'île de Fundy était à l'origine habitée par des pêcheurs. L'agréable **traversée★** au départ de Letete s'effectue à bord d'un bateau qui louvoie parmi une série d'îlots couverts d'oiseaux. Deer Island est une île tranquille (principalement habitée par des pêcheurs) qui ferme presque la baie de Passamaquoddy. Dans la petite île de **Northern Harbour** se trouve le plus grand vivier à homards du monde. De simples clôtures dans cette baie étroite forment les enclos qui gardent ces crustacés à longueur d'année dans une eau de mer renouvelée par le jeu des marées. À la pointe sud, un grand remous baptisé **Old Sow** (vieille truie) pour ses effets sonores, en particulier par très forte marée, s'observe depuis la pointe Deer Island ou du bac pour l'île Campobello.

★★ **Campobello Island** (Île Campobello)
Bac au dép. de l'île Deer : 📞 *506 747 2159 ou 1 888 747 2159 - www.eastcoast ferriesltd.com -* ♿ 🅿 *- de fin juin à mi-sept. : 8h30-18h30 -16 $/voiture et 3 $/ passager - accès possible par le pont de Lubec (Maine). Les non-Américains doivent avoir un passeport en cours de validité.*
L'« île bien-aimée » de **Franklin D. Roosevelt** (1882-1945) reçoit chaque année de nombreux visiteurs attirés par ses grandes plages de sable, ses anses pittoresques, ses ports de pêche, et par le souvenir du célèbre président américain.
★★ **Roosevelt Campobello International Park** – *459 rte 774, Welshpool -* 📞 *506 752 2922 - www.fdr.net -* ♿ *- ouv. tte l'année - centre d'accueil : de fin mai à oct. : 10h-18h - projection de films sur la vie de Franklin D. Roosevelt.* Ce parc de 24 ha dans la partie sud de l'île est parcouru de **routes** et de sentiers de randonnée qui traversent des paysages superbes de forêts, de marais et de bord de mer. Au sud du centre d'accueil, tournez à droite au panneau indiquant l'aire de pique-nique pour atteindre la pointe Friar's Head, qui offre une belle vue sur la baie de Passamaquoddy ; en suivant Glensevern Road, vous rejoindrez la pointe Con Robinson, d'où l'on peut admirer la baie d'Herring Cove.

EN HOMMAGE À CAMPBELL ET À ROOSEVELT

En 1770, les premiers colons s'établissaient sur Campobello, baptisée à l'origine en l'honneur du gouverneur de Nouvelle-Écosse **William Campbell**, et dont on fit *Campo Bello*, évoquant ainsi la beauté des paysages de l'île. À la fin du 19e s., quelques riches Américains séduits par le charme de Campobello y passaient leurs vacances. Dès 1883, Roosevelt venait tous les étés, nageant, pêchant, pratiquant la voile. Après son mariage avec Eleanor, il continua à s'y reposer, loin de ses occupations politiques de plus en plus prenantes. Gravement atteint de poliomyélite en 1921, il ne devait revenir sur l'île que douze ans plus tard. En 1964, les gouvernements du Canada et des États-Unis créèrent conjointement un parc dédié à sa mémoire.

Grand Manan Island.
Barrett & MacKay / age fotostock

Cottage de Franklin Roosevelt – *Mêmes horaires que le centre d'accueil*. Bâtie dans le style colonial hollandais, cette grande maison de 34 pièces fait face à Eastport. Simplement meublé, l'intérieur recèle de nombreux souvenirs de l'homme d'État américain (lettres, photos, objets divers).

East Quoddy Head Lighthouse – *12 km jusqu'à la pointe par Wilson's Beach et par un chemin non goudronné, au nord du centre d'accueil*. Ce phare s'élève dans un cadre ravissant, face à l'île Head Harbour.

★ Grand Manan Island (Île Grand Manan)

Bac au dép. de Blacks Harbour - ✆ *506 662 3724 - www.coastaltransport.ca -* ♿ *- de juil. à mi-sept.: 7h30-21h (7 traversées/j.), dim. 9h30-21h (6 traversées/j.) ; le reste de l'année: 9h30-21h (4 traversées/j.) - fermé 1er janv. et 25 déc - aller simple 1h30 - 32,55 $/voiture, 10,90 $/passager.*

La plus grande des îles Fundy, Grand Manan, est connue pour ses paysages sauvages, ses falaises qui s'élèvent par endroits à 120 m, ses ports pittoresques, son importante population d'oiseaux (environ 230 espèces) et ses excursions pour observer les baleines. La baie de **Dark Harbour**, sur la côte ouest de l'île, est l'un des meilleurs sites au monde pour la récolte de la **rhodyménie** *(dulse)*, algue rouge comestible que l'on ramasse à marée basse sur les rochers le long des falaises. Séchée au soleil, elle se mange crue, grillée, en soupe ou cuite à l'eau ; son goût fort et salé, riche en iode et en fer, est un peu particulier.

⊛ NOS ADRESSES DANS LA BAIE

HÉBERGEMENT

UNE FOLIE

À Saint Andrews by-the-Sea

Kingsbrae Arms – *219 King St. -
℘ 506 529 1897 - www.kingsbrae.
com* - **P**. Aménagée dans un
manoir de 1897 à bardeaux,
cette auberge de grande classe
ornée d'objets d'art est l'unique
propriété Relais & Châteaux
des Provinces maritimes. Les
chambres luxueuses ont des lits
à baldaquin ou des lits bateau,
des couettes en duvet et des salles
de bains en travertin ou marbre
de Carrare, équipées de bains à
remous, de baignoires en fonte
ou de douches ultramodernes.
Après avoir siroté leur cocktail,
les résidents sont invités à
savourer leur repas autour d'une
immense table *(restaurant réservé
aux résidents de l'hôtel)*. Les clients
ont accès au petit salon, ainsi qu'à
la bibliothèque et à de ravissants
jardins agrémentés de statues.

RESTAURATION

BUDGET MOYEN

À Saint Andrews by-the-Sea

Niger Reef Teahouse – *1 Joe's
Point Rd - ℘ 506 529 8005 -
www.nigerreefteahouse.com*.
Situé près de St Andrews
Blockhouse à l'extrême ouest
du centre-ville, ce petit édifice
de bardeaux et de rondins
(1927) a conservé ses fresques
de style asiatique qui décrivent
la côte du Nouveau-Brunswick.
Alors qu'il est davantage connu
pour ses thés et ses sandwichs
originaux servis à midi, le Niger
Reef propose le soir des poissons
locaux, des coquillages ou des
viandes grillées. Lorsque les
soirées sont douces, demandez
une table en terrasse pour profiter
des magnifiques paysages de
la baie.

Rossmount Inn – *4599 rte 127 -
℘ 506 529 3351 - www.rossmount
inn.com - ouv. le soir uniquement*.
Cette maison victorienne à
bardeaux se trouve à 10mn de
l'Océan, le long de la route qui
mène à St John. Cette respectable
auberge est réputée pour
la fraîcheur de ses produits.
Servis dans la pimpante salle
à manger d'où l'on aperçoit la
baie lointaine, les plats de la
carte (modifiée chaque jour)
proposent les produits de la
mer accompagnés de légumes
frais cueillis dans le jardin du
restaurant. Cette adresse offre
l'un des meilleurs rapports
qualité-prix de la ville.

Saint John

⭐⭐

89 036 habitants

 NOS ADRESSES PAGE 510

S'INFORMER
Visitor Information Centre – *15 Market Square -* ☎ *1 866 463 8639 -*
www.discoversaintjohn.com. Il distribue des itinéraires à suivre dans le
centre-ville.

SE REPÉRER
Carte de région B2 (p. 478-479) - plan de ville (p. 506). St John se trouve
sur la côte de la baie Fundy, en face de Digby (Nouvelle-Écosse). Un ferry
relie les deux villes.

SE GARER
Il est facile de se garer à St John, dans de grands parkings ou sur de simples
emplacements, avec ou sans parcmètres.

À NE PAS MANQUER
Il faut absolument voir les rapides de Reversing Falls.

ORGANISER SON TEMPS
Prévoyez au moins une journée.

AVEC LES ENFANTS
Le New Brunswick Museum.

**St John est à la fois la plus grande ville du Nouveau-Brunswick, son principal
port et son centre industriel. Elle s'est développée à l'embouchure du
St John, près de la baie de Fundy, dans une région de collines rocheuses
et nues qui resserrent soudain le cours du fleuve en lui imposant un tracé
tortueux. Le résultat donne un inextricable réseau routier agrémenté
de nombreux culs-de-sac dans lequel il est parfois un peu difficile
de s'orienter.**

Se promener Plan de ville p. 506

5

⭐⭐ LE CENTRE-VILLE

Rénové, le centre de St John se parcourt agréablement à pied.

⭐⭐ Market Square Area
Inauguré en 1983, le complexe du Market Square comprend un centre
commercial sur plusieurs niveaux avec un atrium central, un hôtel, un palais
des congrès et le musée du Nouveau-Brunswick. Une rangée d'entrepôts
de la fin du 19ᵉ s. donne sur une charmante place entourant **Market Slip**,
le quai où les loyalistes débarquèrent en 1783. En été, les cafés installent leurs
terrasses et des concerts sont joués sur la place.
Barbour's General Store (A) – *Sur le côté sud de la place.* ☎ *506 642 2242 -*
www.discoversaintjohn.com - mai-oct.: 9h-18h (19h juin-sept.). Ce petit édifice
coquet en bois construit en 1867 abonde en souvenirs du 19ᵉ s.

Une passerelle enjambant Dock Street relie Market Square au **centre aquatique** des Jeux du Canada *(www.aquatics.nb.ca)* et au **City Hall** (B), l'hôtel de ville. On longe ensuite **Brunswick Square** (C), ensemble moderne réunissant des bureaux, un hôtel et des boutiques.

★ **New Brunswick Museum** (M) – *Market Square - ✆ 506 643 2300 - www.nbm-mnb.ca - ♿ - 9h-17h (jeu. 21h), sam. 10h-17h, dim. 12h-17h - fermé les lun. de nov. à mi-mai et les j. fériés - 8 $.* 👥 Consacré à la mise en valeur du patrimoine culturel et naturel de la province, ce musée présente de belles pièces d'artisanat amérindien (écorces de bouleau, travaux de plumes et de perles). La colonisation européenne est particulièrement bien retracée, des premiers contacts avec les peuples autochtones au développement de l'industrie navale au 19ᵉ s. Une section consacrée aux sciences naturelles donne un aperçu de la faune locale et de la structure géologique de la province. À voir également, la galerie des Grands Cétacés et des expositions illustrant les courants artistiques du Nouveau-Brunswick et d'ailleurs.

Loyalist House D

120 Union St. - ✆ 506 652 3590 - www.loyalisthouse.com - de juil. à mi-sept. : 10h-17h ; de mi-mai à fin juin : lun.-vend. 10h-17h - 5 $.

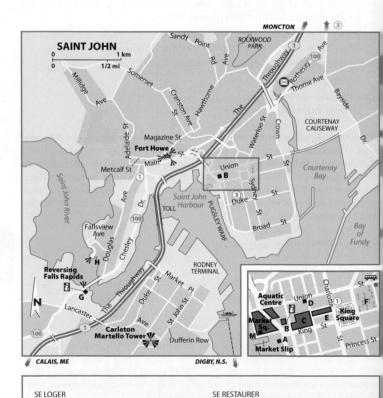

SE LOGER		SE RESTAURER	
Homeport Historic B & B	①	Billy's Seafood	①
Shadow Lawn Inn	③	Taco Pica	③

Un défi permanent

TERRITOIRE ACADIEN

En 1604, Samuel de Champlain et le sieur de Monts parcoururent rapidement l'embouchure de la rivière. En 1630, un personnage entreprenant, **Charles de La Tour**, fonda à l'embouchure du St John un comptoir de fourrures. Huit ans plus tard, le roi de France plaça l'Acadie sous l'autorité conjointe de Charles de La Tour et de Charles de Menou d'Aulnay, qui devaient se partager les bénéfices du fructueux commerce des pelleteries. Très vite, la discorde s'installa entre eux. De sérieuses querelles s'ensuivirent (Aulnay s'empara du fort en 1645), aggravées par le conflit franco-anglais. Suite au traité de Paris (1763), un comptoir anglais succéda à Fort La Tour.

LA VILLE DES LOYALISTES

En 1783, une flotte jeta l'ancre à l'embouchure du St John, débarquant quelque 14 000 loyalistes qui cherchaient refuge au Canada. Ruinés par la confiscation de leurs biens et fort peu préparés à une vie de pionniers, ils parvinrent pourtant à créer une ville prospère et mondaine vivant du commerce et de la construction navale. St John, rattachée au Canada en 1785, devint bientôt la première ville du pays, méritant son surnom de « Liverpool d'Amérique ».

DÉCLIN ET RENOUVEAU

La fin de l'âge d'or des bateaux de bois devait s'accompagner de retombées désastreuses sur l'économie provinciale. Dès 1860, St John entamait une longue période de déclin. En 1877, un terrible incendie détruisit plus de la moitié de la ville. Si la fin du 19e s. vit la rénovation du quartier portuaire, l'établissement d'un terminus de chemin de fer et la construction de plusieurs élévateurs à grain, St John ne commença véritablement à revivre que dans les années 1960. L'injection massive de capitaux dans l'industrie du papier et dans le raffinage du sucre et du pétrole, ainsi que la création d'installations portuaires destinées à accueillir les navires-citernes et porte-conteneurs donnèrent à son économie le coup de fouet dont elle avait besoin.

Mais la roue tourne : la fermeture de la raffinerie de sucre contraint de nombreuses familles à partir. L'apparition des hautes technologies et le développement des secteurs des hydrocarbures et du plastique renouvellent cependant la population. Harbour Station, complexe sportif et récréatif, a ouvert ses portes et l'Imperial Theatre a été rénové.

Construite en 1817 par David Merritt, qui avait fui l'État de New York en 1783, cette maison est l'un des rares édifices à avoir échappé à l'incendie de 1877. L'extérieur est revêtu de planches sur les deux côtés les plus exposés à la pluie, et de bardeaux moins onéreux sur les deux autres. Derrière une façade très simple se cache un intérieur georgien raffiné, comprenant notamment un bel escalier à cage arrondie et des arcs surbaissés entre les pièces. En sortant, on remarquera *(sur le côté donnant sur Germain St.)* l'assise de la maison, posée directement sur le rocher qui affleure partout dans la ville.

King Square Area

Considéré comme le centre de St John, King Square est un agréable jardin public aux allées tracées comme le drapeau du British Union Jack, avec un kiosque à musique à deux étages. Dans un angle, le vieux **marché** (E) propose les produits de la province, en particulier la rhodyménie. De l'autre côté du square s'étend le **cimetière loyaliste** (F).

HORS DU CENTRE-VILLE

Fort Howe Lookout

De Main St., prendre Metcalfe St., puis Magazine St. à droite. Accès interdit au public. Blockhaus de bois perché sur une croupe rocheuse dominant les collines environnantes, le fort offre une **vue panoramique**★ sur la ville, le fleuve et les installations portuaires.

★★ Reversing Falls Rapids

😊 **Bon à savoir** – Pour apprécier pleinement le phénomène des « chutes réversibles », il faut voir le St John à différents moments de la journée : à marée basse, à marée haute et à mi-parcours, lorsque les courants du fleuve et de la marée s'annulent. Pour connaître les heures des marées, adressez-vous à l'office de tourisme.

À l'embouchure du St John, les marées de la baie de Fundy atteignent 8 m d'amplitude. À marée basse, le St John se précipite vers la baie, dont le niveau est alors inférieur de 4 m à celui du fleuve. Mais à mesure que la mer monte et que la poussée des marées venues de l'Atlantique augmente, le courant du

---

TOURS MARTELLO

En pierre, de construction particulièrement robuste, les tours Martello constituaient pour l'Empire britannique, à partir du début du 19e s., une unité de défense autonome, à la fois caserne et plate-forme de tir, dont l'unique entrée (à l'étage supérieur) était protégée par un escalier escamotable. Leur forme arrondie si particulière s'inspirait d'une tour située sur la pointe Mortella en Corse, qui s'était révélée fort résistante aux assauts des vaisseaux anglais : la paroi face à l'ennemi était très épaisse, celle qui tournait le dos à la garnison était plus mince. En cas de prise par l'ennemi, ces curieux ouvrages pouvaient ainsi être facilement détruits par les canons des assiégés. Des seize tours Martello construites en Amérique du Nord britannique entre 1796 et 1848 (cinq à Halifax, six à Kingston, quatre à Québec et une à St John), il en reste aujourd'hui onze. Aucune n'eut à subir le siège d'ennemis.

Market Square Area.
Mauritius / Photononstop

fleuve se ralentit, s'arrête, puis s'inverse. Quand le niveau des eaux de la baie dépasse de plus de 4 m celui des eaux du St John, un courant rapide remonte alors le fleuve avec une telle force qu'il se fait sentir jusqu'à Fredericton *(voir p. 491)*, environ 130 km en amont. Ce phénomène de mascaret *(voir p. 497)*, caractérisé par la formation de rapides et de tourbillons dans un sens puis dans l'autre, est particulièrement visible à l'endroit où le St John s'engouffre dans une étroite gorge, juste avant de se jeter dans la baie de Fundy.

Reversing Falls Bridge Lookout G

Parking à l'entrée ouest du pont, Visitor Information Centre - ℘ 506 658 2937 (mai-oct.) ou 506 658 2855 - www.tourismsaintjohn.com - horaires et tarifs, se renseigner.
Du toit-terrasse, vous aurez de très belles **vues★★** sur le fleuve et vous verrez parfaitement l'inversion du courant. Un **film** présente en accéléré le phénomène des chutes réversibles.

Falls View Park Lookout H

Parking au bout de Falls View Ave.
Du parc, les **vues★** sur les chutes sont belles, mais tout de même moins spectaculaires que du pont.

★ Carleton Martello Tower

454 Whipple St. W - ℘ 506 636 4011 - www.pc.gc.ca - de fin juin à déb. sept. : 10h-17h30 - 3,90 $.
Construite en 1813 pour parer à toute attaque américaine, cette tour Martello, aujourd'hui classée site historique national, fut aussi utilisée pendant les deux guerres mondiales. Au cours de la seconde, elle fut rehaussée pour abriter le poste de commandement de la défense antiaérienne. À l'intérieur, évocation de l'histoire militaire de St John. De la tour, **vue panoramique★★** sur la ville, le port, ses docks, le terminal ferroviaire et le brise-lames de l'île Partridge.

5

😊 NOS ADRESSES À SAINT JOHN

Plan de ville p. 506

HÉBERGEMENT

BUDGET MOYEN

**Homeport Historic
B & B** – *80 Douglas Ave -
☎ 506 672 7255 ou 1 888 678 7678 -
www.homeport.nb.ca* - 🅿 - *10 ch.*
Bâti sur une crête rocheuse d'où
la vue s'étend jusqu'à la baie, ce
manoir de style toscan (1858) a
été transformé en maison d'hôte.
Les grandes chambres sont
pourvues de mobilier d'époque
victorienne glané dans les
boutiques et les ventes régionales.
Le petit déjeuner, copieux,
comprend un plat chaud, un fruit
frais et un granola maison.

À Rothesay

Shadow Lawn Inn –
*3180 Rothesay Rd -
☎ 506 847 7539 ou 1 800 561 4166 -
www.shadowlawninn.com -
🅿 - 9 ch.* Cet hôtel au style
recherché s'élève à 10mn du centre-
ville de St John. Il fut construit en
1870 pour un propriétaire de grand
magasin en quête d'une résidence
d'été. Ses chambres, hautes de
plafond (pour celles qui sont à
l'avant) sont meublées d'époque
(ou de copies). Un généreux petit
déjeuner continental est compris
dans le prix. De bonne réputation
dans la région, le restaurant
propose une cuisine canadienne
dans un cadre raffiné.

RESTAURATION

PREMIER PRIX

Taco Pica – *96 Germain St. -
☎ 506 633 8492 - www.tacopica.ca.*
Ouvert par des immigrés
guatémaltèques en 1994,
il demeure depuis l'une des
meilleures options de St John
pour qui se lasse des hamburgers
et du poisson frit. Des cocktails
de jus de fruits pressés
accompagnent les classiques
soupes de haricots noirs, tacos
doux, fajitas et autres plats
mexicains.

BUDGET MOYEN

Billy's Seafood –
*49-51 Charlotte St. - ☎ 506 672
3474.* Situé à l'entrée principale
du marché, ce lieu est idéal pour
se délecter de poissons et fruits
de mer. Le joli magasin vend
ses produits en journée puis se
convertit, le soir, en un restaurant
chic et sans prétention. Moins
cher que les attrape-touristes du
bord de mer, le Billy's cuisine ses
produits de mille manières. Quel
que soit votre choix, vous ne serez
pas déçu.

AGENDA

🙂 **Bon à savoir** – Chaque
année en été, St John est très
animée: concerts et spectacles
se succèdent pour le plus grand
plaisir de tous.

Le Saint John au niveau de Grand Falls Gorge.
Radius Images / Photononstop

Vallée du Saint John

★★

 SE REPÉRER

Carte de région AB1-2 (p. 478-479). La Transcanadienne qui relie Fredericton à Edmundston suit la vallée du St John sur une grande partie de son trajet.

À NE PAS MANQUER

Grand Falls Gorge, l'une des curiosités les plus connues de la province.

ORGANISER SON TEMPS

Vous pouvez remonter le St John jusqu'à Edmundston *(voir notre circuit p. 512)* ou faire une boucle au départ de St John en suivant la vallée jusqu'à Fredericton, puis en vous dirigeant vers le nord le long de la rivière Miramichi, pour redescendre ensuite le long de la côte du détroit de Northumberland et rejoindre St John.

5

AVEC LES ENFANTS

Le village reconstitué de Kings Landing Historical Settlement.

De sa source dans le Maine à son embouchure dans la baie de Fundy, le St John traverse d'abord une région d'exploitation forestière, puis arrose une vallée parsemée des fermes les plus prospères du Nouveau-Brunswick. La vallée du St John ne fut guère colonisée avant l'arrivée, en 1783, de quelque 4 000 loyalistes qui s'établirent le long de ses rives. Au 19ᵉ s., de nombreux bateaux à vapeur sillonnaient le fleuve pour desservir les cités riveraines. Aujourd'hui, le St John demeure un axe de passage important.

Circuit conseillé Carte de région p. 478-479

DE FREDERICTON À EDMUNDSTON AB1-2

▷ *Circuit de 285 km tracé en vert sur la carte p. 478-479.*
Quitter Fredericton (voir p. 491) par la Transcanadienne (route 2).
Après avoir traversé la capitale provinciale, la Transcanadienne longe le fleuve et atteint bientôt le barrage de Mactaquac, le plus grand ouvrage hydraulique de la province. Sur la rive nord de son lac de retenue (longueur : environ 105 km) se trouve le **parc provincial Mactaquac**, très apprécié des sportifs. La route suit la rive sud du lac artificiel et la route 102, qui longe la rivière, offre de belles **vues★** d'un paysage de plus en plus rural, aux formes adoucies.

★★ Kings Landing Historical Settlement A2

Km 37. 5804 Rte 102, Kings Landing - ☎ 506 363 4999 - www.kingslanding.nb.ca - de déb. juin à mi-oct. : 10h-17h - 16 $.

👪 Typique des établissements loyalistes qui jalonnaient jadis les rives du fleuve, ce village reconstitué occupe un très joli **site** dans la vallée d'un petit affluent du St John et donne une image fidèle de ce qu'était la vie dans la région de 1783 à 1900.

Le terrain sur lequel fut construit le village avait été consenti après la guerre d'Indépendance aux vétérans des King's American Dragoons. Ces derniers s'y établirent comme bûcherons, fermiers ou constructeurs de bateaux. La plupart des édifices que l'on visite aujourd'hui ont été transportés ici lorsque le lac du barrage de Mactaquac inonda les terres voisines.

Près de 100 personnes animent le village, expliquant volontiers les tâches quotidiennes de la vie rurale au 19e s. On voit les fermes et leurs champs cultivés, l'église, l'école, la forge et le magasin général du village. Le **théâtre** donne des représentations. La **scierie** fonctionne, sa large roue à aubes entraînant la scie qui taille les troncs. L'auberge **Kings Head Inn**, typique des relais routiers de l'époque, sert des mets et des rafraîchissements traditionnels. La résidence Morehouse, à l'aspect confortable, voisine avec l'élégante maison Ingraham, dont le joli jardin domine le fleuve.

Au débarcadère est amarré un **bateau en bois**, réplique réduite de moitié d'un chaland qui charriait le bois scié et le foin des fermes jusqu'au marché.

Entre Kings Landing et Woodstock, on jouit sur la route 102 d'excellentes **vues★★** sur le fleuve large et tranquille, dans un paysage doucement vallonné où alternent bois et cultures.
Après Woodstock, quitter la Transcanadienne et prendre la route 103 jusqu'à Hartland.

★ Hartland A2

Petite ville fondée par les loyalistes, située dans une région de culture de la pomme de terre. En arrivant par la route 103 qui domine le fleuve, belle **vue★** sur le **pont couvert** le plus long du monde (391 m) reliant les routes 103 et 105, par lequel la Transcanadienne passa jusqu'en 1960. Seules les voitures sont autorisées à le franchir. Cet ouvrage de bois en forme de grange constitue la curiosité la plus célèbre d'Hartland.

FOUGÈRES

On ramasse au printemps les jeunes crosses de certaines variétés de fougères comestibles poussant sur les rives du St John. Bouillies, accommodées d'un filet de citron et d'une noix de beurre, elles composent un mets de choix dont le goût se rapproche de celui des asperges sauvages ou des fonds d'artichaut.

LA RÉPUBLIQUE DU MADAWASKA

Petite enclave entre le Québec et le Maine, la région au sud du lac Témiscouata et au nord de la rivière Aroostook était jadis appelée Madawaska. Elle fut colonisée à partir de 1785 par des Acadiens qui s'installèrent sur les deux rives du St John. Le traité de 1842, qui fixa les frontières entre les États-Unis et le Nouveau-Brunswick, coupa la colonie en deux, mais la région garde encore une unité profonde sur les deux versants de la vallée. Longtemps isolée, elle vécut repliée sur elle-même, développant un esprit régional affirmé que ses habitants (surnommés **Brayons**) rappellent plaisamment en parlant de leur « République » toute symbolique, dirigée par son « président », le maire d'Edmundston. Pour donner corps à cette image, ils ont créé leur propre drapeau (un aigle à tête blanche entouré de six étoiles représentant les différentes origines ethniques des habitants : Acadiens, Québécois, Amérindiens, Américains, Anglais et Irlandais).

Coiffé d'un réseau de puissants madriers (dont on ne pourra véritablement apprécier la complexité que de l'intérieur), le pont fut achevé en 1901 et restauré en 1920. Notons qu'au Canada, les premiers ponts étaient en bois. Sous la rudesse du climat, les couvrir prolongeait leur durée de vie de 50 à 60 ans. *Prendre la route 105 sur la rive est jusqu'à Florenceville, puis la Transcanadienne jusqu'à Grand Falls.*

La Transcanadienne offre de jolies **vues★** sur le St John et sur la région agricole au nord de Florenceville. En poursuivant sa course vers le Maine, le fleuve traverse des paysages de plus en plus montagneux.

Quitter la Transcanadienne pour entrer en ville.

★★ Grand Falls Gorge A1

Falls and Gorge Commission - ℘ *506 475 7769 ou 1 877 475 7769 - www.grand-falls.com.*

La ville est construite sur un plateau déchiré sur près de 1,5 km par une gorge profonde où le fleuve, large et calme, s'engouffre brutalement en formant de larges chutes, qui expliquent le nom de cette cité. Deux points de vue permettent d'admirer l'ampleur de la gorge.

Falls Park – *Dép. du centre Malobiannah - juil.-août : 9h-21h ; juin : 10h-18h ; de déb. sept. à mi-oct. : 10h-17h - 5 $ (8 $ en visite guidée).* Le parc ménage de jolies **vues★** sur les chutes et la gorge. En arrière-plan se distingue la centrale. *Reprendre la Transcanadienne.*

Le St John redevient calme et large. En amont de Grand Falls, il forme la frontière entre le Nouveau-Brunswick et l'État américain du Maine.

Edmundston A1

Cité industrielle dominée par les deux flèches de la **cathédrale de l'Immaculée Conception**, Edmundston contraste avec la région essentiellement agricole qui l'entoure. À cause des rapides de la Madawaska, la ville s'appelait encore Petit-Sault par opposition au Grand-Sault (Grand Falls) en aval, lorsqu'elle prit en 1856 son nom actuel en l'honneur du gouverneur de la province, **Edmund Head** (1848-1854). Elle est aujourd'hui la métropole d'une région largement francophone et catholique.

Musée Madawaska – *Sur la Transcanadienne. 195 Hébert Blvd. -* ℘ *506 737 5282 -* ♿ *- ouvert tte l'année - horaires et tarifs, se renseigner.* Il retrace l'histoire de la région.

5

Nouvelle-Écosse

Province de la côte est du Canada, la Nouvelle-Écosse (Nova Scotia) se compose d'une péninsule longue et relativement étroite rattachée au Nouveau-Brunswick par l'isthme de Chignecto. Elle se prolonge au nord-est par l'île du Cap-Breton. Ses 7 600 km de côtes dentelées sont tour à tour baignés par les eaux du détroit de Northumberland, du golfe du St-Laurent, de l'océan Atlantique et de la baie de Fundy.

Au cours de l'histoire, la proximité de la mer et la présence de nombreux ports naturels ont conféré à la Nouvelle-Écosse un rôle stratégique dont la forteresse d'Halifax, capitale provinciale, illustre l'importance.

UN PEU DE GÉOGRAPHIE

La péninsule

Cette portion de terre rattachée au continent mesure 565 km de long sur environ 130 km de large. Elle est plutôt plate à l'exception de la côte est, rocheuse et échancrée, et de l'intérieur boisé qui s'élève jusqu'à 210 m. La limite nord du plateau intérieur est marquée par les **monts South**. Parallèles à ces derniers sur 190 km, les **monts North** longent la côte de la baie de Fundy du cap Blomidon à la pointe de Digby Neck. Bien abrités entre les deux chaînes s'étendent les riches vergers des vallées de l'Annapolis et de Cornwallis. Enfin, les **monts Cobequid**, aux sommets rabotés, traversent sur environ 120 km le comté de Cumberland, voisin de l'isthme de Chignecto.

L'île du Cap-Breton

Immense plateau boisé, cette île, au nord, s'élève à 532 m au-dessus d'une jolie côte sauvage, souvent baignée par la brume. Relativement peu élevée, la partie méridionale de l'île culmine au détroit de Canso. Quant au centre, il est caractérisé par la présence d'une mer intérieure de 930 km^2, le **lac Bras d'Or**, qui coupe pratiquement l'île en deux.

UN PEU D'HISTOIRE

Une longue tradition maritime

La Nouvelle-Écosse a véritablement tissé son passé avec la mer. Dans un pays doté d'abondantes ressources forestières, la **construction navale** (fondée par les premiers colons et les loyalistes) apporta la prospérité, surtout durant les guerres napoléoniennes (1803-1815) lorsque l'Angleterre avait un immense besoin de bois de construction et de réparations navales. Sur la côte sud de la Nouvelle-Écosse, les goélettes passèrent à la légende, tout comme leurs équipages, que les Américains surnommaient en raillant **Bluenosers** (les nez bleus) à cause du froid régnant dans la région.

Plusieurs fortunes se firent dans la **guerre de course** : les innombrables anses et criques de la côte est, autour de Liverpool surtout, cachèrent en leur temps plus d'un bateau corsaire. Ces derniers attaquaient les navires d'autres nationalités avec l'autorisation du gouvernement, pratique qui disparut sous la menace de sanctions. Vers 1900, l'importance des chantiers navals avait déjà diminué. La vapeur remplaça la voile et l'acier remplaça le bois des coques. Aujourd'hui, seuls quelques bateaux sont encore construits dans la région de Lunenburg.

Préservation du patrimoine

Tant au niveau fédéral que provincial, le gouvernement prend depuis plusieurs années déjà une part active dans la conservation du patrimoine historique néo-écossais, rejoint dans ses efforts par d'innombrables organisations locales et sociétés historiques. Seul le Québec dépasse la Nouvelle-Écosse en termes de nombre de sites historiques. Cette dernière en détient plus d'une vingtaine, ouverts au public, sous la tutelle administrative du système provincial des musées.

La population de Nouvelle-Écosse s'est enrichie, au cours des siècles, d'apports divers : écossais, certes, mais aussi néerlandais, anglais, français, allemands, grecs, hongrois, irlandais, italiens, libanais, polonais et autres. Activité très prisée du public, les **recherches généalogiques** offrent à chacun la possibilité de retracer ses origines ethniques par l'intermédiaire des musées, écoles, universités, églises et sociétés spécialisées. La généalogie de la population noire de Nouvelle-Écosse est par exemple consignée à Dartmouth, celle des planteurs immigrants de Nouvelle-Angleterre à Kentville.

Toutes sortes de manifestations culturelles perpétuent les traditions ancestrales, l'une des plus importantes étant le **Gathering of the Clans** (ou Rassemblement des clans – *www.pugwashvillage.com/gathering.html*), qui rappelle les débuts écossais de la colonisation. Sur la côte est de l'île du Cap-Breton, de nombreuses boutiques et des musées locaux permettent de découvrir les techniques artisanales acadiennes, tandis que la côte ouest de l'île et la péninsule fournissent maintes occasions d'apprécier l'artisanat gaélique.

La promotion des plats régionaux appelée « Taste of Nova Scotia », passe par quelque 70 établissements qui font goûter aux visiteurs des plats traditionnels : râpures acadiennes, agneau du Cap-Breton, galettes d'avoine écossaises et « grognes » aux bleuets.

☺ NOUVELLE-ÉCOSSE PRATIQUE

INFORMATIONS UTILES

Office de tourisme
Tourism Nova Scotia –
PO Box 456, Halifax -
℘ 902 425 5781 ou 1 800 565 0000 -
www.novascotia.com.

Sites Internet
Province – *www.gov.ns.ca.*
Parcs – *www.novascotiaparks.ca.*

Heure locale
La Nouvelle-Écosse vit à l'heure
de l'Atlantique.
🔧 *Carte des fuseaux horaires, p. 17.*

Taxes
La GST ou TPS et la TVP sont
remplacées par une taxe de vente
harmonisée (TVH) de 15 %.

Loi sur les alcools
L'âge légal pour la consommation
d'alcool est fixé à 19 ans.

Loi sur le tabac
L'achat de tabac est interdit aux
moins de 19 ans.

Jour férié provincial
Jour de la Fondation – 1er lun.
d'août à l'exception d'Halifax où
la date est variable.

TRANSPORTS

En avion
**Halifax Robert L. Stanfield
International Airport** –
℘ 902 873 4422 - www.hiaa.ca.

Sydney Airport - *℘ 902 564 7720 -
www.sydneyairport.ca.*
Air Canada propose des vols
quotidiens à destination d'Halifax
au départ de certaines villes
américaines et canadiennes,
comme Montréal et Toronto.
Air Canada Express –
www.flyjazz.ca. Elle dessert les
provinces de l'Atlantique et relie la
Nouvelle-Écosse à plusieurs villes
du Canada et des États-Unis.
🔧 *Voir « Transports intérieurs »,
p. 25.*

En train
VIA Rail assure des services
réguliers en Nouvelle-Écosse avec
Toronto ou Montréal.
🔧 *Voir « Transports intérieurs »,
p. 25.*

En autocar
🔧 *Voir « Transports intérieurs »,
p. 25.*

En bateau
Les ferries ou traversiers relient
Yarmouth à **Bar Harbor** (Maine,
3h) et **Portland** (Maine, 5h30).
Liaisons également entre **Digby**
et **St John** (N.-B.).
Bay Ferries – *℘ 1 877 762 7245 -
www.ferries.ca.*

En voiture
La N.-É. possède des routes
goudronnées en bon état, mais
il existe des chemins non revêtus
dans l'arrière-pays.

Halifax

★★

287 082 habitants

😊 NOS ADRESSES PAGE 525

 S'INFORMER

Waterfront Visitor Information Centre – *Sackville Landing -* ℘ *1 800 565 0000.*
Destination Halifax – *1800 Argyle St., suite 802 - ℘ 902 422 9334 - www.destinationhalifax.com.*

SE REPÉRER

Carte de région C3 (p. 478-479) - plan de ville (p. 518). Halifax se trouve à mi-parcours sur la côte est de la Nouvelle-Écosse, face à l'océan Atlantique.

SE GARER

Le centre-ville d'Halifax est assez engorgé et le stationnement difficile. Les parcmètres ont des codes de couleur qui indiquent le temps de stationnement maximal. Il existe aussi des parkings publics ou privés.

À NE PAS MANQUER

Les vues depuis la citadelle.

ORGANISER SON TEMPS

Il faut au moins deux jours pour visiter Halifax, qui peut en outre servir de lieu de départ à des excursions dans les environs.

AVEC LES ENFANTS

Les expositions qui leur sont destinées au Maritime Museum of the Atlantic, au Museum of Natural History et au Pier 21 National Historic Park.

La capitale provinciale se situe sur la côte est de la péninsule de la Nouvelle-Écosse. Sa rade, profonde échancrure de la côte atlantique, est l'un des meilleurs sites portuaires du monde. Elle se rétrécit pour former un vaste bassin intérieur, le bassin de Bedford, qui mesure 5 km de long pour 2,5 km de large. La péninsule en forme de pied, sur laquelle s'élève la ville, est dominée par une colline accueillant une citadelle en forme d'étoile. Le long du détroit s'alignent la plupart des docks et des quais du port. Les îles qui ferment l'entrée de la rade constituent d'excellents emplacements de défense.

Se promener Plan de ville p. 518

★★ **Halifax Citadel National Historic Site**

℘ *902 426 5080 - www.pc.gc.ca -* **P** *- ouv. tte l'année - citadelle juil.-août : 9h-18h ; mai-juin et sept.-oct. : 9h-17h ; le reste de l'année : ouv. avec prestations réduites 9h-17h - fermé 25 déc. - 11,70 $ (7,80 $ hors saison).*

Situé sur une colline surplombant le centre-ville et la rade, cet ouvrage défensif en forme d'étoile aux murs entourés d'un fossé à sec est aujourd'hui voué à la préservation du patrimoine militaire d'Halifax.

5

Quatrième fortification érigée sur ce site depuis 1749, la construction actuelle fut commencée en 1828 sur l'ordre du duc de Wellington et s'acheva en 1856. Elle ne subit aucune attaque et demeura propriété militaire (anglaise, puis canadienne) jusqu'à la Seconde Guerre mondiale.

La place fortifiée offre de jolies **vues**★ sur la ville, le port, George's Island et le pont Angus MacDonald. On y accède à pied du centre-ville ou en voiture par la rue qui contourne l'ouvrage. Remarquez la petite tour octogonale avec son **horloge** à quatre cadrans. Construite en 1803 sur l'ordre du prince Édouard, elle devint le symbole de la ville et fut restaurée en 1962. Ses cloches qui sonnent les heures perpétuent le souvenir de cet amoureux de la ponctualité. Sur la place d'armes, au centre de la citadelle, des soldats en uniforme du 19e s. montent la garde ou font de l'exercice de mi-juin à fin août.

La citadelle abrite un centre d'accueil, une caserne, des poudrières, un petit musée et des expositions variées. On peut monter sur les remparts garnis de canons, et accéder aux demi-lunes et à la caponnière. Un montage audiovisuel *(50mn)* intitulé *Tides of History* (*Marées de l'histoire*) raconte l'histoire d'Halifax. Un **coup de canon** est tiré chaque jour à midi précis.

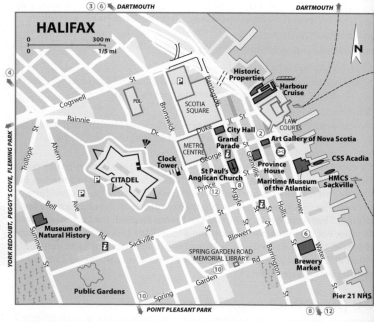

SE LOGER	
Fountainview Guest House	④
Fresh Start B & B	⑥
Halliburton House Inn (The)	⑧
Lord Nelson Hotel and Suites (The)	⑩
Prince George Hotel (The)	⑫

SE RESTAURER	
Bluenose II Restaurant	②
Boondock's Restaurant	③
Da Maurizio Dining Room	⑥
Economy Shoe Shop Café	⑧
La Frasca Cibi and Vini	⑩
Tomavino's Pizzeria and Cellar Ristorante	⑫

★ Historic Properties et port d'Halifax

Aujourd'hui rénové et réservé aux piétons, le vieux quartier des entrepôts délimité par Upper Water Street, Duke Street et l'échangeur de Cogswell est devenu, sous le nom d'Historic Properties, un secteur très attrayant. Les bâtiments de pierre ou de bois du 18ᵉ s. abritent boutiques, ateliers d'artistes, restaurants et pubs dont les terrasses débordent sur les quais.

À l'ouest de ce quartier, les rues bordées d'édifices restaurés mènent à Granville Street Mall et Scotia Square. Une **promenade de bois** suit le quai autour de l'hôtel Marriott Harbourfront, longe le palais de justice et atteint l'embarcadère du traversier pour Dartmouth. Plus au sud se trouve **Brewery Market**, ancienne brasserie restaurée qui abrite aujourd'hui des restaurants, des boutiques et même un marché le samedi matin.

★★ Excursion dans la rade

Murphy's The Cable Wharf - ℰ 902 420 1015 - www.mtcw.ca - dép. de Cable Wharf - ♿ 🅿 - de mi-mai à mi-oct. : horaires, se renseigner - 2h AR - 30 $ - également d'autres circuits.

Effectuées sur d'anciennes barges de transports de soldats, les promenades dans la rade passent par les chantiers navals (où s'effectua, durant la Seconde Guerre mondiale, la réparation de 7 000 vaisseaux), le port militaire et ses contre-torpilleurs, sous-marins et autres navires, le terminal céréalier et le port des conteneurs avec ses grues à portique. Le *Harbour Queen I* effectue quant à lui des croisières-dîner.

Après avoir contourné Point Pleasant, on remonte le **North West Arm**, charmant bras de mer bordé de clubs nautiques et de belles propriétés.

★ Maritime Museum of the Atlantic

1675 Lower Water St. - ℰ 902 424 7490 - http://museum.gov.ns.ca/mmanew - ♿ - mai-oct. : 9h30-17h30 (mar. 20h), dim. 9h30-17h30 (à partir de juin) ; le reste de l'année : mar.-sam. 9h30-17h (mar. 20h), dim. 13h-17h - fermé 1ᵉʳ janv., Vend. saint et 25-26 déc. - 9,25 $ (5 $ nov.-avr.) - CSS Acadia : rens. ℰ 902 424 7491.

👥 Situé au bord de la mer avec vue sur la rade, ce musée présente toutes sortes de petites embarcations, maquettes de bateaux, photographies et expositions sur l'histoire maritime (âge d'or des voiliers, époque des vapeurs, etc.). On remarquera tout particulièrement le **magasin d'accastillage** (restauré), installé dans un vieil entrepôt contenant de la quincaillerie marine. À noter également la belle exposition consacrée au *Titanic* et celle narrant l'explosion de 1917 *(voir l'encadré p. 522).*

À l'extérieur, il est possible de monter à bord du plus grand bâtiment du musée, le navire à vapeur **CSS Acadia**, construit en 1913 pour le Service hydrographique du Canada.

5

HMCS Sackville

Canada Naval Memorial Trust, le long de Sackville Jetty - ℰ 902 429 2132 - www.canadasnavalmemorial.ca - 10h-17h - 5 $.

On visite cette corvette de la Seconde Guerre mondiale qui participa à la bataille de l'Atlantique.

★ Province House

1726 Hollis St. - ℰ 902 424 4661 - www.nslegislature.ca - ♿ - juil.-août : 9h-17h, w.-end et j. fériés 10h-16h ; le reste de l'année : lun.-vend. 9h-16h - les visiteurs doivent retirer une autorisation d'entrée au comptoir.

Institution remontant à 1758, l'Assemblée législative de la Nouvelle-Écosse loge dans ce bâtiment georgien de 1819.

Une histoire capitale

UNE VOCATION MILITAIRE

Halifax fut fondée en juillet 1749 par **Edward Cornwallis**, gouverneur de la Nouvelle-Écosse, pour faire échec à la forteresse française de Louisbourg, qui représentait une menace pour l'Angleterre et qui, assiégée et conquise en 1745 par des troupes de la Nouvelle-Angleterre, avait cependant été rendue à la France trois ans plus tard. Ainsi, dès le début, Halifax fut une place forte peuplée de soldats et de marins anglais dont les vaisseaux étaient ancrés dans la rade. La présence militaire donnait le ton. Elle animait les bals et les réceptions de l'aristocratie et favorisait la fréquentation de maisons closes établies le long des quais. Les règlements militaires régissaient alors la ville, et il fallut près de cent ans avant qu'Halifax n'obtienne, avec le statut de cité, le droit pour ses habitants de contrôler quelque peu leurs propres affaires.

LES PRINCES ROYAUX

Bannis d'Angleterre par leur père pour cause d'inconduite, deux des fils de **George III** vécurent à Halifax. Le futur **Guillaume IV** (1765-1837) fêta son 21e anniversaire en ripailles dans le quartier du port. Son frère **Édouard** (1767-1820), duc de Kent et futur père de la reine Victoria, servit en qualité de commandant en chef de la place de 1794 à 1800. Il dépensa une fortune pour équiper Halifax en ouvrages fortifiés. Ces derniers firent de la ville l'un des points forts de la stratégie britannique, formant avec la Grande-Bretagne, Gibraltar et les Bermudes un puissant quadrilatère de défense. Partisan d'une discipline rigide, le prince Édouard faisait fouetter ou pendre ses hommes au moindre méfait. Il fit installer un système de sémaphore permettant de transmettre ses ordres à ses troupes à partir d'Annapolis Royal, de l'autre côté de la péninsule, ou de sa retraite sur le bassin de Bedford, où vivait sa maîtresse.

PERSPECTIVES ACTUELLES

Métropole des provinces de l'Atlantique, Halifax en est à la fois la capitale commerciale et financière. La ville joue également le rôle de centre administratif de la Nouvelle-Écosse, et abrite la base atlantique de la **Marine canadienne** ainsi qu'une importante communauté scientifique. Halifax possède aussi, bien sûr, un grand port, équipé notamment d'un silo élévateur et d'installations destinées à recevoir les navires porte-conteneurs et les pétroliers.

Les collines sillonnées de rues aux maisons de bois colorées à proximité de l'Océan évoquent la déclivité (et le charme pénétrant) de San Francisco. Le front de mer bourdonne d'activité en été : restaurants et cafés font salle comble, vendeurs et artistes de rue occupent la promenade, le bassin de plaisance déborde d'embarcations de clubs nautiques et le port vibre du trafic des paquebots. La citadelle et le port, dont l'importance fut cruciale pour le développement de la ville, attirent des visiteurs admiratifs de plus en plus nombreux.

Le front de mer d'Halifax.
Kitchin & Hurst / First Light / age fotostock

On peut visiter la **chambre rouge**, où se réunissait jadis le Conseil, et admirer les portraits de George III et de la reine Charlotte qui ornent les murs. Lorsque l'Assemblée est en session, la **salle des séances** est le théâtre de débats fort animés. Également ouverte au public, la **bibliothèque de l'Assemblée** abritait autrefois la Cour suprême de la province. Dans cette pièce, en 1835, le célèbre journaliste et orateur **Joseph Howe** dut se défendre de l'accusation de diffamation, pour avoir critiqué l'administration des magistrats d'Halifax. Son acquittement assura la liberté de la presse dans la province. Peu après, Howe entamait une carrière politique. Il lutta, en vain, contre les partisans de l'entrée de la Nouvelle-Écosse dans la Confédération.

★ Art Gallery of Nova Scotia

1723 Hollis St. - ℰ 902 424 5280 - www.artgalleryofnovascotia.ca - ♿ - 10h-17h, jeu. 10h-21h, dim. 12h-17h - visite guidée mar.-dim. 14h30, jeu. 14h30 et 19h - fermé 1er janv. et 24-26 déc. - 12 $.

L'imposant Dominion Building (1868) et le bâtiment adjacent (Provincial Building) abritent un musée moderne, riche de quelque 9 000 objets. Sont exposées des œuvres anciennes et contemporaines d'artistes canadiens, dont des tableaux du fameux **groupe des Sept**, et d'artistes internationaux. Notez aussi une belle collection d'**art populaire** régional (peinture, sculpture, papier et textiles) ainsi qu'une collection d'**art inuit**, réduite mais excellente.

5

Grand Parade

Bordé d'un côté par l'**hôtel de ville** et de l'autre par l'**église anglicane St-Paul**, premier lieu de culte protestant au Canada (1750), cet agréable jardin public a toujours été au centre des activités de la ville. Ainsi, le crieur y proclamait-il jadis les nouvelles, la milice s'y rassemblait et l'on pouvait y louer des chaises à porteurs. Grand Parade est souvent le théâtre, à midi, de manifestations estivales auxquelles les spectateurs assistent de leurs bancs ombragés.

L'EXPLOSION DE 1917

Au cours des deux guerres mondiales, les navires se groupaient en convois pour mieux se protéger des sous-marins allemands durant la traversée de l'Atlantique, et le bassin de Bedford, vaste et sûr, se prêtait au rassemblement de tels convois. En décembre 1917, un vaisseau de ravitaillement belge, l'**Imo**, heurta dans le port d'Halifax un transporteur de munitions français, le **Mont-Blanc**, qui s'était joint à un convoi. Empli d'acide picrique, de coton-poudre, de TNT et de benzol, ce dernier explosa, provoquant une déflagration d'une violence inouïe. Du *Mont-Blanc* ne furent retrouvés qu'un canon dans le lac Albro, près de Dartmouth, et une ancre d'une tonne et demie qui atterrit à plus de 3 km du lieu de la collision. La partie nord de la ville fut entièrement soufflée, la gare de triage et les docks détruits ; les vitres se brisèrent jusqu'à Truro, à 100 km de là, et le bruit de l'explosion fut entendu à plus de 160 km. Par miracle, l'équipage avait pu être évacué à temps, mais l'accident coûta la vie à environ 2 000 habitants, 9 000 personnes furent blessées et 199 furent rendues aveugles par des éclats de verre. La moitié de la ville se réfugia, en plein hiver, sous des tentes ou dans des maisons sans vitres.

★ Museum of Natural History

1747 Summer St. - ☎ 902 424 7353 - http://museum.gov.ns.ca/mnhnew - ♿ 🅿 - 9h-17h (merc. 20h) - fermé oct.-mai : lun. - 6,25 $.

👫 Ce musée, qui se prête aux visites en famille, présente la Nouvelle-Écosse dans son contexte géographique (géologie, faune et flore) et humain (archéologie, histoire). À l'intérieur, intéressante exposition sur les Amérindiens **micmacs**, et dioramas illustrant l'histoire naturelle de la province. Une section est consacrée à la vie marine, plus particulièrement aux baleines et aux requins. Les enfants seront enchantés par le bassin tactile d'animaux marins et par la ruche, ainsi que par les serpents, les grenouilles et la tortue Gus du **centre de nature**.

★ Public Gardens

Entrée principale à l'angle de Spring Garden Rd et de South Park St. ☎ 902 423 9865 - www.halifaxpublicgardens.ca - ♿ - mai-nov. : de 8h au coucher du soleil.

Inauguré en 1867, ce parc de 7 ha est un bel exemple de jardin victorien avec son kiosque ouvragé, ses arbres pleureurs, ses bassins, ses fontaines, ses statues et ses parterres de fleurs. La lourde grille d'entrée est en fer forgé.

★ Point Pleasant Park

Interdit à la circulation ; parking à l'angle de Point Pleasant Dr. et de Tower Rd, près du terminal des conteneurs. ☎ 902 490 4700 - www.pointpleasantpark.ca - du lever au coucher du soleil.

Longtemps zone militaire renforcée de batteries et de fortifications (dont les vestiges demeurent) pour défendre l'entrée de la rade, ce joli parc de 75 ha occupe la pointe sud de la péninsule d'Halifax et offre des **vues★★** splendides sur le North West Arm et sur la rade. En 2003, l'ouragan Juan a détruit plus de 75 000 arbres du parc. Un plan de renouvellement des arbres est en cours.

Prince of Wales Tower National Historic Site – *☎ 902 426 5080 - www.pc.gc.ca - site ouvert tte l'année - tour juil.-août : 9h-17h.* Érigée en 1796 sur les ordres du prince Édouard, cette massive construction en pierre fut la première en Amérique du Nord d'un type qui devait se répandre sous le nom de **tour Martello** *(voir p. 508)*, et dont toute la côte anglaise fut garnie plus tard pour prévenir une invasion par les troupes de Napoléon. Diverses expositions présentent l'histoire de ce site historique national, son architecture et son importance en tant qu'ouvrage défensif.

★ Pier 21 National Historic Site

1055 Marginal Rd - ✆ *902 425 7770 - www.pier21.ca -* ♿ 🅿 *- mai-nov. : 9h30-17h30 (17h nov.) ; déc.-mars : mar.-sam. 10h-17h ; avr. : lun.-sam. 10h-17h - fermé 25 déc. - 8,60 $.*

👥 Ce terminal, restauré, sur les quais au sud du centre-ville demeure aujourd'hui le dernier centre de rassemblement des services de l'immigration au Canada. Plus de un million de réfugiés, d'immigrants et d'épouses de guerre ont franchi ses murs, de son ouverture en 1928 jusqu'en 1971, lorsque le trafic maritime des passagers a considérablement diminué en faveur du trafic aérien. Près de 500 000 soldats sont partis de ce quai vers l'Europe et les combats de la Seconde Guerre mondiale.

Le centre a été transformé en un vaste hall où photographies, documents et présentations multimédias retracent l'historique du flux migratoire, européen dans sa majorité. Les activités interactives et le wagon de chemin de fer passionneront les enfants.

Sir Sandford Fleming Park

À 5,5 km par Cogswell St., Quinpool Rd et Purcell's Cove Rd (route 253). ✆ *902 490 4894 -* ♿ 🅿 *- de 8h au coucher du soleil - sentiers de promenade, baignade, canotage, aire de pique-nique.*

Ce havre de verdure dans un quartier résidentiel de la ville fut créé à la mémoire de l'Écossais **Sandford Fleming** (1827-1915). Ingénieur du génie civil et remarquable homme de science, il joua un rôle décisif dans la construction du Canadien Pacifique. Il dessina également le premier timbre-poste canadien et suggéra l'adoption d'un système horaire international basé sur le principe des fuseaux horaires.

🚶 Des sentiers partant de Purcell's Cove Road *(route 253)* mènent à l'étang de la Grenouille (ou *Frog Pond*).

Tour Dingle – *Mai-oct. : de 8h au coucher du soleil.* Elle offre une vue embrassant la longue étendue d'eau du North West Arm.

★ McNab's Island

Accès par bac au départ d'Halifax ; contacter l'office du tourisme d'Halifax pour les horaires - ✆ *902 422 9334.*

Située dans la rade d'Halifax, à l'est de Point Pleasant Park, cette île dévoile aux amoureux de la nature ses forêts profondes, ses parterres colorés de fleurs sauvages et son grand étang. Les anciennes routes sont devenues des sentiers pédestres et cyclables menant, à l'extrémité sud, aux vestiges du fort McNab, à d'agréables plages et à un phare, révélant ainsi de beaux paysages. Les habitants de la région aiment rallier l'île en bateau, jeter l'ancre dans une crique paisible et camper.

À proximité Carte de région p. 478-479

★ York Redoubt National Historic Site C3

À 11 km par Cogswell St., Quinpool Rd et Purcell's Cove Rd (route 253). ✆ *902 426 5080 - www.pc.gc.ca -* 🅿 *- juil.-août : 8h-20h.*

Une batterie rudimentaire érigée en 1793 sur la pointe Sandwich, qui domine la mer de 50 m au plus étroit de l'entrée de la rade, est à l'origine de cet ouvrage fortifié. Lorsqu'en 1794, le prince Édouard prit le commandement militaire à Halifax, il renforça aussitôt la position et fit construire en 1798 une tour Martello, qui abritait un poste de signalisation permettant notamment de communiquer avec la citadelle. Il donna à cet ouvrage le nom de son frère, le duc d'York. La redoute servit, au cours de la Seconde Guerre mondiale, de centre de coordination de la défense d'Halifax et de sa rade contre d'éventuelles attaques allemandes.

On peut aujourd'hui voir les ruines de la tour de pierre, côté nord, et l'emplacement des canons qui faisaient partie de la ligne de défense du port. Du **poste de commandement**, côté sud, où une exposition montre les défenses d'Halifax, s'offrent par beau temps des **vues★** étendues sur la grande rade.

★ Dartmouth C3

Trajet en bac : dép. d'Halifax, Lower Water St. - ☎ 902 490 4000 - www.halifax.ca/ metrotransit/ferries.html - ♿ 🅿 - service interrompu 1ᵉʳ janv., Vend. saint, dim. de Pâques 25 déc. - 12mn aller - 2 $.

Deux ponts relient Halifax à Darmouth, ainsi qu'un **bac** d'où l'on jouit de belles vues sur les deux cités jumelles.

Dartmouth abrite d'importants chantiers navals ainsi que le **Bedford Institute of Oceanography**, premier centre de recherches océanographiques du pays. On flânera avec plaisir le long des petites rues bordées de boutiques et de cafés qui mènent jusqu'aux quais. Des concerts sont donnés dans un petit parc au bord de l'eau où se tient le pavillon de la Paix dans le monde, exposition à ciel ouvert de roches et de briques du monde entier.

The Quaker House – *57 Ochterloney St. - ☎ 902 464 2004 - www.dartmouth heritagemuseum.ns.ca - ♿ 🅿 - visite guidée uniquement juin-août : mar.-dim. 10h-13h, 14h-17h - 2 $.* En 1785, des chasseurs de baleines venus de la Nouvelle-Angleterre bâtirent un ensemble de 22 maisons. À quelques pas du débarcadère, la seule qui subsiste aujourd'hui est typique des demeures du 18ᵉ s. édifiées le long de cette côte, du Massachusetts à la Nouvelle-Écosse. Remarquez le colombage, la porte d'entrée décentrée, les poutres apparentes et l'étroit escalier en colimaçon.

Black Cultural Centre for Nova Scotia – *1149 Main St. - ☎ 902 434 6223 ou 1 800 465 0767 - www.bccns.com - ♿ 🅿 - juin-août : mar.-vend. 10h-16h, sam.-lun. 12h-15h ; le reste de l'année : mar.-vend. 9h-17h - 6 $.* Consacré à la protection du patrimoine historique et culturel de la communauté noire de la Nouvelle-Écosse, ce complexe contient une bibliothèque, un auditorium et des salles d'exposition abordant notamment les thèmes de l'immigration noire, de l'engagement militaire et de la religion. Le centre fut érigé à la mémoire de **William Hall** (1827-1904), premier Néo-Écossais et premier Noir à recevoir la croix de Victoria, prestigieuse décoration militaire décernée par la Couronne britannique pour acte d'héroïsme.

Shubenacadie Park – *Du port d'Halifax, prendre la route 111 vers le sud ; sortir sur Waverley Rd puis suivre les panneaux indicateurs. Locks Rd - ☎ 902 758 2040 - de mi-mai à mi-oct. 9h-18h30 - 4,50 $.* Il y a plus d'un siècle, l'ancien canal Shubenacadie reliait le port d'Halifax à la baie de Fundy par une série de lacs et de rivières. Une portion du canal traverse aujourd'hui un parc luxuriant sillonné de sentiers à parcourir à pied ou à vélo en bordure de deux lacs. En dépit de la proximité d'une autoroute, le parc procure un refuge paisible, loin de la vie citadine. Des écluses restaurées ponctuent le trajet du canal ; une collection de photographies, de cartes et d'objets anciens est exposée au Centre Fairbanks, siège administratif du canal. Le parc comprend également des terrains de jeux, une aire ouverte à la baignade et des locations de canoës, kayaks et barques.

★ Uniacke Estate Museum Park C3

À 40 km au nord-ouest par les routes 7 et 1 - 758 Main Rd, Mount Uniacke - ✆ 902 866 0032 - http://museum.gov.ns.ca/uemp/en - 🅿 - site ouv. du lever au coucher du soleil ; bâtiment ouv. de juin à mi-oct. : mar.-sam. 9h30-17h, dim. 11h-17h - 3,60 $.

Bâtie dans le style colonial, cette demeure (1815) munie d'un noble portique à fronton sur toute la hauteur de sa façade fut la maison de campagne de Richard Uniacke, procureur général de la Nouvelle-Écosse de 1797 à 1830. Elle contient son mobilier d'origine, dont plusieurs pièces d'acajou attribuées à l'ébéniste anglais George Adams.

😊 NOS ADRESSES À HALIFAX

Plan de ville p. 518

HÉBERGEMENT

PREMIER PRIX

Fountainview Guest House – *2138 Robie St. - ✆ 902 422 4169 ou 1 800 565 4877 - www.angelfire. com/id/fountainview -* 🅿. Cette pension de famille située en face des Communes, à un jet de pierre de Citadell Hill, est proche des restaurants et des commerces. Chambres de taille variable, salles de bains communes. Un petit déjeuner léger peut être servi dans la chambre *(supplément).*

BUDGET MOYEN

Fresh Start B & B – *2720 Gottingen St. (à proximité du pont Macdonald, à environ 1,5 km de Citadell Hill) - ✆ 902 453 6616 ou 1 888 453 6616 - www.bbcanada.com/2262.html -* 🅿 *- 8 ch.* Dans une demeure victorienne, les chambres propres et confortables ont une salle de bains privée ou commune. Le petit déjeuner est très agréable.

POUR SE FAIRE PLAISIR

The Halliburton House Inn – *5184 Morris St. - ✆ 902 420 0658 ou 1 888 512 3344 - www.thehalliburton.com -* 🅿.

Cet hôtel du centre-ville, installé dans trois maisons contiguës du 19ᵉ s., possède un charme tout campagnard. Un ravissant salon accueille les visiteurs avec ses fauteuils à oreilles, ses portraits à l'huile et sa cheminée. Le petit déjeuner est inclus dans le prix de la chambre. Le restaurant **Stories** *(✆ 902 444 4400)* est renommé pour son originalité. Profitez du jardin en été.

The Lord Nelson Hotel and Suites – *1515 South Park St. - ✆ 902 423 6331 ou 1 877 255 7136 - www.lordnelsonhotel.ca -* ♿ 🅿. Redécoré, cet édifice construit par le Canadien Pacifique (1928) conserve son atmosphère édouardienne tout en offrant des prestations modernes. Ce symbole local de l'hospitalité, qui porte le nom du héros britannique des guerres navales napoléoniennes, a reçu des membres de la famille royale et du gouvernement. Le hall est orné de panneaux de noyer et d'un plafond à caissons. Les chambres, refaites en tonalités douces, donnent souvent sur les jardins publics voisins. Le restaurant de style pub anglais **Victory Arms** est ouvert du matin au soir.

5

The Prince George Hotel – *1725 Market St. - ☎ 902 425 1986 ou 1 800 565 1567 - www.princegeorgehotel.com - ♿ 🅿 ♨ - 203 ch.* Son emplacement et son confort sont les points forts du Prince George. Situé au cœur du centre-ville près de Metro Centre (patinoire de hockey et centre de loisirs), à quelques centaines de mètres de la mer, l'hôtel comprend une salle de musculation dernier cri et une piscine intérieure chauffée. Le restaurant **Gio** (*☎ 902 425 1987 - www.giohalifax.com*) propose un menu sophistiqué confectionné à partir de produits locaux. L'hôtel prépare des pique-niques pour vos excursions.

RESTAURATION

PREMIER PRIX

Economy Shoe Shop Café – *1663 Argyle St. - ☎ 902 423 8845 - www.economyshoeshop.ca.* L'enseigne d'un ancien cordonnier a donné l'idée du nom, totalement incongru pour un restaurant. La place où se trouve le café est très animée. Le bar **Shoe Shop** est fréquenté par le milieu artistique. Le restaurant **Backstage** accueille le soir ceux qui sortent des théâtres. Le **Diamond** est un bar musical avec juke-box.

Tomavino's Pizzeria and Cellar Ristorante – *5173 South St. - ☎ 902 425 9111.* Cette trattoria aux murs de brique située à l'angle d'Hollis Street (en face de Westin) sert, à la lumière dansante des bougies, d'excellentes pizzas et pâtes fraîches. Les habitués ne se lassent pas de ses spécialités qu'ils accompagnent de boissons gazeuses italiennes. Terrasse sur le trottoir en été.

Bluenose II Restaurant – *1824 Hollis St. - ☎ 902 425 5092 -www.bluenoseii.ca.* Installé à l'angle de Duke Street et Hollis Street à proximité de Historic Properties, le Bluenose sert depuis plus d'un quart de siècle une cuisine sans prétention à prix doux. Ses milk-shakes, clams et frites sont réputés, ainsi que quelqu'unes de ses spécialités grecques comme les *souvlaki* et la moussaka. L'établissement a enrichi sa carte d'un éventail de plats végétariens.

BUDGET MOYEN

La Frasca Cibi and Vini – *5650 Spring Garden Rd - ☎ 902 422 2866 - www.lafrasca.ca -* ♿. Ce restaurant animé situé dans une rue commerçante a un côté européen, par son atmosphère et sa cuisine. Herbes fraîches et sauces parfumées donnent du relief aux plats italiens et canadiens, mais ce sont bel et bien les pâtes qui font revenir les gourmets ravis.

POUR SE FAIRE PLAISIR

Da Maurizio Dining Room –
*1496 Lower Water St. - ℘ 902 423
0859 - www.damaurizio.ca - &* -
fermé dim. - le soir uniquement.
Installé dans une brasserie historique
(Alexander Keith Brewery), le Da
Maurizio est considéré comme l'un
des meilleurs restaurants de la ville.
La carte régulièrement renouvelée,
le cadre européen, l'atmosphère
chaleureuse et le personnel
attentionné jouent en sa faveur.
Parmi les spécialités du chef : l'*agnello
scottadito*, carré d'agneau rôti à l'ail
avec une sauce au vin, et le *scallopine
di vitello all'astice*, escalope de veau
sautée à la crème accompagnée de
homard de l'Atlantique.

À proximité

Boondock's Restaurant –
*200 Government Wharf Rd -
Fisherman's Cove, Eastern
Passage (accès, voir « Activités »
ci-contre) - ℘ 902 465 3474 -
www.boondocksrestaurant.ca.*
Sur une agréable terrasse, on
déguste poissons et fruits de mer
fraîchement pêchés, ainsi que
des tartes au citron meringuées
vertigineuses… Une petite
promenade digestive s'impose
sur la promenade en planches qui
traverse la prairie marine.

EN SOIRÉE

Neptune Theatre –
*1593 Argyle St. - ℘ 902 429
7070 ou 1 800 565 7345 -
www.neptunetheatre.com.* Cette
salle programme des spectacles
musicaux et du théâtre. Vitrine
du talent des Maritimes, le
Neptune mêle aux classiques des
créations d'artistes montants. De
nombreuses œuvres jouées ici,
écrites par des auteurs de la région,
sont interprétées par des artistes
locaux mais aussi par des célébrités
internationales. Pendant la saison
(sept.-mai, parfois juil.), les œuvres
restent généralement à l'affiche
six semaines.

ACTIVITÉS

Fisherman's Cove – *À Eastern
Passage, à 16 km du port d'Halifax.
Prendre la route 111 jusqu'à son
extrémité sud, puis la route 322
Sud, ou emprunter un bac Taxsea
au départ de l'embarcadère
Cable Wharf - Visitor Information
Centre : Government Wharf Rd,
Bldg 24 - ℘ 902 465 6093 -
www.fishermanscove.ns.ca.* Cette
adorable crique située sur la
façade atlantique de Dartmouth
est accessible en voiture ou en
bateau. Sur place, les lignes des
bateaux de pêche pendent le long
de l'embarcadère qui s'enroule
autour de cabanes colorées, bâties
à l'image des anciens logements
de pêcheurs. Les visiteurs y
trouveront des œuvres néo-
écossaises, des ouvrages publiés
par des éditeurs régionaux et des
objets d'artisanat local.

Côte atlantique

★★

🛈 **S'INFORMER**
Tourism Nova Scotia – *PO Box 456, Halifax -* 📞 *902 425 5781 ou 1 800 565 0000 - www.novascotia.com.*

◐ **SE REPÉRER**
Carte de région BC3 (p. 478-479). La partie la plus attrayante de la côte atlantique se trouve au sud. La route principale longe la côte entre Halifax et Liverpool. La partie nord est sillonnée par un réseau de petites routes secondaires.

☺ **À NE PAS MANQUER**
Une petite croisière sur le *Bluenose II*.

🕐 **ORGANISER SON TEMPS**
La côte atlantique nécessite au moins deux jours.

👥 **AVEC LES ENFANTS**
Le Ross Farm Museum et le Fisheries Museum of the Atlantic.

De Canso à Yarmouth, la côte atlantique de la Nouvelle-Écosse, très découpée, n'est qu'une suite de caps rocheux et de plages de sable, d'anses et de baies. D'un grand intérêt touristique, elle regorge de villages pittoresques de pêcheurs et d'aimables petites villes qui rappellent la grande époque de la construction navale et des grandes fortunes privées, avec leurs avenues bordées d'arbres centenaires et leurs élégantes demeures.

Circuit conseillé Carte de région p. 478-479

D'HALIFAX À LIVERPOOL BC3

◐ *Circuit de 348 km tracé en bleu sur la carte p. 478-479.*
Quitter Halifax (voir p. 517) par la route 3. Prendre à gauche la route 333.
À l'approche de la côte, le paysage se transforme : le sol devient roc nu, jonché de blocs de granit abandonnés à la fonte des glaciers, donnant au lieu un

Lunenburg.
R. Hicker / age fotostock

caractère désolé et impressionnant. Le brouillard peut tomber à tout moment, mais il est relativement moins fréquent de la mi-juillet à la fin octobre.

★★ Peggy's Cove C3

Minuscule village de pêcheurs dont le pittoresque et le site sauvage ont inspiré peintres et photographes canadiens, Peggy's Cove est resté étonnamment tranquille et bien préservé malgré l'afflux des visiteurs. Le charmant petit port bordé de cabanes sur pilotis se tient à l'écart parmi d'énormes blocs de granit. Le **phare** est perché sur une dalle de granit.

⊛ **Bon à savoir** – Soyez prudent, les roches sont extrêmement glissantes et les vagues soudaines.

Avant de quitter le village, remarquez les **sculptures** représentant les villageois taillées dans le roc par William deGarthe (1907-1983).

À 1 km au nord-ouest de Peggy's Cove, à The Walesback, se trouve un mémorial en souvenir des 229 passagers et membres d'équipages tués lors du tragique accident du vol Suissair 111, qui s'est abîmé en mer le 2 septembre 1998.

La route continue le long de la **baie St Margarets**, traversant d'autres jolis petits ports et offrant de belles perspectives sur la côte rocheuse jalonnée de petites îles.

À Upper Tantallon, prendre la route 3 et la suivre jusqu'au croisement de la route 329 (après Hubbards), puis longer la côte. Elle rejoint la route 3 avant Chester.

★ Chester C3

Perchée sur les falaises qui dominent la baie Mahone, cette charmante localité fut fondée en 1759 par des colons venus de Nouvelle-Angleterre. Ses belles maisons et ses arbres magnifiques en font un lieu privilégié pour nombre de retraités canadiens et de résidents saisonniers américains.
Environ 7 km après Chester, prendre la route 12 vers le nord.

★ Ross Farm Museum C3

4568 Hwy 12, New Ross - ℰ *902 689 2210 ou 1 877 689 2210 - http://rossfarm.novascotia.ca -* ⬥ *- mai-oct.: 9h30-17h30 - 6 $.*

👥 En 1816, William Ross défrichait cette terre. La ferme resta dans la famille pendant cinq générations, avant d'être acquise par le

5

GRANDE FÊTE DE LA PÊCHE

Chaque année en août, la ville organise la **Fisheries Exhibition and Fishermen's Reunion**, avec courses de doris et de goélettes, concours de préparation de poissons et de pétoncles, parade et autres festivités.

Nova Scotia Museum Complex et convertie en écomusée de l'agriculture du 19e s. Lors de la visite, différentes démonstrations sont organisées selon la saison : fabrication de tonneaux, de bougies, travail à la forge, tonte des moutons, etc. Remarquez les charrues et les herses exposées ainsi que divers moyens de transport, dont des cabriolets et le chariot bien fourni d'un colporteur. Promenades en charrette à cheval ou à bœuf.

Reprendre la route 3.

★ Mahone Bay C3

Fondé en 1754 par le capitaine Ephraim Cook, Mahone Bay a connu bien des aventures. Comme d'autres ports de la Nouvelle-Écosse entre 1756 et 1815, c'était un repaire de corsaires qui, avec la permission royale, attaquaient, de la Nouvelle-Angleterre aux Antilles, vaisseaux français, espagnols, hollandais et américains pour s'emparer de leurs richesses. La piraterie était réglementée : il fallait une autorisation officielle, n'attaquer que des bâtiments ennemis, et apporter toutes les prises à Halifax où la cour de la vice-amirauté se prononçait sur leur légalité et prélevait sa part. Malgré tout, les profits étaient considérables, et ces communautés côtières prospérèrent.

Aujourd'hui, Mahone Bay a un aspect plus honorable, avec ses boutiques et ses restaurants, ses pimpantes maisons de bois et ses rues bordées d'arbres. En approchant de cette petite ville, jolie **vue★** d'ensemble dominée par les églises qui se reflètent dans les eaux de la baie.

Faire environ 10 km sur la route 3 en direction du sud.

★ Lunenburg C3

Située sur la péninsule vallonnée, avec un port « avant » et un port « arrière », Lunenburg (inscrite au patrimoine mondial de l'Unesco en 1995) et sa pittoresque architecture témoignent d'un riche passé. Colonisée en 1753 par des Allemands, la ville fut nommée ainsi en l'honneur du duc de Braunschweig-Luneburg, qui devint roi d'Angleterre en 1727.

Comme Mahone Bay, Lunenburg fut autrefois un repaire de pirates, ce qui lui valut d'être mise à sac par des corsaires américains en 1782. Depuis toujours, la ville est connue pour sa flotte de pêche et ses chantiers navals.

Bluenose II – *121 Bluenose Dr. -* 📞 *902 634 8483 ou 1 877 441 0347 - www.bluenose. novascotia.ca -* ♿. Parmi les nombreuses goélettes qui sortirent des cales de Lunenbourg pour aller pêcher sur les bancs figure le fameux *Bluenose*. Lancé en 1921, ce bateau remporta quatre courses internationales entre 1921 et 1938. Sa réplique, le *Bluenose II* (1963), ambassadeur de la province, se prête à des croisières en saison, après avoir été restauré en 2012 par les chantiers navals de la ville qui virent la naissance du bateau original.

En outre, deux bateaux à quai se visitent. Le **Theresa E. Connor**, goélette construite en 1938 et utilisée sur les bancs pendant vingt-cinq ans, a été remis à neuf et équipé pour la pêche hauturière. Il représente une bonne illustration de la pêche traditionnelle à la morue avec les doris sur lesquels deux hommes partaient dévider, puis remonter les longues lignes de fond. Ils ramenaient ensuite le poisson à la goélette, où il était salé. Le **Cape Sable**, un chalutier en acier, représente quant à lui les bateaux de pêche qui remplacèrent les goélettes. Lunenburg fut, jusqu'en 1982, le port d'attache de ce navire construit en Hollande en 1962.

★★ Fisheries Museum of the Atlantic – *Sur le port. 68 Bluenose Dr. -* 📞 *902 634 4794 ou 1 866 579 4909 - http://museum.gov.ns.ca/fma -* ♿ 🅿 *- de mi-mai à mi-oct. : 9h30-17h30 ; le reste de l'année : lun.-vend. 9h30-16h - 10 $.* 👥 Installé dans les bâtiments réhabilités d'une usine de conditionnement du poisson, ce musée

Doris au Dory Shop Museum, à Shelburne.
Barrett & MacKay / All Canada Photos / age fotostock

présente divers aspects de la vie maritime à Lunenburg : expositions sur le *Bluenose*, la contrebande du rhum pendant la Prohibition et le développement de la pêche hauturière ; une collection d'instruments de navigation ; des maquettes de navire ; une réplique des bureaux d'une compagnie de pêche des années 1920. À voir aussi la salle de cinéma, l'atelier où sont construits des doris et l'aquarium où évoluent les poissons de mer pêchés au large des côtes.
Suivre la route 3, puis la 332 sur 15 km. Prendre ensuite à gauche Feltzen South, puis à droite Ovens Rd.

★ **Ovens Natural Park** C3

326 Ovens Rd, Riverport - ☏ 902 766 4621 - www.ovenspark.com - 🅿 - horaires, se renseigner - 8 $.
Ce pittoresque parc privé bénéficie de belles **vues**★ sur la rade de Lunenburg et Blue Rocks. Un sentier mène jusqu'au bord de la falaise creusée, sous l'action des vagues, de grottes qui ressemblent à des fours *(ovens)*. Des escaliers descendent vers ces excavations naturelles.
Continuer sur la route 332, puis prendre à gauche la route 3.
On longe le paisible estuaire de la rivière LaHave, sillonnée de bateaux et bordée de petites maisons sur ses rives boisées, avant de traverser le cours d'eau à **Bridgewater**, grande ville industrielle.
Suivre à gauche la route 331.
La route traverse la localité même de **LaHave**, ancien poste acadien où Isaac de Razilly, alors lieutenant-gouverneur d'Acadie, fit construire un fort en 1632. Elle continue ensuite le long de la côte en offrant de jolies vues sur la mer et les villages de pêcheurs, particulièrement autour de la rade de **Medway**.

Liverpool B3

Fondée en 1759 par des colons de Nouvelle-Angleterre, sise comme son célèbre homonyme anglais au bord de la rivière Mersey, Liverpool dut sa prospérité aux corsaires, à la pêche et à la réparation navale. Aujourd'hui, elle tire ses ressources de l'industrie du papier, du conditionnement du poisson et de la construction de machines.

★ **Perkins House Museum** – *105 Main St. - ✆ 902 354 4058 - http://museum. gov.ns.ca/peh - 1er juin-15 oct. : 9h30-17h30, dim. 13h-17h30 - 4 $.* Perdue sous de grands arbres parmi d'autres jolies maisons, cette demeure basse, de style simple, fut bâtie en 1766 par le colonel Simeon Perkins, originaire de Cape Cod (Massachusetts). Négociant et armateur, colonel de la milice du comté, juge et membre de l'Assemblée législative, celui-ci décrivit en détail toutes ces activités dans son journal, inestimable document sur la vie d'une ville coloniale de 1760 à 1812. Le document est conservé au Queens County Museum voisin.

Excursion Carte de région p. 478-479

★ **Shelburne** B3

À 64 km au sud par la route 103 (sortie 25).

🅸 **Tourist bureau** – *Sur Dock St. - ✆ 902 875 4547.*

Au 18e s., Shelburne se classait au rang des plus grandes villes d'Amérique du Nord, avec une population d'environ 10 000 habitants. Fondée en 1783 par un groupe de loyalistes, la petite localité connut en effet une véritable explosion démographique due à l'arrivée de réfugiés qui avaient appuyé la cause britannique durant la guerre d'Indépendance américaine. Mais cette expansion fut de courte durée, car beaucoup de colons décidèrent par la suite de s'installer ailleurs.

Le quartier historique de Dock Street comprend quelques maisons du 18e s. et des commerces. La tonnellerie fabrique toujours des barriques.

Dory Shop Museum – *11 Dock St. - ✆ 902 875 3219 - http://museum.gov.ns.ca/ dory - 🅿 - juin-sept. : 9h30-17h30 - 4 $.* Il expose les méthodes de construction des fameux doris, des embarcations utilisées sur les terre-neuvas, pour aller mouiller les lignes de fond.

★ **Ross-Thomson House and Store Museum** – *9 Charlotte Lane - ✆ 902 875 3219 - http://museum.gov.ns.ca/rth - 🅿 - de déb. juin à mi-oct. : 9h30-17h30 - 4 $.* Un jardin de fleurs et d'herbes aromatiques orne l'entrée de ce grand édifice (il s'agit en fait de deux maisons accolées) qui, en 1785, servait à la fois de magasin, d'entrepôt de marchandises et de résidence. L'intérieur bien fourni de l'ancien magasin ainsi que la maison d'habitation se visitent.

Vallée de l'Annapolis

★★

 NOS ADRESSES PAGE 536

S'INFORMER
Tourism Nova Scotia – ✆ *902 425 5781 ou 1 800 565 0000 - www.novascotia.com.*

SE REPÉRER
Carte de région BC2-3 (p. 478-479). La vallée de l'Annapolis suit le littoral sud-ouest de la Nouvelle-Écosse.

À NE PAS MANQUER
Les demeures anciennes de Windsor au charme très authentique.

ORGANISER SON TEMPS
Vous pouvez remonter la vallée jusqu'à Windsor puis rejoindre Halifax sur la côte atlantique par la route 101.

Célèbre pour la douceur de son climat et le charme de ses pommiers en fleur, la vallée de l'Annapolis s'étire sur environ 160 km de Digby à Windsor, sur le bassin Minas. Plusieurs cours d'eau la drainent, dont l'Annapolis. Cette rivière de 112 km de long se jette dans le bassin du même nom, qu'un étroit goulet, le Digby Gut, relie à la baie de Fundy. La vallée est protégée des vents et des brouillards par les monts South et North. Jadis, les Acadiens avaient construit des digues pour protéger les sols. Chassés par les Anglais en 1755, ils durent abandonner leurs fermes prospères. Aujourd'hui, des pommeraies alternent, dans ce paysage verdoyant, avec les cultures et les prés où paissent les vaches laitières.

Circuit conseillé Carte de région p. 478-479

DE DIGBY À WINDSOR BC2-3

Circuit de 213 km tracé en marron sur la carte p. 478-479.

5

Digby B3
Cet important port de pêche est réputé pour ses **pétoncles**, qui figurent en vedette au menu des restaurants locaux. De la petite localité part un ferry pour le Nouveau-Brunswick.
Prendre la route 101, puis la route 1.
La route 101 longe jusqu'à Deep Brook le bassin d'Annapolis, sur lequel elle offre de jolies vues. Elle est relayée ensuite par la route 1, qui continue le long du littoral.

★★ Annapolis Royal B3
Voir p. 537.
Particulièrement belle lorsque les arbres sont en fleur de fin mai à début juin, la route franchit la rivière Annapolis, bordée de jolis prés, et traverse des paysages de plus en plus ruraux. On aperçoit çà et là les vestiges des

digues jadis construites par les Acadiens. La route passe par **Bridgetown★**, dont les rues ombragées abritent quelques belles maisons de l'époque des loyalistes, puis par les charmantes localités de **Lawrencetown** et **Middleton**. Les collines sont couvertes de pommiers, surtout entre Kingston et Waterville. Vous rencontrerez en cours de route de nombreux étals de fruits ainsi que des fermes où vous pouvez faire votre propre cueillette.

★ Wolfville B2

Les boutiques et les restaurants animent l'artère principale de cette jolie ville aux allées ombragées le long desquelles s'alignent d'anciennes demeures (certaines ont été transformées en auberges). Durant l'année universitaire, Wolfville accueille les étudiants fréquentant l'université d'Acadie, fondée en 1838.

★★ Excursion au Cap Split C2

À 28 km au nord par la route 358.

★ **Prescott House Museum** – *À 5 km au nord. À Port-Willaims, prendre à droite Starr's Point Rd. 1633 Starr's Point Rd, Starr's Point -* ☏ *902 542 3984 - http://museum. gov.ns.ca/prh -* ♿ *- juin-sept. 10h-17h, dim. 13h-17h - 4 $.* Cette jolie maison en brique de style georgien, sise au milieu de beaux jardins, fut construite au tout début du 19e s. par **Charles Prescott**, législateur, marchand prospère et horticulteur de renom. À force de soins, il mit au point diverses variétés de fruits (poires, cerises, pommes) et de céréales parfaitement adaptées à la région, donna des boutures à de nombreux fermiers de la vallée, se trouvant ainsi en quelque sorte à l'origine des pommeraies, aujourd'hui célèbres, des environs. L'intérieur a conservé certains meubles de son époque. Une **véranda** fut ajoutée par l'arrière-petite-fille de Prescott. Les **jardins** méritent une visite. *Reprendre la route 358 et continuer vers le nord.*

★★ **The Lookoff** – *À environ 14 km au nord de Starr's Point. Signalé sur la route 358. S'arrêter à hauteur d'une aire de dégagement goudronnée pourvue d'une barrière métallique.* Aucun panneau ni jalon officiel ne signalent la présence de ce point de vue réputé qui surplombe de 200 m la vallée de l'Annapolis. Le **panorama★★** qui embrasse au moins quatre comtés est splendide. La campagne dessine jusqu'au bassin Minas un paysage bigarré que seuls les monts South viennent interrompre au loin.

À environ 8 km au nord du belvédère, la route 358 descend vers la petite communauté de Scots Bay : jolies **vues★** sur la baie, le détroit Minas et la côte de Parrsboro. À Little Cove, remarquez les bateaux qui, à marée basse, reposent à même le fond du détroit.

Cap Split – *Fin de la route 358.* 🥾 *Sentier de randonnée de 13 km à travers bois jusqu'à la pointe du cap.* Cette petite pointe de terre boisée s'avance dans la baie de Fundy, bordée de falaises spectaculaires. Notez la couleur des eaux du détroit Minas, rendues boueuses sous l'effet constant des marées. La route 358 s'achève sur des **vues** de la baie, du cap et de la côte de Parrsboro.

Rebrousser chemin par la route 358 sur environ 9 km ; prendre à gauche Stewart Mountain Rd (non goudronnée) et continuer jusqu'à Blomidon, où une route mène au parc provincial. Les sentiers vers le cap Blomidon partent du parking.

★ **Blomidon** – En descendant, la **vue★** sur le bassin Minas est très jolie. Le paysage jusqu'alors boisé fait place à une campagne plate aux parcelles multicolores, piquées çà et là de fermes et de granges rouge vif qui s'étendent jusqu'aux falaises en bordure du bassin. Continuez jusqu'au bout de l'aire de pique-nique pour jouir de la **vue★★** sur les falaises du cap Blomidon et la plage. Le rouge de la roche et le bleu des eaux du bassin créent un contraste de toute beauté. *À la jonction de Blomidon, continuer vers le sud par la route 221 via Delhaven.*

LE GRAND DÉRANGEMENT

L'Américain **Henry Wadsworth Longfellow** situa son poème *Évangeline* à **Grand-Pré**. Publié en 1847, il évoque la séparation d'un jeune couple au cours du Grand Dérangement, le départ d'Évangeline pour l'est des États-Unis et ses tentatives pour retrouver Gabriel, qu'elle ne verra plus vivant. Les Acadiens ont fait de ce poème le symbole de leur tragique histoire.

À 2 km au sud de Blomidon, belle **vue★** sur le port de Pereau et sur **Paddys Island**, une formation rocheuse que l'on apprécie pleinement à marée basse. *À la jonction avec la route 221, tourner à droite vers Canning, puis prendre la route 358 pour rejoindre la route 1.*

★ Grand-Pré National Historic Site C2

Au nord de la route 1, à 4 km à l'est de Wolfville. ☎ *1 866 452 3631 - www.grand-pre.com ou www.pc.gc.ca -* ♿ 🅿 *- de mi-mai à mi-oct. : mar.-sam. 9h-17h ; juil.-août : tlj 9h-17h - 7,80 $.*

Habité de 1680 à 1755, Grand-Pré était, au début du 18e s., le principal établissement acadien de l'actuelle Nouvelle-Écosse, avec environ 200 fermes échelonnées le long du bassin Minas. Grâce à leur ingénieux système d'**aboiteaux** (sortes de digues), les habitants avaient gagné sur la mer de grandes parcelles de terres fertiles utilisées surtout en pâturages, d'où le nom du lieu. Mais après la déportation des Acadiens en 1755, leurs terres furent distribuées à des colons venus de Nouvelle-Angleterre, puis après l'Indépendance des États-Unis, à des loyalistes. Ce parc est désormais le seul souvenir de la présence des premiers colons dans la région.

Dans la petite **église** (1930) construite en pierre locale dans un style français à l'emplacement supposé de l'église d'origine, on peut voir une évocation de la colonisation acadienne, des problèmes qui ont surgi avec la domination britannique, et de la déportation finale. Dans les jardins alentour se dressent un buste de Longfellow et une **statue** de son héroïne, Évangéline, réalisée par le sculpteur québécois d'origine acadienne **Louis-Philippe Hébert** (1850-1917).

Windsor C2

La ville est célèbre pour avoir été la patrie de Thomas Haliburton. Situé au confluent des rivières Avon et Ste-Croix, Windsor est un port d'exportation du bois et du gypse. L'Avon est désormais isolée de la baie de Fundy par une chaussée. D'abord occupé au 18e s. par le campement acadien de Pesaquid, le site fut ensuite colonisé par des Anglais après la Déportation et rebaptisé de son nom actuel.

★ **Haliburton House Museum** – *Suivre les panneaux indicateurs. 414 Clifton Ave -* ☎ *902 798 2915 - http://museum.gov.ns.ca/hh - juin-déb. oct. : 10h-17h, dim. 13h-17h - 4 $.* La demeure fut, au 19e s., la résidence de **Thomas Chandler Haliburton** (1796-1865), juge, homme politique, mais surtout écrivain de renom international et humoriste, créateur des aventures de **Sam Slick** *(voir l'encadré p. 536)*. La résidence, bâtie en 1836, témoigne par son élégance et par la beauté de son parc, du rôle éminent que jouait Haliburton dans la société de son temps. Admirez le vaste hall d'entrée, l'élégante salle à manger et le salon.

Shand House Museum – *389 Avon St. -* ☎ *902 798 8213 - fermé - côte à gravir à pied pour parvenir à la maison.* Au sommet de Ferry Hill se distingue une belle demeure victorienne (1891), flanquée d'une tour carrée d'où les visiteurs peuvent admirer la rivière Avon. À l'intérieur, un escalier en merisier, plusieurs pièces lambrissées de chêne et des meubles d'origine.

5

SAM SLICK

Thomas Chandler Haliburton connut une célébrité internationale grâce au personnage de Sam Slick, dont les premières aventures furent publiées en vingt-deux épisodes dans le journal *Novascotian*. En 1836, Joseph Howe, propriétaire du journal, les réunit sous le titre de *The Clockmaker; or, The Sayings and Doings of Samuel Slick of Slickville*. Une deuxième série d'aventures suivit en 1838, puis une troisième en 1840. Le 19e s. vit environ 80 éditions de l'œuvre de Thomas Haliburton, satire sociale ironique composée de contes moraux que l'humour de l'auteur rendait plus digestes. Caricature des marchands du Connecticut à la malhonnêteté proverbiale, Sam Slick a parcouru la Nouvelle-Écosse en faisant des commentaires moqueurs sur le manque d'esprit d'entreprise des habitants.

Fort Edward National Historic Site – *Accès par King St., près de Causeway (route 1).* 🕿 *902 798 2639 (juil.-août) ou 902 532 2321 - www.pc.gc.ca -* 🅿 *- site ouv. tte l'année - fort : visite guidée en juil.-août 9h30-17h30.* Construit en 1750 sur une hauteur, cet ouvrage militaire devait établir l'autorité britannique dans cette région acadienne et protéger la voie de communication entre Halifax et la baie de Fundy. Malheureusement, il fut le principal lieu de rassemblement des Acadiens pendant le Grand Dérangement. Le **blockhaus** de bois est le seul vestige du fort d'origine. L'étage supérieur en saillie offrait un poste de tir efficace contre les agresseurs. Belles **vues** sur la baie, la rivière Avon et le lac Pesaquid. À l'intérieur, expositions sur l'ouvrage défensif et l'histoire du fort.

😊 NOS ADRESSES DANS LA VALLÉE

HÉBERGEMENT

BUDGET MOYEN

À Wolfville

The Blomidon Inn – *195 Main St. -* 🕿 *902 542 2291 ou 1 800 565 2291 - www.blomidon.ns.ca - 31 ch.* Cette élégante maison occupe de vastes jardins de style victorien. Les chambres décorées à l'ancienne sont pourvues de commodités modernes. Dîner servi dans la salle à manger aux panneaux de bois ou, en été, sur la terrasse. Au menu, des plats élaborés à partir de produits frais locaux.

RESTAURATION

PREMIER PRIX

À Digby

Impossible de passer ici sans goûter aux fameux pétoncles.

Les restaurants installés sur Water Street rivalisent de savoir-faire pour accommoder ces coquillages qu'ils font griller, paner et sauter, frire, cuire à l'étouffée ou à la vapeur. On déguste ses pétoncles en suivant le ballet des bateaux de pêche côtiers. Ces derniers sillonnent les eaux de l'immense baie de Fundy d'où ils rapportent le flétan, la morue, le haddock et autres poissons préparés dans les établissements de la région, qui proposent également du hareng fumé *(Digby Chicks)* ou macéré dans du vinaigre *(Solomon Gundy)*.

The Fundy – *34 Water St. -* 🕿 *902 245 4950 - http://fundy restaurant.com.*

Shore Line – *78 Water St. -* 🕿 *902 245 6667.*

Captain's Cabin – *2 Birch St. -* 🕿 *902 245 4868 - www.captainscabin.ns.ca.*

Annapolis Royal

580 habitants

S'INFORMER
Tourism Office — *Town Hall - 285 St-George St.* - ℰ *902 532 5454* ou **Annapolis Royal and Area Visitor Information Centre**, *236 Prince Albert Rd -* ℰ *902 532 5454 - www.annapolisroyal.com.*

SE REPÉRER
Carte de région B3 (p. 478-479). Annapolis Royal se tient face à St John (N.-B.), située sur la rive opposée de la baie de Fundy. Un ferry en partance de Digby (tout proche) relie les deux cités.

SE GARER
Il existe plusieurs parkings municipaux mais pas de parcmètres. La nuit, le stationnement est toléré dans les rues.

À NE PAS MANQUER
La centrale marémotrice, l'une des plus anciennes au monde.

ORGANISER SON TEMPS
Le parc national Kejimkujik n'est qu'à 48 km d'Annapolis Royal.

AVEC LES ENFANTS
Le Port-Royal National Historic Site.

La « ville de la reine », l'un des plus anciens campements du Canada, occupe un site agréable sur l'estuaire de la rivière Annapolis, où s'engouffrent les puissantes marées de la baie de Fundy. Afin de contrôler le niveau de l'eau, les Acadiens ont construit une digue avec des écluses. Les luttes franco-anglaises ont longtemps ébranlé la région et l'épopée du peuple acadien a enrichi Annapolis Royal d'une histoire mouvementée.

Découvrir

★ **Fort Anne National Historic Site**
ℰ *902 532 2397 (15 mai-15 oct.)* ou *902 532 2321 - www.pc.gc.ca -* ♿ *- site ouvert tte l'année - centre d'accueil juil. août : 9h-17h30 ; juin et sept. : dim.-jeu. 9h-17h30 - 3,90 $.*
En 1917, Fort Anne devint le premier parc historique national du Canada. Aujourd'hui site national, ce paisible endroit fut en son temps l'un des plus disputés du pays, subissant jusqu'à quatorze sièges durant les guerres franco-anglaises. L'un des bastions contient encore une **poudrière** de l'époque française. Des remparts, talus herbeux construits par les Français de 1702 à 1708 puis modifiés par les Anglais, de belles **vues★** s'offrent sur le bassin d'Annapolis.

★ **Quartier des officiers** – Au milieu du fort se dressent les hautes cheminées et les lucarnes du quartier des officiers, élevé en 1797 sur ordre du prince Édouard. Aujourd'hui restauré, le bâtiment abrite un **musée** consacré à l'histoire militaire du site. Le drapeau de la Grande Union flotte sur le fort. Il se composait de la croix anglaise de St-Georges et de la croix écossaise de St-André, mais ne comportait pas celle de St-Patrick, qui se joignit aux précédentes pour former l'Union Jack en 1801.

5

UN PASSÉ CHAOTIQUE

Fondée par le Français **Pierre du Gua de Monts** en 1605, la première colonie acadienne de **Port-Royal** fut détruite huit ans plus tard par des Anglais de Virginie. En 1635, le gouverneur **Charles de Menou d'Aulnay** créait un petit fort sur le site actuel de Fort Anne, non loin de l'ancien établissement, encourageant le peuplement, le défrichement des terres et la mise en culture de la région. En 1710, le fort tomba aux mains d'une expédition anglaise menée par le colonel Francis Nicholson. Rebaptisée Annapolis Royal en l'honneur de la **reine Anne Stuart**, la colonie de Port-Royal devint la nouvelle capitale provinciale lorsque l'Acadie péninsulaire fut cédée à l'Angleterre par le traité d'Utrecht en 1713. Constamment menacée par les établissements acadiens alentour dont les sympathies allaient aux soldats québécois de Louisbourg, elle subit de nombreuses attaques françaises. En 1749, la capitale fut transférée à Halifax. En 1854, les dernières troupes du fort étaient détachées au Nouveau-Brunswick. Aujourd'hui, l'Habitation construite pour accueillir les premiers colons a été reproduite, Fort Anne partiellement recréé et les vieux bâtiments de Lower St George Street, restaurés.

★ Historic Gardens

Au sud de Fort Anne (route 8). 441 St George St. - ℘ 902 532 7018 - www.historic gardens.com - ♿ - juil.-août : 9h-20h ; mai-juin et sept.-oct. : 9h-17h - 10 $.
Ce site de 4 ha se consacre à l'horticulture régionale d'hier et de demain. Plusieurs jardins dominent la rivière Allain, affluent de l'Annapolis. Le **Jardin acadien** abrite une maison traditionnelle et une réplique du système d'aboiteaux. Le dessin du **Jardin du gouverneur** est typique des débuts du 18e s. Plus naturel, le **Jardin victorien** reflète les tendances en vogue au 19e s. en la matière. Enfin, la **roseraie** retrace le développement de cette délicate fleur odorante.

★ Annapolis Tidal Power Generating Station

236 Prince Albert Rd - ℘ 902 532 0502 - www.nspower.ca - ♿ 🅿 - centre d'accueil : juin-sept.
Première de ce type en Amérique du Nord, cette centrale marémotrice exploite le potentiel hydroélectrique des marées de la baie de Fundy grâce à une turbine à écoulement direct opérant à faible poussée. Le centre d'accueil offre un aperçu de sa construction et de son fonctionnement, au moyen de maquettes, de photos et d'un montage audiovisuel *(10mn)*. La route qui passe au-dessus du complexe permet de voir la centrale et d'observer la force des marées.

À proximité Carte de région p. 478-479

★ North Hills Museum B3

Sur la route de Port-Royal. 5065 Granville Rd, Granville Ferry - ℘ 902 532 2168 - http://museum.gov.ns.ca/nhm - ♿ - 1er juin-15 oct. : 9h30-17h30, dim. 13h-17h30 - donations.
Malgré les transformations qu'elle a subies, cette petite maison à pans de bois du 18e s. a gardé le cachet de l'époque des pionniers. Elle offre un cadre approprié à la collection de meubles et d'objets anciens, pour la plupart du 18e s., qui appartenait à un banquier de Toronto et qui fut léguée à la province en 1974.

★★ **Port-Royal National Historic Site** B3

À 10 km de Causeway (route 1), 53 Historic Lane - ☎ 902 532 2898 (de mi-mai à mi-oct.) ou 902 532 2321 - www.pc.gc.ca - 🅿 *- juil. août : 9h-17h30 ; de mi-mai à fin juin et de déb. sept. à mi-oct. : dim.-jeu. 9h-17h30 - 3,90 $.*

👥 Voici la réplique fidèle de l'« Habitation » construite en 1605 par de Monts et Samuel de Champlain, capitaine et navigateur de l'expédition *(voir l'encadré ci-dessous)*. En entrant, remarquez au-dessus de la porte principale les **armoiries** de France et de Navarre, en l'honneur du roi Henri IV. Autour de la cour centrale et de son **puits** se trouvent notamment la maison du gouverneur, celle du prêtre, et le bâtiment des artisans. On peut également visiter les cuisines, la forge, la salle commune qui abritait les banquets de l'Ordre du Bon Temps et la chapelle, ainsi que les magasins, le cellier et la salle où les Amérindiens venaient échanger leurs fourrures. Le mobilier reproduit les styles en vigueur au début du 17ᵉ s. À l'exception du magasin, les édifices sont chacun dotés d'une cheminée en pierre. Vus de l'extérieur, ils semblent avoir été entièrement construits en bois. Leurs murs, revêtus de bardeaux, dissimulent en fait le **colombage** visible de certains intérieurs : l'espace entre les solives et les poutrelles est comblé par une maçonnerie légère. Les pièces de charpente ont été assemblées à l'aide de chevilles en bois, tenons et mortaises.

★ **Kejimkujik National Park and National Historic Site** B3

À 48 km d'Annapolis Royal par la route 8. Entrée près de Maitland Bridge. ☎ 902 682 2772 - www.pc.gc.ca - ♿ *- centre d'accueil de fin juin à déb. sept. : 8h30-20h ; le reste de l'année : 8h30-16h30, vend. 8h30-20h, sam. 8h30-18h - fermé 25 déc. et parfois le w.-end, se renseigner - 5,80 $ - randonnée pédestre, bicyclette, baignade, canoë, ski de fond - location de bicyclettes et de canoës auprès de Jakes Landing.*

Ses forêts, ses lacs et sa faune variée font de ce beau parc de 381 km² un agréable lieu de détente. Pendant des siècles, les Micmacs empruntèrent les cours d'eau qui, de nos jours, permettent de découvrir une nature encore vierge.

🚶 Le sentier de randonnée **Mill Falls** mène à travers des bois tapissés de fougères jusqu'aux rapides de la **rivière Mersey**. Du haut de la tour d'observation *(sur la route principale du parc, à 10 km de l'entrée)*, on a une agréable **vue★** sur la ravissante étendue d'eau du lac Kejimkujik.

L'ORIGINE DE L'HABITATION

En mars 1604, Pierre de Monts, à qui le roi de France Henri IV avait accordé l'exclusivité de la colonisation de l'Acadie, embarquait pour l'Amérique. Les Français s'installèrent sur l'île Ste-Croix mais l'hiver fut très dur, le ravitaillement rendu difficile par la position isolée de l'île, et plusieurs hommes moururent du scorbut. Il fallait trouver un site mieux protégé. L'année suivante, ils construisirent donc l'Habitation de Port-Royal, face à la baie d'Annapolis. Le commerce avec les Amérindiens s'organisait, les récoltes étaient bonnes et la colonie commençait à prospérer, lorsqu'en 1607 Pierre de Monts perdit le monopole du commerce des fourrures. L'établissement fut alors abandonné et les colons rapatriés en France. Rétabli trois ans plus tard, Port-Royal refleurit quelque temps avant d'être détruit par les Anglais en 1613. En 1938, le gouvernement canadien reconstruisit l'Habitation en s'inspirant des croquis et notes de Champlain. Dans le style des fermes françaises du 16ᵉ s., les austères bâtiments de bois noirci aux toits pentus marquent la première tentative européenne de colonisation permanente au Canada.

5

Maitland

○ **SE REPÉRER**
Carte de région C2 (p. 478-479). Maitland se trouve dans la baie Cobequid, à l'intérieur du bassin Minas, directement à l'est de St John.

P **SE GARER**
Un parking se trouve à côté du musée.

◎ **À NE PAS MANQUER**
Contemplez avec une longue-vue le *William Lawrence* et le chantier de construction navale, depuis la terrasse.

○ **ORGANISER SON TEMPS**
L'excursion Maitland-Truro est facile à faire à partir d'Halifax.

Jadis important centre de construction navale, Maitland est surtout connue pour la commande en 1873-1874 du William D. Lawrence, le plus gros navire de bois jamais construit au Canada. Les chantiers navals sont aujourd'hui fermés, mais la ville a conservé de belles demeures du 19e s qui témoignent de cette ère de prospérité.

Découvrir

★ Lawrence House Museum

8660 route 215 - ℘ 902 261 2628 - http://museum.gov.ns.ca/lh - P *- de déb. juin à déb. oct. : 10h-17h, dim. 13h-17h - 4 $.*

William Dawson Lawrence bâtit sa maison vers 1870 sur une hauteur qui dominait ses chantiers navals à l'embouchure de la Shubenacadie, au point de jonction avec la baie Cobequid. Cachée sous les arbres, cette somptueuse maison de plus de deux étages est un magnifique exemple du type de demeures que se faisaient construire les armateurs et capitaines de navire néo-écossais à l'âge d'or des grands voiliers. Son portique d'entrée, flanqué d'un escalier double, évoque une passerelle de bateau.

La maison recèle la plupart de ses meubles d'origine, divers objets relatifs à la construction navale, des photographies de bateaux du 19e s. et une maquette (2 m) du *William D. Lawrence*.

De l'autre côté de la route, un belvédère offre de belles **vues**★ sur la grève.

UN NAVIRE HORS DU COMMUN

William Dawson Laurence fit construire le **William D. Lawrence**, trois-mâts (le plus haut atteignant 60 m) de 80 m de long et d'une capacité de 2 459 tonnes, en partant du calcul qu'il pouvait doubler la longueur d'un bateau normal sans doubler ses frais d'entretien. Il dut hypothéquer sa maison pour financer l'achèvement du bateau, mais l'investissement s'avéra rentable : lancé en 1874, le fameux trois-mâts sillonna toutes les mers du globe.

Excursions Carte de région p. 478-479

Truro C2

À 33 km à l'est de Maitland, à l'extrémité de la baie Cobequid, qui prolonge la baie de Fundy vers le nord-est.

🚩 Welcome Centre – *Victoria Sq. - ☏ 902 893 2922 (mai-oct.) ou 902 895 4484 - www.town.truro.ns.ca.*

Truro est le centre industriel et le siège du Collège agricole de la Nouvelle-Écosse. Bâti à l'emplacement de l'ancienne localité acadienne de Cobequid dont les habitants furent chassés par les Anglais, le site abandonné fut colonisé au 18e s. par des immigrants venus du nord de l'Irlande et du New Hampshire. L'intérêt de Truro réside dans sa localisation. Il se situe en effet près de l'embouchure de la rivière Salmon dont les eaux sont soumises aux influences des marées de la baie de Fundy.

★ **Point de vue sur le mascaret** – *Quitter la route 102 à la sortie 14 (en venant d'Halifax, prendre à gauche Robie St., puis encore à gauche Tidal Bore Rd). Venir 15mn avant la marée (se renseigner à l'office de tourisme pour les horaires), et rester environ 1h.* Deux fois par jour, la marée remonte la rivière Salmon avec une telle force qu'elle en inverse momentanément le cours. Le front de la marée produit alors une vague déferlante, le mascaret, qui peut n'être qu'une simple ride à la surface de l'eau ou atteindre près de 1 m de hauteur. Pourtant, le mascaret lui-même n'est pas toujours aussi spectaculaire que la brusque surélévation des eaux qui l'accompagne : la rivière s'enfle soudain et réussit à occuper tout son lit en un peu plus d'une heure *(voir l'encadré p. 497).*

★ **Balmoral Mills** C2

À 53 km au nord de Truro. Rejoindre Tatamagouche, entre Amherst et New Glasgow sur la route 6, sur la côte nord. Prendre ensuite la route 311 vers le sud-est pendant 10 km.

Balmoral Grist Mill Museum - 600 Matheson Brook Rd, Balmoral Mills - ☏ 902 657 3016 - http://museum.gov.ns.ca/bgm - ♿ - site ouvert tte l'année - musée de déb. juin à déb. oct. : lun.-sam. 10h-17h, dim. 13h-17h - 4 $.

Cette minoterie bâtie en 1874 derrière un ruisseau occupe un joli site dans une plaisante vallée. Elle continua ses activités commerciales jusqu'en 1954, puis fut complètement restaurée et ouverte au public, pour le plus grand plaisir des visiteurs. Chaque jour, le moulin à eau reprend du service quelques heures durant pour que les visiteurs puissent observer les techniques anciennes de transformation des grains en farine. Remarquez sa roue hydraulique et, au milieu des courroies et des engrenages, les meules d'origine moudre l'avoine, le blé, l'orge ou le sarrasin *(farine en vente).*

5

Sutherland Steam Mill Museum C2

À 10 km au nord-est de Tatamagouche par les routes 311 et 326. 3169 Denmark - ☏ 902 657 3365 - http://museum.gov.ns.ca/ssm - de juin à déb. oct. : mar.-sam. 10h-17h, dim. 13h-17h - 4 $.

Lorsque Alexander Sutherland construisit cette scierie en 1894, la vapeur commençait à remplacer l'énergie hydraulique. Il fabriquait des traîneaux et des voitures à cheval ; son frère et associé produisait quant à lui des portes et des fenêtres. Toutes les machines sont en état de marche et l'usine fonctionne une fois par mois.

Sherbrooke

○ **SE REPÉRER**
Carte de région D2 (p. 478-479). Sherbrooke est situé au nord d'Halifax, sur la côte atlantique, près de la rivière St Mary's.

☺ **À NE PAS MANQUER**
Vous faire photographier en costume du 19ᵉ s. vous fera apprécier le confort des vêtements d'aujourd'hui !

👥 **AVEC LES ENFANTS**
Sherbrooke Village, une vraie ville.

Cette paisible communauté rurale se dresse à l'emplacement d'un ancien fort français (1655), au bord de la rivière St Mary's. Capturé en 1669 par les Anglais, Sherbrooke fut abandonné jusqu'au début du 19ᵉ s. Puis les industries du bois et la construction navale lui apportèrent un second souffle de vie. Quelques décennies plus tard, alors que rien ne laissait présager de telles découvertes, le village vécut la fièvre de l'or pendant vingt ans ; une fois les filons épuisés, le calme revint. Le tourisme et la pêche sportive jouent aujourd'hui un rôle économique important.

Découvrir

★★ SHERBROOKE VILLAGE

📞 902 522 2400 ou 1 888 743 7845 - *https://museum.gov.ns.ca/sv* - ♿ 🅿 - *juin-sept. : 9h30-17h - 10,75 $.*

👥 Le village, dont la campagne de restauration a débuté en 1969, est en réalité une prolongation de la ville de Sherbrooke. Afin de présenter le bourg d'autrefois, on a fermé aux voitures une partie de la ville, dont la majorité des maisons étaient inhabitées. Les bâtiments rénovés datent de 1860-1870. La visite commence par le centre d'orientation. Vous pourrez entrer dans l'église, l'école, la poste, la forge et l'**atelier de fabrication des bateaux en bois**, toujours en activité. Pénétrez aussi dans la **prison** (1862), qui occupait la moitié de la maison du geôlier ; hommes et femmes étaient détenus séparément, les uns au rez-de-chaussée, les autres à l'étage. Au-dessus du magasin général (Cumminger Brothers' General Store), un **photographe** propose aux volontaires leur portrait sur ambrotype (procédé utilisant un négatif sur plaque de verre noirci), en costume du 19ᵉ s.

Meublé selon le style alors en vogue, **Greenwood Cottage** évoque l'atmosphère d'une demeure bourgeoise de l'époque, tandis que **McMillan House** recrée l'humble logis d'un tisserand de village avec des démonstrations de filage. L'hôtel sert des spécialités de la fin du 19ᵉ s. comme du pain au gingembre ou du pudding. Le central téléphonique fonctionne encore, et le palais de justice (1854) est toujours utilisé.

À 400 m du village, l'ancienne scierie à aubes **McDonald Brothers' Mill** est pleinement opérationnelle. Après quelques minutes à travers bois, vous découvrirez un **camp de bûcherons**, reconstitué, des années 1880.

Piste Cabot

Cabot Trail

⬤ NOS ADRESSES PAGE 550

▪ S'INFORMER

Destination Cape Breton Association - ℘ *1 888 562 9848 - www.cbisland.com.*

◯ SE REPÉRER

Carte de région D1-2 (p. 478-479) - carte de la piste Cabot (p. 547). La piste Cabot fait le tour de l'île du Cap-Breton, à l'extrémité nord de la Nouvelle-Écosse. L'île est reliée au reste de la province par la route Canso.

▣ SE GARER

Des emplacements existent le long de la piste, mais ne stationnez pas là où les autres véhicules ne vous voient pas pour ne pas gêner la circulation.

◯ ORGANISER SON TEMPS

La piste peut se faire dans les deux sens, mais il est préférable de la suivre dans le sens des aiguilles d'une montre pour une question de sécurité (virages et pentes plus accessibles, conduite côté montagne). Vous pouvez faire ce circuit en une journée.

▲▲ AVEC LES ENFANTS

Le Miners' Museum à Glace Bay.

Baptisée du nom de l'explorateur qui aurait débarqué à la pointe nord de l'île du Cap-Breton en 1497, la piste Cabot est célèbre pour la beauté de ses paysages. Inaugurée en 1936, cette voie à double sens fait le tour de la partie septentrionale de l'île qui rappelle les Highlands d'Écosse, dont elle connaît aussi les brumes et les vents. Une grande partie de la population, d'origine écossaise, a marqué la contrée d'une forte empreinte gaélique, sauf dans la région acadienne de Chéticamp. On y entend toujours parler le gaélique qui, au début du 19ᵉ s., était la troisième langue européenne la plus couramment usitée au Canada.

Circuits conseillés

5

◯ *Circuit de 301 km au départ de Baddeck tracé sur la carte p. 547.*

★ DE BADDECK À CHÉTICAMP

◯ *88 km (tracé en vert sur la carte p. 547).*

★ Baddeck

Point de départ et d'arrivée de la piste Cabot, Baddeck est un joli centre de villégiature dans un **site★★** charmant sur la rive nord du **lac Bras d'Or**. Il est relié à l'Atlantique par Great Bras d'Or et Little Bras d'Or, qui coulent de part et d'autre de l'île Boularderie.

★★ Alexander Graham Bell National Historic Site – ℘ *902 295 2069 - www.pc.gc.ca -* ♿ ▣ *- juil.-août : 9h-17h ; mai-juin et sept.-oct. : merc.-dim. 9h-18h ;*

ALEXANDER GRAHAM BELL (1847-1922)

Le célèbre inventeur du téléphone fit, en 1885, un voyage à Baddeck, qui lui rappela son Écosse natale. Séduit, il fit construire une résidence secondaire, baptisée *Beinn Bhreagh* (« belle montagne » en gaélique). C'est à Baddeck que le philanthrope et scientifique insatiable fit la plupart de ses expériences en aéronautique, construisant des cerfs-volants géants pour étudier la portance de l'air, et qu'il mit au point le tétraèdre, forme à la fois légère et solide à partir de laquelle il étudia divers engins. Le tétraèdre figure à de nombreuses reprises dans sa maison. En 1907, il créait, avec quelques pionniers de l'aviation, l'Aerial Experiment Association, qui réussit, en 1909, le premier vol piloté au Canada avec le **Silver Dart** au-dessus de la baie de Baddeck. Il s'intéressa aussi à la navigation et mit au point l'HD-4, hydroptère qui, en 1919, atteignit sur le lac Bras d'Or la vitesse record de 114 km/h.

le reste de l'année : sur RV - 7,80 $. Ce remarquable musée présente en détail les recherches de Bell dans les domaines les plus variés : téléphone, gilet à vide (ancêtre du poumon d'acier), sonde chirurgicale (utilisée avant l'invention de la radiographie), cerfs-volants expérimentaux, appareil de survie destiné à sauver de la soif les marins en détresse, hydroptère (reconstitution complète de l'HD-4 et restes de l'original). Une riche **collection de photographies** sur la vie et l'œuvre de Bell constitue l'un des points forts du musée. Durant la saison touristique, plusieurs films viennent par ailleurs évoquer la vie et l'œuvre du grand inventeur. De la terrasse, jolie **vue panoramique** sur le lac Bras d'Or et le port de Baddeck. On aperçoit derrière les arbres, au loin à gauche, la splendide demeure de Bell, qui ne se visite pas.

La route remonte la vallée de la Middle River, longe les lacs O'Law et rejoint la belle **vallée de la Margaree★**, verdoyante, boisée et dont les cours d'eau sont riches en saumons.

North East Margaree

Cette petite communauté rurale au milieu des bois possède un musée digne d'intérêt.

★ **Margaree Salmon Museum** – ☎ 902 248 2848 - www.margareens.com/margaree_salmon.html - ♿ - de mi-juin à mi-oct. : 9h-17h - 2 $. L'agréable petit musée raconte le cycle de vie du saumon de l'Atlantique. Une importante collection d'attirail de pêche ancien est également exposée : mouches, moulinets, cannes (dont une canne écossaise de 1880 qui mesure plus de 5 m), et même du matériel prohibé utilisé par les braconniers.

La piste Cabot continue vers le nord et suit la rivière Margaree : jolies **vues★** pastorales sur sa belle vallée et sur la ville d'East Margaree, sur la rive opposée. Bientôt, la route s'élève et le cadre change, dominé par l'atmosphère marine. La descente sur Margaree Harbour s'accompagne de **vues★** saisissantes sur la localité. On traverse ensuite l'estuaire de la Margaree, puis on remonte la côte acadienne, avec des vues sur le golfe du St-Laurent.

Chéticamp

Petit port de pêche dominé par l'imposante église St-Pierre et son clocher pointu, Chéticamp est le principal centre acadien de cette côte où flotte fièrement le drapeau tricolore étoilé. Le port se dresse en face de l'île de Chéticamp. Ses tapis de laine crochetés ont fait sa renommée.

Acadian Museum – 🖉 *902 224 2170 - www.cheticamphookedrugs.com/ museum - 🔥 🅿 - mai-oct. - horaires, se renseigner.* Gérés par une coopérative artisanale acadienne, le musée et sa boutique-cadeaux exposent toutes sortes d'articles au crochet. Démonstrations de crochet, de filage, de cardage et de tissage. Le **restaurant** du site sert des spécialités canadiennes *(voir « Nos adresses » p. 550)*.

DE CHÉTICAMP AU CAP SMOKEY

🕦 *124 km (tracé en bordeaux sur la carte p. 547).*

★★ Cape Breton Highlands National Park

🔢 *www.pc.gc.ca - 🔥 🅿 - ouvert tte l'année - 7,80 $ - centres d'accueil à l'entrée du parc au nord de Chéticamp et à Ingonish Beach (🖉 902 224 2306) de mi-mai à mi-oct.: à partir de 8h30 ou 9h, fermeture à 17h ou 19h en fonction des saisons - randonnée pédestre, pique-nique, baignade. Les 24 belvédères du parc dévoilent de jolies vues.*

Ce parc de 950 km² au nord de l'île du Cap-Breton offre un mélange de paysages de montagne et de mer. Son littoral, doté de quelques jolies plages, se compose à l'ouest d'une côte baignée par les eaux relativement calmes du St-Laurent et, à l'est, d'un rivage soumis aux assauts constants de l'Océan. On y aperçoit parfois une baleine ou même un aigle à tête blanche.

Dès l'entrée du parc, la piste Cabot escalade les gorges de la rivière Chéticamp et rejoint la côte qu'elle longe. Jolies **vues★★** sur l'Océan et la route qui se déroule à l'horizon. Le belvédère de **Cap Rouge** révèle des **vues★★** particulièrement belles. La route franchit le mont French, point le plus élevé du parcours, et continue vers l'intérieur. Composé d'un plateau marécageux et boisé atteignant par endroits plus de 500 m, celui-ci est le domaine de l'orignal, du lynx et du lièvre d'Amérique. Plusieurs sentiers y conduisent.

En descendant, la route traverse quelques vallées profondes, gravit les monts Mackenzie et offre encore de remarquables **vues★★** sur la côte en arrivant sur Pleasant Bay. Elle repart ensuite vers l'intérieur des terres.

Lone Shieling – *À 6,5 km de Pleasant Bay, engagez-vous sur un court sentier.* Cette chaumière rustique aux murs de pierre, dont le nom signifie « abri solitaire » en gaélique, est une réplique des humbles logis paysans typiques des Highlands et des îles d'Écosse érigée pour célébrer les liens profonds qui unissent les nombreux Écossais du Cap-Breton à leur pays d'origine.

La route franchit les monts North, descend en pente raide en ménageant de jolies **vues★**, puis rejoint la rivière North Aspy, qu'elle suit jusqu'à **Cape North**.

★★ Excursion à Bay St Lawrence

38 km AR au départ de Cape North.

Cette jolie route longe la baie d'Aspy en offrant des perspectives sur la longue barre de sable qui ferme la baie, puis s'enfonce à l'intérieur des terres parmi des collines herbeuses parsemées de roches roses. Avant de s'éloigner de la baie, la route passe à hauteur de Cabot Landing Beach, longue plage dominée par une colline en pain de sucre (Sugarloaf Mountain), où le fameux navigateur **Jean Cabot** aurait débarqué pour la première fois en Amérique du Nord, en 1497.

L'excursion s'achève à **Bay St Lawrence**, hameau de pêcheurs situé au bord d'un petit lac qu'un étroit goulet relie à la mer. **Vue★** pittoresque sur la petite localité depuis sa grande église de bois blanc (St Margaret's) dont la voûte adopte la forme d'une carène renversée.

À la sortie de Bay St Lawrence, tourner à droite et continuer sur 3 km jusqu'à Capstick.

5

Capstick – Moins peuplé que Bay St Lawrence, Capstick est un hameau à flanc de coteau regroupant quelques maisons bâties sur un plateau herbeux qui surplombe le rivage. À travers un rideau de pins malingres, les **vues★** de la côte échancrée sont véritablement spectaculaires, rehaussées par l'incroyable couleur des eaux.

Rejoindre la piste Cabot, puis la quitter à nouveau après South Harbour pour longer la côte.

C'est une route très agréable avec de belles **vues★** sur la baie d'Aspy, sa barre de sable et la longue péninsule du cap North. Après White Point, la route part vers le sud et traverse les charmants villages de pêcheurs de **New Haven** et de **Neil's Harbour★**, lequel est doté d'un port artificiel à côté d'une baie sablonneuse.

Rejoindre la piste Cabot.

Cette portion de route est particulièrement splendide, surtout à partir de **Black Brook Cove**. De vertes étendues boisées couvrent l'intérieur des terres tandis que des rochers roses s'avancent dans la mer. Parmi les nombreuses anses et petites baies qui parsèment la côte, **Green Cove** se distingue par son charme particulier. Du belvédère de Lakie's Head, on aperçoit l'étroite presqu'île de **Middle Head** et le cap Smokey, dont la silhouette s'élève parfois au-dessus d'une brume digne des Highlands d'Écosse.

Les Ingonish

Ingonish regroupe plusieurs localités échelonnées autour d'une baie, dont Ingonish Centre, Ingonish Harbour et Ingonish Beach, lesquelles contrastent avec la relative solitude du parc. Ce sont des stations de villégiature très prisées pour leurs activités récréatives (pêche, bateau, baignade, golf, tennis et ski). De nombreux bateaux de croisière font escale à Ingonish Harbour.

La baie d'Ingonish est séparée en deux baies plus petites (North Bay et South Bay) par **Middle Head,** une presqu'île rocheuse longue et étroite qui abrite **Keltic Lodge**, l'un des hôtels les plus célèbres du Canada. De là, on aperçoit vers le sud le **cap Smokey** (369 m), parfois caché par les nuages, ce qui explique son nom.

LA CÔTE GAÉLIQUE : DU CAP SMOKEY À BADDECK

▶ *89 km (tracé en orange sur la carte ci-contre).*

Après avoir gravi le cap Smokey, la route retrouve la côte, offrant de belles **vues★** vers le sud, puis s'éloigne un peu du rivage et traverse plusieurs villages de pêcheurs.

Au large, le groupe d'îlots **Bird Islands** (réserve ornithologique) accueille durant l'été un grand nombre d'oiseaux de mer. On profite de beaux panoramas en longeant St Ann's Harbour, particulièrement à partir de Goose Cove et à South Gut St Ann's.

★ Gaelic College

51779 Cabot Trail Road, St Ann's - ✆ *902 295 3411 - www.gaeliccollege.edu -* ♿
P *- ceilidh en juil.-août : merc. soir.*

Fondée en 1938 par le révérend A.W.R. MacKenzie, elle est l'unique université d'Amérique du Nord à enseigner le gaélique. Les étudiants viennent donc de tout le continent se plonger dans cette culture et apprendre la langue, les arts et l'artisanat des Highlands : cornemuse, chants, danses, tissage de tartans, etc. En été, le collège accueille un *ceilidh (Kay-lee)*, rassemblement de danseurs et musiciens locaux.

Great Hall of the Clans – *De déb. juil. à fin août : 9h-17h ; de déb. juin à déb. juil. et de fin août à fin sept. : lun.-vend. 9h-17h - 7 $.* Dans une pièce isolée, près de l'entrée, sont présentés objets d'artisanat et souvenirs de l'époque des **pionniers écossais**. Le hall même, consacré à l'histoire des clans, expose une grande variété de tartans et autres vêtements traditionnels. À l'une des extrémités de la salle se dresse la statue d'Angus MacAskill (1825-1863), un géant de 2,36 m et 193 kg originaire du Cap-Breton, célèbre pour avoir parcouru les États-Unis en compagnie du nain Tom Pouce qui dansait sur la paume ouverte de sa main.

★ **Itinéraire bis**

22 km par la route 312 et la Transcanadienne. Bac - ℘ 902 861 1911 - www.gov. ns.ca - & - 24h/24, dép. ttes les 10mn sf fév.-avr. si les eaux sont prises par la glace. La route traverse la baie St Ann's sur une langue de terre qui ferme presque la rade, laissant un goulet de 270 m seulement que l'on franchit en bac.
Reprendre la Transcanadienne jusqu'à Baddeck.

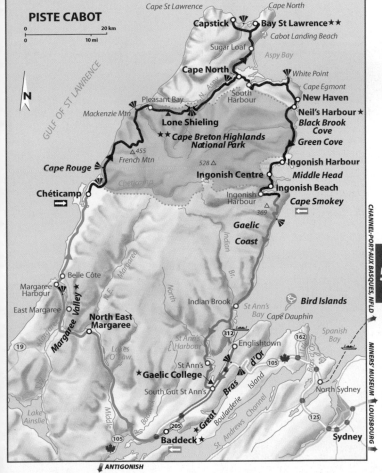

UN SOL RICHE EN CHARBON

Le bassin houiller de l'île du Cap-Breton, où des soldats français de Louisbourg découvrirent du charbon dans les falaises de Port-Morien, est connu depuis 1720. Le sous-sol de la région contient des couches de houille grasse qui se prolongent sous l'Océan. L'exploitation minière se développa dans la seconde moitié du 19e s., encouragée par la création d'une industrie sidérurgique à Sydney, grâce au minerai de fer découvert à Terre-Neuve. Les immigrants affluèrent alors dans la région, attirés par les possibilités d'embauche. La grande époque du charbon dura jusque vers 1950, quand l'usage du pétrole et du gaz commença à se généraliser. Le Cap-Breton connut alors la récession économique. Exploitée par Cape Breton Development Corporation, la dernière houillère de Glace Bay ferma en 1984.

Excursions Carte de région p. 478-479

★ Great Bras d'Or D2

À 18 km au nord-est de South Gut St Ann's, le long de la Transcanadienne.

La Transcanadienne franchit les monts Kelly, offrant une belle **vue★** sur la rade St Ann's, le bac et l'étroite bande de terre suivie par la route 312. Elle traverse ensuite la presqu'île du cap Dauphin et redescend vers Great Bras d'Or, dévoilant des **vues★** sur le bras de mer, le pont qui le traverse et au loin sur **Sydney**, principale ville du Cap-Breton. Ses gisements de charbon (les plus riches de l'Est du Canada) ont favorisé le développement de grandes aciéries.

★★ Miners' Museum D2

À 19 km au nord-est de Sydney. Suivre les panneaux indicateurs jusqu'à Quarry Point. 42 Bickley St., Glace Bay - ✆ *902 849 4522 - www.minersmuseum.com -* ♿ 🅿 *- juin-août : 10h-18h (mar. 19h) ; sept.-oct. : 10h-18h ; le reste de l'année : lun.-vend. 9h-16h - restaurant : ouvert en été - 6 $ (+ 6 $ pour visite guidée de la mine ; vêtements de protection fournis).*

Ce musée aux formes géométriques basses occupe un site de 6 ha au bord de la mer. Il explique la formation du charbon et présente les méthodes d'exploitation et l'équipement. Des mineurs à la retraite guident les visiteurs *(30mn)* à travers une galerie basse, parfois très basse, creusée sous la mer. Devant les parois de houille, ils racontent les différentes méthodes d'exploitation en y mêlant de nombreuses anecdotes personnelles.

Un **coron** a été reconstruit à proximité du musée, avec la réplique d'une maison de mineur des années 1850-1900 et le magasin du village, qui appartenait à la compagnie. Un restaurant sert des spécialités régionales, comme la *coal dust pie* (« tourte à la poussière de charbon »).

5

La piste Cabot.
SuperStock / age fotostock

😊 NOS ADRESSES SUR LA PISTE CABOT

HÉBERGEMENT

BUDGET MOYEN

Normaway Inn – *691 Egypt Rd, dans la vallée de la Margaree - à 3 km de la piste Cabot - ℰ 902 248 2987 ou 1 800 565 9463 - www.thenormawayinn.com - réserv. conseillée le soir.* Installée dans un paysage de bois et de prés, cette auberge isolée attire les amoureux de la nature et les sportifs : nombreux sentiers pédestres, de cyclotourisme et équestres dans les environs, proximité de cours d'eau à truites et à saumons, voies navigables en canoë. Les visiteurs sont logés dans des chambres ou des pavillons avec Jacuzzi, poêle à bois et cheminée. Le **restaurant** accepte les clients de passage et leur propose produits frais du jardin, saumon de l'Atlantique, agneau de la vallée. En été et en automne, le pub de l'auberge accueille certains soirs des groupes de musique traditionnelle et de danse.

RESTAURATION

PREMIER PRIX

Restaurant Acadien – *À Chéticamp, au Musée acadien - ℰ 902 224 3207 - tlj à partir de 7h - réserv. conseillée.* C'est une cuisine acadienne authentique, servie par un personnel en tablier et coiffe en dentelle, qui attend les convives de ce restaurant populaire : fricot au poulet (au bouillon, avec pommes de terre, carottes et oignons), pâté à la viande (tourte de bœuf et porc) et sauce au boudin (crème de boudin avec viande de porc), partagent la carte avec les hamburgers, les côtes de porc et le poisson accompagné de chips. Il est difficile de résister aux desserts maison.

ACHATS

👁 **Bon à savoir** – Si vous souhaitez rapporter tartans, kilts et autres vêtements écossais, arrêtez-vous à **Margaree Harbour**.

La forteresse de Louisbourg.
Y. Travert / Photononstop

Forteresse de Louisbourg

★★★

S'INFORMER

Centre d'accueil – ✆ 902 733 3552 - www.louisbourg.ca et www.pc.gc.ca - ♿ 🅿 - 15 mai-31 oct. : 9h30-17h ; nov.-avr. : lun.-vend. 9h-16h - pas de visite costumée en mai et du 16-31 oct. - visites conduites par des guides de Parks Canada - 17,60 $ (juin-sept.), 7,30 $ (mai et oct.) - attention : froid, pluie et brouillard possibles ; s'habiller en conséquence et se chausser confortablement.

SE REPÉRER

Carte de région D2 (p. 478-479). Traversez la voie Canso en direction de l'île du Cap-Breton. Prenez la route 4 ou la 105 pour Sydney puis prenez la route 22 et roulez en direction du sud pendant 37 km jusqu'à Louisbourg. La forteresse se trouve au sud-ouest de la ville.

SE GARER

Parking gratuit au centre d'accueil. Un bus conduit au site en 7-10mn.

À NE PAS MANQUER

Un repas dans l'un des trois restaurants d'époque du site.

5

Cette forteresse déchue défendait au début du 18e s. l'accès au golfe du St-Laurent et à Québec. Occupée par la plus importante garnison d'Amérique du Nord, Louisbourg était l'une des places fortes majeures de la Nouvelle-France, avant que les troupes anglaises ne la détruisent en 1758. Elle ne fut plus qu'un champ de ruines pendant deux siècles, jusqu'à ce que le gouvernement canadien décide de la sauvegarder. Classée site historique national, elle a fait l'objet d'un projet de restauration d'une saisissante ampleur qui a coûté près de 25 millions de dollars.

Découvrir

Point de départ de la visite, le **centre d'accueil** retrace l'histoire de Louisbourg au moyen d'expositions et de maquettes. Une navette mène jusqu'à la forteresse, dans laquelle on pénètre à pied par la **porte Dauphine**, gardée par une sentinelle. En franchissant le pont-levis, on a l'impression de plonger dans le passé, d'autant plus qu'en été, la ville est animée par une population en costume d'époque.

En pierre ou en bois, plus de 50 maisons s'alignent selon le plan régulier des villes construites de toutes pièces. Certaines abritent des expositions, d'autres ont retrouvé un mobilier du 18e s. Une **boulangerie** vend le même type de pain que celui qu'achetaient les soldats en 1744, et trois **auberges** proposent des repas typiques du 18e s., dans une vaisselle en terre cuite et en étain et servis par un personnel costumé.

Les remparts des quais sont percés d'une entrée d'honneur en bois, la **porte Frédéric**, par laquelle étaient introduits les visiteurs importants. Au rez-de-chaussée de la riche **demeure de l'ordonnateur**, remarquez un clavecin du 18e s. Des objets découverts au cours des travaux de restauration de la forteresse sont également exposés en plusieurs points.

UNE PLACE FORTE DÉCHUE

Des débuts difficiles – La France, qui envisageait depuis quelque temps déjà la construction d'une importante base militaire en Nouvelle-Écosse pour consolider sa position en Amérique du Nord, avait même pensé au site d'Halifax. Mais elle choisit, lorsqu'elle perdit Terre-Neuve et l'Acadie en 1713, de s'installer sur une échancrure de l'île Royale (aujourd'hui île du Cap-Breton). Dès 1719 commencèrent les travaux d'une forteresse dont le plan s'inspirait des réalisations de Vauban.

La construction de ce projet grandiose (une citadelle, six bastions et plusieurs batteries indépendantes) traîna en longueur et devint vite un gouffre financier. Le terrain marécageux ne se prêtait pas à la fondation d'ouvrages solides et la discipline laissait à désirer, au point qu'en 1744 la garnison se mutina. Pourtant, le port toujours libre de glaces connaissait une activité fébrile (pêche à la morue, base navale, commerce avec la France, Québec, les Antilles, et fructueuse contrebande avec les villes de la Nouvelle-Angleterre) qui faisait bien des envieux à Boston et à New York.

Une forteresse « imprenable » – La construction n'était pas achevée que Louisbourg subissait son premier siège (1745) : en moins de deux mois, des troupes de Nouvelle-Angleterre (4 000 soldats) réduisirent à merci cette rivale redoutée. Trois ans plus tard, au grand dépit des Anglais, le traité d'Aix-la-Chapelle rendait Louisbourg à la France de **Louis XV**. Pendant que les Français renforçaient hâtivement la place forte, les Anglais construisaient, pour leur faire échec, la forteresse d'Halifax. Attaquée par l'armée et la marine britanniques en 1758, Louisbourg tomba pour la seconde fois (l'officier supérieur **James Wolfe**, qui allait capturer la ville de Québec en 1759, se distingua au cours de cette expédition). Les fortifications furent rasées en 1760 pour que les Français ne puissent plus s'y réinstaller.

Depuis 1960, un quart de la forteresse a été reconstruit conformément aux plans originaux.

★★ Bastion du Roi

Ce bâtiment, le plus imposant et le plus prestigieux de l'ensemble, abritait jadis la garnison. Sa visite révèle la grande disparité sociale de mise entre les hommes de troupe et leurs supérieurs. Les dix pièces de l'**aile du gouverneur**, meublées avec luxe et délicatesse, évoquent la vie raffinée de l'aristocratie. Moins somptueux, le **quartier des officiers** ne manque toutefois pas de confort. Mais l'austérité des **baraquements** destinés aux simples soldats, ouverts à tous les vents, n'invite décidément guère à la flânerie.

La visite passe également par la **prison** et la **chapelle**, qui servait autrefois d'église paroissiale.

5

Île du Prince-Édouard

Située dans le golfe du St-Laurent, l'île du Prince-Édouard (Prince Edward Island) se trouve à 14 km à peine du Nouveau-Brunswick et 22 km de la Nouvelle-Écosse, provinces voisines situées sur l'autre rive du détroit de Northumberland. Elle est, avec ses 225 km de long, la plus petite province du pays. Sa largeur varie énormément en fonction des profondes échancrures de ses côtes. Ses couleurs sont saisissantes : aux beaux jours, le rouge bien caractéristique de son sol ferrugineux, le bleu du ciel et de la mer, le vert tendre de ses campagnes vallonnées et la blancheur cotonneuse des nuages créent un remarquable effet de kaléidoscope.

UN PEU D'HISTOIRE

Île Saint-Jean

Ainsi baptisée par Jacques Cartier en 1534 et déclarée possession du roi de France, l'île ne fut pourtant colonisée qu'au début du 18e s., quand, après le traité d'Utrecht (1713), de nombreux Acadiens quittèrent l'Acadie péninsulaire devenue Nouvelle-Écosse pour fonder, non loin du site actuel de Charlottetown, **Port la Joye**, une dépendance de l'île Royale. Ces colons furent rejoints, après 1755, par une multitude de réfugiés fuyant le Grand Dérangement, mais trois ans plus tard, l'île était à son tour prise par les Anglais. Ces derniers déportèrent la population acadienne de l'île, à l'exception d'une trentaine de familles qui prit le maquis et constitua la souche de sa population actuelle.

St John's Island

Sous le régime anglais, l'île fut rebaptisée St John's Island et rattachée à la Nouvelle-Écosse, puis fut constituée en colonie indépendante dès 1769. Mais

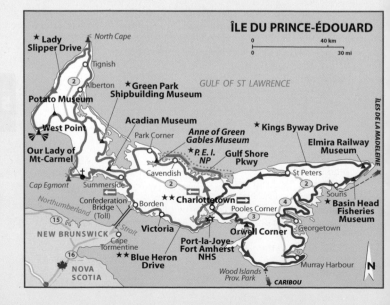

ÎLE DU PRINCE-ÉDOUARD

La Province House National Historic Site, à Charlottetown, où eut lieu la conférence de 1864.
T. Sbampato/image / imagebroker / age fotostock

la plupart des « colons », de riches Anglais auxquels on avait donné les terres, ne quittèrent jamais l'Angleterre, et ce n'est qu'après la guerre d'Indépendance et la venue des loyalistes qu'une véritable population britannique vint s'y installer. En 1799, elle recevait son nom actuel en l'honneur du duc de Kent, fils de George III d'Angleterre. L'île fut le site de l'historique **conférence de Charlottetown**, en septembre 1864, qui ouvrit la voie à la Confédération de 1867.

Perspectives

Le tourisme et la transformation des produits de l'agriculture et de la pêche (homards et coquillages) constituent les principales industries de l'île, renommée aussi pour ses produits laitiers et ses quelque 50 variétés de **pommes de terre**. Chaque année, plus de 700 000 visiteurs viennent s'y promener, attirés par son calme et sa beauté. Ils prisent particulièrement les **vacances à la ferme** et les **soupers au homard** qui, l'été, offrent l'occasion de déguster, dans les salles paroissiales et communales, fruits de mer frais pêchés et légumes du potager.

CONFÉRENCE DE CHARLOTTETOWN

En septembre 1864, des représentants de la Nouvelle-Écosse, du Nouveau-Brunswick et de l'île du Prince-Édouard se réunirent à Charlottetown pour discuter de l'union des Provinces maritimes. Venus se joindre à eux, des représentants de l'Ontario et du Québec, appelés alors Haut et Bas-Canada, préconisaient l'union de toutes les colonies britanniques d'Amérique du Nord. Ces derniers virent leurs efforts récompensés : en 1867, l'Acte de l'Amérique du Nord britannique créait le Dominion du Canada. Malgré sa réticence initiale, l'île du Prince-Édouard se joignit à la Confédération canadienne en 1873.

😊 ÎLE DU PRINCE-ÉDOUARD PRATIQUE

INFORMATIONS UTILES

Office de tourisme et parcs
Tourism Prince Edward Island –
PO Box 940, Charlottetown -
☎ 1 800 463 4734 ou 902 368
4444 - *www.tourismpei.com.*

Site Internet de la province
www.gov.pe.ca.

Heure locale
L'île du Prince-Édouard vit à
l'heure de l'Atlantique.
↪ *Carte des fuseaux horaires, p. 17.*

Taxes
En plus de la taxe nationale
sur les produits et les services
(TPS ou GST) de 5 %, l'île du
Prince-Édouard prélève une
taxe provinciale à la vente de
10 %, sauf sur les vêtements et
les chaussures.

Loi sur les alcools
Âge légal de consommation
d'alcool : 19 ans. Bouteilles d'alcool
en vente dans les magasins d'État.

Loi sur le tabac
L'achat de tabac est interdit aux
moins de 19 ans.

Jour férié provincial
Fête de la Fondation –
1er lun. d'août.

TRANSPORTS

En avion
Charlottetown Airport –
☎ 902 566 7997. Il est à moins de
5 km du centre-ville.
Air Canada et sa filiale Air Canada
Jazz proposent des vols directs
au départ de Toronto, Montréal
et Halifax.
Sunwing Airlines – *www.sun
wing.ca.* Cette compagnie
propose des vols au départ
de Toronto et Montréal.

Northwest Airlines – *www.delta.
com.* Vols à partir de Detroit.
Delta – *www.delta.com.* Vols au
départ de Boston.
↪ *Voir « Transports intérieurs », p. 25.*

En voiture
Les routes principales, surtout le
long de la côte, sont goudronnées.
Les autres sont en terre battue ou
recouvertes de graviers.
Confederation Bridge –
*www.confederationbridge.com -
44,50 $/voiture - principales cartes
de crédit acceptées.* Depuis 1997,
ce pont relie Borden-Carleton
(Î. P.-É.) à Cape Jourimain (N.-B.).
Il faut compter environ 10mn
pour parcourir ses 13 km *(vitesse
limitée à 80 km/h).* Bornes de
secours à intervalles réguliers.
Dépassements et arrêts interdits,
sauf en cas d'urgence. Le péage
se règle à Borden-Carleton en
quittant l'île.

En bateau
Northumberland Ferries –
☎ 1 877 762 7245 - *www.ferries.ca -*
♿ - *dép. de Î. P.-É. : de mai à mi-
nov. : 6h30-20h ; de fin nov. à fin
déc. : horaires variables -
dép. de N.-É : de mai à mi-nov. :
8h-21h30 ; de fin nov. à fin déc. :
horaires variables - service
interrompu de fin déc. à avr. -
aller simple 1h15 - AR 17 $/pers.
et 67,50 $/voiture.* Ils relient Wood
Islands (à l'est de l'île) à Caribou
(N.-É.). Au départ de Souris (Î. P.-É.),
un bac mène jusqu'aux îles
de la Madeleine (Québec –
☎ 1 888 986 3278 - *www.ctma.ca).*

VISITE

👁 **Bon à savoir** – Les **trois
itinéraires touristiques**,
aménagés par le gouvernement
provincial, font le tour de chaque
comté (Prince, Queens et Kings).

Ils constituent une agréable façon de partir à la découverte de l'île, donnant l'occasion d'apprécier de splendides paysages, de charmantes petites localités et d'intéressantes curiosités historiques.

HÉBERGEMENT

Voir aussi « Nos adresses à Charlottetown », p. 561.

BUDGET MOYEN

Warn House Bed & Breakfast – *330 Central St., Summerside - ✆ 902 436 5242 ou 1 888 436 7512 - www.warn housebandb.ca - P - 4 ch.* Bien située, cette maison d'hôte très propre aux équipements modernes est décorée avec goût d'objets d'art canadiens et de meubles anciens. Les hôtes, très agréables, servent un solide petit déjeuner dans la charmante salle à manger.

Briarwood Inn – *253 Matthew's Lane, Alberton - ✆ 902 853 2518 ou 1 888 272 2246 - www.briarwood. pe.ca - & P.* Cet ensemble composé de cottages, d'un pavillon et d'une auberge, situé sur les rives de la Dock, près de la baie Cascumpec, est le lieu idéal pour un séjour prolongé. Les invités sont encouragés à explorer le domaine et le bord de la rivière, à moins qu'ils ne préfèrent paresser en chaise longue. Ils peuvent choisir entre un cottage au porche grillagé, une suite avec une chambre dans le pavillon, une chambre dans l'auberge avec vue sur la baie, ou une chambre avec grand lit et Jacuzzi. Ne pas rater la promenade sur la rivière.

UNE FOLIE

Dalvay-by-the-Sea – *À Dalvay - littoral nord, près de l'entrée est du parc national de l'Î. P.-É. - ✆ 902 672 2048 ou 1 888 366 2955 -* *www.dalvaybythesea.com - & P - de juin à déb. sept. - 25 ch. et 8 cottages.* Ancienne résidence du magnat du pétrole Alexander McDonald, cet hôtel particulier à pignons, construit dans le style Queen Anne, accueille aujourd'hui un établissement de prestige. Le Dalvay bénéficie, en plus des chambres de l'habitation (dont chacune possède son propre style), de 8 cottages et de 3 chambres. Les visiteurs se voient proposer de nombreuses activités : tennis, vélo, croquet ou canotage. Petit déjeuner et dîner sont compris dans le prix. Le restaurant sert une cuisine continentale exceptionnelle à base de produits locaux de la mer et des fermes alentour.

Inn at Spry Point – *À Souris – route 310 (Spry Point Rd) à la sortie de la route 2 - ✆ 902 583 2400 - www.innatsprypoint.com - P - de mi-juin à mi-sept. - 15 ch.* Cette grande et lumineuse auberge est campée sur un promontoire qui domine le détroit de Northumberland. Une épaisse forêt parcourue de sentiers borde la propriété, et les vagues déferlent sur la plage proche au pied de falaises rosées. Les chambres spacieuses, agrémentées d'un balcon ou d'une terrasse, invitent au repos avec leurs murs aux notes pastel apaisantes. Le **restaurant**, qui domine l'Océan, exploite les produits régionaux : poissons fraîchement pêchés et viande produite sur l'île.

RESTAURATION

Voir aussi « Nos adresses à Charlottetown », p. 561.

Bon à savoir – Les agriculteurs de l'île offrent volontiers au public un aperçu de leurs techniques et de leurs produits.

5

PEI Preserve Company – *2841 New Glasgow, Hunter River - rte 13 près de Cavendish, au croisement des routes 224 et 258 - ℘ 902 964 4300 ou 1 800 565 5267 - www.preservecompany.com*. Les visiteurs goûteront des dizaines de conserves, plusieurs moutardes et chutneys (condiment aigre-doux), ainsi que le thé du jour. Leur appétit aiguisé, ils se rendront ensuite au restaurant de l'entreprise, qui sert un petit déjeuner, un déjeuner ou un dîner simple avec vue sur la rivière.

Les soupers aux homards

Une tradition sur l'île. Leur histoire commence il y a une cinquantaine d'années, lors des collectes de fonds au profit de l'organisation des Jeunes Agriculteurs ; le premier repas coûta 1,50 $. Les soupers d'été suivant (*de mi-juin à fin sept.*) rencontrèrent un tel succès qu'ils furent rapidement commercialisés afin d'attirer davantage de monde.

Les convives paient un droit d'entrée, puis vont s'asseoir à de longues tables de banquet. Les festivités débutent traditionnellement par une soupe de palourdes (*fish chowder*) accompagnée de pains mollets, puis viennent plusieurs salades (pommes de terre, salade de chou cru ou *coleslaw* et crudités). Suivent alors les moules fraîches. Le homard ne vient qu'après (*poids selon la participation financière*), accompagné de légumes. Le dessert consiste souvent en un gâteau ou une tourte avec une boule de glace. La boisson est incluse dans le prix (*bière et vin sont généralement disponibles en supplément*). Si vous n'êtes pas amateur de homard, vous pouvez vous faire servir du jambon ou du poisson dans la plupart des restaurants. Mais

quel que soit votre menu, vous ne repartirez pas affamé !

St Ann's Lobster Suppers – *À Hope River - ℘ 902 621 0635 - www.lobstersuppers.com - tlj sf dim.* Il organise toujours l'après-midi et le soir, des soupers d'été dans son immense sous-sol.

St Margaret's Lobster Suppers – *À St Margaret's - ℘ 902 687 3105.* Ici sont servis des dîners de homard et de jambon dans la salle à manger.

New Glasgow Lobster Suppers – *À New Glasgow - ℘ 902 964 2870 - www.peilobstersuppers.com.* Cet établissement peut nourrir 500 personnes grâce à ses deux étages.

BUDGET MOYEN

Trailside Café and Inn – *109 North Main Street St., Mount Stewart - ℘ 902 394 3626 - www.trailside.ca - &.* Ne vous laissez pas rebuter par l'aspect extérieur du lieu. Ce charmant café de bord de route réunit les amateurs de bonne musique. La carte, variée, tourne autour des produits de la mer. Concerts tout l'été ; les habitués fréquentent assidûment le brunch du dimanche au son du gospel. L'hôtel loue des chambres et Trailside Adventures des bicyclettes et des canoës.

POUR SE FAIRE PLAISIR

The Inn at Bay Fortune – *Rte 310 par la rte 2, Bay Fortune - ℘ 902 687 3745 - www.innatbayfortune.com - de déb. juin à mi-oct. : soir uniquement.* La réputation de cet établissement chic n'est plus à faire. Servis dans une lumineuse véranda, les menus explorent les richesses des forêts de l'île (gibier, champignons sauvages), de sa campagne (cresson sauvage, menthe) et de ses eaux (moules, huîtres de la baie de Colville). Plus de

100 variétés d'herbes et de fleurs comestibles, 30 sortes de crudités et une myriade de légumes poussent dans le potager de l'auberge, formant les ingrédients de base du menu « Kitchen Gardens ». Pour une expérience gourmande sans pareille, réservez la table du chef (« Chef's Table ») en cuisine : vous aurez le privilège d'observer l'équipe talentueuse du Bay Fortune vous créer sur mesure un repas inoubliable.

PETITE PAUSE

The Dune Studio Gallery – *Brackley Beach - ℘ 902 672 2586 - www.dunesgallery.com.* Un spectaculaire bâtiment de cèdre et de verre abrite le studio de l'artiste Peter Jansons, une galerie d'art, une boutique de souvenirs et une brasserie. On y trouve aussi bien des poteries, peintures, bijoux, objets de verre soufflé, des vanneries en provenance du reste du pays que des articles importés d'Indonésie. La brasserie aux fenêtres panoramiques sert des plats originaux. Prenez le temps de vous promener dans le magnifique jardin, allez voir le bassin aux lys et le belvédère auquel on accède par un escalier de bois en colimaçon.

ACTIVITÉS

New Glasgow Country Gardens – *Non loin de PEI Preserve Co (voir ci-contre) - ℘ 902 964 4300.* Ces jardins offrent 2 km de sentiers et des concerts le dimanche (la compagnie a également un local à Charlottetown). Le **River Theatre** dans les jardins propose en fin de matinée des *ceilidhs* (musique gaélique) en juil.-août *(lun.-vend.)* et de la musique country en soirée *(dim. 18h30, 10 $).*

Charlottetown
★★

39 685 habitants

 NOS ADRESSES CI-CONTRE

S'INFORMER
Tourism Charlottetown – *91 Water St. - ℰ 1 800 955 1864 - www.discover charlottetown.com.*

SE REPÉRER
Carte de région C2 (p. 478-479) - carte de l'île du Prince-Édouard (p. 554). Charlottetown se trouve près de la confluence des rivières West, North et Hillsborough, qui se jettent dans le détroit de Northumberland.

SE GARER
Les parkings sont difficiles à trouver en centre-ville, payants, et rigoureusement contrôlés.

Capitale de la province, Charlottetown est un port abrité dans une baie du détroit de Northumberland. Fondée en 1768, cette paisible ville aux belles demeures victoriennes doit son nom à la reine Charlotte, épouse de George III d'Angleterre. Elle se situe au cœur d'une riche région agricole dont elle écoule la production grâce à son port. Elle est aussi le principal centre commercial de l'île.

Se promener

L'un des quartiers les plus agréables de la ville se situe près du **Victoria Park**, qui abrite la blancheur néoclassique de **Government House**, imposante résidence du lieutenant-gouverneur dessinée par Isaac Smith *(fermée au public)*. De la rive, la **vue★** s'étend au loin jusqu'au site de Fort Amherst.

★★ Province House National Historic Site
165 Richmond St. - ℰ 902 566 8287 - www.pc.gc.ca - ⏦ - juil.-août : 9h-17h ; déc.-mars : lun., merc., vend. 13h-16h ; le reste de l'année : lun.-vend. 9h-17h - 3,40 $.
Ce bâtiment en grès (1847) de style georgien agrémenté de détails néoclassiques est également l'œuvre d'Isaac Smith, natif du Yorkshire. On y visite la salle de l'Assemblée législative actuelle ainsi que la **salle de la Confédération**, telle qu'elle se présentait lors de la conférence de 1864 *(voir l'encadré p. 555).*

★ Confederation Centre of the Arts
À côté de Province House. 145 Richmond St. - ℰ 902 628 1864 ou 1 800 565 0278 - www.confederationcentre.com - ⏦ - juil.-août : 9h-20h, dim. 9h-17h ; de mi-mai à fin juin et de déb. sept. à mi-oct. : 9h-17h ; le reste de l'année : merc.-sam. 11h-17h, dim. 13h-17h.
Construit en 1964 à l'occasion du centenaire de la conférence de Charlottetown, ce centre culturel abrite les archives provinciales, des salles de spectacle et d'exposition ainsi qu'un restaurant. La **galerie d'art** présente par roulement quelques œuvres de l'importante collection de peinture canadienne

du centre. Le théâtre principal accueille chaque année, lors du **festival de Charlottetown**, une comédie musicale intitulée **Anne of Green Gables**.

St Dunstan's Basilica
45 Great George St. - ℰ 902 894 3486 - www.stdunstans.pe.ca - ♿ - lun.-vend. 8h30-16h.

Du haut de leurs 61 m, les deux gracieux clochers de cet édifice de style néogothique (1917) se détachent sur le ciel de Charlottetown. Remarquez à l'intérieur les voûtes en éventail, le marbre veiné et une éblouissante rosace venue de Munich, en Allemagne. Henry Purdy, natif de l'île, signa les vitraux contemporains de la façade.

☻ NOS ADRESSES À CHARLOTTETOWN

HÉBERGEMENT

PREMIER PRIX
Heart's Content B & B – *236 Sydney St. (à l'angle de Weymouth St.) - ℰ 902 566 1799 - www.stayincharlottetown.com - 4 ch.* Son emplacement central, à quelques minutes de marche du bord de mer et des curiosités, lui confère un bon rapport qualité-prix. Les deux salles de bains sont communes. Des chambres propres, un garage à bicyclettes et un petit déjeuner continental satisferont la clientèle.

POUR SE FAIRE PLAISIR
The Great George – *58 Great George St. - ♿ 🅿 - ℰ 902 892 0606 ou 1 800 361 1118 - www.thegreatgeorge.com - 60 ch.* Situé au cœur du centre-ville à proximité de Province House, cet établissement est composé de 15 maisons mitoyennes. Les clients peuvent choisir entre des lofts, des suites en duplex et des appartements de deux chambres équipés d'une lingerie et d'une cuisine. Une salle de musculation et un petit déjeuner complet servi au salon du pavillon viennent couronner l'ensemble.

UNE FOLIE
Fairholm National Historic Inn – *230 Prince St. (à l'angle de Fitzroy St.) - ℰ 902 892 5022 ou 1 888 573 5022 - www.fairholm.pe.ca - 🅿 - 7 ch.* Cette imposante demeure (1838) à deux étages, avec sa façade à double avancée, abrite l'une des plus belles auberges de Charlottetown. Richement pourvues de meubles anciens, spacieuses et hautes de plafond, les chambres sont dotées de cheminées de marbre, les vastes salles de bains attenantes de baignoires et de Jacuzzi. Les résidents peuvent profiter de la véranda donnant sur le jardin. Le petit déjeuner, généreux, est servi dans la salle à manger. Le centre-ville est seulement à quelques pas.

RESTAURATION

BUDGET MOYEN
Lobster on the Wharf – *2 Prince St. - ℰ 902 368 2888 - www.lobsteronthewharf.com - ♿.* Les familles trouveront leur bonheur dans cet établissement où les attendent, en salle ou dehors : *lobster roll* (homard à la mayonnaise dans un petit pain à hot-dog grillé) et *fish & chips*. Les assiettes sont généreuses, la plupart des plats comprennent un accompagnement de pommes de terre ou riz/légumes. Menu enfant.

5

Circuit Blue Heron

Blue Heron Drive

○ **SE REPÉRER**

Carte de région C2 (p. 478-479) - carte de l'île du Prince-Édouard (p. 554). Ce circuit populaire tourne autour de Queens County et du centre de l'île du Prince-Édouard.

☺ **À NE PAS MANQUER**

Les belles plages du parc national de l'île du Prince-Édouard s'étalent sous les collines de grès rose.

👪 **AVEC LES ENFANTS**

La maison d'*Anne of Green Gables*.

La route fait un tour presque complet de la partie centrale de l'île du Prince-Édouard. Elle longe au passage les magnifiques plages blanches de la côte nord, traverse de charmants petits ports de pêche acadiens et de pittoresques paysages de campagne, comme dans Anne of Green Gables. Elle suit pour finir les côtes de grès rouge de la rive sud, baignées par les eaux du détroit de Northumberland.

Circuit conseillé Carte de l'île du Prince-Édouard p. 554

○ *Circuit de 190 km tracé en bleu sur la carte p. 554 et indiqué par des panneaux représentant un héron bleu sur fond blanc. Centre d'accueil à Charlottetown.*

★ Prince Edward Island National Park

À Cavendish, à 24 km au nord-ouest de Charlottetown. 𝄞 902 672 6350 - www.pc.gc.ca - ᴋ 🅿 - ouvert tte l'année - 7,80 $ - centre d'accueil Cavendish : de déb. mai à mi-juin : 9h-17h ; de mi-juin à déb. sept. : 8h-21h ; de déb. sept. à mi-oct. : 9h-17h ; de mi-oct. au printemps : lun.-vend. 11h-14h30 - utilisez les passerelles et les sentiers balisés pour ne pas dégrader les dunes.

Ce petit Parc national, l'un des plus populaires du pays, s'étire sur quelque 40 km le long de la côte nord de l'île, au bord du golfe du St-Laurent. Une route, **Gulf Shore Parkway**, ponctuée ici et là de sentiers et de promenades en planches menant au rivage, permet de découvrir l'un des plus jolis paysages du Canada oriental : une côte très irrégulière émaillée de **plages** superbes, de dunes de sable, de falaises de grès, de marais d'eau saumâtre et de bassins d'eau douce. Aires de pique-nique au bord de la mer et dans les bois.

★ **Green Gables House** – *Dans le parc national de l'Î. P.-É., route 6 à l'ouest de la route 13, 2 Palmers Lane - 𝄞 902 963 7874 - www.pc.gc.ca - ᴋ 🅿 - juil.-oct. : 9h-17h ; le reste de l'année : se renseigner - fermé déc.-avr. - 7,80 $.* 👪 Cette petite ferme blanc et vert appartenait à la famille de **Lucy Maud Montgomery** (1874-1942), qui y séjourna fréquemment durant son enfance. La maison lui servit de modèle pour le cadre de son célèbre roman **Anne of Green Gables** *(Anne… La Maison aux pignons verts)*, l'un des contes pour enfants les plus populaires de la littérature anglaise. Aujourd'hui traduit en 18 langues, il relate l'histoire d'une petite orpheline pleine d'entrain adoptée par des frères et sœurs sévères mais bons, habitant dans la fameuse ferme « aux pignons

Anne of Green Gables Museum.
Barrett & MacKay / All Canada Photos / age fotostock

verts ». La maison *(endommagée par un incendie en 1997)*, où sont recréées des scènes du roman (notamment la chambre d'Anne, sous les combles) et exposées des photos de famille, attire chaque année des milliers de visiteurs.

Anne of Green Gables Museum at Silverbush

À Park Corner, sur la route 20. 🕿 *902 886 2884 ou 1 800 665 2663 - www.annemuseum.com -* ♿ 🅿 *- juil.-août : 9h-17h ; juin et sept. : 10h-16h ; de mi-mai à fin mai et de déb. oct. à mi-oct. : 11h-16h - 5 $.*

👥 Tout au long de sa vie, Lucy Maud Montgomery rendit visite à des parents qui habitaient cette spacieuse maison et c'est dans le salon qu'elle se maria en 1911. À l'intérieur, des éditions originales des livres de l'auteur et sa correspondance personnelle côtoient des objets de famille. La demeure et ses environs figurent dans son roman *Anne of Green Gables*.

Victoria

Le hameau, situé sur le détroit du Northumberland, au sud de l'île, est très pittoresque pour son activité portuaire et son parc provincial. À l'une des extrémités de Main Street se dresse le bâtiment original de l'**Orient Hotel**, qui ouvre aussi sa maison de thé **Mrs. Proffit's Tea Room** aux convives de passage. À proximité : d'autres maisons d'hôte, un chocolatier, un fabricant de bougies, une boutique d'artisanat, plusieurs cafés, un théâtre, une maison communale, un phare et plusieurs plages.

Port la Joye-Fort Amherst National Historic Site

Accès par la route 19. Blockhouse Point Rd, Rocky Point - 🕿 *902 566 7626 ou 902 675 2220 (été) - www.pc.gc.ca.*

C'est ici que les Français établirent en 1720 la première implantation européenne permanente sur l'île. Les Anglais, qui s'emparèrent de la région en 1758, érigèrent Fort Amherst, créèrent plusieurs lignes de défense à l'emplacement de la garnison française et occupèrent la place jusqu'en 1768. De nos jours, seuls subsistent du fort des monticules, d'où l'on découvre une **vue**★★ superbe sur le port de Charlottetown.

Circuit Kings Byway

Kings Byway Drive

> **SE REPÉRER**
> Carte de région C2 (p. 478-479) - carte de l'île du Prince-Édouard (p. 554).
> La route suit les baies échancrées et les rades de la côte est de l'île.

AVEC LES ENFANTS
L'Orwell Corner Historic Village.

Soumis au caprice des baies et des ports qui échancrent profondément la côte est de l'île, ce circuit donne l'occasion d'apprécier l'importance locale des pêcheries, très actives dans le comté de Kings. Des chemins de traverse pénètrent dans des forêts verdoyantes et longent de petits villages dont les noms évoquent le patrimoine britannique de l'île : Cardigan, Greenfield, Glenmartin…

Circuit conseillé Carte de l'île du Prince-Édouard p. 554

> *Circuit de 375 km au départ de Charlottetown tracé en violet sur la carte p. 554 et indiqué par des panneaux représentant une couronne violette sur fond blanc. Centre d'accueil à Pooles Corner (au croisement des routes 3 et 4).*

Orwell Corner Historic Village
98 Macphail Park Rd, à 30 km à l'est de Charlottetown sur la Transcanadienne. ✆ *902 651 8510 - http://orwellcorner.ca -* **P** *- juil.-août : 9h30-17h ; juin et sept. : lun.-vend. 9h-16h30 - 7,50 $.*

Fondée au début du 19ᵉ s. par des pionniers venus d'Écosse et d'Irlande, cette communauté-carrefour restaurée de main de maître a conservé l'atmosphère et la saveur des premiers villages ruraux de l'île. Après la **ferme** (1864) qui servait aussi de poste, de magasin général et d'atelier de couturière, on peut visiter une église, une école, une salle communautaire, une forge, une fabrique de bardeaux et les dépendances pour les animaux. Violons et gigues figurent au programme du traditionnel *Ceilidh (ou KAY-lee)*.

★ Basin Head Fisheries Museum
À 10 km à l'est de Souris. Route 16 - ✆ *902 357 7233 - www.peimuseum.com -* **P** *- de déb. juin à fin sept. : 9h-17h (fermé le w.-end en sept.) - 4 $.*
Surplombant le détroit de Northumberland, ce musée est consacré à la pêche côtière. Il rassemble tout l'équipement nécessaire ainsi que des photographies et des dioramas. Des petits bateaux sont exposés à l'extérieur.

Elmira Railway Museum
À 16 km à l'est de Souris. Route 16A - ✆ *902 357 7234 - www.elmirastation.com -* &
P *- juil.-août : 9h-17h ; juin et sept. : lun.-vend. 9h-17h - 4,50 $.*
Ce musée occupe une charmante gare, ancien terminus à l'est d'un réseau de chemin de fer reliant l'île au continent. Consacré à la conquête du rail du 19ᵉ s. au début du 20ᵉ s, il expose notamment des photographies qui mettent en relief les différentes architectures des gares de l'île, un carnet de route ferroviaire de 1911 et un équipement télégraphique encore en état de marche.

5

Prince Edward Island National Park.
Barrett & MacKay / age fotostock

Circuit Lady Slipper

Lady Slipper Drive

○ **SE REPÉRER**
Carte de région C1 (p. 478-479) - carte de l'île du Prince-Édouard (p. 554).
Cette partie ouest de l'île du Prince-Édouard, aux paysages pittoresques,
est située juste au nord du Nouveau-Brunswick.

AVEC LES ENFANTS
West Point Lighthouse.

Ce circuit se déroule dans la partie occidentale de l'île, qui porte le nom
anglais de « sabot de la Vierge », fleur choisie comme emblème de la
province. Partant de Summerside, la route serpente dans un paysage
festonné de caps et de plages et conduit jusqu'aux chantiers navals de
Green Park. Elle parcourt les régions acadiennes autour du cap Egmont et
contourne la baie de Malpèque, célèbre pour ses huîtres et son charmant
littoral. Elle s'approche également des fermes d'élevage de renard, l'une
des activités principales de l'île de 1890 à 1939.

Circuit conseillé Carte de l'île du Prince-Édouard p. 554

○ *Circuit de 288 km tracé en orange sur la carte p. 554 et indiqué par des panneaux
portant une fleur rouge (représentant un sabot de la Vierge) sur fond blanc. Centre
d'accueil à Wilmot, route 1A (à 2 km à l'est de Summerside).*

Acadian Museum of Prince Edward Island
*À Miscouche, à 8 km à l'ouest de Summerside par la route 2. ✆ 902 432 2880 -
www.peimuseum.com - &. - juil.-août : 9h30-19h ; le reste de l'année : 9h30-17h,
dim. 13h-16h - 5,25 $.*
Construit en 1991, ce centre moderne voué à la préservation du patrimoine
acadien est constitué d'un musée historique et d'un centre de documentation
pour la recherche généalogique. La galerie principale présente l'histoire
acadienne après 1720 au moyen de dioramas et de textes, et tire parti d'une
riche collection d'objets, photographies, textiles et journaux, légués au musée
par des familles de la région. Des présentations audiovisuelles abordent
notamment les thèmes de la religion, de l'éducation et de l'économie,
tandis qu'une galerie adjacente programme des expositions thématiques
temporaires.

★ Green Park Shipbuilding Museum

À Port Hill, à 34 km au nord-ouest de Summerside par la route 12. ☎ 902 831 7947 - www.peimuseum.com - ♿ - juin : lun.-vend. 9h-17h ; juil.-août : 9h-17h - 5,70 $.
Consacré à la construction navale, qui était au 19ᵉ s. la principale activité économique de l'île, ce parc occupe le site d'un chantier jadis florissant. **Yeo House**, construite en 1865 par le propriétaire du chantier, est un grand édifice victorien coiffé d'un lanternon restauré de façon à restituer le mode de vie d'une famille bourgeoise de l'époque. Cartes, photographies et outils exposés dans le **centre d'accueil** illustrent les techniques de la construction navale au 19ᵉ s.

West Point Lighthouse

À O'Leary par la route 14. Parc provincial Cedar Dunes - ☎ 902 859 3605 ou 1 800 764 6854 - www.westpointharmony.com - ♿ 🅿 - horaires et tarifs, se renseigner - ouvert de fin mai à déb. oct.
Ce phare de 30 m aux rayures caractéristiques fut bâti en 1875 et pleinement électrifié en 1963. L'étroite volée de marches présente photographies et montages illustrant l'histoire des phares de l'île. Une collection de lanternes de phare orne la tour proprement dite. De la plate-forme d'observation sommitale, la **vue** porte au-delà des dunes rouge sombre du rivage. Le lieu a été converti en auberge, dont le restaurant est ouvert au public.

Potato Museum

À l'ouest de la route 2 par la route 142. 1 Heritage Lane, O'Leary - ☎ 902 859 2039 - www.peipotatomuseum.com - ♿ 🅿 - de mi-mai à mi-oct. : 9h-17h, dim. 13h-17h - 8 $.
Un tel musée ne devrait pas constituer une surprise, étant donné la réputation de l'île en tant que région productrice de pommes de terre. Derrière sa façade ornée d'une « patate » géante, vous apprendrez comment, dans leur pays, Walter Raleigh, Francis Drake et Thomas Jefferson lui-même participèrent au succès du précieux tubercule cultivé au Pérou il y a dix mille ans environ. Une collection d'outils agricoles et une salle interactive, « Potato Hall of Fame », vous familiariseront avec les caractéristiques de l'un des légumes les plus vendus dans le monde. Après la théorie, la pratique : la cantine sert des tartes de pommes de terre au sirop d'érable, un caramel de pomme de terre *(potato fudge)* ou, même, un sandwich à la pomme de terre *(potato dog)*.

Our Lady of Mont-Carmel Acadian Church

À Mont-Carmel, à l'est de la route 124 par la route 11. ☎ 902 854 2208 - ♿ 🅿 - ouvert tte l'année : horaires se renseigner.
Cette église en brique à double clocher domine le détroit de Northumberland à l'est du cap Egmont. Bâtie en 1896, elle remplace deux édifices en bois antérieurs. Le premier, datant de 1820, servait la communauté acadienne de Mont-Carmel. La symétrie de la façade et les voûtes intérieures en berceau rappellent l'architecture religieuse du Poitou, terre d'origine de la plupart des premiers colons acadiens de l'île.

5

Terre-Neuve et Labrador

Terre-Neuve (Newfoundland) et Labrador constituent la plus orientale des provinces canadiennes. Sa superficie globale de 405 720 km² en fait également la plus grande des provinces de l'Atlantique. Elle se compose de l'île même de Terre-Neuve, rocheuse et découpée, et, sur le continent, d'une vaste étendue montagneuse, le Labrador, qui jouxte le Québec. Elle est à la fois baignée par les eaux du golfe du St-Laurent, par la mer du Labrador et par l'océan Atlantique. Les amoureux de la nature apprécieront particulièrement la beauté sauvage de cet avant-poste éloigné.

UN PEU DE GÉOGRAPHIE

L'île de Terre-Neuve

On la surnomme « The Rock » (le rocher) du fait de son profil escarpé. Déchiqueté, semé de baies, d'anses et d'îlots, son littoral de quelque 9 650 km est d'une beauté rude. À l'ouest, le long des **monts Long Range** qui forment le maillon extrême des Appalaches, d'imposantes falaises et des fjords profonds créent un paysage grandiose. De ces hauteurs, l'île s'incline vers l'est, revêtue par endroits de denses forêts, tandis qu'ailleurs, de longues étendues ne sont que landes rocheuses, tourbières, lacs et cours d'eau, héritage des glaciers qui ont laissé une marque profonde sur l'île.

Le Labrador

Cet espace buriné, au sol généralement pauvre et aride, appartient au Bouclier canadien. La côte désolée est découpée et montagneuse. Au nord, les **monts Torngat**, culminant à près de 1 676 m, plongent directement dans la mer. L'intérieur a l'aspect d'une roche nue, stérile, à l'exception de quelques régions plus abritées couvertes de précieuses forêts. La population (29 000 habitants) se concentre essentiellement le long de la côte et dans les villes minières (fer) de la dépression du Labrador, le long de la frontière québécoise. La faune, très variée, compte des lièvres d'Amérique, des loups et le plus grand troupeau de caribous du monde (600 000 têtes environ).

Les Grands Bancs de Terre-Neuve

Sur les hauts-fonds de la plate-forme continentale qui s'étend au sud et à l'est de Terre-Neuve se trouve l'une des zones de pêche les plus riches du monde. Au point de rencontre entre le courant chaud du Gulf Stream et le courant froid du Labrador, le plancton qui se développe en abondance attire le poisson en bancs très denses. Depuis cinq cents ans, les pêcheurs de toutes nationalités viennent récolter cette manne aujourd'hui menacée par la surexploitation des domaines maritimes et par divers facteurs écologiques.

ÉCONOMIE

La pêche

Dans l'espace atlantique canadien, la pêche (**morue** principalement) était la principale ressource de Terre-Neuve. Mais devant l'alarmante diminution des bancs, le gouvernement canadien s'est vu dans l'obligation d'imposer, en 1992, un moratoire sur la pêche à la morue (toujours en vigueur à l'heure actuelle) et de limiter la prise de certains poissons de fond. L'adoption de ces mesures a bouleversé tout un mode de vie traditionnel axé sur l'exploitation des produits de la mer. Près de 40 000 personnes se retrouvèrent sans emploi.

Dix ans plus tard, les stocks de poissons ne s'étaient pas reconstitués. En avril 2003, Le ministre de la Pêche annonçait la fermeture de la Canadian Commercial Cod Fishery. Les conséquences économiques et sociales auraient pu être dévastatrices s'il n'y avait eu l'émergence d'une nouvelle et lucrative industrie : l'extraction minérale, particulièrement le pétrole et le gaz. Quant aux petits pêcheurs, ils peuvent continuer de pêcher en utilisant les méthodes traditionnelles : près des rivages et vers l'est autour du cap Flemish. Ils alimentent uniquement les marchés locaux.

Pêche côtière – Elle comprend non seulement la morue, mais aussi le calmar, le homard, le saumon et le **capelan** (jadis uniquement utilisé comme appât), qui vient pondre en bancs serrés près du rivage, au début de l'été, attirant la morue, son principal prédateur. En utilisant de grands filets-trappes, un pêcheur pouvait autrefois recueillir l'essentiel de sa prise pendant les quelques semaines de frai. À d'autres périodes de l'année, on pêche la morue à la **palangre**, grosse ligne de fond déroulée à partir d'un bateau et munie d'hameçons sur toute sa longueur. Quand la morue ne réagit pas à l'appât vivant, on la pêche alors à la **dandinette**, en tirant une ligne garnie de leurres brillants que l'on fait frétiller dans l'eau. La pêche au **filet dérivant**, lesté de plomb et maintenu à la verticale par des flotteurs, est un procédé plus récent.

Pêche hauturière – Autrefois, les grandes goélettes quittaient les ports de Terre-Neuve pour pêcher sur les bancs pendant plusieurs mois. Quand l'équipage avait localisé un banc, il mettait à l'eau les **doris**, petites barques ouvertes à fond plat transportées sur le pont de la goélette, qui revenaient au bateau chargées de poissons. La prise pouvait être salée sur le pont et entreposée en cale (pêche « verte »), ou mise à sécher à terre sur des claies de bois appelées **vigneaux** (pêche « sèche » ou « sédentaire »). Depuis 1945, les goélettes et les doris ont fait place aux chalutiers, dragueurs et palangriers, plus modernes et plus efficaces, tandis qu'à terre (ou à bord même), la congélation et le traitement industriel du poisson ont peu à peu remplacé vigneaux et salaison.

Forage pétrolier en mer

Achevé en 1997, le projet de mise en valeur du **champ pétrolifère Hibernia**, à 315 km au large des côtes de Terre-Neuve, a déjà permis une production de plus de 700 millions de barils de pétrole. Ancrée sur place, l'énorme plate-forme de forage, d'un poids total de 1,2 million de tonnes, a été conçue de manière à pouvoir résister à l'assaut régulier d'icebergs géants, fréquents dans cette partie du monde. En 2002, la production a commencé sur le site de **Terra Nova** et en 2005 sur celui de **White Rose**, qui se trouvent tous les deux à 350 km des côtes. Ces deux sites fonctionnent avec des bases flottantes qui peuvent être déplacées en cas de mauvais temps.

Le nickel

C'est une nouvelle ressource pour Terre-Neuve et Labrador. En 1993, du nickel est découvert dans le Labrador. Depuis, la Voisey's Bay Nickel Company a investi dans l'extraction et la production de nickel. Cette exploitation a également donné un nouveau souffle à la province.

MODE DE VIE

La vie des Terre-Neuviens est davantage régie par son aspect fonctionnel que par la fantaisie. Près d'un quart de la population de l'île réside à St John's, la capitale. Le reste habite le long du littoral, dans des villages de pêcheurs appelés **outports**. Jadis, le terme désignait tout établissement hors de

St John's ; mais avec l'essor de centres industriels comme Corner Brook, il ne s'applique désormais qu'aux minuscules villages accrochés à la côte, caractérisés par leurs appontements battus par les vagues, leurs **aires de séchage**, leurs doris et leurs yoles amarrées le long du rivage, ainsi que leurs maisons aux couleurs vives. Dans certains *outports*, des maisons historiques ou des bâtiments commerciaux (souvent avec boutique artisanale) abritent un petit musée du patrimoine. Légués par les habitants du lieu, les objets qu'ils exposent évoquent le passé de la communauté. Leur simplicité et leur caractère pratique reflètent la vie modeste et obstinée de leurs propriétaires.

La gastronomie

Fraîche, séchée ou salée, la morue constituait la nourriture de base des Terre-Neuviens : parmi les plats locaux traditionnels, le **fish and brewis** (poisson et brouet), mélange de morue salée bouillie et de biscuits de mer trempés toute la nuit, et les fameuses **langues de morue frites**, nécessitant un poisson de première fraîcheur. Citons encore, parmi les classiques, l'omble de l'Arctique, le saumon, le flétan, les crevettes et le homard. Mais la gastronomie ne se limite pas aux produits de la mer : les steaks de caribou ou d'orignal sont très appréciés. On consomme toujours les traditionnels **Jigg's dinners**, plat copieux et roboratif composé de viande et de pommes de terre surmontées de carottes, de chou et de pois. La région produit des myrtilles, des airelles vigne-d'Ida et la **chicouté**, sorte de mûre ambrée au goût prononcé, avec lesquelles on prépare le pudding aux airelles, en été, les chicoutés pochées au miel et le gâteau **Figgy Duff**, hérité du 16e s.

Les traditions orales

Marquée par des siècles d'isolement et par la vie dans un milieu difficile, Terre-Neuve frappe le visiteur par son individualité profonde. Ses habitants y ont développé une culture originale, fortement enracinée, et un esprit pétillant d'humour face à l'adversité. Leur anglais savoureux, aux accents très particuliers, est émaillé de multiples idiomes imagés, comme l'expression *tickle* (chatouille) pour définir une voie navigable étroite. Souvent, les sites portent des noms pittoresques : **Stinking Cove** (l'anse puante), Useless Bay (la baie bonne à rien), Cuckold's Cove (l'anse au cocu). Il en est de même pour les villages : **Jerry's Nose** (le nez de Jerry), **Come by Chance** (venu par hasard) ou Happy Adventure (l'aventure heureuse), pour n'en nommer que quelques-uns. Langue maternelle d'environ 95 % des habitants de l'île, l'anglais de Terre-Neuve s'est enrichi de l'apport de dialectes les plus variés, constellant les conversations les plus banales de pittoresque. Certains d'entre eux dénotent une origine clairement irlandaise ; d'autres contiennent des nuances propres aux régions de l'Ouest de l'Angleterre (Dorset, Devon ou Cornouailles).

Dans un pays riche en traditions, les légendes, proverbes (notamment à propos du temps), danses folkloriques et rengaines ne manquent pas, témoignant d'une vision douce-amère de la vie. Souvent parodies de chansons britanniques, les chants de marins (*Squid-Jiggin' Ground, Let Me Fish off Cape St Mary's, Jack Was Every Inch a Sailor*) décrivent le caractère et les aspirations des Terre-Neuviens avec joie, humour ou mélancolie.

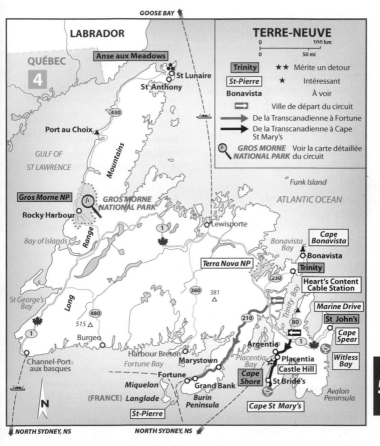

GOOSE BAY

LABRADOR

QUÉBEC
4

Anse aux Meadows

St Lunaire
St Anthony

430

Port au Choix

GULF OF
ST LAWRENCE

Mountains

TERRE-NEUVE

0   100 km
0   50 mi

Trinity	★★	Mérite un detour
St-Pierre	★	Intéressant
Bonavista		À voir

➡ Ville de départ du circuit

→ De la Transcanadienne à Fortune

→ De la Transcanadienne à Cape St Mary's

GROS MORNE NATIONAL PARK Voir la carte détaillée du circuit

Funk Island

Gros Morne NP

GROS MORNE NATIONAL PARK

Rocky Harbour

ATLANTIC OCEAN

Bay of Islands

Range

Long

1

Lewisporte

Bonavista Bay

Cape Bonavista

Bonavista

Terra Nova NP

Trinity

230

Heart's Content Cable Station

St George's Bay

360   381 △

515 △

480

210

Trinity Bay

Marine Drive

80

St John's

Cape Spear

Burgeo

Argentia

1

Harbour Breton

Fortune Bay

Marystown

Placentia Bay

Placentia

Castle Hill

Cape Shore

St Bride's

Witless Bay

5

Channel-Port-aux basques

Fortune

Miquelon

(FRANCE) Langlade

St-Pierre

Grand Bank

Burin Peninsula

Cape St Mary's

Avalon Peninsula

N

NORTH SYDNEY, NS   NORTH SYDNEY, NS

🔵 TERRE-NEUVE ET LABRADOR PRATIQUE

INFORMATIONS UTILES

Office de tourisme
Newfoundland and Labrador Tourism – *PO Box 8700, St John's -* ☎ *709 729 2830 ou 1 800 563 6553 - www.newfoundlandlabrador.com.*

Sites Internet
Provinces – *www.gov.nl.ca.*
Parcs – *www.env.gov.nl.ca.*

Heure locale
Terre-Neuve est en avance de 30mn sur l'heure de l'Atlantique. La majorité du Labrador vit à l'heure de l'Atlantique.
🔵 *Carte des fuseaux horaires, p. 17.*

Taxes
Taxe de vente harmonisée (TVH) de 13 %.

Loi sur les alcools
L'âge légal pour la consommation d'alcool est de 19 ans. L'alcool est en vente dans les magasins d'État, et dans les épiceries autorisées. Nombre de magasins d'alimentation vendent de la bière.

Loi sur le tabac
L'achat de tabac est interdit aux moins de 19 ans.

Jours fériés provinciaux
Saint Patrick – Le lun. le plus proche du 17 mars.
Saint Georges – Le lun. le plus proche du 23 avr.
Jour de la Découverte – Le lun. le plus proche du 24 juin.
Jour du Souvenir – Le lun. le plus proche du 1er juil.
Fête des Orangistes – Le lun. le plus proche du 12 juil.

TRANSPORTS

En avion
St John's International Airport – *www.stjohnsairport.com.*

Gander International Airport – *www.ganderairport.com.*
Au Labrador.
Compagnies assurant des liaisons avec la province :
Air Canada propose des vols directs au départ de Calgary, Toronto, Halifax et Montréal et **West Jet** des vols direct au départ de Calgary, Toronto et Halifax.
United Airlines – *www.united. com.* Vols à partir de Newark (New Jersey).
Compagnies assurant des liaisons régulières dans la province :
Air Labrador – *www.airlabrador.com*
Provincial Airlines – *www.provincialairlines.ca*
🔵 *Voir « Transports intérieurs », p. 25.*

En bateau
Pour les trajets en ferrie, nous vous conseillons de réserver à l'avance.
Marine Atlantic – North Sydney (N.-É.) - ☎ *1 800 341 7981 - www. marine-atlantic.ca - dép. tte l'année - aller simple 6h30, 5h en été.* Bac ou traversier (voitures et passagers) de North Sydney (N.-É.) à Channel-Port aux Basques (T.-N.).

En autocar
DRL Coachlines - *www.drl-lr.com*
Provincial Ferry Services – ☎ *1 888 638 5454 - www.tw.gov. nl.ca.* Il dessert les villes de la côte de Terre-Neuve et de l'est du Labrador.
🔵 *Pour les ferries en direction de St-Pierre-et-Miquelon, voir ce nom.*

En voiture
La Transcanadienne (route 1) qui traverse Terre-Neuve de Channel-Port aux Basques à St John's *(910 km)* est goudronnée, tout comme la plupart des grandes routes secondaires.

Péninsule de Burin

Burin Peninsula

▶ **SE REPÉRER**
Carte de Terre-Neuve (p. 571). La péninsule descend vers l'océan Atlantique depuis la côte sud de Terre-Neuve entre les baies Placentia et Fortune.

👥 **AVEC LES ENFANTS**
Le Provincial Seamen's Museum.

Presqu'île rocheuse, montagneuse et désolée de la partie orientale de l'île, la péninsule de Burin donne accès à la grande industrie de pêche hauturière sur les bancs de Terre-Neuve. Elle s'avance comme une botte dans l'océan Atlantique. Juste au-delà de l'« orteil » subsistent les vestiges de l'ancien grand empire français en Amérique du Nord : St-Pierre-et-Miquelon.

Circuit conseillé Carte de Terre-Neuve p. 571

DE LA TRANSCANADIENNE À FORTUNE

▶ *Circuit de 203 km tracé en vert sur la carte p. 571. Suivre la route 210.*
La route 210 est longue et solitaire jusqu'à **Marystown**, au bord de la baie Little. Ses immenses chantiers navals *(interdits au public)*, où sont construits les chalutiers utilisés au large de Terre-Neuve, les ferries et autres embarcations, sont les plus importants de la province. Ils souffrent actuellement d'un certain déclin. Au sud de Marystown, la route 210 traverse la péninsule pour redescendre ensuite vers la **baie Fortune**, offrant alors un panorama de la côte méridionale de Terre-Neuve. En arrivant sur Grand Bank, vue de la côte sud et de l'île Brunette. Par beau temps, on aperçoit à l'ouest la côte française de Miquelon.

Grand Bank

Cet important centre de pêche servait autrefois de port d'attache aux *bankers*, bateaux pêchant sur les bancs. De sa grande époque, la localité a conservé quelques maisons de style Queen Anne au toit bordé d'une balustrade appelée *widow's walk* (promenade des veuves), car les femmes de marins y guettaient le retour des bateaux.
★ **Provincial Seamen's Museum** – *54 Marine Dr. - ☎ 709 832 1484 - www.therooms.ca - ♿ - de fin avr. à mi-oct. : 9h-16h45 (parfois plus tard en été), dim. 12h-16h45 - fermé j. fériés - 2,50 $.* 👥 Le pavillon de la Yougoslavie à l'Exposition universelle de Montréal en 1967 abrite aujourd'hui un musée consacré à l'histoire de la pêche sur les bancs. Les photographies de bateaux et de scènes de pêche, et les **maquettes** de différents types de bateaux sont particulièrement intéressantes. Remarquez aussi, sous vitre, une immense carte en relief de Terre-Neuve et des fonds marins de l'Atlantique.
La route 210 continue jusqu'à **Fortune**, village de pêcheurs doté d'un port artificiel d'où partent les bacs pour l'archipel français de St-Pierre-et-Miquelon.

5

Littoral du Cap

Cape Shore

★★

 SE REPÉRER
Carte de Terre-Neuve (p. 571). Le littoral du Cap est situé le long du bras sud-ouest de la péninsule d'Avalon, qui s'étend sur la côte est de l'île.

🕐 **ORGANISER SON TEMPS**
Démarrez de bonne heure et vérifiez la météo avant de partir.

👥 **AVEC LES ENFANTS**
Cape St Mary's Ecological Reserve pour approcher les oiseaux.

Ses merveilles naturelles et ses sites historiques font de la partie occidentale de la péninsule d'Avalon, entre Placentia et St Bride's, l'une des plus belles côtes de Terre-Neuve. Magnifiques échappées de vues sur l'Océan et vestiges des luttes territoriales européennes attendent les voyageurs qui longent ce littoral lointain. La réserve écologique Sainte Mary, outre ses panoramas spectaculaires, permet d'observer de près toutes sortes d'oiseaux.

Circuit conseillé Carte de Terre-Neuve p. 571

DE LA TRANSCANADIENNE À CAPE ST MARY'S

Circuit de 100 km tracé en marron sur la carte p. 571.

★ Castle Hill

À 44 km au sud de la Transcanadienne par la route 100, et à 8 km environ du bac d'Argentia. Jerseyside, Placentia Bay - ℘ 709 227 2401 - www.pc.gc.ca - ♿ - parc ouvert tte l'année - centre d'accueil de déb. juin à déb. sept. : 10h-18h - 4 $.

Le parc conserve les ruines de Fort Royal, élevé par les Français vers la fin du 17ᵉ s., puis reconstruit et rebaptisé Castle Hill par les Anglais. Grâce à sa position stratégique, il domine **Placentia**. Du fort s'étend un superbe **panorama**★★ sur la ville, la baie, le fjord et l'entrée du port. Un petit chenal, le **Gut**, relie Placentia à deux criques profondes qui s'enfoncent vers l'intérieur.

Le **centre d'accueil** présente des dioramas, maquettes et tableaux qui expliquent la présence française et anglaise dans la région. Vous pourrez gravir la colline jusqu'aux canons et aux vestiges du fort. Un joli sentier dans la pinède, le long de murets de pierres sèches, mène au **Gaillardin**, redoute construite par les Français en 1692.

UN SITE HISTORIQUE

En 1662, afin de protéger leurs intérêts dans les pêcheries de Terre-Neuve, les Français établirent la petite colonie de Plaisance, puis construisirent des fortifications au niveau de la mer et sur les hauteurs. Mais en 1713, le **traité d'Utrecht** déclarait Terre-Neuve territoire britannique. Plaisance, devenue Placentia, se transforma alors en garnison anglaise et le resta jusqu'en 1811. Durant la Seconde Guerre mondiale fut construite à **Argentia**, ville voisine, une grande base navale américaine dont Placentia allait devenir largement tributaire jusqu'à sa fermeture en 1975. C'est au large d'Argentia, alors le centre d'une patrouille de chasse anti-sous-marine, qu'eut lieu en 1941 la fameuse rencontre en mer de Churchill et de Roosevelt d'où devait naître la **charte de l'Atlantique**, qui posait les principes de paix adoptés par les Nations unies en 1942.

★★ Route du cap

46 km de Placentia à St Bride's par la route 100 - aires de service (essence et ravitaillement) peu fréquentes - risque de brouillard.

Cette route spectaculaire parcourt une côte tortueuse et accidentée, avec de fréquentes **vues** sur de belles anses, des brisants et des pinèdes battues par les vents. Les larges criques du littoral sinueux abritent des petites communautés, telle la pittoresque **Gooseberry Cove** *(à 25 km au sud de Placentia)*.

Remarquez en chemin les maisons de couleurs vives à toits plats, les moutons en bordure de la route et, de temps à autre, un bateau de pêche amarré au large. À **St Bride's**, la route part vers l'intérieur des terres, et le paysage côtier cède alors la place à de plats pays isolés et à des tertres vert pâle qui s'étendent à perte de vue.

★ Cape St Mary's Ecological Reserve

À 14 km à l'est de St Bride's. Quitter St Bride's par la route 100, prendre à droite une route non goudronnée (sortie pour la réserve bien indiquée). ☎ 709 277 1666 - Ouvert de déb. mai à mi-oct. ; juin-sept. : 8h-20h ; mai et oct. : 9h-17h - réserve ouvert tte l'année.

Dominant un littoral grandiose zébré de vols d'oiseaux dont retentissent partout les cris, ce **site** à la pointe sud-ouest du cap est véritablement unique. Officiellement transformé en réserve ornithologique en 1964, il abrite plus de 70 000 fous de Bassan, l'une des plus grandes colonies d'Amérique du Nord. Cet oiseau s'apparente au pélican.

La possibilité d'observer à environ 30 m ces oiseaux rend la visite vraiment passionnante. Un sentier offre des **vues★** spectaculaires sur la côte escarpée. Partant du phare et centre d'accueil, il mène à **Bird Rock**, domaine de milliers de fous de Bassan, après avoir traversé des buttes d'herbe rase qui font penser à la lande et où paissent souvent moutons et chèvres. Les falaises environnantes attirent une multitude de mouettes tridactyles, de guillemots et de pingouins.

5

Gros Morne National Park

S'INFORMER

Parks Canada – ℰ *709 458 2417 - www.pc.gc.ca -* ♿ *- ouvert tte l'année -*
9,80 $ (de mai à oct.)
Gross Morne Gatherings – ℰ *709 458 3605 - www.grosmornetravel.com.*
Pour avoir des informations sur un voyage hors saison.

SE REPÉRER

Carte de Terre-Neuve (p. 571) - carte du parc national (ci-contre). Le parc
s'étire le long de la côte ouest de Terre-Neuve. Il est situé à 44 km au
nord-ouest de Deer Lake. Prenez la route 430 de Deer Lake à Wiltondale,
puis la route 431 sur 13 km, jusqu'au parc.

À NE PAS MANQUER

Le tour des fjords creusés dans des glaciers avec des falaises hautes de
près de 600 m, à Western Brook Pond dans l'extrémité nord du parc.

ORGANISER SON TEMPS

Pour en profiter, prévoyez une journée.

AVEC LES ENFANTS

Le complexe d'activités du parc ouvert de fin juin à début septembre
comprend une piscine couverte de 25 m.

Inscrit sur la liste du patrimoine mondial de l'Unesco en 1987, ce vaste parc
de 1 805 km² s'étire le long de la côte occidentale de la grande péninsule
nord. Sa renommée internationale est due à son relief illustrant l'histoire
géologique de l'île. Le parc doit ses paysages spectaculaires – parmi les
plus beaux de l'est du Canada – aux sommets tabulaires des monts Long
Range, âgés de plus d'un milliard d'années, qui constituent la partie
septentrionale du système appalachien. Une étroite plaine côtière court
le long du rivage jalonné de petits villages de pêcheurs et ourlé tour à
tour de falaises et de plages de sable.

Circuits conseillés Carte du parc national ci-contre

★★ RÉGION DE BONNE BAY

Circuit tracé en vert sur la carte ci-contre. 50 km de Wiltondale à Trout River
par la route 431. Essence et ravitaillement dans les localités le long du parcours.
Il s'agit là d'une belle promenade le long d'un fjord profond divisé en
plusieurs bras où plongent les monts Long Range. De Glenburnie à Woody
Point, la route longe le **South Arm** en offrant de magnifiques **vues**★★ de la
baie. Barques de pêcheurs et maisonnettes se détachent sur le bleu foncé des
eaux qu'encadrent de hautes surfaces aplanies.

Discovery Centre à Woody Point

ℰ *709 453 2273 - www.woodypoint.ca - de mi-mai à mi-oct.: 9h-17h ; juil.-août:*
9h-18h, dim. et merc. 9h-21h - possibilité de promenades guidées.
Arrêtez-vous dans ce centre de Parks Canada, sur le côté sud de Bonne Bay,
et observez la géologie et l'écologie de cet espace.

À partir de Woody Point, la route 431 grimpe vers l'ouest. Surgissent alors les **Tablelands**, dont l'aspect désertique contraste nettement avec la végétation luxuriante du reste du parc. Les roches ocre rouge de ces monts arides proviennent du manteau terrestre et témoignent des effets de la **tectonique des plaques**.

🐾 À 4,5 km de Woody Point, on peut laisser son véhicule sur un parking où des **panneaux** expliquent la géologie de ces formations naturelles. De là, un sentier mène au cœur même des Tablelands, qui offrent des vues saisissantes.

Étang Trout River

Promenades en bateau, rens. ☏ *709 458 2417 ou 1 270 326 8687.*

Sa forme effilée apparaît au-delà du village de pêcheurs de Trout River.

La masse imposante du **mont Gros Morne**, point culminant du parc (806 m), domine le trajet de retour à Woody Point.

De Wiltondale, la route 430 remonte vers le nord-ouest. Elle longe tour à tour l'**East Arm**, lieu idéal pour jouir d'une **vue★★** charmante sur Bonne Bay, puis le Deer Arm, avant d'arriver tout près de Rocky Harbour.

★ DE ROCKY HARBOUR À ST PAUL'S

▶ *Circuit tracé en marron sur la carte ci-dessous, 40 km par la route 430. Essence et ravitaillement dans les localités le long du parcours.*

Rocky Harbour

Ce petit village se niche à l'entrée de Bonne Bay.

Centre d'accueil du parc – *Mai-oct. : à partir de 8h ou 9h, horaires de fermeture variables ; fermé w.-end déb. mai.* Il permet, grâce à ses vidéos, présentations orales, livres, photographies et expositions de minéraux, de mieux

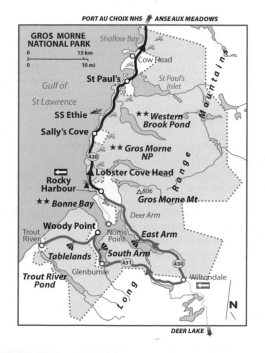

comprendre l'exceptionnelle géologie des lieux. Une longue-vue donne même l'occasion d'admirer le mont Gros Morne, dont on atteint le sommet en prenant le sentier James Callaghan à 3 km au sud du centre d'accueil.

Sur un promontoire au nord de Rocky Harbour, le phare **Lobster Cove Head Lighthouse** *(ouvert en été)* présente une **vue★★** panoramique sur le village, le mont Gros Morne, l'embouchure de la baie et le golfe du St-Laurent.

Construite sur l'étroite plaine côtière, la route 430 offre une jolie promenade à partir de **Sally's Cove**, l'un des nombreux petits villages de pêcheurs qu'elle traverse. Tantôt la route court au niveau de la mer, tantôt elle surplombe une côte rocheuse. Tout au long du parcours, les monts Long Range suivent la côte et ressemblent, avec leurs sommets plats, à une marche de géant. Avant l'embranchement qui mène à la piste pour le lac Western Brook, on aperçoit sur la plage l'épave rouillée du **SS Ethie** dont un panneau décrit le naufrage en 1919.

★★ Western Brook Pond
À 29 km de Rocky Harbour.

Avant de traverser l'étroite plaine côtière pour se jeter enfin dans la mer, le ruisseau Western franchit une gorge spectaculaire qui creuse profondément les monts Long Range et retient un lac majestueux appelé *pond* (étang). Il est encadré par des falaises presque verticales qui s'élèvent vers un plateau alpin désolé jonché de rochers, avec de la neige dans les anfractuosités, même en août. Contrairement à celles de Bonne Bay, St Paul's Inlet, Parson's Pond (au nord du parc) ou la grande Bay of Islands, les falaises abruptes de Western Brook Pond ne forment pas un fjord à proprement parler, car elles ne se prolongent pas jusqu'à la mer. Isolées de l'océan, les eaux du lac sont douces.

🐾 Un sentier de 3 km, qui traverse la plaine côtière marécageuse, mène à l'embarcadère au bord du lac. Par beau temps, défilé profond et montagnes tronquées se dessinent peu à peu.

Excursion en bateau – *Western Brook Pond Boat Tours* - 𝄏 *709 458 2016 ou 1 888 458 2016 - www.bontours.ca -* 🅿 *- dép. juil.-août : 10h, 11h, 12h30, 13h30, 15h, 16h et 17h ; juin et sept. : 11h et 12h30 - AR 2h - 53/65 $ - sur réserv. - permis de circuler dans le parc requis - vêtements chauds recommandés.* C'est le seul moyen de pénétrer dans la gorge et d'apprécier le caractère unique de cette vallée glaciaire aux eaux profondes (environ 200 m) et aux impressionnantes falaises de granit (600 m) au pied desquelles se déversent de superbes chutes d'eau. Cette promenade est vraiment spectaculaire. À ne pas manquer !

Après avoir passé le lac Western Brook, la route court entre les montagnes tachetées de neige et le rivage semé de pierres, de gros rochers et de bois flotté. Elle rejoint ensuite **St Paul's**, petit village de pêcheurs blotti à l'embouchure d'un fjord profond entouré de montagnes.

La route 430 dite « route des Vikings » (Viking Trail) quitte le parc un peu plus haut que la baie Shallow et remonte la côte sur environ 300 km jusqu'à l'anse aux Meadows. Les vues sur la mer sont toujours aussi belles, tandis que la montagne perd de son caractère spectaculaire à mesure que les monts Long Range s'abaissent et s'éloignent vers l'intérieur des terres.

Port au Choix National Historic Site – *À 135 km au nord de St Paul's.* Il recèle plusieurs cimetières (2300 à 1200 av. J.-C.) d'une ancienne peuplade amérindienne, ainsi que des vestiges de la culture dorsétienne (200-400 apr. J.-C.).

Anse aux Meadows

★★

 S'INFORMER

Parks Canada – ℰ 709 458 2417 - www.pc.gc.ca - 🚹 🅿 - juin-sept. 9h-17h
(18h juil.-août) - 11,70 $.

◐ **SE REPÉRER**

Carte de Terre-Neuve (p. 571). L'anse aux Meadows se situe dans
la péninsule montagneuse du Grand Nord (Long Range Mountains),
à la pointe extrême de l'île de Terre-Neuve. Le site est à 453 km au nord de
la Transcanadienne par les routes 430 et 436. Prenez, depuis Gros Morne,
la route 430 dite « Trail to the Vikings » (route des Vikings).

◔ **ORGANISER SON TEMPS**

Hébergement et commerces à St Anthony.

**Sur un talus herbeux face à la baie des Épaves subsistent les vestiges
d'une colonie viking considérée à ce jour comme le premier établissement
européen en Amérique du Nord. Ce site historique national du Canada
est inscrit au patrimoine mondial de l'Unesco.**

Découvrir Carte de Terre-Neuve p. 571

Le **centre d'accueil** évoque la vie quotidienne des Vikings, mais son intérêt
réside dans sa collection d'objets découverts sur le site. Un **film** sur les recherches
de l'anse aux Meadows constitue une excellente introduction à la visite.
Des tertres herbeux délimitent clairement les fondations des habitations,
des ateliers et de la forge dont le four serait le premier d'Amérique du Nord à
avoir servi à la fonte du minerai. À proximité du site se trouvent les répliques
grandeur nature de trois **constructions en mottes de gazon** : une maison
commune, une petite habitation et un atelier. Soigneusement reconstitué,
l'intérieur suggère une existence spartiate : estrades en bois servant de lits le
long des murs, foyers disposés à même le sol de terre battue, quelques peaux
de bêtes et ustensiles de cuisine en fer. Des artisans costumés travaillent et
exécutent les tâches quotidiennes nécessaires à la survie du campement.
La visite se poursuit avec **Norstead**, un port de commerce viking reconstitué
près de l'anse aux Meadows, dans le Dark Tickle Wild Berry Econo-museum
à St Lunaire.

5

Saint Anthony

Important centre urbain régional, cette ville est la plus proche de l'anse aux
Meadows. À la fin du 19e s., un médecin missionnaire anglais nommé **Wilfred
Grenfell** (1865-1940) parcourut la côte de Terre-Neuve et du Labrador et finit
par s'établir ici. Ce philanthrope fit bâtir un hôpital. Aujourd'hui, la ville honore
toujours sa mémoire.

Grenfell Historic Properties – ℰ 709 454 4010 - www.grenfell-properties.com -
🚹 - 8h-17h - 10 $. La coopérative artisanale et la maison que les habitants de
la région avaient construite pour Wilfred Grenfell comprennent le Grenfell
Museum (musée), la Grenfell House (maison) et le Grenfell Interpretation
Centre. Cet ensemble retrace la vie, la carrière médicale et l'œuvre sociale de
ce personnage respecté.

Un peuplement ancien

En 1960, **Helge Ingstad**, explorateur et écrivain norvégien, entreprit avec sa femme, l'archéologue **Anne Stine**, des recherches poussées pour retrouver la trace des Vikings qui se seraient installés en Amérique du Nord. En remontant la côte à partir de la Nouvelle-Angleterre, ils aboutirent à Terre-Neuve. Suivant les indications d'un habitant de la région, ils découvrirent, près de l'anse aux Meadows, des tertres envahis d'herbes. Les fouilles conduites entre 1961 et 1968 révélèrent les fondations de huit bâtiments aux murs de terre similaires aux constructions vikings islandaises, ainsi que de nombreux objets d'origine scandinave et des travaux de ferronnerie (artisanat inconnu des peuplades autochtones d'Amérique du Nord). La datation au carbone 14 des fragments d'os, de la tourbe et du charbon permit de dater l'ensemble du campement des environs de l'an 1000.

L'anse aux Meadows est-elle donc le légendaire Vinland tant recherché ? Rien ne le prouve : difficile d'imaginer des vignes à Terre-Neuve ! On sait seulement que ce site, qui abrite les vestiges de la seule colonie scandinave jamais découverte en Amérique du Nord, fut probablement habité de façon saisonnière et sur une courte période (de cinq à dix ans) par une centaine d'hommes et de femmes. La colonie aurait vraisemblablement servi de camp de base à des voyages d'exploration plus poussés vers le sud, à la recherche de bois et de marchandises d'échange. Mais l'âpreté des conditions de vie à Terre-Neuve et l'attraction exercée par les marchés européens (aussi proches et plus rémunérateurs) contribuèrent sans aucun doute à l'abandon du petit avant-poste viking de l'anse aux Meadows.

À LA RECHERCHE DU VINLAND

Vers la fin du 10e s., des Vikings installés en Islande auraient déjà exploré le Groenland, l'île de Baffin et seraient même parvenus au-delà. Les sagas affirment qu'en 986, un groupe de navigateurs, détournés de la route du Groenland par une tempête, auraient aperçu depuis leur embarcation des côtes inconnues. Intrigué par cette découverte, **Leif Ericsson**, fils d'Éric le Rouge, organisa une expédition au départ du Groenland pour retrouver cette mystérieuse région. Il aborda finalement une terre hospitalière, riche en bois, en pâturages et en saumons. Ayant découvert du raisin sauvage, il baptisa cette terre « Vinland », le pays des vignes. Deux récits de la littérature médiévale scandinave relatent ces événements, *La Saga des Groenlandais* et *La Saga d'Éric le Rouge* (transmis oralement dans un premier temps, les récits ont été consignés par écrit quelques siècles plus tard). Les archéologues cherchèrent longtemps le Vinland, sans succès, sur la côte sud-est des États-Unis, où le climat aurait permis la croissance de vignes sauvages, mais jusqu'où les bateaux n'auraient guère pu faire voile à l'époque évoquée par les sagas.

Saint John's

★★

153 820 habitants

 NOS ADRESSES PAGE 588

S'INFORMER
Destination St John's – *Suite 201, 11 Waldergrave St. - ℘ 709 739 8899 - www.destinationstjohns.com.* Informations sur la ville.

SE REPÉRER
Carte de Terre-Neuve (p. 571) - plan de ville (p. 585). St John's, sur la côte nord-est de la péninsule d'Avalon, est l'aboutissement de la Transcanadienne.

SE GARER
Les parkings sont payants *(lun.-vend. 8h-18h)*, maximum 2h. Sur Harbour Drive, la durée maximale de stationnement est de 8h.

ORGANISER SON TEMPS
St John's constitue une bonne base pour visiter la péninsule.

AVEC LES ENFANTS
Signal Hill, la tour Cabot et la station-relais de Heart's Content.

La capitale de Terre-Neuve est l'une des plus vieilles villes d'Amérique du Nord. Elle est située face à l'Atlantique, au nord-est de la péninsule d'Avalon. Port de mer historique, St John's doit son établissement à une belle rade naturelle bien protégée qui permit à John Cabot d'accoster à Terre-Neuve en 1497. De nos jours, le port dessert un important commerce maritime international.

Se promener Plan de ville p. 585

★★ LA RADE ET LA VIEILLE VILLE

La vieille ville occupe un **site** remarquable, sur le rivage d'une rade presque close, à l'exception d'un passage étroit débouchant sur l'Océan, les **Narrows**. Le chenal, large d'à peine 207 m, est encaissé entre des falaises de 150 m de haut qui s'élèvent au nord pour former Signal Hill. Sur environ 1,6 km, il s'évase pour dessiner un port de presque 800 m de large, entouré de pentes abruptes sur lesquelles est bâtie la vieille ville.

Parallèle à l'Océan, une rue, **Harbour Drive**, longe les docks grouillant d'activité où sont souvent ancrés des bateaux portugais, espagnols, polonais, russes, japonais ou canadiens. Dans les rues étroites qui grimpent le long des collines s'alignent des maisons en bois de couleurs vives à toits plats ou mansardés. Restaurants, magasins, banques et autres boutiques animent **Water Street** et **Duckworth Street**, qui courent perpendiculairement et constituent les artères principales de la vieille ville. Particulièrement pittoresque, **George Street** foisonne de pubs et de restaurants.

5

The Rooms (M)

9 Bonaventure Ave - ℘ 709 757 8000 - www.therooms.ca - de déb. juin à mi-oct. : 10h-17h, merc. 10h-21h, dim. et vacances 12h-17h - fermé lun. (de mi-oct. à fin mai), 1er janv., Good Friday, 11 nov. et 25-26 déc. - 7,50 $.

Construit sur une colline, ce nouveau centre, dédié à la culture et au patrimoine, est inspiré de l'ancienne architecture de Terre-Neuve et porte le nom donné autrefois aux bâtiments des conserveries. Il accueille dans ses murs le Musée provincial, les Archives provinciales ainsi que la Galerie d'art de Terre-Neuve et Labrador. Le rez-de-chaussée présente les fouilles archéologiques d'un fort de 1775 découvert à son emplacement. Un restaurant panoramique de qualité dispense de belles vues sur la ville, la rade et l'Océan.

The Rooms Provincial Museum – ℘ 709 757 8020. Ce petit musée explique la préhistoire et l'histoire de Terre-Neuve. Les collections présentent aussi les cultures indigènes, en particulier celles des Amérindiens béothuks et des Inuits du Labrador. Enfin, divers objets dépeignent la vie des familles de pêcheurs.

★ Commissariat House

King's Bridge Rd - ℘ 709 729 6730 ou 709 729 0592 (hors saison) - de mi-mai à déb. oct. : 9h30-17h - 6 $.

Cette élégante demeure de bois (1820) dotée de cheminées élancées est l'un des rares bâtiments à avoir échappé aux incendies du 19e s. Occupée pendant de longues années par l'Intendance, département chargé de ravitailler le poste militaire de St John's, la résidence servit aussi de bureau de paie au gouvernement local. Après 1871, elle devint le presbytère de l'**église St Thomas** (A) voisine, édifice de bois peint d'une élégante simplicité datant de 1836.

Merveilleusement restauré pour évoquer les années 1830, l'intérieur comprend les bureaux et la cuisine de l'Intendance, les salles de réception et les chambres. Reconstruite sur le domaine, une **remise à carrosses** abrite une exposition sur le commissariat.

Non loin de là, sur Military Road, se dressent deux autres édifices en pierre de la même époque.

Government House

50 Military Rd - ℘ 709 729 4494 - www.mun.ca/govhouse - parc ouvert tte l'année - visite de la maison sur RV.

La résidence du lieutenant-gouverneur (1830) est un édifice de style georgien entouré de beaux jardins.

Colonial Building

℘ 709 729 3065 - fermé pour rénovation, réouverture prévue courant 2015.

L'édifice, construit en 1850, présente une noble façade à portique néoclassique. Il accueillait autrefois l'Assemblée et abrite aujourd'hui les Archives provinciales.

LA PREMIÈRE COMMUNICATION EN MORSE

En 1901, **Guglielmo Marconi** mena du promontoire une expérience qui marqua une étape historique dans le développement des télécommunications. Il démontra le principe de la télégraphie sans fil en recevant le premier message transatlantique (la lettre s en morse) transmis par ondes électromagnétiques depuis Poldhu en Cornouailles, à quelque 2 700 km de là.

Port de Saint John's.
P. Renault / hemis.fr

Basilique cathédrale de Saint-Jean-Baptiste (B)

À l'angle de Harvey Rd, Military Rd et Bonaventure Ave. 200 Military Rd - ☎ 709 754 2170 - www.thebasilica.ca - ♿ 🅿 *- ouvert tte l'année, horaires se renseigner.*

Située au point le plus haut de l'escarpement dominant la ville, cette église catholique aux clochers jumeaux est un repère facile à distinguer du port, de Signal Hill, et de bien d'autres endroits. Ouverte au culte en 1850, elle cache un intérieur richement orné avec statues et autel sculpté.

Cathédrale anglicane de Saint-Jean-Baptiste (C)

16 Church Hill - ☎ 709 726 5677 - www.stjohnsanglicancathedral.org - visites guidées été : 10h-13h, 14h-16h, sam. 10h30-12h, dim. après l'office de 11h ; le reste de l'année : se renseigner - salon de thé juil.-août : horaires, se renseigner.

Conçu à l'origine (1843) par le célèbre architecte britannique **George Gilbert Scott** (1811-1878), détruit par le feu en 1892 et reconstruit seulement au cours du 20ᵉ s., cet imposant édifice de pierre est un bel exemple d'architecture néogothique, avec des sculptures d'une grande finesse à l'intérieur, des voûtes en bois et un beau **retable**. Le Cathedral Crypt Tearoom (salon de thé) sert le traditionnel thé de l'après-midi.

★★ Signal Hill

☎ 709 772 5367 - www.pc.gc.ca - ouvert tte l'année - centre d'accueil de mi-juin à déb. sept. : 10h-18h ; de mi-mai à mi-juin. : merc.-dim. 10h-18h ; de mi-sept. à mi-oct : sam.-merc. 10h-18h - le reste de l'année : sur RV - fermé 1ᵉʳ janv. et 25-26 déc. - 4 $.

👥 Couronné de la tour Cabot, ce puissant rocher qui garde l'entrée de la rade offre un panorama splendide sur la ville et ses environs.

Malgré son importance stratégique incontestable, Signal Hill ne fut véritablement fortifié que lors des guerres napoléoniennes (1803-1815). Le site, utilisé d'abord comme poste de signalisation pour avertir la ville de l'approche des bateaux ennemis, servit plus tard à prévenir les marchands de l'arrivée de leur flotte. Le centre d'accueil retrace l'histoire de Terre-Neuve et plus particulièrement de St John's.

5

Saint John's et son histoire

LA VILLE À SES DÉBUTS

Jean Cabot serait, selon la tradition, entré dans la rade le jour de la St-Jean de l'année 1497, d'où le nom de la ville. Dès le début du 16e s., des pêcheurs venus d'Europe utilisaient déjà cet abri sûr comme base pour leurs campagnes de pêche. En 1583, **Humphrey Gilbert** (vers 1537-1583) arriva dans le port de St John's et, devant une assemblée de marchands et pêcheurs de nationalités diverses, revendiqua l'île au nom de la reine Élisabeth Ire d'Angleterre, apportant à la couronne anglaise sa première possession dans le Nouveau Monde. Ainsi commença l'ère des **amiraux de la Pêche** *(voir p. 483)*. Bien décidés à préserver le monopole d'un fructueux commerce, les marchands propriétaires de la flottille de pêche anglaise s'opposaient à toute colonisation de Terre-Neuve, et comptaient sur l'autorité (souvent brutale et injurieuse) dont étaient investis les amiraux de la Pêche pour décourager d'éventuels colons. De 1675 à 1677, la colonisation fut officiellement interdite. Mais l'essor de l'industrie de la pêche draina peu à peu des résidents permanents.

LES GUERRES FRANCO-ANGLAISES

La menace française d'expansion dans la région allait forcer l'Angleterre à réexaminer sa position. En 1662, les Français avaient fortifié leur base de Plaisance ; ils lancèrent par la suite des attaques contre les ports britanniques, St John's en particulier, qu'ils détruisirent en 1696. L'Angleterre consciente qu'une population locale aurait sans doute pu efficacement défendre la ville, accepta l'idée d'un établissement permanent. St John's fut à nouveau prise par les Français en 1709, puis en 1762, à la fin de la guerre de Sept Ans, mais les Anglais la reprirent aussitôt après. Ils s'empressèrent alors de fortifier la rade et Signal Hill pour parer à toute attaque éventuelle, mais St John's ne fut jamais plus menacée.

DES INCENDIES RAVAGEURS

Au 19e s., la capitale connut de terribles incendies qui faillirent la réduire à néant et ralentirent son expansion économique. Le premier eut lieu en 1816, suivi des sinistres de 1817, 1819, 1846, et enfin 1892, le plus destructeur. Une photographie prise à l'époque par Sir Wilfred Grenfell montre les tours jumelles de la basilique, l'un des rares édifices dont une partie émergeait encore du désastre. À chaque reconstruction de la ville, le style d'architecture alors en vogue était adopté, tout d'abord néogothique, puis Second Empire après l'incendie de 1892, d'où la création d'un paysage urbain quelque peu disparate.

LA CONFÉDÉRATION ET LE 20e SIÈCLE

Au début du 20e s. et pendant la Seconde Guerre mondiale, époque à laquelle elle servit de base pour les convois nord-américains, St John's fut une cité prospère. Après l'entrée de Terre-Neuve dans la Confédération en 1949, la ville connut des difficultés économiques malgré un important apport de fonds fédéraux. L'arrivée de produits canadiens meilleur marché anéantit ses industries. Son activité portuaire en pâtit et l'importance de St John's en tant que centre d'exportation pour la pêche diminua lorsque les grosses compagnies de commerce du poisson salé préférèrent des entreprises plus lucratives. L'exploration, depuis 1977, de nappes de pétrole au large des côtes de St John's a accéléré la reprise économique et Terre-Neuve a retrouvé une certaine prospérité.

Cabot Tower – *De juin à déb. sept. : 8h30-21h ; le reste de l'année : 9h-17h - fermé de mi-nov. à mi-avr.* ♿ Construite en 1897 pour fêter le quadricentenaire de la visite du célèbre navigateur à Terre-Neuve et pour célébrer le 60ᵉ anniversaire de l'accession au trône de la reine Victoria, la tour propose des expositions sur Signal Hill et sur l'histoire des communications, dont une section sur Marconi. Du sommet, superbe **panorama★★★** sur la ville, la rade et le littoral jusqu'au cap Spear.

Un sentier mène jusqu'au **Ladies Lookout**, belvédère situé au sommet de la colline (160 m), d'où l'on peut admirer les paysages aux alentours. De **Queen's Battery**, fortification (1832-1833) qui gardait jadis les Narrows, belle **vue★** sur la rade. Remarquez, au pied de la falaise, un rocher blanc : Chain Rock. On y accrochait au 18ᵉ s. la chaîne que l'on tendait en travers de la rade pour arrêter les vaisseaux ennemis. Sur l'autre rive se trouvent les restes de Fort Amherst (1763), qui abritent aujourd'hui un phare.

L'été, des étudiants portant l'uniforme du régiment royal de Terre-Neuve au 19ᵉ s. exécutent un **tattoo**, parade militaire avec fifres, tambours et exercices d'entraînement. Dérivé du hollandais, le terme *tattoo* désigne une sonnerie de clairon ou un appel de tambour pour rappeler les soldats à leur quartier, à la tombée de la nuit.

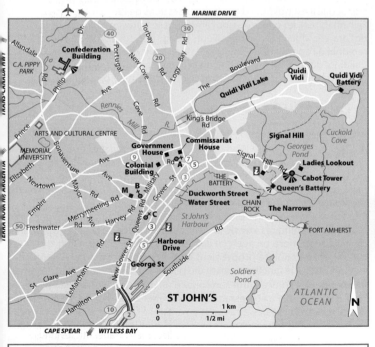

5

SE LOGER		SE RESTAURER	
McCoubrey Manor	③	Cellar (The)	③
Murray Premises	⑤	Zachary's	⑤
The Roses Heritage Inn	⑦		
Winterholme Suites & Spa	⑨		

AU NORD DE LA VILLE

★ Quidi Vidi Battery Provincial Historic Site

Suivre King's Bridge Rd, prendre à droite Forest Rd ; lorsque la route devient Quidi Vidi Village Rd, continuer sur 2 km, puis prendre à droite Cuckold's Cove Rd - ℘ 709 729 0592/2977 - fermé pour rénovation, se renseigner sur la date de réouverture.

Dominant l'entrée de la rade de Quidi Vidi, accroché à la falaise qui ferme la crique, cet ensemble de canons défendait ainsi l'accès de St John's par l'arrière. Il fut d'abord installé par les Français lors de leur occupation de la ville en 1762, puis renforcé par les Britanniques au début du 19e s., quand la guerre avec les États-Unis menaçait. Simple maison en bois de style colonial, le logement de la garnison a été restauré selon son aspect de 1812.

Au bord de la mer, le village de pêcheurs **Quidi Vidi** est relié par un étroit goulet au grand lac Quidi Vidi, site des régates annuelles (*voir « Nos adresses » p. 589*).

Confederation Building

Prince Philip Dr. - ℘ 709 729 2300 - ♿ 🅿 - Assemblée fév.-mai : tlj sf w.-end - galerie des visiteurs au 3e niveau.

Le Parlement de Terre-Neuve et certains bureaux du gouvernement provincial occupent cet imposant bâtiment, construit en 1960 puis agrandi en 1985, qui domine de très haut le reste de la ville et offre une belle **vue** sur la rade et sur Signal Hill. Il est possible d'assister aux sessions de l'**Assemblée législative**. Fait inhabituel, les bancs du gouvernement se trouvent à gauche de la chaise de l'orateur, alors que partout ailleurs l'usage les veut à droite. Cette tradition remonte à l'époque où l'Assemblée terre-neuvienne siégeait dans Colonial Building, dont la salle n'avait qu'une cheminée située à gauche de l'orateur. Le gouvernement se réservait alors le droit de se tenir près du feu.

À proximité Carte de Terre-Neuve p. 571

★ Cape Spear National Historic Site

À 11 km au sud. Prendre Water St. puis Leslie St. à gauche. Traverser le pont et suivre la route 11. ℘ 709 722 5367 - www.pc.gc.ca - site ouvert tte l'année - centre d'accueil et phare de mi-juin à déb. sept. : 10h-18h ; de mi-mai à mi-juin : merc.-dim. 10h-18h ; de déb. sept. à mi-oct. : sam.-merc. 10h-18h - 4 $ - vêtements chauds recommandés car il fait nettement plus froid qu'à St John's.

Cap Spear est le point le plus à l'est d'Amérique du Nord. Il offre par beau temps de magnifiques **vues★** sur le littoral et l'entrée de la rade de St John's. De mai à septembre, on aperçoit des baleines au large. Du parking, des allées conduisent à la pointe proprement dite, où un centre d'accueil donne des explications sur le fonctionnement des phares et leur évolution dans le temps.

Vieux phare – Édifice carré surmonté d'un dôme, le plus ancien phare de Terre-Neuve (1836) a été restauré pour évoquer la vie d'un gardien de phare vers le milieu du 19e s.

Pour revenir à St John's *(30 km)*, on peut passer par les villages de Maddox Cove et de **Petty Harbour**. Ce dernier forme un joli tableau, avec ses cabanes de pêcheurs et ses vigneaux (claies de bois pour faire sécher les poissons).

★ Witless Bay Ecological Reserve

Il est interdit de débarquer sur les îles de la baie Witless, mais on peut s'en approcher en bateau - ♿ 🅿 - dép. des quais de Bay Bulls (à 30 km au sud de St John's par

LA REINE CÂBLÉE

Depuis plusieurs années, le financier américain Cyrus W. Field et sa *New York, Newfoundland and London Telegraph Company* voulait relier Londres à New York par **câble télégraphique**. Une première tentative en 1858 permit à la reine Victoria et au président américain James Buchanan d'échanger les messages inauguraux, après quoi le câble cessa de fonctionner. Un second essai en 1865 échoua également. Le succès devait venir l'année suivante, lorsque le bateau à vapeur *Great Eastern* posa un nouveau câble entre Valencia (Irlande) et **Heart's Content**, qui fut relié à son tour par un second câble à New York. Au début, les télégrammes coûtaient 5 dollars le mot et la station en envoyait environ 3 000 par jour. Peu à peu supplantée par de nouvelles technologies, elle dut fermer en 1965. Cette station-relais est aujourd'hui l'un des rares témoignages en place de l'époque des télégraphes.

---

la route 10 ; des navettes assurent le service entre les grands hôtels de St John's et Bay Bulls) - voir « Nos adresses » p. 589.

Attirés par ses eaux poissonneuses et ses îlots rocheux (Great, Green et Gull en particulier) propices à la nidification, des milliers d'oiseaux de mer fréquentent chaque année la baie Witless. En été, guillemots de Troïl, guillemots à miroir, immenses goélands marins, mouettes tridactyles aux pattes noires y abondent, et l'on y verra même la plus importante colonie de **macareux moines** de la côte atlantique d'Amérique du Nord.

★★ **Observation des baleines** – *Fin du printemps et été.* Ces promenades en mer promettent d'être fascinantes. Chaque année, baleines à bosse, globicéphales, petits rorquals communs et autres mammifères marins fréquentent les riches eaux de la réserve. On a également de bonnes chances d'observer de près des icebergs de la fin du printemps au début de l'été.

★ **Marine Drive**

À 12 km au nord par les routes 30 et 20. Quitter St John's par Logy Bay Rd (route 30). Après 5,5 km, prendre Marine Dr. à droite.

Cette agréable route, qui remonte la côte et traverse les quartiers résidentiels au nord de St John's, monte et descend en découvrant des vues infinies sur la mer, les promontoires rocheux, les falaises, les plages, les bateaux et les champs. La **vue**★ depuis **Outer Cove** est particulièrement belle. À **Middle Cove**, une plage se prête parfaitement à une flânerie le long du rivage.

Excursion Carte de Terre-Neuve p. 571

★ **Station-relais de Heart's Content**

À 147 km au nord-ouest de St John's, sur la péninsule d'Avalon, à 58 km au nord de la Transcanadienne par la route 80. ℘ 709 729 0592 (tte l'année) ou 709 583 2160 (en saison) - www.seethesites.ca - de mi-mai à déb. oct. : 9h30-17h - 6 $.

👥 Principale station-relais d'Amérique du Nord pendant près d'un siècle, Heart's Content a été convertie en un musée qui présente aujourd'hui l'histoire des communications avant et depuis l'invention du télégraphe. Un **film** *(20mn)* et une section spéciale expliquent la pose des câbles sous-marins transatlantiques, le rôle du *Great Eastern* et le rôle de la station de Heart's Content. Des guides costumés font visiter une reproduction du premier poste télégraphique (1866) dont l'équipement d'origine peut être comparé aux appareils plus complexes utilisés à la veille de la fermeture du site.

5

😊 NOS ADRESSES À SAINT JOHN'S

Plan de ville p. 585

HÉBERGEMENT

BUDGET MOYEN

The Roses Heritage Inn –
*9 Military Rd - ✆ 709 726 3336 ou
1 877 767 3722 - www.therosesnl.
com.* De cette maison d'hôte,
vous pourrez rallier à pied le
centre-ville et Signal Hill. The
Roses est composée de quatre
maisons mitoyennes parfaitement
aménagées pour recevoir la
clientèle. Les chambres sont
claires et agréablement meublées,
parfois dotées d'un mobilier
ancien ou de boiseries d'origine.

McCoubrey Manor –
*6-8 Ordnance St. - ✆ 709 722
7577 ou 1 888 753 7577 -
www.mccoubrey.com - 6 ch. et
4 appart.* Cet ensemble de deux
maisons de ville (1904) offre à
la fois confort, élégance et bon
rapport qualité-prix. Certains
détails architecturaux, comme
le double manteau de chêne
du salon et les rosettes de stuc
des plafonds, lui confèrent un
air ancien. Les gérants soignent
leurs hôtes, offrant vin et fromage
l'après-midi, laverie pour les
résidents. Un solide petit déjeuner
est inclus dans le prix.

Winterholme Suites & Spa –
*79 Rennies Mill Rd - ✆ 709 739
7979 ou 1 800 599 7829 - www.
winterholme.com - 🅿 - 11 ch.*

Occupant une demeure néo-
Queen Anne de 1905 au cœur d'une
verdure luxuriante, le Winterholme
est situé près d'une artère animée
à une quinzaine de minutes de
marche du centre-ville. L'attention
est immédiatement attirée par les
magnifiques boiseries de chêne
de l'entrée ; les petits salons du
rez-de-chaussée sont à eux seuls
des merveilles architecturales.
Variant en taille et en prestations,
les chambres offrent aussi bien
un mobilier sobre *(3e niveau)* que
légèrement décadent *(ancienne salle
de billard)*. Le petit déjeuner est servi
dans la ravissante salle à manger.
Spa ouvert du mardi au samedi.

POUR SE FAIRE PLAISIR

Murray Premises – *5 Becks Cove -
✆ 709 738 7773 ou 1 866 738 7773 -
www.murraypremiseshotel.com -
♿ 🅿 - 28 ch.* Ce petit hôtel du
centre-ville occupe les troisième
et quatrième niveaux d'un ancien
comptoir (que l'on nomme ici
« premises », d'où le nom de
l'hôtel). Bien qu'une grande partie
de la charpente et des poutres
soit ancienne (certaines chambres
sont aménagées sous les avant-
toits), un vernis moderne a été
donné à l'ensemble. Les notes
luxueuses abondent, comme
ces bains à remous et sèche-
serviettes dans les salles de bains.
C'est de l'hôtel que l'on apprécie
le mieux la musique de rue jouée

dans George Street, mais le sommeil peut, certains week-ends trépidants, être sérieusement perturbé. Petit déjeuner continental inclus.

RESTAURATION

PREMIER PRIX
Zachary's – *71 Duckworth St. -* 📞 *709 579 8050*. Dans ce cadre apaisant est servie une cuisine familiale régionale, simple et goûteuse avec un excellent rapport qualité-prix. Le restaurant est ouvert du matin au soir ; le petit déjeuner et le déjeuner sont généralement les meilleurs moments.

POUR SE FAIRE PLAISIR
The Cellar – *189 Water St., 4ᵉ niveau -* 📞 *709 579 8900 - www.cellarrestaurantthe.ca -* ♿. Très fréquenté par la population locale, ce restaurant raffiné occupe le vaste quatrième étage d'un immeuble de bureaux. La remarquable sélection de scotch pur malt aide à affronter la froidure des nuits brumeuses.

ACTIVITÉS

East Coast Trail Association – *50 Pippy Pl. -* 📞 *709 738 4453 - www.eastcoasttrail.ca*. L'East Coast Trail offre aux randonneurs les plus intrépides le moyen de rallier le Sud au départ de St John's, en suivant la crête des falaises sur quelque 450 km. Le sentier est idéal pour les promenades d'une journée, avec des parkings répartis le long du parcours ; il offre de magnifiques marches dans un paysage inoubliable. Guides et cartes en vente chez de nombreux dépositaires de St. John's.

Croisières en bateau
Au large des îles de la baie Witless. **O'Brien's Whale et Bird Tours** – 📞 *709 753 4850 ou 1 877 639 4253 - www.obriensboattours.com - dép. mai-sept. - AR 2h30 - sur réserv. - 55 $*.
Gatherall's Puffin and Whale Watch – 📞 *709 334 2887 ou 1 800 419 4253 - www.gatheralls. com - dép. mai-oct. - AR 1h30 - 56 $*.
Stan Cook Sea Kayak Adventures - *Cape Broyle -* 📞 *709 579 6353 - www.wildnfld.ca - dép. mai-oct*.

AGENDA

Regatta Day – *1ᵉʳ mercredi d'août (ou le premier jour de beau temps qui suit !)*. Le **lac Quidi Vidi** accueille la plus ancienne manifestation sportive d'Amérique du Nord, célébrée sans interruption depuis 1826. Au cri « *The races are on !* » qui ouvre la compétition, la population locale se masse sur les rives du lac pour suivre avec passion l'effort des rameurs sur le parcours de 2,6 km. Une journée entière de festivités à ne pas manquer…

5

Trinity

191 habitants

NOS ADRESSES PAGE 593

S'INFORMER
Town of Trinity – *21 West St., PO Box 42 - 709 464 3836 - www.townof trinity.com.*

SE REPÉRER
Carte de Terre-Neuve (p. 571). Trinity se trouve sur la côte atlantique, à 74 km au nord-est de la Transcanadienne par la route 230, que l'on prend sur environ 5 km.

AVEC LES ENFANTS
L'observation des baleines n'est accessible qu'aux enfants les plus âgés.

Située sur un promontoire qui s'avance dans la baie Trinity, cette charmante localité côtière occupe un site pittoresque avec son petit port bien abrité, ses champs cultivés aux alentours et ses vues sur la mer et les rochers. Habitée de longue date, elle évoque encore les beaux jours d'antan : rues étroites, petits jardins et maisons carrées aux couleurs vives. Trinity vit aujourd'hui de la pêche et du tourisme, et sert de point de départ à des excursions d'observation des baleines.

Découvrir

Trinity Interpretation Centre
West St. - 709 464 2042 - de mi-juin à mi-oct. : horaires, se renseigner.
Dans une maison restaurée donnant sur le port, il présente l'histoire de Trinity, en particulier son ascension en tant que centre social et commercial, du milieu du 18e s. au début du 19e s., avant sa suprématie dans les années 1850.

Trinity Historical Society Museum
709 464 3599 - www.trinityhistoricalsociety.com - de mi-juin à mi-oct. : 10h-17h30 ; le reste de l'année : sur RV - tarif, se renseigner.
Aménagé dans une maison en forme de « boîte à sel » des années 1880, il renferme des objets d'artisanat local ainsi que des documents historiques.

UN PEU D'HISTOIRE...
Déjà bien établie en 1615, Trinity devint le siège du premier tribunal maritime de l'histoire du Canada : Richard Whitbourne fut envoyé de Grande-Bretagne pour régler les conflits entre les pêcheurs de l'île et ceux qui ne venaient que pour la saison de pêche. Le village rivalisa quelque temps avec St John's sur le plan socioéconomique, mais perdit de son importance lorsque St John's devint capitale provinciale.

Trinity.
R. Hicker / age fotostock

Hiscock House Provincial Historic Site

📞 709 464 2042 - de mi-mai à mi-oct. : 10h-17h30 - tarif, se renseigner.
Une restauration lui a rendu son aspect du début du 20ᵉ s. Elle contient certains des meubles de la famille Hiscock, pour qui elle fut construite en 1881.

Église anglicane Saint-Paul

Son clocher domine le village de ses 31 m. Un petit cimetière jouxte cet édifice en bois de 1892.

Église catholique de la Sainte-Trinité

Consacrée il y a plus de 150 ans, elle se reconnaît aux pures lignes romanes de sa tour carrée et à son clocher séparé du bâtiment principal.

Excursions Carte de Terre-Neuve p. 571

Carte de Terre-Neuve p. 571

5

★ CAP BONAVISTA

◐ *À 57 km au nord de Trinity.*
De Trinity, la route 230 nord part vers l'intérieur et rejoint la côte à Port Union et à Catalina. De ce petit village de pêcheurs, la route 237 entreprend la traversée de la péninsule et se termine à Amherst Cove, d'où la route 235 continue vers le nord jusqu'à la ville de Bonavista.

Bonavista

Les maisons de cet important village de pêcheurs sont disposées autour d'un port extérieur protégé par un brise-lames, et d'un port intérieur plus abrité pour les petits bateaux.

Durant tout le 16ᵉ s., les flottes de pêche européennes venaient s'abriter dans le port. Vers 1600, la région devint enclave britannique et le demeura, malgré les nombreuses tentatives des Français pour s'en emparer au 18ᵉ s.

Mockbeggar Plantation – ☎ 709 468 7444 - www.seethesites.ca - de fin mai à mi-oct. : 13h-17h - 6 $. Située en bord de la mer, elle se compose d'un entrepôt et de Bradley House, maison restaurée selon son apparence de 1930, qui abrite les effets personnels de Frederick Gordon Bradley, sénateur et homme d'affaires local.

★ Cap Bonavista

Le magnifique site est baigné par une mer d'un bleu limpide qui vient battre contre le promontoire rocheux dans un grand fracas.

Une route champêtre mène à la pointe isolée du cap en offrant des **vues** sur la mer. Le débarquement de Cabot, à hauteur du Cap Bonavista, dont beaucoup d'historiens doutent, y est commémoré par une **statue** à sa gloire.

★ **Phare** – ☎ 709 468 7444 - www.seethesites.ca - de mi-mai à déb. oct. : 9h30-17h - 6 $. À l'intérieur, des expositions portent notamment sur sa construction (achevée en 1843) et sa restauration (1870), son fonctionnement et le rôle de gardien de phare. **Vues** étendues sur la côte accidentée.

★ TERRA NOVA NATIONAL PARK

◖ À 210 km au nord-ouest de St John's. Il occupe le côté ouest de la baie de Bonavista et est traversé par la Transcanadienne (route 1).

⬚ ☎ 709 533 2801 - www.pc.gc.ca - ♿ - ouvert tte l'année - 5,80 $ - centre d'accueil de fin juin à déb. sept. : 10h-18h ; de mi-mai à fin juin et de déb. sept. à déb. oct. : 10h-16h.

Jadis rabotée par les glaciers, cette réserve naturelle de 396 km² aux abords de la baie de Bonavista présente un paysage vallonné et un littoral échancré de fjords, ou *sounds*, qui s'enfoncent profondément dans les terres. Au début de l'été, les eaux côtières sont constellées d'icebergs venus avec le courant du Labrador. La Transcanadienne, qui traverse le parc, procure quelques bonnes vues sur les fjords, mais il vous faudra quitter la route principale pour apprécier la région à sa juste valeur.

★★ Bluehill Pond Lookout

À 7 km de l'entrée nord du parc. Route non goudronnée sur env. 2 km.

De ce belvédère se découvre un splendide **panorama**★★ sur tout le parc, ses criques profondes, ses falaises, ses rochers et ses lacs, ses forêts, ses tourbières et ses collines. Par beau temps, on distingue clairement Newman Sound au sud et l'Océan parsemé d'icebergs *(en saison)*.

★ Newman Sound

À 12 km de l'entrée nord du parc, prendre la route conduisant au centre d'accueil du parc et à Newman Sound. Environ 1,5 km jusqu'au sentier - Visite en bateau : rens. auprès du centre d'accueil du parc.

Un sentier longe le rivage boisé de ce fjord, profond bras de mer doté d'une plage, et permet d'en apprécier la beauté. Fleurs des champs saisonnières et minuscules coquillages complètent le cadre. Ne manquez pas la visite en bateau qui permet de voir les aigles chauves.

Ochre Lookout

À 18 km de l'entrée nord du parc. Route non goudronnée sur env. 3 km.

Le **panorama**★ du sommet de cette tour d'observation montre l'immensité du parc. Par beau temps, les rades de Clode Sound et Newman Sound se détachent clairement.

😊 NOS ADRESSES À TRINITY

HÉBERGEMENT

Artisan Inn Trinity – *57 High St. - ℘ 709 464 3377 ou 1 877 464 7700 - www.trinityvacations.com.* Pour connaître les conditions d'hébergement.

BUDGET MOYEN

The Village Inn – *Taverner's path - route 239-10 - ℘ 709 464 3269 - www.oceancontact.com - 9 ch.* Cette pittoresque auberge de deux étages est installée dans une grande maison en bois du début du 20ᵉ s. Parquets et lits de cuivre aux couvertures de patchwork confèrent aux chambres un charme suranné. Le salon est doté d'une cheminée, d'un piano droit, de livres et de jeux mis à la disposition des amateurs. Le grand moment du séjour est sans conteste le repas servi dans deux **salles**. Les plats maison sont à base de poissons et de mets régionaux traditionnels : morue de Terre-Neuve, saumon, flétan et crevettes, hachis Parmentier ou *shepherd's pie*... Clients et guides d'excursion pour l'observation des baleines se retrouvent au pub de l'auberge pour siroter leur cocktail Manhattan, la spécialité de la maison, en échangeant des histoires de baleines (l'auberge accueille les bureaux de l'agence Ocean Contact).

UNE FOLIE

Fisher's Loft – *Port Rexton - ℘ 1 877 464 3240 - www.fishers loft.com - 6 bungalows, 13 ch. et 7 suites.* Cet hôtel raffiné, dont l'architecture s'inspire de celle de la baie de Trinity, est perché sur les collines au-dessus de Port Rexton, à quelques minutes du centre-ville. La vue sur la baie et Ship Cove est magnifique. Les chambres élégantes et spacieuses sont meublées avec goût. La **salle de restaurant** sert des plats traditionnels à base de produits locaux, poissons de mer, viande des fermes alentour, légumes du jardin. On peut faire de belles balades dans les collines et le long du rivage.

ACTIVITÉS

Ocean Contact Ltd. – *PO Box 10 - ℘ 709 464 3269 - www.ocean contact.com - dép. juin-août si le temps le permet - tarif, se renseigner - équipement fourni.* 👥 Excursions pour l'observation des baleines.

Saint-Pierre-et-Miquelon

★

6 091 habitants – France

 S'INFORMER

Comité général du tourisme – *Pl. du Gén.-de-Gaulle, BP 4274, 97500 St-Pierre-et-Miquelon - ℘ 011 508 41 02 00 - www.st-pierre-et-miquelon. info.* Renseignements sur les formules d'hébergement (hôtels, pensions de famille et autres).

Formalités d'entrée – Les ressortissants européens doivent être munis d'un passeport en cours de validité, indispensable pour le transit au Canada.

Langue – Le français est la langue nationale et l'anglais n'est pas fréquemment employé à St-Pierre. Les opérateurs de téléphone et les offices de tourisme sont bilingues.

◗ **SE REPÉRER**

Carte de Terre-Neuve (p. 571). Ces îles minuscules se trouvent à 48 km par bateau au sud de Terre-Neuve.

En bateau : Le Cabestan – *℘ 709 832 3455 ou 1 855 832 3455 - www.saint pierreferry.ca -* ♿ *- voyage en ferry (passagers uniquement) entre Fortune et l'île St-Pierre 55mn - juil.-août : tlj ; sept. : tlj jusqu'à mi-sept. puis le w.-end ; oct.-déc. : se renseigner - dép. de St-Pierre à 13h30, de Fortune à 14h45 (14h30 oct.-déc.) - AR 93 $.* Attention : la mer est parfois agitée.

En avion : Air Saint-Pierre – *St-Pierre. ℘ 011 508 41 00 00 ou 1 877 277 7765 - www.airsaintpierre.com.* Vols au départ de St John's (Terre-Neuve), Sydney et Halifax (Nouvelle-Écosse), Montréal (Québec).

🕐 **ORGANISER SON TEMPS**

L'île a 30mn d'avance sur Saint John's et 1h d'avance sur Halifax *(voir la carte des fuseaux horaires, p. 17).*

Dernière possession française d'Amérique du Nord, battue par les vents et souvent noyée de brume, cette collectivité territoriale française est un archipel rocheux à la végétation pauvre, ancré à environ 25 km de la côte méridionale de Terre-Neuve. Les deux îles principales : St-Pierre, la plus petite mais la plus peuplée, et Miquelon, sont reliées par un isthme sablonneux à Langlade, qui était autrefois une troisième île. St-Pierre-et-Miquelon abrite une population francophone qui jadis vivait surtout de la mer. Aujourd'hui, seul le tourisme vient compléter les revenus de la pêche, durement touchée par une alarmante diminution des stocks de morues et par l'introduction de quotas stricts.

Découvrir Carte de Terre-Neuve p. 571

★ SAINT-PIERRE

De la mer, l'île St-Pierre donne l'apparence d'une terre désolée aux arbres rabougris et aux plantes naines. Mais la préfecture de l'archipel, nommée elle aussi St-Pierre, est baignée d'une atmosphère tout à fait européenne. Les voitures, les boulangeries à l'odeur de pain chaud, les boutiques de produits

Saint-Pierre.
P. Thomas / hemis.fr

français détaxés, les rues étroites, les maisons de pierre sur le port, les cafés et les bistros évoquent la métropole.

★ **Île-aux-Marins** – *10mn en bac - embarquement devant l'office de tourisme de St-Pierre - dép. mai-oct.* À l'entrée de la rade, cet îlot pittoresque abritait autrefois plus de 800 pêcheurs de morue. Ils abandonnèrent peu à peu l'endroit pour aller s'installer à St-Pierre, où l'industrie de la pêche continuait à se moderniser.

Aujourd'hui, les quelques maisons demeurées sur l'îlot servent principalement de résidences secondaires aux habitants de St-Pierre. L'absence d'arbres permet de profiter d'une bonne **vue** sur la préfecture ainsi que sur l'une des quelque 600 épaves victimes de ces eaux dangereuses.

Musée Héritage – *1 bis r. Maître Georges Lefèvre -* ☎ *011 508 41 58 88 - www.musee-heritage.fr - mai-oct. : lun.-vend. 14h-18h, sam. 10h-12h, 14h-17h - 4,50 €.* Installé dans la vieille école, il présente l'histoire de l'îlot.

MIQUELON ET LANGLADE

Accessibles en bateau au départ de St-Pierre. En été, bac quotidien pour Langlade. Minibus jusqu'au village de Miquelon en été (s'adresser au comité du tourisme de St-Pierre pour en obtenir un hors saison).

Hormis le village du même nom, Miquelon est une île d'une beauté intacte, aux landes vallonnées et aux plages étirées. Le long de la route partiellement goudronnée reliant Miquelon à Langlade *(25 km)* errent parfois des hordes de chevaux sauvages, tandis qu'à marée basse, des phoques se prélassent sur les plages du **Grand Barachois** et que des oiseaux de mer fréquentent les rivages. La route parcourt un isthme, la « dune de Langlade », en partie formé par les débris d'épaves échouées depuis les débuts du 19e s. Sur le flanc est de cette « dune » s'étend une belle plage de sable blanc, non loin de l'anse du Gouvernement, tandis qu'à la pointe méridionale se trouve l'« île » de Langlade, pratiquement inhabitée à l'exception d'une petite localité sur les collines dominant l'embarcadère.

Territoires du Nord-Ouest 6

Aurore boréale dans les environs de Yellowknife.
M. S. Nolan / age fotostock

Panorama

Avec des terres situées au-delà du 60ᵉ parallèle, les Territoires du Nord-Ouest (Northwest Territories) s'étendent du nord de la Saskatchewan jusqu'au Yukon. Ils incluent l'extrémité ouest de l'archipel arctique entre le continent et le pôle Nord. Occupant plus d'un dixième du Canada, ils présentent un paysage extrêmement varié, alliant beauté et solitudes infinies. Les Territoires sont peuplés d'à peine plus de 1 % de la population canadienne et, hormis la capitale Yellowknife, on rencontre peu de communautés dans ces contrées sauvages. Bien qu'amputés en 1999 de plus de la moitié de leur superficie au moment de l'autonomie du Nunavut, les Territoires demeurent un paradis pour les amateurs de conditions extrêmes, de paysages variés et de cultures indigènes.

UN PEU DE GÉOGRAPHIE

Grandes régions naturelles

Les Territoires du Nord-Ouest présentent deux physionomies : à l'est, les pâturages des caribous, l'immense plaine vierge reliant la baie d'Hudson à la mer de Beaufort ; à l'ouest, les monts Mackenzie, Selwyn et Richardson appartenant au système des cordillères occidentales d'Amérique du Nord. Au pied des monts Mackenzie, drainée par le Mackenzie et ses affluents (la Slave et la rivière aux Liards), s'étend une large vallée. Plus à l'est, le Grand Lac de l'Ours et le Grand Lac des Esclaves marquent le bord du Bouclier canadien, immense affleurement de roches anciennes, rabotées par les glaciers il y a plus de 10 000 ans, qui ont laissé un semis de lacs et de débris glaciaires.

Permafrost

Souvenir de la dernière grande glaciation, le sous-sol est gelé sur 40 % du territoire canadien. Lorsque cette couche glacée et imperméable, d'épaisseur variable, se maintient plus de deux ans consécutifs, elle est nommée pergélisol (ou permafrost). On la rencontre généralement à une trentaine de centimètres sous la surface, laquelle dégèle pendant l'été. Les plantes des régions à permafrost développent des racines courtes et latérales. Certaines précautions doivent être prises lors d'éventuels travaux : la fonte du sol gelé entraînerait l'enfoncement des ballasts et des fondations.

Climat

La longueur de l'hiver, la rigueur de ses températures et la faiblesse des précipitations annuelles (Yellowknife 254 mm, Inuvik 276 mm) caractérisent sommairement le climat des Territoires du Nord-Ouest, de même que celui du Nunavut. Dans l'ensemble, la dureté du climat s'accentue du sud-ouest vers le nord-est.

La région du Mackenzie et des Grands Lacs bénéficie du climat « Moyen-Nord » aux hivers sombres et très froids, et aux étés brefs mais étonnamment chauds et lumineux ; à cette saison, le jour dure au minimum 20 heures (au-delà du cercle polaire, il ne fait jamais nuit). Plus à l'est, le « Grand Nord » correspond à la zone du climat arctique, plus sévère (8 mois de gel, -25 °C de moyenne en février). Tout au nord enfin sévit le climat polaire de l'« Extrême-Nord », où il peut geler pratiquement toute l'année. À titre indicatif, la moyenne des températures journalières maximales en juillet est de 21 °C à Yellowknife et 19 °C à Inuvik, la plus haute température enregistrée à cette époque ayant été de 36 °C à Fort Simpson et la plus basse de -3 °C à Holman, sur l'île Victoria.

> **AURORE BORÉALE**
> Cet étrange phénomène de luminescence, visible dans les régions polaires en automne et en hiver, se produit lorsque les particules électrisées d'origine solaire entrent en collision avec les molécules contenues dans la haute atmosphère. Ces molécules émettent alors des radiations qui se manifestent, dans le ciel, par la présence d'insaisissables voilages de lumière diaphane multicolores, parfois noir et blanc.

Végétation

La limite nord de la zone boisée traverse les Territoires du Nord-Ouest en diagonale, du delta du Mackenzie à la limite du Manitoba et de la baie d'Hudson. Au sud et à l'ouest de cette limite s'étale la **forêt boréale**, où dominent sapins, peupliers, **mélèzes** et épicéas. Au nord et à l'est, c'est la région de la **toundra** (appelée aussi « les terres stériles »), végétation de mousses, de lichens et de maigres buissons qui se couvre en été d'un tapis de fleurs multicolores. Facteur limitant la croissance végétale, le permafrost empêche l'infiltration des maigres précipitations que reçoivent les deux territoires, ce qui provoque parfois à la surface du sol une couche mal drainée : le **muskeg**.

UN PEU D'HISTOIRE

Les premiers habitants

Après les premières migrations humaines autour de 25000 à 15000 av. J.-C., les ancêtres des Inuits traversèrent, il y a environ 4000 ans, la Sibérie jusqu'en Alaska. Ces populations, qui forment aujourd'hui deux groupes autochtones bien distincts (les Dénés des Territoires du Nord-Ouest et les Inuits majoritaires au Nunavut), s'installèrent au sud de la calotte glaciaire, remontant vers le nord à mesure qu'elle se retirait.

Les Dénés

Moins de la moitié des habitants des Territoires du Nord-Ouest peuvent aujourd'hui se réclamer d'une origine aborigène. Parmi eux, les Dénés sont majoritaires. Les Inuits sont environ 10 %, le reste de la population étant composé de métis et de non-autochtones.

Les peuples de langue athapascane des régions subarctiques menaient une existence difficile dans un milieu inhospitalier. Voyageant en canoë l'été et en traîne sauvage (traîneau sans patins, recourbé vers l'avant) l'hiver, ils chassaient le caribou, pêchaient et se déplaçaient constamment pour assurer leur subsistance. Leurs huttes, de forme conique, étaient semblables aux tipis des Amérindiens des Plaines. Aujourd'hui, si certains Dénés perpétuent un mode de vie relativement traditionnel, beaucoup vivent à l'ère moderne.

Le commerce des fourrures

Tandis que la recherche d'un passage maritime vers l'ouest était abandonnée, le commerce des fourrures s'étendait dans les Territoires sur les voies ouvertes par quelques explorateurs. **Samuel Hearne** se rendit, pour la Compagnie de la baie d'Hudson, de Churchill au Grand Lac des Esclaves, puis rejoignit la mer de Beaufort par la rivière Coppermine (1770-1772). En 1789, **Alexander Mackenzie**, de la Compagnie du Nord-Ouest, descendit le fleuve qui porte son nom. Lui-même l'avait baptisé « le fleuve de la désillusion », car il le conduisit à l'océan Arctique plutôt qu'au Pacifique. Après la fusion des deux compagnies en 1821, plusieurs comptoirs furent établis dans cette vaste région ; certains existent encore aujourd'hui.

Prospection et développement

À la fin du 19e s. et au début du 20e s., dans le but d'explorer et de cartographier les Territoires, la Commission géologique du Canada équipa des expéditions comme celles de **Joseph Burr Tyrrell**, **William Logan** (qui donna son nom au mont Logan), **George Mercer Dawson** (qui donna le sien à la célèbre ville du Yukon) et **Vilhjalmar Stefansson**. À cette époque, les missionnaires catholiques et anglicans avaient déjà établi leurs missions dans la région. Dans les années 1930, une nouvelle catégorie d'explorateur fit son apparition : le prospecteur. D'importantes découvertes de minerais favorisèrent l'immigration vers les Territoires.

Le découpage des Territoires

En 1988 était créée, dans l'extrême nord du Québec, une région socioculturelle destinée à accorder aux Inuits une plus grande autonomie : le **Nunavik** (« le pays où vivre » en inuktitut). En 1992, les habitants des Territoires du Nord-Ouest se prononcèrent à leur tour pour la création d'une zone similaire, baptisée **Nunavut** (« notre pays »). Le règlement de la plus importante revendication territoriale au Canada allait entraîner la division des Territoires du Nord-Ouest.

ÉCONOMIE

L'exploitation du sous-sol continue aujourd'hui d'attirer des investissements sur l'ensemble des Territoires. Le commerce des fourrures, l'industrie forestière, la pêche, le tourisme et l'artisanat autochtone contribuent aussi à l'économie, mais dans une moindre mesure.

Dans des régions aussi sauvages que celles des Territoires du Nord-Ouest et du Nunavut, les **transports** jouent un rôle essentiel. Marchandises et

DES FILONS D'OR INATTENDUS

Les premiers explorateurs qui s'arrêtèrent dans la **baie de Yellowknife** (Samuel Hearne, Alexander Mackenzie et John Franklin) ne soupçonnaient rien du trésor qui y dormait. Les chercheurs d'or en route pour le Klondike à la fin du 19e s. notèrent bien quelques affleurements, sans toutefois donner suite à leurs observations. Mais la découverte de pechblende au bord du Grand Lac de l'Ours en 1930 attira les prospecteurs dans la région. En 1934, on découvrit enfin des traces d'or au bord de la baie de Yellowknife et une ville naquit aussitôt qui, le filon épuisé, s'étiola, lorsque fut découvert en 1945 un second gisement (en profondeur celui-là).

ressources naturelles sont acheminées par voie terrestre (route Dempster et route Mackenzie) et fluviale (grande artère commerciale, le Mackenzie est sillonné, en été, de barges sur tout son cours). De novembre à avril, des **routes d'hiver**, tracées sur le sol gelé, permettent aux poids lourds d'atteindre des lieux qui, le reste de l'année, ne sont accessibles que par la voie des airs.

Le diamant

Dans les années 1980, un géologue canadien qui effectuait des travaux de reconnaissance découvrit des indices trahissant la présence de kimberlite, la roche diamantifère. Il fallut des années d'efforts pour trouver un financement à l'exploration.

La production débuta en 1998 à la mine **Etaki** (à 322 km au nord-est de Yellowknife) ; deux autres mines, **Diavik** et **De Beers'Snap Lake**, sont en activité dans la zone du lac de Gras et une troisième est en projet. Le Canada est devenu un interlocuteur de poids sur le marché du diamant brut. La majorité des entreprises du secteur ont installé leurs bureaux ou leurs sièges sociaux à Yellowknife, et deux ateliers de taille des pierres se sont ouverts.

Hydrocarbures

On extrait le gaz naturel près de Fort Liard (depuis 2000) et le pétrole à Norman Wells, sur le Mackenzie. En 1968, la découverte d'immenses réserves de pétrole et de gaz dans le nord de l'Alaska provoqua une vague de prospection vers le nord du Canada. Deux zones prometteuses furent découvertes : celle du delta du Mackenzie-mer de Beaufort et celle de l'archipel Arctique (champ pétrolifère de Bent Horn). L'augmentation du prix du pétrole a ravivé l'intérêt de l'exploitation des hydrocarbures au nord du 60e parallèle, et la construction d'un pipeline vers le sud (de 1 220 km de long) rejoignant le réseau du nord de l'Alberta est en cours de négociation (Mackenzie Gas Project).

ART DU GRAND NORD

L'art des peuples autochtones des régions arctiques et subarctiques s'est acquis depuis longtemps la faveur des connaisseurs et des collectionneurs. Les défenses de morse, les bois de caribou ou, plus exotiques, les défenses de mammouth découvertes dans la couche de permafrost sont particulièrement prisés. Autres créations originales : les tentures décorées, ou ces vêtements particulièrement adaptés au climat que sont les *mukluks* dénés, bottes en peau de phoque ornées de superbes broderies de perles. On trouvera un grand choix d'objets brodés de perles à Fort Liard et Fort Simpson.

😊 TERRITOIRES DU NORD-OUEST PRATIQUE

INFORMATIONS UTILES

Office de tourisme
Northwest Territories Tourism – *PO Box 610, Yellowknife -* 📞 *867 873 7200 - www.spectacularnwt.com.* Il informe sur les différentes formules de voyages, renseigne sur les **pourvoiries**, les règlements de chasse et de pêche… À télécharger sur le site, un guide complet sur la destination, l'*Explorers'Guide*, qui répertorie notamment les hébergements.

Site Internet de la province
www.gov.nt.ca.

Heure locale
Les Territoires du Nord-Ouest vivent à l'heure des Rocheuses. 👣 *Carte des fuseaux horaires, p. 17.*

Taxes
Pas de taxe territoriale à la vente.

Loi sur les alcools
Certains villages interdisent la possession d'alcool dans leur circonscription.

Loi sur le tabac
L'achat de tabac est interdit aux moins de 19 ans.

Jours fériés territoriaux
Journée nationale des Autochtones – 21 juin.
Congé civique – 1er lun. d'août.

TRANSPORTS

www.dot.gov.nt.ca – Nombreux renseignement sur les différents modes de transport dans les Territoires : aéroports, lignes aériennes, routes d'hiver et d'été, ferries…

En avion
La plupart des vols vers les Territoires du Nord-Ouest décollent d'Edmonton ou de Calgary en Alberta. Par ailleurs, des vols charters sont assurés à l'intérieur des Territoires. Aéroports régionaux à Fort Simpson, Fort Smith, Inuvik et Yellowknife (ouverts selon météo).
Canadian North – *www.canadiannorth.com.*
First Air – *www.firstair.ca.*
Air Canada Jazz – *www.aircanada.ca.* Au départ de Vancouver (en hiver seulement), Calgary et Edmonton.
Air North – *www.flyairnorth.com.*
Northwestern Air Lease – 📞 *867 872 2216 - http://nwal.ca.* 👣 *Voir « Transports intérieurs », p. 25.*

En voiture
Il existe peu de routes asphaltées, hormis à proximité des villes. Les autres routes sont bien entretenues, mais les gravillons qui les revêtent pouvant causer de sérieux dégâts, il est important de ralentir en croisant un autre véhicule. Faites le plein fréquemment, car les stations-service sont situées à intervalles irréguliers. L'été, il est indispensable de remplir régulièrement le réservoir du lave-glace.
Route Mackenzie – Elle est pavée sur 1 500 km d'Edmonton à Yellowknife. Près de Fort Simpson, elle traverse la rivière Liard. Service gratuit de **bacs** (ou traversiers).
Route 3 – Elle traverse la rivière à Fort Providence pour accéder à Yellowknife.
Route Dempster – Elle traverse respectivement le Mackenzie à Arctic Red River (Tsiigehtchic) et la rivière Peel près de Fort McPherson pour atteindre Inuvik.

Bon à savoir – Les ferries sont remplacés en hiver par des ponts de glace, coupés au moment de la débâcle *(mai)* et des premières glaces *(nov.)*. Les rivières ne peuvent alors pas être traversées.

Sécurité

Bon à savoir – Pour tout voyage, quel que soit le mode de locomotion, il est plus prudent de signaler son départ, comme son retour, au poste de la Gendarmerie royale du Canada le plus proche.

ACTIVITÉS

Vastes et sauvages, les Territoires plairont aux amateurs de nature. Les longues journées d'été promettent 20 heures au moins de clarté quotidienne.

Bon à savoir – Il est fortement conseillé aux néophytes de s'en remettre à une **pourvoirie**, qui organisera l'expédition dans ses moindres détails en toute sécurité.

Canoë

Il existe une grande variété de parcours de toutes difficultés, dont la fabuleuse descente de la **Nahanni du Sud**.

Randonnée pédestre et VTT

Ces activités rencontrent un succès certain : les plus entraînés pourront se lancer dans la difficile pérégrination le long de la **piste historique Canol**, qui traverse les monts Mackenzie de Norman Wells au Yukon.

Pêche et chasse

Des gîtes émaillent lacs et rivages reculés, des monts Mackenzie aux fjords de l'île de Baffin, où la **pêche** est excellente (omble et ombre de l'Arctique, grand brochet du Nord, truite, etc.). Pour la **chasse** au gros gibier (loup, orignal, caribou, mouflon de Dall, ours noir, ours polaire ou grizzli), tout non-résident doit être accompagné d'un pourvoyeur licencié. Permis de pêche et de chasse obligatoires.

6

Delta du Mackenzie

SE REPÉRER

Carte rabat I de couverture. À 160 km de la mer de Beaufort, sur le littoral nord-ouest des Territoires ; **Dawson City** *(voir p. 245)* et **Inuvik** sont distants de 798 km par la **route Dempster** en provenance du Yukon (route fermée durant la débâcle au printemps et la prise des glaces en automne). Vol à destination d'Inuvik *(voir « Territoires du Nord-Ouest pratique », p. 602).*

À NE PAS MANQUER

La meilleure façon de voir le delta est de le survoler.

ORGANISER SON TEMPS

Tuktoyaktuk, bien qu'éloignée, offre de nombreuses commodités et toutes sortes de services.

Large de 100 km, véritable labyrinthe de chenaux et de lacs qui donnent sur la mer de Beaufort, ce delta est l'un des plus grands du monde. Il forme l'estuaire du puissant fleuve Mackenzie (1 800 km de long), qui débute au Grand Lac des Esclaves à l'intérieur du continent, et abrite l'une des faunes les plus riches de l'Arctique canadien : rats musqués, castors, visons, martres, renards, ours, caribous, mais aussi bélugas, oiseaux migrateurs… Les localités, dispersées, dépendent pour la plupart de la chasse, de la pêche et de la trappe. Cependant, la découverte de pétrole et de gaz naturel en mer de Beaufort a profondément modifié l'économie de la région au cours des dernières années.

Découvrir

Le delta

Rien de plus stupéfiant que le spectacle vu d'avion de cet enchevêtrement de chenaux boueux où se mêlent le fleuve Mackenzie et la **rivière Peel**, que l'on distingue des milliers de lacs environnants par leur couleur. Nettement délimité à l'ouest par les **monts Richardson**, montagnes plates et souvent enneigées, et à l'est par les ondulations des **collines Caribou**, le delta, à mesure qu'il avance vers le nord, fait la part de plus en plus large à l'eau, comme s'il se dissolvait peu à peu avant d'atteindre la mer de Beaufort.

Entre lacs et bras du fleuve, la terre est couverte d'arbustes (saules nains et genévriers) qui se parent d'un jaune éclatant au premier gel (généralement fin août). Le long de la côte s'étendent des zones de toundra recouvertes, qui se parent des plus belles couleurs lors de l'été arctique.

Inuvik

www.inuvik.ca

Bâtie sur le chenal est du Mackenzie, Inuvik (dont le nom inuit signifie « où vit l'homme ») est le centre régional du commerce et des transports.

Vue aérienne du delta du Mackenzie.
J. A. Kraulis / age fotostock

Cette petite ville moderne fut créée en 1959 pour abriter des bureaux gouvernementaux préalablement situés dans la ville d'Aklavik, victime de graves inondations. Dans tout le delta, le pergélisol affleure la surface du sol, empêchant toute construction normale. En effet, la chaleur dégagée par une habitation aurait tôt fait de dégeler partiellement le sol et de créer un marécage. Aussi les maisons furent-elles bâties sur pilotis ancrés dans la masse gelée en profondeur. De même, les canalisations n'ont pu être enterrées sous peine de geler. Réunies en une gaine unique appelée **utilidor**, elles sillonnent donc la ville au-dessus du sol.

Ronde comme un igloo, la curieuse **église catholique** cache un remarquable **intérieur★**, où l'on remarquera en particulier le chemin de croix peint par une Inuit, Mona Thrasher, en 1960.

★ Tuktoyaktuk

Vols au départ d'Inuvik. Route de glace en hiver.

Dans le Nord, on appelle simplement « Tuk » cette petite localité sise au bord de la mer de Beaufort. Elle s'inscrit dans une région connue pour rassembler la plupart des **pingos** que compte le Nord canadien. Ces étranges buttes coniques, hautes de plusieurs dizaines de mètres, se dressent au-dessus de la plate toundra comme de petits volcans, sous l'effet du pergélisol qui forme par endroits d'énormes boules de glace dure soulevant le sol.

Au **Nauchiaq Fur Shop**, vous pourrez assister à la confection des parkas et autres vêtements typiques de l'Arctique.

6

Nahanni National Park Reserve

S'INFORMER

Parks Canada – *PO Box 348, Fort Simpson -* 📞 *867 695 7750 - www.pc.gc.ca - ouvert tte l'année - les visiteurs qui passent une nuit dans le parc doivent se faire enregistrer au début et à la fin de leur séjour au bureau de Parks Canada à Fort Simpson - juil.-août : 8h30-12h, 13h-17h ; le reste de l'année : lun.-vend. 8h30-12h, 13h-17h - 25 $/jour.* Parks Canada dispose de trois organismes de tourisme licenciés, incontournables pour tout séjour guidé.

SE REPÉRER

Carte rabat I de couverture. Le parc est situé dans le sud-ouest des Territoires, à proximité du Yukon.

Accès routier – Au départ de la Colombie-Britannique : prenez la route de l'Alaska jusqu'à Fort Nelson, puis la route aux Liards jusqu'à Fort Liard. Du Yukon : route de l'Alaska jusqu'à Watson Lake (la route en avant de Tungsten est fréquemment impraticable). Dans les Territoires du Nord-Ouest : route du Mackenzie jusqu'à Fort Simpson, ou route aux Liards jusqu'à Fort Liard.

Accès aérien – *Voir « Territoires du Nord-Ouest pratique », p. 602.*

ORGANISER SON TEMPS

Descendre une rivière nécessite 7 à 21 jours en fonction des points de départ et d'arrivée. Cette destination étant prise d'assaut par les touristes, surtout en été, il faut réserver son séjour longtemps à l'avance.

AVEC LES ENFANTS

Ce parc est déconseillé aux plus petits.

Classé site du patrimoine mondial en 1978 par l'Unesco, la réserve du parc national Nahanni éblouit par ses paysages grandioses, sa beauté sauvage, son isolement. Elle s'étend sur plus de 30 050 km², au sud-ouest des Territoires, et englobe une grande partie de la rivière Nahanni du Sud, qui traverse les monts Selwyn, Mackenzie et Franklin avant de se jeter dans la rivière aux Liards, affluent du puissant fleuve Mackenzie. Vous n'y trouverez pas d'installations touristiques, mais vous serez récompensé de vos efforts en découvrant l'un des lieux les plus spectaculaires de la planète.

UNE VALLÉE DE LÉGENDE

Au début du 20e s., la fièvre de l'or attira les prospecteurs dans la vallée de la Nahanni du Sud. En 1908, on retrouva les corps de deux d'entre eux, décapités… Aussitôt courut le bruit d'Indiens féroces et de montagnards mythiques qui hantaient la région. Les disparitions continuèrent, et la Nahanni du Sud devint alors un endroit à éviter. Le mystère ne fut jamais élucidé, et la toponymie garde encore le souvenir de la macabre découverte et des légendes qui s'ensuivirent : Deadmen Valley (vallée des hommes morts), Funeral Range (chaîne des funérailles), Broken Skull River (rivière du crâne fracassé), Headless Range (chaîne des hommes sans tête).

Découvrir

La Nahanni du Sud

La rivière traverse le parc sur plus de 320 km. Elle serpente entre des canyons majestueux, se précipite d'une falaise deux fois plus haute que les chutes du Niagara et passe à proximité de sources minérales chaudes autour desquelles pousse une végétation fort rare à cette latitude (61°- 62°N). Ses eaux tumultueuses et sa beauté sauvage attirent chaque année d'innombrables amateurs de canoë et de descente de rapides.

Descente de la rivière – Le trajet de 200 km des chutes Virginia jusqu'à Nahanni Butte promet d'être une aventure des plus palpitantes. Entre ces deux points, la rivière subit un changement de dénivellation de 120 m. Les célèbres **chutes Virginia** sont le joyau du parc et l'un des sites les plus spectaculaires du Nord. Haut de 90 m, le puissant rideau liquide, coupé en son milieu par une aiguille rocheuse, se précipite dans un vaste cirque. On contourne les chutes par le portage Albert Faille *(1,6 km)*, d'où un sentier menant au bord de la cataracte offre une belle vue sur les rapides. Fourth Canyon est la première gorge d'une série de quatre qui enserrent la rivière de leurs vertigineuses falaises, dépassant par endroits 1 200 m. Viennent ensuite les tumultueux rapides Figure of Eight, puis Third Canyon, qui tourne à angle droit au lieu-dit The Gate, surplombé d'une puissante aiguille rocheuse nommée Pulpit Rock. La **vallée Deadmen** *(voir l'encadré ci-dessus)* sépare Second Canyon (longueur : 34 km) de First Canyon (longueur : 27 km). La rivière passe à proximité de sources thermales dont les eaux sulfureuses jaillissent à près de 37 °C, faisant naître alentour fougères, merisiers, églantiers et panais. Avant d'atteindre Nahanni Butte, elle se divise en une multitude de bras surnommés **Splits**.

Wood Buffalo National Park

★★

Territoires du Nord-Ouest, Alberta

 S'INFORMER

Parks Canada – *PO Box 750, Fort Smith - ☎ 867 872 7960 - www.pc.gc.ca - ouvert tte l'année - randonnée, camping, canotage, pêche - hébergement à Fort Smith*. Les cartes et la liste des guides et pourvoyeurs autorisés sont à retirer auprès des deux centres d'accueil du parc.

Centre d'accueil du parc à Fort Smith – *149 McDougal Rd - à l'angle de Portage Ave - juin-août : 9h-18h ; le reste de l'année : lun.-vend. 9h-12h, 13h-17h*. Présentation multimédia composant une excellente introduction historique et écologique.

Centre d'accueil du parc de Fort Chipewyan – *☎ 780 697 3662 - MacKenzie Ave - lun.-vend. : 9h-12h, 13h-17h (et la plupart des w.-ends en été)*.

▶ SE REPÉRER

Carte rabat I de couverture. Les deux tiers du parc sont situés dans la province de l'Alberta, mais le quartier général et la principale entrée se trouvent à Fort Smith. Une grande partie du territoire n'est accessible qu'en bateau ou par avion.

Accès routier – À 748 km de **Yellowknife** *(voir p. 611)* par la route 3, la route Mackenzie et la route 5 (près de Hay River) à l'entrée du parc. La route 5 traverse le parc et se prolonge jusqu'à **Fort Smith**. Une route goudronnée mène de Fort Smith à la réserve Peace Point, dans l'enceinte du parc (119 km). En temps normal, il n'existe pas d'accès terrestre pour Fort Chipewyan mais, pendant trois mois en hiver, une route est parfois ouverte entre Forth Smith, Fort Chipewyan et Fort McMurray.

Accès aérien – *Voir « Territoires du Nord-Ouest pratique », p. 602.*

◷ ORGANISER SON TEMPS

Les **excursions en canoë** qui empruntent les deux principaux cours d'eau, la rivière de la Paix et la rivière aux Esclaves, nécessitent une solide expérience et un permis des autorités du parc. Il est cependant possible de descendre les rivières plus petites qui sillonnent le parc *(location de canoës à Fort Smith)*. Plusieurs agences spécialisées ou pourvoiries organisent des excursions guidées en canoë *(voir les centres d'accueil du parc)*.

Wood Buffalo National Park.
R. Erwin / age fotostock

AVEC LES ENFANTS
Certaines randonnées et certains circuits en canoë sont accessibles aux plus jeunes.

Le plus vaste parc national du Canada, qui s'étend sur 44 807 km² et enjambe la frontière séparant l'Alberta des Territoires du Nord-Ouest, offre la subtile beauté de la plaine boréale ainsi que l'occasion d'apercevoir des animaux rares dans leur milieu naturel. Le parc national Wood Buffalo, inscrit sur la liste du patrimoine mondial de l'Unesco depuis 1983, est unique : non seulement il possède le plus grand troupeau de bisons en liberté du monde, avec 2 400 individus, mais en plus il constitue la dernière aire de nidification à ce jour de la grue blanche d'Amérique, espèce menacée.

Découvrir

La route 5
L'agréable trajet entre Hay River et le parc passe par une **forêt boréale** d'épicéas et de trembles. Il est courant de croiser, aux abords de Fort Smith, un bison broutant sur le bas-côté de la route. Près de la tour Angus (Angus Fire Tower), un grand **affaissement** traduit la présence de karst (calcaire) dans la région.

UNE FAUNE EXCEPTIONNELLE
Le **delta Paix-Athabasca**, à l'extrême ouest du lac Athabasca, l'un des plus grands deltas intérieurs d'eau douce du monde, est un écosystème aquatique vital : quatre voies migratoires survolent l'étendue du parc et le delta regorge d'oiseaux (oies, canards et autres espèces migratrices). Les étendues qui le bordent constituent la frange septentrionale des Grandes Plaines rejoignant le Mexique.

La création en 1922 du parc national Wood Buffalo visait à l'origine à la protection de son cheptel de **bisons des bois**. Le bison des bois est légèrement plus gros que son cousin des plaines, et sa robe est un peu plus foncée. Quelques années plus tard, des bisons des plaines élevés dans des ranchs du sud de l'Alberta furent acheminés vers le parc, qui fut agrandi pour les accueillir. La découverte des aires de nidification de la grue blanche d'Amérique en 1954 renforça l'enjeu écologique.

SCULPTEUR DE LA NATURE

Le sculpteur déné **Sonny MacDonald** est un artiste autodidacte : à sept ans, il taillait déjà lui-même ses petits bateaux et ses lance-pierres. Aujourd'hui, ses œuvres en bois et en os tirent leur inspiration de la faune subarctique terrestre et marine. Sans se cantonner aux bois de caribou et d'orignal ou aux griffes et aux dents, Sonny MacDonald explore la faune dans son entier : narval, fossiles de mammouth, défenses de morse. Il crée aussi bien des amulettes et des boucles d'oreilles que de grandes sculptures d'ornement extérieur. Né et élevé à Fort Chipewyan, Sonny MacDonald vit aujourd'hui à **Fort Smith**, où il possède un atelier.

Pour visiter son atelier, le contacter au ☎ 867 872 5935.

Une courte route secondaire *(30 km à l'ouest de Fort Smith)* mène au **belvédère★** Salt River Plains, d'où l'on bénéficie d'une vue incomparable sur les larges étendues salées brillant sous le soleil estival au gré des méandres de la Salt, qui traverse quelques bois et pâturages disséminés parmi les plaques blanches de sel.

★ Fort Smith

🛈 **Visitor Reception Centre** – ☎ 867 872 8400 - www.fortsmith.ca.

Autrefois seule véritable ville des Territoires, Fort Smith est également un des sites incontournables du commerce des fourrures dans le Grand Nord canadien. La promenade le long de la rivière aux Esclaves *(à l'extrémité de Simpson St.)* permet d'apercevoir les **rapides** où de nombreux explorateurs perdirent la vie

Musée Northern Life – *À quelques pas du centre d'accueil. McDougal Rd et King St. -* ☎ 867 872 2859 - horaires, se renseigner. Pour approfondir ses connaissances historiques de la région.

★ **Fort Smith Mission Historic Park** – *À l'angle de Breynat St. et Mercredi Ave -* ☎ 867 872 8400 - horaires, se renseigner. Un autre site pour approcher le passé.

★★ De Fort Smith au lac Pine

La route goudronnée *(ouvert tte l'année)* qui pénètre au cœur du parc permet d'atteindre plusieurs curiosités remarquables, mais aussi d'apercevoir des bisons.

À 25 km au sud de Fort Smith, un petit sentier de randonnée, **Karstland Trail**, aménagé dans la zone de la rivière Salt, donne un aperçu de l'extraordinaire topographie tourmentée du parc.

À 31 km de là, la piste South Loop *(4 km)* traverse une ravissante forêt boréale jusqu'au **lac Grosbeak** (ou lac des « Gros-Becs »), autre lac salé dont les galets sont issus du recul des glaciers.

Le magnifique terrain de camping **Pine Lake Campground** *(à 60 km)* donne sur la plage de sable du lac turquoise, qui fut longtemps le campement estival des tribus autochtones. La baignade y est délicieuse.

Fort Chipewyan

Accès uniquement par avion ou bateau.

Situé sur les rives du lac Athabasca, le fort « Chip » est le camp de base des excursions en bateau ou en canoë vers le **delta Paix-Athabasca**.

Yellowknife

18 959 habitants

NOS ADRESSES PAGE 613

S'INFORMER

Northern Frontier Visitors Association - *48407 49ᵗʰ St. - ☎ 867 873 4262 ou 1 877 881 4262 - www.visityellowknife.com.*

SE REPÉRER

Carte rabat I de couverture - plan de ville et des environs (p. 612). Vous pouvez atteindre Yellowknife par la route 3 et le bac qui franchit le Mackenzie en été ; par la route de glace au-dessus du fleuve *(en hiver)*. Accès interrompu lors de la prise des glaces *(automne)* et à la débâcle *(printemps)*.

Accès aérien – *Voir « Territoires du Nord-Ouest pratique », p. 602.*

SE GARER

Seul le centre-ville a des parkings avec parcmètres. Il existe un parking public au Centre Square Mall.

À NE PAS MANQUER

Une promenade dans la vieille ville.

ORGANISER SON TEMPS

Au printemps et en automne, la ville n'est accessible qu'en avion.

AVEC LES ENFANTS

Des promenades sur les différents sentiers autour de la ville et de petites excursions en canoë-kayak.

La capitale administrative et économique des Territoires du Nord-Ouest est située au bord de la baie Yellowknife, sur la rive nord du Grand Lac des Esclaves. Presque entièrement entourée d'eau, elle occupe un site charmant sur une péninsule de granit rose burinée par les glaciers et surmontée de petits arbres. La « vieille ville », qui date des années 1930, côtoie la « nouvelle ville » d'allure moderne, où vivent et travaillent la majorité des résidents.

Se promener Plan de ville p. 612

★★ Prince of Wales Northern Heritage Centre

6

Accès par la piste Ingraham. 4750 48ᵗʰ St. - ☎ 867 873 7551 - www.pwnhc.ca - ♿ - musée : 10h30-17h ; archives et administration : 10h30-17h, w.-end 12h-17h - fermé pdt vac. réglementaires - contribution conseillée.

Important centre de recherches archéologiques et ethnologiques, ce musée situé au bord du lac Frame retrace l'histoire des Territoires et de leur colonisation. Il explique également le mode de vie traditionnel des Dénés et des Inuits, dont il expose une belle collection de sculptures. Une salle est dédiée au travail des pilotes de brousse et une petite exposition est consacrée à l'exploitation de l'or et du diamant.

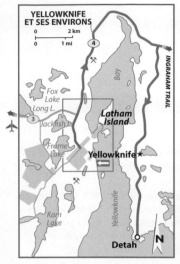

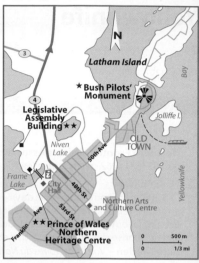

★★ Legislative Assembly Building

Dans le parc, entrée par Ingraham Trail. ℘ *867 669 22 00 ou 1 800 661 0784 - www.assembly.gov.nt.ca - visite guidée lun.-vend. 10h30 - également des visites audioguidées, se renseigner.*

Niché parmi les lacs et les arbres, ce bâtiment saisissant (1993) est coiffé d'un dôme. Enchâssé dans des panneaux de zinc, il a été conçu afin de profiter au mieux de la lumière naturelle et de véhiculer l'esprit d'ouverture du gouvernement territorial. Un des centres d'intérêt de la visite est le **grand hall**, avec ses drapeaux dépeignant les saisons subarctiques. La **masse** cérémonielle de l'Assemblée, créée par des artistes locaux, est faite d'argent et de bronze, avec des garnitures d'or et de diamants. Une galerie *(accessible uniquement lors des visites)* abrite d'autres exemples de l'artisanat régional, dont un remarquable **patchwork** cousu par les habitants de Deline.

★ Bush Pilots' Monument

Dans la vieille ville, accès par l'escalier depuis Ingraham Dr.

Juché sur le plus haut rocher de la ville, ce monument fut érigé à la mémoire des hommes qui rendirent le Nord accessible. Du haut de ce belvédère, superbe

---

SOUS SOLEIL DE MINUIT

La ville étant située au nord du 62e parallèle, il y fait jour près de 24 h/24 en été. Chaque année, un tournoi de golf a lieu pendant le week-end le plus proche du 21 juin. Il se déroule à la clarté de minuit sur un parcours de sable, sous la menace permanente d'énormes corbeaux noirs. Ces oiseaux voleurs de balles figurent d'ailleurs sur l'emblème de la ville.

ⓒ *www.yellowknifegolf.com.*

panorama★ sur la ville, construite sur un socle de granit qui affleure partout, avec la tour à toit rouge de l'ancienne mine d'or Cominco qui domine l'horizon. La baie fourmille d'hydravions revenant d'un camp minier ou prêts à partir approvisionner quelque équipe de forage. Sous le monument, la vieille ville n'est plus l'entassement de cabanes de prospecteurs qu'elle fut jadis. Elle renferme néanmoins une incroyable variété de maisons le long de la célèbre **Ragged Ass Road** (rue des Culs déguenillés), dont les panneaux indicateurs sont devenus tellement populaires qu'ils sont maintenant en vente !

Une route relie la vieille ville à l'**île Latham** et ses maisons sur pilotis. Un campement indien dogrib est ouvert à la visite et l'on peut voir l'unique mine d'or encore exploitée, la mine Con.

Excursions Plan des environs ci-contre

Plusieurs parcours en voiture aux environs de Yellowknife traversent les paysages du **Bouclier canadien** qui font la transition entre la forêt boréale et la toundra.

Detah

À 25 km, voir le plan des environs ci-contre.

La route jusqu'à Detah offre des vues sur Yellowknife et sa baie. Ce village amérindien dogrib occupe un joli **site★** sur un plateau rocheux, au bord du Grand Lac des Esclaves.

★ Piste Ingraham (Ingraham Trail)

70 km jusqu'à Tibbit Lake.

Cette route quatre saisons, localement connue sous le nom d'**Ingraham Trail**, commence au nord de Yellowknife. Elle longe cinq lacs, dans un cadre idéal pour les amateurs de camping et de canoë.

Prelude Lake Territorial Park – Il est doté de nombreux terrains de camping et comprend une plage de sable.

La piste permet d'atteindre de multiples lacs et cours d'eau plus isolés.

😊 NOS ADRESSES À YELLOWKNIFE

HÉBERGEMENT

😊 **Bon à savoir** –
La base aérienne flottante *(vieille ville)* permet de rallier les nombreux gîtes et terrains de camping des Territoires. Dans la ville elle-même, un grand choix de chambres d'hôte et d'hôtels s'offre aux visiteurs.

ACTIVITÉS

Toutes sortes de sports de plein air (canotage, pêche et camping) se pratiquent à Yellowknife.
Narwal Northern Adventures – ✆ 867 873 6443 - *www.narwal.ca*. Location de canoës et kayaks, excursions guidées dans le parc territorial du lac Prelude.

6

Nunavut 7

Sur l'île de Baffin.
E. Baccega / age fotostock

Panorama

Avec un peu plus de 2 000 000 km² (4 fois la France), soit un cinquième de la superficie du pays, le Nunavut dépasse, de loin, les autres territoires et provinces du Canada. Il s'étend du Groenland jusqu'aux frontières du Manitoba. Il présente la plus faible densité de population du monde : environ une personne pour 100 km². Cette contrée spectaculaire offre une étonnante variété de paysages métamorphosés par le soleil de minuit : littoral arctique, semis de lacs, rivières sinueuses, glaciers majestueux et terres polaires. Sa faune variée est son principal pôle d'attraction. Certaines excursions sont organisées dans la région de Baffin, à la limite des glaces flottantes, pour observer dans leur milieu naturel les ours polaires, les baleines boréales et les narvals. Dans la région de Kivalliq, c'est pour les bélugas, les ours mais aussi les harfangs des neiges, gerfauts et autres oiseaux que l'on se déplace. Plus à l'ouest, vers Kitikmeot, les rencontres avec des bœufs musqués hirsutes ou des caribous ne sont pas rares.

UN PEU DE GÉOGRAPHIE

Grandes régions naturelles

Situé au nord du 60ᵉ parallèle, le Nunavut se tient à l'ouest du Groenland danois, sur l'autre rive du détroit de Davis. Sa frontière méridionale suit plus ou moins la limite de la zone boisée à l'ouest, puis descend en droite ligne vers le Manitoba et franchit la baie d'Hudson pour contourner l'île de Baffin par le sud. Une grande part de l'archipel arctique entre le continent et le pôle Nord géographique, les îles de la baie d'Hudson et de la baie James au sud du 60ᵉ parallèle, ainsi que les terres arctiques et d'importants détroits et fjords font partie du Nunavut ; on y rencontre plus de la moitié des 26 plus grandes îles du Canada. La plus vaste (l'**île de Baffin**) est de la taille de l'Espagne, et Amund Ringnes (la plus petite) atteint tout de même la moitié de la superficie de la Jamaïque.

Glace et toundra

Le granit du Bouclier canadien franchit le territoire en diagonale, du sud-est au nord-ouest. La **toundra** rocailleuse et nue, enneigée une grande partie de l'année, est une composante caractéristique du Nunavut où le **permafrost** peut s'enfoncer à 370 m, comme dans la région de Resolut ou sur l'île Cornwallis. La diversité règne néanmoins d'une extrémité à l'autre du Territoire. Au printemps et en été, alors que tournoient labbes et goélands, les mousses et les lichens tapissent le sol. Des arbustes et des fleurs colorent les rives de la baie d'Hudson et les collines du territoire de touffes duveteuses de linaigrette, de baies pourpres et rouges ou de fragiles fleurettes de dryade. Les débris glaciaires, dépôts erratiques, moraines, **eskers** (crêtes sinueuses de sable et de gravier) et **drumlins** (éminences elliptiques tournées vers le retrait du glacier) racontent l'histoire géologique de la région. Les eskers, sédiments des rivières glaciaires, serpentent sur des centaines de kilomètres. Ils procurent un habitat idéal aux renards et aux loups. Leur relief crée des voies migratoires en altitude et le vent qui règne à leur sommet soulage les caribous des nuées d'insectes qui les harcèlent. Les non-initiés devront aussi connaître les termes, peu usités ailleurs qu'au Grand Nord, de **polynie** (trou d'eau de plusieurs kilomètres de diamètre dans la banquise) et de **chenal côtier** (bras d'eau interrompant la banquise).

Les îles de l'est du Nunavut accueillent les plus grands et les plus anciens glaciers du pays : les côtes orientales de l'île de Baffin, de l'île Devon et de l'île Ellesmere possèdent des montagnes élevées aux vallées comblées par la glace (comme le **mont Barbeau** qui, avec ses 2 616 m, est le sommet culminant du territoire).

Climat

Avec ses précipitations clairsemées (Baker Lake 208 mm/an, Iqaluit 409 mm/an), le Nunavut est moitié moins arrosé qu'une ville du Canada méridional. L'immense territoire subit généralement des hivers longs et rudes sans lumière, alors que la période estivale (juillet et août) est étonnamment chaude et ensoleillée, avec des journées exceptionnellement longues. Les villes côtières ou la région de Baffin sont plus froides. En été, la partie sud du territoire connaît 20 heures de luminosité, et, au nord du cercle arctique, le soleil ne se couche jamais. Les températures maximales moyennes en juillet sont de 15 °C à Baker Lake et de 12 °C à Iqaluit.

UN PEU D'HISTOIRE

Les premiers habitants

Il y a 4 000 ans, les côtes et les îles arctiques canadiennes étaient peuplées de Paléo-Esquimaux ou Pré-Dorsétiens. Vivant sous des tentes de peaux et voyageant à pied ou en kayak, ils ont évolué vers le sud pour donner naissance à la culture du **Dorset** (500 av. J.-C.-1500 apr. J.-C.). Parallèlement, poussés par un réchauffement climatique aux environs de 900 apr. J.-C., les **Thuléens** (1000-1600), issus des Inuits du nord de l'Alaska, se déplacèrent vers le Nunavut, où ils côtoyèrent les Dorset. Les deux cultures différaient grandement. Le peuple dorset vivait en petits clans familiaux et ne s'éloignait guère de ses campements. Les gens de Thulé, au contraire, voyageaient. La civilisation du Dorset fut évincée en quelques siècles. Lorsqu'en 1500, la banquise s'étendit davantage, faisant fuir les troupeaux de caribous plus au sud, le mode de vie des Thuléens se modifia. Davantage nomades, ils devinrent les **Inuits**.

LES INUITS

Organisés en petits groupes à structure familiale, les Inuits (terme inuktitut signifiant « les hommes »), appelés par dérision *Esquimaux* (c'est-à-dire « mangeurs de viande crue » dans la langue cree), construisaient en hiver des **igloos**, abris en forme de dôme faits de blocs de glace dans lesquels on entre par un tunnel ; l'intérieur était tapissé de peaux pour protéger les occupants du froid. En été, ils vivaient sous des tentes de peau.

Ils vivaient de la chasse à l'ours polaire, au phoque, au morse ou à la baleine, qui leur fournissait la viande pour se nourrir, la graisse pour se chauffer et s'éclairer, la peau pour fabriquer vêtements, abris et bateaux, ainsi que les os et l'ivoire pour façonner leurs lames de harpon et leurs outils. Les mammifères les plus petits étaient chassés à bord de **kayaks**, les plus gros à bord d'**oumiaks** (grandes embarcations en peau de phoque). En hiver, les Inuits pratiquaient la pêche sur glace. Des expéditions étaient parfois organisées vers le sud, à bord de **traîneaux à chiens**, appelés *qamutiit*, pour chasser les caribous dont la peau servait à fabriquer vêtements et couvertures. Lors de la chasse aux caribous, les chasseurs dressaient des **inukshuks**, cairns de pierre en forme de figure humaine, afin de se repérer.

L'arrivée des Européens

Dès qu'ils eurent compris que l'Amérique était un continent distinct de l'Asie, les Européens cherchèrent pendant des siècles une route maritime par le nord entre l'Atlantique et le Pacifique, le Passage du Nord-Ouest, afin de faciliter leur fructueux commerce avec l'Orient. Ainsi, **Martin Frobisher** découvrit une île (depuis nommée Baffin) en 1576 ; en 1585, **John Davis** explora le détroit du Cumberland et, en 1610, **Henry Hudson** suivit le détroit puis la baie qui portent aujourd'hui tous deux son nom. Puis vinrent les navigateurs anglais **William Baffin** et **Robert Bylot**, qui cartographièrent le littoral sud de l'île de Baffin en 1616. Deux siècles après, la région attirait encore peu l'attention des Européens, refroidis par les récits de mers couvertes de glace, jusqu'au voyage d'Alexander Mackenzie en 1789 et un regain d'intérêt envers le Passage du Nord-Ouest qui coïncida avec la chasse à la baleine pratiquée par les *qallunaat* (les Blancs). Vinrent alors les explorateurs : John Ross en 1818, William Edward Parry en 1819 et **John Franklin** lors de sa célèbre et non moins funeste expédition de 1845. Dans les années 1840, quelques établissements de pêche s'installèrent sur les côtes arctiques. Conscients de leur savoir-faire, les pêcheurs employèrent des Inuits et adoptèrent leurs vêtements et certains de leurs accessoires. Au tournant du 20e s., la chasse à la baleine s'achevait.

Un nouveau mode de vie

Si la venue des Scandinaves vers l'an 1000 n'avait guère affecté les Inuits, l'arrivée des Européens au 19e s. modifia durablement l'ordre social, les techniques, la religion et la santé des Inuits – les maladies européennes les affaiblirent considérablement. Ils se mirent à chasser avec des armes à feu et à vendre leurs fourrures à la Compagnie de la baie d'Hudson. Au début du 20e s., l'exploration

L'ART DU GRAND NORD

Lorsque les Inuits ne se consacraient pas à la chasse et à la fabrication des vêtements, ils sculptaient l'ivoire et la pierre à savon, forme d'art qui leur valut une grande renommée. Aujourd'hui, l'expression artistique la plus répandue dans la région est la **sculpture**, dont les formes humaines et animales arrondies en pierre noire, grise ou verte sont les plus courantes. Certains artistes façonnent sculptures ou bijoux dans des os, des bois ou des défenses d'animaux. Le tissage, la lithographie, la gravure sur pierre et le travail des métaux connaissent également un franc succès, telles les œuvres de **Cape Dorset** sur la pointe sud-ouest de l'île de Baffin. Certains villages se sont spécialisés dans la poterie ou les poupées miniatures. Cependant, les innombrables œuvres issues des mains des sculpteurs, graveurs et artisans ne sont pas toujours d'une haute qualité artistique. Trop peu de jeunes apprennent les techniques de leurs parents et ancêtres, à tel point que certains chercheurs parlent de crise artistique dans le Grand Nord.

👁 **Bon à savoir** – Il existe quelques galeries à Rankin Inlet, Iqaluit et Pangnirtung, mais de nombreux artistes vendent eux-mêmes leurs œuvres et il est conseillé aux amateurs d'art inuit de s'enquérir de la présence d'artistes auprès des habitants.

commerciale et scientifique s'intensifiait et les missionnaires, la Compagnie de la baie d'Hudson et la Police royale montée canadienne commençaient à faire partie du paysage des îles de la région de Baffin, « prenant en charge » les Inuits. Dans les années 1950, la présence de la ligne de défense nord-américaine DEW *(Distant Early Warning)* fit de Frobisher Bay, rebaptisée **Iqaluit**, un centre régional d'approvisionnement. Le gouvernement proposa alors aux Inuits une vie sédentaire et les regroupa dans une sorte de réserve où il construisit écoles et logements fédéraux, sans comprendre la mentalité inuit qui ne s'accordait pas avec ce rythme de vie ; des coopératives s'installèrent permettant aux artistes, aux trappeurs et à d'autres de vendre leur production.

Création d'un territoire

En 1992, les habitants des Territoires du Nord-Ouest décidèrent par référendum de fractionner leur région afin de créer un nouveau territoire. Après une période transitoire de sept ans, les habitants purent élire leur gouvernement et, le 1er avril 1999, le **Nunavut** fut officialisé. En plus de son assemblée législative, ce territoire possède quelques corps composés d'Inuits chargés de la faune et de l'aménagement du territoire ; ces employés fédéraux et territoriaux ont un rôle décisionnel de premier plan.

LE NUNAVUT AUJOURD'HUI

L'économie

Les richesses du Nunavut (comme celles des Territoires du Nord-Ouest) en **minerais** et **hydrocarbures** attirent les investissements. De vastes dépôts de zinc et de plomb furent découverts en 1964 sur le Grand Lac aux Esclaves à Pine Point (Territoires du Nord-Ouest) ; les mêmes matières premières sont actuellement exploitées à Nanisivik au nord de l'île de Baffin et sur l'île Little Cornwallis. Les îles arctiques sont, selon toute apparence, des zones riches en hydrocarbures.

Le tourisme, activité encore naissante, se développe rapidement, jusqu'ici sans conséquence néfaste. Le territoire regorge de cours d'eau protégés, réserves ornithologiques, réserves de chasse et possède plusieurs dizaines de sites écologiques sillonnés par la faune locale : ours polaires, gigantesques troupeaux de caribous, baleines. Les **trois parcs nationaux** sont à cet égard particulièrement enrichissants : Auyuittuq *(sud de l'île de Baffin)*, Sirmilik *(nord de l'île de Baffin)*, ainsi que Quttinirpaaq *(île Ellesmere)*.

Les hommes

La communauté inuit, riche de 125 000 membres, s'étend sur l'ensemble des régions polaires (Russie, Alaska, Canada, Groenland). Les Inuits canadiens vivent dans 53 communautés nordiques situées principalement dans le Nunavut (plus de la moitié), dans le nord du Québec et du Labrador. Parmi les 27 000 habitants du Nunavut (les Nunavummiut), 85 % sont des Inuits, formant l'un des quatre groupes aborigènes ou semi-aborigènes du Canada – les autres, dont les peuples dénés, ne sont pas inuits. Ils chassent toujours le caribou et le phoque et pêchent encore l'omble ; néanmoins, ils sont nombreux à travailler dans le tourisme, l'administration, les transports et les secteurs affiliés.

NUNAVUT PRATIQUE

INFORMATIONS UTILES

Site de l'office de tourisme
www.nunavuttourism.com –
Guide gratuit *Nunavut Travel
Planner* en téléchargement, ainsi
que des guides pour la chasse, la
pêche, l'observation des oiseaux,
des baleines ou des icebergs.
Excellentes informations sur
les *pourvoiries*.

Sites Internet
Province – *www.gov.nu.ca*.
Parcs – *www.nunavutparks.ca*.

Heure locale
Le Nunavut utilise trois fuseaux
horaires. La région de Baffin est
sur l'heure de l'Est, la région
de Kivalliq (excepté l'île de
Southampton) sur l'heure du
Centre, et celle de Kitikmeot
s'aligne sur l'heure des Rocheuses.
Ġ *Carte des fuseaux horaires, p. 17.*

Taxes
Il n'existe aucune taxe territoriale.

Loi sur les alcools
Les restrictions sur la
consommation de l'alcool, votées
localement, varient selon les
communes qui reçoivent selon
le cas la désignation de « sans
alcool », « avec restriction »
ou « sans restriction ». Il est
formellement interdit d'introduire
de l'alcool dans les communes
« sans alcool ». Dans les
communes « sans restriction »,
c'est la quantité d'alcool que l'on a
le droit d'apporter qui détermine
la limite de consommation.
Échanger de l'alcool contre
quoi que ce soit est interdit. Ne
laissez pas de bouteilles après
votre passage. Pour connaître la
réglementation sur les alcools,
contactez :
RCMP – ℘ *867 975 4409.*

Commission sur les alcools –
℘ *867 645 8475.*

Loi sur le tabac
L'achat de tabac est interdit aux
moins 18 ans, 19 ans en C.-B.

Jour férié territorial
Fête du Nunavut – 9 juillet.

TRANSPORTS

Il est quasi impossible de se
rendre au Nunavut autrement
qu'en avion, aucune route n'y
menant par le sud. Chaque
région possède une ville d'entrée
principale : Cambridge Bay via
Yellowknife pour la région de
Kitikmeot, Rankin Inlet pour
Kivalliq (Keewatin) et Iqaluit
pour Baffin.

En avion
Canada North et First Air
desservent de nombreuses
bourgades du Grand Nord
et proposent également des
correspondances depuis Ottawa,
Montréal, Winnipeg, Edmonton
et Yellowknife.
Canadian North –
www.canadiannorth.com.
First Air – *www.firstair.ca*.
Dans le Nunavut, il existe des
services de charters comme :
Unaalik Aviation –
℘ *867 979 0040.*
Air Nunavut – ℘ *867 979 4018* -
www.airnunavut.ca.
Kenn Borek Air Ltd. – ℘ *403 291
3300* - *www.borekair.com*.
Air Inuit – *www.airinuit.com*.
Compagnie basée à Québec.

Sur place
Bien que les véhicules tout-terrain
(appelés *bikes* par les habitants
de la région), les grosses voitures
et les camions fourmillent dans
les villages, aucune route ne relie
les communes. La voie des airs

demeure l'unique moyen de rallier les différentes bourgades si l'on excepte les éventuels bateaux et motoneiges.

En raison de leur taille, la plupart des communes se visitent aisément à pied, mais il est parfois possible de louer des motoneiges, des motos ou des quads (appelés VTT ou véhicules tout-terrain). Certains villages proposent un service de taxi. Les traîneaux à chiens sont généralement réservés aux excursions touristiques.

HÉBERGEMENT

Iqaluit possède une dizaine d'établissements pour se loger, mais la plupart des bourgades ne proposent qu'une ou deux adresses. Contactez les guides locaux pour organiser un séjour chez l'habitant ou dans un igloo.
Rankin Inlet et **Pangnirtung** ne disposent que d'un hôtel chacune. En cas de mauvais temps, les visiteurs doivent parfois partager leur chambre avec des inconnus.

ACHATS

www.ndcorp.nu.ca – Pour acheter des articles inuits en ligne sur Arctic Nunavut Online Store.
www.nacaarts.org – Le site du Nunavut Arts and Crafts Association informe sur l'art du Nunavut.

Rankin Inlet
Ivalu Ltd. – *Descendre l'allée de la Royal Bank jusqu'au bâtiment de l'entreprise Keewatin Meat and Fish -* 🖉 *867 645 3170 - www.ndcorp.nu.ca.* Les couturières inuits de l'entreprise confectionnent et décorent vestes, blazers et autres vêtements selon les techniques traditionnelles de l'appliqué.

Matchbox Gallery – 🖉 *867 645 2674 - www.match boxgallery.com - se renseigner pour l'itinéraire.* Cette boutique propose dessins, peintures et gravures ainsi qu'une remarquable forme de poterie : des créations en terracotta reflétant l'humour et la fantaisie d'un artiste inuit qui préfère travailler une matière tendre plutôt que la pierre, plus classique.

Iqaluit
👁 **Bon à savoir** – À l'aéroport se tiennent d'excellentes expositions présentant le savoir-faire de plus d'une dizaine de villages, dont les tissages de Pangnirtung ou les gravures et sculptures sur pierre de **Cape Dorset**, centre majeur où se sont regroupés de nombreux artistes inuits.

Coman Arctic Galleries – *Building 1127 - à droite à la sortie de l'aéroport -* 🖉 *867 979 6300.* Le lieu idéal pour un achat de dernière minute, avec un grand choix d'objets de toutes tailles.

Carvings Nunavut – *Tumiit Bldg - face au bureau de poste -* 🖉 *867 979 0650 - https://carvings nunavut.com.* Ce magasin de souvenirs et d'articles de papeterie propose un choix étendu de bijoux en ivoire et plus de 200 sculptures, généralement en pierre et n'excédant pas une vingtaine de centimètres.

Arctic Ventures – *Ring Rd, Building 192 -* 🖉 *867 979 5992.* Un imposant bâtiment où se mêlent épicerie, vêtements et sculptures, mais également le plus grand choix de livres sur l'Arctique de tout le Nunavut.

Pangnirtung
Uqqurmiut Centre for Arts and Crafts – *Voir p. 624.*

7

ACTIVITÉS

Séjours organisés

Le tourisme au Nunavut est en plein développement. Bien qu'il prenne une part croissante dans l'économie du Nunavut, ce territoire n'est pas encore une destination traditionnelle comptant de nombreuses curiosités et attractions. L'agrément du voyage tient ici dans la beauté des paysages et des plans d'eau, ainsi que dans l'ouverture spontanée à une autre culture (il ne faut pas hésiter à discuter avec un chasseur sur la grève ou à se mêler à un quadrille). De nombreux visiteurs, aspirant à la sécurité et au confort dans cette contrée sauvage et souvent rude, s'adressent à des agences spécialisées ou **pourvoiries** qui organiseront de fond en comble un séjour d'une à deux semaines. La plupart des excursions sont proposées de juin à août. Les voyages à skis ou en **traîneau à chiens** se déroulent d'avril à juin.

Arctic Odysseys – ☏ 206 325 1977 ou 1 800 574 3021 - www.arctic odysseys.com. Organise des séjours dans le haut Arctique.

Frontiers North – ☏ 204 949 2050 ou 1 800 663 9832 - www.frontiersnorth.com. Propose des séjours d'observation de la vie sauvage.

Région de Baffin

○ **SE REPÉRER**

Carte rabat II de couverture. La région de Baffin se trouve au nord du Québec, séparée de la péninsule d'Ungava par le détroit d'Hudson. Ses côtes baignent dans la baie de Baffin à l'est, dans le bassin Foxe à l'ouest.

○ **À NE PAS MANQUER**

Le passage en bateau vers le parc national Auyuittuq organisé par le Angmarlik Interpretation Centre.

○ **ORGANISER SON TEMPS**

Prenez toujours de la marge pour pallier un contretemps.

○ **AVEC LES ENFANTS**

Ils adoreront explorer Iqaluit et faire un tour en bateau, mais ne surestimez pas leur endurance.

L'île d'Ellesmere et l'île de Baffin, une partie de la péninsule Melville et les îles de l'Arctique canadien (Cornwallis, Axel Heiberg et d'autres) composent la région de Baffin, la plus grande, la plus peuplée et la plus touristique du Nunavut. L'île de Baffin est la plus visitée de la région. Ses paysages sont spectaculaires, avec des pics glacés culminant à plus de 2 000 m et des côtes découpées de fjords profonds. Les deux tiers de l'île se situent au nord du cercle polaire (66,5° N), tandis que le parc national Quttinirpaaq, sur l'île d'Ellesmere, est au nord du 80ᵉ parallèle. Les hauts sommets des chaînes arctiques s'étirent sur le parc national Auyuittuq où la toundra, sous l'effet d'une clarté sans trêve en été, se couvre de la variété infinie des fleurs colorées de l'épilobe ou des pavots arctiques.

Découvrir

★★ PANGNIRTUNG

▷ *À 300 km au nord d'Iqaluit sur l'île de Baffin, le long du fjord Pangnirtung (branche nord du détroit de Cumberland).*

Malgré la fondation d'un comptoir de la Compagnie de la baie d'Hudson en 1921, la bourgade ne fut pratiquement pas habitée jusqu'au début des années 1960. Dominée par les montagnes enneigées qui entourent le **Penny Ice Cap** dans le parc national Auyuittuq – en particulier la face escarpée du mont Duval au sud-est –, Pangnirtung offre un **site** spectaculaire à l'entrée du **fjord** du même nom et de nombreuses activités : observation de la flore et de la faune de la toundra (petits mammifères, oiseaux) et les mammifères marins (phoques et bélugas) qui fréquentent le fjord ; escalade des pentes du glacier ; promenade le long des sentiers qui partent de la ville ; excursion en bateau vers le parc national Auyuittuq *(voir p. 624)* ; visite des sites historiques… On y vient aussi voir en été la « clarté de minuit » (car sa situation, à environ 50 km au sud du cercle arctique, ne lui permet pas tout à fait de jouir du soleil de minuit) et acheter à la coopérative inuit des produits de l'artisanat local (sculptures de stéatite, tissages).

7

Angmarlik Interpretation Centre

PO Box 227 - ℘ 867 473 8737 - & - lun.-vend. 8h30-17h.
Ce que l'on aperçoit tout d'abord en pénétrant dans le musée est la tente traditionnelle ou *qammaq*, qui partage les lieux avec un énorme crâne de baleine boréale. Les vitrines présentent des armes de chasse, des outils en fer et des photographies du détroit de Cumberland ; une exposition retrace l'évolution des migrations saisonnières des Inuits ayant conduit à leur installation dans les comptoirs de la Compagnie de la baie d'Hudson.
À l'extérieur, le **panorama★★** englobe les pics abrupts et rayés de bleu du fjord dans lequel les eaux glacées montent et se retirent sous l'action de l'une des plus fortes marées du monde.

★ **Excursion en bateau** – *Juil.-sept. - aller simple 1h20 - plus de 100 $ - vêtements chauds indispensables.* Le plus souvent, les visiteurs réservent leur excursion guidée en bateau pour rallier le départ de randonnée du col Akshayuk *(voir l'encadré ci-contre)*. Mais la descente du fjord en bateau jusqu'à l'entrée du parc est, en elle-même, une sortie magnifique. Les petites embarcations de bois, dont certaines sont munies d'une cabine, fendent les eaux entre une succession de sommets élevés, du canyon Pullosi au mont Overlord.

☺ **Bon à savoir** – Le centre d'interprétation organise aussi des excursions au parc historique territorial de Kekerten, qui fut un port baleinier à la fin du 19ᵉ s.

★ Uqqurmiut Centre for Arts and Crafts

PO Box 453 - ℘ 867 473 8669- www.uqqurmiut.com - & - lun.-vend. 9h-12h, 13h-17h.
Le Centre des arts et de l'artisanat est installé dans trois bâtiments circulaires reliés par des passerelles en planches, à l'image des villages de tentes inuits. L'ensemble, qui accueille une boutique d'objets artisanaux, un atelier de tapisserie et une boutique d'objets d'art, tire sa réputation internationale de ses collections de couvertures tissées, gravures et tapisseries (vêtements et sculptures sont également en vente). Il fut créé dans les années 1970, lors du déclin de l'économie liée à la chasse et la pêche. Vous pourrez voir des tisserands transformer, sur leurs grands métiers à tisser, la laine lopi en immenses tapisseries.

★ Ikuvik Trail et Ukama Trail

Voici deux splendides sentiers de randonnée, dont le départ est en ville.
Sentier Ikuvik – *13 km.* Il est assez difficile à suivre, même pour les marcheurs munis de la carte fournie par le centre d'accueil Angmarlik ; partant du terrain de camping, il gravit les 671 m du **mont Duval**. Qu'ils l'empruntent ou non jusqu'au sommet, les randonneurs bénéficieront d'une **vue★★** de la ville et du fjord.
Sentier Ukama – *6 km.* Nettement plus fréquenté, il part de la route située après l'arène, pour suivre le cours rocailleux de la Duval, ses bassins et ses chutes le long d'une pente abrupte, et aboutit à un gros rocher où la rivière forme une fourche. De là, un sentier non balisé *(8 km)* se poursuit jusqu'à un terrain de camping et un groupe de petits lacs.

★★ Auyuittuq National Park

Accessible par bateau (voir ci-dessus) ou motoneige. ℘ 867 473 2500 - www.pc.gc.ca - site ouvert tte l'année - 25 $/jour - les visiteurs doivent s'inscrire auprès du centre d'interprétation Parks Canada à Pangnirtung qui pourra leur fournir une liste des agences.
Cette réserve naturelle en majorité inaccessible, à la pointe sud-est de l'île de Baffin, est la première du Canada à s'étendre au nord du cercle arctique.

RANDONNÉE AU COL D'AKSHAYUK

Le col est généralement libre de glace à l'entrée sud du fjord de Pangnirtung au début du mois de juillet, et à son entrée nord vers la fin du mois. Les randonneurs les plus expérimentés, munis de l'équipement adéquat *(possibilité de randonnée guidée)*, pourront admirer les paysages spectaculaires du col, après un effort d'une dizaine de jours.

La plupart préfèrent venir en bateau jusqu'à la station du mont Overlord, puis parcourir 20 km le long du col jusqu'au lac Summit avant de retourner à Pangnirtung. Le trajet s'effectue sur un terrain montagneux fortement accidenté, battu par d'inlassables vents et offrant très peu d'abris. La randonnée est riche de sensations fortes : traversée de torrents d'eau glacée *(se munir de chaussons en néoprène)*, franchissement de moraines, passage du cercle arctique entre des pics glacés de 1 200 m de hauteur.

C'est un paysage de glace et de roc, de pics escarpés s'élevant à 2 000 m et de vallées en auges prolongées de fjords bordés de falaises qui peuvent atteindre 900 m. Sur le roc dénudé ne poussent guère que des lichens, alors que sur les terrains plus abrités s'épanouissent, durant les longues journées d'été, mousses, bruyères et arbustes nains. *Auyuittuq* signifie « la terre qui ne fond jamais » en inuktitut. Plus d'un quart de ses 21 470 km² est couvert par le Penny Ice Cap (calotte glaciaire de Penny).

Depuis sa création en 1972, le parc attire alpinistes et randonneurs très expérimentés vers ses pics élevés comme le mont Thor, la crête ininterrompue la plus longue du monde, ou le sommet aplati du mont Asgard. La partie du parc la plus fréquentée, l'ancien col de Pangnirtung rebaptisé **col Akshayuk** (390 m), est une vallée glaciaire qui traverse sur 96 km la péninsule de Cumberland.

★ IQALUIT

À 300 km au sud de Pangnirtung, sur l'île de Baffin. Visite d'Iqaluit : Polynya Adventure and Coordination Ltd. - ℘ 867 979 6260 ou 1 866 366 6784 - www.polynya.ca.

Située sur la rive un peu affaissée de Koojesse Inlet, dans la baie Frobisher, Iqaluit est une ville active et étendue, composée de maisons aux couleurs vives, d'immeubles et de bâtiments administratifs flambant neufs. La capitale du Nunavut est, malgré sa population de 6 200 âmes, la « grande ville » du territoire, avec ses embouteillages sur Ring Road à midi. Les habitants qui pêchent, chassent et sculptent, sont aussi ceux qui travaillent dans les transports ou les communications. Les débouchés du tourisme et de l'administration se multiplient depuis la création du Nunavut en 1999. Plus de 40 % des habitants ne sont pas d'origine inuit et 400 d'entre eux sont francophones.

Iqaluit représente pour les touristes une base de départ vers le nord ou la **piste Itijjagiaq**, qui traverse la péninsule Meta Incognita jusqu'à Kimmirut *(10 j. de marche)*. Les possibilités de randonnées d'un à trois jours sont innombrables, qu'il s'agisse de parcourir les alentours à pied, de rallier Kimmirut en bateau, à motoneige ou à skis, ou d'observer la faune à la limite des glaces flottantes. La ville elle-même occupera deux pleines journées de visite. Les touristes pourront partir en voiture du centre-ville et gravir l'escarpement en traversant trois banlieues successives, de plus en plus récentes, offrant au passage des **panoramas★★** toujours plus spectaculaires sur la côte rocheuse. La longueur du jour permet de partir en excursion pendant plusieurs heures en fin d'après-midi.

7

★ Unikkaarvik Centre

℘ 867 979 4636 - ♿ - juin-sept. : 9h-18h, w.-end 10h-16h ; le reste de l'année : lun.-vend. 9h-17h, sam. 10h-16h.

Ce centre convivial, dont l'entrée s'orne d'un danseur au tambour géant, propose, entre autres, une liste des activités à faire dans la ville. Vous pourrez même échanger quelques mots avec les habitants qui s'y réunissent : sachez que bonjour se dit *qanuipit* (prononcer can-oui-piit) et que la chasse et la météo constituent d'excellentes entrées en matière.

Le centre présente des dioramas sur la vie sauvage. Il aborde les trois régions du Nunavut et la vie des Inuits. Il abrite également les bureaux de Nunavut Tourism, qui fournit la liste des agents de voyages autorisés. À droite, la bibliothèque Iqaluit Centennial Library, où l'on peut manipuler, avec des gants *(fournis)*, les ouvrages de la **collection Thomas Mann★**.

★ Nunatta Sunakkutaangit Museum

Près du centre Unikkaarvik. ℘ 867 979 5537 - juin-sept. : 13h-17h ; le reste de l'année : mar.-dim. 13h-17h.

Ce petit musée, installé dans un entrepôt rénové de la Compagnie de la baie d'Hudson, se compose de trois galeries intéressantes. La première expose des vêtements, des outils, des jouets et des sculptures inuits ; la deuxième, un immense os de baleine sculpté ainsi que des poteries, des sculptures et une collection de gravures ; la troisième est réservée aux expositions spéciales ou aux gravures et photographies montrées par roulement. Une volée de marches mène à une vitrine contenant un bel assortiment de pointes de flèche, lunettes de neige et autres objets.

★★ Qaummaarviit Territorial Park

À 12 km à l'ouest d'Iqaluit sur l'autre rive de Peterhead Inlet. Nunavuk Parks - ℘ 867 975 7700 - www.nunavutparks.com - pour visiter le parc en traîneau à chiens, motoneige ou bateau (30mn, l'été uniquement) contacter le centre Unikkaarvik (voir ci-dessus).

Selon les archéologues, l'abondance des baleines, phoques et caribous laisse à penser que les **Thuléens** *(voir p. 617)* ont vécu sur cet îlot superbe.

La baie bleu roi qui entoure le parc est parsemée d'îlots rocheux ; la crête peu élevée de la péninsule Meta Incognita disparaît dans le lointain. Quelque 3 000 objets, parmi lesquels d'ingénieux arcs en bois de cervidés et des harpons d'ivoire, ainsi que 20 000 ossements d'animaux, ont été exhumés des dix maisons enterrées (qui constituaient sans doute un campement d'hiver). Une vingtaine de cercles de pierres, vestiges de tentes en peaux, ont également été découverts.

Les guides amarrent les bateaux et leurs canoës chargés de matériel à une extrémité de l'île, pour permettre ainsi aux visiteurs d'emprunter une promenade en planches menant, par les maisons enterrées, jusqu'à l'autre extrémité de l'île. Là, des caches de viande (cercles de pierres entassées sur une soixantaine de centimètres) et des tombes, où demeurent des ossements humains, témoignent de l'âpreté de cet environnement. Si l'excursion a lieu en soirée, pensez à demander au guide d'arrêter le moteur du bateau afin d'entendre les phoques du Groenland respirer, pousser leurs cris rauques et, même, grogner tandis qu'ils se nourrissent par groupes de plus d'une dizaine d'individus.

Maison à Cambridge Bay.
B. Summers / age fotostock

Région de Kitikmeot

▶ **SE REPÉRER**
Carte rabat II de couverture. Cette région fait partie du continent.
Elle jouxte à l'ouest les Territoires du Nord-Ouest et au sud-est la région
de Kivalliq.

☺ **À NE PAS MANQUER**
Une randonnée à skis ou à pied dans les terres.

🕐 **ORGANISER SON TEMPS**
Recourir à une agence de voyages est la meilleure façon de vous assurer
un séjour en toute sécurité.

👥 **AVEC LES ENFANTS**
Cette région ne peut concerner que les enfants les plus âgés, les circuits
étant trop difficiles pour les plus jeunes.

**Cette région, au centre de l'Arctique, englobe une bande qui couvre
la quasi-totalité de la côte septentrionale du continent canadien et
remonte vers le golfe de Boothia, l'île King William, la partie méridionale
de l'île du Prince-de-Galles ainsi que l'est et le sud de l'île Victoria. Les
villes les plus importantes sont Cambridge Bay (connue sous le nom
d'Ikaluktutiak), sur le littoral sud-est de l'île de Victoria, et Kugluktuk,
au bord du fleuve Coppermine. Le hameau de Bathurst Inlet ou Kitikmeot
est à 300 km à l'est, au bord du bras de mer dont il porte le nom.**

7

Découvrir

Bathurst Inlet

À 48 km au nord du cercle arctique. Bathurst Inlet Lodge et Bathurst Arctic Services - PO Box 820, Yellowknife - ✆ 867 873 2595 - www.bathurstarctic.com.

Un endroit idéal pour savourer le mélange de nature sauvage, de culture traditionnelle et de sensations fortes : l'équipe de naturalistes de l'hostellerie **Bathurst Inlet Lodge** se consacre depuis plus d'un quart de siècle à enseigner le monde arctique aux passionnés de l'extrême. Au printemps et en été, ces professionnels compétents accompagnent des randonnées et excursions pédagogiques consacrées aux écosystèmes de la toundra et des gorges de cette partie du territoire. Il est également possible de séjourner aux campements de pêche ou d'observation de la faune, de pratiquer le ski de randonnée ou le traîneau à chiens et de s'adonner au rafting et au canoë sur les fleuves.

Cambridge Bay

Sur la côte sud-est de l'île Victoria.

Seconde île du territoire après l'île de Baffin, l'**île Victoria** est séparée du continent arctique par le golfe de la Reine-Maud. Centre de la région de Kitikmeot, Cambridge Bay est également sa bourgade la plus peuplée. Ses quelque 1 500 habitants chassent toujours le caribou et pêchent encore l'omble, mais ils travaillent également pour le nouveau gouvernement du Nunavut, pour les compagnies minières, les pêcheries ou pour leur propre compte. Le nom inuit pour la Cambridge Bay est Iqaluktuuttiaq, qui signifie « bonne place avec beaucoup de poissons ».

Cambridge Bay est située le long du Passage du Nord-Ouest ; le bateau de **Roald Amundsen**, qui sombra alors qu'il appartenait encore à la Compagnie de la baie d'Hudson, est encore visible dans la baie. En face du centre des Elders, le **Centre d'accueil de la côte arctique** retrace les hauts faits de Roald Amundsen et des autres explorateurs qui ont, des siècles durant, risqué leur vie à rechercher une nouvelle voie reliant l'Europe à l'Asie. Le personnel peut vous aider à organiser une excursion locale et vous fournir guide et informations pour accéder au **Parc territorial Ovayok** (mont Pelly).

Région de Kivalliq

Keewatin

☐ **S'INFORMER**
Kivalliq Regional Visitor Centre – *Dans l'aéroport de Rankin Inlet -*
℘ *1 867 645 3838.*

◖ **SE REPÉRER**
Carte rabat II de couverture. Cette région au nord du Canada jouxte les Territoires du Nord-Ouest à l'ouest et le Manitoba au sud.

☺ **À NE PAS MANQUER**
L'île Marble pour sa vie sauvage et son passé émouvant.

◷ **ORGANISER SON TEMPS**
Rankin Inlet peut vous servir de base de départ pour le reste de la région.

⚎ **AVEC LES ENFANTS**
Les adolescents apprécieront l'aventure dans cette région.

La région de Kivalliq comprend les territoires situés entre la côte occidentale de la baie d'Hudson et la réserve naturelle Thelon Wildlife Sanctuary, ainsi que l'île Southampton et l'île Coats. Rankin Inlet, l'un des hameaux bâtis sur le littoral nord-ouest de la baie d'Hudson, est le passage obligé des transports et communications régionaux. Au large de Rankin Inlet, l'adorable île Marble trône dans la baie. Vers le nord-ouest, le hameau de Baker Lake, qui porte le nom de son lac, est le point de départ vers Sila Lodge, site renommé pour l'observation de la faune de la baie Wager.

Découvrir

★ RANKIN INLET (KANGIQSLINIQ)

◖ *À 1 560 km au nord de Winnipeg, presque à mi-chemin entre Yellowknife et Iqaluit ; Rankin Inlet est située sur la côte occidentale de la baie d'Hudson, sur la rive nord d'un bras de mer qui s'enfonce de 27 km à l'intérieur des terres.*

Le hameau vit le jour à la suite de l'ouverture de la mine North Rankin Nickel dans les années 1950, consécutive à la flambée du prix du nickel lors de la guerre de Corée. Malgré la fermeture de la mine en 1962, le gouvernement fédéral installa une école et des logements.

Aujourd'hui, centre régional des transports et télécommunications, Rankin Inlet est également un nœud aérien indispensable. À l'heure du déjeuner, une dizaine de véhicules tout-terrain déversent une bonne vingtaine de piétons dans le « quartier » le plus fréquenté du hameau entre le magasin Northern Store, le bureau de poste et la banque. L'été, les fleurs d'épilobe confèrent une note pourpre aux rochers poussiéreux. Un gigantesque *inukshuk* (1991), sur une colline de granit, domine la ville.

La région offre des activités variées : traîneau à chiens, bateau, sortie dans la baie ou la toundra afin d'observer les faucons pèlerins, les harfangs des neiges, les renards, les phoques et les bélugas, excursions sur l'île Marble ou à Ijiraliq.

7

★★ ÎLE MARBLE

> *À 50 km au large de Rankin Inlet.*

Après une heure de navigation, le manteau rocheux blanc, qui recouvre l'île de sa quartzite éblouissante, est visible. L'île Marble possède une histoire intéressante et offre, en plus de son paysage exceptionnel, l'occasion d'observer phoques, oiseaux, ours polaires et baleines.

Une anse protégée marque l'endroit où les bateaux de la Compagnie de la baie d'Hudson du gouverneur **James Knight** ont sombré. Bien que l'on ne connaisse pas la raison de leur présence dans les parages, on sait qu'ils ont fait naufrage en 1719 et ne furent découverts qu'un demi-siècle plus tard. James Knight et son équipage, ayant survécu au naufrage, séjournèrent deux ans sur l'île dans un grand abri de mousse et de rochers, tentant de fabriquer un bateau. Ils entrèrent en contact avec les Inuits, mais la famine et le scorbut eurent raison d'eux. L'île et son lagon protégés furent, dans les années 1800, un hivernage prisé des baleiniers.

Une promenade à pied sur l'île Deadman (qui fait partie de l'île Marble) révèle plus d'une dizaine de tombes, parfois ornées d'une croix et d'os de baleine, ainsi que des **vues** spectaculaires.

★ IQALUGAARJUUP NUNANGA TERRITORIAL PARK

> *À 10 km au nord-est de Rankin Inlet par l'unique route sortant du village. Sur la rive droite du fleuve Meliadine (Iqalugaarjuk). www.nunavutparks.com - visite guidée proposée par le Kivalliq Regional Visitor Centre (voir p. 629).*

Alors que les habitants de la région aiment pique-niquer sur l'esker battu par les vents, à pêcher ou nager au lac Sandy, c'est un site archéologique majeur, **Qumaviniqtak** (« la place des vieilles maisons en mousse »), qui attire les visiteurs. Un étroit **sentier** interprétatif *(1 km env. ; pour y parvenir, tourner à droite au croisement jusqu'à un parking)* parcourt la magnifique vallée plate et désolée, passant près d'une vingtaine de cercles de pierres qui retenaient des tentes de peaux (15e et 16e s.). Une centaine d'autres sont situés sur l'autre rive de la Meliadine, aménagés par les Thuléens qui dirigeaient les ombles vers des barrages de pierres afin de les harponner en eau peu profonde. D'autres traces révèlent les campements des chasseurs et pêcheurs de la culture de Thulé : caches de nourriture et cairns funéraires, par exemple. Cinq habitations creusées près de la rive constituaient autrefois un vaste hivernage souterrain où ce peuple vécut il y a huit siècles. Des locaux ont construit une maison en mousse où les gens se rassemblent pour chanter, danser ou parler. Le guide du parc explique les différentes structures et les nombres inscrits dans le roc.

Thelon Wildlife Sanctuary

▷ **SE REPÉRER**
Carte rabat II de couverture. Cette réserve est à cheval entre le Nunavut et les Territoires du Nord-Ouest, à 500 km environ au nord-est de Yellowknife.

🕐 **ORGANISER SON TEMPS**
Pour organiser une expédition dans ce parc, il faut s'y prendre très longtemps à l'avance.

Cette gigantesque réserve naturelle a la taille du Danemark. Immense étendue de toundra rocailleuse, refuge pour la faune, elle est bordée de vastes crêtes sinueuses de sables et de graviers glaciaires (eskers). La rivière Thelon est inscrite au patrimoine canadien pour sa forêt exceptionnelle et son passé inuit ; elle parcourt 1 000 km de sa source au lac Whitefish à son embouchure au lac Baker, à l'ouest de la baie d'Hudson, sans quitter la réserve. Celle-ci, officiellement créée en 1927 par le gouvernement afin de protéger ses troupeaux de bœufs musqués, est aujourd'hui placée sous la juridiction du Nunavut.

Découvrir

Le contraste entre les bois d'épicéas et la toundra rase à perte de vue est stupéfiant, mais l'Arctique est ici incarné par sa faune. La réserve et les immenses terres qui l'entourent attirent des loups blancs de la toundra, des bœufs musqués hirsutes, des grizzlis des toundras, des caribous, des rapaces et, même, des orignaux (rarissimes si loin au nord de la limite des arbres). Un esker de 30 m de haut souligne la rive du lac Whitefish ; bien qu'il soit hors de la réserve, il borde la voie migratoire empruntée par le troupeau de caribous de Beverly qui, avec ses 275 000 individus, est l'un des plus grands du Canada. On estime le troupeau de Qamanirjuaq à un demi-million d'individus. Ces deux troupeaux font partie des quatre plus grands regroupements de **caribous de la toundra** présents dans le Grand Nord canadien. Le caribou des bois peuple la région du fleuve Mackenzie, le caribou de Peary se trouve plus au nord, dans l'archipel Arctique, et le caribou de Grant se rencontre principalement en Alaska et au Yukon.

Le troupeau de Beverly peut descendre à 700 km au sud, partant des territoires de reproduction du lac Deep Rose et du lac Sam pour atteindre les terres d'hivernage à la limite des arbres, dans les Territoires du Nord-Ouest et le nord de la Saskatchewan. Les caribous utilisant souvent les eskers comme autoroutes, leurs petits sont la proie des loups, des ours et des renards qui y gîtent.

DE PRÉCIEUX TRAVAUX

7

En 1900, le jeune topographe **James Tyrrell,** frère de Joseph Burr Tyrell qui donna son nom au musée Tyrell d'Alberta, sillonna la région pour effectuer un relevé topographique. Durant six mois, il parcourut plus de 7 000 km à pied, en traîneau ou en canoë.

VOUS CONNAISSEZ LE GUIDE VERT, DÉCOUVREZ LE GROUPE MICHELIN

L'Aventure Michelin

Tout commence avec des balles en caoutchouc ! C'est ce que produit, vers 1880, la petite entreprise clermontoise dont héritent André et Édouard Michelin. Les deux frères saisissent vite le potentiel des nouveaux moyens de transport. L'invention du pneumatique démontable pour la bicyclette est leur première réussite. Mais c'est avec l'automobile qu'ils donnent la pleine mesure de leur créativité. Tout au long du 20e s., Michelin n'a cessé d'innover pour créer des pneumatiques plus fiables et plus performants, du poids lourd aux voitures de course, en passant par le métro et l'avion.

Très tôt, Michelin propose à ses clients des outils et des services destinés à faciliter leurs déplacements, à les rendre plus agréables... et plus fréquents. Dès 1900, le guide MICHELIN fournit aux chauffeurs tous les renseignements utiles pour entretenir leur automobile, trouver où se loger et se restaurer. Il deviendra la référence en matière de gastronomie. Parallèlement, le Bureau des itinéraires offre aux voyageurs conseils et itinéraires personnalisés.

En 1910, la première carte routière MICHELIN remporte un succès immédiat ! En 1926, un premier guide régional touristique invite à découvrir les plus beaux sites de Bretagne. Bientôt, chaque région de France a son Guide Vert. La collection s'ouvre ensuite à des destinations plus lointaines de New York en 1968... à l'Islande en 2012.

Au 21e s., avec l'essor du numérique, le défi se poursuit pour les cartes, les guides et les services numériques MICHELIN qui continuent d'accompagner le pneumatique. Aujourd'hui comme hier, la mission de Michelin reste l'aide à la mobilité, au service des voyageurs.

MICHELIN AUJOURD'HUI

- 69 sites de production dans 18 pays
- 113 400 employés de toutes cultures, sur tous les continents
- 6 000 personnes dans le centre de Technologie Michelin
- Une présence commerciale dans plus de 170 pays

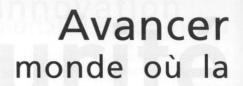

Avancer
monde où la

Mieux avancer, c'est d'abord innover pour mettre au point des pneus qui freinent plus court et offrent une meilleure adhérence, quel que soit l'état de la route.

LA JUSTE PRESSION

BONNE PRESSION

- Sécurité
- Longévité
- Consommation de carburant optimale

-0,5 bar

- Durée de vie des pneus réduite de 20% (- 8 000 km)

-1 bar

- Risque d'éclatement
- Hausse de la consommation de carburant
- Distance de freinage augmentée sur sol mouillé

ensemble vers un
mobilité est plus sûre

C'est aussi aider les automobilistes à prendre soin de leur sécurité et de leurs pneus. Pour cela, Michelin organise partout dans le monde des opérations **"Faites le plein d'air"** pour rappeler à tous que la juste pression est vitale.

L'USURE

COMMENT DETECTER L'USURE ?

Vos pneus MICHELIN sont munis d'indicateurs d'usure : ce sont de petits pains de gomme moulés au fond des sculptures et d'une hauteur de 1,6mm.

Lorsque la profondeur des sculptures est au même niveau que les indicateurs, les pneus sont usés et doivent être remplacés.

Les pneus constituent le seul point de contact entre le véhicule et la route, un pneu usé peut être dangereux sur chaussée mouillée.

PNEU NEUF

PNEU USÉ
(1,6 mm de sculpture)

*Ci-contre,
la zone de
contact réelle
photographiée
sur chaussée
mouillée.*

Mieux avancer,
c'est développer une mobilité durable.

Chaque jour, Michelin innove pour réduire la quantité de matières premières utilisée dans la fabrication des pneumatiques, et 99,8% des pneus produits dans le Groupe le sont dans des usines certifiées ISO 14001. La conception des pneus MICHELIN permet déjà d'économiser des milliards de litres de carburant, et donc des millions de tonnes de CO_2.

De même, Michelin choisit d'imprimer ses cartes et guides sur des «papiers issus de forêts gérées durablement». L'obtention de la certification ISO 14001 atteste de son plein engagement dans une éco-conception au quotidien.

Un engagement que Michelin confirme en diversifiant ses supports de publication et en proposant des solutions numériques pour trouver plus facilement son chemin, dépenser moins de carburant.... et profiter de ses voyages !

Chattez avec Bibendum

Rendez-vous sur : www.michelin.com

Découvrez l'actualité des produits
et services et l'histoire de
MICHELIN.

QUIZZ

Michelin développe des pneumatiques pour tous les types
de véhicules. Amusez-vous à identifier le bon pneu...

Résultat : A-6 / B-4 / C-2 / D-1 / E-3 / F-7 / G-5

Notes

Notes

Notes

Notes

Notes

Notes

Notes

Notes

Notes

Notes

Nous indiquons entre parenthèses les **provinces ou territoires** auxquels chaque lieu appartient ; ils sont abrégés de la façon suivante :
Alberta (Alb.), Colombie-Britannique (C.-B.), Île du Prince-Édouard (I. P.-É.), Manitoba (Man.), Nouveau-Brunswick (N.-B.), Nouvelle-Écosse (N.-É.), Nunavut (N.), Ontario (O.), Québec (Q.), Saskatchewan (Sask.), Terre-Neuve et Labrador (T.-N.), Territoires du Nord-Ouest (T. N.-O.), Yukon (Yuk.).

M

CARTE GÉNÉRALE

Rabats de couverture

CARTES THÉMATIQUES

CARTES DES RÉGIONS

CARTES DES CIRCUITS

PLANS DE VILLES

LÉGENDE DES CARTES ET PLANS

Curiosités et repères

Itinéraire décrit, départ de la visite
Église
Mosquée
Synagogue
Monastère - Phare
Fontaine
Point de vue
Château - Ruine ou site archéologique
Barrage - Grotte
Monument mégalithique
Tour génoise - Moulin
Temple - Vestiges gréco - romains
Temple : bouddhique - hindou
Autre lieu d'intérêt, sommet
Distillerie
Palais, villa, habitation
Cimetière : chrétien - musulman - israélite
Oliveraie - Orangeraie
Mangrove
Auberge de jeunesse
Gravure rupestre
Pierre runique
Église en bois
Église en bois debout
Parc ou réserve national
Bastide

Sports et loisirs

Piscine : de plein air - couverte
Plage - Stade
Port de plaisance - Voile
Plongée - Surf
Refuge - Promenade à pied
Randonnée équestre
Golf - Base de loisirs
Parc d'attractions
Parc animalier, zoo
Parc floral, arboretum
Parc ornithologique, réserve d'oiseaux
Planche à voile, kitesurf
Pêche en mer ou sportive
Canyoning, rafting
Aire de camping - Auberge
Arènes
Base de loisirs, base nautique ou canoë-kayak
Canoë-kayak
Promenade en bateau

Informations pratiques

Information touristique
Parking - Parking - relais
Gare : ferroviaire - routière
Voie ferrée
Ligne de tramway
Départ de fiacre
Métro - RER
Station de métro (Calgary, ...) (Montréal)
Téléphérique, télécabine
Funiculaire, voie à crémaillère
Chemin de fer touristique
Transport de voitures et passagers
Transport de passagers
File d'attente
Observatoire
Station service - Magasin
Poste - Téléphone
Internet
Hôtel de ville - Banque, bureau de change
Palais de justice - Police
Gendarmerie
Théâtre - Université - Musée
Musée de plein air
Hôpital
Marché couvert
Aéroport
Parador, Pousada (Établissement hôtelier géré par l'État)
Chambre d'agriculture
Conseil provincial
Gouvernement du district, Délégation du Gouvernement Police cantonale
Gouvernement provincial (Landhaus)
Chef lieu de province
Station thermale
Source thermale

Axes routiers, voirie

Autoroute ou assimilée
Échangeur : complet - partiel
Route
Rue piétonne
Escalier - Sentier, piste

Topographie, limites

Volcan actif - Récif corallien
Marais - Désert
Frontière - Parc naturel

Comprendre les symboles utilisés dans le guide

LES ÉTOILES

★★★ Vaut le voyage   ★★ Mérite un détour   ★ Intéressant

HÔTELS ET RESTAURANTS

9 ch.	Nombre de chambres	🏊	Piscine
🍵 7,5 €	Prix du petit-déjeuner en sus	**CC**	Paiement par cartes de crédit
50 € 🍵	Prix de la chambre double, petit-déjeuner compris	🚫	Carte de crédit non acceptée
bc	Menu boisson comprise	**P**	Parking réservé à la clientèle
▤	Air conditionné dans les chambres	**Tram**	Station de tramway la plus proche
✕	Restaurant dans l'hôtel	**Ⓜ**	Station de métro la plus proche
♈	Établissement servant de l'alcool (à l'étranger)		

SYMBOLES DANS LE TEXTE

👥	À faire en famille	🚲	Randonnée à vélo
⟳	Pour aller au-delà	♿	Facilité d'accès pour les handicapés
👣	Promenade à pied	**A2 B**	Repère sur le plan

Collection Le Guide Vert sous la responsabilité de Philippe Orain

Édition
Irène Lainey, Delphine Storelli, Archipel studio

Rédaction
Laurent Gontier, John G. Anderson, Laurence Michel, Cynthia Ochterbeck, Philippe Pataud Célerier, Nicolas Peyroles, Delphine Storelli

Cartographie
Stéphane Anton, Michèle Cana, Marie-Christine Defait

Relecture
Hélène Jovignot

Remerciements
Didier Broussard, Maria Gaspar

Conception graphique
Christelle Le Déan

Régie publicitaire et partenariats
business-solutions@tp.michelin.com
Le contenu des pages de publicité insérées dans ce guide n'engage que la responsabilité des annonceurs.

QR Codes
QR Code est une marque déposée de Denso Wave Incorporated.

Contacts
Michelin
Guides Touristiques
27 cours de l'Ile Seguin, 92100 Boulogne Billancourt
Service consommateurs : tourisme@tp.michelin.com
Boutique en ligne : www.michelin-boutique.com

Écrivez-nous

Parution 2014

Michelin Travel Partner
Société par actions simplifiées au capital de 11 288 880 EUR
27 Cours de l'Ile Seguin - 92100 Boulogne Billancourt (France)
R.C.S. Nanterre 433 677 721